Hammer · Mein Leben

Armand Hammer

Unter Mitarbeit von
Neil Lyndon

Mein Leben

Scherz

Deutsch von Gerda Bean

4. Auflage 1988
Titel der Originalausgabe: «Hammer».
Unter Mitarbeit von Neil Lyndon.
Copyright © 1987 by Dr. Armand Hammer.
Gesamtdeutsche Rechte beim Scherz Verlag Bern, München, Wien.
Alle Rechte der Verbreitung, auch durch Funk, Fernsehen,
fotomechanische Wiedergabe, Tonträger jeder Art und
auszugsweisen Nachdruck, sind vorbehalten.
Schutzumschlag unter Verwendung eines Fotos
von José Azel, Contact Press Images

Inhalt

Prolog

Mit meiner Vergangenheit habe ich mich nie besonders befaßt; sie hat mich nie übermäßig interessiert. Ich war immer mehr für die Gegenwart und Zukunft, für die Arbeit, die ich heute leisten kann, und die Gelegenheiten, die sich mir morgen bieten werden. Für das Vergangene habe ich keine Zeit – soll es in Frieden ruhen.

In der Vergangenheit zu wühlen und ihren Staub aufzuwirbeln, ist eine Beschäftigung für Müßiggänger oder Ältere im Ruhestand. Ich mag wohl zu den Älteren gehören – ich bin achtundachtzig, während ich dies schreibe –, aber ich habe mich nicht in den Ruhestand begeben, und ich hoffe, nie müßig zu sein.

Ein merkwürdiger Anfang für eine Autobiographie, in der ich die Geschichte meines bisherigen Lebens erzählen will. Aber ich möchte erklären, daß mir mehr an der Bedeutung der Geschichte liegt als an den einzelnen Ereignissen und Szenen, aus denen sie entstanden ist. *Was* ich getan habe, interessiert mich weniger, als *warum* ich es getan habe.

Mein Leben war Hektik und Anstrengung, keine Beschaulichkeit. Ich war immer der Meinung, daß der Mensch sich am besten durch kreatives Streben ausdrücken kann, ein Streben, das unsere ganze Phantasie, Intelligenz und unser Verständnis fordert. Und solange ich lebe, habe ich versucht, jeden Arbeitstag mit voller Energie und Verstand in Angriff zu nehmen. In dem Film *Shenandoah* drückte James Stewart diese Einstellung ebenfalls, wenn auch weniger ehrfürchtig, aus: «Wenn wir's nicht probieren, tun wir's nicht. Und wenn wir's nicht tun..., wofür sind wir dann auf der Welt?»

Als Kind verfaßte ich mein eigenes Glaubensbekenntnis, das ich mir immer wieder vor dem Schlafengehen aufsagte. Obwohl ich nicht in einer religiösen Familie aufgewachsen bin, war mein Glaubensbekenntnis doch eine Art Gebet zu Gott, dem unbekannten Geist des Lebens, der uns inspirieren und unser Sein erfüllen kann. Damals bat ich Gott, er möge mir die Kraft geben, anderen Menschen zu helfen, soweit ich dazu in der Lage wäre.

Ich habe nie um Macht oder Ruhm oder Reichtümer gebeten, und ich kam doch in ihren Genuß. Ich hoffe, daß ich nie habgierig war. Wenn mein Hauptmotiv gewesen wäre, reich zu werden, hätte man mich zu den Multimilliardären zählen können. Ich gehöre nicht dazu. Mein ganzes Leben lang habe ich einen Großteil meines Vermögens verschenkt, mehr Geld als ich je zählen konnte. Glücklicherweise hatte ich immer die Gabe, zu Geld zu kommen; zum Teilen blieb genug übrig. Der Glaube meiner Kindheit hat mich stets geleitet.

Mein Leben erstreckt sich über dieses Jahrhundert, und es hat so manches Mal die größte kulturelle und politische Teilung der Geschichte gefahrenvoll überbrückt – die ideologische Kluft zwischen den kapitalistischen Ländern des Westens und den sozialistischen Ländern des Ostens. Meine Arbeit hat mich in jeden Winkel der Erde und in die Gesellschaft der Regierenden und Herrschenden geführt. In meiner ganzen Lebenszeit und all meinen Handlungen habe ich versucht, etwas von bleibendem Nutzen für die Welt zu schaffen, den Reichtum des Planeten, soweit es in meiner Macht stand, zu vergrößern und mit allen Menschen die Schönheit und Freude des Lebens zu teilen.

Dies ist die Geschichte meiner Odyssee.

Tschernobyl

Dieses Buch war fast fertig, als ich noch einmal beginnen mußte.

Am Ende des Frühjahrs und im Frühsommer 1986 – als ich an den letzten Kapiteln dieser Memoiren arbeitete – fanden in rascher Folge drei Ereignisse statt, die in meinem Leben ein neues und eines der wichtigsten Kapitel eröffneten. Zwei davon, die Katastrophe von Tschernobyl und die Freilassung von Nicholas Daniloff – dem Wegbereiter für die Gipfelkonferenz von Reykjavik –, waren von bleibender Bedeutung für die Welt. Eines der Ereignisse – die Freilassung von David Goldfarb – betraf das Leben eines einzigen Mannes und seiner Familie. Bei allen werden die Bemühungen meines langen Lebens deutlich, Verständnis für die Beziehungen zwischen Ost und West zu wecken.

Auf unheimliche Weise verband mich die schreckliche Explosion im Atomreaktor von Tschernobyl mit meiner Vergangenheit und schloß einen Kreis meines Lebens. Ich vermittelte ärztliche Hilfe, um ein Unglück in Rußland zu mildern, genau wie im Juli 1921, als ich zum ersten Mal meinen Fuß in dieses Land setzte.

Als frisch approbierter junger Arzt ging ich 1921 nach Rußland, um im Ural den Opfern der Hungersnot und Typhusepidemie zu helfen. Für die Lieferung von dringend benötigtem Getreide dankte mir Lenin persönlich und nahm mich unter seine Fittiche.

Fünfundsechzig Jahre später, im Mai 1986, konnte ich die Russen nach der schicksalsschweren Katastrophe von Tschernobyl mit ärztlicher Hilfe unterstützen. Vier der besten Ärzte aus dem Westen gingen in die Sowjetunion, und ich lieferte Medikamente und medizinische

Hilfsmittel. Generalsekretär Michail Gorbatschow dankte mir und den Ärzten persönlich und im Namen des russischen Volkes.

Die Symmetrie dieser Ereignisse verblüffte mich.

Es begann am Montag, dem 28. April 1986. Zuerst langsam, dann flutartig, strömten Berichte aus Europa über eine Atomkatastrophe in der Ukraine herein. Die Nachrichten waren verwirrend und unvollständig. Wir hörten von der gefürchteten Möglichkeit eines «Supergaus».

Am Morgen des 29. April erhielt ich einen Anruf. Dr. Robert Gale versuche dringend, mich zu erreichen. Ich kannte ihn sehr gut wegen seines hervorragenden Rufs auf dem Gebiet der Knochenmarktransplantationen in der Leukämiebehandlung, aber auch persönlich. Als Vorsitzender des Krebsausschusses des Präsidenten (The President's Cancer Panel) wußte ich, daß Dr. Gale die Knochenmarktransplantationsabteilung an der UCLA leitet und Vorsitzender des internationalen Knochenmark-Transplantationsregisters in Milwaukee ist – einer Organisation, die eine computergespeicherte Liste von potentiellen Knochenmarkspendern für weltweit 128 Zentren führt.

Ich rief ihn sofort an.

Bob Gale macht keine langen Worte. Er erklärte mir, daß für die Strahlenopfer von Tschernobyl Knochenmarktransplantationen möglicherweise die einzige Überlebenschance böten. Eine der Zielsetzungen des internationalen Knochenmark-Transplantationsregisters ist die Reaktion auf ein Unglück dieser Art. Sie haben Zugriff auf die Namenlisten von nahezu hunderttausend freiwilligen Spendern, meist aus den Vereinigten Staaten, Westeuropa und Skandinavien.

Massive radioaktive Strahlung, fuhr er fort, zerstört bei den Opfern die Fähigkeit, im Knochenmark Blutzellen zu bilden. «Menschen, die hohe Strahlendosen erhalten haben und nicht sofort getötet wurden, sterben innerhalb von zwei bis vier Wochen wegen Funktionsausfalls des Knochenmarks», sagte er. «Man kann sie nur durch Transplantationen retten.»

Bob wollte sich und die Hilfsmittel des Registers den Russen zur Verfügung stellen. Er wußte, daß die amerikanische Regierung den Russen jede Unterstützung zugesagt hatte, aber dieses Angebot und die Angebote anderer Regierungen waren abgelehnt worden. Mit meinen Kontakten in der UdSSR – ob ich da helfen könnte?

Ich verfaßte sofort einen Brief an Gorbatschow und schickte ihn an Oleg Sokolow, den amtierenden Botschafter in Washington. Außerdem sandte ich ihn per Fernschreiben an meinen guten Freund Anatolij Dobrynin, den früheren Botschafter in Washington und jetzigen Sekretär des Zentralkomitees der Kommunistischen Partei im Kreml. Ich bat beide Männer, den Brief so schnell wie möglich an Gorbatschow weiterzuleiten.

Ich erläuterte die Wichtigkeit der Transplantationen und die Umstände des Angebots von Dr. Gale und schrieb:

Dr. Gale ist bereit, sofort in die Sowjetunion zu reisen, um mit sowjetischen Atomwissenschaftlern und Hämatologen die Lage abzuschätzen und zu entscheiden, wie am besten vorgegangen werden kann, um das Leben der Gefährdeten zu retten. Dr. Gale kann morgen (Mittwoch, den 30. April) um 15 Uhr von Los Angeles abfliegen und am Donnerstag, den 1. Mai, um 18 Uhr in Moskau eintreffen.

Kurz bevor ich diesen Brief abschickte, rief ich hochgestellte Freunde im State Department an, um sicherzugehen, daß sie von meinem Angebot wußten und ich nicht irgendwelche Pläne durchkreuzte. Sie waren begeistert.

Die erste Reaktion kam sehr schnell. Am selben Abend erhielt ich einen Anruf von Jurij Dubinin, dem Mann, der neuer sowjetischer Botschafter in den Vereinigten Staaten werden würde. In seiner Eigenschaft als Botschafter bei den Vereinten Nationen rief er mich aus New York an und sagte mir seine Unterstützung zu.

Die Zeit verstrich. Nach Dubinins Anruf kam keine weitere Reaktion. Endlich – achtundvierzig Stunden nach Absendung meines Briefes – traf am Morgen des 1. Mai eine Antwort ein. Oleg Sokolow rief mich in Los Angeles an: Die sowjetische Regierung nahm das Angebot an. Dann meldete er sich bei Dr. Gale.

«Wie komme ich zu einem Visum?» wollte dieser wissen.

«Machen Sie sich keine Sorgen wegen des Visums», sagte ich. «Es wird am Flughafen für Sie bereit liegen.» Jeder, der die russischen Gewohnheiten kennt, wird verstehen, welche außergewöhnliche Ausnahme die Sowjets in diesem Notfall machten.

Um 15 Uhr war Bob Gale unterwegs. Ich hatte ihm meine sämtlichen Telefonnummern gegeben, einschließlich meiner nichteingetragenen zu Hause, und ihn gebeten, mich jederzeit – Tag und Nacht – anzurufen, wenn er irgend etwas brauche. Er sagte: «Gern. Aber soweit ich weiß, kann die Vermittlung bis zu zwölf Stunden dauern.»

«Benutzen Sie die Telefone in meinem Moskauer Büro», sagte ich. «Sie können von dort aus direkt wählen.»

Gleich nach seiner Ankunft im Hotel *Sowjetskaja* rief Bob zum ersten Mal an. Es war früher Morgen in Los Angeles, und ich arbeitete an meinem letzten Kapitel dieser Memoiren, als der Anruf in die Bibliothek meines Hauses durchgestellt wurde.

Bob, der nicht wußte, was ihn erwartete, hatte befürchtet, mit Zurückhaltung oder Mißtrauen behandelt zu werden. Zumindest hatte er Schwierigkeiten mit der Sprache und der Kommunikation erwartet. Aber seine Befürchtungen waren unbegründet gewesen. Bob sagte, daß er von Mitgliedern des Gesundheitsministeriums mit offenen Armen empfangen und sofort in das Moskauer Hospital Nr. 6 gefahren worden sei. In diesem Tausend-Betten-Krankenhaus gibt es eine große Abteilung, die sich ausschließlich Leukämie-Patienten widmet. Dreihundert Strahlenopfer waren dort untergebracht. Bob hatte kaum Schwierigkeiten, sich mit den russischen Ärzten zu verständigen. Viele sprachen Englisch, und die Spezialausdrücke waren im großen und ganzen mit unseren identisch.

In der Zwischenzeit hatte Bob die Lage und die nächsten Schritte, die notwendig waren, einschätzen können. Die dreihundert Menschen im Hospital Nr. 6 hatten die ersten Auswirkungen der Strahlung nach der Explosion des Reaktors in Tschernobyl zu spüren bekommen. Fünfunddreißig befanden sich in kritischem Zustand, und dreizehn von ihnen benötigten Knochenmarktransplantationen. Von den übrigen zweiundzwanzig hatten viele so schwere Verletzungen erlitten, daß ihnen auch keine Transplantationen mehr helfen konnten.

Es war eine enorme Aufgabe, und es galt, keine Zeit zu verlieren. «Ich brauche ein paar Leute hier», sagte Bob. «Top-Leute.»

«Nennen Sie mir ihre Namen, und wir schicken sie rüber», sagte ich.

In kürzester Zeit hatten wir uns mit Dr. Paul Terasaki, dem weltberühmten Fachmann für Gewebebestimmung von der UCLA, Dr. Richard Champlin von der UCLA und Dr. Yair Reisner, einem israelischen Wissenschaftler vom Weizmann-Institut in Rehovot, in Verbindung gesetzt. Sie waren sofort bereit, nach Moskau zu fliegen.

Gale bat außerdem um eine lange Liste von Arzneimitteln und medizinischen Geräten, die wir in fünfzehn verschiedenen Ländern beschafften. Die größten Stücke waren drei Maschinen für die Trennung von Blutzellen und eine für das Zählen von Blutzellen. Die Lufthansa kooperierte phantastisch und brachte die Sachen so schnell wie möglich nach Moskau. Die Ärzte konnten mit der Arbeit beginnen.

Zwei Wochen lang operierten die vier Amerikaner und ihre russischen Kollegen Tag und Nacht. Noch nie zuvor war etwas in dieser Größenordnung versucht worden. Bob Gale – assistiert von Dr. Champlin und den russischen Ärzten – führte alle dreizehn Transplantationen selbst durch, eine erstaunliche Leistung, wenn man bedenkt, daß er normalerweise nur zwei bis vier pro Woche durchführt.

Da die Russen für eine so umfangreiche Gewebebestimmung nur über unzureichende Einrichtungen verfügten, baute Dr. Terasaki mit der von uns gesandten Ausrüstung ein Labor auf und lehrte die Russen, damit umzugehen. Außerdem fand er einige seiner früheren UCLA-Studenten in Moskauer Krankenhäusern wieder und rekrutierte sie für diesen Notfall.

Am 12. Mai flog ich nach Moskau. Meine Kunstsammlung – Meisterwerke aus fünf Jahrhunderten – war im März nach Rußland gekommen und als Teil des amerikanischen Austauschs gegen die jetzt in der Nationalgalerie in Washington gezeigten sowjetischen Kunstwerke in der Eremitage in Leningrad zu besichtigen. Die Bilder sollten nun in das neue staatliche Kunstmuseum nach Moskau gebracht werden, wo ich der Eröffnung beiwohnen sollte. Es war eine ausgezeichnete Gelegenheit, um zu sehen, ob ich Gale und seinem schwerarbeitenden Team noch irgendwie helfen konnte.

Kisten mit Medikamenten und ärztlichen Hilfsmitteln wurden in den Frachtraum meines Flugzeugs geladen – eine speziell umgebaute Boeing 727 mit Kraftstofftanks für Langstrecken, die unter dem Rufzeichen Oxy One fliegt. Bei unserem Privathangar auf dem Flughafen von Los Angeles tauchten die Reporter und Fernsehcrews in Scharen auf.

Die Reporter versuchten, Neues über die Katastrophe aus mir herauszubringen; wenig Einzelheiten waren aus der Sowjetunion zu uns gedrungen. Aber ich wußte nicht viel mehr als sie. Ich konnte nur unsere Hoffnung zum Ausdruck bringen, daß unsere Bemühungen, den Opfern zu helfen, dazu beitragen würden, die Beziehungen zwischen Amerika und der UdSSR zu verbessern. Das Unglück von Tschernobyl mache aufs schärfste deutlich, wie notwendig die Kooperation und ein besseres Verständnis zwischen unseren Ländern seien. Es sei unbedingt erforderlich, hob ich hervor, daß Reagan und Gorbatschow sich erneut zu einer Gipfelkonferenz träfen und «den Geist von Genf» in ihren Gesprächen vom November 1985 aufleben ließen. Ich hoffte, daß unsere medizinische Hilfe etwas von der schlechten Stimmung, die zwischen den beiden Ländern 1986 aufgeflammt war, dämpfen könnte.

In Moskau wollte ich auf direktem Wege ins Hospital Nr. 6 fahren, um die amerikanischen Ärzte zu begrüßen und die Patienten zu besuchen, aber die sowjetischen Beamten verhielten sich sehr ablehnend. Sie runzelten die Stirn und schüttelten den Kopf. Sie schienen zu befürchten, daß ich mich anstecken oder radioaktive Strahlung aufnehmen könnte, was durchaus passieren kann.

«Sie verstehen, Dr. Hammer», sagten sie. «Es ist ganz unmöglich.»

Kein Beamtentum der Welt übertrifft das russische, wenn es seine ganze Halsstarrigkeit und bewußte Opposition herauskehrt. Zum Glück hatte ich einen Vorteil: In den zwanziger Jahren hatte ich fast zehn Jahre lang in Moskau Geschäfte gemacht und – lange bevor die meisten Beamten von heute überhaupt geboren waren – gelernt, wie das bürokratische System Rußlands zu schlagen oder zu umgehen ist. Ich kenne alle Schliche und Strategien, von Schmeicheleien angefangen bis zu Drohungen und Krawall. Manchmal bleibt einem nur das eine: Man packt sie bei den Hörnern und zwingt sie zu Boden.

Dies war so ein Fall.

«Wenn Sie mich nicht ins Krankenhaus lassen», sagte ich, «gehe ich hin und setze mich draußen vors Tor, bis Sie mich reinlassen.»

Das half; wie auch ein anderes Vorgehen. Den russischen Amtsschimmel kann man am schnellsten auf Trab bringen, indem man über die Köpfe der jüngeren Apparatschiks hinweg erfolgreich an die höhere Stelle appelliert. Ich bat meinen Freund Dobrynin, mir zu helfen, und es klappte. Am Hospital Nr. 6 angelangt, geleitete mich der Gesundheitsminister, Oleg Schtschepin, höchstpersönlich in das Gebäude.

Was sofort auffiel: Die Patienten waren fast nur Männer – Wachpersonal und Angestellte des Atomkraftwerks von Tschernobyl, auch Feuerwehrleute, die versucht hatten, den Brand zu bekämpfen und den Unfall unter Kontrolle zu halten. Ein Arzt war darunter, der sein Leben riskiert hatte, als er freiwillig den Opfern am Unfallort zu helfen versuchte.

Einige schienen in nicht allzu schlechter Verfassung zu sein, aber andere sahen schrecklich aus. Ich redete sie auf russisch an und versuchte, sie aufzumuntern und ihnen Mut zuzusprechen. Ich sagte ihnen, wir kämen aus den Vereinigten Staaten und sie erhielten die bestmögliche Versorgung. Manche flehten mich an und klammerten sich an meine Hand, und ich sagte «Mut, nur Mut», alles, was getan werden könne, um ihnen zu helfen, würde getan, aber sie ließen mich nicht los. Ich wußte, daß einige dieser Opfer nicht überleben würden, trotz der heroischen Bemühungen der Ärzte, und ich konnte meine Tränen kaum zurückhalten. Ich mußte mich abwenden und aus dem Zimmer gehen.

Am 14. Mai sprach Michail Gorbatschow im Fernsehen zum ersten Mal öffentlich zum sowjetischen Volk über das Unglück von Tschernobyl. Nachdem er Einzelheiten über den Unfall und die Maßnahmen beschrieben hatte, die ergriffen worden waren, fuhr er fort:

Wir danken den Wissenschaftlern und Spezialisten aus dem Ausland, die bereit waren, uns bei der Bewältigung der Konsequenzen des Unfalls zu unterstützen. Ich möchte die Teilnahme der amerikanischen Mediziner Robert Gale und Paul Terasaki bei der Behandlung der geschädigten Personen erwähnen und meine Dankbarkeit gegenüber den Geschäftskreisen jener Länder ausdrücken, die auf unseren Wunsch, bestimmte Ausrüstungen, Materialien und Medikamente zu kaufen, prompt reagierten... Wir schätzen das Mitgefühl all jener hoch, die unsere Sorgen und Probleme mit offenem Herzen aufnahmen.

Dann aber richtete er die Waffen seiner Rhetorik auf die westlichen Regierungen und feuerte auch auf die amerikanischen Medien, die «eine hemmungslose antisowjetische Kampagne vom Stapel gelassen» hätten. «Es ist schwer zu glauben, was gesagt und geschrieben wurde»,

sagte er und berief sich auf Schlagzeilen amerikanischer Zeitungen, wie
TAUSENDE VON OPFERN, MASSENGRÄBER FÜR DIE TOTEN, VERWÜSTE-
TES KIEW, DIE GANZE UKRAINE VERGIFTET und so weiter.

Ich hörte diese Salven, die durch den Äther pfiffen, und war sehr
unglücklich. Der Wortkrieg zwischen Rußland und Amerika stieß auf
neue Fronten der Schärfe und des Mißtrauens. Was die westlichen
Medien betraf, so war Gorbatschow offensichtlich im Recht, aber der
Westen hatte auch etwas vorzubringen. Es war nicht zu leugnen, daß
das Politbüro die Welt verspätet vor den potentiellen Gefahren der
Katastrophe von Tschernobyl gewarnt hatte.

Nach meiner Ankunft in Moskau hatte ich Gorbatschow über
Dobrynin ein kurzes Schreiben zustellen lassen; ich bat um ein
Gespräch. Kurz darauf antwortete mir einer von Gorbatschows Mitarbeitern, daß er mich wegen seines übervollen Terminkalenders und der
knappen Frist leider nicht empfangen könne.

Am 15. Mai hielten Gale und ich im Pressezentrum des Außenministeriums vor vierhundert Medienvertretern der ganzen Welt eine
Pressekonferenz ab.

Während der Konferenz reichte man mir eine Notiz. Alexander
Bessmertnych, stellvertretender Außenminister, verlangte mich am
Telefon. Gorbatschow hatte seine Meinung geändert: Der Generalsekretär wollte mich noch am selben Tag um 17 Uhr empfangen und bat
mich, Dr. Gale mitzubringen. Ich schob ihm einen Zettel zu, er solle
diese Einladung der Presse bekanntgeben.

Pünktlich um 17 Uhr trafen wir im Kreml ein. Ein sehr langsamer
Fahrstuhl, der seit Lenins Zeiten in Gebrauch ist (das weiß ich genau,
denn ich hatte ihn oft benutzt), ließ uns jedoch einen Moment zu spät
kommen. Wir gingen direkt zu Gorbatschows Büro im vierten Stock,
wo uns der Generalsekretär empfing. Da wir uns schon von einer
früheren Begegnung kannten, begrüßte er mich zuerst und dann Gale.

Über einen Dolmetscher dankte uns Gorbatschow und sagte, die
Sowjetunion würde einen Weg finden, um sich bei Bob Gale und
seinem Team für ihre Bemühungen zu revanchieren. Dann änderte er
seinen Ton, obwohl er nicht lauter sprach. Mit rotem Gesicht redete er
etwa fünf Minuten lang sehr schnell und mit Nachdruck. Der Zorn
löste seine Zunge.

Er stellte die rhetorische Frage, was das denn für Menschen in den westlichen Regierungen und Medien seien, die eine menschliche Tragödie vom Ausmaß Tschernobyls für ihre Zwecke ausnutzten. «Was hat Ihre Regierung vor?» fragte er. «Versuchen sie, mich von meinem Volk zu trennen – einen Keil zwischen mich und mein Volk zu treiben? Ich werde kritisiert, weil ich den Unfall nicht sofort bekanntgab. Ich wußte selbst nicht, wie ernst es war, bis ich von der Kommission, die ich dorthin geschickt hatte, einen Bericht erhielt. Die Leute am Ort haben mich nicht vollständig informiert; sie werden dafür bestraft. Sowie ich informiert war, habe ich sofort alle Fakten bekanntgegeben.»

Er sagte, er komme gerade von einer Politbüro-Konferenz, wo sie das Tschernobyl-Problem besprochen hätten. «Meine Aktentasche ist voller Briefe und Telegramme aus dem ganzen Land; alle wollen helfen und Geld schicken. Einige wollen ihre Gehälter spenden oder Opfer zu sich ins Haus nehmen. Ich habe sogar zwei Briefe von Amerikanern hier.»

Er öffnete seine Mappe und zeigte uns die beiden Briefe. An beide waren Geldscheine geheftet. Einer war von einer älteren Frau aus New York, die einen Fünf-Dollar-Schein beigefügt hatte. Auch der zweite war von einer Frau, die zehn Dollar geschickt hatte.

Dann brachte er das Gespräch auf die Lehren, die uns Tschernobyl erteilt hat. «Diese Katastrophe unterstreicht die Gefahren eines Atomkriegs und die Gefahren, die die Ausdehnung der Atomwaffen bis ins All mit sich bringt», sagte er, sich auf SDI, die strategische Verteidigungsinitiative – allgemein als «Krieg der Sterne» bekannt –, beziehend, die die Sowjets so beunruhigt. Er sagte, daß ein Tschernobyl im Weltraum «undenkbar» sei. Sollten die Amerikaner diese Art Waffen im Weltraum plazieren, so würden ihnen die Sowjets nur mit weiteren Waffen folgen. «Die Welt würde zum Irrenhaus», sagte er.

Unser Gespräch wurde sehr emotional. Ich fügte zum Schluß hinzu: «Herr Generalsekretär, ich habe zwei große Hoffnungen für die verbleibenden Jahre meines Lebens: daß ein Mittel gegen Krebs gefunden wird – was, wie ich als Vorsitzender des President's Cancer Panel glaube, nicht mehr lange dauert – und Weltfrieden. Wenn ich irgend etwas tun kann, um diese Ziele zu erreichen, dann glaube ich, daß mein Leben etwas wert war.»

Gorbatschow lächelte freundlich und sagte: «Sie sind ein ewiger

Optimist, Dr. Hammer. Auch ich hoffe, daß Sie diese Errungenschaften noch erleben.»

Er verabschiedete uns und dankte uns noch einmal. Das Treffen hatte eine Stunde und fünf Minuten gedauert. Ich blieb allein zurück, um mich noch privat mit Gorbatschow und Dobrynin zu unterhalten. Ich brachte das Gespräch auf die Notwendigkeit, verstärkt Juden auswandern zu lassen, und bezog mich auf einen Brief, den mein Freund Guilford Glazer an Dobrynin geschrieben hatte. Gorbatschow, der sich mit Dobrynin beriet und auf die Beachtung humanitärer Fälle verwies, versicherte mir, daß etwas geschehen werde. (Später erteilte die Sowjetunion an 117 Mitglieder getrennter Familien Ausreisevisa. Ungefähr ein Drittel davon waren Juden.)

Bevor wir am Morgen des 16. Mai Moskau verließen, ging Gale noch einmal zum Hospital Nr. 6, um sich zu verabschieden. Die russischen Ärzte umarmten ihn mit der Herzlichkeit echter Kollegen, die zusammen gekämpft und gearbeitet hatten. Ihre Augen füllten sich mit Tränen. Als er das Krankenhaus verließ, blickte er sich noch einmal um und sah durch die Fenster der Station, auf der die Opfer von Tschernobyl lagen, wie die Maschinen, die wir geschickt hatten, noch immer arbeiteten, um Leben zu retten.

In Los Angeles empfing uns ein gewaltiges Presseaufgebot. Die lokalen Fernsehstationen sendeten das Ereignis live. Bob Gale, der inzwischen im Umgang mit den Medien fast ein alter Hase geworden war, betonte wiederholt, daß die außergewöhnliche Lektion, die uns Tschernobyl erteilt hätte, die sei, daß die ganze Menschheit sich zusammenschließen müsse, um ähnliche Katastrophen in Zukunft zu verhindern.

Eine Woche später hatten wir Gelegenheit, diese Lektion erneut mit Nachdruck an den Mann zu bringen. Am 23. Mai flogen Bob Gale, Paul Terasaki, Richard Champlin und ich nach Washington, um Außenminister George Shultz zu sprechen, der uns herzlich für unsere Bemühungen dankte, aber enttäuscht war, wie er sagte, daß die Russen es abgelehnt hätten, Hilfe von der Regierung anzunehmen. Er wußte, daß Gale in Kürze wieder nach Moskau zurückkehren würde, um seine Arbeit fortzusetzen, und daß ich hoffte, Gorbatschow bald wiederzusehen. Er bat uns, den Sowjets eine Botschaft zu überbringen: Sie müssen verstehen, sagte er, daß die amerikanische Regierung die amerikanische Presse nicht kontrolliert. «Die müssen da wirklich einen Unterschied machen», sagte er. «Es scheint ihnen nicht klar zu sein, daß wir die Medien nicht beherrschen.»

Es wurde fotografiert. Nachdem die Ärzte gegangen waren, unterhielt ich mich noch mit George Shultz und Mark Palmer, dem stellvertretenden Abteilungsleiter im Außenministerium, der auf sowjetische Angelegenheiten spezialisiert und jetzt US-Botschafter in Ungarn ist.

Ich berichtete ausführlicher über mein Gespräch mit Gorbatschow und die Bedingungen, die er als Verhandlungspunkte einer Gipfelkonferenz vorgebracht hatte. Shultz sagte, er würde es sehr begrüßen, wenn Gorbatschow ein Treffen, wie ich es vorgeschlagen hatte, zwischen ihm und Schewardnadse arrangieren könnte, damit man sich über die Tagesordnung eines im Herbst stattfindenden Gesprächs einigen könne. Wieder hob ich die Notwendigkeit hervor, daß über die Lektionen von Tschernobyl diskutiert werden müsse. Nur internationale Zusammenarbeit, angeführt von den Vereinigten Staaten und der UdSSR, könne dazu beitragen, daß sich die Katastrophe nicht in einem der vielen Atomkraftwerke auf der Welt wiederholte.

Betrachtet man die Beziehungen zwischen den Vereinigten Staaten und der UdSSR als Ganzes, mag die Arbeit von Gales Team im Moskauer Hospital Nr. 6 nur ein kleiner Schritt in Richtung Frieden gewesen sein, aber es war immerhin ein Schritt. Menschenleben, die sonst verloren gewesen wären, wurden gerettet. Russen und Amerikaner arbeiteten Seite an Seite, was zu gegenseitiger Wertschätzung und Zuneigung führte. Die Fundamente für einen Austausch wissenschaftlicher und medizinischer Informationen wurden gelegt, was zum Verständnis beiträgt und ein ähnlich alptraumhaftes Unglück vielleicht vermeiden hilft.

Im Juni 1986 kehrte Gale nach Moskau zurück, um zu sehen, welchen Fortschritt seine Patienten gemacht hatten. Er besuchte auch Tschernobyl und Kiew und unterzeichnete ein Abkommen für die Einrichtung einer privaten Stiftung, die den Namen Armand Hammer Center for Advanced Studies in Nuclear Energy and Health erhielt und von ihm und mir geleitet werden würde. Das Gremium sollte sich aus hervorragenden Wissenschaftlern zusammensetzen, Spezialisten für Epidemiologie und für die Auswirkungen hoher Dosen radioaktiver

Strahlung; sie würden das Auftreten von Krebs und anderen Krankheiten im Leben der tausend und aber tausend Menschen untersuchen, die bei der Katastrophe von Tschernobyl radioaktiver Strahlung ausgesetzt waren. Die Stiftung wurde vom State Department gutgeheißen, und wir luden Regierungsbehörden und die nationale Akademie der Wissenschaften ein, sich den Bemühungen anzuschließen, die meine Stiftung finanzieren wollte. Die erste Konferenz der Beratergruppe, die sich aus Wissenschaftlern verschiedener Länder zusammensetzte, fand am 8. Juli 1986 in meinem Büro statt.

Mitte Juli besuchte auch ich Tschernobyl. Ich wollte den Schauplatz der Verwüstung sehen. Zwei Szenen dieser Reise werden mir stets im Gedächtnis bleiben. Die eine war der Blick aus dem Hubschrauber, als wir uns dem Reaktor näherten – das Gerippe eines Bauwerks, wie nach einem Bombenangriff. Die zweite Szene war das, was wir als nächstes sahen, als wir zur nahegelegenen Stadt Pripyat weiterflogen. Dort sahen wir riesige Wohnhäuser in einer Geisterstadt – kein einziges Lebenszeichen. Wäsche hing an der Leine, Heu lag auf den Feldern, und Autos standen auf den Straßen. Weder Hunde noch Katzen durchstreiften die Gegend. Anatolij Efimowitsch Romanenko, Gesundheitsminister der Ukraine, der mit dabei war, erklärte, dies sei einmal reiches Farmland mit großem Viehbestand gewesen. Doch unter uns lag die unheimliche Stille einer leblosen Wüste.

Ich mußte an die Neutronenbombe denken, diese «Wunderwaffe», die Leben auslöschen, aber Bauwerke erhalten konnte – die größte Torheit des Menschen. Ich kann nur hoffen, daß Pripyat ein Mahnmal dessen darstellt, was niemals sein darf.

Die Verhinderung der unvorstellbaren Verwüstungen eines Atomkriegs ist in den letzten Jahren mein Hauptanliegen gewesen; der Förderung des menschlichen Verständnisses mit dem Ziel des Weltfriedens vor Augen widmete ich mein Leben. Seit dem Zusammenbruch der Détente stand in meinen Gedanken an erster Stelle die Notwendigkeit regelmäßiger Gipfelgespräche zwischen den Staatsoberhäuptern der Vereinigten Staaten und der UdSSR. Im Spätsommer 1986 fiel mir die kleine Rolle zu, das Treffen zwischen Reagan und Gorbatschow in Reykjavik zu fördern, indem ich dazu beitrug, die Krise um den amerikanischen Journalisten Nicholas Daniloff zu beenden.

Was ich tat? Ich redete. Ich machte Besuche. Ich verschickte Briefe. Ich flog zwischen Moskau und Washington hin und her. Ich tat, was ich konnte und was mir am meisten liegt – eine Lösung durch Kompromisse suchen. Das habe ich schließlich mein ganzes Leben lang getan.

Ich war zufällig in Rußland, als bekannt wurde, daß Nicholas Daniloff, Korrespondent von *U.S. News and World Report* am 30. August verhaftet wurde. Daniloffs Verhaftung war die Verhaftung des sowjetischen Spions Gennadij Sacharow am 23. August in New York vorausgegangen, und es war so offensichtlich eine Wie-du-mir-so-ich-dir-Reaktion, daß sich in Moskau niemand groß erregte. Es war damals noch ungewiß, ob Daniloff nur festgehalten oder vor Gericht gebracht würde. Die Geschichte war unklar, und die Argumente waren schwach. Die Verhaftung wurde während meines dreistündigen Gesprächs mit Premierminister Nikolai Ryschkow am 2. September in seinem Kremlbüro überhaupt nicht erwähnt. Ryschkow sagte jedoch etwas, was in meinen späteren Bemühungen um den Daniloff/Sacharow-Fall von größerer Bedeutung sein sollte.

Er begann das Gespräch mit den Worten: «Ich bin Ihnen dankbar für das, was Sie für uns bei der Katastrophe von Tschernobyl getan haben. Ihre Bemühungen haben viel dazu beigetragen, die Situation zu normalisieren.» Diese Worte waren ermutigend. Ich faßte sie so auf, daß die Sowjets gelernt hatten, im Verhandeln mit Amerika offener zu sein, und daß die Übertreibungen der amerikanischen Medien nicht unbedingt die Einstellungen und Absichten der Regierung reflektieren. Wie wir sehen werden, war dies ein wichtiger Punkt.

Erst als ich in der ersten Septemberwoche nach New York zurückkehrte, wurde mir klar, wie bedrohlich der Daniloff-Fall werden konnte. Ich las einen Artikel in der *New York Times*, der äußerst ominös davon handelte, wie sehr die Affäre den entscheidenden Verhandlungen zwischen den Außenministern Shultz und Schewardnadse bei der Erstellung einer Tagesordnung für die Gipfelkonferenz schadete. Shultz und Schewardnadse sollten einen Termin für das Gipfeltreffen bekanntgeben. Es war jetzt sicher, daß es keinen Gipfel geben würde, solange der Fall Daniloff ungelöst blieb.

In diesem Augenblick wurde mir auch zum ersten Mal bewußt, daß etwas faul war. Die Verhaftung der Männer war anscheinend hinter dem Rücken der beiden Staatsoberhäupter erfolgt, und es sah ganz danach aus, als ob jemand versuchen wollte, die Chancen für ein Gipfeltreffen zu torpedieren. Als Sacharow verhaftet wurde, befand sich der Präsident auf Urlaub in Kalifornien, und George Shultz war im exklusiven Bohemian Grove in Nordkalifornien, wo sich Geschäftsleute erholen. Die Verhaftung war also ohne Befragung der höchsten Instanz vom FBI beschlossen worden. Das sah verdächtig aus, und es paßte zu einem ebenso verdächtigen Umstand in Verbindung mit der Verhaftung Daniloffs: Gorbatschow war auch nicht in Moskau gewesen, als Daniloff vom KGB abgeholt wurde. Wie es aussah, taten die Radikalen auf beiden Seiten, die gegen ein Gipfeltreffen waren, ihr Bestes, um böses Blut zu machen.

Sie hatten Erfolg. Die amerikanischen Medien schaukelten sich an der Festnahme ihres Journalistenkollegen hoch, und die Regierung hatte übertrieben reagiert, indem sie Reagan und Shultz in höchster Alarmbereitschaft an die vorderste Front schickte.

Als Antwort darauf mischte sich Gorbatschow ins Gefecht und erklärte, daß Daniloff bei der Entgegennahme geheimer Dokumente «auf frischer Tat» ertappt worden sei und daß er in Moskau vor Gericht gestellt würde.

All dies wurde mir erst Anfang September richtig bewußt. In meinem Haus in Greenwich Village dachte ich über eine Lösung für die Beendigung dieser Krise nach. Dann wußte ich, was ich zu tun hatte.

Da ich schon einmal eine ähnliche Krise beigelegt hatte, verfügte ich über Erfahrung. Im Sommer 1978 hatten die Sowjets als Vergeltung für die Verhaftung zweier sowjetischer Spione in New York einen amerikanischen Geschäftsmann namens Francis Crawford wegen angeblicher Schwarzmarktvergehen festgenommen. Damals war ich auf Bitte der Carter-Regierung nach Jalta geflogen, um mit Generalsekretär Leonid Breschnew über die Freilassung Crawfords zu verhandeln. Ich hatte vorgeschlagen, daß Crawford rasch vor Gericht gebracht und dann ausgewiesen würde. Als Gegenleistung würden die sowjetischen Spione aus den USA ausgewiesen. Außerdem sollten einige Dissidenten auswandern dürfen.

Breschnew ging auf diesen Vorschlag ein, und die Krise wurde reibungslos beendet.

Ich setzte mich wegen der neuen Affäre mit dem stellvertretenden

Außenminister John Whitehead in Verbindung. Ich sagte ihm, daß ich die Absicht hätte, Kontakte auf höchster Ebene in Moskau herzustellen. Er war sofort einverstanden.

Am Tag darauf, einem Freitag, beim Lunch im Lotos Club in New York, telefonierte ich mit Dobrynin. Ich hatte ihn in seiner Datscha außerhalb Moskaus erreicht. Er und ich sind seit mehr als zwanzig Jahren Freunde, haben viele Krisen zusammen überwunden und reden jetzt völlig offen und zwanglos miteinander.

«Anatolij», sagte ich, «ich glaube, du bist dir der Schwere des Problems nicht bewußt. Die Regierung und die amerikanischen Medien nehmen den Fall Daniloff sehr ernst. Wenn nicht rasch etwas geschieht, könnte das die Chancen für eine Gipfelkonferenz ruinieren. Ich glaube, ich habe eine Lösung, und möchte einen Brief an Generalsekretär Gorbatschow schreiben.»

Dobrynin sagte, ich solle meinen Brief schreiben, und versicherte mir, er würde Gorbatschow darauf aufmerksam machen.

Ich schilderte zunächst die Geschichte meiner Mission im Jahre 1978 in Jalta und schrieb dann:

Ich glaube, dieser Fall könnte rasch in der gleichen Weise wie der Fall Crawford gelöst werden. Die Einzelheiten könnten von Minister Dobrynin in Zusammenarbeit mit dem amerikanischen Außenminister Whitehead oder Unterstaatssekretär Armacost über Ihren Botschafter Dubinin ausgearbeitet werden.

Sind diese unnötigen Querelen erst einmal von den Frontseiten der westlichen Presse entfernt worden, könnten wir uns anläßlich eines Gipfeltreffens zwischen Ihnen und Präsident Reagan den ernsten Angelegenheiten unserer beiden Länder zuwenden, wobei etwas Konkretes erzielt werden könnte.

Auf Dobrynins Empfehlung schickte ich dieses Schreiben an Dubinin mit der Bitte, es über diplomatische Kanäle an Gorbatschow weiterzuleiten. John Whitehead sandte ich eine Kopie.

Nach einer rastlosen Nacht beschloß ich, noch mehr zu tun. Briefe allein würden nichts bewirken. Ich rief Whitehead an und sagte: «Warum fliegen wir nicht zusammen nach Moskau und bringen die Sache in Ordnung?»

Er war sofort Feuer und Flamme und sagte, er würde gern mitkommen, müsse es sich aber noch durch den Kopf gehen lassen. Wenige Stunden später rief er mich zurück und sagte, mein Plan tauge nichts. Der Präsident habe sich endgültig der Sache angenommen und schicke ein persönliches Schreiben an Gorbatschow – er bürge dafür, daß Nicholas Daniloff kein Spion sei, und verlange seine sofortige und bedingungslose Freilassung. Mit dieser absoluten Forderung verringerten sich die Chancen für eine Kompromißlösung gewaltig. Die Regierung war offensichtlich fest entschlossen, mit den Sowjets zu rangeln, und die Presse war voller Rhetorik über Konfrontationen, bei denen sich die Gegner ins Auge blickten; wer würde zuerst zwinkern? Ich hielt es für äußerst unangemessen, daß man sich dieser Sprache bediente, die auf die Kubakrise der sechziger Jahre zurückgeht – als die Welt einem Atomkrieg näher war als zu irgendeiner anderen Zeit –, um einen Streit wegen der Daniloff/Sacharow-Affäre zu entfachen.

Die Würfel waren jedoch gefallen, und ich konnte nur in den Kulissen stehen und die verfahrene Situation beobachten, die sich über die zweite und dritte Septemberwoche hinzog. Diese Beschränkung frustrierte mich sehr, und als am 21. September noch immer weder Fortschritt noch Veränderung in Sicht waren, hatte ich genug. Ich beschloß, auf eigene Faust nach Moskau zu gehen, die Zustimmung des Präsidenten allerdings vorausgesetzt.

In diesen Septembertagen voller Frustration hatte ich meine eigenen Vorschläge überdacht. Ich wollte vorschlagen, daß Daniloff in Moskau vor Gericht gestellt und wegen eines geringeren Spionagevergehens angeklagt würde. Die Sowjets hatten bekanntgegeben, daß sie in seinem Besitz nichtdeklarierte Gegenstände gefunden hätten und daß man ihn des Schmuggelns verdächtige (die verdächtigen Gegenstände waren offenbar Schmuckstücke aus Familienbesitz, die Daniloff, wie er zugab, bei seiner Einreise nicht deklariert hatte). Ich wollte den Vorschlag machen, daß man ihm nur wegen dieses Vergehens den Prozeß machte; es wäre dann ganz normal, ihn mit einer Geldstrafe zu belegen und auszuweisen.

Die Streitsache, die ohnehin schon überhitzt war, mußte durch eine weitere Komplikation nicht unbedingt noch mehr angeheizt werden. Die amerikanische Regierung forderte den Rückzug von fünfundzwanzig sowjetischen Angestellten der Vereinten Nationen, denen Spionagetätigkeit vorgeworfen wurde. Ich wollte vorschlagen, diese Forderung fürs erste aufzuschieben, zumindest bis die Streitsache Daniloff/ Sacharow beigelegt wäre. Die Affäre geriet offensichtlich total außer Kontrolle.

Am Abend des 21. September sah ich Präsident Reagan auf einem Empfang im Weißen Haus und unterhielt mich wenige Minuten lang unter vier Augen mit ihm. Ernst sagte er: «Ich habe Schewardnadse mitgeteilt, daß erst mal alles auf Eis gelegt wird, bis diese Daniloff-Affäre erledigt ist», was bedeutete, daß bei den Treffen Shultz–Schewardnadse ganz sicher kein Gipfeltermin zustande kommen würde. Ich sagte: «Ich möchte sofort nach Moskau fliegen, um zu sehen, ob ich auf höchster Ebene irgend etwas tun kann. Nichts darf dem Gipfeltreffen im Weg stehen.» Der Präsident bestärkte mich darin, alles zu tun, was in meiner Macht stand, um die Situation zu retten.

Am nächsten Tag hörte ich Reagans Ansprache vor der Generalversammlung der Vereinten Nationen in New York, und ich ergriff die Gelegenheit beim Schopf, mit meinem alten Freund Schimon Peres, dem Premierminister von Israel, ein kurzes Gespräch zu führen. Ich bat ihn um eine Liste der jüdischen Dissidenten, die von den Sowjets eine Ausreiseerlaubnis erhalten sollten. Ich sagte ihm, daß ich hoffte, die Beilegung des Konflikts in Moskau unterstützen zu können, was zur Freilassung Nicholas Daniloffs sowie einiger Dissidenten führen könnte. Er gab mir rasch mehrere Namen.

Später am selben Tag traf ich mich mit dem sowjetischen Botschafter Dubinin und Außenminister Schewardnadse in der sowjetischen Mission in New York. Ich mußte das Gebäude durch eine Hintertür betreten, um dem Reporterschwarm vor dem Fronteingang auszuweichen. Meine Mitarbeiter hielten meinen beabsichtigten Flug nach Moskau streng geheim.

Ich unterhielt mich ausführlich mit Dubinin und Schewardnadse. Dem Außenminister gefiel meine Idee, die Frage der fünfundzwanzig sowjetischen UNO-Angestellten getrennt zu lösen, daß ich also Shultz bitten würde, ihre Abreisefrist – 1. Oktober – zu verschieben. Beide Männer bestärkten mich in meinem Plan, nach Moskau zu fliegen. Botschafter Dubinin hatte persönliche Anweisungen gegeben, daß mir und meinen Begleitern Visa ausgestellt würden, und diese Formalität – die normalerweise Wochen in Anspruch nimmt – wurde sofort erledigt.

Ich flog noch am selben Tag und kam am späten Nachmittag des 23. September in Moskau an. Am selben Abend noch brachte man mich zum Büro Dobrynins im Gebäude des Zentralkomitees. Wir kamen sofort zum Thema. «Es muß doch eine rationale Lösung geben», sagte ich. «Ich glaube wirklich, daß ein Arrangement getroffen werden kann, das beiden Seiten gerecht wird.»

Dobrynin wiederholte, was Eduard Schewardnadse in New York zum Ausdruck gebracht hatte: Das Problem der fünfundzwanzig sowjetischen UNO-Angestellten sollte vom Fall Daniloff/Sacharow getrennt und zurückgestellt werden, bis jener wichtigere Fall beigelegt wäre.

Ich sagte, ich sei sicher, daß diese Abkoppelung erfolgen könnte und daß man im gegenseitigen Vertrauen zu einer Einigung gelangen dürfte. Ich wies darauf hin, daß Daniloff bedingungslos freigelassen werden müßte, und schlug außerdem vor, daß Louis Nizer, einer der prominentesten Rechtsanwälte in Amerika und ein alter Freund von mir, zu Rate gezogen würde. Ich schlug vor, einen neuen Brief an Generalsekretär Gorbatschow zu schreiben. Dobrynin versprach, dafür zu sorgen, daß er direkt auf Gorbatschows Schreibtisch gelangte.

Ich schrieb den Brief. Am nächsten Tag rief mich Dobrynin in meiner Moskauer Wohnung an und sagte, Michail Gorbatschow habe meinen Brief gelesen und «herzlich aufgenommen». Offensichtlich trug dieser Brief dazu bei, die Situation zu lösen, denn Dobrynin sagte: «Sie können nach Hause gehen.» Dann setzte er hinzu, Gorbatschow hätte bemerkt: «Woher nimmt dieser Hammer bloß die ganze Energie?»

Sechsunddreißig Stunden nachdem ich die USA verlassen hatte, war ich wieder in New York und beriet mich mit Louis Nizer, der eine legalistische Alternative zu einer Klageerwiderung für Sacharow vorschlug. Louis sagte, daß ein «stillschweigendes Schuldgeständnis» – effektiv weder Geständnis noch Leugnen einer Schuld – vielleicht beide Seiten zufriedenstellen könnte. Ich leitete diesen Vorschlag an Botschafter Dubinin weiter.

Am folgenden Wochenende, dem letzten im September, hörte ich, daß sich eine Lösung anbahnte. Dies wurde am Morgen des 30. September von George Shultz bekanntgegeben. Daniloff sei in diesem Augenblick auf dem Flug von Moskau, sagte er, nachdem man ihn ohne Prozeß freigelassen hätte. Sacharow stünde in New York vor

Gericht und mache *nolo contendere* geltend, bestritt also den Vorwurf der Spionage *nicht*. Er würde des Landes verwiesen, und gleich anschließend würde dem Dissidenten Dr. Jurij Orlow und seiner Frau gestattet, die UdSSR zu verlassen.

Die Krise war überstanden. Reagan gab bekannt, daß er das Angebot Gorbatschows, sich zehn Tage später in Reykjavik auf Island mit ihm zu treffen, angenommen hätte.

Der Fall des bekannten sowjetischen Genetikers David Goldfarb war auf merkwürdige Weise mit der Daniloff-Geschichte verwickelt, und es ist sicher, daß Dr. Goldfarb Rußland nicht mit mir hätte verlassen dürfen, um zu seinem Sohn in New York zu ziehen, wenn zuvor nicht die Daniloff-Krise beigelegt worden wäre.

Alles in allem betrachtet, gehört die Goldfarb-Story zu den glücklicheren Ereignissen meines Lebens, und ich finde, daß sich an ihr zeigt, um wieviel gelassener die Sowjets seit Tschernobyl mit dem Westen umgehen. Die Freilassung von David Goldfarb war wiederum eine Gelegenheit, bei der ich meine Kontakte in Moskau nutzen konnte – einfach und schnell, um die saubere Lösung eines menschlichen Problems zu bewirken.

Es begann jedoch mit einem unglücklichen Mißverständnis. Alex Goldfarb, der Sohn des Genetikers, sandte mir einen Brief, den ich nicht erhielt. Alex, ein Mikrobiologe, durfte seine Heimat Rußland mit achtundzwanzig Jahren verlassen und lebt seit 1975 in New York. Durch einen merkwürdigen Zufall wurde er Assistant Professor am Julius and Armand Hammer Health Sciences Center an der Columbia University. Wir kannten uns nicht, aber am 23. Juli 1986 schrieb er mir einen Brief und bat mich zu helfen, das Leben seines Vaters zu retten.

David Goldfarb ist nicht nur ein weltberühmter Genetiker, er ist auch ein «Held der Sowjetunion» – ein früheres Mitglied der Kommunistischen Partei und militärischer Held, da er bei der Belagerung Stalingrads ein Bein verlor. Nachdem er sich 1979 zur Ruhe gesetzt hatte, erklärte man ihm, er könne die UdSSR verlassen, wenn er wolle. Er beantragte die Ausreiseerlaubnis. Sie kam aber nicht.

1984 verknüpfte sich sein Schicksal mit dem seines Freundes Nicholas Daniloff: Das KGB versuchte, Goldfarb für ein Komplott zu gewinnen; dem Reporter sollten Dokumente untergeschoben werden.

David Goldfarb lehnte ab. Das Leben in Moskau wurde augenblicklich weniger angenehm für ihn.

Seine Gesundheit war sehr schlecht. Er hatte vielfache Leiden, auch Diabetes, und seine Sehkraft ließ nach.

Alex hatte herausgefunden, daß ich in Moskau war, und schickte seinen Brief per Fernschreiben an mein Moskauer Büro. Er traf ein, nachdem ich Moskau verlassen hatte. Weil ich reiste, wußte ich nichts davon, bis die Zeitung *The Wall Street Journal* einen offenen Brief von Alex Goldfarb an mich unter der Überschrift NACH RUSSLAND MIT HOFFNUNG: EINE BITTE UM DIE HILFE ARMAND HAMMERS veröffentlichte. Ich setzte mich sofort mit ihm in Verbindung und versicherte ihm, alles zu tun, was in meiner Macht stünde, um seinem Vater zu helfen.

Die erste Gelegenheit dazu erhielt ich, als ich Dobrynin am 3. September in Moskau sah. Ich schilderte ihm den Fall, und er sagte: «Ich werde mich darum kümmern.»

Wieder in New York, telefonierte ich mit Alex Goldfarb und informierte ihn über mein Treffen mit Dobrynin und riet ihm: «Versuchen Sie, Geduld zu haben. Diese Dinge brauchen ihre Zeit bei den Russen.» Alex Goldfarb sagte, daß sich einige Veränderungen bereits abzeichneten. Am Tag nach meinem Treffen mit Dobrynin hätte sein Vater den Besuch von Boris Petrowskij, dem ehemaligen Gesundheitsminister, und einer Kommission aus etwa dreißig Ärzten erhalten, die seine Krankengeschichte überprüften und seine Versorgung im Krankenhaus begutachteten. Alex war sicher, daß diese Inspektion – und die nachfolgende erhebliche Verbesserung der medizinischen Versorgung – auf mein Gespräch mit Dobrynin zurückzuführen sei.

Als nächstes erhielt ich einen Brief von Nicholas Daniloff, der mich bat, alles in meiner Macht Stehende zu tun, um David Goldfarb zu helfen. Die Daniloff-Krise hatte zu diesem Zeitpunkt ihren Höhepunkt erreicht, aber Daniloff hatte den Brief Ende August, vor seiner Verhaftung, geschrieben. Es hatte über einen Monat gedauert, bis er in meine Hände gelangte.

Am 12. Oktober traf ich erneut zu einer geschäftlichen Besprechung in Moskau ein. Bei meinem Treffen mit Dobrynin am 13. Oktober brachte ich die Sprache erneut auf Dr. Goldfarb und sagte: «Ich würde ihn morgen gern in meinem Flugzeug mit nach Amerika nehmen.»

Dobrynin antwortete: «Wirklich – das ist unmöglich.»

Ich erwiderte: «Ich bin gewöhnt, das Unmögliche zu tun. Versuchen wir's doch mal!»

Dobrynin sagte, er würde sich wieder bei mir melden.

Am Nachmittag hatte ich eine Besprechung im Kreml mit dem stellvertretenden Premierminister Wladimir Kamentschew, als Dobrynin mich anrief.

«Armand», sagte er, «Sie können Dr. Goldfarb morgen mit nach Amerika nehmen, wenn er gehen will und wenn ihm die Ärzte die Reise gestatten.» Ich bat ihn sofort um Erlaubnis, Dr. Goldfarb im Krankenhaus besuchen zu dürfen, und er willigte ein.

Ich war unsagbar glücklich. Kurze Zeit später erhielt ich einen Anruf von Sergej Tschetwerikow, dem amtierenden stellvertretenden Außenminister. Ich könne Dr. Goldfarb im Wischnewskij-Institut für Chirurgie aufsuchen, sagte Tschetwerikow. Ich solle abends um Viertel vor sieben dort sein.

Der Direktor des Instituts, Dr. Michail Iljitsch Kusin, ein berühmter Chirurg, begrüßte mich, und nach halbstündiger Beratung, in der er mir mitteilte, daß Dr. Goldfarb reisefähig sei, geleitete er mich durchs Krankenhaus.

David Goldfarb teilte ein Zimmer mit drei anderen Männern. Alle waren schwer krank und wurden intensiv betreut. Dr. Goldfarb, der im Bett neben dem Fenster lag, sah verloren aus, wenn auch in einer etwas besseren Verfassung als die anderen.

Ich nahm seine Hand und sagte auf englisch: «Ich bin gekommen, um Sie in meinem Flugzeug mit nach Amerika zu nehmen, damit Sie wieder bei Ihrem Sohn sein können.»

Er schien es nicht zu glauben und antwortete ganz ruhig auf englisch: «Das ist mein Traum.»

Offensichtlich begriff er nicht gleich, daß ich ihm anbot, ihn schon am nächsten Tag mit seinem Sohn zu vereinen!

Dr. Kusin schaltete sich auf russisch ein: «Dr. Goldfarb, das Angebot von Dr. Hammer ist echt, verstehen Sie? Die Behörden haben Ihnen die Erlaubnis erteilt, morgen mit dem Flugzeug von Dr. Hammer auszureisen.»

Er schien einen Augenblick zu brauchen, um diese Neuigkeit aufzunehmen. Dann sagte er wieder ganz ruhig: «Natürlich würde ich gern mitfliegen. Aber ich kann nicht ohne meine Frau reisen.»

Ich sagte, ich sei sicher, auch dies könne arrangiert werden, und bat um ihre Adresse und Telefonnummer. Er versuchte, sie aufzuschreiben, aber seine Sehkraft ließ ihn im Stich, und er mußte die Auskünfte dem Arzt diktieren. Ich saß neben ihm, hielt seine Hand und versuchte, ihn zu ermutigen: «Es wird Ihnen in Amerika besser gehen. Es wird alles gut werden.»

Ich telefonierte mit Frau Goldfarb und sagte ihr, daß ich sie noch am selben Abend zu Hause aufsuchen würde. Als sie mich in ihre bescheidene, aber gemütliche Dreizimmerwohnung eintreten ließ und mir den Stuhl neben ihrem Schreibtisch anbot, versuchte ich zu erklären, daß sie schon am nächsten Tag mit mir nach Amerika reisen könne. Sie antwortete: «Ich würde natürlich gern mitkommen, aber was wird aus meinem Job in der Poliklinik?»

«Frau Goldfarb, Sie brauchen keinen Job», antwortete ich. «Sie fliegen nach Amerika. Ihr Sohn wird sich um Sie kümmern. Ich werde Ihrem Chef schreiben, und alles wird in Ordnung sein.»

Sie überreichte mir ihre Pässe, die ich entgegennahm ohne zu ahnen, daß sie nur für das Inland gültig waren. Sie begann, einen kleinen Koffer für ihren Mann zu packen, und schien nicht mit der Frage fertig zu werden, welchen seiner Mäntel sie mitnehmen sollte – das einzige Anzeichen seelischer Erregung –, bis sie sich schließlich für einen schwarzen Ledermantel entschied. «Ich muß zu David», sagte sie. «Nehmen Sie mich bis zur Metro mit?»

Am Abend machte ich einige dringende Telefonate, um die letzten Fragen zu klären. Von seiner Datscha aus versicherte mir Dobrynin, daß er für Frau Goldfarb keine Schwierigkeiten sah. «Ich bin sicher, daß sie reisen kann, wenn sie will», sagte er.

Ich rief Tom Simons, den stellvertretenden Abteilungsleiter im Außenministerium und Nachfolger von Mark Palmer, an, um ihm die Neuigkeit mitzuteilen und darum zu bitten, daß für die Goldfarbs Einreisevisa erteilt würden. Ich sagte ihm, es sei «zu neunzig Prozent sicher», daß die Goldfarbs am nächsten Tag mit mir Moskau verlassen dürften. Ich erklärte, daß dies absolut geheimgehalten werden müsse. Die Sowjets hätten betont, daß nichts an die Öffentlichkeit dringen dürfe, solange mein Flugzeug sich noch im sowjetischen Luftraum befände.

Am nächsten Morgen holte ich Frau Goldfarb in ihrer Wohnung ab.

Sie war reisefertig. Still saß sie zwischen den neunzehn Koffern, die sie mit Hilfe ihrer Tochter und ihres Schwiegersohns gepackt hatte. Das sah zwar nach einer Menge Gepäck aus, wenn man aber bedachte, daß sie ein ganzes Leben und all ihren Besitz hinter sich ließ, so hatte sie doch eigentlich mit erstaunlicher Bescheidenheit gepackt. Wir fuhren zusammen zum OVIR-Büro, der staatlichen Paßstelle, wo die Ausstellung der neuen Pässe von einem Drei-Sterne-General des MWD (Ministerium für innere Angelegenheiten) und einem Beamten der US-Abteilung des sowjetischen Außenministeriums überwacht wurde. Als wir eintrafen, waren sämtliche Dokumente bereit, und die Formalitäten wurden mit erstaunlicher Geschwindigkeit erledigt. Dobrynin hatte offenbar alle seine Verbindungen spielen lassen. Innerhalb von fünfzehn Minuten waren wir wieder in unseren Autos und auf dem Weg zum Krankenhaus.

Während der Fahrt blickte Frau Goldfarb ständig aus dem Fenster auf ihre Heimatstadt Moskau. Sie nannte die Namen der vorüberziehenden Gebäude, als ob sie sich von ihnen verabschieden wollte. «Dort ist das Bolschoi-Theater», sagte sie, «und dort Detski Mir (Kinderwelt – der größte Spielzeugladen Moskaus).» Ich unterbrach ihr Selbstgespräch nicht, das offensichtlich nur sie etwas anging.

Frau Goldfarb ging resolut durchs Krankenhaus zur Station ihres Mannes. Er lag, mit einem blauen Trainingsanzug bekleidet, auf dem Bett und war bereit. Er wurde in einen Rollstuhl gehoben, und dann verabschiedete er sich leise von den anderen Patienten. Die gelassene Würde der Goldfarbs in diesen Augenblicken war sehr bewegend.

Es war arrangiert worden, daß wir direkt auf die Rollbahn und bis zur Gangway meines Flugzeugs fahren durften, wobei wir die üblichen Verzögerungen durch die Gepäck- und Ticketabfertigung vermieden.

Dann gab es eine Verzögerung: Ich mußte die Grenzbeamten davon überzeugen, daß die Goldfarbs wirklich ohne Einreisevisa nach den USA fliegen konnten. «Ihre Visa liegen in New York für sie bereit», sagte ich. Diese Behauptung überstieg wohl jedes Maß an Glaubwürdigkeit, und sie mußten viele dringende Gespräche über Funk führen und sich bestätigen lassen, daß sie nicht übers Ohr gehauen wurden.

Endlich waren wir abflugbereit.

Dr. Goldfarb und seine Frau wurden im Büro meines Flugzeugs

untergebracht. Meine Frau Frances bereitete meine Couch als Bett für Dr. Goldfarb her, und Frau Goldfarb konnte es sich in einem Lehnsessel bequem machen. Ich saß neben ihm und hielt seine Hand. Jetzt begann er, seine Gefühle zu zeigen. Als wir in der Luft waren, schien er zum ersten Mal richtig glauben zu können, daß er seinen Sohn wiedersehen würde. «Es ist ein Wunder», wiederholte er immer wieder, «wirklich ein Wunder.»

Wir fragten ihn, ob er etwas essen oder trinken und vielleicht einen Film ansehen wolle. Er war zu allem bereit. Als ich seinen Sohn vom Flugzeugtelefon aus in New York anrief, konnte ich ihm sagen: «Ihr Vater hat gerade eine herzhafte Mahlzeit zu sich genommen. Es geht ihm großartig. Er sitzt, trinkt Champagner und schaut sich *My Fair Lady* an.»

Als das Flugzeug in Island auftankte, rief ich meine Leute in Washington und New York an und sagte ihnen, daß sie jetzt die Neuigkeit bekanntgeben durften und uns in Newark abholen sollten.

Es war geschafft! Ich muß zugeben, ich konnte es selbst kaum glauben, alles war so schnell über die Bühne gegangen, alle vorausgesehenen Hindernisse der sowjetischen Bürokratie hatten sich in Windeseile aufgelöst.

Ich war nicht der einzige, der es noch nicht ganz glauben konnte. Der Präsident schrieb mir von seinem Flugzeug Air Force One:

Lieber Armand,
ich weiß nicht, wie Sie es geschafft haben, aber ein großes Dankeschön von Ihren Landsleuten, daß Sie die Goldfarbs aus der Sowjetunion geholt haben. Es war eine wirklich humanitäre Tat, und wir sind stolz, sie in unserem Land, mit ihrer Familie vereint, zu wissen.
Ron.

Aus größerer Perspektive betrachtet, ist der ermutigendste Aspekt der Goldfarb-Story vielleicht eine Art gutes Omen für die zukünftige Beziehung Amerikas und der UdSSR. Ich bin sicher, daß die bedingungslose Freilassung von David und Cecilia Goldfarb nur mit Zustimmung des Generalsekretärs Gorbatschow geschehen konnte. Es spricht Bände über Gorbatschows Macht und Entschlossenheit. Während ich dieses Kapitel zu Ende bringe, habe ich gerade ein unzensiertes Interview mit *Andrej* Sacharow, dem berühmtesten Dissidenten der Sowjetunion, im Fernsehen gesehen. Gorbatschow selbst hatte mit Sacharow telefoniert und ihm mitgeteilt, daß er und seine Frau nach mehreren Jahren des Exils nach Moskau zurückkehren könnten. Sacharow wurde an seiner früheren Arbeitsstelle im Wissenschaftsinstitut mit großem Applaus begrüßt. Wenn also das sowjetische System unter Gorbatschow so bereitwillig auf ein humanitäres Problem reagieren kann, bei dem Eltern mit ihrem Sohn vereint werden, und Sacharow mit seiner Frau nach Hause zurückkehren und offen reden kann, dann können wir die Hoffnung hegen, daß eine neue Beziehung möglich ist. Mein ganzes Leben lang habe ich darauf gewartet und um ein besseres Verständnis, größere Toleranz und ein zunehmendes Vertrauen zwischen Ost und West gekämpft.

Diese Geschichte folgt nun.

Meine Leute

Ich wurde am 21. Mai 1898 in einer winzigen Wohnung mitten auf der Lower East Side von New York geboren, also im Herzen des jüdischen Gettos, nahe der Hester Street. Der Tag meiner Geburt liegt so weit zurück, daß selbst ich Schwierigkeiten habe, den Strom der Zeit mit meinen Gedanken zu überbrücken.

Als ich geboren wurde, hatte gerade der Krieg zwischen den Vereinigten Staaten und Spanien begonnen. Der Kapitalismus erreichte in Amerika seinen Höhepunkt, und Leute mit Namen wie Rockefeller, Vanderbilt und Morgan machten Vermögen in astronomischen Höhen. Zur selben Zeit herrschte Zar Nikolaus II. in Rußland, und der junge W. I. Lenin war wegen seiner subversiven Aktivitäten nach Sibirien verbannt worden. Am 21. Mai 1898 war die Londoner *Times* hauptsächlich mit Nachrufen und Artikeln über den Tod William Ewart Gladstones gefüllt, der unter der Herrschaft von Königin Victoria viermal Premierminister gewesen war und etwa zum Zeitpunkt der Parlamentsreform von 1832 in das Unterhaus eingetreten war. In meinem Geburtsjahr wurden in ganz Amerika nur eintausend Autos produziert. So lange her ist das also schon.

In seiner Autobiographie bemerkte der Diplomat und weise Politiker George Kennan, daß alte Menschen heutzutage wahrscheinlich von ihren frühesten Erfahrungen weiter entfernt sind als alte Menschen früherer Generationen, die noch zu einer Zeit lebten, als das Tempo sozialer Veränderungen weniger rasant war.

Er hat sicher recht. Das Leben meines Großvaters brachte für ihn, der durch ganz Europa, von Rußland nach Paris und dann nach

Amerika zog, enorme Veränderungen mit sich, aber das Lebensmuster als Ganzes und die äußere Erscheinung des sozialen Lebens im allgemeinen blieben sich im Laufe seines Lebens ähnlich.

Er wurde im Zeitalter des Pferdewagens geboren und erlebte noch, wie das Automobil den Kinderschuhen entwuchs. Meine frühesten Reisen erfolgten in Pferdekutschen, aber nun reise ich in Überschallflugzeugen und habe gesehen, wie Menschen auf dem Mond landeten. Ich wurde geboren, als die militärische Ära der Kavallerieattacken zu Ende ging, und ich habe miterlebt, wie die von unseren Vorfahren vor langer Zeit prophezeite Weltuntergangsmaschine geschaffen wurde.

Was meine eigenen Vorfahren angeht, sie kamen aus Rußland und davor aus Israel. Laut Familienlegende stammen meine Leute von den Makkabäern ab. Judas Makkabäus, auch Judas der Hammer genannt, führte den makkabäischen Aufstand der Juden gegen die Truppen der seleukidischen Dynastie an, und im Jahr 164 v. Chr. schlugen seine Guerillakämpfer die Seleukiden in der Nähe der Festung Beth-Zur und öffneten den Weg nach Jerusalem.

Meine Vorfahren sollen den Namen Hammer mit nach Rußland gebracht haben, aber Gott allein weiß, wer sie waren und wann sie in ihrem neuen Land ankamen.

Mein Großvater Jacob war der Sohn eines reichen Schiffbauers in der Stadt Cherson am Nordufer des Dnjepr, aber der größte Teil des Vermögens, das Jacob geerbt hatte, wurde davongeschwemmt, als er noch ein Junge war. Verwandte, die sein Erbe verwalteten, hatten das ganze Geld in Salz investiert, was damals als eine ebenso sichere Anlage wie die heutigen Staatsanleihen galt. Jacobs Salz lagerte am Ufer des Kaspischen Meers. Eines Tages fegte ein Wirbelsturm über das Gebiet hinweg und peitschte die See an Land. Fast das gesamte Vermögen meines Großvaters wurde von den Wellen weggespült.

Der arme Jacob war eine Art Blitzableiter für Unheil. Das Unglück traf sein Haupt fast so oft wie das von Hiob. Er verlor seine erste Frau unter entsetzlichen Umständen, irgendwann um das Jahr 1865. Sie wurde zu Tode getrampelt, als in der Synagoge von Odessa, wo Jacob sich nach dem Tod seines Vaters niedergelassen hatte, ein Feuer ausbrach und die Menschen panikartig ins Freie drängten.

Jacob heiratete bald darauf meine Großmutter Victoria und brachte seine Söhne William und Alfred mit in die Ehe. Victoria war die

Tochter eines sehr wohlhabenden Kaufmanns aus Jelisawetgrad – jetzt Kirowograd –, eine junge Witwe mit einer Tochter namens Anniuta. Die Ehe von Jacob und Victoria war stürmisch, von der besitzergreifenden Eifersucht meines Großvaters und von politischen Meinungsverschiedenheiten aufgewühlt. Meine Großmutter war eine idealistische Revolutionärin, mein Großvater dagegen äußerst konservativ. Ich glaube nicht, daß meine Großmutter damals von den revolutionären Ideen des Marxismus, die sich in Europa ausbreiteten, besonders beeinflußt war, sie war nur antizaristisch und republikanisch. Meine Großeltern konnten sich jedenfalls nie über eine politische Frage einig werden, und so fochten sie ihre Kämpfe in nahezu vierzig Jahren mit unverminderter Stärke aus.

Jacob versuchte sein Bestes mit allerlei Geschäften, war aber nie wirklich erfolgreich. Ein Plan nach dem anderen wurde ausgeführt, lief aber regelmäßig auf Grund. Einmal fuhr er nach Polen, um eine riesige Ladung Gänsefedern zu kaufen, aus denen er Steppdecken für die Betten der Bessergestellten machen wollte. Es war sicher keine schlechte Idee, aber Jacob blieb auf einem Lagerhaus voll Federn sitzen.

Mein Vater Julius wurde am 3. Oktober 1874 in Odessa geboren. Kein Jahr später, 1875, fuhren meine Großeltern mit dreien ihrer vier Kinder nach Amerika. Nur Anniuta blieb bei den vermögenden Eltern Victorias in Jelisawetgrad.

Die Neuankömmlinge fanden im gelobten Land nicht das große Glück. Ich weiß nicht, wo sie lebten oder was mein Großvater in Amerika versuchte. Ich muß annehmen, daß er wieder erfolglos war, da die Familie schon nach drei Jahren zurück nach Europa ging, wo sie weitere zwölf Jahre verbrachte. Mein Großvater war aber klug genug gewesen, die amerikanische Staatsbürgerschaft anzunehmen, was ihm gestattete, ohne Behinderung durch Europa und Rußland zu reisen.

Wieder versuchte er sein Glück mit einer Reihe von Projekten in Paris und Odessa, aber nur eines – eine Maschine, die Visitenkarten druckte, während man darauf warten konnte – war halbwegs erfolgreich.

Ein unerwarteter Glücksfall ereignete sich jedoch für die Familie, als Anniuta einen sehr reichen Unternehmer namens Alexander Gomberg heiratete, der in Paris und Odessa lebte. Dieser Alexander Gomberg, mein Onkel, der später eine wichtige Rolle bei meinen eigenen geschäftlichen Bemühungen in Rußland spielen sollte, hatte das Pech, mit einem Namen ausgestattet zu sein, der an einen bolschewistischen Revolutionär namens Alexander Gumberg erinnerte, der in New York lebte und zur Zeit der Russischen Revolution die Aufmerksamkeit der Behörden auf sich zog.

Immer wenn er nach Amerika kam, mußte mein Onkel Verhöre der Behörden über sich ergehen lassen, die annahmen, daß er derjenige war, der den Kapitalismus erledigen und ein Arbeiterparadies schaffen wollte. Nichts lag ihm jedoch ferner. Kein eifrigerer und strebsamerer Kapitalist als mein Onkel Alexander hatte je die Börse betreten, stolz auf seinen Reichtum und seinen Besitz, und er betrachtete es als außerordentliches Ärgernis, für einen Revolutionär gehalten zu werden.

Alexander Gomberg verhalf meinem Großvater zu einem weiteren Unternehmen in Paris, wo er einen Kunst- und Antiquitätenhandel einrichtete. Dies erwies sich als letztes seiner europäischen Unterfangen. Der einzige herausragende Nutzen, den die Hammer-Familie aus Jacobs Umherreisen zog, war die Tatsache, daß alle Kinder mehrsprachig aufwuchsen. Englisch sollte jedoch die Muttersprache werden. Im Jahr 1889 machte sich Jacob auf seine letzte Reise nach Amerika, wobei er einen Großteil seines Lagerbestands aus dem Antiquitätenhandel mitnahm, mit dem er dann für den Rest seines Lebens sein Zuhause möblierte.

Als sich meine Großeltern in Branford bei New Haven, an der Nordküste des Long Island Sounds, niederließen, waren sie ärmer als je zuvor. Eine Zeitlang verdiente Jacob überhaupt nichts, und seine Jungen konnten nur Gelegenheitsarbeit finden. Mein Vater Julius, der erst fünfzehn war, gab seine Ausbildung vorübergehend auf, um im Stahlwerk der Stadt zu arbeiten. Er war der Hauptverdiener in der Familie.

Wie Jacob, sein Vater, war Julius gut gebaut, groß und kräftig. In den vielen Stunden, in denen er den Vorschlaghammer schwang, wurde er ungeheuer muskulös und so stark, daß er mit bloßen Händen einen Eisenbahnschienennagel biegen konnte. Trotz seiner Jugend wurde er unter den Fabrikarbeitern tonangebend und übernahm es, sie in einer Gewerkschaft zu organisieren, als man ihn in die Sozialistische Arbeiterpartei aufnahm.

Mein Vater war stets herzlich und gefühlvoll; schnell erregten das Leid der Armen und die grausamen Anstrengungen der unterprivilegierten Massen seinen Zorn und sein Mitleid. Der Sozialismus, den er sich zu eigen machte, war eine schlichte Mischung aus Idealismus und marxistischem Dogma, aus dem Gefühl heraus entstanden und nicht systematisch erworben. Der Boden seiner sozialistischen Bindung war natürlich auch von seiner Mutter Victoria vorbereitet worden, die die radikalen Überzeugungen und Leidenschaften ihrer russischen Erziehung mit nach Amerika gebracht hatte.

Mein Großvater Jacob indes blieb unerschütterlich konservativ. Nachdem er sich endgültig niedergelassen hatte, war seine erste Handlung der Eintritt in die Republikanische Partei. Aber Victoria, die sehr intelligent war und mit ihrer untersetzten Gestalt und dem stolz erhobenen Haupt Königin Victoria ziemlich ähnlich sah, behielt in den politischen Debatten, die das Haus erschütterten, meist die Oberhand. Julius fand natürlich in den Arbeits- und Lebensbedingungen seiner Kameraden, von denen viele bereits aktive Sozialisten waren, die Überzeugungen seiner Mutter bestätigt. Der Sozialismus war damals unter der Arbeiterklasse der Ostküste weit verbreitet, und mein Vater war kein Sonderling, als er Mitglied der Sozialistischen Arbeiterpartei wurde.

Julius wollte den Lebensstandard der Familie verbessern; dabei war ihm klar, daß er dazu mehr als seinen Arbeiterlohn verdienen mußte. Er drängte seine Eltern, mit ihm von Branford nach New York zu ziehen, wo er einen Beruf erlernen und sich weiterbilden könnte. Er setzte sich durch, und die Familie zog um das Jahr 1892 um, als mein Vater etwa neunzehn Jahre alt war.

Sie wohnten auf der Lower East Side von Manhattan unter Scharen von neuen Einwanderern – hauptsächlich Russen und Iren –, die den Stadtteil zu einem Getto machten, das auf seine Art nicht weniger beengt war als das, welches sie in Europa zurückgelasssen hatten.

Auf der Suche nach einem Job meldete sich mein Vater auf die Anzeige eines Drugstores in der Bower Nr. 6. Gesucht wurde ein italienischsprechender Verkäufer. Die erste Frage des Drogisten war: «Wann haben Sie Italienisch gelernt?»

«Ich spreche nicht Italienisch», antwortete mein Vater, und der Mann versuchte, ihn sofort abzuwimmeln. In seiner Verzweiflung leistete sich mein Vater ein Bravourstück. Er sagte: «Ich werde in zwei Wochen Italienisch lernen, und wenn ich es bis dann nicht fließend spreche, brauchen Sie mir nichts zu bezahlen.»

Der Drogist stellte meinen Vater auf Probe ein. Innerhalb von zwei Wochen hatte Julius die Sprache ziemlich gut gelernt, und der Drogist war überrascht und zufrieden.

Mein Vater machte sich schnell mit dem Geschäft vertraut, ließ sich als Pharmazeut registrieren und hatte nach wenigen Jahren so viel von seinem Gehalt gespart, daß er den Besitzer auskaufen konnte. Einer der Angestellten, die jetzt für meinen Vater arbeiteten, hieß Joseph Schenck; er fragte meinen Vater, ob er sich nicht mit ihm und seinem Bruder Nick an einer Idee beteiligen wolle – der Bildung einer Kette von Theatern für den aufkommenden Film.

Mein Vater lehnte das Angebot ab, und zwar in erster Linie, weil er für sich eine Chance im pharmazeutischen Großhandel sah, was er für verläßlicher hielt als die Filmindustrie. Nick und Joe Schenck wurden reich durch die Kette der Loews-Theater. Und beide wurden Studiobosse – Nick von MGM, und Joe hatte die Twentieth Century-Fox.

Wie Jacob war Julius nicht der Welt größter Geschäftsmann. Er hatte aber nicht ganz unrecht mit der Pharmazeutik. Als Apotheker hatte er festgestellt, daß die Standardmittel, mit denen die großen Arzneimittelfirmen ungeheure Profite machten, aus billigen Grundstoffen hergestellt wurden. Er meinte, daß er die Produkte zu erheblich geringeren Preisen im Großhandel verkaufen könnte, und erwarb eine verlassene Lagerhalle an der Upper East Side, verwandelte sie in ein kleines pharmazeutisches Werk und verkaufte einige der Mittel in seinem eigenen Laden.

Mit diesem Geschäft verdiente er genug, um mehr Drugstores zu kaufen, einen für sich selbst in der Rivington Street, im Herzen des Gettos, und je einen für seine Halbbrüder William und Alfred auf der Lower East Side und in Brooklyn. Die kleine Ladenkette nannte sich Hammer Drug Stores.

Auf diese Weise wurde der junge sozialistische Revolutionär ein kleiner Kapitalist, ohne daß ihn der Widerspruch je gestört oder seine politischen Anschauungen geändert hätte. Eher festigten sich seine sozialistischen Überzeugungen noch mit den Jahren.

Das Leben zu Hause muß alles andere als friedlich gewesen sein.

Meine Großmutter Victoria hielt inzwischen selbst das Banner der Sozialistischen Arbeiterpartei hoch und begleitete ihren Sohn zu Parteiversammlungen. Mein Großvater ging zu Versammlungen der Republikaner und war ein leidenschaftlicher Verfechter der amerikanischen Geschäftswelt und Demokratie geworden.

In dieser Zeit muß es gewesen sein, daß mein Vater unter den Einfluß von Daniel De Leon geriet, dem Anführer der Sozialistischen Arbeiterpartei. Bis zum Ende blieb er sein treuer Anhänger.

De Leon riß meinen Vater mit – meiner Meinung nach war es Gehirnwäsche. Es mußte so sein, anders konnte ich die Ansichten meines Vaters nicht verstehen, die so unwirklich, so unvereinbar mit seiner eigenen gesellschaftlichen Position und den Realitäten des Lebens in Amerika waren, wie sie sich mir offenbarten. Mir schien, daß er und seine Freunde noch immer in der alten Welt der Pogrome lebten und daher die neue Welt Amerikas nicht verstanden. Wir waren zwar nie wirklich böse aufeinander, aber es gab auch kein Einverständnis zwischen uns, und wir stritten uns oft, besonders als ich entdeckte, daß er ohne mein Wissen oder meine Zustimmung versucht hatte, mich in die Kommunistische Partei aufnehmen zu lassen! Selbstverständlich wurde ich nie Mitglied oder Förderer dieser Partei oder irgendeiner anderen kommunistischen Organisation. So intelligent sich mein Vater in vielen Dingen erwies, im Grunde blieb er doch immer ein naiver und weltfremder Mensch. Was die Politik betraf, wurde sein Kopf von seinem Herzen beherrscht – und De Leon hatte sein Herz wie mit Klauen gepackt.

Der Einfluß meiner Großmutter auf meinen Vater beschränkte sich nicht nur auf die Politik. Ihr Sohn sollte Arzt werden; sie meinte, das Leben eines Geschäftsmannes sei nicht der passende Beruf für ihn. Intelligent und außergewöhnlich belesen wie sie war, schätzte sie Gelehrsamkeit. Sie wollte, daß mein Vater sich weiterbildete. Nachdem er sich mit den Drugstores und seinem pharmazeutischen Geschäft ein gutes Einkommen gesichert hatte, war er bereit, die großen zusätzlichen Belastungen eines Medizinstudiums auf sich zu nehmen. Davor ereignete sich jedoch noch etwas anderes: Er lernte meine Mutter kennen.

Meine Eltern trafen sich im Jahre 1897 bei einem Ausflug der Sozialisten, der wahrscheinlich an einem Sonntag in einem Park in

Brooklyn oder der Bronx stattfand, in jenen Tagen noch ziemlich ländliche Gebiete. Mein Vater war dreiundzwanzig Jahre alt, und das Mädchen behauptete, einundzwanzig zu sein. In Wirklichkeit war sie aber mindestens vierundzwanzig. Ihr ganzes Leben lang – selbst im hohen Alter noch, wenn die meisten Leute sich mit ihren Jahren brüsten – schwindelte sie, wenn sie nach ihrem Alter gefragt wurde, und schnippelte ein paar Jahre weg. Ihr Geburtsname war Rose Lifschitz; später und für alle Zeit wurde sie dann Mama Rose genannt.

Sie war mit einem viel älteren Mann verheiratet gewesen, der an einem Herzanfall gestorben war und sie als arme Witwe mit ihrem dreijährigen Sohn Harry zurückgelassen hatte. Sie arbeitete als Näherin in einer Bekleidungsfabrik auf der Lower East Side, und von ihrem winzigen Gehalt lebten nicht nur sie und ihr Kind, sondern auch ihre Mutter, die 1890 aus Witebsk in Weißrußland gekommen war, und ihre jüngeren Geschwister Sadie, Willie und Eddie; sie steuerten ab und zu ihre bescheidenen Einkünfte aus Gelegenheitsjobs bei.

Meine Mutter Rose kümmerte sich nie viel um Politik. Sie machte diesen Ausflug wahrscheinlich nur mit, um einmal aus der Hölle und dem Chaos der Lower East Side herauszukommen; und vielleicht hoffte sie auch, einen geeigneten Ehemann zu finden. Jedenfalls war es keine politische Seelenverwandtschaft, die sie zu meinem Vater hinzog. Ich nehme an, daß es ihr eher sein Aussehen und sein Charme und nicht zuletzt sein Selbstvertrauen und Mut – Eigenschaften, die auch sie aufzuweisen hatte – angetan hatten.

Meine Eltern heirateten 1897 und zogen in jene winzige Wohnung in der Cherry Street 406. Und dann kam ich.

Jugendjahre

Mein Vater nannte mich Armand nach Armand Duval, dem romantischen Helden in Dumas' *Kameliendame*, jedenfalls hat er das immer behauptet. Offensichtlich hat er auch an das Symbol der Sozialistischen Arbeiterpartei – Arm und Hammer – gedacht.

Mein Name wurde ständig mit der Natronmarke verwechselt, die in ganz Amerika verkauft wird. So um 1950 kam mir aus einer Laune heraus der Gedanke, ich könnte die Arm and Hammer Baking Soda Company kaufen. Damals war ich mit meinem Bruder Harry im Whiskey- und Alkoholdestillationsgeschäft.

Aus Spaß hatte ich für meine Yacht als Kennzeichen einen Arm und einen Hammer entworfen. Sooft das Schiff in amerikanischen Gewässern auftauchte, kamen die Leute und sagten: «Ach, Sie sind wohl der Natron-König?» Irgendwann wurde es mir dann doch zuviel, immer wieder «nein» sagen zu müssen. Harry machte schließlich den Vorschlag, die Firma zu kaufen, damit ich endlich «ja, richtig» sagen könnte. Es stellte sich heraus, daß Arm and Hammer Baking Soda der Firma Church & Dwight gehörte, die seit 1836 im Familienbesitz war und von zwei netten Brüdern um die siebzig geleitet wurde. Ihre Firma war absolut gesund. Die Brüder waren überrascht und nicht unbedingt erfreut, als sie hörten, jemand wolle sie aufkaufen, und erklärten Harry mit Bestimmtheit, daß die Firma nicht verkäuflich sei. Unser Interesse war ohnehin geschwunden: Harry vermutete, daß der Handel mindestens vierzig Millionen Dollar gekostet hätte, ein bißchen viel für eine Laune. Billiger war es, irrtümlich für den Natron-König gehalten zu werden.

Meine ersten Jahre verbrachte ich in der kleinen Wohnung meiner Eltern in der Cherry Street. Als ich zweieinhalb war, zogen wir in eine Wohnung über einem der Drugstores meines Vaters in der Rivington Street 304, noch immer mitten auf der Lower East Side und nicht viel luxuriöser als die alte Behausung. Mein Vater hatte sich zunächst im Herbst 1896 als Medizinstudent im Columbia College of Physicians and Surgeons einschreiben lassen, doch er gab sein Studium noch im selben Jahr wieder auf. Als zweiundzwanzigjähriger Junggeselle mußte es ihm doch schwergefallen sein, Geschäft und Studium miteinander zu verbinden. 1898, vier Monate nach meiner Geburt, versuchte er es erneut, und dieses Mal – zweifellos mit Hilfe meiner Mutter – schaffte er es, diese Herkulesarbeit durchzuhalten.

Glücklicherweise mußte ich nie unter extremer Armut leiden. Meine Eltern waren beileibe nicht reich, als mein Vater Medizinstudent und ich ein Baby war, aber mit seinen schuldenbeladenen Läden und seinem Pharmazeutikgeschäft brachte er es unter großen Anstrengungen fertig, sowohl uns als auch seinen Eltern ein Heim mit bescheidenem Komfort und einen passablen Lebensstandard zu schaffen. Er hatte sogar noch Geld übrig, um die Familie meiner Mutter zu unterstützen.

Das Beispiel meines Vaters hat mich tief beeindruckt und mich in meinem Glauben bestärkt, daß mit der nötigen Eigeninitiative, mit Phantasie und dem erforderlichen Einsatz fast jedes Ziel zu erreichen ist. Um es einfacher auszudrücken: Mein Vater arbeitete wie ein Besessener, um seiner Familie gerecht zu werden und sich selbst weiterzubringen. Und er hatte das Glück, in einem Land und zu einer Zeit zu leben, die solche Anstrengungen förderten und belohnten.

Meine früheste Erinnerung ist ein Unfall, der mein Leben beinahe beendet hätte, als ich zweieinhalb war. Ich spielte allein im Wohnzimmer meiner Eltern und hantierte mit einer kleinen Kaffeemühle aus Zinn. Ich fiel ungeschickt, und eine Ecke des Spielzeugs durchbohrte meinen Schädel. Ich erinnere mich noch an den Schock, als mir das Blut übers Gesicht strömte, und ich höre noch meine Schreckensschreie, als ich nach meiner Mutter rief. Sie kam aus der Küche gerannt, stillte das Blut mit einem Handtuch, das sie an meine Schläfe preßte, packte mich und rannte mit mir zum nächsten Arzt, der die Wunde nähte.

Die Operation erfolgte ohne Betäubung, und ich spüre noch heute die Nadel, die in meine Haut stach, und die Stiche, die an der Wunde zerrten. Ich hatte viel Glück gehabt; noch ein paar Millimeter weiter, und das Spielzeug hätte sich in mein Gehirn gebohrt, und damit wäre meine Geschichte zu Ende gewesen. Statt dessen ziert mich seitdem eine tiefe Narbe über der rechten Schläfe.

Noch heute kann ich im Kopf ein Bild der Lower East Side von damals skizzieren. Ich sehe die schmalen Straßen, vollgestopft mit Schubkarren, und die hohen Häuser, deren Feuerleitern mit Wäsche und Haushaltsgegenständen jeder Art behängt waren. Ganze Familien wohnten, kochten und schliefen in den glühenden Sommermonaten auf diesen Feuerleitern. Die starken Gerüche der Straßen sind mir noch immer gegenwärtig – der Geruch der Fischkarren, vermischt mit dem Duft heißer Kastanien und dem Gestank der äußerst primitiven sanitären Einrichtungen.

Viel Negatives ist über die Lebensbedingungen auf der Lower East Side geschrieben worden; und zweifellos florierten im verzweifelten Überlebenskampf Kriminalität, Prostitution und alle möglichen Formen der Entwürdigung. Ich merkte nichts davon. Der Ort erschien mir warm und lebendig und voller köstlicher Überraschungen, und ich war bitter enttäuscht, als meine Eltern beschlossen – vor allem wegen der Kinder –, in eine ruhigere Nachbarschaft zu ziehen.

Am 11. Juni 1902 wurde mein Vater «Doktor der Medizin». Um Arbeitskapital für seine Praxis zu beschaffen und die Familie im neuen Heim zu etablieren, verkaufte er die beiden Drugstores an seine Angestellten. Außerdem liquidierte er seinen Pharmazeutik-Großhandel.

Alles in allem konnte sein Kapital gerade ausgereicht haben, um seine neue Praxis einzurichten und die Familie für ein Jahr zu versorgen. Zu dieser Veränderung gehörte viel Mut, aber einer der Charakterzüge, die ich an meinem Vater am meisten bewunderte, war eben sein Mut.

Unser neues Zuhause an der Webster Avenue lag auf der anderen Seite des East River. Niemand, der die schreckliche Verwüstung und Trostlosigkeit der Bronx von heute kennt, kann sich vorstellen, daß es damals eine kaum bebaute, ländliche Gegend war, die durch die neue Hochbahn – die Third Avenue El – mit Manhattan verbunden war.

44

Unbefestigte Straßen wanden sich um große, von parkähnlichen Gärten umgebene Privathäuser.

Kurz nach unserer Ankunft in der Bronx wurde mein Bruder Victor geboren, und ich erinnere mich gut, wie aufgeregt Harry und ich über die Aussicht waren, einen neuen Bruder oder eine Schwester zu bekommen, und wie mein Vater uns immer wieder zur Ruhe ermahnen mußte, während meine Mutter in den Wehen lag.

Gleich nach seiner Geburt erwachte mein Beschützerinstinkt, der mich bis zu dem Tag im Jahr 1985, an dem mein kleiner Bruder im Alter von dreiundachtzig Jahren starb, nie mehr verließ. Aus irgendeinem Grund fühlte ich mich immer weltgewandter und besser ausgerüstet für das rauhe Leben. Ich erinnere mich, wie meine Mutter sagte, daß sie sich deshalb viel mehr um Victor kümmere, «weil Armand für sich selbst und für alle anderen auch noch sorgen kann».

Nach weiteren Umzügen ließen wir uns schließlich, als ich sieben war, in der Washington Avenue 1488 nieder. Es war ein zweistöckiges Holzhaus mit separater Garage und einem gepflegten Garten voller Rosen und Päonien, die ich pflücken und mir an die Bluse stecken oder meiner Freundin schenken konnte.

Bis auf eine längere Unterbrechung wurde diese Adresse mein Zuhause. Nicht viel ist von dem Haus geblieben, an das ich mich so gern erinnere. In der allgemeinen Verwüstung der Südbronx verschwand es vom Erdboden. Wo es stand, befindet sich jetzt eine leere Fläche, auf der das Fundament noch zu erkennen ist. Neben unserem Haus, an der Ecke, stand einmal ein Drugstore, in dem wir für ein paar Pennies Bonbons und Limonade kauften. Dieses Geschäft ist jetzt ein heruntergekommener Getränkeladen.

Wir Hammer-Jungen besuchten alle die Public School 4 in der Nachbarschaft, wo keiner von uns eine große Leuchte war; aber meine Brüder hatten andere Qualitäten, die für kleine Schuljungen sehr nützlich sein können. Harry war mit seinen Fäusten ein rechter Teufel, niemand vermochte ihn zu bezwingen. Er konnte es mit den Schulhoftyrannen zwei- und dreifach aufnehmen und jedes Mal als Sieger hervorgehen. Kein Talent wäre mir bei meinem älteren Bruder lieber gewesen. Die Worte «ich hetz meinen Bruder Harry auf dich» versetzten jeden Jungen, der mich und Victor bedrohte, in Angst und Schrecken.

Victor, der immer klein und drahtig war, hatte gelernt, daß ein guter

Witz genauso entwaffnend sein konnte wie ein Kinnhaken, und er begann Wortspiele und Kalauer zu sammeln, zu denen im Lauf seines Lebens immer mehr hinzukamen. Er war stets auf der Suche nach neuen Anekdoten, und einer seiner größten Triumphe war seine Vorstellung mit Dollie dem Collie, dem Hund, der zählen konnte.

Mein Vater hatte Dollie von einem dankbaren, aber armen Patienten als Entschädigung für seine Dienste bekommen. Er konnte jede Rechenaufgabe lösen – Addition, Subtraktion, Multiplikation –, nichts war zu schwer für ihn. Victor führte Dollie auf den Schulhof, und zum Erstaunen der Klassenkameraden begann die Vorstellung.

«Dollie», sagte Victor, «wieviel ist zwei und drei?»

Dollie bellte genau fünfmal.

«Drei weniger zwei, Dollie?»

Einmaliges Bellen.

«Jetzt wird's schwer, Dollie: Du mußt dich konzentrieren. Teile achtzehn durch sechs.»

Es entstand eine Pause, während der Hund rechnete, und dann – o Wunder – dreimal kurzes Bellen.

Dollie war ein Phänomen, dessen Geheimnis von den faszinierten Freunden Victors nie aufgedeckt wurde. Der Trick war einfach. Der Hund hatte gelernt, so lange zu bellen, wie Victor ihm in die Augen sah. Blickte Victor zur Seite, hörte er sofort auf zu bellen. Es klappte immer.

Schon vor unserem Einzug in die Washington Avenue 1488 war mein Vater eine bekannte und beliebte Persönlichkeit in diesem Bezirk geworden. Für mich war es jedesmal ein Erlebnis, wenn ich mit ihm im Zweisitzer-Buggy Hausbesuche machte. Ich war sehr stolz, der Sohn eines Mannes zu sein, den man so herzlich begrüßte, der so offensichtlich gut war und die Zuneigung verdiente, die man ihm entgegenbrachte.

Natürlich wollte ich sein wie er. Auch ich wollte Arzt werden, und der Traum meiner Kindheit war es, eines Tages Partner meines Vaters zu werden. Im Grunde meines Herzens tut es mir immer noch leid, daß sich dieser Traum nie verwirklicht hat.

Die Praxis meines Vaters, die sich im ersten Stockwerk unseres Hauses befand, lief außerordentlich gut. Mein Vater hätte viel reicher werden können, wenn er darauf bestanden hätte, daß alle seine Rechnungen bezahlt wurden. Ich habe in seinem Büro Schubladen voller unbezahlter Rechnungen gesehen. Er wollte das Geld nicht fordern, weil er die schwierige Lage seiner Patienten kannte. Und wie oft wurde erzählt, daß er ihnen noch Geld gab, damit sie die Medikamente, die er verschrieb, auch bezahlen konnten.

Es muß das Beispiel meines gütigen Vaters gewesen sein, das mich zu einer frühen Version des von mir im Prolog erwähnten Glaubensbekenntnisses inspirierte, nach dem ich mein ganzes Leben auszurichten versuchte. Wir waren keine religiöse Familie, aber seit meinem sechsten Lebensjahr wollte ich mich dem göttlichen Geist des Lebens zuwenden und Kraft daraus schöpfen. Abends in meinem Bett bat ich darum, so gut zu sein, wie ich nur konnte, und anderen so viel wie möglich zu helfen.

Die Praxis meines Vaters wuchs, und er mußte einen Assistenten einstellen. Trotz seiner Großzügigkeit hatte er sehr bald die nötigen Mittel, um den meisten Mitgliedern seiner und der Familie meiner Mutter beim Erwerb eigener Häuser in der unmittelbaren Nachbarschaft zu helfen. Um die Washington Avenue 1488 herum entstand ein regelrechtes Hammer-Lager.

Die Eltern meines Vaters, Victoria und Jacob, beschlossen, sich nach mehr als einem Vierteljahrhundert der Disharmonie zu trennen, und jeder nahm eine Wohnung für sich in der Nähe unseres Hauses. Jacob zog ins Erdgeschoß direkt gegenüber. Er war kurz davor Versicherungsvertreter für die Equitable Life Assurance Company geworden und hängte ein Schild, auf das er sehr stolz war, ins Fenster. Ich ging oft über die Straße zu ihm, und er unterhielt sich unzählige Stunden geduldig mit mir. Er zeigte mir die Möbel, die er aus seinem Pariser Antiquitätenladen mitgebracht hatte, und erzählte mir die Geschichte jedes einzelnen Stücks und erklärte mir seine besonderen Qualitäten. Er holte die dicken Bücher über die Wissenschaft des Schiffbaus hervor, die er von seinem Vater geerbt hatte. Und er erzählte mir die Familiengeschichte, die ich hier wiedergegeben habe, in allen Einzelheiten.

In unserem Haus wurden keine religiösen Feste gefeiert. Nebenan gab es eine Synagoge, aber kein Mitglied meiner Familie nahm je am Gottesdienst teil. Als ich geboren wurde, war die Tradition jüdischer Bräuche im Leben meiner Familie schon versiegt, und meine Eltern waren sogar Unitarier geworden.

Während meiner Kindheit verbrachten wir die Weihnachtsfeiertage meist auf einer Farm in Metuchen, New Jersey, bei den Freunden meiner Eltern, Malka und Mendel Kornblatt. Alles, was sie aßen – Fleisch, Gemüse, Eier, Butter, Käse –, hatten sie selbst angebaut, geschlachtet, geräuchert oder mit eigenen Händen hergestellt.

Durch Mendel Kornblatt lernte ich zum ersten Mal die Ökonomie des Marktes kennen und machte meine ersten Beutezüge im Handel. Er nahm mich mit, wenn er zum Markt nach Jersey City fuhr, und ich half ihm, seine Farmprodukte zu verkaufen. Damals muß ich so sieben, acht Jahre alt gewesen sein.

Spät in der Nacht fuhren wir mit dem Pferdewagen los, denn wir mußten lange vor Tagesanbruch auf dem Markt sein. Mendel machte mir auf dem Wagen hinten ein Bett aus Stroh zurecht, und zwischen den Kisten mit Obst und Gemüse wurde ich in den Schlaf geschaukelt.

Auf dem Markt half ich Mendel, seine Erzeugnisse auszulegen, das Obst zu polieren, das Gemüse zu waschen, die besten Stücke sorgfältig vornehin und obendrauf zu legen. Ich verglich eifrig seine Preise mit denen der Konkurrenten, fragte hier und da nach einem Pfund von dem, einem Scheffel von jenem. Dann kehrte ich mit meinem Marktbericht zu Mendel zurück und erklärte ihm, daß er hier zuviel und dort zu wenig verlangte. Anschließend ermutigte ich ihn, mit seinen unverkauften Waren durch die Läden von Jersey City und Newark zu gehen und sie zu einem Sonderpreis anzubieten.

Dies waren die Augenblicke, in denen meine Faszination für das Geschäftliche begann. Und wie passend, daß es auf dem Wochenmarkt geschah, wo die Gesetze der Wirtschaft und des Handels für alle Augen sichtbar sind. Ich war begeistert von der Harmonie der Theorie in der Praxis, und ich schien instinktiv die unveränderlichen Gesetze von Angebot und Nachfrage zu erkennen, die Wichtigkeit guter Produkte und die Überlegenheit intelligenter Geschäftstüchtigkeit über dummen Optimismus.

Die halbländliche Idylle meiner Kindheit sollte nicht andauern. Wir lebten schließlich am Rande der Metropole, die am schnellsten wuchs, und New York City kam brüllend über den East River und machte sich über die leeren Flächen der Bronx her. Die Straßen wurden befestigt; Gebäude wurden auf jedem Quadratmeter Land errichtet, ganze

Straßenzüge neuer Läden entstanden. 1908 war unser Haus auf der Washington Avenue umzingelt von Wohnhäusern für Menschen der Arbeiter- und unteren Mittelklasse.

Diese Flüchtlinge aus den überbevölkerten Gettos von Manhattan übervölkerten auch prompt die Bronx, und der Bezirk wurde sehr bald ein ebenso ungeeigneter Ort, um Kinder großzuziehen, wie die Lower East Side. Die Bronx wurde eigentlich noch schlimmer, denn es fehlte ihr die soziale Bindung, die Wärme der Gemeinschaft, die die Menschen der Lower East Side zusammengehalten hatte.

Jugendliche Horden begannen, die Straßen unsicher zu machen. Zwischen den Banden junger Juden und ihren antisemitischen irischen Gegnern herrschte eine Art Kriegszustand.

Diese Kämpfe waren ein Bestandteil des Lebens in der Lower East Side gewesen, aber dort unten waren die Banden zumindest durch eine strenge Abgrenzung der Gebiete voneinander getrennt gewesen – einige Straßen waren als irisch, andere als jüdisch bekannt, was hieß, daß die andere Seite dort absolut nichts zu suchen hatte. Die Bronx, wo solche Grenzen fehlten, wurde zum offenen Schlachtfeld.

Nur einmal war ich direkt betroffen. Ich fuhr mit meiner Mutter, Victor und Harry mit der Third Avenue El, als ein paar irische Jungen einstiegen. Wir waren mit ihnen allein. Es waren drei oder vier, alle so um die fünfzehn. Ich war damals vielleicht elf und Harry fünfzehn. Die irischen Jungen begannen uns zu beschimpfen.

Harry nahm es mit allen auf. Mit seinen Boxkünsten schlug er sie links und rechts zusammen, während meine Mutter sie alle anflehte, doch aufzuhören und sich wie Gentlemen zu benehmen. War Harry aber erst einmal in eine Rauferei geraten, konnte ihn nichts mehr bremsen. Als der Zug in die nächste Station einfuhr, flohen die Iren, froh, mit dem Leben davongekommen zu sein.

Meine Eltern machten sich nun ernsthaft Sorgen über die schlechten Einflüsse, denen wir ausgesetzt waren. Als sie einmal entdeckten, daß ich die Schule geschwänzt und mich statt dessen im Palisades-Vergnügungspark von New Jersey amüsiert hatte, meinten sie, daß es Zeit für eine gesündere Umgebung sei.

Sie setzten sich mit alten Freunden meines Vaters aus Connecticut in Verbindung und arrangierten, daß Harry zu Rabbi Wellington in Waterbury und ich in das Haus von George Rose in Meriden kam.

Harry war sechzehn Jahre alt und ich zwölf. Victor, der erst acht war, war noch zu jung für eine Trennung von den Eltern. Erst zwei Jahre später wurde er zu Daniel De Leon nach Pleasantville in New York geschickt.

George Rose hatte mit meinem Vater im Stahlwerk von Branford gearbeitet; auch er war Mitglied der Sozialistischen Arbeiterpartei gewesen. Als ich zu ihm zog, hatte er aber den Sozialismus bereits aufgegeben und arbeitete als Graveur.

Die Roses waren sehr gute, anständige Leute. Ihr kleines zweistöckiges Haus auf der Bronson Avenue lag buchstäblich auf der falschen Seite. Die kleine Stadt Meriden mit damals knapp zweiunddreißigtausend Einwohnern wurde von der Eisenbahnlinie geteilt, und die Häuser der Bessergestellten lagen auf der Ostseite, während die Arbeiterklasse im Westen wohnte.

Ich kann mich nicht erinnern, oft Heimweh gehabt zu haben oder unglücklich gewesen zu sein. Es waren so nette und gastfreundliche Menschen, daß ich mich dort wie zu Hause fühlte. Und in den Sommerferien besuchte ich meine Eltern. Einsam fühlte ich mich dagegen, wenn ich ins Sommerlager geschickt wurde und meine Eltern – wie so oft – zu beschäftigt waren, um mich an den Wochenenden zu besuchen.

Einer der erfreulichsten Aspekte von Meriden war das Gesicht von Dorothy King. Sie war das schönste Mädchen, das ich je gesehen hatte, mit glänzenden blonden Haaren und wunderschönen blauen Augen. Sie stahl mir das Herz, sobald ich sie zum ersten Mal in der Schule erblickte. Eine lange qualvolle Zeit bewunderte ich sie aus der Ferne – buchstäblich aus der Ferne –, denn Dorothy war eines dieser Wesen von der anderen Seite der Bahnlinie. Ein großer Teil von Meriden schien nach ihrer Familie benannt worden zu sein, einschließlich der King-Street-Schule, in die wir gingen, und natürlich die King Street selbst.

Als Weihnachten kam, gab ich das ganze Taschengeld einer Woche – einen Dollar – für eine Schachtel Pralinen aus, und am ganzen Körper zitternd ging ich zu ihr nach Hause, um sie ihr zu schenken. Tagelang hatte ich geübt, was ich sagen wollte, wenn ich ihr die Schachtel überreichte, und der Weg zu ihrem Haus kam mir vor wie die letzten Schritte eines zum Tode Verurteilten. Ein Dienstmädchen öffnete die

Tür, und ich war zu schüchtern, um auch nur nach Dorothy zu fragen. Ich hielt dem Mädchen die Pralinenschachtel hin und floh.

Trotz meiner Schüchternheit hatte das Geschenk seine Wirkung getan. Dorothy dankte mir ganz reizend, und ich konnte sie fragen, ob sie mit mir auf meinem «Flexible Flyer» fahren wollte. Kein echtes Mädchen konnte einer solchen Einladung widerstehen. Der «Flexible Flyer» war das Neueste an Schlitten, und ich hatte schwer dafür gespart. Alle Opfer waren in einer mondbeschienenen Nacht vergessen, als ich auf meinem «Flexible Flyer» die schneebedeckte King Street hinunterglitt, hinter mir Dorothy, die Arme um mich gelegt.

Viele Jahre später bat ich meinen Freund, den Senator Styles Bridges, mir einen Anwalt zu empfehlen, der mich in einer Steuersache vertreten könne. Bridges schlug den ehemaligen Senator John Danaher vor, mit dem ich telefonierte. «Hammer?» fragte Danaher. «Heißen Sie Armand mit Vornamen?» Ich bestätigte es. Er sagte: «Das ist interessant. Ich bin mit Dorothy King verheiratet. Sie hat Sie nie vergessen und hat immer noch ein Foto von Ihnen in kurzen Hosen und Knopfschuhen.» Diese Worte und das Foto, das er mir schickte, haben mich noch nach all diesen Jahren glücklich gemacht.

Schließlich trafen wir uns wieder, als Dorothy und ihr Mann bei der Eröffnung des Julius and Armand Hammer Health Center an der Columbia University, das ich 1978 ins Leben rief, meine Gäste waren. Und um den Kreis zu schließen: Ihr Sohn, ein ehemaliger Bezirksstaatsanwalt in Hartford, wurde einer meiner Rechtsanwälte. Occidental macht noch immer von seinen Diensten Gebrauch, wenn wir in Connecticut zu tun haben.

Während der langen stillen Abende in Meriden begann ich, mich in die Geschichten von Horatio Alger über arme Jungen, die es aus eigenen Kräften zu etwas brachten, zu vertiefen; ich war sehr beeindruckt. Diese erfundenen Geschichten führten mich weiter zu den wahren Lebensberichten großer amerikanischer Unternehmer wie Rockefeller, Carnegie, Vanderbilt oder Huntington. Und ich konnte deutlich sehen, daß das amerikanische System es dem einzelnen möglich machte, große Dinge zu tun, dauerhafte Geschäftsunternehmen zu gründen, die für Millionen von Menschen Arbeitsplätze schafften und den Lebensstandard vieler verbesserten. Insbesondere beeindruckten mich die wohltätigen Stiftungen dieser immens reichen

Männer – die Universitäten, Bibliotheken, Kunstgalerien und medizinischen Einrichtungen. Ich fing an, mich in der Schule mehr anzustrengen, um Dorothy zu beeindrucken. Ganz plötzlich schossen meine Noten in die Höhe – vom mittelmäßigen Durchschnitt zur Spitze.

Meine Eltern freuten sich über meine Fortschritte. Nachdem ich vier Jahre in Meriden verbracht hatte, zwei Jahre davon auf der High School, meinten sie, daß ich jetzt vernünftig genug sei, um mich nicht mehr von all den üblen Einflüssen der Bronx verführen zu lassen. Sie nahmen mich mit nach Hause und meldeten mich in der Morris High School in der Bronx an. Nicht einmal der Verlust von Dorothy King schmälerte meine Freude, wieder zu Hause zu sein.

Ich war jetzt fünfzehn Jahre alt. Meine Einstellung zum Leben und viele Gewohnheiten hatten sich in den Grundzügen gefestigt, und mein Charakter war im großen und ganzen ausgebildet. Ich erkenne mich als Erwachsener ganz deutlich in der Person, die ich damals war. 1914, bald nachdem die ersten Berichte über das entsetzliche Gemetzel in den Schützengräben des Ersten Weltkriegs veröffentlicht worden waren, hielt ich in der Schule eine Rede, die ich «Der letzte Krieg der Menschheit» nannte. Abgesehen vom hochtrabenden Stil und einigen schwülstigen Formulierungen, würde ich heute kaum anders reden.

Ich sprach vom Schrecken und der Sinnlosigkeit des Krieges. Ich sagte, daß die wissenschaftlichen Fortschritte der Menschheit es ermöglicht hätten, im Krieg ganze Generationen von jungen Männern auszulöschen. Ich beschwor meine Zuhörer, sich selbst am Ende dieses Krieges das Versprechen zu geben, alles zu tun, was in ihrer Macht stünde, damit niemals wieder ein neuer Krieg entstehen könne. «Haben Sie Ihren Sohn großgezogen, damit sein zerfetzter und blutiger Körper auf dem Schlachtfeld verfault?» Dieser Satz mußte seine Wirkung getan haben, denn die Jury verlieh mir die Goldmedaille für Rhetorik.

Kurz nach meiner Rückkehr in die Bronx wickelte ich mein erstes größeres Geschäft ab. Auf dem Broadway spazierengehend, hatte ich einen gebrauchten Hupmobile Roadster Jahrgang 1910 gesehen, den ich unbedingt haben wollte. Er kostete 185 Dollar, so viel wie manche Leute in sechs Monaten verdienten. Ich wußte, daß es sinnlos wäre, meine Eltern um das Geld zu bitten. So beschloß ich, meinen Bruder Harry um Hilfe zu bitten. Er war zwanzig Jahre alt und arbeitete als

Pharmazeut in Liggett's Drug Store in der Bronx. Harry hatte zwar das Geld, aber er mußte überredet werden.

«Wie willst du es mir denn zurückzahlen?» fragte er.

«Ich such mir einen Job», sagte ich.

Harry blickte spöttisch auf mich herab. Ich war noch in der Schule, und ein Job, den ich bekommen könnte, brächte mir höchstens Pennies ein. Trotzdem lieh mir Harry das Geld unter der Bedingung, daß ihm das Auto jederzeit zur Verfügung stünde.

Ich wußte bereits, wo ich mir das Geld beschaffen würde. Weihnachten stand vor der Tür, und die Süßwarenfabrik Page and Shaw suchte Männer mit Autos für die Auslieferung ihrer Weihnachtsartikel. Sie zahlten zwanzig Dollar pro Tag, damals viel Geld.

Sobald ich den Hupmobile hatte, fuhr ich ihn zu Page and Shaw, wo ich mich – ein kleiner Bursche in einem sehr kleinen Auto – in eine lange Schlange großer Wagen mit großen Fahrern einreihte. Der Mann, der die Fahrer einstellte, sah mich an, und dann sah er das Auto an. Und dann sah er mich wieder an und sagte: «Und wo willst du in diesem Ding die Bonbons unterbringen?»

Ich hatte eine Eingebung: «Ich werde die Sitze herausnehmen und auf einer Kiste sitzen. Die Bonbons werden genug Platz haben.»

Der Mann wollte mich abweisen. Verzweifelt machte ich ihm ein Angebot. Ich sagte: «Wenn ich nicht genauso viel liefern kann wie die großen Autos, brauchen Sie mir nichts zu bezahlen.» Wir schüttelten uns die Hände, und ich fing an zu arbeiten.

Innerhalb von zwei Wochen hatte ich mit Hilfe meines Klassenkameraden Maxie Rosenzweig genug Geld verdient, um Harry alles zurückzahlen zu können und alleiniger Besitzer meines Autos zu werden, und ich hatte immer noch eine Menge übrig. Diese frühe Lehre nahm ich mir sehr zu Herzen: daß man fast alles bekommen kann, wenn man nur mit der richtigen Strategie vorgeht, richtig handelt und ordentlich schuftet.

Aber ich wollte immer noch Arzt werden wie mein Vater. In meinen letzten Jahren in der Morris High School arbeitete ich zielstrebig, um mich auf das Medizinstudium vorzubereiten. Beim Schulabschluß wußte ich ganz genau, daß ich auf dem Weg zur Columbia University war und in die Fußstapfen meines Vaters treten würde. Es war einer der glücklichsten und stolzesten Momente meines Lebens, als ich mich nach zwei Jahren Vorbereitungsstudium in Columbia Heights an der Physicians' and Surgeons' Medical School bewarb und der Beamte mich anblickte und sagte: «Sie sind der Sohn von Julius Hammer, nicht wahr? Ich habe seine Bewerbung 1898 bearbeitet, im selben Jahr, in dem Sie geboren sind.»

Student und Millionär

Als ich 1917 mein Medizinstudium aufnahm, schien mein Leben in jeder Beziehung in Ordnung und meine Karriere im richtigen Fahrwasser zu verlaufen. Von den Eruptionen, die meine Familie schon bald bis ins Mark erschüttern und mein Leben für immer verändern sollten, war an dieser glatten Oberfläche noch nichts zu spüren.

Die Halbbrüder meines Vaters machten mit ihren Drugstores gute Geschäfte. Ein Bruder meiner Mutter, Willie, war ein erfolgreicher Damenhutverkäufer geworden, und der andere – Eddie – war in der Familie besonders beliebt, weil er ein kleiner «Barnum & Bailey» geworden war, d. h. einen eigenen erfolgreichen Wanderzirkus besaß. Mutters Schwester Sadie hatte sich gut verheiratet, und alles in allem schien es, als ob die Härten und Schwierigkeiten unserer Familien überwunden waren. Das zwanzigste Jahrhundert schien uns freundlich gesinnt.

Die erste Störung kam von weither. Der Weltkrieg reichte plötzlich bis in die Washington Avenue in der Bronx. Als die Vereinigten Staaten in den Krieg eintraten, meldete sich Harry sofort freiwillig und wurde mit seiner Erfahrung als Pharmazeut nach Frankreich geschickt, um im Mount Sinai Base Hospital Nr. 3 direkt an der Front in der Marne zu dienen.

Harry wurde fortgerissen, als mein Vater ihn am meisten brauchte. Im Sommer des Jahres 1917 wurde mein Vater herzkrank, was ihn zwang, sein Arbeitsleben radikal umzuorganisieren. Wäre Harry verfügbar gewesen, hätte mein Vater sich selbstverständlich zuerst an ihn gewandt. Nun mußte er mich um Hilfe bitten.

Die Krankheit meines Vaters – ein Arterienverschluß, der heute wahrscheinlich durch eine Bypass-Operation zu beheben wäre – war zweifellos von den Belastungen seiner Arbeit herbeigeführt worden, wahrscheinlich hatte er einen leichten Herzinfarkt erlitten. In jenen Jahren hatte er bis zur Erschöpfung gegen die Polioepidemien angekämpft, die in New York City in aufeinanderfolgenden Wellen viele hundert Kinder töteten oder verstümmelten, besonders in den ärmeren Gegenden.

Diese schreckliche Geißel quälte meinen Vater maßlos. Ich erinnere mich, wie er eines Nachts von seinen Krankenbesuchen nach Hause kam, ins Wohnzimmer trat und sich aufs Sofa warf, den Tränen nahe vor Schmerz und Frustration über das jammervolle Leiden, das er gesehen hatte. «Diese Krankheit ist ein Rätsel», sagte er. «Wir wissen nichts darüber, und wir werden wahrscheinlich nie ein Mittel dagegen finden.»

Alle möglichen quacksalberischen Behandlungsmethoden schossen aus dem Boden. Verzweifelten Eltern riet man, ihren leidenden Kindern durch sinnlose Anwendungen, wie ein tägliches Bad in Meerwasser, zu helfen. Diese Torheit veranlaßte viele Leute, hinaus nach Coney Island zu ziehen, ihre Arbeit, ihre Freunde und Familien zurückzulassen, um der völlig nutzlosen See näher zu sein.

Mein Vater war zudem geschäftlich in Schwierigkeiten. Seit 1915 hatte er mit einer Firma namens Good Laboratories zu tun, einem kleinen pharmazeutischen Unternehmen, ähnlich dem, das er als Drogist und Medizinstudent begonnen und später verkauft hatte.

Ein kleiner Buchhalter namens Henry Fingerhood hatte ihm zu diesem Geschäft verholfen. Mein Vater steuerte sein medizinisches und pharmazeutisches Wissen bei, und Fingerhood war der Geschäftsführer. Die beiden Männer hatten die Vereinbarung getroffen, daß jeder, der sich aus dem Vertrag lösen wollte, dem Partner seinen Anteil zum gleichen Preis anbieten müsse, den dieser zu zahlen bereit wäre.

Eines Tages, im Sommer 1917, suchte mich mein Vater in der Universität auf, wo ich Sommerkurse nahm und auf dem Campus wohnte. Es sei eindeutig, sagte er, daß Fingerhood absichtlich die Firma herunterwirtschafte und versuche, meinen Vater zum Verkauf seines Anteils zu zwingen. Die Firma mache erhebliche Verluste und befinde sich am Rande des Bankrotts. Weil er vom schlechten Gesundheitszustand meines Vaters wisse, hätte Fingerhood ihm ein Ultimatum gestellt: Entweder er akzeptiere zwanzigtausend Dollar, um aus dem Schlamassel herauszukommen, oder stelle den gleichen Betrag selbst bereit, um Fingerhood auszukaufen.

Mein Vater wußte genau, daß die Firma, wenn auch klein, im Grunde gesund war und daß für ihre Produkte ein guter Markt vorhanden war. Er war sicher, daß sich der Erfolg wieder einstellen würde, wenn man Fingerhood hinaussetzte und die Firma eine ordentliche Leitung bekäme. Da es ihm gesundheitlich so schlecht ging, wurde ihm die Arbeit zuviel, besonders, da er seine Praxis nicht aufgeben wollte. Er war fest entschlossen, Fingerhood auszukaufen und mich als Geschäftsführer der Firma einzusetzen.

Mein Vater machte viele Worte, um mir zu sagen, daß ich mein Medizinstudium wohl aufgeben müsse, wenigstens vorübergehend. Er entschuldigte sich, daß die Dinge diesen Verlauf genommen hätten, erwarte aber nicht mehr von mir, als er selbst als junger Medizinstudent mit seinen Drugstores geleistet hätte. Er schlug vor, daß ich weiterstudieren und versuchen sollte, Geschäft und Studium miteinander zu verbinden. Und er sagte: «Ich hab's gemacht, mein Sohn, und du kannst es auch.»

Seine Rechtfertigungen waren alle unnötig, ich leistete überhaupt keinen Widerstand. Im Gegenteil, ich war begeistert von dieser Herausforderung. Mich beweisen und etwas wirklich Sinnvolles für meine großzügigen Eltern tun zu können, war ein aufregender Gedanke. Bisher war mein Leben bequem, gehätschelt und ruhig verlaufen. Meinen Eltern war es wichtig gewesen, daß ihre Kinder nicht die Entbehrungen ihrer eigenen Kindheit zu spüren bekamen, und es war ihnen gelungen. Jetzt hatte ich jedenfalls Gelegenheit zu zeigen, daß ich mehr war als ein privilegiertes verweichlichtes Kind, daß ich das Zeug hatte, in die Geschäftswelt der Erwachsenen einzusteigen und mich zu behaupten.

Als erster notwendiger Schritt mußten die zwanzigtausend Dollar aufgebracht werden, um den Partner meines Vaters auszukaufen. Wir vereinbarten, bei der Bank in der Bronx einen Kredit aufzunehmen. Dann gingen wir zusammen zu Fingerhood und präsentierten ihm eine völlig neue Sachlage. Nachdem er angeboten hatte, meinen Vater für zwanzigtausend Dollar auszukaufen, war er jetzt gezwungen, das

Angebot meines Vaters in der gleichen Höhe für seinen Anteil zu akzeptieren. Fingerhood, der einsah, daß er überlistet worden war, trat sofort zurück, unterzeichnete eine allgemeine Verzichterklärung und steckte den Scheck meines Vaters ein.

Das nächste Problem war mein Medizinstudium. Wenn ich für den größten Teil des Tages ein Geschäft zu führen hatte, konnte ich natürlich nicht alle Vorlesungen besuchen. Ich brauchte ein Double, einen Gehilfen.

Einer der hellsten Köpfe meines Semesters war Daniel Mishell, schwer arbeitend und in Geldnöten. Mir kam eine Idee, die uns beiden helfen würde. Ich hatte im Erdgeschoß eines Hauses zwischen Columbus Square und Amsterdam Avenue eine Wohnung gemietet und bot Dan mein Extrazimmer mietfrei an, wenn er bei allen Vorlesungen mitschreiben würde, damit ich die Notizen am Abend studieren könnte.

Jetzt war alles geregelt. Ich konnte mich ungehindert der Firma widmen, und mein Studium war abgesichert.

Die Firma befand sich damals in einem kleinen Laden, mit einer Werkstatt im Hinterzimmer, auf der Third Avenue im oberen Teil von Manhattan. Etwa zwei Dutzend Frauen waren mit dem Füllen von Arzneimittelflaschen beschäftigt, und ein paar Männer arbeiteten an Maschinen, die Pillen herstellten. Das einzige, was die Firma den gut eingeführten Markenerzeugnissen der Konkurrenten voraus hatte, waren ihre Preise: Wir verlangten viel weniger für Produkte von der gleichen Qualität.

Die Schwierigkeit lag darin, die verschreibenden Ärzte, die ohnehin schon mit Werbung und Proben der größeren Hersteller bombardiert wurden, auf den besonderen Nutzen unserer Produkte aufmerksam zu machen. Ich mußte ihnen irgendeinen Vorteil anbieten, den sie unmöglich ignorieren oder ablehnen konnten.

Der Schlüssel, so war mir klar, lag offensichtlich in den Proben, die von den Arzneimittelvertretern verteilt wurden. Diese Muster bestanden immer aus winzigen Mengen. Die Ärzte stellten sie entweder auf die hintersten Regale oder warfen sie in den Papierkorb. Ich beschloß, Flaschen und Schachteln in normaler Größe als Muster anzubieten; die würden sie bestimmt nicht wegwerfen. Ich nahm an, daß die Ärzte sie ihren Patienten zur Behandlung übergeben würden, und wenn die

Packung leer war, würden die Patienten in ihrem Drugstore mehr von dieser Sorte verlangen.

Mein Vater und Fingerhood hatten die Firma umgetauft und ihr den imposanteren Namen Allied Drug and Chemical Company gegeben. Ich reorganisierte den Vertreterstab gründlich, stellte mehr Leute für den Außendienst ein und erhöhte ihre Provision. Niemand mußte mich auf eine der Grundregeln hinweisen: Wenn man will, daß jemand für einen arbeitet, sieht man am besten zu, daß es sich für den anderen lohnt. Die Leute arbeiten immer besser, wenn sie ordentlich bezahlt werden und Angst haben, einen Job zu verlieren, den sie so schnell nicht wiederfinden.

Die Firma vergrößerte sich sehr rasch, der Umsatz stieg, und die Mitarbeiterzahl ging in die Hunderte. Nach weniger als einem Jahr, seit ich die Leitung übernommen hatte, verlegte ich den Firmensitz von der Third Avenue in ein viel größeres Werk am Harlem River in der Bronx. Die Aufträge kamen schneller herein, als wir sie ausführen konnten, und mein Tag war aufreibend. Kam ich abends erschöpft nach Hause, standen mir noch vier bis fünf Stunden konzentriertes Studium bevor.

Sobald die Firma anfing, gute Gewinne zu erzielen, tauchte Henry Fingerhood wieder auf. Er behauptete, mein Vater und ich hätten ihn betrogen, und verklagte uns auf Zahlung von einer Million Dollar. Zum ersten Mal entdeckte ich, wieviel Spaß mir ein Rechtsstreit machte, wenn ich mich im Recht fühlte.

Von Freunden erfuhr ich den Namen des besten Anwalts für Wirtschaftsprozesse in New York, Max Steuer, der damals auf der Höhe seines Ruhmes war. Ich legte ihm mein Dilemma dar, und er sagte: «Junger Freund, ich bin bereit, Sie zu vertreten, aber ich muß Sie warnen, daß dieser Fall möglicherweise vor Gericht kommt, und meine Gebühr für das Erscheinen vor Gericht beträgt eintausend Dollar pro Tag.»

Ich sagte: «Ich glaube nicht, daß dieser Mann vor Gericht geht. Er hat eine allgemeine Verzichterklärung unterschrieben. Ich glaube, er blufft. Ich möchte, daß Sie ihm einen energischen Brief schreiben, damit er weiß, daß ich zu kämpfen bereit bin. Ich schlage vor, daß ich Ihnen tausend Dollar dafür bezahle. Was meinen Sie dazu?»

Steuer erklärte sich mit diesen Bedingungen einverstanden, und dann schrieb er den Brief, den ich ihm praktisch diktierte. Wie ich vermutet hatte, war Fingerhood zu Tode erschrocken, als er einen Brief von dem berühmten Max Steuer erhielt. Er zog sich zurück und ließ das Verfahren einstellen.

Sobald Steuer davon hörte, schickte er mir einen Brief, in dem er sich meinen Sieg als sein Verdienst anrechnete und eine Rechnung in Höhe von zehntausend Dollar beifügte. Ich erinnerte ihn an unsere Abmachung. Gleichzeitig schickte ich ihm eine Kopie unseres Vertrags. Steuer gab seine Niederlage zu. (Ich war geschmeichelt, als ich einige Jahre später hörte, er habe einem gemeinsamen Freund erzählt: «Armand Hammer ist der einzige, der mich jemals ausgetrickst hat.»)

Nach einem äußerst strapaziösen Jahr wurde mir klar, daß ich in der Geschäftsführung die Hilfe eines Experten benötigte. Ich machte Alfred Van Horn zum Präsidenten und Vorstandsmitglied und meinen Bruder Harry zum stellvertretenden Vorsitzenden und Finanzdirektor, während ich mir selbst den Titel Geschäftsführer gab. Van Horn hatte vor kurzem seine eigene pharmazeutische Fabrik – Van Horn and Sawtelle – an die Firma Johnson & Johnson verkauft. Ungefähr zu dieser Zeit schenkte mir mein Vater seine sämtlichen Anteile, und ich wurde der rechtmäßige Besitzer der Firma.

Ein Artikel, der am häufigsten und zunehmend bestellt wurde, war uns allen ein Rätsel. Zwischen 1918 und 1919 entdeckten wir zu unserem Erstaunen, daß Bestellungen von Ingwertinktur in Flaschen tausendfach zugenommen hatten. Wir bekamen riesige Aufträge aus den unwahrscheinlichsten Orten, besonders aus den Staaten des tiefen Südens und mittleren Westens, und wir überlegten uns schon, wie wir die Erledigung dieser gewaltigen Aufträge besser bewältigen konnten.

Um dieser Entwicklung auf den Grund zu gehen, fuhr ich schließlich zu einem Kunden, einem Drogisten in Richmond, Virginia, dessen Bestellungen besonders stark zugenommen hatten.

Der Mann schaute mich lange an und sagte: «Sie wollen wirklich behaupten, daß Sie nichts davon wissen?» Ich kam mir zwar wie ein Trottel vor, beteuerte aber meine Unschuld.

«Kommen Sie mit», sagte er und führte mich ins Hinterzimmer seines Drugstores. Er nahm ein Glas, eine Flasche Ginger Ale (Ingwer-Bier) und die Ingwertinktur und mischte das Ganze mit ein paar Eiswürfeln zu einem sprudelnden Getränk.

«Hier, kosten Sie mal», sagte er.

Ich trank, und das Feuer eines kräftigen Ginger-Ale-Highballs stieg mir sofort in den Kopf. Die Wirkung kam von der Ingwertinktur, die einen starken Alkoholgehalt aufwies. Es war zwar nicht die reine Ambrosia, aber es war auch nicht zu leugnen, daß der Drink es in sich hatte.

Mein Kunde erklärte, daß die Leute in diesen Zeiten der Prohibition wild nach einem Getränk waren, das einerseits Alkohol enthielt, andererseits aber innerhalb der strengen Gesetze legal war.

Er brauchte es mir nicht weiter auszumalen, ich hatte begriffen, daß meine kleine Firma auf einer Goldmine saß. Ich mußte unbedingt schnell mehr von dieser Ingwertinktur beschaffen, bevor es ein anderer tat. Ich hatte schon gehört, daß bereits einige der größten Arzneimittelfirmen aktiv im Ingwertinkturgeschäft waren.

Ich ging sofort zu unserer Bank und beschaffte Kredite für über eine Million Dollar. Zu jener Zeit stand Allied Drug and Chemical auf soliden Füßen, und die Banken waren nur allzu bereit, uns Geld zu leihen. Wie jeder weiß, sind sie am ehesten dazu geneigt, wenn man bereits genug davon hat.

Dann erkundigte ich mich beim Handelsministerium, welche Länder Ingwer ausführten, und suchte mit Hilfe von Zeitungsanzeigen Agenten, um sie in all jene Länder zu schicken, aus denen Ingwer kam – hauptsächlich Indien, Nigeria und die Fidschi-Inseln –, damit sie die gesamte künftige Ingwerproduktion aufkauften.

Auf diese Weise schafften sich Allied Drug and Chemical Laboratories ein Weltmonopol an Ingwer und infolgedessen der Ingwertinkturproduktion in den Vereinigten Staaten. Alle größeren Arzneimittelfirmen mußten sich jetzt von uns beliefern lassen.

Die Resultate waren erstaunlich, die Aufträge schier nicht mehr zu bewältigen. Wir mußten in der Fabrik Spezialabfüllungsbänder einrichten. Jeden Tag fuhren volle Lastwagen vor allem in die «trockenen» Südstaaten. Unsere Mitarbeiterzahl in der Fabrik wuchs auf fast eintausendfünfhundert an.

Ganz plötzlich wurde ich ein sehr reicher junger Mann. An manchen Tagen brachte ich bis dreißigtausend Dollar auf die Bank. Nicht einmal Gloria Swanson – deren Hollywoodvertrag über tausend Dollar pro Tag die Nation in Erstaunen versetzt hatte – konnte es mit Einnahmen dieser Größenordnung aufnehmen. Das Durchschnittseinkommen betrug in den Vereinigten Staaten 1919 etwa sechshundertfünfundzwanzig Dollar pro Jahr. In jenem Jahr betrug mein persönliches Einkommen über eine Million netto.

Es wird heute erzählt, daß ich mein erstes Vermögen als Alkoholschmuggler gemacht hätte. Man hat mir schon Schlimmeres unterstellt, auch das war nicht wahr. Alkoholschmuggel war illegal – am Handel mit Ingwertinktur war jedoch nichts Illegales, jedenfalls nicht, bis die Regierung das Gesetz änderte. Zu jenem Zeitpunkt gab Allied Drug and Chemical das Geschäft aber auf, wie ich gleich schildern werde, es blieb uns gar keine Wahl.

Mit den Anforderungen, die mein Geschäftsleben an mich stellte, und den Schwierigkeiten, meine Studien weiterzutreiben, mußte ich gezwungenermaßen einige Bereiche meines Privatlebens vernachlässigen. Das Hauptopfer war meine Freundin. «Bennie», die ich durch Daniel Mishell kennengelernt hatte, war eine wunderschöne Krankenschwester, und ich war in sie verliebt. Sie gehörte den Quäkern an, war sehr fromm und sehr zurückhaltend. Ihr Aussehen und die offensichtliche Reinheit ihres Charakters wirkten unwiderstehlich auf mich; in Gedanken hatte ich sie auf ein Podest gestellt – sie war fast zu gut für mich. Ich war vollkommen von ihr betört und dachte ernsthaft daran, sie zu bitten, meine Frau zu werden. Da ich aber so beschäftigt war und kaum Zeit hatte, sie zu sehen, war es doch ziemlich sinnlos, definitive Pläne für eine Hochzeit zu machen.

Eines Tages ging mein Freund Maxie Rosenzweig in meine Wohnung, um ein paar Fachbücher für mich zu holen. Ich hatte ihm meinen Schlüssel gegeben. Als er zurückkam, stammelte er eine Geschichte zusammen, die mich so schockte, daß ich fast zusammenbrach.

Als er die Tür geöffnet hatte, so sagte er, hätte er gesehen, wie eine nackte Gestalt aus Dans Schlafzimmer ins Badezimmer gerannt sei. Es war Bennie, meine zukünftige Braut, die aus dem Bett eilte, das sie mit Dan geteilt hatte.

Ich war wie vom Donner gerührt vor Überraschung und Wut und ging schnurstracks in die Wohnung, wo Dan jetzt allein war. Es gab eine schreckliche Szene; einige Minuten lang glaubte ich, ihn umbringen zu müssen. Zum Schluß sagte ich Dan, er solle seine Sachen packen und abhauen.

62

Einige Wochen später besuchte er mich im Mount Sinai Hospital, als mir die Mandeln entfernt worden waren. Wir versöhnten uns. Er sagte, ich sei viel besser dran ohne Bennie, die ihre Gunst großzügig unter die Assistenzärzte im Krankenhaus verteilt hätte, und er habe gemeint, daß er, indem er sich der Liste ihrer Liebhaber anschloß, keine Erbsünde beginge. Ich kann nicht behaupten, daß mich diese Neuigkeit besonders getröstet hätte.

Ich hatte nie Schwierigkeiten gehabt, für meine Parties Alkohol zu beschaffen; Allied Drug and Chemical handelte schließlich mit Alkohol, der zu medizinischen Zwecken auf ärztliches Rezept legal verkauft wurde. Natürlich wurde ziemlich kräftig getrunken. Aber ich mache mir bestimmt nichts vor, wenn ich behaupte, nie betrunken gewesen zu sein. Ich wußte immer, wann ich genug hatte, und dann habe ich das Glas abgesetzt. Ich kann mich nicht erinnern, jemals in meinem Leben einen Kater gehabt zu haben, was vielleicht überraschend ist für einen Mann, der in der Mitte seines Lebens einer der größten Spirituosenhersteller der Vereinigten Staaten war.

Als ich in den zwanziger Jahren in Rußland lebte, eignete ich mir die russische Sitte an, mit jedem Schluck Wodka einen kleinen Bissen zu nehmen, und diese Gewohnheit, die ich nie aufgegeben habe, hat mich immer nüchtern gehalten. In den letzten zwanzig Jahren habe ich fast überhaupt nichts getrunken, höchstens ein Glas Wein zu einer Mahlzeit und ab und zu einen Sherry oder ein Glas meines Lieblingschampagners. Mein Verstand soll so klar und scharf bleiben wie möglich, wenn ich in dem mir verbleibenden Leben noch erreichen will, was ich vorhabe. Es gibt einfach keine Zeit, um betrunken zu sein.

Das Vermögen, das sich auf den Konten von Allied Drug and Chemical anhäufte, kam allen Mitgliedern meiner Familie zugute. Victor hatte sein erstes Jahr an der Colgate University beendet und wechselte nach Princeton über, um Kunstgeschichte und Schauspiel zu studieren. Jetzt, wo er reif genug war, es zu genießen, stand ihm ausreichend Geld zur Verfügung.

Meine Mutter liebte mein kleines Haus in Greenwich Village, und da es ihr selber nie schwerfiel, für eine Party in Stimmung zu kommen, kam sie gern vorbei, um zu sehen, was los war. «Lebe vorsichtig gefährlich» war ihr Lieblingsmotto, und ich muß sagen, es war auch meine Parole.

Harry war Anfang 1919 aus dem Krieg zurückgekehrt und hatte sich als Finanzdirektor unserer Gesellschaft ins Geschäft gestürzt. Mit seiner Hilfe und der äußerst kompetenten und verantwortungsbewußten Arbeit von Alfred Van Horn war die Geschäftsleitung der Firma sicher und festgefügt, und ich konnte mehr Zeit für meine Studien aufbringen, die – da ich mich jetzt dem Abschluß näherte – so anstrengend wurden, daß ich es mir unmöglich leisten konnte, der Firma einen vollen Arbeitstag zu widmen.

Allerdings war harte Arbeit der Geschäftsleitung notwendig, als die Regierung die Bestimmungen für den Verkauf von Ingwertinktur änderte, um den einträglichen Handel zu hemmen.

Die neuen Vorschriften bestimmten, daß der Alkohol, der Hauptbestandteil des Produkts war, «denaturiert» werden müsse, was bedeutete, daß er durch den Zusatz von bitteren Chemikalien ungenießbar zu machen sei. Der Markt brach damit zusammen. Eine Zeitlang versuchten wir, ein Haarwasser zu verkaufen, das mit dem «denaturierten» Alkohol angereichert war, aber es brachte nur wenig Kunden – außer denen, die gerne Haarwasser trinken. Wir gaben bald wieder auf.

Wir mußten ein neues Geschäft finden, einen neuen Markt, und wir entschlossen uns zu einem kühnen Schritt. Weisheit des Tages in der Pharmaindustrie war, daß das Ende des Krieges wegen der aufgehobenen Militär- und Regierungsverträge einen Konjunkturrückgang bringen würde. Ich glaubte eher das Gegenteil. Meiner Meinung nach war ein allgemeiner Aufschwung nach dem Krieg wahrscheinlicher, wenn die Männer nach Hause kamen und die Ausgabenbeschränkungen aufgehoben wurden.

Mit den erheblichen flüssigen Mitteln, die uns zur Verfügung standen, wollten wir es wagen, meinem Instinkt zu folgen und Heeresbestände aufzukaufen. Zu billigsten Preisen erwarben wir riesige Mengen Arzneimittel und Chemikalien; sie wurden uns fast nachgeworfen. Unsere Konkurrenten, die größeren Arzneimittelhersteller, die alle ihre Produktion einschränkten, hielten uns für verrückt.

Sie irrten sich, ich behielt recht. Die Nachfrage nahm rasch zu, und wir konnten für die Bestände, die wir so billig beschafft hatten, einträgliche Preise erzielen.

Einer unserer kleineren Kunden – für Dinge wie Chloroform, Morphium und Codein – war Ludwig Martens, Chef der in New York niedergelassenen inoffiziellen diplomatischen Mission der neuen bolschewistischen Revolutionsregierung der Sowjetunion.

Angeblich wurde Allied Drug and Chemical unter der Leitung meines Vaters eine Frontorganisation für die Bolschewiken, mit deren Hilfe Devisen für Moskau beschafft und Gelder für die Kommunistische Partei Amerikas, der mein Vater 1919 als gründendes Mitglied beigetreten war, gewaschen wurden. Nichts konnte von der Wahrheit weiter entfernt sein: erstens, weil mein Vater gar keine Kontrolle mehr über die Firma hatte, zweitens, weil der Stockrepublikaner Alfred Van Horn eher gestorben wäre, als es zuzulassen, daß Firmengelder an die Kommunistische Partei abgezweigt oder Devisen für den Kreml gewaschen würden, und drittens, weil das ganz einfach nicht unser Geschäft war.

Mein Vater hatte tatsächlich engen Kontakt zu Ludwig Martens und war inoffizieller Handelsberater der Mission in New York (die Vereinigten Staaten und die UdSSR nahmen erst 1933 volle Beziehungen auf). Natürlich war mein Vater als prominentes Mitglied der Kommunistischen Partei besonders daran interessiert, den Russen zu helfen, die damals zu Hause mit einem Bürgerkrieg und einer Wirtschaftsblockade aus dem Westen fertig werden mußten.

Das war allein Sache meines Vaters. Allied Drug and Chemical handelte nicht aus politischen Erwägungen mit Martens, sondern um Profit zu machen, und wir konkurrierten mit anderen amerikanischen Firmen. Das Gesamtvolumen des Geschäfts, das wir mit ihnen tätigten, betrug nicht mehr als hundertfünfzigtausend Dollar, wovon die Hälfte Maschinen zur Erdölgewinnung betraf, und selbst diese Summe konnte nicht kassiert werden, als Martens und seine Delegation plötzlich 1921 aus den Vereinigten Staaten ausgewiesen wurden. Zu jener Zeit betrug der Jahresumsatz unserer Firma mehrere Millionen Dollar.

Mein Vater wurde jedoch weiterhin von Unterstellungen verfolgt, und die Konsequenzen waren sehr ernst. Das kleine Geschäft, das unsere Firma mit den Russen getätigt hatte, löste möglicherweise einen Angriff auf ihn aus, der die schmerzlichsten Nachwirkungen und eine der unglücklichsten Episoden meines Lebens zur Folge hatte.

Die radikalen sozialistischen Ansichten und Aktivitäten meines Vaters hatten ihn zu einem gezeichneten Mann gemacht. In der Mitte jenes Jahrzehnts wurde er von den Behörden kaum belangt, da sie in ihm keine Bedrohung sahen, die er ja auch nicht war. All das änderte sich jedoch 1919, als sich die Angst vor der «roten Gefahr» in den Vereinigten Staaten auszubreiten begann und mein Vater das Ziel feindseliger Überprüfungen wurde. Wie Stephen Birmingham in «The Rest of Us» schreibt:

«1919 wurde das Jahr der Eiferer, eine Ära der Rache gegen Feinde im Inland – wirkliche oder eingebildete. Der Deutsche war in die Knie gezwungen worden, aber jetzt schien es, daß andere Köpfe eingeschlagen werden mußten. 1919 wurden die Anarchisten Emma Goldman und Alexander Berkman aus dem Gefängnis entlassen und in die Sowjetunion deportiert, gemeinsam mit mehr als 200 anderen ‹Verrätern›. Weitere 249 russische ‹Unerwünschte› wurden an Bord der SS Buford verschifft. Ein junger Assistent des Justizministers Alexander Palmer – des Chefverfolgers dieser ‹roten Gefahr› – war der vierundzwanzigjährige John Edgar Hoover, dessen Aufgabe es war, Deportationsfälle von angeblich kommunistischen Revolutionären zu bearbeiten.»

Amerika teilte sich in eine Mehrheit, die das neue bolschewistische Regime in Rußland mit Furcht betrachtete, und in eine Minderheit, die es mit Freuden begrüßte. Die Juden New Yorks waren ebenfalls gespalten. Im großen und ganzen waren die jüdischen Einwanderer aus Rußland prosowjetisch, während die Juden, die aus Deutschland gekommen waren, antisowjetisch waren. Um erneut Stephen Birmingham zu zitieren:

«Die Russen waren mit vom Sozialismus brennenden Seelen, mit dem Aufruhr der bolschewistischen Bewegung gekommen und versuchten bereits, Berufsverbände und Gewerkschaften zu gründen, um mit den ‹Bossen› zu kämpfen. Aber die Deutschen waren inzwischen zufriedene Kapitalisten geworden, konservative Anhänger von Präsident Roosevelt. Die Russen schienen für die amerikanische Lebensart, die die Deutschen genießen gelernt hatten, eine echte Bedrohung darzustellen, und es schien unbedingt notwendig, daß dieser jüdische Radikalismus im Keime erstickt, den Russen die ‹richtige politische Denkweise Amerikas› beigebracht werde.»

An dem, was nun geschah, waren auch deutsche Juden beteiligt. Sie waren natürlich nicht allein; mein Vater hatte viele Interessen verletzt. Sein Sozialismus war den Demokraten von Tammany Hall ein Dorn im Auge – jener Filzokraten, die die lukrativen Verträge mit der Stadt New York in den Taschen hatten. Eine Menge Leute hatten es darauf abgesehen, ihm nach dem Krieg an den Karren zu fahren, und 1919 hatten sie ihn. Mein geliebter Vater wurde verhaftet und des Totschlags beschuldigt.

Der entscheidende Augenblick

Was es bedeutet, Vater oder Mutter verurteilt und verhaftet zu sehen, kann man sich nur schwer vorstellen. Ich war zwar kein Kind mehr, als meinem Vater dies widerfuhr, aber all die Jahre, die seitdem vergangen sind, haben den Schmerz kaum gemildert, den ich empfand, als er abgeführt wurde.

Mitte Juli 1919 suchten zwei Detektive des Bezirksstaatsanwalts die Praxis meines Vaters auf. Aus irgendeinem Grund, den ich nie begriffen habe, empfing mein Vater sie nicht. Es war wohl ein Mißverständnis. Ich glaube, er ließ durch das Dienstmädchen sagen, er sei zu beschäftigt und die Männer sollten zu einer anderen Zeit wiederkommen. Jedenfalls gingen sie wieder – wahrscheinlich beleidigt.

Sie hatten meinen Vater über den Tod einer Patientin, Marie Oganesoff, vernehmen wollen, die Anfang Juli an den Folgen einer Dilatation und Kürettage gestorben war, die mein Vater vorgenommen hatte, um einen ärztlich angezeigten Abort herbeizuführen. Mrs. Oganesoff war die Frau eines früheren Attachés der russischen Botschaft (der zaristischen in Washington) gewesen.

Die Männer vom Büro des Bezirksstaatsanwalts hatten Flaschen mit Influenzamedizin mitgebracht, die mein Vater der Frau verschrieben hatte, und sie erwarteten eine Erklärung dafür. Diese Frage wurde später in der Verhandlung ein entscheidender Punkt. Wenn mein Vater diese Männer empfangen hätte, hätte er sich ohne weiteres entlasten können.

Als er im August 1919 verhaftet, des Totschlags angeklagt und gegen eine Kaution von fünftausend Dollar wieder auf freien Fuß gesetzt wurde, erfuhr ich zum ersten Mal etwas über diesen Fall.

Mrs. Oganesoff litt seit langem an fortschreitendem Nierenversagen und an einem Herzfehler. Sowohl in Europa als auch in den Vereinigten Staaten hatten ihr verschiedene Ärzte dringend von weiteren Schwangerschaften abgeraten. Sie hatte zahlreiche Abtreibungen hinter sich, einige sogar durch eigene Hand, mit Stricknadeln, herbeigeführt.

Mein Vater hatte bereits eine ihrer Schwangerschaften unterbrochen. Ihr Mann, der über die Risiken ihres Gesundheitszustands genau Bescheid wußte, sie aber trotzdem immer wieder schwängerte, hatte sie damals in die Praxis begleitet. Seinerzeit war es kein Notfall gewesen, und mein Vater hatte sie nach dem Eingriff, den er vorschriftsmäßig im Beisein eines zweiten Arztes durchgeführt hatte, wieder nach Hause geschickt.

Dieses Mal hatte Mrs. Oganesoff meinen Vater angerufen und ihn angefleht, ihn am Samstag, dem 5. Juli 1919, in seiner Praxis aufsuchen zu dürfen. Mein Vater verbrachte das Wochenende auf dem Land in Edgemere auf Long Island und kehrte, um sie zu empfangen, in die Bronx zurück.

Wieder war sie schwanger. Ihre Periode hätte neun Tage zuvor einsetzen müssen. Sie hatte bereits versucht, mit einer Stopfnadel, die sie in Jod getaucht hatte, selber abzutreiben, und hatte sich dabei verletzt und blutete. Sie war furchtbar unglücklich, ängstlich und verzweifelt.

Sie bat ihn, sofort zu handeln. Sie sagte: «Versuchen Sie nicht, mich zu überreden. Sie kennen meine Geschichte. Sie wissen, daß es nicht so bleiben kann. Es ist nur eine Frage der Zeit. Wollen Sie mir jetzt helfen, oder wollen Sie mich ein paar Wochen lang leiden lassen? Dann muß ich es doch machen lassen!»

Mein Vater sagte vorwurfsvoll: «Wenn Sie ein Instrument in Ihre Gebärmutter einführen, riskieren Sie eine Infektion.» Sie antwortete: «Wie können Sie davon reden, daß es verschoben werden soll, wenn jede Stunde zählt? Sie sagen ja selbst, daß ich mich infiziert haben könnte.»

Die Frau litt außerdem an Kopf- und Halsschmerzen und leichtem Fieber, was eine Grippe ankündigte, eine Epidemie, von der New York damals heimgesucht wurde. Grippe war damals eine viel schwerere Krankheit als heute, was die zehn Millionen Toten der weltweit grassierenden Grippeepidemie von 1918 bezeugen.

Mein Vater befand sich in einem Dilemma. Er wollte die Operation nicht durchführen, aber Mrs. Oganesoff war offensichtlich in einer besonders schwierigen Lage, und er mußte das Risiko in Betracht ziehen, daß sie sich in ihrer Verzweiflung noch schwerere Verletzungen zufügen würde. Sie war äußerst nervös und, wie ihre früheren Handlungen bewiesen, zu allem fähig.

Mein Vater rief seinen jungen Assistenten, Dr. Benjamin Diamond, und bat ihn um seine Meinung. Dr. Diamond hatte als praktizierender Arzt erst achtzehn Monate Erfahrung, er war jedoch sehr begabt, und mein Vater hielt viel von ihm. Nachdem er ihm den Fall und die Geschichte der Patientin beschrieben hatte, untersuchte er die Frau und stellte fest, daß sie stark blutete. Es war unmöglich festzustellen, ob sie tatsächlich schwanger war.

«Was würden Sie unter diesen Umständen machen?» fragte mein Vater seinen Kollegen.

«Sie hat möglicherweise eine Infektion und wird vielleicht trotz einer Kürettage Probleme bekommen, aber ich glaube, ihre Chancen stehen besser, wenn Sie sie sofort ausschaben», sagte Dr. Diamond.

Mein Vater beschloß, die Operation durchzuführen. In diesem Augenblick mag er unklug gehandelt haben, denn er dachte nicht an seine eigene Sicherheit. In bezug auf Abtreibungen waren die New Yorker Gesetze äußerst streng. Seit vielen Jahren war von der Ärzteschaft die Meinung vertreten worden, daß sie geändert werden müßten. Irgendwann, so glaubte man, käme ein ehrbarer Arzt in die Lage, das Leben einer Patientin retten zu wollen, dabei jedoch das Gesetz zu brechen und zwanzig Jahre Zuchthaus zu riskieren. Mein Vater hätte das Ansuchen der Frau ablehnen und sie nach Hause oder in ein Krankenhaus schicken können. Dann hätte ihm nichts passieren können, das Leben der Frau wäre jedoch durch die Verzögerung gefährdet gewesen. Später machte er sich bittere Vorwürfe; aber er hatte es für seine Pflicht gehalten, ihr Leben zu retten.

Nach der Operation verschrieb er ihr einige Mittel gegen die Grippe. In Begleitung ihres Dienstmädchens fuhr sie nach Hause.

Kein Geld wechselte den Besitzer, und mein Vater stellte keine

Rechnung für seine Dienste aus – eine entscheidende Tatsache für mich. Abtreiber wollen im voraus bezahlt werden; daß kein Geld im Spiel war, machte es für mich offenkundig, daß mein Vater keine illegale Abtreibungspraxis unterhielt, genau das warf man ihm vor.

Marie Oganesoffs Zustand verschlechterte sich. Am folgenden Sonntagabend rief Mr. Oganesoff meinen Vater zu seiner Frau. Sie hatte hohes Fieber. Mein Vater sagte, sie habe Grippe, und riet ihm, sie in der üblichen Weise zu pflegen.

In den folgenden Tagen ging es ihr sehr schlecht; sie war nicht mehr transportfähig. Die Grippe hatte sich durch das Einsetzen einer Bauchfellentzündung verschlimmert, die mit großer Wahrscheinlichkeit auf ihre eigenen Abtreibungsversuche mit der Stopfnadel zurückzuführen war. Am Ende der Woche zog Mr. Oganesoff einen weiteren Arzt zu Rate, dessen erste Diagnose Typhus war. Als sie am folgenden Freitag starb, gab er als Todesursache Bauchfellentzündung infolge einer Abtreibung an.

Mein Vater nahm als primäre Todesursache Darmgrippe an, und er glaubte, daß die Bauchfellentzündung durch die selbstzugefügten Verletzungen entstanden war.

Mr. Oganesoff leitete gegen meinen Vater eine zivilrechtliche Klage ein. Vielleicht war er aufrichtig, aber seine Motive sind mir nie recht klar geworden. Möglicherweise hatte er an eine größere Abfindung gedacht, die er sich von meinem Vater erwartete, und vielleicht übertrug er eigene Schuldgefühle auf meinen Vater, denn er selbst war es ja schließlich gewesen, der seine Frau wiederholt geschwängert hatte, obwohl er wußte, daß ihr Leben auf dem Spiel stand. Seine Klage führte zur polizeilichen Vernehmung, Ermittlung, Verhaftung und Gerichtsverhandlung.

Der Fall erregte sofort die Öffentlichkeit, was die Chancen für einen fairen Prozeß beeinträchtigte. Die Schlagzeile der *Bronx Home News* lautete: ARZT-MILLIONÄR VERHAFTET – ein Witz, wäre die Lage meines Vaters nicht so ernst gewesen. Schließlich war ich der Millionär in der Familie.

Solange das Strafverfahren lief, konnte mein Vater seine Praxis weiterführen, und bis zum Prozeßbeginn verging ein Jahr. Deshalb verkaufte er die Praxis und unser Haus an seinen Assistenten. Es war ein trauriger Beschluß, aber es ließ sich nicht vermeiden.

Auf meinen Rat und größtenteils auf meine Kosten zogen meine Eltern in das *Ansonia Hotel*, Ecke Broadway und 73. Street in Manhattan, wo sie bis zum Ende des Verfahrens blieben, meine Mutter bis 1923.

Dort bereitete mein Vater seine Verteidigung vor. Mein Vater war alles andere als gerissen oder egoistisch, im Gegenteil – seine Selbstlosigkeit war zwar liebenswert, aber bei der Ausarbeitung seiner Verteidigung für das wichtigste Urteil seines Lebens, als er einer möglichen Strafe von zwanzig Jahren entgegensah – was den Rest seines Lebens bedeutet hätte –, war seine mangelnde Sorge schon fast als tollkühn zu bezeichnen und sollte verhängnisvolle Konsequenzen haben.

Er bat seinen alten Freund namens Henry Kunz um Rat. Der war früher einmal ein prominenter Anwalt in New York gewesen, bis er selbst mit dem Gesetz in Konflikt geraten war: Er hatte einem bankrotten Kunden erklärt, wie er seine Vermögensmasse verstecken könne. Nach seiner Haftentlassung, um das Jahr 1918, als man ihm die Wiederaufnahme seiner anwaltschaftlichen Tätigkeit nicht gestattete, hatte mein Vater mich bewogen, ihm einen Job in unserer Firma zu geben.

Henry wollte sich um die Verteidigung meines Vaters, vor allem um die Bestellung der Anwälte kümmern. Das Dumme war nur, daß Henry Kunz ein Gauner war. Bei der Wahl der Anwälte dachte er nur an seine eigenen Interessen. Den früheren stellvertretenden Staatsanwalt James W. Osborne jr., der ihn verurteilt hatte, nahm er in der Hoffnung, der würde ihm zu einer Begnadigung verhelfen; und als Prozeßanwalt beauftragte er seinen Freund Herbert Smyth, der noch nie in einem Strafprozeß die Verteidigung übernommen hatte, der aber Kunz, wie ich glaube, einen Teil seiner Gebühren in die Tasche schob.

Ich weiß, daß Kunz ein Gauner war, denn ich erwischte ihn Monate später, wie er unsere Firma betrog. Er nahm von unseren Lieferanten Bestechungsgelder an. Einer davon, ein Flaschenhersteller, schlug zu Gunsten von Kunz zehn Prozent auf seinen Preis auf. Das ging aus einem Brief hervor, den ich versehentlich geöffnet hatte.

Die Wahl, die Kunz getroffen hatte, war eine Katastrophe: Beide Anwälte waren inkompetent und einer davon ein hoffnungsloser Säufer. Während der Prozeß lief, sah ich Osborne abends häufig völlig betrunken in irgendeiner Bar in der Nähe des Gerichts, oder ich beobachtete, wie man ihn zu seinem Auto schleppte, und fragte mich: «Wie um alles in der Welt wird dieser Mann wieder nüchtern genug, um morgen früh anständige Arbeit leisten zu können?» Und eben das gelang ihm nicht.

Herbert Smyth dagegen war ein berühmter Rechtsanwalt von der Wall Street, der durch Firmenstreitigkeiten und Auseinandersetzungen auf Vorstandsebene ungeheuer reich geworden war. Mit seinem desorganisierten Verstand, den er hinter großartigen Reden und einem imponierenden Gehabe versteckte, schien er einem Buch von Charles Dickens entstiegen zu sein. Er trug einen Talar und ein Monokel und ließ sich jeden Tag mit einem Rolls-Royce zum Gericht fahren. Nichts hätte die armen Leute mehr provozieren können, die jeden Tag auf den Straßen außerhalb des Kreisgerichts der Bronx zusammenströmten. Und für die Geschworenen, die einem ähnlichen Milieu entstammten, war die Wirkung wohl die gleiche.

Diese Clowns machten alles kaputt. Ich hätte sie zu gern auf der Stelle gefeuert und bessere Leute genommen – und ich bestellte tatsächlich einen Anwalt aus der Bronx namens John Kadel –, aber es war schon zu spät.

Einige Schlüsselargumente der Anklage stützten die Position meines Vaters, aber diese Vorteile wurden von den Anwälten außer acht gelassen. Als Zeuge der Anklage bestätigte Mr. Oganesoff, daß seine Frau an einer Nierenerkrankung litt, daß sie in Europa schon viele Abtreibungen gehabt hatte und daß ihr geraten worden war, keine Kinder mehr zu bekommen. Diese Aussage allein hätte genügen müssen, um meinen Vater zu rehabilitieren. Die Anwälte ignorierten sie.

Die entscheidende Frage war, ob eine Kürettage unumgänglich gewesen sei, um das Leben der Patientin zu erhalten. Hätte man dies nachweisen können, wäre der Eingriff völlig legal gewesen. Trotz aller Zeugenaussagen verpfuschten die Anwälte die Verteidigung. Sie legten noch nicht einmal die Rezepte, die mein Vater gegen die Grippe von Mrs. Oganesoff ausgestellt hatte, als rechtserhebliche Beweisangebote vor. Ohne diese Beweismittel wurde die Aussage meines Vaters, die Frau sei bereits an Grippe erkrankt gewesen, als sie in seine Praxis kam, zu einer bloßen Behauptung reduziert.

Mr. Oganesoff bezeugte außerdem, daß seine Frau innerhalb von zwei Stunden nach ihrer Rückkehr hohes Fieber bekommen hätte. Wenn dieses Fieber den Beginn der Bauchfellentzündung anzeigte, die, wie die Anklage behauptete, die Todesursache gewesen war, konnte es nicht von der Kürettage ausgelöst worden sein. Eine Bauchfellentzündung setzt nicht innerhalb von zwei Stunden ein. Sie konnte nur die Folge ihres eigenen Versuchs mit der Stopfnadel sein.

Diese Versäumnisse waren schlimm genug. Schlimmer war jedoch das hoffnungslos schwache Kreuzverhör mit dem Hauptzeugen der Anklage, dem Leichenbeschauer Dr. Benjamin Schwartz.

Er nannte aufgrund der Autopsie die Abtreibung als Todesursache. Schwartz schwor, daß das Herz der Patientin und die anderen Organe normal gewesen seien, obwohl Herz und Herzklappen bei der Autopsie nicht geprüft und keine mikroskopische Untersuchung der Nieren vorgenommen worden waren.

So kraftlos diese Beweisaufnahme war, blieb sie doch unangefochten. Für das Gericht reichte die Aussage von Schwartz aus, um meinen Vater zu verurteilen. Seine eigenen Anwälte stellten sie nicht in Frage, warum sollten sie es tun?

Aber es waren auch noch andere Kräfte am Werk. Die Männer, die meinen Vater verklagten und verurteilten, repräsentierten einen guten Durchschnitt jener mächtigen Gruppen, für die er ein Stein des Anstoßes war. Der Staatsanwalt Francis Martin, ein irischer Katholik und absoluter Abtreibungsgegner, war offener Antikommunist. Für den stellvertretenden Staatsanwalt Albert Cohn und den Richter Louis D. Gibbs galt dasselbe.

Außerdem war Dr. Benjamin Schwartz nicht ganz das, was er zu sein vorgab. Wenige Jahre nach dem Prozeß gegen meinen Vater wurde er selbst unter dem Vorwurf der Verabredung zu einer strafbaren Handlung verhaftet und vom Bundesgericht als Anführer einer Diebesbande verurteilt, die Versicherungsgesellschaften betrogen hatte, indem sie Patienten Drogen verschaffte, die Herzkrankheiten simulierten. Hatte Schwartz gegen meinen Vater ausgesagt, um sich beim Staatsanwalt einzuschmeicheln? Ich bin immer der Meinung gewesen.

Aufgrund der unbestätigten Zeugenaussage dieses Mannes wurde mein Vater für schuldig erklärt. Bevor das Gericht den Spruch fällte, gab es noch eine dramatische Wende in der Geschichte, die meinem Vater wiederum geschadet haben muß. Am Donnerstag, dem 24. Juni, beklagte sich ein Geschworener namens Joseph Maher bei der New

Yorker Zeitung *World*, daß ihm zehntausend Dollar angeboten worden seien, wenn er auf «nicht schuldig» plädiere. Der Richter befragte Mr. Maher in seinem Arbeitszimmer, und die Beschwerde wurde bei einer öffentlichen Verhandlung erörtert. Sofort schloß die öffentliche Meinung, daß meine Familie, ausgestattet mit meinem Reichtum, nichts Gutes im Schilde führte. Mr. Mahers Beschwerde mußte auch die Geschworenen beeinflußt haben.

Vier Tage später sprachen die Geschworenen nach viereinhalbstündiger Beratung das Urteil: Totschlag ohne mildernde Umstände. Mein Vater wurde abgeführt.

Das Urteil löste enormen Protest in der Öffentlichkeit aus. Wir wurden Tag und Nacht von Zeitungsreportern, Freunden und Sympathisanten belagert. Die Ärzteschaft war entsetzt, und bevor das Strafmaß am 30. Juni verkündet wurde, unterzeichneten vierhundert New Yorker Ärzte und Chirurgen eine Petition, um das Urteil zu revidieren und eine Gesetzesänderung zu verlangen. Nur ganz wenige der Unterzeichnenden kannten meinen Vater persönlich. Dr. Abraham Goldman, Präsident der Bronx County Hospital Association, erklärte der *New York Times*:

Dieser Vorfall ist nur ein Beispiel dafür, womit unser Berufsstand heutzutage zu kämpfen hat. Jeder ehrbare Arzt in diesem Staat arbeitet unter der Angst, selbst das nächste Opfer des Gesetzes zu sein, das nicht nur seit langem schon aus den Gesetzesbüchern hätte gestrichen werden müssen, sondern auch den Beruf des Arztes überaus belastet.

Die Verurteilung Dr. Hammers ist ein Schlag für den gesamten Berufsstand. Unter den bestehenden Gesetzen war es unvermeidlich, daß ihnen früher oder später ein angesehener Arzt zum Opfer fallen würde. Seit Jahren kämpfen wir, um dieses Übel aus der Welt zu schaffen, wo ein Schöffengericht aus Laien trotz der fachkundigen Meinung vieler Mitglieder unseres Berufsstandes eine Operation für ungerechtfertigt erklären kann.

Die Weisheit der Bittsteller hatte keinen Einfluß auf den Richter. Er verurteilte meinen Vater zu einer Zuchthausstrafe von nicht weniger als dreieinhalb und höchstens fünfzehn Jahren.

In der ersten Augustwoche besuchten wir meinen Vater in Sing-Sing und sahen ihn in Zuchthauskleidung, inmitten von Dieben, Mördern, Vergewaltigern und Gangstern. Typisch für ihn, sah er in seiner Strafe bereits eine Gelegenheit, anderen Menschen zu helfen; er war gut gelaunt. Mit der Zeit wurde er Geschäftsführer des Wohltätigkeitsvereins des Zuchthauses und war sehr aktiv um die Verbesserung der Haftbedingungen bemüht. Außerdem verbrachte er viel Zeit, um die Mithäftlinge ärztlich und auch ganz allgemein zu beraten.

Er war nie verbittert. Natürlich glaubte er, das Opfer einer großen Ungerechtigkeit zu sein, aber er akzeptierte sein Schicksal mit Gelassenheit. Ich übernahm es, Berufung einzulegen, eine meiner frühesten Erfahrungen, Öffentlichkeitsarbeit und Rechtsstreitigkeiten miteinander zu verbinden. Es war offensichtlich wichtig, daß die Ärzte und Chirurgen, die an das Gericht appelliert hatten, auch seiner Berufung Gewicht verliehen. Zweihundert setzten ihren Namen unter ein Sachverständigengutachten von mehr als vierzig Seiten.

Der Säufer und der Monokelträger wurden entlassen. Statt ihrer bestellte ich William Fallon, einen glänzenden Prozeßanwalt; es stellte sich jedoch heraus, daß auch er dem Alkohol verfallen war. Auf der Suche nach einem Ersatz stieß ich auf Maurice Wormser. Wormser war einer der bekanntesten Anwälte Amerikas, Redakteur des *New York Law Journal* und einer der wenigen Juden, die jemals als Ordinarius an die Fordham Law School der Jesuiten berufen worden waren.

Wormser war ein hochintelligenter Mann, der es meiner Meinung nach bis zum Obersten Gerichtshof hätte bringen können, nur war er stocktaub, und seine Eitelkeit ließ es nicht zu, daß er ein Hörgerät trug. Seine Taubheit war nicht immer von Nachteil: mit großer Geschicklichkeit setzte er sie ein, wenn es ihm paßte – wenn ihn beispielsweise ein Richter unterbrechen wollte. Wormser redete dann einfach weiter, und niemand konnte etwas dagegen tun. Doch konnte er über den ganzen Gerichtssaal hinweg Lippenlesen, was niemand wußte.

Er schrieb eine meisterliche Zusammenfassung für die Berufung und empfahl mir als besten Mann für das Plädoyer ein früheres Mitglied der Revisionsabteilung des Obersten Gerichtshofs, Richter Francis M. Scott. Doch Richter Scott hatte noch nie einen Kriminalfall bearbeitet und willigte nur ungern ein. Ich erklärte ihm, daß es in seinen Händen läge, eine schreckliche Ungerechtigkeit wiedergutzumachen.

Trotz der hervorragenden Fähigkeiten dieser Anwälte wurde die Berufung meines Vaters am 14. Januar 1921 abgewiesen. Zwei Richter stimmten dem Beschluß nicht zu, wodurch eine Mehrheit von nur einer Stimme gegen meinen Vater erreicht wurde. Wieder war die Aussage von Schwartz entscheidend. Das Gericht entschied, es seien nicht genügend Rechtsirrtümer gegeben, um den Geschworenenspruch abzuändern.

Nichts blieb, um meinem Vater zu helfen. Er mußte einfach seine Zeit absitzen, und wir mußten, so gut es ging, weiterleben. Es war eine sehr traurige und deprimierende Zeit. Ich hatte mein Studium abzuschließen – das war meine Hauptaufgabe. Nichts wäre für die Moral meines Vaters schlimmer gewesen, als wenn ich mein Studium abgebrochen hätte oder durch das Examen gefallen wäre.

In meinem letzten Studienjahr passierte etwas, was meine medizinische Laufbahn fast beendet hätte, bevor sie überhaupt begann. Die Studenten der letzten Semester mußten geburtshilfliche Kenntnisse unter Beweis stellen und mehrere Babys auf die Welt holen. Wir arbeiteten im New Yorker Nursery and Child's Hospital for Women, wo wir Frauen während ihrer Schwangerschaft ambulant behandeln konnten.

Eines Nachts, sehr spät, weckte mich eine Krankenschwester und schickte mich zu einer Frau, die in den Wehen lag. Sie wohnte wenige Blocks vom Krankenhaus entfernt. Ich nahm meine Instrumententasche und eilte zu meiner ersten Entbindung. Die Wohnung lag hoch oben in einem Wohnhaus der armen italienischen Gegend. Ich wurde von dem bestürzten Ehemann ans Bett seiner Frau geführt. Man hatte mich auf eine normale Entbindung vorbereitet, aber die Frau schrie vor Schmerzen. Es war eine Steißgeburt. Und ich hatte ausgerechnet die Vorlesung über Steißgeburten versäumt! Die drohende Gefahr für Mutter und Kind, wenn die Füße des Babys zuerst kamen und der Kopf nicht sofort befreit wurde, waren mir bekannt. Das Baby würde gewürgt, und es müßte ein Kaiserschnitt gemacht werden, was beide in Lebensgefahr brachte.

Ich hatte das Standardlehrbuch von Cragin in die Tasche gepackt und eilte jetzt ins Bad, um es zu Rate zu ziehen und mir die Darstellung über die Technik einzuprägen.

Laut Cragins Anweisungen führte ich Zeige- und Mittelfinger der rechten Hand in den Leib der Mutter und den Mund des Kindes und drehte den Kopf vorsichtig in eine Richtung, dann in die andere, bis ich das Baby herausgeholt hatte. Ich durchschnitt die Nabelschnur, brachte das Baby mit einem kleinen Klaps zum Leben – und brach beinah vor Erleichterung zusammen.

Der Vater und die Nachbarn, die sich um uns versammelt hatten, applaudierten begeistert, als wir der erschöpften Mutter das Kind reichten. Dann wurde zur Feier des Tages ein riesiges Frühstück bereitet, an dem ich nur allzu gern teilnahm.

Später am selben Vormittag wurde ich aus der Vorlesung geholt und zum Dekan, Dr. Samuel Lambert, gebracht. In der ganzen Schule sprach man über meine erfolgreiche Steißgeburt, und ich nahm an, daß Dr. Lambert mir gratulieren wollte.

Als ich sein Büro betrat, wunderte ich mich, daß so viele ältere Mitglieder der Fakultät anwesend waren. Eine derartige Belobigung hatte ich ja nun wirklich nicht verdient. Dr. Lamberts Worte verwirrten mich noch mehr: «Mr. Hammer, wir haben Sie kommen lassen, damit Sie uns sagen können, warum Sie nicht von der Universität ausgeschlossen werden sollen.»

«Ausgeschlossen!» stieß ich hervor.

«Sie haben das Leben eines Kindes und seiner Mutter in einer gefährlichen Situation riskiert. Sie hätten einen Arzt oder ein Mitglied der Fakultät rufen sollen. Wie konnten Sie es wagen, ohne Erfahrung eine Steißgeburt durchzuführen!»

Ich war so benommen, daß ich kaum antworten konnte. Schließlich brachte ich heraus: «Aus dem Krankenblatt ging nicht hervor, daß es sich nicht um eine normale Schwangerschaft handelte.»

Dr. Lamberts Antwort war kurz und bündig: «Als Sie feststellten, daß es sich um eine Steißgeburt handelte, hätten Sie sofort Hilfe anfordern sollen.»

Ich widersprach: «Im Haus war kein Telefon. Außerdem war keine Zeit zu verlieren. Das Kind wäre erstickt, bevor jemand gekommen wäre.» Aber das zog nicht bei Dr. Lambert.

«Sie hätten viel früher feststellen können, daß es eine Steißgeburt war. Dann hätten Sie Zeit genug gehabt, einen erfahrenen Geburtshelfer hinzuzuziehen.»

Die Ungerechtigkeit dieses Angriffs versetzte mich in Wut, und ich gab zurück: «Dr. Lambert, diese Frau wurde von Ihren Ärzten hier seit Monaten behandelt. Wenn die in der langen Zeit nicht feststellen konnten, daß das Baby eine abnorme Lage hatte, wie können Sie dann von einem Neuling wie mir erwarten, daß ich es sofort erkenne?»

Jetzt hatte sich das Blatt gewendet, und ich hatte den Dekan und seine Mediziner in die Defensive getrieben. Sie wischten den Fall vom Tisch und schickten mich in die Vorlesung zurück. Von der Inquisition erschüttert, verließ ich den Raum, war aber froh, daß mein streitsüchtiger Charakter mir wenigstens einmal die richtigen Worte in den Mund gelegt hatte.

In den letzten Studienmonaten mußte ich elend pauken. Zusätzlich zu den Ablenkungen durch das Geschäft hatte ich nun auch noch die Fahrten nach Sing-Sing auf mich zu nehmen, um meinen Vater zu besuchen. 1921 brauchte man für so eine Strecke fast den ganzen Tag. Tatsächlich fiel ich wegen dieser Besuche beinahe durchs Examen und hätte meine Hoffnungen auf eine medizinische Laufbahn begraben können. Weil er auf einen Besuchstag fiel, konnte ich nicht an Dr. Loebs Pharmakologiekurs teilnehmen. Dr. Loeb hatte ein lahmes Bein und war sehr verschroben und streng. Seine Schlußexamen galten als die schwierigsten. Ich arbeitete, so hart ich nur konnte, mußte mich aber auf die Lehrbücher verlassen.

Als die Prüfungsunterlagen verteilt wurden, überflog ich die Fragen und versuchte meiner aufsteigenden Panik Herr zu werden. Ich war entsetzt – keine einzige Frage konnte ich beantworten. Loeb hatte alle auf seine letzten Vorlesungen aufgebaut, die ich versäumt hatte. Was sollte ich nur tun?

Ich saß am Schreibtisch und grübelte über dieses Mißgeschick nach, dann klappte ich mein Heft zu und verließ den Raum. Mit hängendem Kopf ging ich in den Central Park. Es war ein herrlicher Sommertag. Ich stieß auf einen Felsen, kletterte hinauf und legte mich hin, um über mein Problem nachzudenken. (Der Felsen ist noch dort, und jedes Mal, wenn ich vorbeifahre, blicke ich mit gemischten Gefühlen hinüber.)

Endlich wußte ich, was ich zu tun hatte. Am nächsten Morgen ging ich zu Dr. Loeb. Er war allein in seinem Labor und korrigierte die letzten Arbeiten. «Ich lege meine Zukunft in Ihre Hände», sagte ich.

Dann erzählte ich ihm alles, auch daß ich die entscheidende Vorlesung wegen meines Besuchs in Sing-Sing versäumt hatte.

Er hörte mir zu, ohne ein Wort zu sagen. Dann drehte er sich um, nahm ein Heft in die Hand und reichte es mir mit den Worten: «Hier, nehmen Sie das, setzen Sie sich dort drüben hin und beantworten Sie die Fragen.»

In der Nacht zuvor hatte ich alle Antworten nachgeschlagen und war jetzt bereit. Ich setzte mich und hatte die Arbeit rasch erledigt, gab sie Dr. Loeb zurück und ging. Ich bekam ein «A» in Pharmakologie. Und Dr. Loeb hatte nicht nur meine akademische Laufbahn gerettet. Wer kann sagen, was die langfristigen Konsequenzen gewesen wären, wenn ich die Schlußexamen nicht bestanden hätte. Ich weiß nicht, wie ich mit dieser Enttäuschung fertig geworden wäre.

Auch bei den Schlußexamen gab es noch einen heiklen Moment. Die Arbeit über Augenheilkunde hatte ich schnell erledigt. Dans Notizen hatten mir sehr geholfen, und ich konnte den Stoff auswendig. Die Probleme tauchten anschließend auf. Die Kandidaten sollten den Namen des Professors, der den Kurs abgehalten hatte, auf ihre Prüfungshefte schreiben. Da ich nie zu den Vorlesungen gegangen war, kannte ich den Namen nicht. Ich stand auf und ging zu den Proktoren, die mit ihren schwarzen Talaren hinten im Saal standen und die Prüfung beaufsichtigten. «Könnten Sie mir bitte den Namen des Professors sagen, der diesen Kurs abgehalten hat?» fragte ich einen von ihnen. Der blickte mich äußerst merkwürdig an und nannte einen Namen. Ich ging zu meinem Schreibtisch zurück, schrieb den Namen auf mein Heft und verließ den Saal.

Es ließ mir aber keine Ruhe, warum mich der Mann so komisch angesehen hatte, und ich fragte Kommilitonen, die vor dem Prüfungs-raum standen, nach seinem Namen. Es war der gleiche, den ich auf mein Heft geschrieben hatte. Ich hatte aber offenbar den Professor für Ophthalmologie (Augenheilkunde) nach dem Namen des Professors für Ophthalmologie gefragt!

Die Noten für mein vierjähriges Medizinstudium enthielten ein C in Chirurgie, wo ich viele Operationen versäumt hatte; die anderen Noten waren meist A und wenige B. Dr. Morris Dinnerstein, ein hervorragen-des Fakultätsmitglied, ernannte mich zum «aussichtsreichsten Studen-ten».

Ich bekam das Angebot, mein Pflichtassistentenjahr am Bellevue Hospital zu verbringen – eine der begehrtesten Stellen – und mich auf Bakteriologie und Immunologie zu spezialisieren, was mich besonders interessierte. Es standen immer nur zwei Stellen pro Jahr zur Verfügung, und es war eine Ehre, ausgewählt zu werden. Ich war sehr überrascht, meinen Namen auf der Liste zu finden, aber ich hatte ja auch alles getan, um diesen Preis zu gewinnen.

Die Vergabe dieser Stellen war dem Chef des Bellevue Hospitals zu verdanken, einem Medizinprofessor und bekannten Diagnostiker namens Dr. Van Horn Norrie. Er war außerdem für seine Sammlung von Kupferstichen berühmt, die er zusammen mit einer großen Erbschaft von seiner Familie übernommen hatte.

Ich beschloß, Dr. Norrie auf mich aufmerksam zu machen, ich wollte sicher sein, daß er sich an meinen Namen erinnerte. Ich erkundigte mich ausgiebig über ihn und fand heraus, daß seine Kunstsammlung bei weitem seine größte Leidenschaft war. Ich holte mir Bücher aus der Bibliothek und las alles über Stiche. Als ich mich schließlich auf diesem Gebiet sicher fühlte, war ich so dreist, ihn bei einer seiner Visiten anzusprechen. «Wie ich gehört habe, sammeln Sie Stiche, Herr Professor», sagte ich.

«Woher wissen Sie das?» fragte er.

«Ich bin selbst sehr an Kunst interessiert, besonders an Stichen, und bin in Büchern häufig auf Ihren Namen als einer der großen Sammler gestoßen.»

Ich wurde ihm sichtlich sympathisch.

«Ich würde sehr gerne einmal Ihre Sammlung sehen», sagte ich.

«Kommen Sie doch am Sonntagnachmittag zu mir nach Hause, ich zeig Ihnen gern alles.»

Am Sonntag fuhr ich zu ihm. Wir gingen durch das elegante Haus, in jedem Zimmer hingen seine Stiche. Hier erkannte ich einen Rembrandt, dort einen Dürer. «Oh, das ist Ihr berühmter Rembrandt», sagte ich. «Und das muß Ihr außergewöhnlicher Dürer sein.» Ich kannte die Namen der meisten Künstler, was ihm außerordentlich imponierte. Er lud mich ein, zum Tee zu bleiben, und wir unterhielten uns lange.

Danach wußte er, wer ich war. Ich habe mich immer gefragt, ob es, als die Stellen vergeben wurden, meine Noten gewesen waren, die ihn überzeugt hatten, oder ob es daran gelegen hatte, daß er meinte, in mir einen Sammlerkollegen gefunden zu haben. In Wirklichkeit besaß ich nie auch nur einen einzigen Stich.

Das Pflichtassistentenjahr sollte im Januar 1922 beginnen. Ich beendete mein Studium im Juni 1921. Nun hatte ich fast sechs Monate zur freien Verfügung, und ich beschloß, mich vom Geschäft zurückzuziehen und der Medizinforschung zu widmen. Ich wußte zunächst nicht, womit ich mich besonders beschäftigen sollte, bis ich einen Geistesblitz hatte und mir absolut klar wurde, was ich zu tun und wohin ich zu gehen hatte.

Nachrichten über die schreckliche Hungersnot in Rußland erschütterten die Welt: wilde Zeitungsstorys über Revolten und gnadenlose Unterdrückung, über Wahnsinn und Verzweiflung, von denen Rußland angeblich heimgesucht wurde. Die Tatsache, daß viele tausend Menschen der Hungersnot entflohen und von ihren ausgedörrten Feldern in die Städte strömten und daß unter diesen Massen eine Typhusepidemie grassierte, war jedoch nicht anzuzweifeln.

Ein solcher Zeitungsbericht brachte mich auf den wichtigsten Gedanken meines Lebens. Es war wirklich der entscheidende Augenblick meines jungen Lebens und der Wendepunkt überhaupt. Alles, was vor diesem Augenblick geschah, ist eine Geschichte, alles, was folgte, eine andere.

Ich würde nach Rußland gehen! Ich würde als Arzt den Typhusopfern helfen. Vielleicht schaffte ich es sogar, die hundertfünfzigtausend Dollar, die Allied Drug and Chemical für Arzneimittel und Bohrmaschinen noch ausstehen hatte, zu kassieren.

Außerdem glaubte ich, daß es meinen Vater freuen würde, wenn ich Rußland besuchte – das Land, in dem er geboren war und das seit der Revolution in seinen Träumen eine so große Rolle spielte. Ich könnte dort seine Augen und Ohren sein, und ich könnte ihm Briefe in seine Zelle schicken und den Zustand des Landes beschreiben.

In Rußland könnte ich wertvolle Erfahrungen über die Bekämpfung einer Typhusepidemie sammeln, und ich könnte mir eine Verschnaufpause gönnen, um über den nächsten Schritt meiner Karriere nachzudenken. Das Land meiner Väter, jenes unbekannte Land der Verheißungen und vergangener und gegenwärtiger Leiden, rief mich. Ich war dreiundzwanzig Jahre alt. Meine Jugend war vorüber.

Eine russische Geschäftsromanze

Meine Reise nach Rußland war zwar meine erste Auslandsreise, doch der Abschied von New York konnte nicht so fröhlich gefeiert werden wie sonst üblich, wenn ein junger, gerade vom College graduierter junger Mensch seine ersten unabhängigen Schritte in die Welt hinaus tut. Zum Abschied keine Partys, keine Musikkapelle am Pier. All dies hätte im Hinblick auf die Umstände, in denen mein Vater leben mußte, nicht gepaßt. Statt dessen wurden meine Vorbereitungen rasch und nüchtern getroffen. Knapp einen Monat nach meinem Studienabschluß war ich unterwegs.

Aus Heeresbeständen, die vom Kriegsministerium verkauft wurden, erwarb ich ein ganzes Lazarett, vollständig ausgerüstet mit Zelten, Feldbetten, Operationstischen, Generatoren, chirurgischen Instrumenten, Uniformen und hunderterlei anderen Sachen. Das Lazarett war riesig und konnte viele hundert Patienten gleichzeitig versorgen; viele Lastwagen waren nötig, um es zu verladen. Mit Verpackung und Versand kostete es hunderttausend Dollar. Ich hatte vor, es den Russen zu schenken – und das tat ich dann auch.

Ich kaufte außerdem einen nagelneuen Krankenwagen und stattete ihn mit Medikamenten und den neuesten Geräten aus. Das alles kostete fünfzehntausend Dollar, und auch das sollte ein Geschenk für die Russen sein; auf den Krankenwagen malte ich die Worte AMERIKANISCHE MEDIZINISCHE MISSION FÜR MOSKAU. Ich wollte sicher sein, daß jeder wußte, woher die Hilfe kam.

Das Lazarett und der Krankenwagen wurden auf ein Frachtschiff geladen und in den Ostseehafen Riga geschickt. Von dort aus sollte die

Fracht weiter per Bahn nach Moskau gehen. Ich ging an Bord der *Aquitania*, das damalige Flaggschiff der Cunard Line, die mich nach Southampton bringen würde. In London wollte ich Boris Mishell treffen, den europäischen Vertreter unserer Firma und Onkel von Dan Mishell, mit dem ich früher eine Wohnung geteilt hatte. Er sollte mich auf dem letzten Stück meiner Reise durch Europa begleiten.

In späteren Jahren begann ich die See zu lieben, aber dieses Mal hatte ich ganz bestimmt keine Freude daran. Obwohl ich die Fahrt zur günstigsten Jahreszeit und im luxuriösesten Schiff machte, war ich den Wogen des Atlantiks nicht gewachsen. Ich konnte mich nicht auf den Beinen halten: Kaum stand ich aufrecht, überrollten mich Wellen der Übelkeit. Es gab nur eine Lösung: flach auf dem Bett ausgestreckt und bewegungslos in meiner Kabine zu bleiben. Wie eine ägyptische Mumie wurde ich nach Europa transportiert, von besorgten Stewards gepflegt, die leichte Flüssigkeiten und Speisen in mich hineinkippten und sie dann geduldig wieder aufwischten. Ich hatte ein tragbares Grammophon und mehrere Kästen voll Schallplatten dabei. Das Gerät wurde in Reichweite meiner schwachen Hände gestellt, so daß ich es von Zeit zu Zeit aufziehen konnte, während ich Balladen von John McCormack und Arien von Caruso spielte. Als das Schiff endlich in die geschützten Gewässer von Southampton einfuhr, fühlte ich mich wie neugeboren. Kaum in Europa angekommen, war ich auch schon im Netz der Intrigen und Geheimnisse gefangen, die Rußlands Gift sind – und seinen Charme ausmachen.

An jenem schönen Julimorgen, als die *Aquitania* von Schleppern an den Kai von Southampton geschoben wurde, stand ich an Deck in der Menge, und mein Herz jubelte. Ein kurzes Kommando, und die Reling glitt zur Seite, um der langen Gangway Platz zu machen. Nach hastiger Geschäftigkeit, als die Hafenbeamten und Gepäckträger an Bord kamen, schob ich mich mit den übrigen nach vorn.

Plötzlich berührte jemand meinen Arm. «Dr. Armand Hammer, nehme ich an?» sagte eine kultivierte englische Stimme. Neben mir stand ein schlanker blonder Fremdling, elegant in grauen Tweed gekleidet, mit Handschuhen und Stock.

Die haben gute Arbeit geleistet in unserem Londoner Büro, dachte ich, wie nett von Boris, daß er jemanden geschickt hat, um mich zu begrüßen.

«Ja», antwortete ich lächelnd mit ausgestreckter Hand. «Sie sind sicher gekommen, um mich abzuholen.»

Der Fremde blickte mich verblüfft an. Ohne meine Hand zu schütteln sagte er: «Ja. Das stimmt. Aber – äh – ich bin eigentlich von Scotland Yard und habe Anweisungen, Sie zu informieren, daß es Ihnen nicht gestattet ist, an Land zu gehen – jedenfalls nicht, bis verschiedene Dinge geklärt sind.»

Heute würde ich eine derartige Sache vermutlich gelassener nehmen. Selbst zehn Jahre später hätte ich mich nach den in Rußland gesammelten Erfahrungen, wo man sich an das Unerwartete gewöhnt, besser unter Kontrolle gehabt.

«Was?» stieß ich hervor. »Nicht landen? Scotland Yard? Warum? Was zum Teufel ist los?»

Aber ich konnte gar nicht anders reagieren, ich war einfach platt. Er antwortete ruhig, ich solle zur Seite treten; nachdem die Passagiere das Schiff verlassen hätten, würde er die Sache weiter mit mir besprechen. Ich war sprachlos. Was hatte ich denn getan? Mein Paß war in Ordnung, ich wollte mich nur wenige Tage in England aufhalten, was konnte schiefgelaufen sein? Der Detektiv verhörte mich volle zehn Minuten lang, dann wurde mir einiges klar.

Was war der Zweck meines Besuchs in England, fragte er, und wen wollte ich dort aufsuchen, und wie lange wollte ich bleiben? Ich antwortete, daß ich nur auf der Durchreise sei, jedoch vorhätte, meine Londoner Vertreter zu sprechen und mir ein paar Sehenswürdigkeiten anzuschauen.

«Auf der Durchreise wohin?» fragte er scharf. «Vielleicht nach Rußland?»

«Das hoffe ich», antwortete ich selbstbewußt. «Ich bin Arzt, müssen Sie wissen, und es gibt Geschäftliches und dann die Hungersnot –»

«Darüber weiß ich Bescheid», sagte er und schrieb schnell etwas in sein Notizbuch. «Also gut. Sie bleiben bis auf weiteres in Ihrer Kabine, und ich mache Sie darauf aufmerksam, daß ich ermächtigt bin, Sie und Ihr Gepäck zu untersuchen.»

Plötzlich fuhr mir etwas durch den Sinn. Vor meiner Abreise hatte Charles Recht, der New Yorker Rechtsanwalt, der bei der inoffiziellen sowjetischen Mission tätig war, erwähnt, daß Ludwig Martens sich wahrscheinlich freuen würde, wenn er den Film zu sehen bekäme, der von seiner Deportation auf der berühmten *Soviet Ark* vor einem Jahr aufgenommen worden war. Dieses Ereignis war so publik gewesen, daß es mir nie eingefallen wäre, den Film nicht mitzunehmen. Wer konnte ihn denn für ein geheimes oder subversives Dokument halten? Ich mußte noch lernen, daß viele Dinge, die mit Rußland zu tun haben, sowohl außerhalb als auch innerhalb der Sowjetunion unterschiedlich interpretiert werden können und daß so gut wie ausnahmslos beide Seiten das Schlimmste vermuten. Nun war ich also bereits ein politisch Verdächtiger.

Trotz meiner Bestürzung faszinierte mich die Sache aber. Keine Geringeren als die Leute von Scotland Yard wollten mich verhaften – jedenfalls beinahe! Der spannendste Krimi war nichts gegen meine Lage, als ich an jenem langen heißen Morgen in meiner Kabine saß, eine «Wache» – ein lächelnder Matrose – an der Tür, und nicht wußte, was um alles in der Welt ich nun tun sollte.

Scotland Yard mußte so auf mich aufmerksam geworden sein: Ich hatte von New York aus ein Telegramm an die Berliner Vertretung der Sowjets geschickt, in dem ich meine Ankunft bekanntgab und mitteilte, daß ich nach Moskau weiterfahren und den Recht-Film für Martens mitbringen wolle. Ich hatte mir vorgestellt, daß dies die Dinge für mich ein wenig erleichtern würde. Es waren furchtbare Geschichten über das Reisen in Rußland im Umlauf – wie einem an der Grenze alles, bis auf einen Reserveanzug und ein Hemd, ein Paar Schuhe, einmal Unterwäsche zum Wechseln und, wenn man Glück hatte, einen Laib Brot, abgenommen würde.

Warum aber Scotland Yard diese unschuldige Nachricht abfangen bzw. sich vorstellen konnte, es sei eine Verschwörung gegen das britische Königreich, ist mir bis heute noch nicht klar. Natürlich hatte es gerade einen langen Kohlenstreik in England gegeben, und es wurden viele Gerüchte über mysteriöse «bolschewistische Agenten» verbreitet. Tatsächlich hatten viele Leute – darunter Churchill – 1919 geglaubt, daß Großbritannien sich am Rande eines revolutionären Aufstands befand.

Wie dem auch sei: Meine Lage schien absurd. Ich saß da und grübelte, bis mir der Schädel brummte, konnte aber keinen Sinn hinter der ganzen Geschichte sehen. Rimmer, mein Kabinensteward, bot eine willkommene Abwechslung. Um ein Uhr, gerade als ich hungrig zu werden begann, erschien er mit einem Tablett Essen und rollenden Augen. Die «Wache» war verschwunden. Bis jetzt war ich für den Steward nichts anderes als ein durchschnittlicher junger Tourist aus Amerika gewesen, der zu seinem Job gehörte und eine potentielle Trinkgeldquelle darstellte. Jetzt war ich mehr – eine «verdächtige Person».

Der Steward flüsterte mir zu, daß er mir helfen wolle. Ein Brief oder – seine Augen leuchteten – eine Nachricht: Ich hatte nur zu befehlen. Zuerst war ich mißtrauisch, dann änderte ich meine Meinung. Was konnte denn schiefgehen, wenn ich dem amerikanischen Konsul und meinen Londoner Agenten meine Lage erklärte? Es war ein lächerlicher Zwischenfall, aber nichts, worüber ich mir Sorgen machen mußte.

Zu Rimmers offensichtlichem Entzücken nickte ich zustimmend. «Wenn ich den Tee bringe», murmelte er verschwörerisch, «geben Sie mir das Zeug» – glaubte er, ich schmuggelte Brillanten? – «und ich geb's weiter.»

Zurückblickend kommt mir alles ziemlich kindisch vor, aber ich war ja schließlich nicht viel mehr als ein großes Kind, und die Krise war ganz plötzlich hereingebrochen. Jedenfalls nahm der treue Rimmer meine Briefe mit an Land. Ich vermute auch, daß Scotland Yard sich meinen Film ansah und nichts darauf entdeckte, was King George hätte beunruhigen können. (Zurückbekommen habe ich ihn allerdings nie, und Martens hat ihn nie gesehen.)

Nach zwei Tagen ließ mich der Detektiv plöztlich gehen. Er entschuldigte sich für die Unannehmlichkeiten und sagte, ich könne meine Papiere im Hauptquartier abholen. In London angekommen, nahm ich ein Taxi nach Scotland Yard und wurde sofort in das Privatbüro eines wichtig aussehenden Beamten geführt, der sich sehr kultiviert mit vielen Worten entschuldigte und sagte: «Es war nur ein Mißverständnis.»

Offensichtlich glaubte er, daß sein graumeliertes Haar ihm die Autorität verlieh, mich in väterlichem Ton davor zu warnen, Geschäfte mit den «Bolschewiken» zu machen. Er sagte: «Ich war während des Kerenski-Regimes und der bolschewistischen Revolution in Rußland, und ich kann Ihnen versichern, daß die Bolschewiken jedem Geschäftsmann die Waren wegnehmen, der so verrückt ist, sie nach Rußland zu schicken, und natürlich wird er nie dafür bezahlt.»

Auf dem Weg zurück ins Hotel *Savoy* am Strand hörte ich die Zeitungsjungen schreien: «Extra! Extra! Delegation britischer Geschäftsleute auf dem Weg nach Rußland!» Und die Schlagzeile war: GESCHÄFTSAUFNAHME UNTER NEUEM ENGLISCH-RUSSISCHEM HANDELSABKOMMEN. «Das ist Teamwork», dachte ich bei mir. «Scotland Yard immer den britischen Interessen zu Diensten – die ausländische Konkurrenz wird ausgeschaltet.»

(Sieben Jahre später hörte ich als Besucher des britischen Parlaments mit einiger Befriedigung die Rede eines Kabinettsministers, der der sowjetischen Regierung eigentlich keine allzu große Freundschaft entgegenbrachte. Er sagte: «Uns ist kein Fall bekannt, wo die Londoner Vertreter der sowjetischen Regierung bei Geschäftstransaktionen mit unseren Kaufleuten ihren Verpflichtungen nicht voll und ganz nachgekommen wären.» Der Beamte von Scotland Yard hatte sich als schlechter Prophet erwiesen.)

Anstatt mich durch die Erfahrungen der letzten Tage entmutigen zu lassen, war ich jetzt mehr denn je entschlossen, Rußland zu besuchen, und traf eilig Vorbereitungen für meine Abreise nach Berlin.

Boris Mishell zeigte sich von seiner tüchtigsten Seite. Er wußte, wo man von allem das Beste bekam, und sein Name wirkte wie eine magische Parole unter den Ladenbesitzern und Lieferanten. Boris – ein äußerst robuster Kerl mit einer Menge Energie und einem dröhnenden Lachen – rühmte sich, ein Mann von Welt und für die Damen unwiderstehlich zu sein. Er hatte auch wirklich eine in jeder Stadt. Er tat alles, damit ich in London meinen Spaß hatte, stellte mich dem Schneider des Prince of Wales vor, der mich mit den feinsten englischen Tweeds ausstattete, er führte mich in Restaurants und Theater und sorgte dafür, daß ich nie rechtzeitig zum Schlafen kam. Ich war froh, als es wieder auf die Reise ging, nur um endlich ein bißchen zur Ruhe zu kommen.

Der Zug fuhr durch Holland und Deutschland, und ich wünschte, ich könnte berichten, daß ich die vorüberziehende Landschaft aufmerksam beobachtet und die ersten Eindrücke vom europäischen Kontinent wahrgenommen hätte. Dem war aber leider nicht so: Die meiste Zeit lag ich dösend in einer Ecke unseres Abteils und versuchte, mich von den Exzessen in London zu erholen.

Endlich traf ich in Berlin ein und fuhr zum Hotel *Adlon* Unter den

Linden, dieser prachtvollen Allee, die in jenen Tagen einen so merkwürdigen Kontrast von Überfluß und Elend bot. Reiche Schieber stellten stolz ihre Pelze und ihren Schmuck zur Schau, die sie mit leicht verdientem Geld erworben hatten; neben ihnen Menschen mit verkniffenen blassen Gesichtern, die schon bessere Zeiten gesehen hatten – Professoren, Regierungsangestellte, ehemalige Offiziere und die Mittelklasse in fadenscheiniger Kleidung. Es gab viele Bettler, viele davon zum Krüppel geschossene Soldaten. Ich war überrascht. Von Berlin hatte ich gehört, daß es eine der ordentlichsten Städte sei, wo immer alles sauber und korrekt war, doch hier, selbst auf dieser Prachtstraße, herrschten Armut und Leid. Ich begann zu begreifen, welch schreckliche Auswirkungen der Krieg auf das deutsche Volk gehabt haben mußte.

So extrem tief lag der Wert der Deutschen Mark, daß es möglich war, durch alle möglichen Spekulationen riesige Gewinne zu erzielen, besonders wenn Devisen im Spiel waren. Auch ich konnte einer kleinen Spekulation nicht widerstehen. Beim Spaziergang mit Boris kam ich an einem Ausstellungsraum vorbei, in dem ein herrlicher Mercedes-Benz stand, ausgezeichnet mit einem absurden Preis in Reichsmark, der etwa fünfzehnhundert Dollar entsprach. Wir wußten, daß das Auto im Ausland mindestens fünftausend Dollar wert war, und ich beschloß auf der Stelle, es zu kaufen. Nach meiner Rückkehr aus Rußland – sechs Monate später – wollte ich es nach Amerika ausführen.

Es kam aber alles ganz anders, den Mercedes habe ich mir nie liefern lassen. Ein paar Monate blieb er beim Händler, dann wurde ersichtlich, daß mein Aufenthalt in Rußland sich derart in die Länge ziehen würde, daß ich das Auto wohl nie benutzen konnte. Ich ließ es mit erheblichem Gewinn in Berlin verkaufen.

Nach diesem spekulativen Zwischenspiel ließ ich mir für den folgenden Tag einen Platz im Zug nach Riga reservieren. Dann ging ich, um mein Visum abzuholen, zur sowjetischen Delegation, wo ein ungepflegter junger Mann mir mit einem Stoß Papiere entgegentrat. Ich müsse diese Formulare ausfüllen, sagte er, und drei Fotos vorlegen, dann würde mein Antrag in Betracht gezogen werden. Ich schob ihn leichtfertig – zu leichtfertig – auf die Seite. «Ich möchte Ihren Chef sprechen», sagte ich. «Mein Visum muß bereits da sein. Ich reise morgen ab.» Der junge Mann kicherte. Er führte mich in einen kleinen nackten Raum, wo ein sowjetischer Beamter – der erste echte Bolschewik, den ich sah – mich höflich empfing.

Ich erklärte, um was es sich handelte, zeigte meinen Paß vor und sagte: «Ich wäre Ihnen dankbar, wenn Sie mir das Visum sofort geben würden, da ich morgen abreisen möchte und noch eine Menge hier zu erledigen habe.»

Er lächelte müde. «Haben Sie die Antragsformulare ausgefüllt?»

«Nein», sagte ich. «Ist das nötig? Ich bin nämlich ziemlich in Eile.»

Der Beamte setzte sich aufrecht. «Wann wollen Sie nach Rußland fahren?» fragte er. «Was ich sagen will – wenn Sie es sehr eilig haben, können wir das Visum vielleicht in zwei bis drei Wochen für Sie beschaffen, aber zuerst müssen Sie die Antragsformulare ausfüllen.»

«Was?» stieß ich hervor. «Drei Wochen? Aber ich habe doch für morgen einen Platz reserviert. Also, in Amerika –»

Der Beamte lächelte breit. «Mein lieber Dr. Hammer», sagte er, «ihr Amerikaner seid so ungestüm – und so hartnäckig. Einer Ihrer Landsleute beantragte vor drei Monaten ein Visum. Und können Sie sich vorstellen – er kommt jeden Tag und fragt mich, warum das Visum noch nicht da ist.»

«Oh», sagte ich. «Wirklich? Aber soweit ich weiß, liegt hier schon ein Visum für mich bereit, und –»

«Er behauptet dasselbe», antwortete der Beamte verbindlich. «Nun, wie dem auch sei, füllen Sie bitte Ihren Antrag aus und vielleicht in zwei oder drei Wochen –»

Ziemlich niedergeschlagen ging ich zurück zum *Adlon*. Ich holte mir Rat von verschiedenen Freunden Mishells und beschloß, ein Telegramm an das Auswärtige Amt in Moskau zu schicken. Ich erklärte, daß ich Arzt und ein Freund von Charles Recht sei und daß ich auf seinen Vorschlag hin ein Lazarett gekauft hätte, um in den Hungergebieten zu arbeiten. Ich hoffte, daß das die bürokratische Verstopfung lockern würde. Dann packte ich meine Sorgen und ein paar Sportsachen ein und fuhr zum Trost nach Garmisch-Partenkirchen. Im Hotel hinterließ ich meine Adresse für den Fall, daß aus Moskau ein Wunder gemeldet würde.

Zehn Tage später erhielt ich ein Telegramm aus Berlin: IHR VISUM ERTEILT. LITWINOW. Ich bin sicher, daß das Auswärtige Amt in Moskau mein Telegramm an Ludwig Martens überprüft hatte, und er selbst – dem mein Vater in Amerika geholfen hatte – mußte sich auch für mich eingesetzt haben.

Aufgeregt zog ich Boris von den Bars weg, die ihm zur zweiten Heimat geworden waren, warf unser Gepäck ins Auto und wies den Fahrer an, so schnell wie möglich nach Berlin zurückzufahren. Dort studierte ich die Fahrpläne. Die beste Verbindung war per Schiff von Stettin nach Riga.

Niemand warnte mich vor der Überfahrt auf der Ostsee, und keine Worte hätten den Horror beschreiben können. Wie ein alter Pott auf der Fahrt zur Hölle ächzte der rostige kleine Dampfer durch die See. Er drehte und wand sich, stürzte und kletterte hinauf in die Fänge des Sturms. Er kämpfte sich bis zur Spitze der gigantischen Wogen, um anschließend in die Tiefe zu tauchen. Jede Abwärtsfahrt schien unsere letzte zu sein. Ich klammerte mich an meine Koje, von Übelkeit geschüttelt, in mein Schicksal ergeben.

Dieser Kerl Mishell dagegen saß am Kapitänstisch, füllte seinen Bauch und tauschte mit seinem neuen Freund, dem Kapitän, schmutzige Witze aus. Sie hatten den Speisesaal für sich allein. Jeder, der nicht gerade von gröbster Konstitution war, stöhnte in höchstem Elend und versuchte, mit seinem Schöpfer ins reine zu kommen. Es dauerte drei Tage, bis wir Riga erreichten.

Die Stadt war einst der größte westliche Umschlagplatz für den Handel mit Rußland gewesen und hatte fast eine dreiviertel Million Einwohner gehabt. Jetzt war es die verarmte Hauptstadt eines winzigen Staates geworden, deren prächtige Gebäude und gut geplante Straßen weniger als dreihunderttausend Menschen beherbergten.

Riga verschaffte mir einen ersten Einblick in die Methoden des alten zaristischen Reiches. Im Zollhaus gab es irgendwelche Schwierigkeiten wegen meines Gepäcks. «Schieb ihm was zu», flüsterte Boris, der sich wie immer auskannte. Ich reichte dem Zollbeamten eine Dollarnote. Er blickte mich finster an und ignorierte das Geld. Einen Augenblick lang wurde ich nervös – man muß bedenken, es war meine erste Europareise, und ich nahm in aller Unschuld an, daß Beamtenbestechung ein Verbrechen sei.

«Nicht genug», flüsterte Boris. Ich versuchte es mit zehn Dollar. Mein Gepäck war in zwei Minuten durch – mit Lächeln und Verbeugungen. Die Zollbeamten trugen es höchstpersönlich hinaus und luden es zum Ärger einiger stumpf dreinblickender Letten, die dadurch aufgehalten wurden, in ein wartendes Taxi. Später erfuhr ich, daß ich zweimal extrem daneben gelegen hatte – der feststehende Tarif für amerikanische Touristen betrug fünf Dollar.

Riga war eine herrliche Stadt, doch das führende Hotel war zur damaligen Zeit alles andere als herrlich. Das *Rom* hatte nur ein Bad, das niemand zu benutzen schien, und als ich es sah, wußte ich auch warum.

Als bekannt wurde, daß ich mich auf dem Weg nach Rußland befand, wurde ich von allen Kellnern auf das schmeichelhafteste umsorgt. Ich wurde an die besten Tische geleitet und mit großer Feierlichkeit bedient, jeder Wunsch wurde mir von den Augen abgelesen. Ich stand vor einem Rätsel, aber das Geheimnis wurde schon am zweiten Abend gelüftet.

Der Oberkellner, ein distinguierter Herr mit kurzem grauem Spitzbart, trat auf mich zu und sagte in vertraulichem Flüsterton: «Sie fahren nach Rußland?»

«Ja», sagte ich, «warum nicht?»

Er zögerte, dann stieß er dramatisch hervor: «Das bedeutet den Tod!»

Bevor ich antworten konnte, stürzte er sich in einen langen und verwirrten Bericht über seine Flucht vor dem «roten Terror». Er war von menschlichen Wölfen verfolgt worden – vielleicht waren es auch richtige gewesen. Ich verstand ihn nicht ganz. Jedenfalls hatte er schreckliche Erfahrungen gemacht und war wie durch ein Wunder entkommen. Mit eindrucksvollen Worten und Gesten riet er mir dringend umzukehren, solange noch Zeit war. Ich sei noch jung, sagte er, und das Leben läge vor mir. «Warum mit dem Leben spielen?» fügte er im gleichen tragischen Tonfall, mit dem er begonnen hatte, hinzu. «Denn es *ist* der Tod!»

In jener Nacht schlief ich nicht sehr gut. Ich erinnere mich selten an meine Träume, aber ich weiß noch, daß ich damals träumte, ich würde auf einsamer Steppe von einem Rudel Wölfe verfolgt, und allesamt hatten sie das teigige Gesicht und den Spitzbart des Oberkellners. Der Alptraum wiederholte sich die ganze Nacht und verschwand erst im Morgengrauen. Leicht erschüttert und etwas nervös, besorgte ich Vorräte für meine Reise nach Moskau.

Niemand konnte mir sagen, wie lange die Reise dauern würde. Es ging spät in der Nacht los, und im Laufe von einem Tag oder zweien kam man in Sebesch, der russischen Grenzstation, an. Danach, wurde mir gesagt, erreichte man einige Tage später Moskau – wenn man Glück hatte. Und wenn man keines hatte, was geschah dann? Darüber dachte man am besten gar nicht nach.

Ich kaufte Käse, Butter, Marmelade, Sardinen, Brot und Kekse – einen ganzen Koffer voll. Dann lud ich mein Gepäck in drei Taxen und fuhr zum Bahnhof.

Es ging auf Mitternacht zu. Der Bahnhof war noch düsterer als sonst. Aber die Handvoll Passagiere, die sich auf das Abenteuer des unbekannten roten Rußlands einließen, waren düsterer als alles andere. Boris, der bedauerte, mich nicht begleiten zu können, darüber aber recht frohgestimmt zu sein schien, schrie plötzlich: «Gütiger Himmel – ich habe deine Kerzen vergessen!»

«Kerzen?» wiederholte ich verblüfft. «Wieso brauche ich –» Aber schon rannte er den Bahnsteig entlang, als ob alle Wölfe Rußlands hinter ihm her wären, und ließ mich mit einem riesigen Kofferberg und einem teilnahmslosen lettischen Gepäckträger allein, der kein einziges Wort einer mir bekannten Sprache verstand.

Der Zug sollte um elf Uhr fünfundvierzig abfahren. Die Minuten rannen davon, ich wurde nervös, aber nichts rührte sich. Der Zug war immer noch dunkel, und die kleinen Gruppen, die sich auf dem Bahnsteig schüchtern zusammendrängten, machten keine Anstalten einzusteigen. Um elf Uhr fünfundvierzig läutete eine Glocke, aber noch immer passierte nichts. Ich bildete mir ein, wie in einem Traum von der Welt losgelöst zu sein. Das einzig Wirkliche war das quadratische dunkle Gesicht meines lettischen Gepäckträgers. Ich wartete weiter.

Schlag Mitternacht tauchte Boris wieder auf, atemlos, in jeder Hand zwei Kerzen. Die Glocke läutete zweimal.

«Ich wußte, daß noch Zeit war», schnaufte er. «Ohne Kerzen wärst du verloren gewesen. Du weißt doch, daß es im Zug kein Licht gibt.»

«Ach», sagte ich, «tatsächlich? Hast du auch Streichhölzer mitgebracht?»

Nein, aber wir bekamen eine Schachtel von unserem Gepäckträger, der endlich alles in ein stockdunkles Abteil lud. Es standen Holzbänke drin, und es war nicht sonderlich sauber.

«Du hast Glück», sagte Boris. «Die gepolsterten Wagen sind voller

Ungeziefer und Typhusbazillen, aber hier bist du recht gut untergebracht.»

Wir stellten eine Kerze auf das Fensterbrett. Sie stand fest in den Wachstropfen vieler Kerzen, die vor ihr hier gebrannt hatten. Dann läutete die Glocke dreimal. Es war zwölf Uhr zwanzig. Boris sprang vom Zug. «Viel Glück», brüllte er. «Viel Glück! Ich telegrafiere deinen Eltern sofort, wenn dir irgendwas passiert.»

Mit diesen ermutigenden Abschiedsworten begann der letzte Abschnitt meiner Reise nach Rußland ...

Als unser Zug kurz hinter der Grenze zwischen Lettland und Sowjetrußland neben einer winzigen Hütte, über der eine rote Fahne flatterte, hielt und Soldaten der Roten Armee einstiegen, war ich aufgeregter als in Southampton, als der Detektiv mir auf den Arm klopfte.

Hier, endlich, war die Rote Armee, von der ich so viel gehört hatte, mit ihren merkwürdigen spitzen Kappen. Diese Mützen hatte der bolschewistische Kriegsherr Trotzki aus der alten russischen Geschichte wiederaufleben lassen; sie waren dem Kopfschmuck der skythischen Bogenschützen nachempfunden, die vor mehr als zweitausend Jahren die Horden des Darius, des persischen Königs der Könige, vertrieben hatten.

Der Kommandeur, ein gutaussehender junger Kerl, sauber und glattrasiert, ging durch den Zug und kontrollierte die Pässe. Er sprach nur russisch.

Dann fuhren wir in Sebesch ein, und stämmige Gepäckträger mit weißen Schürzen hoben das Gepäck heraus, damit es vom Zoll überprüft werden konnte. Die gefürchtete bolschewistische Zollabfertigung erwies sich als ganz einfach. Ein Beamter, der ausgezeichnet englisch sprach, schien gut über mich und den Zweck meiner Reise informiert zu sein. Ich brauchte nur wenige meiner Koffer zu öffnen. «Das ist schon in Ordnung, Bürger», sagte er.

Zum ersten Mal hörte ich dieses Wort, das *Graschdenin* ausgesprochen wird und erst kurz zuvor den Begriff *Towarisch* – Genosse – ersetzt hatte, der heutzutage meist von Mitgliedern der Kommunistischen Partei benutzt wird. «Ich werde dem Träger sagen, er soll Ihre Sachen zum Zug nach Moskau bringen.»

«Wann fährt er ab?» fragte ich.

Er machte eine Handbewegung und antwortete unbestimmt:
«Bald.»

«Habe ich Zeit, etwas zu essen?» fragte ich.

«O ja, Bürger, Sie haben Zeit.»

Ich hatte wirklich Zeit, denn der Zug fuhr erst sieben Stunden später.

Die Reise setzte sich im gleichen Stil fort. Unbeleuchtete Abteile, abgesehen von meiner Kerze. Holzbänke und stickige Luft. An jeder Station stand eine kleine Hütte mit der Aufschrift KIPJATOK – heißes Wasser. Alle rannten mit Kesseln hin, um sich Wasser für ihren Tee zu holen.

«Es gibt viel Cholera und Typhus», sagte einer meiner Mitreisenden, «deshalb gibt es an jeder Station abgekochtes Waser. Gut, nicht wahr?»

Schließlich – ich wußte nicht mehr, wie lange ich schon unterwegs war, vielleicht achtzig Stunden seit Riga – packte mich der Mitreisende am Arm und zeigte nach Osten. Weit in der Ferne glitzerte eine riesige goldene Kuppel in der Sonne. «Moskau!» rief er. «Die große Kathedrale, die zum Andenken an Napoleons Niederlage erbaut wurde. Moskau, unser rotes Moskau!»

Worauf war er stolzer – auf das rote Moskau oder den Sieg über den Eroberer Europas? Dies war meine erste Begegnung mit dem Gegensatz zwischen nationalem und revolutionärem Stolz, der in jenem Augenblick noch paradoxer erschien als heute. Aber damals machte ich mir darüber keine Gedanken. Wichtig war, daß ich endlich Moskau erreicht hatte!

Revolution in Lumpen

Es wird kaum noch jemanden geben, der im Frühsommer 1921 als Erwachsener in Moskau gelebt hat und sich erinnert, wie es war, als die Nachwirkungen der welterschütternden Eruptionen der Revolution und des Bürgerkriegs noch frisch waren und sich das Experiment der ersten kommunistischen Gesellschaft seinem Ende näherte. Höchstens eine Handvoll Menschen aus dem Westen lebt noch, die Rußland seinerzeit besucht hatten, und ich bin sicher der einzige, der damals und in den folgenden Jahren in enger Beziehung zur Sowjetunion bei ihrem Übergang vom Kriegskommunismus zum Staatssozialismus stand. Andere, wie George Kennan, kamen später und blieben länger, oder kamen später und gingen früher, wie Averell Harriman. Ich kenne keinen anderen, der von diesem entscheidenden Sommer 1921 aus erster Hand berichten könnte, als Lenin den Revolutionskurs dramatisch umkehrte und damit sicherstellte, daß die Sowjetunion, wie wir sie im Laufe dieses Jahrhunderts kennengelernt haben, überlebte. Meine Erinnerungen an jene Zeit sind so klar, wie sie nur sein können, wenn die Ereignisse einen vollkommen in Bann ziehen.

In Moskau holte mich ein Mann namens Leo Wolff ab, ein Vertreter der angloamerikanischen Abteilung des sowjetischen Außenministeriums. Er sagte, sein Chef, Gregorij Weinstein, hätte von Charles Recht einen Brief erhalten, der ihn über meine Ankunft informierte, und wolle mich sehen.

Hatte ich in Berlin Zeichen von Armut und Leid gesehen, so war es hier die absolute Trostlosigkeit. Die Straßen waren so gut wie ausgestorben, und auf der Fahrbahn und den Gehwegen klafften riesige

Löcher. Die Häuser sahen aus, als würden sie jeden Augenblick einstürzen, die Fassaden bröckelten und auf den Dächern fehlten Ziegel. An vielen Häuserfronten waren Einschüsse zu sehen. Aus fast jedem Fenster ragte das Ende eines Ofenrohrs, dessen Rauch einen häßlichen schwarzen Fleck auf der Mauer hinterließ. Die Geschäfte waren leer, die Schaufensterscheiben zerbrochen und die Ladenräume hinter Brettern versteckt.

Als wir uns der Stadtmitte näherten, nahm die Zahl der Menschen zu. Der Verkehr war minimal, ab und zu ein Einspänner oder eine lädierte Droschke. Die Menschen schienen in Lumpen zu gehen. Kaum einer trug Strümpfe oder Schuhe; die Füße und Beine waren mit dreckigen Tüchern umwickelt. Wenige hatten Filzstiefel. Niemand lächelte, alle sahen schmutzig und niedergeschlagen aus. Hier und da sah man eine ordentlichere Gestalt in Uniform oder im schwarzen Ledermantel, in Reithosen und hohen Stiefeln, die von den kommunistischen Staatskommissaren getragen wurden; aber auch diese Männer sahen fahl und abgehärmt aus. Wolff war wohl der einzige in ganz Moskau, der fröhlich dreinblickte und rosige Backen hatte.

Auf dem Bolschoi-Theater-Platz, in dessen vernachlässigtem Park blasse Kinder spielten, bogen wir um ein großes niedriges Gebäude – das *Metropol*, einstmals führendes Hotel in Moskau und jetzt heruntergekommen und schäbig wie der Rest. Wir hielten vor einem Anbau, in dem, wie Wolff mir erklärte, das Außenministerium – oder *Narkomindel* (Volkskommissariat für auswärtige Angelegenheiten) – untergebracht war.

Es war etwa ein Uhr mittags, aber weder Weinstein noch sein Assistent Samuel Cagan waren im Büro. «Sie kommen wahrscheinlich erst später», sagte Wolff und fügte lächelnd hinzu: «Genosse Tschitscherin, der Auslandskommissar, arbeitet lieber nachts, also muß sein Personal tagsüber schlafen.»

«Was?» fragte ich ungläubig. «Er arbeitet nachts? Wollen Sie damit sagen, daß er Besucher, ausländische Diplomaten und derlei auch nachts empfängt?»

«Ja, natürlich», sagte Wolff. «Manchmal empfängt er Leute auch tagsüber, aber normalerweise ist seine Sprechzeit zwischen ein und vier Uhr früh.» Ich solle mir in der Zwischenzeit die Stadt ansehen. Leider könne er mich nicht begleiten, aber es würde mir nichts passieren, versicherte er, und wenn ich mich verlief, solle ich nur nach dem *Metropol* fragen. Also machte ich mich, zugegeben ein bißchen unsicher, auf den Weg. Bevor wir uns trennten, führte er mich jedoch noch zum Finanzministerium – es gab keine Banken –, damit ich etwas Geld umtauschen konnte. Für meine Dollar bekam ich ein großes Stück Papier voller Coupons. Wolff erklärte stolz, dies sei eine neue sowjetische Einrichtung, um Arbeit und Druckkosten zu sparen. Wollte man etwas kaufen, schnitt man einfach einen Coupon ab.

Während ich so durch die Straßen ging, konnte ich beim besten Willen nicht sehen, was es außer Ramsch zu kaufen gab, höchstens Knöpfe und Spitze oder Äpfel, die von Straßenhändlern verhökert wurden. Aber Schuhputzer gab es! An jeder Ecke standen die georgischen oder armenischen Schuhputzer, meist ohne Schuhcreme, aber sie spuckten auf die Schuhe und rieben fest mit einem Tuch drauf herum, bis sie beinahe glänzten; so würde ich meine Coupons wohl los werden.

Die Straßenbahnen fuhren noch immer kostenlos, denn freie Beförderung war eines der Versprechen der Revolution gewesen. Es waren aber nur wenige, die langsam dahinrollten. An jeder Bahn hingen die Menschen wie Fliegen auf einem Stück Würfelzucker. Ab und zu fiel einer herunter, stand wieder auf und rannte hinter dem Wagen her, um sich erneut festzuklammern.

Für die Pferdedroschken, *Iswoschtschiki* genannt, bezahlte man jedoch, und später fand ich heraus, daß man mit dem Kutscher, der immer mindestens das Doppelte verlangte, handeln mußte. Ein paar Wochen nach meiner Ankunft versuchte ich es mit meinen primitiven Sprachkenntnissen zum ersten Mal selbst. Ich fragte einen Kutscher, wieviel es bis zu einem bestimmten Hotel kosten würde. *«Pjatjorka»*, antwortete er – einen «Fünfer». Ich dachte, er hätte fünfzehn Rubel gesagt, deshalb hielt ich die Finger beider Hände hoch und sagte: «Zehn.» Er erwiderte: «In Ordnung. Bitte steigen Sie ein.» Auf dem Weg zum Hotel murmelte er ständig etwas in seinen Bart. Beim Mittagessen klärten mich meine Freunde dann auf: Weil ich dem Mann den doppelten Preis geboten hatte, hatte ich ihm die Chance zum Handeln genommen, was er für einen wichtigen Teil seiner Arbeit hielt.

Als ich von meinem Spaziergang zurückkehrte, war Weinstein in seinem Büro, wo er mich freundlich empfing. Er war schlank, etwa fünfzig Jahre alt, trug einen Spitzbart und schielte. Vor der Revolution war er Redakteur einer sozialistischen Arbeiterzeitung in New York gewesen. Er sagte, er hoffe, mir in ein paar Tagen eine Verbindung mit dem Gesundheitsministerium verschaffen zu können, das mein Angebot, eine medizinische Station im Gebiet der Hungersnot einzurichten, mit Freuden annehmen würde. Dann telefonierte er mit dem Hotel *Savoy* und bat Wolff, mir beim Einzug behilflich zu sein.

Niemals in meinem Leben habe ich ein Hotel gesehen, das den Namen «Savoy» weniger verdient hätte als dieses. Unter unserer Last schwankend, stiegen wir eine schmutzige Steintreppe hinauf, gingen einen schmierigen Flur entlang und betraten ein verdrecktes Zimmer. Darin ein Bett mit einer Matratze, aber weder Leintücher noch Decken, dafür ein fettfleckiger stoffbezogener Tisch, zwei wacklige Stühle und ein Schrank, sonst nichts. Auf dem Holzfußboden lag kein Teppich, und von den Wänden hingen feuchte Tapetenstreifen. Auf dem Tisch stand jedoch ein schwedisches Telefon – neuestes Modell und funktionsfähig.

Dieses Zimmer wurde für die nächsten zehn Tage mein Zuhause. Aber von «Home, sweet Home» konnte keine Rede sein. Es war nicht nur dreckig, auch Ratten und Mäuse und Ungeziefer waren in ungeheuren Mengen vorhanden und flohen in Rudeln in die Ecken, wenn ich den Raum betrat.

Als Wolff gegangen war, machte ich mir rasch eine Mahlzeit aus meinem Rigaer Vorrat zurecht. Er hatte mir gesagt, daß im Hotel keine Mahlzeiten serviert würden, daß das Außenministerium mir aber in ein oder zwei Tagen einen *pajok* – einen Schein – ausstellen würde, der mich zum Empfang von Brot, Fleisch und Gemüse, falls es welches gab, in einem der staatlichen Lebensmitteldepots berechtigen würde.

Ich klingelte, und nach langer Zeit erschien ein schlampiges Mädchen. Ich machte Zeichen, sie solle das Zimmer säubern, besonders die fürchterlich aussehende Matratze, und die Laken und Decken, die ich mitgebracht hatte, auflegen. Sie starrte mich an. Ich hielt ihr eine Reihe von Coupons hin, aber sie schüttelte den Kopf. Plötzlich entdeckte sie einige Stücke Seife in meinem geöffneten Koffer und brach in eine Flut von russischen Worten aus. Seife schien eine bessere Währung zu sein als sowjetisches Papier, also deutete ich an, daß sie ein Stück bekommen würde, wenn sie mein Zimmer so aufräumte, wie ich es wollte.

Sie tat ihr Bestes, was nicht viel war, und ging triumphierend mit der

Seife fort. In den nächsten Tagen wurde das Zimmer auf die gleiche Weise noch ein bißchen sauberer; ein paar Möbelstücke wurden hereingebracht, aber es war immer noch fürchterlich – besonders die Wanzen. Ein anderer Ausländer, der auch im Hotel wohnte, sagte mir, er hätte seine alte Matratze weggeworfen und das Bett mit Kerosin besprüht, sein eigenes Bettzeug aufs Bett gelegt und das Bett von der Wand gerückt, wobei er die Beine in Gefäße mit Kerosin stellte. «Aber die kleinen Teufel kletterten zur Decke hoch und ließen sich fallen – sie haben mich immer getroffen!» sagte er. Es war Raymond Gram Swing, der hochangesehene amerikanische Schriftsteller und Kommentator. Wir wurden Freunde fürs Leben und schlossen uns zwanzig Jahre später in New York im Kampf gegen die Nazis zusammen.

Die Ruine eines Badezimmers lag nebenan – dort hausten die meisten Ratten –, aber natürlich gab es kein Wasser. In einem kleinen küchenartigen Raum am Ende des Korridors konnte man heißes Wasser holen; dort kochten auch manche Gäste auf kleinen tragbaren Kerosinöfen. Jeder bekam aber nur einen Kessel voll Wasser, mit dem man sich Tee kochen oder rasieren konnte, sofern man Seife und ein Rasiermesser besaß. Jetzt begriff ich erst, warum die Einwohner Moskaus so schmutzig aussahen.

Nach drei oder vier Tagen bekam ich von den Sardinen und dem Käse (ohne Brot), die ich aus Riga mitgebracht hatte, eine ziemlich schlimme Magenverstimmung. Ich ging nicht mehr aus, blieb einfach in jenem schrecklichen Zimmer und lernte pro Tag hundert russische Wörter auswendig.

Da mein Großvater in unserem Hause keine andere Sprache als Englisch geduldet hatte, war ich in Rußland angekommen, ohne auch nur ein einziges russisches Wort zu kennen. In der Schule hatte ich Französisch und Deutsch gelernt und beherrschte beide Sprachen ganz gut, die russische Sprache stellte mich dagegen vor einige Schwierigkeiten. Je mehr ich lernte, desto mehr schreckte mich die Schwere der Aufgabe.

Ich mußte mich mit einem englisch-russischen Wörterbuch herumplagen, das die Aussprache in phonetischer Schrift wiedergab. Auf einem Blatt Papier schrieb ich das englische Wort auf die eine Seite und das russische auf die andere und drehte es so lange um und um, bis ich das Wort im Kopf hatte. Auf diese Weise lernte ich einige russische

Wörter nach ihrer ungefähren Aussprache, bevor ich das Alphabet entziffern konnte.

Am dritten Tag begannen sich meine Freunde vom Außenministerium Sorgen um mich zu machen und suchten mich auf. Sie fanden einen Arzt, der etwas Milch, frisches Fleisch und Gemüse für mich beschaffen konnte, und als es mir besser ging, gaben sie mir den versprochenen *pajok*.

Ich ging damit zum Lebensmitteldepot, wo eine Schlange von ungefähr hundert Menschen wartete. Das war nicht gerade ermutigend, deshalb ging ich nach vorn und schaute erst einmal, wonach sie anstanden. Ein Stück Schwarzbrot, das aussah, als sei es aus Schlamm und Sägemehl gemacht, und eine Handvoll fauliger Kartoffeln – das war alles. In der Schlange standen meist dürftig gekleidete Frauen, einige mit Babys im Arm.

Als ich merkte, wie mich die Leute in meinem neuen Londoner Tweedanzug anstarrten, beschloß ich, lieber zu hungern, als einem von ihnen die Handvoll Nahrung wegzunehmen, die bei weitem nicht für ihren täglichen Bedarf ausreichte. Meinen *pajok* versteckend, lenkte ich meine Schritte wieder dem *Metropol* entgegen.

Ich weiß nicht, was ich gemacht hätte, wenn mir nicht aufgefallen wäre, daß einer meiner neuen Freunde im Außenministerium namens Gajow, der für das Stempeln der Pässe verantwortlich war, rund und wohlgenährt aussah. Zur Mittagszeit ging er immer allein irgendwohin, anstatt sich mit dem Rest zur kärglichen Ration zusammenzusetzen, die das Amt bereitstellte. (Eines muß gesagt werden, im Moskau jener Tage galt es, alles mit allen zu teilen. Wenn das Volk hungerte, hungerten auch die Kommissare, die dazu noch schwerer arbeiteten.)

Eines Tages folgte ich diesem Gajow in respektvoller Entfernung und stieg hinter ihm zwei Treppen hoch zu einer Privatwohnung. Als sich die Tür hinter ihm schloß, kam mir ein so köstlicher Duft entgegen, daß mir das Wasser im Mund zusammenlief. Ich wartete eine Stunde, bis er wieder fortging, und versuchte dann selbst mein Glück.

Es funktionierte! Es war eine Art kleines Privatrestaurant; später fand ich heraus, daß es in Moskau eine ganze Reihe davon gab, wo man ganz normal essen konnte. Theoretisch waren sie illegal, aber sie wurden toleriert, wenn sie nicht zu bekannt wurden – wie die «Flüsterkneipen» im New York der Prohibition.

Dieses «Flüsterlokal» wurde von einer Dame geführt, die deutsch sprach und willens war, einen Ausländer einzulassen, obwohl sie ihn nicht kannte. Seit mehr als einer Woche war das meine erste richtige Mahlzeit: heiße Suppe und *piroschki* (kleine mit Fleisch, Käse oder Kraut gefüllte Pasteten), Entenbraten und gedünstete Äpfel, Brot und Butter. Dazu gab es Tee. Es kostete umgerechnet etwa zwanzig Cent, aber ich hätte es auch genommen, wenn es zweihundert Dollar gekostet hätte.

Danach sah Moskau freundlicher aus, und ich hatte das Gefühl, es ertragen zu können. Weinstein hatte Wort gehalten und für mich einen Besuch bei Dr. Nikolas Semaschko, dem Kommissar oder Minister für öffentliche Gesundheit, arrangiert, der sehr freundlich war und mir herzlich für mein Hilfsangebot dankte. Er sprach davon, wie dringend Medikamente und Versorgungseinrichtungen in Rußland benötigt würden. Und um mir die Lage noch mehr zu verdeutlichen, wies er darauf hin, daß in einigen Teilen Rußlands größere Operationen ohne Betäubung vorgenommen werden müßten, weil es weder Äther noch Chloroform gebe.

Er erklärte, daß es noch eine ganze Weile dauern würde, bis Rußland den durch die Blockade der Alliierten und den Einfuhrstopp verursachten Versorgungsmangel aufholen könne. Ich sagte, daß mir diese Knappheit bekannt sei. Mein Lazarett sei jedoch gut ausgestattet. Semaschkos Miene hellte sich sichtlich auf.

«Wir sind so arm», sagte er. «Wenn ein Patient entlassen wird, werden alle seine Baumwollbinden eingesammelt und erneut benutzt – natürlich werden sie vorher sterilisiert!»

Er verwies mich dann an einen seiner Untergebenen, der für die Auslandsabteilung zuständig war. Jetzt, dachte ich, geht es endlich richtig los, aber der betreffende Beamte war verreist und würde erst in einem Monat zurück sein. Wieder wurden meine Hoffnungen zerschlagen.

Jetzt wollte ich nach Hause zurückkehren. Es schien unmöglich, in Rußland etwas zuwege zu bringen. Dann hörte ich von Weinstein, daß man einen Sonderzug in den Ural schicken würde, um die Bedingungen in den Industriegebieten zu untersuchen, und daß ich mitfahren könnte. Das Inspektionsteam sollte von Ludwig Martens, dem alten Freund meines Vaters, geleitet werden.

Natürlich war ich sofort dabei, und an drei Abenden hintereinander fuhr ich mit meinen Koffern und meiner Lebensmittelkiste zum Bahnhof am anderen Ende der Stadt, nur um immer wieder zu hören, daß die Abfahrt des Zuges wegen Reparaturen am Fahrgestell «auf morgen verschoben» sei. Die Eisenbahn schien die vorherrschende Demoralisierung zu teilen.

Am vierten Tag wurde mir endlich telefonisch mitgeteilt, daß wir ganz bestimmt um 17 Uhr abreisen würden. Noch einmal fuhr ich zum Bahnhof und war um 16 Uhr 30 da. Inzwischen trugen meine Sprachstudien Früchte, und ich konnte Erkundigungen einholen. Ja, es gebe wohl einen Zug, er würde am Abend fahren, aber wann genau und von welchem Bahnsteig war unbestimmt. Andere Teilnehmer stellten sich langsam ein, von denen einige englisch sprachen.

Um 20 Uhr fuhr der Zug ein, und ich sicherte mir eine gepolsterte Koje in einem Privatabteil – zu Zeiten des Zaren Eigentum eines hohen Würdenträgers – und stellte meine Kerze auf. Um 23 Uhr dampften wir unter viel Geschnaufe der Lokomotive endlich ab.

Diese Reise, die Anfang August 1921 begann und fast einen Monat dauerte, veränderte meine ganze Zukunft in Rußland. Hätte ich diesen Zug nicht genommen, wäre ich wahrscheinlich nach weiteren Wochen des Wartens einer der russischen Hilfseinheiten zugeteilt worden, hätte dort einige Monate mit meinem Lazarett gearbeitet und wäre dann nach Hause zurückgekehrt, um meine Assistentenzeit im Bellevue Hospital zu beginnen. Aber das Schicksal wollte es anders. Dieser Reise verdanke ich meinen Start im russischen Geschäft, das sich später als so erfolgreich erweisen sollte – und das noch größere Privileg, Lenin persönlich kennenzulernen.

Ludwig Martens, der Chef unserer Expedition, war inzwischen verantwortlich für die metallurgische Industrie der Sowjetunion; er hatte mehrere seiner Assistenten, meist Ingenieure, dabei. Außer mir waren noch zwei Amerikaner mit von der Partie: A. A. Heller, ein wohlhabender sozialistischer Schriftsteller, der nach der Russischen Revolution in der amerikanischen kommunistischen Bewegung aktiv geworden war, und Lucy Branum, eine mutige kleine Sozialarbeiterin und frühere Suffragette. Beide waren typisch für jene westlichen Besucher, die später Gesinnungsgenossen genannt wurden – Idealisten, die eine Menge emotionaler und intellektueller Schwierigkeiten

hatten, ihre romantischen Erwartungen von der Sowjetunion mit den
außerordentlich harten Realitäten in Einklang zu bringen.

Unser Zug bestand aus drei oder vier Wagen, deren Abteile mit
weich gepolsterten Sitzen ausgestattet waren. Diese wurden nachts
von Soldaten in Betten verwandelt. Jeder Wagen hatte auch seine
eigene Toiletteneinrichtung. Wir reisten also mit außergewöhnlichem
Komfort.

Drei Tage und Nächte rumpelte der Zug langsam ostwärts. Dann
näherten wir uns der Wolga und kamen in ein Gebiet mit ausgedörrten Feldern und sonnenverbrannter Ernte. So weit der Himmel
reichte, Getreidefelder, auf denen die Halme um diese Jahreszeit
eigentlich meterhoch stehen und die goldenen Ähren reifen sollten.
Statt dessen nichts als trockenes Gras auf der aufgeplatzten trockenen
Erde.

In Jekaterinburg, wo der Zar und seine Familie im Juli 1918
hingerichtet worden waren, bekamen wir einen ersten Eindruck von
der Hungersnot. Die Bauern hatten kaum eine Chance zu überleben.
Die mageren, noch aus dem vorangegangenen Jahr vorhandenen
Bestände waren fast erschöpft. Die diesjährige Ernte würde völlig
ausfallen, und sie hatten nichts, was sie über den Winter bringen
würde. Sie flohen von den öden Feldern wie vor der Pest.

Zu Zehn- und Hunderttausenden strömten die unglücklichen Bauern zu den nächsten Bahnstationen, stiegen in die Züge, wenn es
welche gab, und drängten sich in den Güterwagen in der Hoffnung
zusammen, in den Städten ein Auskommen zu finden, sei es auch
noch so gering. Krankheiten – Cholera, Typhus und sämtliche Kin-
derkrankheiten – breiteten sich aus.

Ich hatte mir vorgestellt, daß meine Ausbildung zum Arzt mich
gegen menschliches Leiden gewappnet hätte, aber beim Anblick eines
«Flüchtlingszugs» in Jekaterinburg packte mich blankes Entsetzen.

Tausend Menschen – Männer, Frauen und Kinder – sollten mit
diesem Zug Samara im Wolgagebiet verlassen haben. Als er nach
mehreren Tagen in Jekaterinburg einfuhr, lebten noch zweihundert
der Kräftigsten. Viele waren verhungert, aber die meisten waren
Opfer von Krankheiten geworden.

Während unseres vierundzwanzigstündigen Aufenthalts auf dem
Bahnhofsgelände von Jekaterinburg sah ich mit eigenen Augen, was

Hungersnot bedeutete. Kinder mit Armen und Beinen dünn wie Stöcke und entsetzlich aufgetriebenen Bäuchen gruppierten sich vor unseren Fenstern und bettelten mit einem schrecklichen Gewimmer um Brot. Wir konnten ihnen nicht helfen. Hier und da war es möglich, einem Kind eine Mahlzeit zu geben. Hätten wir alle Lebensmittel, die sich im Zug befanden, verteilt, wäre es im Angesicht dieser Massen gar nichts gewesen.

Der nahende Winter hielt noch Entsetzlicheres bereit. Es wurde unmöglich, die Toten im hartgefrorenen Boden zu begraben; nackte Leichen, weil ihre Kleidung zu kostbar war, um sie Toten zu lassen, lagen in Haufen auf den Friedhöfen. Krähen und streunende Hunde lebten gut in jener schrecklichen Zeit. Es wurde von Kannibalismus gemunkelt, von Müttern, die außer sich gerieten, ein Kind töteten, um die anderen am Leben zu erhalten, und – noch schlimmer – von Schlächtern, die aus Profitgier Menschenfleisch verkauften.

Erschüttert setzten wir unsere Fahrt in den Ural fort, wo unser Zug von Delegationsscharen aus den Bergbau- und Industriegebieten besucht wurde, die um Hilfe baten. Diese Leute waren von einer anderen Art als die Wolgabauern und nicht aus ihren Häusern geflohen, aber auch sie wußten, daß sie ohne rechtzeitige Unterstützung den Winter nicht überleben würden.

Wohin wir auch fuhren, überall die gleiche Situation: riesige Anlagen, Fabriken und Bergwerke, die stillgelegt waren, und hungrige, verzweifelte Arbeiter. Selbst wenn die Fabriken ihren Betrieb wieder hätten aufnehmen können, hätten sie ihre Produkte wegen der wirtschaftlichen Stagnation des Landes nicht absetzen können. An mehreren Orten sah ich größere Lagerbestände wertvoller Materialien – Platin, Mineralprodukte, Smaragde und Halbedelsteine. Und in Jekaterinburg hatte ich Pelzlager von Jägern und Fallenstellern gesehen, die versuchten, ihren Lebensunterhalt unter den Sowjets auf die gleiche Weise zu verdienen, wie sie es unter dem Zar getan hatten.

Ich fragte einige meiner Freunde im Zug, warum sie die Sachen nicht exportierten und dafür Getreide einkauften. «Unmöglich», jammerten sie. «Die europäische Blockade gegen uns ist gerade erst aufgehoben worden. Es würde zu lange dauern, den Verkauf dieser Waren und den Einkauf von Nahrungsmitteln zu organisieren.»

Mir kam ein Gedanke, und dieser Vorschlag veränderte mein Leben auf dramatische Weise: «Aber wieso – ich kann es doch für euch arrangieren, wenn ihr wollt, und zwar durch einen Konzern, den ich und meine Familie in New York besitzen. Wir können auch Nahrungsmittel beschaffen. Ist jemand hier, der autorisiert ist, einen Vertrag zu schließen?»

Schnell wurde eine Besprechung mit dem Sowjet von Jekaterinburg, dem der Sekretär der örtlichen Kommunistischen Partei vorstand, einberufen. Martens lud mich ein, an dieser Versammlung teilzunehmen und meinen Vorschlag zu erläutern.

Es wurde mir erklärt, daß etwa vierzigtausend Tonnen Weizen benötigt würden, um die Bevölkerung des Urals vor dem Hungertod zu bewahren und sie bis zur nächsten Ernte über Wasser zu halten. Die Vereinigten Staaten hatten eine Rekordernte gehabt, und Getreide kostete einen Dollar pro 35 Kilo. Als der Preis unter einen Dollar sank, verbrannten die Farmer lieber ihr Getreide, anstatt es auf den Markt zu bringen. «Ich habe eine Million Dollar», sagte ich. «Ich werde euch Getreide im Wert von einer Million Dollar auf Kredit schicken, und zwar unter der Bedingung, daß jedes Schiff, das eine Getreideladung bringt, wieder mit Waren geladen wird.» Die Mitglieder des Sowjets lächelten, sie waren einverstanden. Ich schickte ein langes Telegramm an meinen Bruder Harry und Alfred Van Horn, den Direktor von Allied Drug and Chemical, in dem ich die Transaktion erklärte und sie bat, die ersten verfügbaren Schiffe zu chartern und mit Getreide für Petrograd zu beladen.

Ich informierte sie, daß diese Schiffe mit einem ungefähr gleichen Gegenwert an Fellen, Häuten und anderen Gütern zurückfahren würden. Von beiden Seiten sollten wir eine Provision von fünf Prozent erhalten. Doch damals dachte ich noch nicht daran, Geschäfte mit Profit zu machen, denn was ich gesehen hatte, bedrückte mich zutiefst. Ich telegrafierte Harry, er solle Van Horn versichern, daß ich die volle Verantwortung für die Erfüllung des Vertrags durch die Russen übernehmen würde.

Als bekannt wurde, daß «der Amerikaner», wie ich genannt wurde, Getreide aus den Vereinigten Staaten in den Ural schicken würde, jubelten mir die Menschen zu, wo immer der Zug hielt. In einer Stadt berief der örtliche Sowjet eine Versammlung ein und bat mich, eine Rede zu halten. Jetzt endlich, sagte ich mir, wird meine Arbeit in

Moskau, als ich hundert Wörter Russisch pro Tag auswendig lernte, Früchte tragen.

Ich hielt meine Rede, und der Applaus war ohrenbetäubend. Ich setzte mich hocherfreut und sagte zu Ludwig Martens, der neben mir saß: «Ich bin Ihren Landsleuten dankbar für ihre freundliche Nachsicht, daß sie über meine falsche Aussprache und Fehler nicht gelacht haben, und ich bin froh, daß sie verstanden haben, daß wir ihnen helfen wollen.»

«Verstanden?» lachte der. «Sie haben *nichts* verstanden! Die haben geglaubt, Sie sprechen englisch.» Schon wurde darum gebeten, daß ein englischsprechender Genosse meine Rede «übersetzen» solle!

In den Wochen, die ich im Ural zubrachte, besuchte ich unter anderem auch einige Asbestlager in der Nähe von Alapajewsk, wo im Sommer 1918 Verwandte des Zaren und einige hohe Würdenträger exekutiert und in einen der Schächte geworfen worden waren. Es war die Rede davon, daß diese Asbestlager, die früher der staatlichen Eisenbahn gehört hatten, eventuell amerikanische Investoren auf Konzessionsbasis interessieren könnten.

Die Anlage samt Gebäude war mehr oder weniger so, wie man sie nach der Revolution verlassen hatte. Das Gelände war verödet, aber ich konnte sehen, daß es große Vorräte hatte und leicht zu erschließen wäre. Die langen Asbestfasern waren in den Adern für das bloße Auge sichtbar; es gab wenig überlagernde Schichten. Die Sache begann mich zu beschäftigen.

Wir setzten unsere Reise durch den Ural im gleichen Schneckentempo fort, mit dem wir gekommen waren, mitten durch die gleichen Szenen des Leidens und der Trostlosigkeit. Eines Tages hielt der Zug an einer kleinen Station. Froh über die Gelegenheit, unsere Beine vertreten zu können, unternahmen einige von uns einen Spaziergang entlang der staubigen Straße, die zu einem Dorf in drei, vier Kilometer Entfernung führte.

Auf halbem Weg zwischen Station und Dorf stießen wir auf eine kleine Hütte; im Hof sägte ein graubärtiger alter Mann, ein typischer russischer Bauer, mühevoll Kiefernholz zu Brettern.

«Was machst du da, Onkelchen?» fragte einer von uns.

«Holz sägen», war die lakonische Antwort.

«Aber warum machst du Bretter?» fragten wir. «Was tust du damit?»

Der Alte blickte uns an wie ein verletztes Tier. «Meinen Sarg», sagte er. «Ich bin allein, verstehen Sie, und ich habe nur noch Essen für drei Wochen, dann muß ich sterben. Aber davor werde ich meinen Sarg gemacht haben und mich hineinlegen und den Tod abwarten, damit ich nicht wie ein Hund in der nackten Erde verscharrt werde.»

Es war ein alter Mann, und er hätte wahrscheinlich sowieso nicht mehr lange zu leben gehabt, aber diese Szene war schmerzlicher für mich als alle anderen, die ich bis dahin gesehen hatte. Diese vollkommene Resignation vor dem sicheren Tod schien für das russische Volk jener Zeit typisch zu sein.

Unsere Reise wäre verlängert worden, hätten wir nicht erfahren, daß Lenin selbst mit Ludwig Martens zu sprechen wünschte. Damals gab es noch keine Telefonverbindungen von Moskau in die Provinz, aber das «Gespräch» wurde per Fernschreiber geführt. Martens lud Heller und mich ein, im Telegrafenamt einer kleinen Bahnstation mit dabei zu sein, während Lenin mit ihm «redete».

Lenin stellte verschiedene Fragen über die Lage im Ural und die Arbeitsmöglichkeiten dort. Dann kam zu meinem Erstaunen eine Nachricht an mich zum Vorschein.

«VOM TELEGRAFENAMT JEKATERINBURG HÖREN WIR VON EINEM JUNGEN AMERIKANER, DER GETREIDESCHIFFE ALS HILFE GEGEN DIE HUNGERSNOT IM URAL CHARTERN WILL; WAS HAT ES DAMIT AUF SICH?»

«DAS IST KORREKT», antwortete Martens. «DR. ARMAND HAMMER HAT SEINE TEILHABER IN NEW YORK ANGEWIESEN, SOFORT GETREIDE NACH PETROGRAD ZU SCHICKEN, UND ZWAR UNTER DER BEDINGUNG, DIE VOM SOWJET IN JEKATERINBURG GENEHMIGT WORDEN IST, DASS EINE FRACHT MIT FELLEN UND ANDEREN GÜTERN ZURÜCKGE-SCHICKT WIRD, UM DIE KOSTEN FÜR DIE GETREIDESENDUNG ZU DECKEN.»

«SIND SIE PERSÖNLICH DAMIT EINVERSTANDEN?» fragte Lenin.

«JA», antwortete Martens und lächelte mir zu. «ICH KANN ES NUR EMPFEHLEN.»

«SEHR GUT», war Lenins Antwort. «ICH WERDE DIE AUSSENHAN-DELSMONOPOLABTEILUNG ANWEISEN, DIE TRANSAKTION ZU BESTÄ-TIGEN. BITTE KEHREN SIE SOFORT NACH MOSKAU ZURÜCK.»

Lenin

Ende August 1921 kehrte ich nach Moskau zurück. Doch wie hatte sich in der kurzen Zeit alles verändert! War dies das Moskau, die Stadt des Elends und der Trübsal, die ich verlassen hatte? Die Menschen drängten sich in den Straßen. Zielstrebig sahen sie aus, alle schienen es eilig zu haben. Überall rissen Arbeiter die Bretter von den Ladenfronten, ersetzten zerbrochene Fensterscheiben, strichen und verputzten Wände. Von hochbeladenen Wagen wurden Waren in die Geschäfte geschleppt.

Meine Reisegenossen, die nicht weniger überrascht waren als ich, fragten, was passiert sei. «NEP, NEP», war die Antwort. Gemeint war die Neue Ökonomische Politik, die gerade von Lenin trotz heftiger Opposition einiger Mitstreiter eingeführt worden war. Nur Lenin selbst konnte diese Politik initiiert haben, die eine der dramatischsten und entscheidendsten Veränderungen in der Geschichte unseres Jahrhunderts prägte; jeder andere wäre als Verräter an der Revolution erschossen worden.

Die Verordnung, die die NEP einführte, war am 9. August in Moskau veröffentlicht worden. Sie schien nichts Geringeres als die Aufkündigung des Kommunismus und die Wiedereinsetzung kapitalistischer Methoden zu bedeuten. Wie Lenin damals sagte, war die NEP kein Eingeständnis des totalen Mißerfolgs, wie es die Feinde und Kritiker der Sowjets behaupteten, sondern sie setzte vorerst den Staatssozialismus an die Stelle des Kommunismus und behielt die staatliche Kontrolle über Industrie und Handel bei. Sie öffnete indessen der Privatinitiative Tür und Tor und erlaubte es den Menschen, auf die althergebrachte Art und Weise zu arbeiten und Handel zu treiben, nämlich gegen Geld.

Der unmittelbare Effekt waren Unmengen von Waren jeder Art, die plötzlich wie durch ein Wunder auf der Bildfläche erschienen. Die Regale vordem leerer Geschäfte waren mit Artikeln, die seit der bolschewistischen Revolution nicht mehr zu sehen gewesen waren, überladen. Neben einer großen Auswahl an Lebensmitteln und Delikatessen waren ausgewählte französische Weine, Liköre und die besten Havannazigarren zu haben. Die feinsten englischen Stoffe lagen neben den teuersten französischen Parfums.

Die Zauberkraft der NEP hatte bewirkt, daß diese Waren aus ihren Verstecken in Kellern, Scheunen und geheimen Lagern herauskamen. In ihren Anfängen bot die NEP auch privaten Ladenbesitzern einen größeren Spielraum, als es später der Fall war, und es ist nicht übertrieben zu behaupten, daß diese Maßnahme die wirtschaftliche Rettung Rußlands – fünf Minuten vor zwölf – bedeutete. Und damit rettete Lenin auch die Revolution.

Am Tag nach meiner Rückkehr wurde ich dringend ins Außenministerium gebeten. Sie hatten dort eine telefonische Nachricht aus Lenins Büro erhalten – er wolle mich sofort sehen. Ich war unheimlich aufgeregt. Im Alter von dreiundzwanzig Jahren sollte ich den Führer der Revolution kennenlernen, den Mann, der mehr Macht über das russische Volk ausübte als die Zaren, die er entthront hatte.

Zu meiner Unterredung mit Lenin wurde ich von Boris Reinstein begleitet, einem amerikanischen Kommunisten russischer Herkunft, der dem Außenministerium und der internationalen kommunistischen Gewerkschaftsbewegung angehörte. Reinstein war in Buffalo Drogist gewesen und kannte meinen Vater gut, da beide Mitglieder der Sozialistischen Arbeiterpartei waren.

Wir gingen zusammen zum Trojtskij-Tor des Kremls, ein merkwürdiger kleiner runder weißer Turm, der mit dem Hauptteil der Festung durch eine Brücke verbunden ist, die über Gärten führt. Am Tor war man über unseren Besuch unterrichtet. Reinstein zeigte seine Parteimitgliedskarte vor, die als Ausweis genügte, während die Wachposten mir den Paß abnahmen. Ich würde ihn später wiederbekommen, aber in der Zwischenzeit erhielt ich einen rosa Zettel, auf dem mein Name stand. Unterwegs mußte ich meinen Passierschein oft vorzeigen.

Nachdem der Torweg durchschritten war, stand ich auf einem großen quadratischen Hof. Diesen flankierten Kanonen, die von Napoleon erbeutet worden waren und noch heute an der gleichen Stelle zu sehen sind. Ich habe den Kreml eine Festung genannt, in Wirklichkeit ist er aber mehr als das. Er ist eine Art Stadt in der Stadt, die Zitadelle Moskaus, von riesigen Mauern und Türmen bewacht. Im Kreml stehen sehr alte und wunderschöne Kirchen, in denen Ikonen von unschätzbarem Wert zu finden sind, einige vom größten aller Ikonenmaler, Andrej Rublew. Dort werden auch die Särge der kaiserlichen Familien vieler Jahrhunderte aufbewahrt. Das Areal ist vollgestopft mit Palästen und Kasernen – einige neu, einige alt – und Straßenzügen mit Gebäuden, die früher von Mitgliedern des Zarenhofs und heute von den kommunistischen Funktionären benutzt werden. Lenins Büro lag im zweiten Stock eines großen modernen Gebäudes am zentralen Platz. Vierzig Jahre später würde ich den gleichen Weg noch einmal gehen, um Chruschtschow im selben Gebäude aufzusuchen, noch später auch seine Nachfolger Leonid Breschnew und Michail Gorbatschow.

Bevor ich das Haus betrat, mußte ich einen weiteren Wachposten passieren, und vor der Tür zu den Eckzimmern, die Lenin benutzte, stand wieder einer. Seit jenem Augusttag im Jahre 1918, als die Sozialrevolutionärin Dora Kaplan nach einer Arbeiterversammlung in Moskau auf Lenin geschossen hatte – was ihn zwar nicht tötete, aber zweifellos sein Leben verkürzte –, wurde alles zu seinem Schutz getan.

Ich durchquerte einen großen Raum, in dem viele Leute eifrig an ihren Rollpulten arbeiteten, und wurde von seiner Sekretärin, Maria Ignatjerna Glasser, einer kleinen buckligen, noch jungen Frau, zu Lenins Privatbüro geleitet. Sie teilte die tiefsten Geheimnisse des roten Diktators, besaß sein volles Vertrauen, nutzte aber ihre Position niemals zu eigenem Vorteil oder dem ihrer Freunde aus.

Lenin erhob sich und ging uns entgegen. Er war kleiner als erwartet, vielleicht einssechzig groß und untersetzt, hatte einen großen runden Kopf und einen kastanienbraunen Bart; er trug einen dunkelgrauen Anzug mit losem Jackett, ein weißes Hemd und eine schwarze Krawatte. Seine Augen glitzerten freundlich, als er mir die Hand reichte und mich zu einem Ledersessel neben seinem großen Schreibtisch führte. Wir saßen so nah beieinander, daß sich unsere Knie fast berührten.

Das Zimmer war sehr klein und schlicht, voller Bücher, Zeitschriften und Zeitungen in einem halben Dutzend Sprachen. Sie lagen überall – auf Regalen, auf Stühlen, auf dem Schreibtisch aufgetürmt, bis auf die Stelle, wo eine Batterie Telefone Platz hatte. Außerdem befanden sich auf dem Schreibtisch noch ein Stück golddurchzogener Quarz, der als Briefbeschwerer diente, und kleine Elfenbein- und Bronzestatuen, Geschenke von Bauern- und Arbeiterverbänden. In einer Ecke stand eine große Zimmerpalme.

Unser Gespräch dauerte ungefähr eine Stunde, in der mich Lenins Persönlichkeit immer stärker fesselte. Seine Konzentrationsfähigkeit war gewaltig. Wenn er mit einem sprach, hatte man das Gefühl, der wichtigste Mensch in seinem Leben zu sein. Er brachte sein Gesicht nahe an das seines Gegenübers. Er kniff das linke Auge zusammen, blickte einen aber mit dem rechten durchdringend an. Am Ende der Unterredung fühlte ich mich umarmt, aufgenommen. Ich hatte das Gefühl, ihm vollkommen vertrauen zu können.

Zuerst sah er mich mit diesen scharfen braunen Augen prüfend von der Seite an. In seinem Blick schien die Spur eines Lachens zu liegen.

«Sollen wir russisch oder englisch sprechen?» begann er.

Ich antwortete, daß mir Englisch lieber wäre, das er so perfekt spreche.

«Oh, noch lange nicht perfekt», erwiderte er. «Wahrscheinlich fällt es Ihnen, wie den meisten Ausländern, schwer, Russisch zu lernen.»

Ich antwortete, daß ich mich sehr bemühe und versucht hätte, hundert Wörter pro Tag zu meistern.

Lenin lächelte freundlich. «Die gleiche Methode habe ich auch angewendet, als ich in London war. Dann besuchte ich den Lesesaal des British Museum und las Bücher, um zu sehen, wieviel mir im Gedächtnis haften geblieben war. Zuerst ist es nicht so schlecht, aber je mehr man lernt, desto schwieriger wird es, alles zu behalten.»

Er sprach eindringlich und ausdrucksvoll und machte wenig Gesten, bis auf eine kurze, hackende Handbewegung, die seiner Überzeugung Nachdruck verleihen sollte. Später stellte ich fest, daß er dies auch bei öffentlichen Reden tat. Ab und zu suchte er nach einem Wort, sonst sprach er jedoch mühelos und fließend.

Unsere beiden Länder, die Vereinigten Staaten und Rußland, erklärte Lenin, ergänzten sich. Rußland sei ein rückständiges Land mit enormen Bodenschätzen. Die Vereinigten Staaten könnten hier Rohstoffe und einen Markt für Maschinen und später für Fabrikwaren finden. Vor allem benötige Rußland amerikanische Technologien und Methoden, amerikanische Maschinen, Ingenieure und Ausbilder. Lenin nahm eine Ausgabe des *Scientific American* in die Hand.

«Schauen Sie», sagte er und blätterte darin, «*das* haben Ihre Leute geschaffen. *Das* ist Fortschritt: Häuser, Erfindungen, Maschinen, die Entwicklung mechanischer Hilfen für die Hände des Menschen. Rußland ist heute so, wie Ihr Land in der Pionierzeit war. Wir brauchen die Kenntnisse und den Geist, die Amerika zu dem gemacht haben, was es heute ist.»

«Sind Sie in Rußland gereist?» fragte er plötzlich.

Ich sagte, daß ich gerade zurückgekehrt sei, nachdem ich fast einen Monat im Ural und im Gebiet der Hungersnot zugebracht hätte.

Seine Miene veränderte sich, das aufmerksame Interesse wich aus seinen Augen, und er sah unendlich traurig aus. Welches Gewicht lag auf den Schultern dieses Mannes!

«Ja», sagte er langsam, «die Hungersnot... ich hörte, Sie wollen medizinische Hilfe leisten... ja... das ist gut und wird dringend gebraucht, aber... wir haben genug Ärzte. Was wir hier haben wollen, sind amerikanische Geschäftsleute, die Ähnliches wie Sie tun können. Daß Sie uns Schiffe mit Getreide schicken, bedeutet, daß viele Menschenleben gerettet werden. Der Dankbarkeit dieser gequälten Menschen füge ich den ergebensten Dank meiner Regierung hinzu.» Lenin schwieg plötzlich – offensichtlich bemüht, die Tränen, die ihm in die Augen traten, zurückzuhalten.

«Was wir wirklich brauchen», sagte er mit gefestigter Stimme, «ist amerikanisches Kapital und technische Hilfe, damit sich unsere Räder von neuem drehen können.»

Ich sagte, nach dem, was ich im Ural gesehen hätte, gebe es genügend Rohstoffe und Arbeitskräfte, und viele Fabriken seien in einem viel besseren Zustand, als ich es erwartet hätte.

Lenin nickte. «Ja, das stimmt. Der Bürgerkrieg hat alles verzögert, und jetzt müssen wir ganz neu beginnen. Die Neue Ökonomische Politik verlangt eine völlig andere Entwicklung unserer wirtschaftlichen Möglichkeiten. Wir hoffen, den Prozeß durch ein System industrieller und kommerzieller Konzessionen an Ausländer zu beschleunigen. Damit bieten sich den Vereinigten Staaten gute Möglichkeiten. Haben Sie daran schon gedacht?»

Ich sagte, daß einer meiner Reisekameraden, ein Bergbauingenieur, mich auf die Asbestmine in Alapajewsk hingewiesen habe, die eine äußerst vielversprechende Zukunft zu haben schien. Und ich erwähnte kurz, daß ich meine eigenen Geschäfte für unbedeutend hielt.

Lenin widersprach. «Ganz und gar nicht», sagte er. «Darauf kommt es nicht an. Jemand muß das Eis brechen. Warum übernehmen Sie diese Asbestkonzession nicht?»

Ich war verblüfft, und gleichzeitig wurde mir bewußt, welch historische Gelegenheit mir hier geboten wurde. Andererseits war ich aber auch skeptisch, ob es überhaupt machbar wäre. Mit den mir inzwischen vertrauten russischen Methoden könnten die Vorarbeiten für eine derartige Geschäftsverbindung Monate dauern. Ich machte diesbezügliche Andeutungen.

Lenin begriff sofort, was ich meinte. «Bürokratie», sagte er. «Einer unserer Flüche. Das sage ich immer wieder. Ich werde folgendes tun: Ich werde einen Sonderausschuß aus zwei Männern bilden. Sie werden sich um diese Angelegenheit kümmern und Ihnen jede Hilfe zukommen lassen. Sie können sicher sein, daß prompt gehandelt wird.»

So wurde in meiner Gegenwart der Keim zum späteren Konzessionskomitee der Sowjetunion gelegt.

«Verhandeln Sie mit ihnen», setzte Lenin rasch hinzu, «und wenn Sie zu einer Art vorläufiger Abmachung gekommen sind, informieren Sie mich. Wir wissen, daß wir Bedingungen schaffen müssen, die den Konzessionären erlauben, in Rußland Geld zu verdienen. Geschäftsleute sind keine Philanthropen.»

Ich bemerkte, daß ich Zweifel hätte, ob eine Zusammenarbeit mit russischen Kräften reibungslos vonstatten gehen könne, insbesondere, da sie daran gewöhnt waren, den «Kapitalisten» als Feind anzusehen. «Kann die russische Regierung gewährleisten, daß es keine Probleme mit den Arbeitskräften geben wird?» fragte ich.

Lenin antwortete prompt: «Unsere Leute werden froh sein, Arbeit und gute Löhne zu bekommen. Sie wären dumm, wenn sie den Ast absägten, auf dem sie sitzen. Unsere Regierung kann einer Gewerkschaft zwar keine Anordnungen geben, aber als Arbeiterregierung haben wir trotzdem genug Einfluß, um sicherzustellen, daß die Gewerkschaften die Bedingungen ihrer Verträge mit Ihnen erfüllen. Vor allem ist es wichtig, daß Sie sich gründlich mit unseren Arbeitsgesetzen vertraut machen. Wenn Sie diese Gesetze einhalten, haben Sie den vollen Schutz unserer Regierung.» Zum Abschluß sagte er: «Machen Sie sich über die Einzelheiten nicht zuviel Gedanken. Ich werde dafür sorgen, daß Sie fair behandelt werden. Wenn Sie etwas brauchen, schreiben Sie es mir. Wenn Sie einen vorläufigen Vertrag geschlossen haben, werden wir ihn unverzüglich beim Kommissarrat genehmigen. Was wir entscheiden, gilt, verstehen Sie?» Und wieder machte er die kurze hackende Bewegung mit der rechten Hand. «Falls notwendig, brauche ich gar nicht auf die Versammlung des Rates zu warten. Eine derartige Angelegenheit kann leicht per Telefon arrangiert werden.»

Lenin hielt sein Wort. In unglaublich kurzer Zeit war ich der erste amerikanische Konzessionär und verpflichtet, mit dem Wiederaufbau einer Industrie zu beginnen, die mir völlig fremd war.

Im Rückblick auf dieses denkwürdige Gespräch versuche ich, mich zu erinnern, was dabei am eindrucksvollsten war. Ich glaube, es ist folgendes: Schon bevor ich meinen Fuß in Lenins Zimmer gesetzt hatte, war ich derart beeindruckt gewesen, wie sehr ihn seine Anhänger verehrten, daß ich mir wohl eine Art Superman, eine Gestalt fern allem Menschlichen vorgestellt hatte. Das Gegenteil war der Fall gewesen. Mit Lenin zu reden, war wie die Unterhaltung mit einem guten, verständnisvollen Freund. Sein gewinnendes Lächeln, der Umgangston, seine Offenheit und Natürlichkeit nahmen mir jede Befangenheit.

Man hat ihn rücksichtslos und fanatisch, grausam und kalt genannt. Ich glaube nicht daran. Sein starkes menschliches Mitgefühl, seine persönliche Anziehungskraft und das Fehlen jeden Geltungsbedürfnisses oder Eigeninteresses machten ihn groß und befähigten ihn, das Beste aus seinen Mitkämpfern herauszuholen.

Mir ist natürlich klar, daß es Kritiker der Sowjets gibt, die einwenden, Lenin habe seine Skrupellosigkeit zur Genüge durch die Unterzeichnung des Befehls zur Exekutierung des Zaren und seiner Familie bewiesen. Man muß jedoch bedenken, daß sich Rußland zu jener Zeit in einem verzweifelten Bürgerkrieg befand. Und wenn die Weißrussische Armee es geschafft hätte, den Zaren zu retten – was ihr ja beinahe gelang –, dann wäre er wiedereingesetzt und die Revolution zerschlagen worden. Lenin hatte außerdem einen persönlichen Grund, die

Zarenfamilie zu hassen: Der Vater des Zaren, Alexander III., hatte den Befehl gegeben, Lenins älteren Bruder Alexander wegen einer Verschwörung gegen ihn zu erschießen. Ich war stets überzeugt, daß diese Tat mehr als vieles andere Lenin zu einem solch leidenschaftlichen Revolutionär gemacht hatte.

Noch ein Gedanke über dieses Gespräch mit Lenin kommt mir in den Sinn, eine Überlegung, die sich in den fünfundsechzig Jahren seit jenem denkwürdigen Tag im Kreml immer mehr vertieft hat.

Ich werde häufig gefragt, wen von allen bedeutenden Führern der Welt, die ich in meinem Leben kennengelernt habe, ich am meisten bewundere. Die Antwort steht außer Zweifel. Der größte war Franklin Delano Roosevelt. In ihm vereinten sich beispiellos die wünschenswertesten Qualitäten eines großen Staatsmanns. Niemand konnte es mit der Schärfe seines Verstands, seiner Herzenswärme und dem Charme seiner Persönlichkeit aufnehmen, und zu diesen Attributen kam noch die unübertroffene Fähigkeit zu entschiedenem Handeln als Präsident. FDR duldete keinen Aufschub, wenn es um die Ausführung einer Idee ging, die im feinen Netzwerk seines Verstands eine gründliche Prüfung bestanden hatte.

Man hat mich oft aufgefordert, einen Vergleich zwischen Lenin und FDR anzustellen. Sie hatten viele Eigenschaften gemein, beide waren zugänglich und wirkten niemals einschüchternd, nie hätten sie auf ihre Privilegien gepocht. Beide verstanden es, ihre Gesprächspartner zu fesseln. Eine halbfertige Idee oder Unklarheiten hätten beide Männer nie akzeptiert.

Beide hatten einen ausgeprägten Sinn für Humor, obwohl Lenin nicht so viel lachte wie FDR, der nichts lieber mochte als einen guten Witz und immer ein offenes Ohr hatte für das Lächerliche und Absurde. Andererseits hatte Lenin auch nicht viel zu lachen; die Lage der Sowjetunion und die kolossalen Belastungen seiner Arbeit ließen nicht viel Raum für Humor.

Sie hatten eine geistige Eigenschaft gemeinsam, und mit diesem Gedanken möchte ich das Kapitel abschließen. Wie FDR verfügte Lenin über eine blendende intellektuelle Flexibilität. Der Vater der Russischen Revolution wird gewöhnlich als starrer Theoretiker porträtiert, der die Sowjetunion dem Dogma des Marxismus unterwarf. So sehr dies etwa für Stalin zutreffen mag – der Lenins Nachfolger wurde und dieses Land mit seinen merkwürdigen und byzantinischen Theorien des Sozialismus erbarmungslos überzog –, für Lenin gilt dies nicht. In dem hier wiedergegebenen Gespräch offenbarte er seinen wahren Charakter.

Leute, denen ich heute begegne, besonders Journalisten, die mich interviewen, sind überrascht, wenn sie hören, daß Lenin mir tatsächlich gesagt hat, der Kommunismus funktioniere nicht und die Revolution benötige amerikanisches Kapital und technische Hilfe.

Die Welt hat größtenteils vergessen, wie sehr die Bolschewiken die industriellen Errungenschaften der Vereinigten Staaten bewunderten und wie häufig man sie sagen hörte, daß sie aus Rußland ein «sozialistisches Amerika» machen wollten. Lenin war in großem Maße mitverantwortlich für die Begünstigung dieser Haltung; wie pragmatisch und realistisch seine Einstellung tatsächlich war, wurde nicht erkannt. Vielleicht kann ich dies am besten verdeutlichen, indem ich sage, daß mein Vater – der den idealistischen kommunistischen Sympathisanten jener Zeit typifizierte – den Sozialismus weitaus romantischer betrachtete als Lenin. Es bleibt eine der Ironien meines Lebens, daß ich den Vater des Weltkommunismus als weniger reinen Kommunisten und pragmatischeren Menschen kennengelernt habe, als es mein Vater je gewesen ist.

Trotzki und der amerikanische Kapitalist

Ich erinnere mich deutlich an jeden Schritt, den ich tat, als ich den Kreml betrat. Von meinem Rückweg weiß ich so gut wie nichts mehr. Ich war dermaßen aufgeregt, als ich Lenins Büro verließ, und in meinem Kopf wirbelten die Fragen und Ideen so durcheinander, daß ich nichts von meiner Umgebung wahrnahm, bis ich mich in meinem elenden Hotelzimmer wiederfand. In meinem ganzen jungen Leben hatte ich noch nie so sehr das Bedürfnis verspürt, allein zu sein, um meine Gedanken ordnen zu können.

Ich wußte genau, daß das Gespräch mit Lenin den Kurs meines Lebens geändert und eine neue Welt eröffnet hatte. Es kam mir vor, als hätte man mich auf einen Berggipfel gebracht, ganz Rußland, dieses riesige Land mit seinem unschätzbaren Reichtum an natürlichen Ressourcen, seinem unermeßlichen Potential an Arbeitskräften, unter mir ausgebreitet, und Lenin hätte gesagt: «Suchen Sie sich was aus!» Das Panorama der Möglichkeiten nahm mir fast den Atem. Keinen Augenblick lang zögerte ich, diese Gelegenheit beim Schopf zu fassen. Der Beginn meiner Karriere als Arzt mußte auf unbestimmte Zeit verschoben werden.

Nachdem ich also gewissermaßen die Brücken hinter mir abgebrochen hatte, versuchte ich mich auf die notwendigen Schritte zu konzentrieren, um meine Chancen voll auszunutzen. Ich verbrachte eine unruhige Nacht, nicht, weil mich das Ungeziefer in Scharen verfolgte, sondern weil ich mir den Kopf mit unzähligen Gedanken zermarterte.

Wenn ich nicht bereits gewußt hätte, was Lenin für Sowjetrußland bedeutete, hätte ich es am Tag nach meiner Unterredung mit ihm erfahren. Wie gewöhnlich ging ich am Morgen zum Anbau des *Metropol*, um meine Freunde aufzusuchen, und wie gewöhnlich, wenn sie mich nach meinem Befinden fragten, machte ich ein paar Bemerkungen über die Zustände im «Hotel» *Savoy*, die schlimmer statt besser zu werden schienen. Weinstein war die Anteilnahme in Person. «Mein lieber Dr. Hammer», jammerte er, «warum haben Sie uns das nicht früher gesagt? Ich werde sofort etwas anderes für Sie arrangieren!» Er sprang zum Telefon, und keine halbe Stunde später saß ich mit meinem Gepäck in einer großen Limousine auf dem Weg zum Gästehaus der Regierung auf der anderen Seite des Flusses, dem Kreml gegenüber.

Dieses Gebäude, der Palast des Zuckerkönigs, wie es allgemein genannt wurde, hatte früher einmal Haritonenko, einem Ukrainer einfacher Herkunft, gehört, der die Rübenzuckerindustrie beherrscht hatte und der zur Zeit der Revolution eine viertel Milliarde Dollar schwer gewesen sein soll.

Sein Haus war prächtig – und geschmacklos – möbliert. Die Wände waren mit Bildern überladen, manche die reinsten Farbkleckssereien, andere, besonders ein herrlicher Corot, hätten jede Galerie der Welt geziert. Haritonenkos ganzer Stolz war ein riesiges Fenster aus buntem Glas, das auf eine breite Eichentreppe und eichenholzgetäfelte Wände blickte. In diesem Treppenaufgang waren Ritterrüstungen und ein großer ausgestopfter Bär nicht ganz zueinander passende Nachbarn einer großen, modernen und unglaublich häßlichen japanischen Bronzeskulptur. Nach der Revolution war das Haus von der Regierung für ausländische Gäste reserviert worden, und die Einrichtung war unverändert geblieben. Heute ist es die Residenz des britischen Botschafters.

Aber warum sollte ich die ästhetischen Unvollkommenheiten des früheren Besitzers kritisieren? Ich hatte in einem verlausten Zimmer gewohnt, ohne Mahlzeiten, ohne Service, bis auf ein bißchen heißes Wasser. Plötzlich fand ich mich in einer Luxussuite mit angrenzendem Bad – wo heißes und kaltes Wasser sogar aus dem Hahn kamen – wieder. Die Räume waren blitzsauber und enthielten wunderbarerweise ein großes bequemes Bett mit richtigen Laken und Decken. Es gab gut ausgebildete Bedienstete, eine ausgezeichnete Küche und, im Bedarfsfall, eine Flasche alten französischen Wein aus dem vorzüglich sortierten Weinkeller. Es war wie ein Wunder. So wirkte der Zauber von Lenins Name und meines neuen Status als potentieller Konzessionär.

Meine Suite war noch bis vor kurzem von dem bekannten englischen Finanzier Leslie Urquhart bewohnt worden, dessen «Russo-Asiatic Corporation» im zaristischen Rußland das größte ausländische Unternehmen gewesen war. Die Interessen der Gesellschaft umfaßten wertvolle Kupferminen, Nutzholzwälder von beinahe unbegrenzten Ausdehnungen und Bergbau- wie Ölrechte in Westsibirien.

Urquhart hatte versucht, den vom Zaren gewährten Konzessionsvertrag unter den Bolschewiken zu verlängern, aber seine Bedingungen waren so hart und seine Ersatzansprüche wegen angeblicher Schäden so maßlos gewesen, daß er Moskau verließ, ohne daß es zu einer Einigung gekommen wäre. 1922 war er erfolgreicher – oder weniger beharrlich – und schloß einen vorläufigen Vertrag. Dieser wurde jedoch von Lenin im Frühjahr 1923 abgelehnt, weil die britische Flotte das Recht, russische Schiffe, die die Dardanellen passierten, zu durchsuchen, nicht aufgeben wollte. Daraufhin wurde Urquhart zu einem erbitterten Feind des sowjetischen Staats.

Die angloamerikanische Schriftstellerin Clare Sheridan hatte die Wohnung nebenan benutzt, und der Abenteurer Washington Vanderlip, der um ein Haar die Konzession für das Kamtschatka-Ölfeld bekommen hätte, hatte eine Suite gegenüber.

Mit weiter nichts als Unverfrorenheit war Washington Vanderlip 1919 nach Moskau gekommen. Als ihn die Russen fragten, ob er vielleicht Frank Vanderlip, eine einflußreiche Person bei der National City Bank, oder ein naher Verwandter dieses Mannes sei, lächelte er nur geheimnisvoll und sagte: «Pst – wir amerikanischen Finanzmagnaten mögen keine persönlichen Fragen.» Tatsächlich bestand keinerlei Verbindung zu dieser Person.

Vanderlip wurde von Lenin empfangen und erhielt Konzessionsrechte für äußerst wertvolle Abschnitte der Kamtschatka-Felder, und er hätte für deren Ausbeutung auch ganz gewiß Hintermänner gefunden, wenn er vor seiner Rückkehr in die Vereinigten Staaten nicht ein bißchen zu viel mit der Presse geredet hätte. Sicher bin ich nicht, daß es daran lag, auf jeden Fall aber fielen seine Pläne durch, und die Konzession lief aus.

Nach einem herrlichen (und dringend benötigten) Bad und einer herzhaften Mahlzeit ging ich wieder ins Außenministerium, um mich nach einem Visum für Boris Mishell zu erkundigen, der sich wieder in Berlin aufhielt und geduldig auf Nachricht von mir wartete. «Es wird sofort telegrafisch übermittelt», war die Antwort.

Auf meinem Rückweg ging ich wie auf Wolken und telegrafierte Boris: VISUM ERTEILT. KOMM SOFORT ÜBER RIGA.

Wenig später fiel mir der schöne Mercedes ein, den ich in Berlin gekauft hatte, und ich sandte ein zweites Telegramm: KOMM SO SCHNELL WIE MÖGLICH MIT AUTO.

Am Nachmittag erhielt ich Nachricht, daß meine Asbest-Konzession beschleunigt bearbeitet würde; Lenin hatte also Wort gehalten, und mir wurde klar, daß ich den Rat meines Managers dringend benötigte.

Also schickte ich noch ein drittes Telegramm: WENN MÖGLICH, DIREKT PER FLUGZEUG KOMMEN. Dann ging ich mit dem Gefühl zu Bett, alles bestens arrangiert zu haben.

Leider erhielt Mishell das zweite Telegramm zuerst und glaubte, ich verlange von ihm, ohne Visum mit dem Auto bis nach Moskau zu fahren und dabei sein Leben zu riskieren. Er war sicher, ich sei verrückt geworden.

Keine Stunde später bekam er die Nachricht, er solle per Flugzeug kommen. Lange Zeit überlegte er sich tief betrübt, wie er mir, der ja wohl im Fieberwahn phantasierte, am besten helfen könne und wie er es meinen armen Eltern beibringen solle. Es war schließlich die erste Nachricht gewesen, die er aus Rußland von mir erhalten hatte. Dann erreichte ihn das erste Telegramm, und er fing an zu begreifen. Aber er kümmerte sich nicht um Auto oder Flugzeug, er nahm den nächstbesten Zug nach Riga, was auch das klügste war.

Ich holte ihn mit einem schweren funkelnagelneuen Wagen des Außenministeriums am Bahnhof ab. Boris hatte offensichtlich noch schlimmere Geschichten über die russische Hungersnot gehört als ich. Sein Abteil war bis zur Decke mit Lebensmitteln vollgestopft. Wurstpakete, Stöße von Fisch-, Fleisch- und Gemüsekonserven, Berge von Brotlaiben – mit anderen Worten: genug, um eine Armee zu speisen.

Mit Hilfe von zwei starken Gepäckträgern schleppten wir seine Reserven zum Auto. Bei dessen Anblick fiel ihm die Kinnlade herunter. «Gütiger Himmel, gehört das dir?» Er schnappte nach Luft.

Ich lächelte. «Ich glaube», sagte ich, «es wäre eine gute Idee, wenn wir deine Vorräte an die armen Menschen hier am Bahnhof verteilten – diese Würste hier zum Beispiel, die aus der Verpackung platzen.»

«Brauchen wir sie denn nicht?» fragte er.

«Nicht, solang ich da bin», antwortete ich ruhig. «Aber diese Leute hier brauchen sie – also los, teil sie aus!»

Mit viel Mühe schaffte ich es, ernst zu bleiben. Hier stand ich, ein «alter Moskowiter», und verlangte beiläufig, er solle seine kostbare Fracht loswerden. Wäre dieses Auto nicht gewesen, hätte er bestimmt nicht auf mich gehört. Jedenfalls gab es für Moskaus Straßenjungen reiche Beute. Unter lauten Hochrufen auf Amerika fuhren wir endlich davon.

Beim Palast des Zuckerkönigs angekommen, brachte ich Boris, der während der ganzen Fahrt geschwiegen hatte, in das Zimmer neben meiner Suite.

«Vielleicht hättest du vor dem Essen gern ein heißes Bad», sagte ich nonchalant. «Und anschließend essen wir im Wohnzimmer. Was wäre dir lieber – ein Johannesburger oder ein Burgunder?»

Mishell, ein Mann von Welt und weit gereist, der sich brüstete, ihn könne nichts mehr beeindrucken, war wie vom Donner gerührt. «Das also ist Moskau», stammelte er. Während er mich wie ein Kind anstarrte, dem man etwas erzählt hat, was es nicht begreifen kann, klingelte ich. Ich bat das Zimmermädchen auf russisch, das Bad vorzubereiten, und dann bestellte ich das Essen. Mishell starrte noch immer. Nach einer Weile fand er seine Stimme wieder und sagte schwach: «Du scheinst dich hier ja wohl zu fühlen.»

Ich konnte mich nicht länger beherrschen und brüllte los vor Lachen. «Ich weiß nicht, wie du es geschafft hast», sagte er, «und es ist mir auch egal, aber ich muß schon sagen: nicht schlecht. Bring den Burgunder! Den kann ich jetzt gebrauchen.»

Von nun an verhandelten wir täglich mit den Behörden über die neue Konzession. Die Russen schienen äußerst bereitwillig, uns auf halber Strecke entgegenzukommen. Kurz vor Unterzeichnung des endgültigen Konzessionsvertrags erwähnte ich beiläufig, daß Lenin mir Unterstützung zugesagt hatte, falls ich etwas benötigte.

«Was?» schrie Boris. «Das hat er gesagt?»

«Ja», sagte ich. «Aber ich glaube nicht, daß wir ihn brauchen.»

«Und ob wir ihn brauchen», sagte er und spannte hastig einen Bogen Papier in die Schreibmaschine. «Ich wüßte eine ganze Menge. Zum Beispiel Büroräume. Ist darüber vielleicht schon geredet worden? Und dann die Transportfrage. Wie kommen wir in den Ural? Hast du dir das mal überlegt?»

Gemeinsam faßten wir folgendes Memorandum ab, das wir «Zusatz zum Asbest-Konzessionsvertrag» nannten:

1. Wir sind berechtigt, von der Regierung folgendes zu erhalten: Büroräume, Lager usw., wo immer wir diese benötigen. Die sowjetische Regierung verpflichtet sich, im Bedarfsfall zum Schutz unseres Eigentums Soldaten (Miliz) bereitzustellen.

2. Die Regierung gewährt unseren Arbeitnehmern das Recht, in Rußland ungehindert zu reisen sowie auf Wunsch ein- und auszureisen; dies gilt natürlich nur für amerikanische Staatsangehörige.

3. Die Funk- und Telegrafenstellen der Regierung stehen uns für die prompte Übermittlung unserer Telegramme zur Verfügung.

4. Die Regierung gibt uns jede mögliche Hilfestellung bei der prompten Beförderung unserer Güterwagen und stellt uns außerdem Privatwagen für den Transport unserer Arbeitnehmer in ganz Rußland zur Verfügung.

5. Um bürokratische Verzögerungen und Behinderungen zu vermeiden, verpflichtet sich die Regierung, ein Komitee aus zwei Personen zu bilden, wovon eine der Arbeiter- und Bauernorganisation und eine der «Tscheka» angehört, an die wir uns als kompetente Stelle im Falle von Mißverständnissen wenden können, damit alle Streitigkeiten ohne Zeitverlust beigelegt werden können.

«Das wird wohl alles sein», sagte Boris. Wir telefonierten mit Lenins Büro und zehn Minuten später kam ein Bote mit dem Fahrrad und holte unser Memorandum ab. Dieses Dokument sollte in unseren späteren Geschäftsaktivitäten in Rußland noch eine wichtige Rolle spielen. Als unser Konzessionsvertrag endlich unterzeichnet war, stellten wir fest, daß das Memorandum angeheftet und vom Präsidenten des Volkskommissariats, Alexander Zjurupa, stellvertretend für Lenin und die Sekretäre des Präsidenten des Rats der Kommissare, gegengezeichnet war. Das Dokument war wie eine offizielle Verfügung.

Kein Wort war geändert und nichts war hinzugefügt worden. Die Genehmigung galt uneingeschränkt.

Unter anderem räumte es uns das Recht ein, Güterwagen mit Vorräten für unsere Arbeiter in den Asbestminen an jeden Personenzug anzuhängen. Der Verkehr war damals noch völlig desorganisiert, so war dies ein großes Privileg.

Unser Vertrag, die erste amerikanische Konzession, die tatsächlich zustande gekommen war, wurde am 28. Oktober 1921 im Außenministerium mit der Feierlichkeit eines Friedensabkommens unterzeichnet. Im Namen der Regierung setzte der Vizekommissar für Auswärtige Angelegenheiten, Maxim Litwinow, seine Unterschrift unter das Dokument, das mit einem riesigen roten Siegel – wirklich so groß wie eine Untertasse – geschmückt war.

Als nächstes mußten wir geeignete Büros finden. Damals gab es viele leere Bürohäuser in Moskau. Mit dem Konzessionsvertrag bewaffnet, gingen Mishell und ich zum Moskauer Wohnungsamt, wo man uns äußerst bereitwillig entgegenkam. Ein Angestellter führte uns unverzüglich zu einem großen vierstöckigen Marmorgebäude, das im Stadtzentrum lag. Ich glaube, es hatte früher mal einer Bank gedient und war wirklich ein nobler Bau.

«Wie gefällt es Ihnen?» fragte unser Begleiter. «Es ist in recht gutem Zustand, obwohl es sich anfangs vielleicht ein bißchen schwer heizen lassen wird. Darum können wir uns aber kümmern. Ich hoffe, es ist groß genug.»

«Was?» keuchte ich. «Das ganze Gebäude? Wie hoch ist die Miete?»

«Ach, nur ein nomineller Betrag.» Er lächelte und nannte den Gegenwert von etwa dreißig Dollar pro Monat.

Ich erwiderte jedoch, daß es zu groß sei, und wählte schließlich ein gutes Büro im ersten Stockwerk eines Gebäudes, von dem aus man die Kreuzung der beiden Hauptgeschäftsstraßen überblicken konnte. Die Adresse war Kusnezkij-Brücke 4. Das Haus hatte dem früheren Hofjuwelier Carl Fabergé gehört, für dessen Arbeit ich noch großes Interesse entwickeln sollte. Die Miete kostete etwa zwölf Dollar pro Monat. Einer der Punkte, die in unserem Dokument enthalten waren, betraf die Bewachung unseres Büros und unserer Güter. Als ich im Außenministerium darüber sprach, meinte man, ich solle mich lieber an Leo Trotzki, den Kriegskommissar, wenden. Natürlich war ich angetan, auch diesen herausragenden Revolutionär kennenzulernen, und zwei Tage später erfuhr ich, daß er mich um vier Uhr in seinem Büro empfangen würde.

Das Kriegsministerium lag in einem großen Gebäude mit weißen Säulen außerhalb des Kremls. Sofort fiel mir auf, wie sehr es sich von den anderen sowjetischen Regierungsgebäuden unterschied. Es war peinlich sauber und ordentlich – keine plaudernden Grüppchen von Genossen in den Korridoren, keine Zigarettenkippen auf den Fußböden oder Teegläser auf den Schreibtischen.

Der Wachposten an der Tür prüfte meine Ausweispapiere und geleitete mich die Treppe hinauf zu einem Wartezimmer. Drei Minuten vor vier trat ein smarter junger Adjutant in khakifarbener Uniform mit Offizierskoppel und schwerem Revolver auf der Hüfte ein. «Genosse Trotzki erwartet Sie», sagte er zackig. «Bitte kommmen Sie mit.»

Er führte mich durch Räume, in denen eifrig gearbeitet wurde. Es knisterte nur so vor Betriebsamkeit. Wir passierten weitere Posten. Mir schien, der Rote Kriegsherr wurde schärfer bewacht als Lenin, der allerdings auch im Kreml lebte. Die Bolschewiken hatten nach dem Attentat auf Lenin und der von den Sozialrevolutionären im Sommer 1918 unternommenen Mordkampagne gelernt, kein Mittel zu scheuen, um ihre Anführer zu schützen.

Nicht daß irgend jemand den persönlichen Mut Trotzkis angezweifelt hätte. Es gab ein Ereignis, bei dem er sich völlig unerschrocken gezeigt hatte. Das war in den Anfängen der Revolution in Leningrad gewesen. In den oberen kommunistischen Kreisen hatte es einen Skandal gegeben. Pawel Dybenko, das Idol der Roten Flotte, ein gutaussehender junger Marine-Offizier, der den Kreuzer *Aurora* von Kronstadt hergebracht hatte, um den Winterpalast unter Feuer zu nehmen, war plötzlich mit Madame Alexandra Kollontai, die damals in der Kommunistischen Partei eine prominente Stellung einnahm, auf die Krim gereist. Sie verbrachten dort inoffizielle Flitterwochen, könnte man sagen. Für die strengen Genossen war es indessen Desertion, und sie verlangten, daß ein Exempel statuiert werde – beide sollten erschossen werden.

Vor allem Trotzki hatte auf ihre Exekution gedrungen. Dies hörten die Matrosen der Roten Flotte, und eines Morgens erschien eine Truppe, mehrere hundert Mann stark, im Hof des Gebäudes, wo er arbeitete, und schrien nach Vergeltung. Ein entsetzter Sekretär rannte in Trotzkis Zimmer. «Die Matrosen wollen Sie umbringen, Genosse. Retten Sie sich über die Hintertreppe, solange noch Zeit ist! Sie schwören, sie wollen Sie am Laternenpfahl im Hof aufhängen!»

Trotzki sprang auf, rannte die Treppe hinunter und auf den Hof. «Ihr wollt Trotzki», brüllte er, «hier bin ich.» Er stürzte sich sofort in eine Rede, blieb bei seiner Verurteilung Dybenkos und rechtfertigte sich mit gewaltigen Worten.

Die Magie seiner Persönlichkeit und sein rhetorisches Talent waren so stark, daß die Matrosen ihn keine zehn Minuten später triumphierend im Hof herumtrugen.

Lenin schaffte sich die Dybenko-Kollontai-Affäre auf für ihn typische Weise vom Hals. Bei einer Versammlung des Zentralkomitees der Kommunistischen Partei, während der über die endgültige Strafe entschieden werden sollte, wartete Lenin, bis alle anderen gesprochen hatten, und sagte dann ruhig und mit einem Unterton von Ironie: «Genossen, ihr habt recht. Ihr Vergehen ist äußerst schwerwiegend, und die Strafe sollte exemplarisch sein. Ich persönlich bin der Meinung, daß Erschießen zu gut für sie wäre. Ich schlage deshalb vor, ihnen ein viel schrecklicheres Schicksal zuteil werden zu lassen. Kommen wir zu folgender Entscheidung: Unsere fehlgeleiteten Genossen sollen für einen Zeitraum von fünf Jahren zu absoluter gegenseitiger Treue verurteilt werden.»

Kollontais Herzensgröße war allgemein bekannt, und Dybenko war nicht umsonst der schneidige junge Held der Roten Marine. Der Rat nahm Lenins Vorschlag mit tosendem Gelächter an, und der Fall war abgeschlossen. Es wurde jedoch getuschelt, Madame Kollontai habe Lenin nie verziehen.

Schwere Vorhänge verhüllten die Tür zu Trotzkis Büro, der große Raum lag im Halbdunkel, obwohl es ein früher Herbstnachmittag war. Trotzki saß an einem großen Schreibtisch unter der einzigen Lampe im Raum, wie im Scheinwerferlicht. Er hatte viel übrig fürs Theatralische. Später erfuhr ich, daß die Fenster mit einem Stahlnetz gegen Granaten oder Bomben geschützt wurden. Dieses Netz war im Sommer 1919 angebracht worden, nachdem ein paar Anarchisten eine schwere Bombe in den Versammlungsraum des Moskauer Kommunistischen Komitees geschleudert und an die zwanzig Mitglieder getötet hatten.

Der Rote Kriegsherr trug khakifarbene Reithosen, eine einfache Tunika, die bis oben hin zugeknöpft war, und eine Brille. Sein Gesicht war knochig, die Augen blau, und obwohl er mich höflich begrüßte, war sein Blick kalt und stechend. Während unseres Gesprächs lächelte er nicht ein einziges Mal. Wir unterhielten uns auf deutsch, was er perfekt beherrschte. Er wußte über unsere Konzession und den Vertrag, den ich zuvor für die Lieferung von Nahrungsmitteln in den Ural im Austausch gegen Waren geschlossen hatte, genau Bescheid und redete über die unbegrenzten Möglichkeiten jener Region. Seiner Meinung nach waren die Reserven noch nicht einmal angekratzt worden. Wie er mir sagte, war er gerade von einer Inspektionsreise durch den Ural zurückgekehrt und überzeugt, daß dem amerikanischen Kapital phantastische Möglichkeiten geboten würden.

Er wollte wissen, was ich davon hielte. Betrachteten die Finanzkreise der Vereinigten Staaten Rußland als erstrebenswertes Investitionsziel? Ich antwortete vorsichtig, ich sei nicht ganz sicher. Es sei noch zu früh, sich eine Meinung zu bilden. Vielleicht später...

Trotzkis Gegenargument war etwas merkwürdig. Da Rußland seine Revolution bereits hinter sich hätte, wäre das Kapital hier wirklich sicherer untergebracht als irgendwo sonst auf der Welt, denn «was immer im Ausland auch geschieht – die Sowjets halten sich an ihre Vereinbarungen. Nehmen wir einmal an», setzte er fort, «einer Ihrer Amerikaner investiert Geld in Rußland. Wenn die Revolution nach Amerika kommt, wird sein Besitz natürlich verstaatlicht, aber sein Vertrag mit uns bleibt gültig, und er steht dann viel besser da als der Rest seiner kapitalistischen Kameraden.»

Ich starrte ihn überrascht an und fragte mich, ob er es ernst meinte. Dann merkte ich, daß er wirklich daran glaubte, eine bolschewistische Revolution in Amerika sei nur eine Frage der Zeit. Ich versuchte nicht, ihm zu widersprechen.

Trotzki war sofort bereit, uns die nötigen Bewacher zur Verfügung zu stellen. Nach unserer halbstündigen Unterredung ging ich mit dem Gefühl, einen bemerkenswerten, wenn auch herrischen Menschen mit großen Fähigkeiten und unbeugsamem Willen, aber einem gewissen Hang zum Fanatismus – den ich bei Lenin nicht feststellen konnte –, kennengelernt zu haben.

Ich kann heute, sechsundsechzig Jahre später, der Faszination nicht widerstehen, darüber zu spekulieren, was mit Rußland und der Welt hätte geschehen können, wäre sein Charakter anders gewesen – wäre er zum Beispiel warmherziger, weniger rigoros, diplomatischer und entgegenkommender denjenigen gegenüber gewesen, die andere Prinzipien vertraten als er. Dann hätte er nach Lenins Tod wohl leicht dessen Nachfolge antreten können und nicht sein Widersacher Stalin.

Geschäfte unter NEP

Am Tag nach meiner Unterredung mit Trotzki suchten wir per Zeitungsanzeige Büromöbel, da die gemieteten Räume so gut wie leer waren. Drei oder vier Leute meldeten sich und boten uns Schreibtische und anderes Mobiliar zum Kauf an. Dann kam ein junges Mädchen, das ordentlich, aber schlecht gekleidet war, und sagte, sie hätte die Annonce gesehen, zwar keine Möbel zu verkaufen, sich aber gedacht, wir brauchten sicher auch jemanden für die Büroarbeit – sie suche einen Job. Das war der reinste amerikanische Unternehmergeist, und ich stellte sie vom Fleck weg ein. Bis zu ihrer Heirat einige Jahre später war sie uns eine wertvolle Hilfe.

Das Mädchen, Anna Iwanowna, hatte ein ungewöhnliches Leben geführt. Als sie achtzehn war, wurden ihre Eltern von den «Weißen» ermordet. Sie zog Männerkleidung an und meldete sich zur Roten Armee, diente während des ganzen Bürgerkriegs, und keiner merkte, daß sie eine Frau war.

Mitten im anfänglichen Durcheinander kam der Portier, den wir eingestellt hatten – ein Ex-Aristokrat und äußerst distinguierter Herr mit langem grauem Bart –, und meldete nervös, eine Abordnung Soldaten sei gekommen und verlange die sofortige Schließung unseres Büros.

«Was?» erwiderte ich. «Sie sind verrückt. Das kann doch nicht stimmen.»

Einen Augenblick später führte er zwei Offiziere herein. Und richtig – sie erklärten, das Büro müsse geschlossen werden, da wir vom Moskauer Sowjet (Stadtrat) kein «Patent» für die Eröffnung eines

Büros erhalten hätten. Sie erklärten ebenso höflich wie kategorisch, alle seien verhaftet und die Türen würden versiegelt.

Ich versuchte, mit ihnen zu verhandeln, aber sie ließen nicht mit sich reden. Dann legte ich den Zusatz zu unserem Konzessionsvertrag vor. Sie blieben mißtrauisch – das Dokument konnte ja gefälscht sein. Der listenreiche Boris, der gerade das Zimmer betrat, hob den Hörer meines Telefons ab und sagte zur Vermittlung: «Den Kreml bitte, ich möchte den Genossen Lenin sprechen.»

Die Offiziere wurden blaß. Lenins Sekretärin Fotjewa meldete sich, und nachdem sie hörte, um was es ging, wollte sie einen der Offiziere sprechen. Wir konnten uns vorstellen, was sie zu ihm sagte, als der sichtbar schlotternde Offizier «*da, da*», also «ja, ja», stammelte.

Nachdem er aufgelegt und sich gesammelt hatte, sagte er: «Das ist natürlich etwas anderes. Zweifellos handelt es sich hier nur um ein Versehen Ihrerseits. Die Formalitäten sind leicht zu erledigen.»

Er versprach, sich sofort darum zu kümmern, und die Soldaten zogen wieder ab. Tatsächlich erhielt ich am folgenden Morgen mein Patent, aber aus diesem Vorfall hatte ich etwas Wertvolles gelernt. Ich ließ das von Lenin genehmigte Memorandum einrahmen und an einer auffallenden Stelle an die Wand hängen. Es sollte sich noch in vielen schwierigen Situationen als äußerst wertvoll erweisen. Mishell und ich trugen stets Fotografien des Dokuments bei uns und präsentierten sie bei allen lästigen Zwischenfällen – sie wirkten jedesmal Wunder.

Anfang Dezember 1921 traf die erste Schiffsladung Getreide aus Amerika in russischen Gewässern ein. Eine Verzögerung ließ sich nicht vermeiden, denn es war die erste Sendung dieser Art. Der Hafen von Petrograd (Leningrad) war bereits zugefroren, deshalb wurde das Schiff zum Ostseehafen Reval (Tallinn) in Estland umgeleitet.

Ich hatte mir bereits die Waren angesehen, die aus Jekaterinburg als Zahlung für unser Getreide angekommen waren. Wegen der Transportschwierigkeiten waren sie erst Anfang November in Moskau eingetroffen. Es waren hauptsächlich Pelze und Häute, aber auch noch etwas anderes. Bei einem zwanglosen Gespräch im Handelsministerium hatte ich zu dem Beamten, der für die Ausgabe der Exportlizenzen zuständig war, im Spaß gesagt: «Schicken Sie den Amerikanern doch auch Kaviar! Wir haben schon so lange keinen mehr in New York gehabt – der müßte weggehen wie warme Semmeln.»

Der Beamte fühlte sich beim Wort genommen. Er beschaffte fast eine Tonne Kaviar in 50-Pfund-Holzfässern. Und tatsächlich: Der Kaviar verkaufte sich in New York zu phantastischen Preisen – zehn Dollar und mehr das Pfund, was damals viel Geld war.

Alle Waren wurden nach Reval transportiert, und ich fuhr hin, um das Ent- und Beladen des Dampfers zu überwachen. Damals war Reval einer der Sammelplätze für den russischen Handel, aber die meisten Sachen aus Rußland erreichten den Hafen nur auf Schleichwegen – Kunstschätze, Juwelen, Platin und weiß der Himmel, was noch alles über die Grenze geschmuggelt wurde, um gegen Nahrungsmittel eingetauscht zu werden. Im Winter 1921 gab es jedoch auch ein Büro des sowjetischen Außenhandelsministeriums in der Stadt, das Waren aus dem Ausland beschaffte, die mit Gold bezahlt wurden.

Das sowjetische Außenhandelsministerium in Reval war wütend auf Amerika. Wie es schien, hatte man eine riesige Menge – ich glaube, mehr als eine Million Paar – amerikanischer Armeestiefel aus Heeresbeständen aufgekauft, die nach dem Waffenstillstand in Europa veräußert wurden. Die Stiefel sahen gut aus, aber wie sich herausstellte, waren die Sohlen aus Preß-Pappe. Der Lederpreis war im Ersten Weltkrieg extrem hoch, und möglicherweise hatte die Armee diese Ersatzsohlen genehmigt. Im Sommer, auf den staubigen Straßen Frankreichs, hätten die Sohlen vielleicht noch durchgehalten, aber im Schneematsch des russischen Winters wurden sie einfach zu Brei.

Die Russen waren außer sich und fühlten sich betrogen. Ich glaube, es wurde ihnen Geld zurückerstattet, aber wie dem auch sei, der Vorfall gereichte der amerikanischen Geschäftswelt nicht zur Ehre und hat meine Schwierigkeiten nur vermehrt. Die Lage wurde so schlimm, daß ich an Lenins ersten Assistenten Gorbunow einen Beschwerdebrief schrieb. Offenbar zeigte er ihn Reinstein, der ihn an Lenin weiterleitete. Lenin schrieb sofort per Hand an Sinowjew, den Vorsitzenden der Kommunistischen Partei in Petrograd:

Genosse Sinowjew!
Reinstein zeigte mir heute einen Brief von Armand Hammer, über den ich bereits an Sie geschrieben habe (Amerikaner, Sohn eines Millionärs, einer der ersten, die eine Konzession von uns übernommen haben – äußerst rentabel für uns).

Er schreibt, daß sein Kollege Mishell sich über die Unhöflichkeit und Bürokratie von Begge, Leiter des Außenhandelsbüros, der ihn in Petrograd empfangen hat, bitter beschwert.

Ich werde mich beim Zentralkomitee über Begges Verhalten beschweren. Es ist unerhört. Trotz meines Schreibens an Sie und Ihren Stellvertreter ist das Gegenteil geschehen.

Und niemand hat mich informiert, weder darüber, daß man nicht meiner Meinung ist, noch über irgend etwas anderes.

Ich bitte Sie, dies zu bestätigen und der Angelegenheit Ihre besondere Aufmerksamkeit zu schenken.

Hat Begge mein Schreiben (Telephonogramm) an Sie oder Ihren Stellvertreter gesehen? Falls ja, ist Begge verantwortlich. Falls nicht, dann Ihre Sekretärin oder jemand anderes.

Wer ist verantwortlich? Es muß herausgefunden werden. Können Sie Begge unter Druck setzen und die Sache ins reine bringen?

Lenin

Die wichtigsten Charakterzüge Lenins und seine Genialität gehen aus dieser Notiz hervor – die fieberhafte Aktivität, die Beachtung kleinster Details, die Ungeduld, mit der er die Fesseln der Bürokratie zu zerreißen suchte, die die russische Wirtschaft hemmten. Wie alle Handlungen Lenins, hatte auch dieses Schreiben eine blitzartige Wirkung. Die Schwierigkeiten, die uns in Petrograd behinderten, lösten sich auf wunderbare Weise auf.

Die Beladung unsres Schiffs verlief zufriedenstellend, und als die russischen Waren New York erreichten, erlebten mein Bruder Harry und unser Geschäftspartner eine angenehme Überraschung. Der Warenwert lag um fast einhundertfünfzig Prozent höher als der Wert der Getreidesendung, und obwohl wir nur auf Provisionsbasis arbeiteten, wurde damit ein Vertrauen geschaffen, an dem es bislang gemangelt hatte. Die Verschiffung amerikanischen Getreides setzte sich unverzüglich fort.

Die Dinge entwickelten sich jetzt so schnell, daß ein Besuch in Amerika angebracht schien, um die Einzelheiten zukünftiger Geschäfte zu besprechen. In New York begann ich, über die mir gebotenen Möglichkeiten als Moskauer Repräsentant für amerikanische Maschinen und Ausrüstungen nachzudenken. Ich wußte, daß die sowjetische

Regierung hinter einer Kampagne zur Mechanisierung der Landwirtschaft stand. Traktoren in großen Mengen wurden benötigt.

Vor dem Krieg hatte mein Onkel Alexander Gomberg in Südrußland eine Ford-Agentur betrieben. Ich fragte ihn, ob er meinte, daß Henry Ford an einer Wiederaufnahme der Verbindungen interessiert wäre. Er sagte frei heraus, Mr. Ford hätte nicht viel für die Bolschewiken übrig, bot mir aber an, ein Treffen mit ihm zu arrangieren.

Ich fuhr mit dem Zug nach Detroit, wo mich Charles Sorenson, einer der Geschäftsführer von Ford, abholte und nach Dearborn fuhr. Dort – im Büro des *Dearborn Independent*, der Zeitung, die Henry Ford gehörte – traf ich Mr. Cameron, den Redakteur, und wenige Minuten später betrat Henry Ford das Büro. Er war sehr groß und schlank, mit einem weichen Hemd, unifarbener Krawatte und Flanellhosen bekleidet.

Ford erklärte kurz und bündig, bevor er mit Rußland Geschäfte mache, wolle er lieber einen Regimewechsel abwarten. Meine Collegezeit lag noch nicht allzu lange hinter mir, und wie für die meisten jungen Leute war Henry Ford auch für mich eine großartige Persönlichkeit der amerikanischen Industrie. Ich fand dennoch den Mut zu antworten: «Mr. Ford, wenn Sie auf einen Regimewechsel warten, werden Sie lange Zeit keine Geschäfte mit Rußland machen.»

Er sah mich scharf an. «Sie scheinen sich Ihrer Sache ja sehr sicher zu sein», sagte er. «Wie kommen Sie denn darauf?»

Ich erklärte ihm so gut ich konnte, daß Lenin das Land den Bauern und die Fabriken den Arbeitern gegeben hätte. Und weil die meisten Adligen und die Mittelklasse aus dem Land geflohen seien, sei kaum noch jemand da, der gegen die Bolschewiken revoltieren wolle. Obwohl Ford ganz offensichtlich anderer Meinung war, schien er interessiert und lud mich zum Lunch ein.

Wir aßen in einem kleinen weißen Haus in der Nähe der Versuchsanlagen, wo Ford die meiste Zeit daran arbeitete, den Fordson-Traktor zu vereinfachen und zu perfektionieren. Ich sagte ihm, daß die Russen mehr an Traktoren interessiert seien als an Autos. Er runzelte die Stirn und sagte nach kurzem Überlegen: «Traktoren sind in Ordnung, und ich werde nicht ruhen, bis ich der Welt bewiesen habe, daß Zugtiere in der Landwirtschaft überholt sind. Aber das Automobil bedeutet Fortschritt. Wenn sich Rußland entwickeln will, muß es über mechanische Fortbewegungsmittel verfügen.»

Ich erwiderte, daß die russischen Straßen unmöglich seien. «Das ist einer der großen Fehler», sagte Ford mit rascher Handbewegung, die mich an Lenin erinnerte. «Autos müssen zuerst da sein. Hat man Autos, folgen die Straßen automatisch. Das hat sich in Amerika bewahrheitet. Es muß auch auf Rußland zutreffen. Sie müssen Ihren russischen Freunden erklären, daß Autos kein Luxus sind, sondern Gebrauchsgegenstände, die die modernen Zeiten verlangen.»

Er wandte sich mit einem Lächeln an Sorenson, der uns begleitet hatte: «Meinen Sie, daß das amerikanische Volk unsere Autos als Luxus ansieht?»

Sorenson grinste. «Nein, natürlich nicht als Luxus –, sondern als Notwendigkeit. Nur wenn die Leute reich werden, kaufen sie sich einen Luxuswagen.»

Ford wandte sich wieder an mich. «Sehen Sie», sagte er. «Das müssen Sie den Russen erzählen. Wieviel Traktoren wollen sie überhaupt?»

«Millionen», antwortete ich. «Wenn Rußland sie sich leisten kann.»

«Aha», sagte Ford, «das ist also das Problem. Wissen Sie, Dr. Hammer, mit jedem Traktor, den wir herstellen, verlieren wir Geld. Als die Pläne für unsere Traktorproduktion erstellt wurden, erklärte mir meine Finanzabteilung, daß ich mit jedem Traktor Geld einbüßen würde, bis ich tausend pro Tag verkaufen könnte. Soweit sind wir noch nicht, aber es wird dahin kommen, und ich schätze» – wieder dieses sonderbare Lächeln – «ich kann es mir leisten, Geld zu verlieren.»

Nach dem Mittagessen führte mich Ford durch seine Modellfarm, wo alles mechanisiert war. «So was sollten sie in Rußland haben», sagte er. «Wenn der Sowjetstaat so stabil und mächtig ist, wie Sie behaupten, warum geht es dann dort nicht genauso? Weil» – er beantwortete seine eigene Frage – «die Russen von unten anfangen und versuchen, aus dem späten Mittelalter mitten ins zwanzigste Jahrhundert zu springen.» Er strich sich nachdenklich über den Hinterkopf. «Und warum eigentlich nicht, wenn sie so gut sind, wie Sie behaupten?»

Ich stimmte ihm zu, sagte ihm aber auch, sie seien schrecklich gehandicapt, weil es an technischen Kenntnissen und ausgebildeten Ingenieuren fehle.

«Wissen Sie, Mr. Ford», fügte ich hinzu, «ob Sie es glauben oder nicht –, in Rußland hält man Sie für einen der besten Menschen

Amerikas, Sie und Edison. Die Russen wissen, daß Sie beide hier in Amerika etwas getan haben, was sie im eigenen Land gern täten. Sie wollen unbedingt lernen, wie man das schafft. Ich könnte es arrangieren, daß ein paar junge Russen nach Amerika kommen und Ihre Methoden und alles über Traktoren und Autos lernen, um zu Hause dann Leute ausbilden zu können. Wären Sie bereit, sie aufzunehmen?»

«Warum nicht», sagte Ford. «Wir würden uns freuen.»

Vier Monate später schickte ich einige unserer jungen russischen Angestellten nach Detroit, damit sie in der Ford-Fabrik und auf der Ford-Farm lernten.

Ich nahm ein paar Ford-Auto- und Fordson-Traktor-Modelle mit nach Moskau, außerdem einen Film über die Ford-Werke. Und schließlich wurde mir noch die Vertretung für alle Ford-Produkte in Sowjetrußland übertragen.

Durch diesen Erfolg angespornt, verhandelte ich auch mit mehreren anderen Herstellern, die ich in Rußland vertreten wollte. Auch sie stimmten meinem Vorschlag zu, russische Ingenieure in ihren Werken zu schulen, die anschließend als Vorführer bei uns in Rußland arbeiten würden. Ich schloß Verträge mit insgesamt siebenunddreißig amerikanischen Firmen, darunter Allis-Chalmers, U. S. Rubber, Underwood-Schreibmaschinen und Parker-Füllfederhalter. Als Folge dieser Abkommen sollte mehrere Jahre lang der gesamte Handel zwischen den Vereinigten Staaten und der Sowjetunion durch meine Hände gehen.

Im Frühjahr 1922 wollte ich nach Moskau zurückkehren. Ich beschloß, mich ausschließlich auf meine russischen Geschäfte zu konzentrieren, und verkaufte Allied Drug and Chemical. Die Firma wurde von Alfred Van Horn und anderen Direktoren übernommen, von denen ich über eine Million Dollar in bar und den Differenzbetrag in Schuldscheinen erhielt. Mein Bruder Harry verließ die Firma und trat in den Vorstand der Gesellschaft ein, über die ich unseren russischen Handel abwickeln wollte. Sie nannte sich Allied American Corporation. Harry wurde Geschäftsführer und Finanzdirektor.

Victor kehrte mit mir nach Moskau zurück. Er war einundzwanzig und – wie er kleinlaut zugab – mit dem Studium nicht allzu weit gekommen.

Er war schon immer ein talentierter Unterhalter gewesen. An den

Universitäten Colgate und Princeton hatte er dem Studententheater seine ganze Freizeit gewidmet. Er hatte sich endgültig entschieden, eine Bühnenlaufbahn einzuschlagen, sich bei der American Academy of Dramatic Arts beworben und ein Stipendium bekommen. Wir waren alle stolz, daß sein Talent erkannt und belohnt worden war, aber meine Mutter fühlte sich nicht ganz wohl dabei. Sie hielt die Extravaganzen des Schauspielerberufs nun doch nicht ganz so erstrebenswert für einen ihrer Söhne wie den Arztberuf oder das Geschäftsleben. Sie legte mir ans Herz, meinen kleinen Bruder zu beeinflussen.

Also nahm ich ihn mir vor. «Wir alle wissen, daß du Talent hast und es weit bringen könntest, aber blicken wir doch mal den Tatsachen ins Auge: die Chancen für einen großen Erfolg auf der Bühne stehen tausend zu eins. Niemand zweifelt an deiner Begeisterung, Fähigkeit, Disziplin und so weiter, aber Glück ist doch das wichtigste dabei. Warum kommst du nicht mit nach Moskau – du kannst am Moskauer Künstlertheater studieren.»

«Am Moskauer Künstlertheater? Phantastisch!»

«Ja», sagte ich, «aber in der Zwischenzeit könntest du dich nützlich machen und hier in New York an der Miller's School of Shorthand and Typewriting Steno und Schreibmaschine lernen. Dann kannst du als mein Assistent arbeiten.»

Victor war immer bereit, der Familie zu helfen, und weil er wußte, wie schwer ich es hatte, während unser Vater im Zuchthaus saß, meldete er sich sofort in der Handelsschule an, wo er ein guter und fleißiger Schüler war.

In London – auf dem Weg nach Moskau – stöberte ich in Leonard Partridge's Antiquitätenladen herum. Leonard war nicht so berühmt wie sein Bruder Frank, der Hoflieferant. Im Schaufenster faszinierte mich ein kleiner Gegenstand, den ich Lenin zum Geschenk machen wollte. Es war ein Bronzeaffe, der nachdenklich den Totenkopf eines Menschen betrachtete. Der Affe saß auf einem Stapel Bücher, wovon eines Charles Darwins *Origin of Species* war. Als ich Lenin im Mai 1922 für kurze Zeit mit Reinstein traf, konnte ich ihm die kleine Skulptur überreichen. Er was fasziniert von ihrer Symbolik und machte eine außergewöhnlich hellseherische Bemerkung. Mit zunehmend destruktiveren Waffen würde die Zivilisation vernichtet, wenn die Menschheit nicht lerne, in Frieden zu leben. Die Zeit könnte kommen, wo ein Affe den Schädel eines Menschen in die Hand nimmt und sich fragt, woher er käme. Das sagte er dreiundzwanzig Jahre, bevor die erste Detonation einer Atombombe uns in ein Zeitalter versetzte, in dem seine Voraussage Wahrheit werden könnte. Lenin befahl, daß die Skulptur nicht von seinem Schreibtisch entfernt werden dürfe, und sie steht noch heute in seinem Büro im Kreml, das jetzt Museum ist.

In Berlin traf ich mit unseren Bergbauingenieuren zusammen, die mit Plänen für die technische Ausrüstung der Asbestmine gekommen waren. Nach eingehender Beratung wurden die notwendigen Aufträge nach Amerika vergeben. Dieses Mal gab es keine Verzögerungen oder Schwierigkeiten mit meinem Visum, und nach einer langweiligen Reise über Riga war ich endlich wieder in meiner prächtigen Behausung im Palast des Zuckerkönigs gegenüber dem Kreml.

Lenins Tod

Als erstes mußte ich mich um den Transport der Maschinen und Vorräte zu den Minen kümmern. Um nach dem Rechten zu sehen, reisten Mishell und ich im Juni 1922 nach Alapajewsk, etwa hundertsechzig Kilometer nördlich von Jekaterinburg, das jetzt Swerdlowsk heißt. Zu unserer Bestürzung fanden wir die Arbeiter äußerst unzufrieden vor; es kam fast zum Aufstand.

Leo Wolff, den ich zum Betriebsleiter ernannt hatte, kam blaß und verstört auf uns zu. «Wir haben versprochen, daß sie zu essen bekommen, aber sie haben immer noch Hunger. Die Lebensmittel sind nicht eingetroffen, und jetzt sagen sie, wir hätten sie reingelegt. Die Lage ist gefährlich, sie haben mich bedroht. Hungrige Männer haben mein Haus umstellt, und erst als ich meinen Revolver zog, sind sie wieder gegangen. Ich habe dutzendmal nach Petrograd telegrafiert und nach den Getreidelieferungen gefragt –, es hat alles nichts genützt. Und wenn die Lebensmittel nicht bald kommen, werden die Leute verhungern, und ich kann für die Konsequenzen nicht einstehen.»

Ich war entsetzt. Die mit Getreide beladenen Waggons hatten Petrograd versiegelt und von Wachposten begleitet verlassen und waren auf direktem Weg nach Alapajewsk gewesen. Sie hätten schon seit mindestens vierzehn Tagen hier sein müssen. Wir kehrten sofort nach Swerdlowsk zurück. Und richtig – die Sendung war dort angekommen und weiter nach Norden geschickt worden. Von einem Beamten der Eisenbahnverwaltung begleitet, verfolgten wird den Weg zurück und fanden auf halber Strecke nach Alapajewsk fünfundzwanzig Waggons – die erste Sendung – auf einem Nebengleis. Die Siegel waren unversehrt, und die Posten berichteten, nichts Ungewöhnliches sei vorgefallen. Doch der Stationskommandant hielt sie fest, weil eine kleine Brücke etwas weiter nördlich baufällig sei.

«Warum haben Sie die Ladung nicht in kleinen Mengen rübergeschickt?» wollten wir wissen.

Seine Antwort war unbefriedigend. Bei passender Gelegenheit nahm er Wolff schließlich beiseite und sagte leise: «Sie sind Geschäftsmann. Geben Sie mir hundert Scheffel Getreide, dann werden sich Ihre Waggons wieder bewegen.» Wolff antwortete, er würde es sich überlegen.

Zwischen Wolff und den sowjetischen Beamten in Swerdlowsk gingen Telegramme hin und her, und nach zwei Stunden war der Zug unterwegs. Wolff berichtete uns später, daß der Stationskommandant sofort nach Swerdlowsk zurückbeordert und nach kurzer Verhandlung erschossen worden war. Die Justiz war streng und rücksichtslos an der revolutionären Front.

Felix Dserschinski, jener bemerkenswerte und finstere Mann, Gründer der Tscheka (Vorläufer des KGB), hatte von Lenin gerade die Verantwortung für die staatlichen Eisenbahnen übertragen bekommen. Für ihre Reorganisation war ihm freie Hand gelassen. Unfähigkeit und Korruption nahmen überhand, aber innerhalb eines Jahres schaffte es Dserschinski, Ordnung in das Chaos zu bringen.

Walter Duranty, Korrespondent der *New York Times* in Moskau, erzählte mir eine dramatische Geschichte über die Methoden Dserschinskis im Zusammenhang mit einer Affäre in Omsk im Jahr 1922. Die Hungersnot im Wolgagebiet war auf ihrem Höhepunkt, und obwohl es in Sibirien genügend Getreide gab, wurde nichts davon an die hungernde Bevölkerung geschickt. Dserschinski fuhr selbst nach Omsk, um der Sache auf den Grund zu gehen. Er rief sämtliche Chefs der Eisenbahnverwaltung zusammen und überprüfte genauestens jedes Detail ihrer Arbeit.

Alles schien in Ordnung zu sein, also hängte er seinen Privatwagen an einen Zug, der nach Osten fuhr, und rollte einen Tag lang durch die Steppe. An einer kleinen Station etwa dreihundert Kilometer von Omsk entfernt befahl er, seinen Wagen abzukoppeln. Der Zug fuhr weiter, und der Kommissar stand einem verwirrten Stationskommandanten gegenüber, der meinte, sein letztes Stündlein habe geschlagen.

«Es ist alles in Ordnung», versicherte ihm Dserschinski. «Ich möchte nur ein kleines Experiment machen. Wie ich sehe, stehen hier ein paar Güterwagen mit Getreide herum. Warum werden sie nicht nach Westen geschickt?»

Der Kommandant antwortete: «Ich habe schon mehrmals nach Omsk telegrafiert, aber keine Antwort bekommen.»

«Aha», sagte Dserschinski. «Das hab ich mir gedacht. Telegrafieren Sie noch einmal, daß hier ein Waggon steht, der als ‹dringende Sendung nach Omsk› gekennzeichnet ist. Wir werden sehen, was passiert.»

Auch am folgenden Morgen kam keine Antwort, und Dserschinski ordnete an, daß nochmals telegrafiert und mitgeteilt wurde, der Privatwagen eines wichtigen Regierungsbeamten stünde auf dem Nebengleis und müsse unbedingt weitergeleitet werden.

Es vergingen weitere zwölf Stunden, und noch immer traf keine Antwort ein. Dserschinski wurde böse. Seine Zeit, sagte er, sei zu wertvoll, um sie zu verschwenden.

«Telegrafieren Sie», sagte er, «daß ich, Dserschinski, verlange, daß sofort eine Lokomotive geschickt wird – freie Durchfahrt auf der ganzen Strecke –, um mich unverzüglich nach Omsk zurückzubringen.»

Es blieb still, und Dserschinski war gezwungen, weitere vierund-zwanzig Stunden in der kleinen Station auszuharren, bevor er einen Zug in westlicher Richtung stoppen konnte. In Omsk rief er erneut das gesamte Verwaltungspersonal zusammen. «Er erhob seine Stimme nicht und verzog keine Miene», sagte Durantys Informant, «aber sein Blick war schrecklich.»

«Ich möchte gerne wissen», sagte Dserschinski, «was aus den Fern-schreiben geworden ist, und warum sie nicht beantwortet wurden.»

Die Männer starrten entsetzt auf ihn und die beiden großen Tscheka-Posten. Dann antwortete einer der im Rang niedrigsten Beamten mit schwankender Stimme, daß er die Fernschreiben erhalten und zu den Akten gelegt hätte.

«Warum?»

Schweigen. Es war das übliche Verfahren. Die Dienststelle in Omsk lehnte es offensichtlich ab, sich mit solchen Kleinigkeiten zu befassen.

«Sehr gut», sagte Dserschinski schließlich. «Ich verstehe, wie hier die Dinge laufen. Es wird sich was ändern.» Abrupt wandte er sich dem

Leiter der Abteilung zu. «Tritt vor», sagte er. «Und du auch.» Er deutete auf dessen Stellvertreter. «*Ihr* seid verantwortlich, und *ihr* werdet jetzt dafür bestraft, daß die Nahrungsmittel nicht an unsere hungernden Landsleute ins Wolgagebiet geschickt wurden. Bringt sie in den Hof», sagte er zu den Wachen, «und erschießt sie.»

«Laßt euch das eine Lehre und Warnung sein», schloß Dserschinski, als die Schüsse durch die Stille hallten. «In Zukunft müßt ihr damit rechnen, daß ein Fernschreiben über einen abgestellten Güterwagen von mir oder einem meiner Assistenten ist.»

Innerhalb einer Woche strömte sibirisches Getreide ins Wolgagebiet.

Nach meiner Rückkehr beschloß ich, eine Reise durch den Süden zu machen und meine Geschäfte zu organisieren, speziell was die Traktoren anbetraf.

Ich besuchte Charkow und die Ukraine, Rostow und das reiche nordkaukasische Getreidegebiet, Baku, das große Ölzentrum, und Tiflis, die alte Hauptstadt Georgiens. Der wirtschaftliche Aufschwung war in vollem Gange, und ich erhielt größere Aufträge über jeweils hundert oder zweihundert amerikanische Traktoren, überwiegend für die billigeren Fordsons. In der Zwischenzeit hatten wir mit der Schulung begonnen, so daß wir die Sendungen mit einer vollzähligen Mannschaft von Fahrern und Mechanikern entgegennehmen konnten. Schließlich erhielt ich die Nachricht, daß die ersten fünfzig Traktoren im Schwarzmeerhafen Noworossisk eintreffen würden.

Wir ließen die Kisten im Hafen auspacken, inspizierten die Maschinen und tankten sie auf. Ich bestieg den ersten Traktor, Mishell setzte sich hinter das Steuer des zweiten. Dann brachen wir auf und fuhren in einer langen Prozession zum Stadtzentrum.

Unser Erscheinen löste eine Panik aus. Die Bevölkerung glaubte an eine Invasion amerikanischer oder englischer Panzer. Sturmglocken läuteten, die Garnison und die kommunistische Wachmannschaft wurden alarmiert, und der örtliche Sowjet setzte sich eilig zusammen, um Maßnahmen gegen den Feind zu ergreifen. Als sich alles aufklärte, wurden die Aktivitäten eilig in einen glorreichen Empfang verwandelt, unsere Prozession mit stürmischem Applaus begrüßt.

Wenige Tage später fuhren wir die Traktorenflotte demonstrativ die etwa hundertsechzig Kilometer von Noworossisk nach Rostow. Die meisten Bauern entlang der Straße hatten so etwas wie unsere Maschinen noch nie gesehen. Sie kamen zu Tausenden, um die Wunderdinger aus Amerika zu begutachten. Sie standen dicht gedrängt am Straßenrand, obwohl unsere Prozession wegen der Staubwolken, die die Räder auf den ungepflasterten Straßen aufwirbelten, nur schwer zu erkennen war.

In Rostow wurden alle Einsatzarten der Traktoren auf einem großen Feld vorgeführt – wie sie zum Pumpen, Holzsägen, zur Stromversorgung und zum Pflügen benutzt werden konnten. Wir nahmen Hunderte von Aufträgen entgegen. All diese Bestellungen wurden natürlich von Parteifunktionären im Auftrag der Kolchosen aufgegeben. Nicht ein einziger Traktor wurde an einen Privatmann verkauft.

Bei dieser Gelegenheit lernte ich zwei sehr interessante Persönlichkeiten kennen. Die erste war Kliment Woroschilow, Befehlshaber der Roten Armee im Südosten, deren Hauptquartier in Rostow war. Wer hätte damals gedacht, daß dieser bescheidene Offizier keine fünf Jahre später Trotzkis Platz als Befehlshaber von Armee und Marine und als Mitglied des Politbüros der Kommunistischen Partei einnehmen würde?

Woroschilow stieg in die höchsten Ränge der sowjetischen militärischen und zivilen Macht auf. Er wurde zum Helden, als er die Operationen leitete, die schließlich die Belagerung Leningrads durch die Nazis im Jahre 1943 durchbrachen; von 1953 bis 1960 war er Vorsitzender bzw. Mitglied des Präsidiums des Obersten Sowjets.

Der zweite Mann war Anastas Mikojan, Sekretär der örtlichen Kommunistischen Partei, ein auffallend kluger junger Mann, halb Georgier und halb Armenier. Auch er stieg auf wie eine Rakete und wurde bald Kommissar des Innen- und Außenhandels und einer der führenden Leute in der Kommunistischen Partei. Hätte ich damals wetten sollen, wer von den jungen Bolschewiken wohl die erfolgreichste politische Karriere machen würde, hätte ich auf Mikojan gesetzt. Seine ruhelose nervöse Art ließ auf ein heftiges und klarsichtiges Selbstbewußtsein schließen, das ihm beim Überleben half. Gott weiß, welchen Schrecken Mikojan in der Stalin-Ära tolerierte. 1961, als ich zum ersten Mal nach über dreißig Jahren wieder nach Moskau kam, stand er – wie ich es vorausgesagt hätte – auf höchster Ebene, als Chruschtschows stellvertretender Vorsitzender des Ministerrats.

Ich bin noch immer der Meinung, daß es Mikojan, gemeinsam mit Suslow, war, der das Komplott geschmiedet hatte, das Chruschtschow stürzte. Mikojan erfuhr, daß Chruschtschow ihn los sein wollte, nachdem Mikojan ihn wegen der Kubakrise kritisiert hatte. Chruschtschows Erklärung war, Mikojan sei «zu alt». Wie sich herausstellte, war er nicht zu alt, um sich im Machtkampf zu behaupten.

Während eines Abendessens im Frühjahr 1922 lernte ich Lenins Gehirnspezialisten, Professor Foerster, kennen. Lenins Gesundheitszustand und die Gefahr eines tödlichen Schlaganfalls waren in Moskau Tagesgespräch. Professor Foerster sprach nicht sehr hoffnungsvoll über seinen Patienten und erwähnte, daß Lenin sich weigere, sich die Ruhe zu gönnen, die sein Zustand verlangte.

Der Professor sagte traurig: «Er erklärt mir immer wieder: ‹Ich habe noch so viel zu tun, und die Zeit ist so kurz.›» Die Worte waren nur allzu prophetisch.

Durch Professor Foerster konnte ich den Verlauf von Lenins Krankheit verfolgen. Im Sommer 1922 erholte er sich allmählich und konnte im Herbst seine Arbeit wiederaufnehmen. Er hielt mehrere Reden in der Öffentlichkeit und schien wieder ganz er selbst zu sein. Der Professor machte Urlaub in Deutschland, und in Moskau nahm man allgemein an, daß Lenin geheilt sei. Aber der gefährliche Bluthochdruck in Verbindung mit der Arteriosklerose, die seinen Vater fast im gleichen Alter getötet hatte, hätte eben nur durch absolute Ruhe abgewendet werden können.

Im Winter 1922 erlitt Lenin eine erste winzige Gehirnläsion. Bald darauf folgte ein schwererer Schlaganfall. Dieses Mal wurden seine rechte Seite und Hand gelähmt.

Man brachte ihn nach Gorki, in ein Landhaus, das früher dem Textil-Multimillionär Sawwa Morosow gehört hatte – ein reizendes Haus im italienischen Stil mit schlanken Marmorsäulen, in wunderschöner Umgebung. Morosow war im zaristischen Rußland einer der führenden Sammler französischer Impressionisten gewesen. Durch einen jener merkwürdigen Zufälle, die mein Leben bestimmt haben, waren einige der von Morosow gesammelten Gemälde Teil meiner Ausstellung in der Washingtoner Nationalgalerie im Juli 1986 gewesen.

So schön es in Gorki auch war, das Haus barg doch ein schlechtes Omen. Der reiche und erfolgreiche Morosow hatte sich dort das Leben genommen. Niemand wußte warum, aber die Moskowiter vermuteten, er habe den Wahnsinn gefürchtet, von dem seine Familie angeblich heimgesucht wurde.

In Gorki kämpfte Lenin mit dem Tod. «Es gibt noch so viel für mich zu tun», wiederholte er immer wieder. Trotz des fast völligen Verlusts der Sprache zwang er sich, mit Hilfe seiner sich liebevoll aufopfernden Frau Krupskaja und seiner Schwester Maria Uljanowa wieder sprechen zu lernen. Unfähig, seine rechte Hand zu benutzen, lernte er mit der Linken schreiben.

Hervorragende Ärzte aus der ganzen Welt wurden an Lenins Krankenlager gerufen. Sie konnten wenig ausrichten. Professor Foerster wollte ihn nicht verlassen. «Ich habe mich als sein Sekundant in einem schrecklichen Duell gesehen», erzählte er mir einmal. «Meine Wissenschaft sagte mir, daß der Fall hoffnungslos war, aber es schien mir unglaublich, daß Lenin sterben sollte.» Und wieder erholte sich sein Patient.

Ich muß schlucken, wenn ich daran denke, daß Lenin schwer krank noch an mich dachte und mir durch Professor Foerster eine Nachricht überbringen ließ. «Sagen Sie dem jungen Hammer», keuchte er unter Schmerzen, «daß ich ihn nicht vergessen habe und ihm alles Gute wünsche. Wenn er Schwierigkeiten hat, soll er es mich unbedingt wissen lassen.»

Zur Weihnachtszeit 1923 hatte sich Lenin genügend erholt, um an einer Jagdpartie teilnehmen zu können. Von Kissen gestützt saß er in einem Schlitten. Das Sprechen fiel ihm leichter, und die Verzerrung seiner rechten Gesichtshälfte war fast verschwunden. Am Weihnachtstag gab er in dem großen Haus eine Gesellschaft für die Kinder der Gutsangestellten und des nahen Dorfes. Es gab natürlich einen Weihnachtsbaum mit Kerzen und Geschenke für alle. «Überholter Aberglaube», sagen die Kommunisten heute und versuchen, Weihnachten aus den Herzen ihrer Kinder zu bannen. Lenin war toleranter.

Wenige Wochen später, am 21. Januar 1924, kam der Tod plötzlich und schmerzlos. Professor Foerster brachte uns spät in der Nacht die Nachricht.

Lenins Begräbnis wird in Rußland nie in Vergessenheit geraten. Ich bin einer der wenigen, die dabei waren und noch am Leben sind, was mir in Rußland großes Ansehen verleiht. Überall wollen mir die

Menschen die Hände schütteln, weil ich Lenins Hand geschüttelt und ihn auf dem Roten Platz aufgebahrt gesehen habe.

Ich bezweifle, ob es jemals etwas so Einfaches und doch so Beeindruckendes wie die Trauerfeierlichkeiten für Lenin gegeben hat. In den Jahren 1982 bis 1985 war ich in rascher Folge bei den Beerdigungszeremonien auf dem Roten Platz für Leonid Breschnew, Jurij Andropow und Konstantin Tschernenko anwesend. So bewegend und feierlich diese Trauerzüge auch waren, die massiven Schmerzensbezeugungen, die Lenins Tod begleiteten, waren ungleich gewaltiger.

Eine Gruppe von Lenins engsten Mitarbeitern empfing den Zug, der seinen Sarg brachte, in einer Vorortstation Moskaus. Sie trugen den Sarg neun Kilometer auf ihren Schultern durch die Straßen. Nach jedem Kilometer übernahm eine Ablösung. Eine Geschützlafette mit sechs herrlichen schwarzen Pferden stand bereit. Lenins Freunde winkten ab – sie, und nur sie, sollten den Leichnam ihres Führers tragen.

In der Säulenhalle des früheren Adligenclubs von Moskau, wo sich jetzt der Hauptsitz der Union der Arbeiterverbände befand, wurde er aufgebahrt. Im gleichen Gebäude sah ich sechzig Jahre später Breschnew, Andropow und Tschernenko aufgebahrt. Hier lag Lenin, als ob er schliefe, zweiundsiebzig Stunden. Vier bewegungslose Wachen standen an seiner Bahre. Alle Viertelstunde wurden sie ausgetauscht – so viele wollten die Totenwache halten. In endloser Prozession gingen die Einwohner Moskaus durch die Halle, um Lenin die letzte Ehre zu erweisen. Eine Dreiviertelmillion Männer, Frauen und Kinder bildeten den schweigenden Strom, der ohne Unterbrechung dahinfloß.

Es war bitterkalt, zwischen fünfunddreißig und vierzig Grad unter Null. Fünf Stunden mußten die Menschen im Durchschnitt warten, bis sie die Halle betreten konnten. Die kilometerlangen Schlangen bewegten sich nur langsam vorwärts. Große Holzfeuer brannten alle hundert Meter. Nachts war es ein unheimliches und faszinierendes Schauspiel: Die dunklen Menschenmassen, deren Atem wie Nebel aufstieg, die düsterroten Flammen und die dahinziehenden Rauchwolken. Aus hundert Kilometer Entfernung kamen die Bauern zu Fuß aus ihren Dörfern, um dem Mann, der ihnen das Land gegeben hatte, für das sie Jahrhunderte lang gehungert hatten, die letzte Ehre zu erweisen. Aus weitentfernten Städten eilten die Vertreter der Behörden mit Sonderzügen herbei und fluchten bei jeder Verzögerung, aus Angst, nicht pünktlich einzutreffen.

Kein König, Kaiser oder Papst erfuhr jemals solche Ehrerbietung. Seltsamerweise hielten jene Bolschewiken, die weder an Gott noch an die Wiederauferstehung zu glauben vorgaben, an dem alten russischen Glauben fest, daß der Leichnam eines Heiligen bis zum Jüngsten Tag von Verwesung verschont bleibt. Sie balsamierten Lenins Leiche ein und legten sie in ein kleines, aber sehr schönes Mausoleum am Fuß der großen rotbraunen Mauern des Kremls auf dem Roten Platz.

Das Mausoleum wurde in zweieinhalb Tagen errichtet. Handwerker arbeiteten im Schichtwechsel Tag und Nacht. Am Morgen des Begräbnisses, einem Sonntag, wurde Lenins Leichnam in das Mausoleum gelegt. Auf diesem merkwürdigen Bauwerk – teils ägyptische Pyramide, teils kubistische Architektur – befand sich eine kleine Galerie, wo die sowjetischen Führer während der Feier ihre Plätze einnahmen. Der massive und häßliche Bau, der jetzt den Platz beherrscht und auf dem die Mitglieder des Politbüros stets bei großen Ereignissen erscheinen, wurde erst Jahre nach Lenins Tod errichtet. Dort liegt Lenin noch immer, als ob er schliefe, an Kopf und Fuß der Bahre von Soldaten mit aufgepflanztem Bajonett bewacht.

Nachdem Lenin von seinen engsten Freunden an seinen Ruheplatz gebracht worden war, marschierten die Garnison Moskaus und die organisierten Arbeitermassen in dichten Reihen über den Platz. Ich sah Trotzki, noch immer Chef der Roten Armee, in der kleinen Gruppe auf der Galerie des Mausoleums. Als seine Legionen ihren Salut brüllten, sah ich, wie sein Gesicht vor Stolz aufleuchtete. Hier stand ein Mann, der sein Bestes gegeben hatte, um die Revolution zu verteidigen, der mehr als alle anderen getan hatte, um die Rote Armee zu einer siegreichen Streitmacht zu machen. Er ging jedoch nicht selbstlos in der Sache auf wie Lenin. Wenn er auch nicht nach Ruhm gierte, so war Trotzki doch ein Mann, den der Ehrgeiz verzehrte.

Auch ein anderer Mann stand inmitten der kleinen Gruppe auf dem Mausoleum. Er hielt keine Reden, ihm galt kein Salut. Er war ruhig und unauffällig, aber seine Augen waren scharf und wachsam. Sein Name war Josef Dschugaschwili, den die Welt unter seinem Pseudonym Stalin kennenlernen sollte.

Niemals hätte ich damals geglaubt, daß der Tag kommen würde, an dem dieser bescheidene Mann, der das Scheinwerferlicht der Öffentlichkeit mied, der mächtigste Führer der Sowjetunion sein würde. Trotzki, seiner Macht und Position beraubt, würde aus dem Land ins Exil gewiesen und schließlich in Mexiko ermordet werden – angeblich auf Befehl jener schmalen und unauffälligen Gestalt auf dem Mausoleum.

Das große Geschäft

In seinen Erinnerungen erzählt John Paul Getty eine Geschichte über mich. Wie alle Menschen, die im Ruf stehen, reich zu sein, wurde auch Getty ständig von Leuten heimgesucht, die sich ein Stück seines Vermögens schnappen oder «die magische Formel» für sofortigen Reichtum wissen wollten. Er wurde ungehalten, wenn Leute ihn plagten, die überzeugt waren, es stecke irgendein Geheimnis dahinter, wie er sein Glück gemacht hätte, statt an naheliegende Eigenschaften wie Strebsamkeit, Scharfsinn, Findigkeit und Hingabe zu denken.

Getty erinnerte sich, daß ich auf einer Party von jemandem angesprochen wurde, der mir die «Verraten-Sie-mir-das-Geheimnis-wie-man-Millionen-macht»-Frage stellte. Laut seiner Version runzelte ich die Stirn und sagte: «Da ist gar nichts dabei. Am besten warten Sie auf eine Revolution in Rußland. Dann packen Sie alle Ihre warmen Sachen zusammen und fahren hin. Dort angekommen, machen Sie einen Rundgang durch die Regierungsstellen, die sich mit Handel befassen, mit dem Kaufen und Verkaufen – sicher nicht mehr als zwei- bis dreihundert...» An diesem Punkt murmelte der Fragesteller verärgert irgend etwas und wandte sich ab.

Dabei war meine Antwort gar nicht witzig gemeint. Die neun Jahre, die ich in Rußland verbrachte, waren erfüllt von intensivsten und anstrengendsten Bemühungen, mit Dutzenden von geschäftlichen Unternehmungen, bei denen es – wie in allen Geschäften – ein Auf und Ab gab, Erfolge und Mißerfolge.

Im Winter 1922 besuchte ich in Begleitung meines Bruders Victor zum zweiten Mal die Minen in Alapajewsk. Damals fuhren die Züge nur alle drei oder vier Tage zwischen Jekaterinburg und Alapajewsk, etwa hundertsechzig Kilometer weiter nördlich. Wir trafen in Jekaterinburg ein und mußten erfahren, daß wir gerade einen Anschluß verpaßt hatten. Ich beschloß, die Reise per Schlitten fortzusetzen, und wir mieteten drei Schlitten mit je zwei Pferden. Wir fuhren Tag und Nacht durch die verschneiten Wälder. Dreimal wurden die Pferde gewechselt. Oft war keine richtige Spur vorhanden, und der müde Fuhrmann überließ es den Pferden, den Weg zu finden.

Wir saßen zurückgelehnt, in Felle gehüllt, auf Heu. Die nächtliche Fahrt war eine unheimliche Sache. Das Heulen der Wölfe hallte durch die Wälder, und wenn sie mit uns Schritt hielten, konnten wir ihre Augen zwischen den Bäumen funkeln sehen.

Wie so viele Jungen hatte ich zum ersten Mal durch eine Geschichte, die in einem meiner ersten Lesebücher stand, etwas über Rußland erfahren. Es ging um ein Rudel Wölfe, das eine russische Familie verfolgte, die mit dem Schlitten durch den Wald fuhr. Als die Wölfe dreister wurden und die Pferde ansprangen, warf der unglückliche Vater der wilden Meute zuerst ein Kind, dann ein zweites zu und rettete so sein eigenes Leben und das seiner Frau und seines ältesten Sohns. An diese Geschichte erinnerte ich mich, als ich die feurigen Augen der Wölfe im Wald sah.

Plötzlich packte Victor meinen Arm. «Wo ist unser Kutscher?»

Ich blickte auf. Sein Platz war leer, und die Zügel hingen schlaff über den Rücken der trabenden Pferde. Wir wendeten und fuhren zurück. Ängstlich bildete ich mir ein, daß die Wölfe näher kämen. Ein paar hundert Meter zurück fanden wir ihn, einen Tataren, der offensichtlich eingeschlafen und vom Bock gefallen war, als der Schlitten eine Wurzel rammte. Ein erschrockenerer Tatar ist kaum je gesehen worden – völlig überzeugt, daß die Wölfe ihn fressen würden. Mit dankbaren Schreien sprang er auf seinen Platz zurück und trieb die Pferde mit der Peitsche zum Galopp an.

Einige Jahre später lernte ich in Moskau einen New Yorker Pelzhändler kennen, der zwanzig Jahre seines Lebens in Alaska und Nordsibirien verbracht hatte. Ich erzählte ihm von der schrecklichen Nachtfahrt durch die Wälder des Ural. Er grinste sarkastisch. «Dann sind Sie wohl von den Wölfen gefressen worden – oder haben Sie ihnen vielleicht den Tataren vorgeworfen?»

Ich verteidigte mich: «Wir sind ihnen jedenfalls nur knapp entkommen.»

Er lachte laut. «So lange ich denken kann», sagte er, «ist mir kein Fall bekannt geworden, wo Wölfe Menschen angefallen hätten, es sei denn, sie waren verwundet oder lagen im Sterben. Und damit Sie's wissen, ich rede nicht von Ihren Wölfchen im europäischen Rußland, sondern von den grauen aus Alaska oder den sibirischen Wölfen, die manchmal so groß wie Shetland-Ponies sind. Alle miteinander sind sie feige, und all diese Geschichten sind Humbug. Weder Sie noch Ihr Tatar befanden sich auch nur einen Augenblick lang in der geringsten Gefahr.»

Ob er mit den Wölfen nun recht hatte oder nicht – *eine* äußerst gefährliche Sache lernte ich jedenfalls auf jener Fahrt kennen, nämlich *Samogon*, das russische Feuerwasser, einen sechzigprozentigen Schnaps, der von den Bauern als Ersatz für den nach dem Krieg eine Zeitlang verbotenen Wodka aus Korn oder Kartoffeln gebrannt wurde. Samogon ist nicht klar wie Wodka, sondern eine helle, trübe Flüssigkeit mit phantastischer Wirkung. Während wir warten mußten, bis die Pferde gewechselt wurden, reichte man ihn uns, um «die Kälte abzuhalten». Das hat er allerdings geschafft. Er floß runter wie flüssiges Feuer und ließ mich nach Luft japsen. «Weißer Blitz» ist ein recht passender Name für diesen dämonischen Trank. Seit sechzig Jahren ist mir in Rußland kein Samogon mehr vor Augen gekommen, aber ich wette, er wird noch immer in den Hinterwäldern gebrannt.

Die Uralstadt Alapajewsk, in deren Nähe unser Asbestwerk lag, war mir bisher nur als Schauplatz einer Tragödie bekannt gewesen, in der einige Mitglieder des Romanow-Regimes in der Zeit des schlimmsten Terrors – im Sommer 1918 – den Tod fanden. Wie beim Zaren und seiner Familie war der Grund für ihre Exekution das rasche Vordringen der «Weißen» nach Westen. Die Leichen wurden in jenen verlassenen Minen, die wir übernommen hatten, von den «Weißen» entdeckt, die sie in Jekaterinburg bestatteten und grausame Vergeltung an der einheimischen Bevölkerung übten.

Unsere Konzession umfaßte auch große Wald- und Wiesenflächen von mehreren hundert Morgen. In den Flüssen und Seen konnte man ausgezeichnet fischen, in den Wäldern gab es reichlich Wild. Die Asbestmine war ein großes offenes Loch von etwa 300 Meter Durchmesser und terrassenförmig abgestuft bis zum Grund, der sich in ungefähr 30 Meter Tiefe befand.

In meinem ganzen Leben habe ich nichts gesehen, was auf so altmodische Weise wie diese Mine bearbeitet wurde. Die Arbeiter bohrten mit klobigen Handbohrern am Erz herum. Für ein Loch, das tief genug für eine Dynamitladung war, brauchten sie gewöhnlich drei Tage. Nach einer Sprengung wurden die Erzbrocken in Körben von Männern auf eine höher gelegene Terrasse geschleppt, wo Arbeiter mit kleinen Hämmern saßen und vor sich hin klopften, um den Stein vom Erz zu befreien. War das Erz sauber, wurde es von Bauernkarren sechzehn Kilometer weit zum Bahnhof transportiert. Wenn die Bauern keine Zeit hatten oder schlechtes Wetter die Straßen unpassierbar machte, wurde das Erz nicht befördert, sondern einfach neben dem Bergwerk gelagert.

Vor der Revolution waren die Arbeitsbedingungen furchtbar gewesen. Die Arbeiter wurden in schmutzigen Baracken wie Tiere zusammengepfercht. Sie arbeiteten zwölf Stunden am Tag, sechs Tage in der Woche, für einen Durchschnittslohn von fünfzehn Rubeln im Monat, damals etwa sieben Dollar. Der Vorarbeiter schwang die Peitsche, um dieses «Vieh» anzutreiben, wilde Schlägereien und sogar Mord waren nichts Außergewöhnliches. An Sonntagen betrank man sich. Das war die einzige Entspannung.

In der Vorkriegszeit war das Bergwerk Regierungseigentum gewesen und hätte unter den damaligen Bedingungen eigentlich äußerst rentabel sein müssen. Tatsächlich hatte aber ein privates Konkurrenzunternehmen in der Nachbarschaft durch wohlüberlegte Bestechung dafür gesorgt, daß der Abbau des reichsten Erzes verhindert wurde. Gebäude wurden über einer Ader errichtet, so daß sie nicht ausgebeutet werden konnte; ein anderes erzreiches Gebiet wurde als Abraumhalde benutzt und unter Bergen von Schutt versteckt.

Die von uns eingeführten mechanischen Methoden waren eine Sensation. Die Bauern kamen meilenweit gelaufen, um unsere Druckluftbohrer arbeiten zu sehen; aber den größten Erfolg hatte unsere Motorsäge. Bis zu ihrer Ankunft hatten die Einheimischen unter großen Mühen Bretter per Hand vom Stamm gesägt. Zwei Männer brauchten einen ganzen Tag, um ein einziges Brett herzustellen. Unsere Maschine mit den vier Sägeblättern konnte in wenigen Minuten einen Baum zu Brettern schneiden. Diese Säge erwies sich für die ganze Nachbarschaft als ein Geschenk des Himmels. Die Bauern schleppten die Baumstämme meilenweit heran, obwohl sie die Bretter für wenig Geld direkt von uns hätten kaufen können –, nur um zuschauen zu können, wie sie zerschnitten wurden. «Als ob ein Messer Butter schneidet», wie es einer ausdrückte.

Wir installierten Elektrizität und versorgten die Gemeinde mit Licht, was auch eine Sensation war, da niemand am Ort zuvor eine Glühbirne gesehen hatte. Zuerst versuchten sie ihr Feuer mit den herausgeschraubten Glühbirnen anzuzünden und waren völlig verblüfft, wenn sie keinen Erfolg hatten.

Wir schafften das alte System, in dem das Erz mit Hämmern vom Stein befreit wurde, bald ab und ersetzten es durch mechanische Brecher. Wir installierten auch eine Schmalspurbahn für den Transport des Erzes von der Mine. Unser Vertrag verlangte, daß wir Häuser für die Arbeiter, Schulen, ein Krankenhaus, eine Apotheke und ein paar andere Einrichtungen bauten.

Ich habe schon erklärt, wie wir die Arbeiter mit Lebensmitteln versorgten, aber es gab noch etwas anderes, das kaum weniger wichtig war, nämlich Kleidung. Unsere Arbeiter mußten die Härten des örtlichen Klimas ertragen, mit nichts als Lumpen und Fetzen auf dem Leib und manchmal auch an den Füßen. Wir mußten ihnen irgendwie helfen.

In New York kaufte mein Bruder Harry eine Menge Kleidungsstücke aus Heeresbeständen auf und schickte sie uns nach Alapajewsk, was die komischsten Folgen hatte. Dort, im Herzen Rußlands, konnte man einem Mann in voller Uniform des US-Marineinfanteriekorps begegnen, ein anderer trug einen amerikanischen Waffenrock über seinen bauschigen russischen Hosen und dazu Filzstiefel und ein dritter eine amerikanische Soldatenmütze, die von seinem Schaffellmantel merkwürdig abstach. Sie zerschnitten die Mäntel sogar, um Kleidung für ihre Kinder daraus zu machen. Und wenn das meiste in den Vereinigten Staaten auch nicht als erste Qualität galt, machte es in Alapajewsk doch einen ungeheuren Eindruck, und jeder meinte, die amerikanische Armee bestehe nur aus Millionären, wenn sie sich solche Garderobe leisten konnte.

Victor blieb bei der Mine, während ich nach Moskau zurückkehrte.

Er sollte alles Geschäftliche lernen und mein Hauptkontaktmann sein. Vor allem aber wollte ich ihn aus den Krallen des «schwarzen Panthers» befreien, einer Moskauerin, in die er sich Hals über Kopf verliebt hatte, obwohl bekannt war, daß sie Jungen wie ihn schon vor dem Frühstück verspeiste. Victor arbeitete hart und beschwerte sich kaum in den achtzehn Monaten seiner «Verbannung». Nicht lange nach Lenins Tod besuchte ein Reporter der *Prawda* die Mine und interviewte Victor und Leo Wolff. In einem langen und bissigen Artikel porträtierte er uns als habgierige amerikanische Kapitalisten. Leider brachte er dabei einige Fakten durcheinander, zum Beispiel hielt er Victor für mich. Die *Prawda* hätte es niemals gewagt, eine derartige Attacke zu veröffentlichen, wenn unser Patron Lenin noch am Leben gewesen wäre. Daß dieser Artikel erschien, zeigt, um wie vieles schwieriger unsere Lage nach seinem Tod wurde.

Das Asbestvorhaben erwies sich als weniger erfolgreich, als wir gehofft hatten. Die Preise sanken aufgrund der Überproduktion Kanadas weltweit; die kanadischen Minen waren während des Krieges und kurz danach erschlossen worden. Als sich jedoch die Handelsbedingungen in Rußland verbesserten, wuchs auch die Nachfrage nach minderwertigem Asbest als Isoliermaterial für Boiler, Rohre und Kühlanlagen sowie als Feuerschutzmittel. Ende 1925 erzielte unsere Konzession, die eine Laufzeit von fünfundzwanzig Jahren hatte, endlich Gewinne.

Etwas weniger Erfolg hatte ich mit einer Bank, die ich in Reval kaufte, um die Konten für unsere Asbestkonzession und andere Handelsunternehmungen effektiver führen zu können. Ich glaubte, auf diese Weise Komplikationen in der Abwicklung unserer Geschäfte über amerikanische und europäische Banken zu umgehen und das Stigma zu vermeiden, durch ein sowjetisches Bankinstitut vertreten zu werden.

Sie nannte sich Harju Bank. Ich übertrug meinem Onkel Alexander Gomberg die Leitung. Er war ein ausgezeichneter Geschäftsmann, hatte aber im Bankwesen keinerlei Erfahrung. Er merkte zum Beispiel nicht, daß einige Angestellte mit den Kunden unter einer Decke steckten, wenn es um Kredite ging.

Ich konnte mich nicht Tag für Tag um die Bankgeschäfte kümmern; so geriet alles ziemlich schnell außer Kontrolle. Im Mai 1925 trieben wir mit unseren schlechten Krediten hilflos einem finanziellen Desaster entgegen, das auf Veruntreuung und Mißwirtschaft zurückzuführen war. Uns blieb nichts anderes übrig, als den Verlust zu schlucken und die Bank zu schließen.

Korruption war in Rußland gang und gäbe, Bestechung an der Tagesordnung. Selbst nach der Revolution, besonders nach der Einführung der NEP durch Lenin, änderte sich daran nichts. Als verhältnismäßig naiver und unerfahrener junger Mann stand ich der Korruption recht befremdet gegenüber. Nach kurzer Zeit entwickelte ich aber ein Gespür für Schiebung und Gaunerei, das so sicher und zuverlässig war wie die Nase eines Jagdhundes.

Im Frühjahr 1923 wurde eine staatliche Handelsabteilung namens *Gostorg* gegründet. Wir als Importeure amerikanischer Maschinen standen in enger Beziehung zu dieser Abteilung. Wir hatten unter ständigen Behinderungen und endlosen Schwierigkeiten zu leiden, häufig unter den trivialsten Vorwänden. Ich beschloß, der Sache auf den Grund zu gehen, und meldete Boris Mishell und mich beim *Gostorg*-Direktor an, der Cagan hieß.

Er ließ uns fast eine Stunde im Vorzimmer warten, empfing uns dann aber recht freundlich. Statt zum Geschäftlichen zu kommen, redete er über die Schwierigkeit, Sachen aus dem Ausland zu bekommen, und die Tatsache, daß ich oder ein anderer von uns dauernd die Grenze passierten.

«Mein Schwiegervater ist Arzt», sagte er, «aber er kann keine Gummihandschuhe bekommen. Könnten Sie nicht ein paar mitbringen?»

«Ja, natürlich», sagte ich. «Das ist kein Problem. Wir helfen Ihnen gern.»

Ich hielt das für einen bloßen Gefallen, doch seine Anspielungen machten es deutlich, daß unsere Schwierigkeiten verschwinden würden, wenn wir uns in anderer Hinsicht «ein bißchen entgegenkommender» zeigten.

«Oho», dachte ich, «das riecht nach Schmierung.» Ich gab vor, ihn nicht richtig verstanden zu haben, und er ging nicht weiter darauf ein. Unsere Schwierigkeiten setzten sich fort, das Gespräch hatte nichts gebracht, meine Beschwerdebriefe blieben erfolglos.

Dann hörte ich eines Tages, daß Cagan von der OGPU, der

Politischen Geheimpolizei, verhaftet und seine Wohnung durchsucht worden sei. Es hieß, man hätte hunderttausend englische Pfund bei ihm gefunden. Neben seiner Arbeit für *Gostorg* hatte Cagan auch die Vollmacht besessen, Güterwagen zu chartern. Wie es schien, hatte er zu einer Zeit, als dringend Transportmittel für den Nachschub von Nahrungsmitteln für die hungrige Bevölkerung benötigt wurden, gute Geschäfte mit der Beförderung von Waren für private Spekulanten gemacht.

Die Untersuchung ergab, daß er geplant hatte, anläßlich eines Beschaffungsauftrages für die *Gostorg* Deutschland zu «besuchen»; dort hätte er bequem von seinen unrechtmäßig erworbenen Verdiensten leben können. Er wurde des Verrats beschuldigt und zum Tode durch Erschießen verurteilt. Sein Gnadengesuch wurde abgelehnt. Während er auf die Vollstreckung wartete, brachte ihm seine Frau Gift ins Gefängnis. So entzog er sich der Exekution.

Damals mußte man sehr vorsichtig sein, wenn man in Rußland Geschäfte machte – vielleicht noch mehr als heute –, wie die folgende Geschichte zeigt. Eines Tages, im Sommer 1923, kam ein recht gut gekleideter junger Mann, der ausgezeichnet Englisch sprach, in mein Büro. Er hatte ein Empfehlungsschreiben, das uns für den Bau von Häusern in der Stadt oder für die Instandsetzung von Gebäuden interessieren sollte. Er sagte, sein Bruder, der Direktor der neuen Handels- und Industriebank, könne uns für diese Pläne Kredite zum Nominalzinssatz gewähren, so daß es nicht notwendig wäre, Devisen zu beschaffen.

Der Plan klang gut. Er legte Fakten und Zahlen vor, die einen hohen Jahresgewinn versprachen, aber irgend etwas an ihm und seinem Projekt kam mir nicht geheuer vor, und nach einiger Überlegung lehnten wir den Vorschlag ab. Zwei oder drei Jahre später wurden er und sein Bruder wegen Unterschlagung festgenommen und zu fünf beziehungsweise drei Jahren Gefängnis verurteilt. Wir hatten Glück gehabt!

Über diesen Bankier waren außerdem Gerüchte im Umlauf, er habe als Mitglied der Moskauer Kommission, die damals den Wechselkurs für die sowjetische Währung bestimmte, seinem Bruder Informationen zugespielt, damit dieser an der «schwarzen Börse» spekulieren konnte. Diese «schwarze Börse» war eine der merkwürdigsten Erscheinungen in Moskau. Theoretisch war das private Handeln mit Devisen verboten, tatsächlich aber war eine der Passagen im Gebäude des großen Kaufhauses GUM auf dem Roten Platz für Geldwechsler reserviert. Das Geschäft lief ganz offen und wurde sogar von Soldaten bewacht. Mein Bruder Victor war unser Vertreter an der «schwarzen Börse». Er bot Stapel neuer Scheine in allen möglichen Währungen an und tauschte sie gegen Rubel ein, die wir für unsere laufenden Betriebskosten benötigten. Für einen neuen Hundertdollarschein gab es immer einen besseren Kurs – wahrscheinlich, weil er kleiner war und sich besser verstecken ließ.

Ein Mann kam mit einem Sack voll Goldmünzen, vielleicht dreihundert Stück im Wert von je zehn Rubeln. Ohne ein Geheimnis daraus zu machen, versuchte er sie gegen sowjetische Rubel, amerikanische Dollar oder englische Pfund einzutauschen. Vertreter der Staatsbank tauchten auf und verkauften und kauften eigene oder fremde Währung je nach Bedarf. Der Bereich in der Passage, wo diese Geschäfte abgewickelt wurden, war durch eine Art Zaun von der Öffentlichkeit abgeschirmt; man mußte den Gegenwert von fünfzig Cent bezahlen, um eintreten zu dürfen. Die Frau, die an dem kleinen Strohtor saß und die Eintrittskarten verkaufte, hatte immer einen geladenen Revolver vor sich liegen. Geld zu besitzen, war gefährlich.

Die «schwarze Börse» diente eigentlich der Stabilisierung der sowjetischen Währung, die – was damals kaum jemand wahrhaben wollte – ein Wunder des modernen Finanzwesens war. Man spricht von der Gesundung der Mark nach der Inflation in den zwanziger Jahren als außergewöhnliche Leistung – aber Deutschland war ein moderner Industriestaat und genoß die mächtige Hilfe der amerikanischen Banken. Rußland dagegen schaffte die Stabilisierung allein. Zwei Männer verdienen in dem Zusammenhang Anerkennung: Grigori Sokolnikow, der damalige Finanzminister und spätere Chef des allrussischen Ölsyndikats, und der Direktor der Staatsbank Shineman.

Im Winter 1921, nachdem unsere Asbestkonzession unterzeichnet worden war, ging ich zu Shineman. Ich fand ihn in einem kleinen Raum in einem Gebäude auf der Kusnezkij-Brücke. Das Haus wurde umgebaut, und ich mußte mir vorsichtig einen Weg durch Schubkarren voller Ziegelsteine und Mörtel bahnen. Unter diesen bescheidenen Umständen rekrutierte Shineman Angestellte für ein Unternehmen, das später wahrhaft gigantische Ausmaße annehmen sollte.

Für diesen Posten schien er überraschend jung, beeindruckte mich aber sehr mit seinem Optimismus. Wir redeten eine Weile über die Möglichkeiten, Gelder von Amerika nach Rußland zu transferieren. Dann sagte er lächelnd: «Wie ich gehört habe, Dr. Hammer, sind Sie der erste amerikanische Konzessionär in Rußland. Wollen Sie nicht auch der erste sein, der Geld bei einer sowjetischen Staatsbank deponiert?»

Zufällig war ich damals gerade davon überzeugt, daß wir sowjetische Währung benötigten. So legte ich mein Akkreditiv vor, eröffnete ein Dollarkonto – ich weiß nicht mehr, wie viele Millionen Rubel meine erste Einlage von fünftausend Dollar wert war – und erhielt einen Einzahlungsbeleg mit der Nummer «I».

Die gesamte sowjetische Währung, die rasch an Wert verlor, konnte damals als Valuta höchstens dreißig Millionen Dollar ausgemacht haben. Mit Hilfe eines schlauen Systems des Kaufens und Verkaufens an der «schwarzen Börse» – und natürlich auch aufgrund des schnellen Wachstums des Wohlstands, das der NEP folgte – war die Staatsbank Mitte 1924 in der Lage, *Sowesnaks*, wie die entwerteten Banknoten genannt wurden, durch die Ausgabe von *Tscherwonez* (Goldrubel), die dem Vorkriegswert von zweiundfünfzig amerikanischen Cent entsprachen, auszutauschen. Ende 1928 betrug die gesamte Währungsausgabe ca. 1800 Millionen Rubel mit einem Valutawert von über 900 Millionen Dollar.

Am 13. Juni 1923 traf ich an Bord der *Majestic* wieder in New York ein und wurde von einer aufgeregten Reporterschar begrüßt, die von meiner Verbindung zu Lenin gehört hatten. An Journalisten, die einen mit Fragen bestürmten und durcheinander redeten, war ich noch nicht gewöhnt, und ich mußte mich bemühen, die Nerven zu behalten und ruhig zu sprechen. Wenn ich mir heute den Bericht dieser Pressekonferenz anschaue, muß ich sagen, daß ich es für jemanden, der gerade erst vierundzwanzig geworden war, nicht schlecht gemacht hatte.

Ich sagte zu den Reportern: «In meinen Gesprächen mit den Funktionären der sowjetischen Regierung habe ich erklärt, daß ich Kapitalist bin und Geld verdienen will, aber nicht daran denke, sie auszubeuten. Und sie haben geantwortet: ‹Wir wissen schon, daß Sie nicht aus Liebe hierhergekommen sind. Solange Sie sich nicht in unsere Politik einmischen, helfen wir Ihnen.› Auf dieser Basis habe ich verhandelt.»

Es berührt mich merkwürdig, wenn ich diese Worte heute lese und feststelle, daß ich mehr als sechzig Jahre lang dieselben Fragen auf die gleiche Weise beantwortet habe. Im Westen fragen mich die Reporter immer wieder, wie ich meine Rolle in Rußland sehe. Und ich antworte stets, daß ich den Russen sage, ich sei ein Kapitalist, der unser System für das bessere halte und möchte, daß wir in Frieden koexistieren, um die Geschichte entscheiden zu lassen, welches System besser ist. Meine Worte haben sich in über sechzig Jahren nicht verändert; die Reporter auch nicht.

Im Sommer 1923 fand in Moskau auf dem Gelände des früheren Schlosses Sans Souci, das Katharina die Große ihrem Geliebten, dem Grafen Orlow, geschenkt hatte, eine große Landwirtschaftsausstellung statt. Unsere Firma gab sich große Mühe, und ich denke mit Stolz daran, wie die amerikanische Flagge über unserem Pavillon flatterte. Wir betrieben nicht nur die Ford-Agentur, sondern repräsentierten eine ganze Reihe von amerikanischen Firmen.

In Verbindung mit Henry Fords angeblich antisowjetischer Haltung und dem stark antisemitischen Ton seiner Zeitung *Dearborn Independent* gab es ein paar Schwierigkeiten. Eine Sendung mit zweihundert Autos für unsere Firma wurde in Riga festgehalten, da die sowjetischen Behörden keine Genehmigungen zur Weiterleitung nach Moskau erteilen wollten. Als Grund gaben sie an, die Autos seien für die russischen Straßen nicht robust genug.

Da diese Autos für das Kriegsministerium bestimmt waren, bat ich Trotzki um Hilfe. Er veranlaßte sofort, daß die Ladung freigegeben wurde. Kurz und bündig sagte er, gleichgültig, welche Haltung Henry Ford gegenüber der bolschewistischen Frage im allgemeinen und dem Antisemitismus im besonderen einnehme – kein echter Marxist ließe Gefühle zwischen Geschäftliches kommen.

Später erzählte ich Ford von diesem Vorfall, und er erklärte mit Bestimmtheit, er habe keine antisemitischen Vorurteile. «Ich habe viele ausgezeichnete jüdische Arbeiter, und einige meiner besten Vertreter sind Juden», sagte er. «Aber ich habe eine Menge gegen eine bestimmte Gruppe jüdischer Banker, die mich auszunutzen versuchten, als sie glaubten, ich brauche ihre Hilfe. Ich mag grundsätzlich keine Bankleute, aber diese bestimmte Gruppe hasse ich. Das ist die wahre Geschichte meines sogenannten Antisemitismus.»

In seiner Antwort hallt die antisemitische Standardphrase wider: «Einige meiner besten Freunde sind Juden, aber...» Alles, was ich dazu sagen kann, ist, daß er mir und meinem Onkel Alexander gegenüber stets offen war, und dabei möchte ich es belassen.

Am 14. Juli 1923 unterschrieben wir einen Konzessionsvertrag für die Allied American Corporation mit Frumkin, dem stellvertretenden Kommissar der Außenhandelsmonopol-Abteilung. Der Kommissar, Leonid Krassin, hatte mir mitgeteilt, ich könne den Vertrag bekommen, wenn ich garantiere, in der gleichen Höhe aus Rußland zu exportieren, wie wir jährlich aus Amerika importierten. Die Mindestsumme unseres Exports und Imports, die wir garantierten, betrug 2,4 Millionen Dollar pro Jahr. Der Vertrag lief jeweils ein Jahr und enthielt eine Klausel, die eine Verlängerung vorsah.

In den beiden Jahren 1923–1925 konnten wir einen Gesamtumsatz von $ 12 500 000 verbuchen. Die Importe bestanden in erster Linie aus Maschinen, Autos, Traktoren und anderen Produktionsmitteln; im Exportgeschäft handelten wir vor allem mit Pelzen. Über riesige Gebiete des Urals und Sibirien zogen wir ein Netz von Pelzsammelstationen und betrieben einen Handel, der an die alten Zeiten des Wilden Westens und der Hudson's Bay Company erinnerte.

Fallensteller und Jäger kamen im Herbst zu unseren Stationen und holten sich Vorschüsse für ihre Arbeit ab, die in Form von Lebensmitteln, Gewehren und Munition gezahlt wurden. Im Frühjahr kehrten die Jäger mit ihrer Beute zurück und kassierten den Restbetrag in bar. Auf diese Weise legten wir riesige Lager von Biber-, Nerz- und Zobelpelzen an, die irgendwann bei den eleganten Damen von New York, Paris und London landeten.

Im Jahr 1925 trat jedoch eine Änderung ein. Bevor unser zweites Vertragsjahr zu Ende ging, sprach ich noch einmal bei Leonid Krassin vor. Er erklärte mir höflich, aber bestimmt, wegen der Entwicklung des sowjetischen Handels im Ausland durch eigene Agenturen wie *Arcos* und die neugebildete *Amtorg* sei es fortan unerwünscht, Geschäfte durch Ausländer abwickeln zu lassen. Er fügte allerdings hinzu, das bedeute nicht, daß die sowjetischen Behörden gegenüber den großartigen Diensten, die wir mit dem Aufbau des russisch-amerikanischen Handels in der schwierigen Organisationsphase geleistet hätten, blind seien. Er hoffte, wir würden andere und nicht weniger rentable Aufgabengebiete in Rußland finden.

Was Krassin eigentlich ins Auge stach, war mein Vertrag mit Henry Ford. Er wollte, daß ich verzichtete, damit die Sowjets direkt mit Ford Geschäfte machen konnten. Sie hatten sich bereits an Ford gewandt, doch der hatte ihnen gesagt: «Alle Geschäfte laufen über Armand Hammer, meinen Alleinvertreter.»

Krassin wollte mich unbedingt aus dem Weg haben. Seine Entschlossenheit wurde deutlich, als er sagte: «Sie können jede Konzession haben, wenn Sie die Ford-Agentur abgeben.»

Ich erklärte, wir seien von einer englischen Schiffsbaufirma angesprochen worden, die Schiffe an die Sowjets verkaufen wolle.

Krassin runzelte die Stirn. «Nein», sagte er. «Wir hoffen, unsere eigenen Schiffe bauen zu können. Was wir hier brauchen, Dr. Hammer, ist Industrieproduktion. Warum interessieren Sie sich nicht für die Industrie? Viele Sachen, die wir aus dem Ausland importieren müssen, sollten eigentlich hier hergestellt werden.» Ich erwiderte, ich würde mir den Vorschlag durch den Kopf gehen lassen.

Ich dachte lange darüber nach, konnte mich aber zu nichts entschließen. Doch das Problem löste sich bald von selbst. Ich ging eines Tages in einen Papierwarenladen, um einen Tintenstift zu kaufen. Der Verkäufer zeigte mir einen gewöhnlichen Bleistift, der in Amerika zwei oder drei Cent gekostet hätte, und zu meiner Überraschung sagte er, der Preis sei fünfzig Kopeken – 26 Cent.

«Oh! Ich möchte aber einen Tintenstift», sagte ich.

Zuerst schüttelte er den Kopf, dann ließ er sich erweichen. «Weil Sie Ausländer sind, können Sie einen haben, aber wir haben so wenig auf Vorrat, daß wir sie in der Regel nur an Stammkunden abgeben, die auch Papier und Notizbücher kaufen.» Er ging ins Lager und kam mit einem ganz einfachen Tintenstift zurück. Er kostete einen Rubel, also 52 Cent.

Wie sich herausstellte, herrschte in Rußland ein ungeheurer Mangel an Blei- und Tintenstiften, da sie aus Deutschland importiert werden mußten. Vor dem Krieg hatten Deutsche eine kleine Bleistiftfabrik in Moskau betrieben. Sie sollte als staatliche Bleistiftfabrik des Sowjets modernisiert und vergrößert werden, aber damals, im Sommer 1925, war man über das Planungsstadium noch nicht hinausgekommen.

Hier lag meine Chance. Ich arrangierte ein Gespräch mit Yoffe, dem Vizedirektor des Zentralen Konzessionskomitees unter Trotzki, der wegen seiner Opposition gegen Stalin bereits als Kriegskommissar abgesetzt worden war. Yoffe war einer der fähigsten bolschewistischen Führer. Er war viele Jahre lang ein enger Freund Trotzkis gewesen und hatte Lenins Vertrauen besessen. Als sich der Machtkampf zwischen Trotzki und Stalin verstärkte, brachte ihm seine Verbindung zu Trotzki zunehmend Ärger, was seiner Gesundheit schadete. Im Herbst 1927 beantragte er Geld bei den Behörden, damit er und seine Frau zur ärztlichen Behandlung nach Deutschland fahren könnten. Seine Bitte wurde abgelehnt, man bot ihm jedoch eine Behandlung in einem Krankenhaus des Kremls an. Der Ausschluß Trotzkis aus der Partei war der Todesstoß für Yoffes Nerven. Im November erschoß er sich.

Das alles geschah zwei Jahre später – nachdem ich Yoffe kennengelernt hatte, ein kleiner untersetzter Mann mit blitzenden dunklen Augen und scharfem Verstand. Er begrüßte meine Idee, eine Bleistiftfabrik zu gründen, fragte aber sofort, ob die Bleistiftherstellung nicht ein Monopol der Deutschen sei und ob ich nicht Schwierigkeiten bekommen würde. Ich antwortete hochgemut, daß ich mir erst dann Sorgen darüber machen würde, wenn es soweit wäre, in der Zwischenzeit wolle ich aber mit ihm über die Details einer Konzession reden.

Ich erklärte, daß wir bereit wären, fünfzigtausend Dollar als Garantie dafür einzuzahlen, daß wir innerhalb von zwölf Monaten nach Unterzeichnung des Vertrags mit der Produktion beginnen würden. Außerdem würden wir uns verpflichten, im ersten Betriebsjahr Bleistifte im Wert von einer Million Dollar zu produzieren. Yoffe sagte, wir könnten auf jeden Fall mit dem Konzessionskomitee rechnen.

Er hielt Wort. Der Konzessionsvertrag war in dreieinhalb Monaten fertig. Im Oktober 1925 wurde er von Litwinow für das Kommissariat für Auslandsangelegenheiten und von Pjatikow, dem späteren Direktor der Staatsbank, für das Konzessionskomitee unterzeichnet.

Ich hatte einen wichtigen und – wie die Ereignisse zeigen sollten – äußerst rentablen Konzessionsvertrag bekommen, doch von der Bleistiftherstellung verstand ich nicht das geringste. Also fuhr ich nach Nürnberg, ins Herz der deutschen Bleistiftindustrie, um zu lernen.

Vor mehr als zweihundertfünfzig Jahren stellte der erste Johann Faber den ersten Bleistift in Nürnberg her. 1925 war die Stadt umgeben von modernen Bleistiftfabriken, die alle der Familie Faber oder Seitenlinien und Verbindungen gehörten. Am größten war die Fabrik von A. W. Faber, einem direkten Nachkommen von Johann Faber, in Fürth.

Nachdem ich eine Woche in Nürnberg verbracht hatte, kannte ich mich im Bleistiftgeschäft nicht besser aus als am Tag meiner Ankunft. Nur die Schwierigkeiten, die mir bevorstanden, waren mir jetzt eher bewußt. Hätte ich meinen Vertrag annullieren können, ich glaube, ich hätte es getan. Gerade als die Sache völlig hoffnungslos schien, öffnete mir jedoch ein glücklicher Zufall die Tür.

Durch Vermittlung eines Bankiers am Ort stellte ich einen Ingenieur namens Georg Baier ein, der in der Nürnberger Tochtergesellschaft von Eberhard Faber USA, einer der größten Bleistiftfabriken, eine wichtige Stellung innehatte. Als junger Mann hatte er die Bleistiftherstellung in einer der Nürnberger Fabriken gelernt. Da er aber ein Abenteurer war, hatte er das Angebot, eine Bleistiftfabrik in Rußland zu bauen, angenommen. Das war kurz vor dem Krieg gewesen. Als der Krieg begann, wurde er in Rußland interniert, dann freigelassen, durfte aber nicht nach Deutschland zurückkehren. Er heiratete eine Russin und fand eine andere Arbeit in Rußland, bis das Ende der Feindseligkeiten es ihm gestattete, nach Hause zurückzukehren.

Mit Baiers Hilfe fand ich eine Reihe von Männern, die bereit waren, sich auf ein Rußland-Abenteuer einzulassen. Im Laufe von zwei Monaten hatte ich alle Leute zusammen, die ich brauchte. Ich bot ihnen die Gelegenheit, mehr Geld zu verdienen, als es ihnen in Fürth je möglich sein würde. Georg Baier sollte ein Gehalt von zehntausend Dollar pro Jahr sowie eine Prämie von ein paar Cent für jedes produzierte Gros Bleistifte erhalten. Nicht lange nachdem wir mit der Fertigung begonnen hatten, überstieg diese Prämie sein Gehalt um ein mehrfaches.

In der Zwischenzeit bestellte ich die nötigen Maschinen und arbeitete ein Programm für unsere zukünftige Fabrik aus. Viele Arbeiter waren verheiratet und hatten Familie; ich mußte ihnen also Häuser und Unterkünfte versprechen, wie sie sie in Nürnberg gehabt hatten, Schulen für ihre Kinder und die Annehmlichkeiten der deutschen

Lebensweise, die ihnen, wie sie mit Recht befürchteten, in Moskau fehlen würden.

Dann fuhr ich nach Birmingham, um ähnliche Arrangements für die Federabteilung unserer Fabrik zu treffen. Ursprünglich hatten wir nicht beabsichtigt, außer Bleistiften auch noch etwas anderes herzustellen, aber das Konzessionskomitee wollte unbedingt, daß wir auch Stahlfedern produzierten.

Erfahren wie ich nun war, begann ich mit einer Anzeige in den Lokalblättern, in der ich einen Ingenieur suchte. Mit seiner Hilfe stellte ich dann die nötigen Facharbeiter ein. Ich orderte Maschinen und kehrte Anfang 1926 nach Moskau zurück – kaum drei Monate nach Unterzeichnung des Konzessionsvertrags. Ich hatte jedenfalls das Gefühl, einen guten Anfang gemacht zu haben.

Als nächstes mußte ein geeigneter Standort für die Fabrik gefunden werden. Zwei oder drei Jahre zuvor hätte ich leicht für einen günstigen Preis eine moderne Fabrik finden können, aber der Anreiz, der der Industrie durch die Neue Ökonomische Politik gegeben worden war, und die Stabilisierung der sowjetischen Währung auf Goldbasis hatten die Lage weitgehend verändert. Schließlich hörte ich von einer verlassenen Seifenfabrik am Stadtrand neben der Moskwa. Es war ein in jeder Hinsicht ideales Grundstück. Es umfaßte mehr als zweieinhalb Quadratkilometer Land, also genügend Platz für die Häuser, Gärten und Schulen sowie spätere Erweiterungen.

Innerhalb einer Woche hatte ich einen Pachtvertrag über zehn Jahre gesichert und tausend Männer an die Arbeit geschickt. Die vorhandenen Gebäude wurden schnell repariert und eine Dampfheizungsanlage aus Deutschland installiert. Im April konnten die Maschinen aufgestellt werden.

Wir bauten ein Clubhaus, eine Schule, ein Restaurant und eine Erste-Hilfe-Station, die später in ein Krankenhaus umgewandelt wurde. Es war eine richtige kleine Stadt. Die Schule existiert heute noch unter dem schwerfälligen Namen «Kindergarten und Krippe 647 des Moskauer Schreibutensilienwerks».

Was die Maschinen betraf, hatte ich darauf bestanden, daß jede Firma ihre eigenen Fachleute schickte, um die Aufstellung der Maschinen zu überwachen. Jedes Stück war numeriert, und das ganze Programm war im voraus bis ins kleinste Detail ausgearbeitet worden –

ein unerläßlicher Faktor in Rußland, wo Maschinen der neuesten Bauart aus dem Ausland für russische Arbeiter und Ingenieure ein Buch mit sieben Siegeln waren. Die sowjetische Regierung verlor Hunderttausende von Dollar beim Versuch, fremde Maschinen ohne technische Hilfe zu installieren und dann zu erwarten, daß sie hundertprozentig funktionierten.

Zum 1. Mai 1926, nur sechs Monate nach Unterzeichnung des Vertrags, waren die ersten Bleistifte produziert worden, um dem großen sowjetischen Feiertag zu salutieren; das Werk war voll in Betrieb.

Den meisten unserer deutschen Fachleute war Rußland völlig fremd. Viele hatten ja noch nicht einmal die Grenzen Bayerns überschritten. Man kann sich also meine Sorge vorstellen, als ich eines Abends hörte, daß ein Deutscher vor dem Essen zu einem kleinen Spaziergang aufgebrochen und nicht zurückgekehrt sei.

Es war inzwischen etwa zehn Uhr. Ich rief sofort die Miliz an und bat sie, nach einem Mann mittleren Alters Ausschau zu halten, der kein Russisch spreche und sich zweifellos verlaufen habe.

Auch um Mitternacht hatten wir noch nichts von ihm gehört. Seine Frau hatte inzwischen solche Angst, daß ich selbst zur Fabrik hinüberging. Die Deutschen waren entsetzt – erst wenige Tage in Moskau und schon war einer von ihnen auf geheimnisvolle Weise verschwunden! Ganz sicher, sagten sie, sei er in diesem schrecklichen Land erschossen worden oder in die Hände von Banditen gefallen. Einige wollten wieder nach Hause zurückkehren.

Als ich am Morgen in die Fabrik kam, fuhr plötzlich ein großes Auto vor, und heraus sprang unser abhanden gekommener Spezialist mit breitem Grinsen, gefolgt von einem Offizier der Roten Armee. Er hatte eine erstaunliche Geschichte zu erzählen.

Er war in die Stadt gegangen und zu einem riesigen, herrlichen Gebäude gekommen, das von einer Festungsmauer und stolzen Türmen umgeben war. Wie hätte er wissen sollen, daß er vor dem Kreml stand? Er sah, daß Leute durch eines der Tore gingen, und folgte ihnen.

Der Offizier, der zur Kreml-Wache gehörte, erzählte weiter: «Ungefähr um neun gestern abend wurde ein Mann beobachtet, der auf verdächtige Weise im Kreml herumlief. Er wurde diskret verfolgt. Schließlich ging er auf eines der Tore zu. Hier wurde er vom Wachposten angehalten, der seinen Passierschein sehen wollte. Er antwortete auf unverständliche Weise und konnte keinen Passierschein vorweisen. Er wurde festgenommen und über Nacht in der Wachstube eingesperrt. Nachdem die Tür verschlossen war, begann er einen ungeheuren Spektakel zu machen. Schließlich wurde der Kommandant geholt, der einen Dolmetscher herbeirief. Es stellte sich heraus, daß der Mann ein deutscher Mechaniker und bei Ihnen beschäftigt ist.

Er wehrte sich laut gegen seine Haft und sagte, er sei ein friedlicher deutscher Arbeiter, der niemandem etwas zuleide getan hätte. Wir fragten ihn, wie er an den Wachen vorbei in den Kreml gekommen sei. ‹Ich bin einfach hineingegangen›, antwortete er. ‹Andere gingen hinein, ich bin ihnen einfach gefolgt. Niemand versuchte mich aufzuhalten.›

Das erwies sich ebenfalls als korrekt», schloß der Offizier. «Offensichtlich dachte der Posten, er gehöre zu den Delegierten einer Sitzung des Zentralkomitees, als er so dreist vorbeimarschierte. Es war dann zu spät, um ihn nach Hause zu schicken, also behielten wir ihn bis zum Morgen. Wir hoffen, daß ihm das Abenteuer nicht geschadet hat.»

Wie ich sehr bald herausfand, war das Hauptproblem eines Herstellers in Sowjetrußland nicht der Verkauf wie in Amerika, sondern die Herstellung. Seit der Revolution bestand im Vergleich zur ständig wachsenden Nachfrage ein derart großer Mangel an Fabrikwaren, daß jeder Gebrauchs- oder Konsumartikel, der im Inland produziert und zu einem halbwegs vernünftigen Preis angeboten wurde, schon im voraus verkauft war.

Die Produktion dagegen war ein gewaltiges Problem. Es war immer schwer gewesen, Rohstoffe zu bekommen, da die meisten Materialien im Ausland beschafft werden mußten. Tüchtige Arbeiter waren schwer aufzutreiben, und ihre Trägheit und Disziplinlosigkeit brachte die deutschen Vorarbeiter schier um den Verstand. Die Männer standen herum und tratschten oder rauchten Zigaretten anstatt zu arbeiten. Ich wollte schon verzweifeln, da kam mir die Idee, sie im Akkord arbeiten zu lassen. Wie durch ein Wunder wurde alles ganz anders. Die Männer kamen jetzt morgens eine halbe Stunde vor dem Pfeifsignal, um ihre Maschinen vorzubereiten, damit sie sofort «mit Volldampf» loslegen konnten.

Mein Bruder Victor wurde als Versuchskaninchen eingespannt,

damit wir besser einschätzen konnten, welches Tempo wir von den Arbeitern verlangen konnten. Er machte jede Arbeit und trieb die Geschwindigkeit derart in die Höhe, daß die Arbeiter zu murren begannen.

Es überrascht viele Leute, daß es möglich war, im Jahr 1926 in einer Moskauer Fabrik Akkordarbeit einzuführen. Tatsächlich war Akkordarbeit in den Bedingungen der NEP ausdrücklich gestattet; ich weiß allerdings nicht, wie weit sie verbreitet war, bevor sie unser Werk verwandelte.

Jetzt konnten unsere deutschen Vorarbeiter berichten, daß die russischen Arbeiter die deutschen Rekorde schlugen. Die Löhne stiegen natürlich entsprechend, aber auch die Gewinne, und wir brauchten unseren Entschluß nie zu bereuen.

Unter den größten Schwierigkeiten und Anstrengungen trieben wir die Produktion immer weiter voran. Statt Bleistifte im Wert von einer Million Dollar zu produzieren, wie wir uns verpflichtet hatten, stellten wir im ersten Jahr Bleistifte im Wert von über zweieinhalb Millionen Dollar her. Im zweiten Jahr waren es schon vier Millionen. Im ersten Jahr senkten wir den Verkaufspreis von 50 Cent das Stück auf 5 Cent. Die Einfuhr wurde verboten, und wir genossen ein regelrechtes Monopol.

1927 produzierten wir 72 Millionen Bleistifte – 51 Millionen im vorangegangenen Jahr –, und die Produktion der Stahlfedern erhöhte sich von 10 Millionen auf 95 Millionen Stück. Unsere Bleistifte und Federn wurden in jeder Schule der Sowjetunion benutzt, und der Name Hammer, der auf jedem einzelnen stand, wurde allen Russen vertraut. Als ich 1961 Nikita Chruschtschow traf, erzählte er mir, er habe mit unseren Bleistiften schreiben gelernt; die gleiche Geschichte habe ich von vielen sowjetischen Führern gehört, auch von Leonid Breschnew und Konstantin Tschernenko.

Plötzlich wurden wir von der sowjetischen Presse in den Himmel gehoben. In zwei Jahren hatten wir die Sowjetunion zu einem Exportland für Fabrikerzeugnisse gemacht, die schon vor dem Krieg für Millionen von Goldrubeln eingeführt werden mußten. Täglich kamen Arbeiterdelegationen, Studentengruppen von technischen Hochschulen und Regierungskommissionen zu uns. Alle Besucher rühmten begeistert die Leistungsfähigkeit der «Amerikanski»-Methoden.

Neben dem Lob setzte es aber auch Kritik und Schmähung genug. Als unsere Bilanzen in den Zeitungen veröffentlicht wurden und sich herausstellte, daß unser Reingewinn im ersten Jahr über zwei Millionen Rubel – eine Million Dollar – ausmachte, erschienen Artikel in der Lokalpresse, die unsere Preise zu hoch nannten und die Regierung aufforderten, eine eigene Bleistiftindustrie aufzubauen und die fremden Kapitalisten daran zu hindern, so viel Gold aus dem Land herauszuholen.

Diese Angriffe machten mich ein wenig mutlos, und es dauerte einige Zeit, bevor mir eine Begebenheit half, sie gelassener zu nehmen. 1928, bei einem Dinner, flüsterte mir der Bildungsminister Anatolij Lunatscharski ins Ohr: «Ich habe die Angriffe auf Sie in den Zeitungen verfolgt. Machen Sie sich nichts draus! Wissen Sie, einige Genossen müssen ab und zu Dampf ablassen, und da es keine einheimischen Kapitalisten gibt, müssen Sie den Sündenbock spielen. Und ist Ihnen nicht aufgefallen, wie die Zeitungen *mich* angreifen? Selbst wir bolschewistischen Minister werden von unserer Presse reichlich beschimpft.»

Wir verstanden jedoch den Wink und reduzierten die Preise. Dank vermehrter Produktion und Leistungsfähigkeit fiel unser Gewinn im folgenden Jahr nicht schlechter aus.

Ende 1929 hatten wir unsere Industrie so weit ausgedehnt, daß unser Bleistiftwerk nur eines von fünf Werken war, in denen Metallartikel, Zelluloid- und verwandte Produkte hergestellt wurden. Mit dieser Erweiterung und dem zunehmenden Kreditbedarf unserer Kunden nahm auch unser eigener Kapitalbedarf zu, aber unsere Lage im Ausland war ungünstig für eine Finanzierung. Die beste Lösung schien, unsere Firma an die russische Regierung zu verkaufen. Das paßte ihnen gut, denn ihr Fünfjahresplan sah den Kauf unserer Konzession ohnehin vor deren Ablauf vor. Wir verhandelten mit Kamenow, dem damaligen Direktor des Hauptkonzessionskomitees. Nach längeren Gesprächen einigten wir uns auf einen fairen Preis, der über einen Zeitraum von achtzehn Monaten zu zahlen wäre. Die Russen hielten sich prompt an die Abmachungen, und im August 1931 waren alle Forderungen ausgeglichen.

Daß «unsere Lage im Ausland ungünstig» war, hatte unter anderem mit folgendem zu tun: Stalin war an der Macht und versuchte, den Sozialismus mit Gewalt durchzusetzen. Genau zu jener Zeit verstärkte er seinen Apparat des Terrors und der Unterdrückung, und die Sowjetunion ging dem dunkelsten Jahrzehnt ihrer jungen Existenz entgegen. Die erzwungene Kollektivierung der Landwirtschaft begann, ebenso die schrecklichen Schauprozesse gegen die Gegner Stalins. Die Zwangsarbeiterlager des Gulag nahmen ihre ersten Opfer auf, Millionen sollten ihnen folgen.

Ende der zwanziger Jahre war mir und vielen anderen Beobachtern nichts davon bewußt. Stalin war damals in erster Linie mit seinen Auseinandersetzungen mit Trotzki beschäftigt – Kämpfe, die meist nicht an die Öffentlichkeit drangen. Stalins Charakter und seine Absichten offenbarten sich erst nach meiner Abreise, obwohl ich genug über ihn hörte und genug zwischen den Zeilen las, um beunruhigt zu sein.

Ich habe Stalin nie kennengelernt – und hatte auch nie den Wunsch. 1930 war mir aber völlig klar, daß Stalin nicht der Mann war, mit dem man Geschäfte machen konnte. Stalin glaubte, daß der Staat in der Lage sei, alles selbst in die Hand zu nehmen, und zwar ohne Unterstützung von außen. Das war der Hauptgrund, warum ich Moskau verließ.

Moskauer Tage und Nächte

Die zwanziger Jahre unseres Jahrhunderts waren auch meine eigenen zwanziger Jahre. Das hedonistische Lebensgefühl jener Dekade, das Westeuropa und Amerika prägte, war in Moskau nur schwach zu spüren. Doch auch Moskau hatte seine schönen Seiten. Ich wurde reifer, hatte eine Menge Geld in der Tasche und einen Blick für hübsche Frauen und fand an den guten Dingen des Lebens immer mehr Gefallen. Moskau verwöhnte einen nicht gerade mit Genüssen, aber ein einfallsreicher junger Mann konnte in dieser kargen Umgebung immer noch eine vergnügliche Ecke finden.

Eine ungewöhnliche und unerwartete Freude war das «Braunhaus», ein stattliches Gebäude mit etwa dreißig Zimmern, in der Sadowaja-Samotetschnaja 14 gelegen. Als es 1924 frei wurde, boten es mir die russischen Behörden für eine unwiderstehlich niedrige Miete an. Ich suchte nach einer passenden Bleibe für meine Eltern, und meine Geschäftsinteressen hatten sich derart erweitert, daß ich eine große Wohnung benötigte, wo ich meine Kunden bewirten und die wachsende Anzahl amerikanischer und europäischer Besucher aufnehmen konnte. Das Braunhaus schien perfekt – bis auf eine Kleinigkeit: Es befand sich kein einziges Möbelstück, kein Teppich und kein Bild darin.

Mein Bruder Victor, der sich in Alapajewsk um das Asbestwerk gekümmert hatte, mußte kommen und mir helfen. So begann unser Interesse am Sammeln und Handeln mit Kunstwerken und Antiquitäten, das sich zu einem größeren Geschäft und einer lebenslangen Passion ausweitete.

Victor, der Kunstgeschichte studiert hatte, verfügte über solide Anfangskenntnisse, mit deren Hilfe wir durch die Läden und Märkte Moskaus zogen, um Mobiliar für das Braunhaus zu finden. Keiner von uns hatte auch nur die geringste Ahnung, welch herrliche Schätze nur darauf warteten, ans Licht geholt zu werden. Sobald uns klar wurde, welche Gelegenheiten sich boten, stürzten wir uns aufgeregt in die Materie und lernten im Schnellverfahren dazu.

So richtig dämmerte uns die ganze Sache aber erst, als wir auf dem Flohmarkt einen schönen Porzellanteller kauften. Er kostete nur ein paar Rubel, aber wir erkannten sofort, daß es sich um ein wertvolles Stück handelte. Es stellte sich heraus, daß es aus der zaristischen Porzellanmanufaktur stammte, die von Elisabeth, der Tochter Peters des Großen, gegründet und von Katharina der Großen erweitert worden war. Dieses Werk stellte Porzellan ausschließlich für den Hof her – kein Stück wurde jemals an das Volk verkauft, solange die Zaren auf dem Thron saßen. Riesige Mengen aus dieser Fertigung waren nach der Revolution in alle Winde verstreut worden und tauchten jetzt an den unwahrscheinlichsten Stellen wieder auf.

In einem Hotel in Petrograd, wo Victor und ich einmal zu Mittag aßen, entdeckten wir ein vollständiges Bankett-Service aus dem Jahr 1825, das für Zar Nikolaus I. angefertigt worden war. Dieses überaus wertvolle Geschirr wurde täglich im Hotel benutzt; dem Direktor gefiel es nicht besonders. «Die Tellerwäscher schimpfen, weil es so leicht zerbricht», sagte er. Wir boten ihm an, es gegen ein vollkommen neues Service einzutauschen. Er stimmte begeistert zu.

Monogramm und Krone des Zaren waren in den Boden jedes einzelnen Teils eingebrannt. Die Bemalung des zaristischen Porzellans wurde häufig von berühmten klassischen Künstlern umsonst ausgeführt, die es als Privileg betrachteten, dem Herrscher zu dienen. Man kann sich vorstellen, welch ungeheure Arbeit darin steckte, wenn man bedenkt, daß das berühmte Vogelservice von Nikolaus II., das ursprünglich aus sechstausend Teilen bestand, auf jedem Stück drei verschiedene Vogelmotive trug. Es dauerte sechs Jahre, um die Verzierung dieses einen Services fertigzustellen.

In der zaristischen Zeit zahlten Sammler bis zu 500 Rubel ($ 250) als Bestechungsgeld an Diener, damit diese einen einzigen Teller aus dem herrschaftlichen Haushalt für sie stahlen.

Glaswaren der feinsten Sorte wurden ebenfalls in der Hofmanufaktur hergestellt. Unter anderem erwarben Victor und ich Weingläser, bei denen das Zaren-Wappen in Gold und Emaille unter der Oberfläche zwischen zwei Glasschichten angebracht war. Der Mann, der dies geschaffen hatte, starb um die Jahrhundertwende und nahm sein Geheimnis mit ins Grab.

Einen sehr kleinen Teil des zaristischen Porzellans, das ich in Rußland erworben hatte, habe ich behalten. Als ich 1961, nach einunddreißig Jahren, zum ersten Mal wieder nach Moskau fuhr, besuchte ich mit meiner Frau Frances die bescheidenen Räume Lenins im Kreml. Als der Fremdenführer eine Schranktür öffnete, packte Frances meinen Arm und flüsterte: «Schau, Armand, die haben Teller von unserem Service.»

Wir waren damals also auf einen riesigen Schatz gestoßen, und Victor zog einen echten Kenner zu Rate, einen Mann namens Benediktow. Victor wurde sein Schüler, verbrachte Tag für Tag mit ihm und besuchte Märkte und Auktionen. Benediktow war Ikonenexperte und hatte einen Blick für alte Kunstwerke, die sich unter einer neuen Farbschicht verbargen. Er brachte Victor bei, wie man Ikonen reinigt und die jahrhundertealten Originale freilegt. Victor schleppte sie zu Dutzenden an.

Wir hatten nur wenig Mitsammler. Die wichtigsten waren der französische Botschafter Ebert und der deutsche Botschafter Graf Brockdorff-Rantzau, die aufgrund ihrer diplomatischen Privilegien keine Schwierigkeiten hatten, ihre Schätze aus Rußland auszuführen.

Tauchte in den Moskauer Kommissionsgeschäften etwas Wertvolles auf, traf man mit Sicherheit den französischen Botschafter oder seine Frau, die mit der Lupe in der Hand auf der Bildfläche erschienen. Der deutsche Botschafter verließ sich dagegen meist auf seine Agenten. Doch oft kehrten sie mit leeren Händen zurück, nachdem sie festgestellt hatten, daß das zu erwerbende Objekt das Etikett VERKAUFT AN MR. HAMMER trug, was den Grafen zutiefst verdroß und worüber er sich bitter beschwerte. Die Russen zuckten nur mit den Schultern.

Unser Haus in Moskau wurde zu einem regelrechten Museum, angefüllt mit den Relikten der Romanowschen Dynastie (wenn auch nicht mit den zaristischen Kronjuwelen, wie vor kurzem jemand behauptete – das hätte unsere Möglichkeiten denn doch um einiges überschritten!). Mit Porzellan, Ikonen, antiken Möbeln und Kunstgegenständen fingen wir an und sammelten schließlich auch Gemälde. Wie Benediktow erklärte, bot der Markt für die schönen Künste in Moskau einzigartige Gelegenheiten.

Die russische Aristokratie war bekannt für die Qualität ihrer Gemäldesammlungen. Seit der Zeit Peters des Großen, als Rußland nach Westen blickte und sich als europäischen Staat sah, waren viele wunderbare Kunstwerke der größten Meister, von Tizian bis Picasso, erworben worden, um die Herrschaftshäuser und Schlösser Rußlands zu schmücken. Nach der Revolution, als die Aristokratie mit wenig mehr als dem, was sie auf dem Leib trug, aus dem Land floh, blieben fast alle Sammlungen zurück.

Obwohl die sowjetischen Behörden sich große Mühe gaben, diese Sammlungen für öffentliche Ausstellungen in den Museen zusammenzuhalten, fielen Hunderte von großartigen Bildern in Privathände und wurden teils offiziell, teils auf dem schwarzen Markt zum Verkauf angeboten.

Damals wußte ich so gut wie nichts über Kunst, und ich muß zugeben, daß mein Hauptinteresse materieller Art war. Nicht nur, daß ich das Braunhaus für einen Spottpreis mit wertvollen Sachen ausstatten konnte, auch die Berge von Rubeln, die auf unseren Konten wuchsen, wurden solide angelegt. Und die Kunstschätze stellten zudem ein Vermögen dar, das sich im Westen leicht zu Geld machen ließe.

Es dauerte indes nicht lange, und ich fand mich von der Kunst verführt und gefesselt. Ich interessierte mich für das Leben der Maler und die Umstände, unter denen ihre Werke entstanden waren, was mir die europäische Geschichte nahebrachte. Die Bilder bewegten mich, wie es zuvor nur Musik vermocht hatte. Welten öffneten sich. Ich hatte das Gefühl, mein ganzes Leben lang in drei Flügeln eines großen Hauses gelebt und nicht gewußt zu haben, daß ein vierter existierte. Nun standen seine Türen weit offen, und ich betrat Räume voller Licht, Farbe und Schönheit.

Victor besorgte sich eine Art Händlerkatalog mit dem Titel *Bénézit*; er wurde zu seiner Bibel. Mit ihm jagte er durch Moskau und bot auf Bilder. Von Anfang an tätigte er phantastische Käufe zu tollen Preisen.

Als blutige Anfänger machten wir aber auch Fehler, und für die

Betrüger, die in der Kunstwelt immer anzutreffen sind, waren wir verführerische Opfer. Unseren größten und heilsamsten Fehler machten wir mit der «Beschneidung Christi» von Rembrandt. Wir wurden in einen der außergewöhnlichsten Fälle von Kunstschwindel verwikkelt, der, soweit ich weiß, nie aufgedeckt worden ist. Eines von Rembrandts Gemälden – er malte die «Beschneidung Christi» mehrmals – gehörte zu den verschollenen Meisterwerken. Es war im neunzehnten Jahrhundert verschwunden und nie wieder aufgetaucht. Eines Tages stürzte Victor atemlos ins Braunhaus. Aufgeregt berichtete er, man habe ihm den verlorenen Rembrandt angeboten.

Wir hatten einem alten Restaurator, der vor der Revolution in der Eremitage in Leningrad beschäftigt gewesen war, einige Arbeiten gegeben. Dieser hatte Victor erzählt, er wisse, was mit dem Rembrandt passiert und wo er zu finden sei: Seit Generationen sei das Bild im Besitz einer vornehmen russischen Familie gewesen, und der jetzige Besitzer, mit dem er selbst in Verbindung stünde, lebe versteckt in Moskau, brauche Geld und wolle es deshalb verkaufen. Der geforderte Preis war 50 000 Goldrubel, also etwa $ 25 000 – wirklich geschenkt.

Wir ließen den Mann wissen, daß wir sehr interessiert seien, und wenige Tage später besuchte er uns mit einem Paket unterm Arm. Wie bei der Enthüllung des Malteser Falken beugten wir uns über ihn, als er das braune Packpapier und den Bindfaden zerschnitt und das exquisite Gemälde zum Vorschein kam. Es war klein, nur etwa 60 × 80 cm groß, auf einer Holztafel ohne Rahmen. Es wies eine wunderschöne alte Patina auf und war zweifellos das Werk des großen Meisters.

Auf der Stelle zahlten wir dem Restaurator den geforderten Preis in bar und fielen uns in die Arme. Wir hatten unseren ersten Rembrandt erworben und gleichzeitig eines der meistgesuchten Bilder auf der Welt! Es war fast zu schön, um wahr zu sein, doch darüber dachten wir nicht lange nach.

Ein paar Monate später fuhr Victor geschäftlich nach Deutschland, und wir beschlossen, er solle den Rembrandt mitnehmen und Professor Max Friedländer zeigen, dem Direktor der Berliner Gemäldegalerie, eine der herausragenden Kunstautoritäten der Welt.

Friedländer war sehr aufgeregt, als er es sah. Er rief seine Mitarbeiter zusammen und begann, einen langen Vortrag über die Geschichte des Gemäldes und seine besonderen Merkmale zu halten. Er hielt es für einen der größten Kunstfunde des Jahrhunderts.

Währenddessen nahm einer seiner Assistenten ein Stück Watte, tauchte es in Alkohol und rieb damit in einer Ecke des Bildes herum. Zu seinem Schrecken löste sich die Farbe sofort auf. Er unterbrach Friedländer.

«Sehen Sie sich das an», sagte er, «die Farbe verschwindet!»

«Was?» rief Friedländer und starrte auf das Bild. «Mein Gott, es ist eine Fälschung! Ganz offensichtlich eine Fälschung!» Er fluchte heftig und sagte: «Aber es ist eine hervorragende Kopie – der Mann, der das gemalt hat, kann sich ohne weiteres mit Rembrandt messen.»

Victor kehrte sehr kleinlaut nach Moskau zurück. Ich fragte ihn: «Was hat Professor Friedländer zu unserem Rembrandt gesagt?»

«Er sagte, ‹Ihr Rembrandt ist kein Rembrandt›, das hat er gesagt.»

Was sollten wir nun tun? Mein erster Gedanke war, die Sache der Polizei zu melden. Aber ich wollte den Bilderrestaurator, den armen alten Mann, nicht ruinieren. Und ich glaubte nicht, daß er hinter diesem abgefeimten Schwindel stand. Ich wollte der Sache auf den Grund gehen.

Wir riefen den Mann zu uns und erklärten ihm, das Spiel sei aus, wir wüßten, daß der Rembrandt eine Fälschung sei. Ich stellte ihn vor die Wahl: Entweder er sagte uns alles, was er wüßte, oder wir gingen schnurstracks zur Polizei. Er hatte große Angst und erzählte uns eine erstaunliche Geschichte.

Das Bild war von einem Mann gemalt worden, dessen Name uns und ganz Moskau bekannt war – M. Jakowlew, Direktor eines der staatlichen Museen, der selbst ein angesehener Maler war und eine Reihe von Ausstellungen in Moskauer Galerien gehabt hatte. Ich war wie vom Donner gerührt. Es war, als ob man mir gesagt hätte, der Direktor der Nationalgalerie in Washington fälsche alte Meister.

Offenbar betrieben Jakowlew und der Restaurator ein einträgliches Geschäft – Jakowlew als Fälscher und der Restaurator als sein Agent.

«Na schön», sagte ich. «Machen wir uns auf den Weg – wir holen uns unser Geld zurück.»

Unseren «Rembrandt» unterm Arm und den unglücklichen Restaurator praktisch mit uns ziehend, gingen wir zu Jakowlew. Er wurde aschfahl, als er uns sah, und seine Knie zitterten. Er beichtete sofort alles und flehte uns an, ihn nicht anzuzeigen.

Ich wollte eigentlich nur das Geld zurück haben, das meiste war aber bereits ausgegeben. Jakowlew hatte seiner Frau einen Flügel gekauft und selbst eine Menge beim Glücksspiel verloren. Nur etwa fünftausend Dollar waren noch da, immerhin besser als nichts. Für den Rest bot er mir an, Porträts unserer ganzen Familie zu malen, aber ich zog es vor, einige seiner eigenen, sehr guten Bilder von den Wänden zu nehmen. Nachdem unsere Entschädigung geklärt war, beruhigte er sich und erzählte uns seine Geschichte.

Als sehr junger Mann war er als vielversprechender Maler zum Studium nach Paris, Rom, Berlin und Amsterdam gereist. Er hatte versucht, seine eigene Technik durch das Kopieren großer Meister zu verbessern, und dabei festgestellt, daß seine Kopien von den Originalen kaum zu unterscheiden waren.

Wieder in Moskau, hatte er lange mit Armut zu kämpfen gehabt, weil sich seine eigenen Arbeiten nicht verkauften. Da begann er, verlorene Meisterwerke zu fälschen. Er studierte die Abbildungen bekannter Gemälde, die verschwunden waren, in Katalogen, dann zog er die Fälschungen auf die Holztafeln minderwertiger Bilder auf, die nachweislich aus derselben Zeit stammten.

Es tröstete Victor und mich zu entdecken, daß nicht nur wir hereingefallen waren. Jakowlew führte uns in sein Atelier und zeigte uns verschiedene Museumskataloge.

«Sehen Sie diesen Frans Hals», sagte er und deutete auf den Katalog eines deutschen Museums. «Das ist meiner. Und» – er nahm einen anderen Katalog in die Hand – «dieser Rubens hier – auch von mir.» Museumsdirektoren aus ganz Europa hatten seine Fälschungen gekauft und aufgehängt. Soweit ich weiß, sind viele von Jakowlews Kopien noch heute an Ort und Stelle und ziehen die Bewunderung von Wissenschaftlern und Kunstliebhabern auf sich.

Ich behielt unseren falschen Rembrandt viele Jahre lang als Erinnerung daran, wie leicht ein Kunstsammler hinters Licht geführt werden kann. Das Bild strahlte eine stille Warnung aus, vorsichtig zu sein, wenn ich wieder mal in allzu große Begeisterung über ein seltenes Werk geriet.

Es hing in den dreißiger Jahren in den Hammer-Galerien in New

York. Unser guter Freund und Partner Morris Gest – von dem ich später noch viel zu berichten habe – war ebenfalls von dem Bild fasziniert, und weil es mir Spaß machte, ihn zu necken, erzählte ich ihm nicht die Wahrheit. Die Tatsache, daß auch Christus als Jude sich dem Ritual der Beschneidung unterziehen mußte, faszinierte Morris. Schließlich beschwor er mich, es ihm zu verkaufen: Er wollte es seinem Schwiegervater, dem großen Broadway-Produzenten David Belasco, schenken.

Belasco, als Jude geboren, war zum Protestantismus übergetreten. Er trug seinen Kragen «verkehrt herum», ob als Gag oder ob er tatsächlich Theologie studiert hatte, ich weiß es nicht. Jedenfalls wurde Belasco schwer krank und mußte ins Krankenhaus, und Morris wollte ihm den Rembrandt schenken, um ihn aufzumuntern.

Da klärte ich Morris über das Bild auf und sagte: «Ich werde es dir nicht verkaufen. Nimm's! Du kannst es deinem Schwiegervater schenken, du mußt ihm aber sagen, daß es eine Fälschung ist.» Was Morris pflichtgetreu tat.

Damit hätte die Geschichte zu Ende sein können, aber es gab noch eine Wendung. Als David Belasco starb, beerbte ihn seine Tochter, Mrs. Morris Gest. Als sie starb, wurden ihre Bilder – darunter auch «Die Beschneidung Christi» – verkauft. Danach verschwand das Bild erneut. Viele Jahre später waren Victor und ich in einem kleinen Museum in Amerika, als er meinen Arm packte und flüsterte: «Schau, Armand, schau!» Dort hing unser «Rembrandt» – das Museum war sehr stolz darauf. Ich werde den Namen dieses Museums nicht nennen und auch nicht die anderen, in denen Jakowlews Bilder hängen. Wenn seine Fälschungen aufgedeckt werden sollen, muß das ein anderer tun!

In jener merkwürdigen Zeit war in Moskau nicht nur große Kunst, sondern auch alles andere für Geld zu haben. Wie ich bereits sagte: Die Zauberkraft von Lenins NEP produzierte eine Flut von Verbrauchsgütern. Überall wurden Restaurants und Bars eröffnet, und so etwas wie ein Nachtleben entstand.

Die Füllhalter von Parker waren Schlüssel, die verschlossene Türen öffneten und auf die Gesichter der Oberkellner ein Lächeln zauberten. Unser Vertrag mit Parker versorgte uns unbegrenzt mit jenen großen dicken orangeroten Füllfederhaltern, die die Firma damals herstellte.

Der Besitz eines dieser Füllhalter – in Amerika nichts Besonderes – war in Moskau ein Zeichen höchsten gesellschaftlichen Aufstiegs. Männer trugen sie auf der *Außenseite* ihrer Mäntel. Jeder störrische Beamte oder Händler behandelte uns wie Könige, sobald wir sie mit einem Parker-Füllhalter beschenkten.

Im Hammer-Haushalt herrschte keine Lebensmittelknappheit. Auf dem schwarzen Markt, wo die Bauern ihre Erzeugnisse unter dem Ladentisch verkauften, gab es Waren in Hülle und Fülle. Alles war für Geld zu haben, aber da, wo es weniger kostete, standen die Leute Schlange. Um die einfachsten Lebensbedürfnisse mußten die Menschen anstehen – Brot, Fleisch, Kleidung. Sah man irgendwo eine Schlange stehen, stellte man sich dazu, sonst verpaßte man womöglich eine Chance, die so schnell nicht wiederkam.

Einmal stellte sich Victor, der keine Gelegenheit ausließ, um sich einen Spaß zu machen, mit einem Freund hintereinander vor die Tür eines ungenutzten Lagerhauses. Keine halbe Stunde später hatte sich hinter ihnen eine lange Schlange gebildet, obwohl niemand wußte, worauf sie eigentlich warteten. Victor und sein Freund machten sich lachend davon. Die Schlange wuchs weiter.

Nachdem mein Vater die Mindestzeit seiner Freiheitsstrafe verbüßt hatte, wurde er 1923 bedingt entlassen und zog zu meiner Mutter. Natürlich hatte ich meine Eltern während meiner Aufenthalte in Amerika gesehen und sie ermutigt, nach der Entlassung meines Vaters zu mir nach Moskau zu kommen.

Während mein Vater in Haft war, verkaufte ich alle seine Wertpapiere und zahlte die Erträge auf sein Bankkonto ein. Mein Vater war kein Spieler, aber er hatte eine Schwäche für die Börse, und ich wollte das bescheidene Kapital, das er in seinem Arbeitsleben angesammelt hatte, unbedingt schützen. Seine Ersparnisse riskierte er nicht an der Börse, und so blieben sie vom großen Krach am Ende des Jahrzehnts verschont.

Nach der Entlassung durfte er seinen Beruf als Arzt nicht mehr ausüben. Da er aber arbeiten wollte und genug vom aufgezwungenen Müßiggang hatte, bat ich ihn, mich und Allied American, unsere Import-Export-Firma, bei einigen unserer amerikanischen Kunden zu vertreten.

In dieser Funktion fuhr er auch zu Henry Ford nach Dearborn und machte ihm den Vorschlag, Ford solle in Rußland eine Fabrik bauen, in der Russen mit Vorarbeitern und Technikern aus Detroit zusammenarbeiteten. Henry Ford spielte lange mit der Idee und unterzeichnete schließlich im Jahr 1929 einen Kooperationsvertrag mit den Russen, um ein Werk für Autos und Lastwagen in Nischni Nowgorod (jetzt Gorki) zu bauen. In den dreißiger Jahren verließen das Werk mehr als hunderttausend Fahrzeuge pro Jahr. Henry Ford erhielt dreißig Millionen Dollar für seinen Teil des Deals, und die Russen zahlten die Kosten für die Ausrüstung und den Bau der Fabrik.

Alle Freunde und Kollegen, die meinen Vater seinerzeit bei der Einspruchserhebung gegen das Urteil unterstützt hatten, versammelten sich jetzt in einer Kampagne, um seine Begnadigung und die Wiederherstellung seiner Bürgerrechte zu erwirken. Der Gouverneur von New York, Al Smith, gab der Begnadigung am 12. November 1924 statt.

Zu dieser Zeit waren meine Eltern bereits in Moskau. Durch Zufall trafen sie am 1. Mai 1923 ein. Mein Vater war außerordentlich begeistert, am größten Festtag des kommunistischen Kalenders im Land seiner sozialistischen Träume anzukommen; es dauerte eine ganze Weile, bis wir ihm klarmachen konnten, daß Moskau nicht immer so festlich und gastfreundlich war.

Die Anwesenheit meines Vaters in Moskau brachte keine großen Veränderungen mit sich, was meine geschäftlichen Bemühungen betraf. Ich gab ihm einen Titel und eine offizielle Aufgabe in unserem Unternehmen und machte ihn zum Vorsitzenden des Moskauer Vorstands unseres Export-Import-Kontrakts mit dem sowjetischen Handelsmonopol. Doch er war nicht sonderlich aktiv und kümmerte sich wenig um die Leitung der Geschäfte – die blieb in meinen Händen. Obwohl er gern in Rußland war, gab er seinen amerikanischen Paß nie auf und hatte auch nicht den Wunsch, für immer dort zu bleiben. Sein Glaube an den Sozialismus kam zwar nicht ins Wanken, doch fühlte er sich zunehmend desillusioniert, und am Ende – als er Zeuge von Stalins wachsendem Terror wurde – sagte er, er wolle nicht als Düngemittel für die nächste Generation benutzt werden.

Zunächst jedoch machte meinen Eltern das neue Leben viel Spaß. Sie mochten das Braunhaus sehr, das sich inzwischen mit exotischen und schönen Einrichtungen und Dekorationen gefüllt hatte, und meine

Mutter stürzte sich begeistert ins Gesellschaftsleben Moskaus, das Victor und ich entdeckt hatten. Meine Mutter wäre wahrscheinlich auch nach Ulan Bator gereist, wenn sie gehört hätte, daß dort eine Party gefeiert würde; nichts konnte sie davon abhalten, sich zu amüsieren. Eine Geschichte, die für meine Mutter ganz typisch war, wurde mir von Professor John Dewey erzählt, der 1928 eine Zeitlang bei uns wohnte, als er eine Delegation von Professoren auf einer Tour durch Rußland begleitete.

Eines Morgens kam er zum Frühstück und sah meine Mutter am Tisch sitzen und Kaviar auf ihren Teller löffeln, den sie mit einer klaren Flüssigkeit hinunterspülte.

«Darf ich fragen, was Sie da trinken?» erkundigte er sich.

«Wodka», sagte sie.

«Wodka zum Frühstück?»

«Warum nicht?» erwiderte sie. «Er wird doch aus Getreide gemacht, oder nicht?»

Das Braunhaus wurde zu einem Hafen für Moskau-Besucher, vor allem für Amerikaner, für die es eine Art inoffizielle Botschaft war, in der man mit Sicherheit eine gute Mahlzeit bekam. Leider war ich dienstlich außer Landes, als Douglas Fairbanks und Mary Pickford zu Besuch kamen, aber meine Eltern waren stolze Gastgeber der berühmtesten Filmstars jener Zeit. Doch ich war in Moskau, als Will Rogers kam.

Ohne Ankündigung und völlig unerwartet traf er eines schönen Nachmittags, an dem alles schiefging, in der Bleistiftfabrik ein. Meine Sekretärin verkündete am Telefon: «Ein Mann namens Will Rogers ist hier und möchte Sie sprechen.» – «Will Rogers?» fragte ich entgeistert. «Haben Sie *Will Rogers* gesagt?»

Meine jüngeren Leser können sich wahrscheinlich nicht vorstellen, was das für mich bedeutete, welch eine phantastische Nachricht das war! Will Rogers war damals wohl der berühmteste Mann Amerikas – gleich nach dem Präsidenten. Als George Bernard Shaw 1929 Amerika besuchte, sagte er von Will Rogers: «Bevor ich herkam, hatte ich keine Ahnung, wie wichtig er ist – er ist ja fast so wichtig wie ich!»

Das erste, was er sagte, als er unser Büro betrat, war: «Was um alles in der Welt macht ihr beiden Jungs hier? Warum geht ihr nicht nach Hause?» Victor versicherte schnell, nichts läge uns ferner.

Er suchte Walter Duranty von der *New York Times* und hatte gehört, daß wir vielleicht wüßten, wo er zu finden sei. (Duranty stand an der Spitze der Auslandskorrespondenten und war ein enger Freund von mir.) Es war ein heißer Julitag, und wir schlugen ihm vor, ihn aufs andere Ufer der Moskwa zu fahren. Als wir die Brücke überquerten, brach Will in indianisches Kriegsgeheul aus. «Was ist los?» fragten wir. «Seht ihr denn nicht, was ich sehe?» erwiderte er. «Da unten baden Frauen splitternackt, und Männer gleich daneben.» Wir erklärten, daß in ganz Rußland kein Badeanzug aufzutreiben sei. Daher stammte dann der Titel des Buches, das er über seine Reise schrieb, *There Isn't a Bathing Suit in Russia* («In Rußland gibt's keinen Badeanzug»), dem er dann noch hinzufügte: und wenn es einen gäbe, würde ihn jemand wahrscheinlich als Mantel benutzen.

Er blieb eine Weile in Moskau und schrieb seine Artikel über Rußland, und niemand war ein besserer Unterhalter oder besser gelaunt als er. Ständig brachte er uns zum Lachen. Er versuchte, den Kommunismus zu verstehen, und sagte: «Kommunismus ist wie Prohibition. Eine gute Idee, die aber nicht funktioniert.» Er hatte recht.

Als er Trotzki aufsuchen wollte und mit den eisigen Worten abgefertigt wurde, der sei nicht mehr wichtig, war dies ein frühes Zeichen dafür, wie der Machtkampf zwischen Stalin und Trotzki ausgehen würde.

Nicht lange nach der Ankunft meiner Eltern in Moskau lernte ich meine erste Frau kennen. Im Sommer 1925 fuhr ich mit ein paar Freunden auf Urlaub nach Jalta, und eines Abends gingen wir zu einem Konzert der berühmten Sängerin Olga Wadina. Wir saßen in der ersten Reihe, weil meine Freunde mit ihr befreundet waren. Ich sah sie und war wie vom Blitz getroffen – sie war einfach umwerfend! Sie hatte eine dunkle Haut und hellblaue Augen, honigblonde Haare und eine phantastische Figur. Oh, war ich verknallt! Während des ganzen Konzerts saß ich da und öffnete und schloß meinen Mund wie ein Fisch auf dem Trockenen. Während sie mit dunkler verführerischer Stimme romantische Zigeunerballaden sang, blickte sie mir direkt in die Augen, und ihr Lächeln war wie Feuer. Ich wollte sie unbedingt kennenlernen.

Nach der Vorstellung gingen meine Freunde mit mir hinter die

Bühne, um Olga in ihrer Garderobe aufzusuchen, und obwohl ich zum ersten Mal in meinem Leben sprachlos war, schaffte ich es doch, sie in meinem holprigen Russisch zum Essen einzuladen. Danach waren wir unzertrennlich.

Olga war mit ihrem Manager verheiratet, aber nichts konnte uns hindern. Innerhalb weniger Tage beschloß sie, sich scheiden zu lassen und mich zu heiraten. Am Bahnhof verabschiedeten uns unsere Freunde, als ob wir bereits verheiratet und auf dem Weg in die Flitterwochen wären. Unser Abteil war über und über mit Nelken geschmückt, die wir beide liebten. Sie lagen über die Polster verstreut und um die Gepäcknetze gewunden.

Olgas Geschichte war wie aus einem Roman. Sie war die Tochter eines Generals, Baron von Root, dessen Vorfahren aus Deutschland gekommen waren, um in der Armee Peters des Großen zu dienen. Im Smolny-Institut von Petrograd ausgebildet, war sie in größtem Luxus aufgewachsen. Der Geburtsname ihrer Mutter war Kosciuszko; sie stammte von dem berühmten polnischen General ab, der George Washington geholfen hatte, die Briten im amerikanischen Unabhängigkeitskrieg zu besiegen.

Als die Russische Revolution ausbrach, befehligte ihr Vater weißrussische Truppen und hatte seine Familie von Moskau nach Kiew, mitten in das Kampfgebiet, gebracht. Um ihre Mutter, ihre jüngere Schwester und ihren Bruder zu unterstützen, sang Olga in Kabaretts. Der Krieg wogte hin und her, und Kiew wechselte ständig den Herrn. Eines Tages, als die Stadt gerade in den Händen der Bolschewiken war, wurde Olga bei einer Razzia gegen weißrussische Sympathisanten festgenommen und sollte erschossen werden. Sie stand schon in der Warteschlange und hörte die Salven der Exekutionen, als ein bolschewistischer Oberst, der sie singen gehört hatte, sie entdeckte und rettete.

Er brachte sie nach Hause, wo er feststellen mußte, daß nun auch noch die übrige Familie zu retten war. Ein bolschewistischer Suchtrupp hatte das Gebäude, in dem sie lebten, durchkämmt. Olgas Mutter hatte sie in ihrer Panik für Weißrussen gehalten. Um zu zeigen, wo die Sympathien in der Familie lagen, hatte sie eine Fotografie ihres Mannes in Paradeuniform gezeigt. Die Soldaten wollten die Familie auf der Stelle erschießen.

Wieder vermittelte der Oberst. Er entließ die Soldaten und bot an, sich für Olgas Vater einzusetzen. Er schickte ihm eine Nachricht: Wenn er zu den Roten überwechselte, würde er amnestiert. Der Vater tat's und wurde Dozent an der sowjetischen Militärakademie zu Kiew, als die Stadt endgültig zum sowjetischen Gebiet gehörte.

Als ich Olga kennenlernte, war sie einer der größten Stars in Rußland. Sie sang mit rauchiger Stimme wie die Dietrich, und sie sah der Garbo sehr ähnlich, obwohl sie viel mehr Leidenschaft und Lebendigkeit ausstrahlte als beide zusammen. Wie viele russische Frauen, war sie ungeheuer temperamentvoll, eine echte Primadonna. Ich wußte, daß ich es mit einer außergewöhnlichen Frau aufgenommen hatte.

Ich richtete für Olga und ihre Mutter eine Wohnung ein, und sie und ich lebten wie Mann und Frau zusammen. Meine Erfahrung mit Bennie, der Krankenschwester, die mich betrogen hatte, hatte mir die Lust am Heiraten genommen. Eines Tages, als ich erkannte, daß ich Olga liebte, wurde mir jedoch bewußt, wie wenig geschützt sie wäre, wenn ich Rußland wieder verließe. Die beste Sicherheit war die Ehe. Also heirateten wir am 14. März 1927.

Die Hochzeitsfeier im Braunhaus verlief auf typisch russische Weise. Sie fing mit Wodka an und endete mit Wodka. Als die Party abends um sechs begann, waren dreihundert Leute im Haus, und mindestens die gleiche Menge war noch da, als wir die Party am nächsten Morgen gegen fünf verließen. Olgas Freunde vom Theater sangen und tanzten die ganze Nacht. Eines muß man den Russen lassen – sie wissen, wie man Hochzeiten feiert!

Wir wollten beide sobald wie möglich ein Kind. Doch aus Monaten wurden Jahre, und Olga wurde nicht schwanger. Ich konsultierte einen Facharzt in Moskau; bei mir war alles in Ordnung. Wir fingen an, uns Sorgen zu machen. Schließlich fuhr Olga zu einem bedeutenden Spezialisten in die Schweiz. Er versicherte, daß auch bei ihr alles in Ordnung sei, und riet ihr, sich einen Monat lang in der Schweiz auszuruhen. Dann sollte ich nachkommen, und wir sollten es noch einmal versuchen. Es war ein guter Rat: Kurz nach unserer Rückkehr wurde Olga schwanger, und unser Sohn Julian wurde am 7. Mai 1929 geboren.

Inzwischen hatte ich uns ein neues Haus gebaut. Es lag in der Nähe des Palasts des Zuckerkönigs, dem Kreml gegenüber. Das Haus, das von einer hohen Mauer umgeben war, stand auf einem schönen

Grundstück. Wir hatten einen herrlichen Garten und Platz genug für unsere Hunde, den Chow-Chow und den Pudel. Meine Eltern blieben im Braunhaus.

Wir waren nicht die ersten in der Familie, die in Moskau geheiratet hatten, und Julian war nicht der erste Hammer-Junge, der dort geboren wurde. Ungefähr zur selben Zeit, als ich Olga kennenlernte, lernte Victor Warwara kennen, die wir Wawa nannten. Auch sie sang Zigeunerlieder – solche Frauen schienen eine schicksalsschwere Anziehung auf uns auszuüben –, und auch sie war geschieden, berückend schön und sinnlich. Nach ihrer Hochzeit wohnten sie in einer wunderbaren Wohnung voller Antiquitäten und Bilder, und ihr Heim wurde zu einem beliebten Treffpunkt der Künstlerkreise Moskaus. Als ihr Sohn geboren wurde, nannten sie ihn Armand. Er wurde Armascha gerufen.

Armascha lebt immer noch in Moskau. Er wurde Opfer einer sehr traurigen Kette von Ereignissen. Victors Ehe endete sehr unerfreulich. 1928, als er geschäftlich unterwegs war, wurde seine Frau in flagranti mit einem seiner besten Freunde erwischt. Es war Wawas eigene Mutter, die den Ehebruch aufdeckte, und da sie Victor sehr mochte und er ihr leid tat, berichtete sie ihm und mir darüber. Victor war zutiefst verletzt, und sein erster Gedanke war, Moskau und Wawa weit hinter sich zu lassen. Das Schicksal präsentierte uns ein Ereignis, das seine Abreise beschleunigte.

Eines Abends, im Juni 1928, war Emery Sakho, ein amerikanischer Händler, der eine New Yorker Firma mit dem Namen Peasant Importing Company repräsentierte, unser Gast im Braunhaus. Sakho, gebürtiger Ungar, handelte mit Antiquitäten, Kunstgegenständen und hauptsächlich mit bestickten Stoffen. Er hatte große Schwierigkeiten, mit den sowjetischen Behörden ins Geschäft zu kommen, die inzwischen den Wert ihrer Kunstschätze erkannt hatten. Da sie dringend Devisen benötigten, setzten sie ihre Interessen rücksichtslos durch. Sakho war der Verzweiflung nahe, als er zu uns kam, und als wir ihn durch die Räume führten, schlug er vor Überraschung die Hände über dem Kopf zusammen.

«Mein Gott», sagte er, «dieses Haus ist ja das reinste Museum – einfach phantastisch!»

Er ging von Zimmer zu Zimmer, von Bild zu Bild, von einem Objekt zum anderen und wollte wissen: «Was haben Sie dafür bezahlt?» Dann rief er jedesmal ungläubig: «Mein Gott!» Während des Abendessens machte er uns ein Angebot: Er würde uns als gleichberechtigte Teilhaber in sein Geschäft aufnehmen, wenn wir ihm ähnliche Kunstwerke zum Wiederverkauf in Amerika beschafften.

Ich war begeistert, und der Handel war rasch perfekt. Sakhos Vorschlag schien die ideale Gelegenheit zu sein, die Sammlung in den Vereinigten Staaten zum Verkauf anzubieten und größtmöglichen Gewinn daraus zu ziehen. Auch für Victor wäre es der beste Anlaß, aus Moskau herauszukommen und sich um die Geschäfte in New York zu kümmern. Ein Jahr später, als wir mit Kamenow über den Verkauf unserer Fabriken verhandelten, machten wir zur Bedingung, daß wir unsere sämtlichen Haushaltsgegenstände, einschließlich unserer Antiquitätensammlung und Kunstwerke, ausführen durften. Inzwischen war die Sammlung derart angewachsen, daß sie mehrere Lager füllte. Obwohl wir nie sicher sein konnten, daß wir für alles, was wir erworben hatten, eine Ausfuhrgenehmigung bekommen würden, hielten wir es auch jetzt noch für das beste, unser Geld – besonders im Hinblick auf den fallenden Rubel – in Kunst anzulegen, die so preiswert zu haben war.

Im Juli 1928 wiesen wir unsere New Yorker Rechtsanwälte an, für dieses Geschäft eine Firma zu gründen. Eingetragen in Delaware, nannte sie sich Antique Importers, Inc. und gehörte zu fünfzig Prozent Sakho und zu fünfzig Prozent mir. Im November 1928 änderten wir den Namen in Importers of Antique Art, Inc. Die Firma hatte ihren Geschäftssitz in der East 38. Street in New York.

Wir baten die Museumsbehörden um die Ausfuhrgenehmigung. Je nach Qualität mußten wir Exportsteuern von 15 bis 35 Prozent des Kaufpreises zahlen. Wir begannen sofort, die Kunstgegenstände zu verpacken und an unsere New Yorker Firma zu schicken.

Von Anfang an hatten wir Schwierigkeiten mit Sakho. Seine Verkaufsbemühungen verliefen meist im Sande. Er konzentrierte sich allein auf die üblichen Auktionslokale und tat nichts, um auf die Einzigartigkeit unserer Sammlung hinzuweisen. Der Handel endete in einem Fiasko.

Bald nachdem wir Teilhaber geworden waren, mußte Sakho wieder aussteigen. Für sein beschränktes Vermögen hatte er Aktien gekauft, und auch er hatte im Fieberwahn, der Amerika in den späten zwanziger

Jahren überfiel, spekuliert. Sakho war – wie Millionen andere Amerikaner – der Illusion erlegen, daß ein Anruf zur rechten Zeit bei einem cleveren Makler von der Wall Street genügte, um leichtes Geld zu machen. Der Börsenkrach von 1929 ruinierte ihn. Er flehte uns regelrecht an, ihn auszukaufen.

Es blieb uns auch gar nichts anderes übrig. Ein so erheblicher Teil der Einnahmen aus unseren Moskauer Jahren war in Bildern, Fabergé-Eiern, Kunstobjekten, Stoffen, Schmuck und Antiquitäten investiert worden, daß wir unbedingt einen Weg finden mußten, sie zu verkaufen, selbst wenn dies bedeutete, daß wir in einem Geschäftszweig Profis werden mußten, in dem wir bis dahin nur enthusiastische Amateure gewesen waren.

An diesem Punkt nahm Morris Gest, Theateragent, Freund und Gauner, unsere Geschäfte in die Hand. Er übernahm Sakhos Anteil, und wir waren froh über sein Geld und er über unseres.

Morris Gest und ich richteten in New York eine Galerie ein, in der wir unsere Sammlung ausstellten, und nannten sie «L'Ermitage». Harry und Victor sollten sie leiten. Morris' Teilhaberschaft verbesserte unsere Geschäftslage jedoch nicht, sie wurde im Gegenteil noch schlechter. Ich bekam einen nicht enden wollenden Telegrammstrom von Harry und Victor, die mir mitteilten, wie unmöglich sie ihre Aufgabe fänden. Zum Beispiel telegrafierte Harry: WIE KANN MAN VON UNS ERWARTEN, DASS WIR FABERGE-EIER UND ZARENSCHÄTZE VERKAUFEN, WENN BÖRSENMAKLER AUS DEN FENSTERN SPRINGEN UND FRÜHERE GESCHÄFTSFÜHRER AN DEN STRASSENECKEN ÄPFEL VERHÖKERN???

Mit Geschick und Energie wurden zwar einige Stücke verkauft, aber die Geschäftsbücher zeigten, daß der Verkauf kein Geld einbrachte. Auf meine Rückfrage hörte ich von meinen Brüdern: «Das liegt nur an Morris.» Morris Gest machte auf die gleiche erfinderische Weise Geld, wie er Gründe fand, es nicht weiterzugeben.

Mit Morris Gest hatte ich zum ersten Mal zu tun, als er mich mit Sol Hurok besuchte, einem der größten amerikanischen Impresarios, der russische Bühnenproduktionen nach Amerika brachte. An dieser Sache war er selber stark interessiert. Morris, seine grenzenlose Energie und sein Sinn für Humor, gefielen mir sofort. Ich war immer gern mit ihm zusammen, wenn ich in New York war, und er präsentierte mich allen Leuten und bestand darauf, daß ich von meinen russischen Erfahrungen erzählte. Als er Partner im L'Ermitage-Unternehmen wurde, machte er den Vorschlag, Teile des Zarenschatzes aus der Galerie an Freunde und Bekannte zu verkaufen.

Seine Methode war eine für ihn typische Kombination aus List und Einschüchterung. War er bei Freunden zum Abendessen oder übers Wochenende eingeladen, machte er den Gastgebern Komplimente über ihren hervorragenden Geschmack und die Schönheiten ihres Heims. Dann entdeckte er einen kleinen Makel oder eine Lücke und sagte: «Ich weiß genau, welches Bild/welcher Stoff oder Kunstgegenstand/welche Nippsache diese Lücke füllen und diesen Raum vollenden würde. Vertraut mir. Ich bring es euch. Wenn es euch nicht gefällt, werde ich mich sehr wundern. Ich habe zufällig Verbindung zu einem Geschäft, in dem die großartigsten Schätze der Zarenzeit verkauft werden, die die Welt je gesehen hat.»

So machte er ganz nebenbei gute Geschäfte. Er wäre in unserem Unternehmen ein äußerst wertvoller Partner gewesen, hätte er uns auch den uns zustehenden Erlös zukommen lassen. Geld aus Morris herauszuholen, war schwieriger als Steine zu brechen. Dabei war er weder unehrlich noch hoffnungslos arm. Im Gegenteil, Morris besaß ein bedeutendes Privatvermögen. Das Problem war nur, daß er seine Finger in hunderterlei Projekten hatte, für die er immer Bargeld brauchte.

Morris tätigte seine größeren Spekulationen jedoch nicht an der Wall Street, sondern an jener anderen Durchgangsstraße von Millionen zerbrochener Träume, dem Broadway. Er war wie ein Kind, wenn es um große Shows ging, und am glücklichsten war er, wenn er eine neue Inszenierung herausbrachte.

Im Laufe der Jahre konnte er phantastische Erfolge für sich verbuchen, er hatte aber auch gigantische Mißerfolge – der größte war sein Passionsspiel.

Eines Tages überredete Morris Victor, mit ihm in einer Stadt im Mittleren Westen die Freiluftaufführung eines Passionsspiels anzusehen. Seine Bildung war ziemlich mäßig, er hatte sie sich vornehmlich in der harten Schule des Lebens angeeignet; und man kann nicht behaupten, daß sich seine Kritikfähigkeit auf besondere historische oder literarische Kenntnisse stützte.

Schon nach dem ersten Akt war Morris begeistert. Die schauspielerischen Leistungen, der Text, die Inszenierung – er war einfach überwältigt. Auf der Stelle beschloß er, das Passionsspiel zu kaufen und es auf eine große Bühne am Broadway zu bringen. Er blieb nur bis zum Ende des ersten Aktes – mehr brauchte er nicht zu sehen, sein Entschluß war gefaßt.

Er wußte also nicht, was zum Schluß passierte. Er war als Jude groß geworden. Woher sollte er ahnen, daß der Höhepunkt jedes Passionsspiels die Kreuzigung Christi ist, für die man Pilatus und den Juden die Schuld in die Schuhe schiebt?

Als das Stück am Broadway eröffnete, marschierten Hunderte von empörten New Yorker Juden vor dem Theater auf und ab. Das Theater blieb leer. Das Stück wurde nach einer Woche abgesetzt, und Morris verlor sein letztes Hemd. Ich mag nicht daran denken, wie viele unserer Kunstwerke in diesem Fiasko verschwunden sind. Jedenfalls wurde ihm sehr viel Geld abgeknöpft, und wir mußten ihn wiederholt auffordern, seinen Verpflichtungen uns gegenüber nachzukommen. Manchmal ging es dabei nur knapp am Gericht vorbei. Er versprach immer wieder, uns aus dem Erlös seines nächsten Theaterstücks zu bezahlen, in das er astronomische Erwartungen setzte. Es hieß «Das Wunder», und er ließ es an Theatern außerhalb New Yorks spielen. «Wenn es am Broadway herauskommt», sagte er, «zahle ich euch das Doppelte, ihr werdet schon sehen.» Dieses Wunder geschah aber nie. Man konnte ihm jedoch nicht lange böse sein. Er war ein Schlawiner, dabei aber so charmant, daß wir uns niemals ernsthaft zerstritten und immer gute Freunde blieben.

Komödienhaftes Pech haftete an seinen Fersen. Sein Leben bestand aus einer Aneinanderreihung bizarrer Ereignisse, die er mit nicht zu unterdrückendem Humor meisterte. Die Geschichte seiner Eltern in Rußland war typisch dafür.

In einem Dorf in der Ukraine geboren, machte sich Morris als Jugendlicher allein auf den Weg nach Amerika. Als er geschäftlich erfolgreich wurde, wollte er seine Eltern nachkommen lassen, aber die bolschewistische Revolution erschwerte ihre Ausreise enorm, und schließlich war die Verbindung zu ihnen ganz abgeschnitten.

Morris, der all die Geschichten von Hungersnot und Typhus im Ural und in der Ukraine hörte, verlor vor Sorge schier den Verstand. Er stellte sich seine alten Eltern vor – hungernd, krank, dem Tode nah. Inzwischen war es jedoch möglich geworden, durch das amerikanische Hilfswerk (ARA) Lebensmittelpakete nach Rußland zu schicken. Morris hielt jeden an, den er traf, und sagte: «Bitte – ich flehe Sie an – schicken Sie ein ARA-Paket an meine Leute in der Ukraine. Sie hungern und liegen vielleicht schon im Sterben.» Es wurden eine Menge Pakete geschickt. In der Zwischenzeit befreundete sich Morris mit Herbert Hoover, dem Direktor des ARA und späteren Präsidenten. «Bitte», sagte er, «Sie müssen meinen armen alten Eltern helfen. Sie können nicht aus Rußland ausreisen, und es geht ihnen furchtbar schlecht.»

Hoover hatte Mitleid mit Morris. Er sorgte dafür, daß ein Schiff der US-Marine speziell für diesen Akt der Barmherzigkeit ausgeschickt wurde, um seine Eltern nach Amerika zu bringen. Hoover erwirkte von den sowjetischen Behörden eine Sonderausreisegenehmigung.

Der Kapitän des Schiffs und einer seiner Männer reisten pflichtgemäß in das ukrainische Dorf, in dem Morris' Eltern lebten. Als der Vater an die Tür kam, sagte der Kapitän: «Auf Befehl von Herbert Hoover und aufgrund der Bemühungen Ihres Sohnes Morris bringe ich Ihnen großartige Nachricht. Sie sind gerettet. Wir sind hier, um Sie mit nach Amerika zu nehmen.»

Der Alte sah den Kapitän verblüfft an und sagte: «*Wohin* sollen Sie uns mitnehmen?»

«Nach Amerika, Sir. Ihre Sorgen sind vorüber.»

«Sorgen? Was für Sorgen? Sind Sie verrückt? Wir gehen nirgends hin, und das können Sie Morris und Herbert Hoover, wer immer das ist, ausrichten.»

«Aber Sir, Sie verstehen nicht...»

«*Sie* verstehen nicht, junger Mann», sagte der Vater. «Wir haben hier ein wunderbares Geschäft. Das gebe ich doch nicht auf – nur über meine Leiche! Schauen Sie nur!»

Er führte den Kapitän in den vorderen Raum des Hauses, der zu einem einfachen Laden umgebaut worden war. Die Regale ächzten unter der Last der Dosen und Tüten. Sie verkauften die Lebensmittelpakete, die Morris und seine mitfühlenden Freunde geschickt hatten, zu phantastischen Preisen. Es war ihnen in ihrem ganzen Leben noch nie so gut gegangen.

In unseren letzten Jahren in Moskau, in denen wir fieberhaft Kunstwerke für den Weiterverkauf in New York beschafften, mußten wir jedes Stück, das wir besaßen, von der Moskauer Museumsverwaltung registrieren lassen, die in regelmäßigen Abständen in unser Haus kam, um «Inventur zu machen». Sie war berechtigt, alles, was sie auswählte, für das Museum einzuziehen, und nichts konnte ohne Genehmigung ausgeführt werden. Zum Glück war man nur an sehr wenigen Dingen interessiert, und dank unseres Vertrags mit der Regierung für den Verkauf unserer Fabriken wurde die notwendige Exportgenehmigung für die ganze Sammlung gewährt, was jedoch mit enormem bürokratischem Aufwand und nur nach Zahlung einer hohen, auf der Bewertung des Museumsausschusses basierenden «Exportsteuer» verbunden war.

Eines Tages wurden wir gebeten, bei einer der erstaunlichsten Kunsttransaktionen aller Zeiten als Kommissionäre mitzuwirken. Unser Kunde war jedoch nicht die sowjetische Regierung, wie manche Leute annahmen, sondern es handelte sich um prominente Amerikaner, die versuchten, mit den Russen ins Geschäft zu kommen.

Um ihren ungeheuren Bedarf an Devisen zu decken, beschlossen die Sowjets 1928, einen Teil der herrlichen Gemäldesammlung aus der Eremitage in Leningrad zu verkaufen. Mehr als zwanzig Meisterwerke wurden angeboten, darunter einige der berühmtesten Gemälde der Welt, wie Raphaels «Alba Madonna», van Eycks «Jüngstes Gericht», «Bildnis Papst Innozenz' X.» von Velázquez und Botticellis «Anbetung der Heiligen Drei Könige». Außerdem wurde das vielleicht großartigste aller Gemälde von Leonardo da Vinci angeboten, die «Madonna Benois», ein Meisterwerk, das sogar die «Mona Lisa» im Louvre übertreffen soll. Damals gab es in den Vereinigten Staaten nicht einen einzigen Leonardo da Vinci, und das Angebot der «Madonna» erregte großes Aufsehen. Die reichsten und mächtigsten Sammler boten um die Wette.

Ich hatte nicht die Absicht, selbst mitzubieten. Ich war kein Sammler der größten Kunstwerke und brauchte – um ehrlich zu sein – mein Geld für mein Geschäft. Für jedes Bild würden viele hunderttausend Dollar geboten werden, und ich konnte unmöglich daran denken, einen so großen Teil meines Vermögens zu investieren.

Ich wurde trotzdem in den Verkauf verwickelt. Ein mysteriöser Brief von Max Steuer, dem berühmten New Yorker Rechtsanwalt, traf ein, der mir und meinem Vater seinerzeit geholfen hatte, als uns Henry Fingerhood, der ursprüngliche Teilhaber meines Vaters, mit einer Klage drohte. Victor und ich sollten als Agenten beim Erwerb einer kleinen Zahl von Bildern aus der Eremitage – darunter der Leonardo da Vinci – handeln. Er war bereit, für das Ganze fünf Millionen Rubel – also zweieinhalb Millionen Dollar – auszugeben, und bot uns bei erfolgreichem Abschluß eine Provision von zehn Prozent des Kaufpreises.

Ich war sofort mißtrauisch. Max Steuer war unbestritten einer der erfolgreichsten und somit wohlhabendsten Rechtsanwälte New Yorks. Daß er aber derart reich geworden sein sollte, war unvorstellbar. Außerdem wußte ich, daß er erst vor kurzem mit einer kleinen Sammlung angefangen hatte. Es machte also nicht viel Sinn, daß er jetzt mit den angesehensten Sammlern der Welt, wie Andrew Mellon, bieten wollte, um das großartigste aller Meisterwerke zu erwerben. Wenn man es genau betrachtete, konnte seine Lage nicht viel anders sein als meine. Ich vermutete, daß er wahrscheinlich für einen der großen Sammler, der anonym bleiben wollte, handelte.

Steuers Angebot war jedoch echt, und wir hatten eine saftige Provision in Aussicht. Ich wandte mich also an Anastas Mikojan, der dem Außenhandelsministerium vorstand, das die Auktion durchführte. Mikojan, der den Preis eines Knopfes und erst recht den eines Leonardo da Vinci kannte, lehnte das Angebot brüsk ab. Er nannte es lächerlich. «Der Leonardo allein ist seine zweieinhalb Millionen Dollar wert», sagte er. Er hatte bereits ein Angebot von sechs Millionen Dollar für die Gruppe von Bildern erhalten, für die sich Max Steuer interessierte – und zwar ohne den Leonardo.

Ich schickte Steuer Telegramme, teilte ihm mit, was Mikojan geantwortet hatte, und warnte ihn, daß die Russen den Leonardo zurückziehen könnten, wenn sein Angebot nicht realistischer würde. Er bat mich, zwei Millionen Dollar für den Leonardo allein zu bieten, und keinen Cent mehr.

Mit diesem Angebot wandten wir uns wieder an Mikojan, der es nun wohlwollender aufnahm. Nach einiger Zeit hörten wir, daß Steuers Angebot angenommen werden könnte, wenn es um zweihunderttausend Dollar erhöht würde, um die zehnprozentige Ausfuhrsteuer zu begleichen.

In der Zwischenzeit hatten wir von Harry erfahren, daß Steuer ganz sicher für eine dritte Partei handelte, und weil wir es satt hatten, so zu tun, als wüßten wir nicht, daß er im Auftrag handelte, rieten wir ihm, seinem Klienten zu sagen, daß die Russen nicht von ihrem Preis abrücken würden.

Mit seiner Antwort ließ er die Katze aus dem Sack. Sein Klient, sagte er, würde nicht höher als zwei Millionen gehen. Wenn das Angebot jedoch akzeptiert werden sollte, würde er bei einer New Yorker Bank ein unwiderrufliches Akkreditiv eröffnen und Bernard Berenson nach Moskau schicken, damit er das Bild für die Reise nach Amerika versiegelte.

Sobald wir den Namen Berenson hörten, wußten wir, daß Steuer im Auftrag von Sir Joseph Duveen handelte, einem der berühmtesten Kunsthändler aller Zeiten. Berenson war ein Berater Duveens und der einzige auf der Welt, dessen Kunstverständnis Duveen mehr respektierte als sein eigenes. Berenson war für so einflußreiche Leute wie Marcel Proust, Kenneth (später Lord) Clark, John Walker, den bemerkenswerten Leiter der Nationalgalerie von Washington, und Carter Brown, den jetzigen Direktor der Nationalgalerie, inoffizieller Mentor gewesen. Wenn Berenson bereit war, auf Geheiß von Steuers Klient nach Moskau zu reisen, dann mußte dieser Klient Duveen sein.

Duveen hatte, wie wir vermuteten, auch noch andere Agenten in Moskau angewiesen, auf den Leonardo zu bieten. Ich glaube, er wollte bestätigt wissen, daß der von uns genannte Preis echt war und wir ihn nicht hinters Licht führen wollten.

Duveens labyrinthische Manöver führten jedoch zu nichts, denn die Russen ließen sich – wie ich vorausgesagt hatte – nicht von ihrem Preis abbringen. Schließlich zogen sie das Bild zurück.

So verlor Sir Joseph den Leonardo, den er so begehrte, zum zweiten Mal. Vor der Revolution war ihm das Bild von der damaligen Besitzerin, einer Verwandten des Schauspielers Peter Ustinov, angeboten worden. Duveen rief Berenson zu sich, der die Echtheit des Gemäldes bestätigte und ihm riet, er solle es auf jeden Fall kaufen. Nach russischem Gesetz mußte der Besitzer das Bild dem Zaren für den gleichen Preis anbieten. Zu Duveens maßlosem Verdruß kaufte es der Zar.

Der Hauptteil der Eremitage-Sammlung wurde natürlich im Auftrag von Andrew Mellon von der Galerie Knoedler in New York angekauft und gehörte zu den herausragendsten Neuerwerbungen in einer der größten Privatsammlungen dieses Jahrhunderts. Dieser Teil wurde der Nationalgalerie in Washington vermacht, wo er sich heute noch befindet. Durch einen der vielen Zufälle in meinem Leben wurde meine Verbindung mit jenem historischen Verkauf dreißig Jahre später erneuert, als die Hammer Galleries die Knoedler Galleries erwarben, das älteste und eines der geachtetsten Kunsthäuser Amerikas, Lieferanten von Meisterwerken an jeden wichtigen Sammler im Land, von Mellon bis Frick und Rockefeller. Als wir die Knoedler Galleries erwarben, besaß ich in meiner eigenen Sammlung auch ein paar Meisterwerke. Aber damals, 1929, war ich mit weniger künstlerischen Ambitionen zufrieden und froh, mit Knoedler konkurrieren und das Geld anderer Leute ausgeben zu dürfen.

Was Sakho in unserer Moskauer Sammlung am meisten begeistert hatte, waren nicht unsere Bilder gewesen, sondern die Kunstgegenstände und kostbaren Raritäten. Zum Beispiel besaßen wir viele Ballen Stoff aus dem achtzehnten Jahrhundert. Dieser Stoff, in dem echte Gold- und Silberfäden schimmerten, wurde früher für liturgische Gewänder in den Privatkapellen des Zaren verwendet. Victor war auf diese Stoffe gestoßen, als er in den Untergeschossen des Winterpalasts in Leningrad herumstöberte.

Arbeiter zerschnitten Berge von Stoffen, rissen die glitzernden Fäden heraus und verbrannten die Gewänder. Ich kaufte den ganzen Bestand für sechzigtausend Dollar auf – für wenig mehr als den Gold- und Silberwert der Fäden. Später in Amerika brachten diese Stoffe uns mehrere Millionen Dollar ein, als sie zu Abendmänteln, Pianoüberwürfen, Handtaschen und exotischen Abendschuhen verarbeitet wurden.

Unter den unschätzbaren, mit Juwelen besetzten Objekten, die wir für wenig mehr als den Wert ihrer Edelsteine und des Goldes erwerben konnten, war eine Sammlung zauberhafter Ostereier. Diese hatten alle einmal der Zarenfamilie gehört, die sie in Auftrag gegeben und verschenkt hatte. Sie waren beim Hofjuwelier Carl Fabergé bestellt worden, den man mit Recht den «Cellini des Nordens» nannte, und viele von ihnen waren von seinem Meister Perchin angefertigt worden. Diese Eier gehörten zu den feinsten und exotischsten Schätzen der reichsten Familie des Hochadels, und es zählt wohl zu den Eigenarten dieses Jahrhunderts, daß sie schließlich in den Händen eines jungen Mannes aus der Bronx landeten.

Die Gewohnheit der Familie Romanow, diese herrlichen Eier zu verschenken, hat um das Jahr 1885 begonnen, als Fabergé Zar Alexander III. den Vorschlag machte, als nächstes Ostergeschenk für die Zarin Maria Feodorowna ein Ei anzufertigen, das eine besondere Überraschung enthielt.

Fabergé produzierte etwas, was die Form eines gewöhnlichen Hühnereis hatte – aber eines aus Gold, weiß emailliert. Es öffnete sich und zeigte das Dotter, ebenfalls aus Gold. Auch das Dotter ließ sich öffnen, und darin befand sich ein Küken aus Gold in verschiedenen Schattierungen. Im Küken befand sich ein Modell der Zarenkrone – in allen Einzelheiten identisch mit dem wertvollen Original Katharinas der Großen. Und in der Krone hing ein winziges Rubinenei.

Alexander war so entzückt, daß Fabergé den Dauerauftrag erhielt, zu jedem Osterfest ein Ei anzufertigen, und zwischen dem Zar und dem Goldschmied wurde ein Abkommen geschlossen: Fabergé erhielt die unbeschränkte Vollmacht, zu machen, was immer ihm gefiel, und der Zar hatte keine Fragen zu stellen, doch jedes Ei sollte irgendeine noch nie dagewesene Überraschung enthalten. Alexanders Sohn, Zar Nikolaus II., setzte diese Tradition fort, gab aber zwei Eier pro Jahr in Auftrag – eines für seine Frau, die Zarin Alexandra Feodorowna, und das andere für seine Mutter, Maria Feodorowna. Bis zur Revolution hatte Fabergé an die fünfzig Ostereier aus Gold, Emaille und Edelsteinen geschaffen, die wegen ihrer Raffinesse, ihrer Schönheit und dem künstlerischen Design mit den größten Schätzen alter Zivilisationen verglichen werden können.

Carl Fabergé hielt sich bis zu den allerletzten Augenblicken des zaristischen Regimes an das Abkommen, das er mit Alexander III. geschlossen hatte. Er fertigte zwei Ostereier für 1917 an. Als er sie dem Zar nach Zarskoe Selo bringen wollte, sagte man ihm, sein Patron könne sie nicht entgegennehmen. Der Zar war Gefangener im Palast.

Ende 1929 erfuhr Victor von der sowjetischen Agentur «Antiquariat», die für den Verkauf von Kunstschätzen eingerichtet worden war, daß eine Reihe von Fabergé-Eier erworben werden könne, vorausgesetzt, der Preis stimme. Zunächst wurden sieben oder acht davon für ungefähr fünfzigtausend Dollar pro Stück angeboten. Ich zögerte keinen Augenblick, jedes einzelne, das uns angeboten wurde, zu kaufen. Zum Schluß besaßen wir fünfzehn Stück.

Eines dieser Eier war ein Ostergeschenk aus dem Jahr 1895 von Nikolaus II. an seine Mutter. Es war aus massivem Gold und rosenfarbener Emaille. Perchin hatte mehrere Jahre daran gearbeitet. Es war reich mit Diamanten und Smaragden verziert und von einem wunderschönen Sternsaphir gekrönt. Die Innenseite war mit feinem roten Samt ausgekleidet und enthielt eine Tasche, in der sich eine Falttafel mit zehn Miniaturen, die auf Perlmutt gemalt waren, befand. Die Rahmen waren genauso fein ausgearbeitet wie der Rest des Eies.

Die Miniaturen, die Krönung dieses Kunstwerks, waren von dem berühmten russischen Miniaturisten Krijizki gemalt worden und stellten die verschiedenen dänischen Aufenthaltsorte und Paläste der Monarchin, der früheren Prinzessin Dagmar von Dänemark, dar. Es war als «dänisches Ei» bekannt und würde sich heute für mehr als eine Million Dollar verkaufen lassen, das Zehnfache dessen, was ich dafür bezahlt habe.

Ein zweites Ei, noch verschwenderischer verziert, war das berühmte Diamant- und Lapislazuli-Ei. Es war aus dem feinsten Lapislazuli mit goldenen Auflagen gefertigt. Das Design enthielt mehrere Doppeladler, über denen eine Krone schwebte. Gekrönt war das Ei von einem rechteckigen flachen Diamanten mit den Initialen AF – Alexandra Feodorowna –, darüber eine Krone und das Datum 1912. Auch der Boden enthielt einen großen Diamanten. Im Innern des Eies befand sich der russische Doppeladler, gänzlich in Diamanten gefaßt und auf einer Auflage aus Lapislazuli angebracht. Auf der Brust des Adlers unter der Krone war eine Miniatur des Zarewitsch Alexis im Matrosenanzug zu sehen. Nikolaus II. hatte dieses Ei seiner Frau, der Zarina Alexandra, am Ostermorgen 1912 geschenkt. Es war ebenfalls von Fabergé signiert, der drei Jahre an diesem ausgeklügelten Geschenk gearbeitet hatte. Es befand sich in der Kronjuwelensammlung im Alexanderpalast.

Diese Eier sollten strahlender Mittelpunkt der Ausstellungen werden, die wir in Amerika in Szene setzten. Viele Jahre später wurde eine große Gruppe dieser herrlichen Ostereier von Malcolm Forbes erworben, manche für Millionen-Dollar-Preise. Sie befinden sich jetzt im Forbes Museum im Verlagshaus der Zeitschrift *Forbes* in New York.

So begann eine der ungewöhnlichsten und interessantesten Episoden meiner Karriere, als Kunsthändler und Superverkäufer in Kaufhäusern. Diese Geschichte gehört in ein anderes Kapitel über ein neues Jahrzehnt, einen anderen Kontinent. Nach neun Jahren war ich endlich wieder zu Hause.

Gut weggekommen

Als der Zug, mit dem ich und meine Familie im Frühherbst 1930 Moskau verließen, langsam über die Weichen ratterte, lehnte ich meinen Kopf gegen die Polster und schloß die Augen. Ich sah das entschwindende Moskau nicht.

Ich hatte allen Grund, mich erleichtert zu fühlen. In jeder Beziehung war ich «gut weggekommen». Meine Ambitionen hatten sich trotz der zunehmenden Schwierigkeiten realisieren lassen. Seit Lenins Tod hatte ich Stalins harte Hand zu spüren bekommen, die das Land immer fester umklammerte und meine geschäftlichen Unternehmungen abzuwürgen versprach. Aus der Presse und in Gesprächen wurde deutlich, daß er Lenins NEP rückgängig machen und das Land von fremden Unternehmern befreien wollte. Ich hatte meinen Abschied im rechten Augenblick genommen.

Meine Eltern blieben im Braunhaus, um sich um die finanzielle Abwicklung zu kümmern. Außerdem sollten sie die Verschiffung unserer Kunstwerke nach New York überwachen. Ansonsten hinterließ ich nur wenig Spuren in Moskau. Nicht einmal der Name unserer Bleistiftfabrik überdauerte: Nach unserer Abreise nannten die Sowjets sie prompt nach Sacco und Vanzetti, den anarchistischen Märtyrern, die Ende der zwanziger Jahre aus Angst vor der «Roten Gefahr» in Amerika hingerichtet wurden (der Name ist bis heute geblieben). Das Symbol der Freiheitsstatue zierte den Firmenkatalog nicht mehr. Von nun an waren es Hammer und Sichel.

Paris versprach alles, was mir in den vergangenen neun Jahren im Leben gefehlt hatte – Komfort, Eleganz und Zwanglosigkeit: die

Anerkennung einer beruflichen Laufbahn in einer Gesellschaft, die das Geschäftsleben achtete; und – vielleicht das Erfreulichste – die Erlösung von dem ständigen Mißtrauen und der Heimlichtuerei im kommunistischen Rußland.

Olga war außer sich vor Glück, Moskau verlassen zu dürfen. In Paris würde sie das Leben wiederaufnehmen können, das sie vor der Revolution geführt hatte – ausgefüllt mit Parties, schönen Kleidern, Dienstboten, gutem Essen und Unterhaltung. Außerdem war der bohemehafte Anstrich ganz nach ihrem Geschmack. In Moskau hatte sie sich mit den jungen Malern und Schriftstellern umgeben, die die Stadt für kurze Zeit – bis das unerbittliche Philistertum von Stalins «sowjetischem Realismus» hereinbrach – zu einem vibrierenden Zentrum der lebenden Künste machten. Aber der Magnet für alle Künstler war mehr denn je das Paris von Hemingway, Joyce, Fitzgerald, Pound, Gertrude Stein und Picasso, dem wir entgegenfuhren.

Olga konnte es nicht erwarten, in diese Gesellschaft einzutauchen. Sie war wie ein exotischer Vogel, den man jahrelang in einen Käfig gesperrt hatte. Sie sollte mehrere Konzerte geben, die vom Pariser Publikum und von der Kritik gut aufgenommen wurden.

Olga hatte eine Tante Tanja in Paris, die mit einem Mitglied des französischen Kabinetts verheiratet war. Durch diese Leute waren wir sofort gut eingeführt. Wir suchten ein Haus und fanden bald eine wunderschöne Villa in Garches, etwa fünfundzwanzig Kilometer vom Zentrum entfernt, auf einer Anhöhe mit Blick auf Paris.

Die Villa hatte vorher einer Modeschöpferin namens Mlle. Barth gehört und war dementsprechend exquisit. Sie war mit echten Louis-XVI-Möbeln und Bildern des Fin de Siècle ausgestattet und hatte ein Speisezimmer mit wandhohen Fenstern, die auf die Stadt und die Seine blickten. Es machte uns viel Spaß, Dinner-Parties zu geben und Paris in strahlendem Glanz unter uns ausgebreitet zu sehen. Nach dem Essen führten wir unsere Gäste gern hinaus in den herrlichen Rosengarten. Ich war selten glücklicher als in jenem Haus.

Als ich Moskau verließ, wußte ich genau, mit was ich mich in Paris befassen würde. In Rußland hatte ich viele westliche Geschäftsleute kennengelernt, die mit den Russen gehandelt und Zahlungen halb in Bargeld und halb in Schuldscheinen akzeptiert hatten. Darunter waren frühere Partner von Averell Harriman, der eine erfolglose Mangankonzession besessen hatte. Sie trauten den Schuldscheinen nicht, sie bezweifelten, daß die Russen sie bezahlen würden. Sie hielten das Verhalten der Sowjets, die die Schulden des zaristischen Regimes gegenüber dem Ausland nicht bezahlen wollten, für ein schlechtes Omen. Ich war da anderer Meinung.

Meine Haltung gegenüber den Sowjets beruhte auf meiner Erfahrung. Die neue Leitung einer Firma, die bankrott gemacht hat und dann neu gegründet worden ist, bezahlt deren Schulden stets prompt und vollständig, da sie bemüht ist, sich bei den Kunden einen guten Namen zu machen. Die Russen schätzte ich genauso ein. Die Sowjets hatten es (berechtigterweise, wie ich meine) abgelehnt, die Schulden des Zaren zu begleichen, waren aber jetzt sehr daran interessiert, ihre eigene Zuverlässigkeit unter Beweis zu stellen. Sie konnten es sich nicht leisten, nicht zu zahlen.

Harrimans Gesellschafter boten mir ihre Wechsel zum damals gültigen Diskontsatz von zwei Prozent pro Monat an (ich erfuhr erst Jahre später von Harriman selbst, daß er einen seiner eigenen Wechsel verkauft hatte und restlos bezahlt worden war). Ich konnte diese Wechsel somit bis zu 72 Prozent über ihre vollen drei Jahre diskontieren und selbst Geld zu sechs Prozent pro Jahr leihen, um für sie zu bezahlen. Da die Russen, wie ich vermutet hatte, allen ihren Verpflichtungen nachkamen, konnte ich sehr hohe Gewinne verbuchen – ich kann keine genauen Zahlen mehr nennen, aber es ging in die Millionen.

Ich betrieb gewissermaßen eine Handelsbank, in der ich nur einem Geschäft nachging: dem Erwerb russischer Wechsel. Deshalb benötigte ich keine große Niederlassung, sondern nur einige Büroräume, ein paar Sekretärinnen und einen Buchhalter. Nach der Hektik und dem Chaos der Bleistiftfabrik mit den vielen hundert Arbeitern floß mein Leben in Paris so ruhig und friedlich wie die Seine.

So ruhig war dieses Leben, daß ich mir sogar angewöhnte, im Büro ein Nickerchen zu machen – eine Gewohnheit, die ich beibehielt. In einem Safe in meinem Zimmer bewahrte ich ein Kopfkissen, einen Wecker, eine Haarbürste und eine Flasche Haarwasser auf. Nach den langen, ausgiebigen und wunderbaren Mittagessen – ein besonderer Bonus im Leben eines Geschäftsmannes in Paris – erklärte ich meinen Sekretärinnen, daß ich nicht gestört werden wollte. Dann zog ich die Vorhänge zu, nahm mein Kissen aus dem Safe und legte mich für eine halbe Stunde tiefen Schlummers aufs Sofa. Wenn mich die Uhr weckte, brachte ich die Haare in Ordnung, zog meine Jacke an, legte das Kissen in den Safe zurück und sagte den Sekretärinnen, ich sei für den nächsten Termin bereit.

Paris war das Paradies. Erst dort schien ich richtig erwachsen zu werden. Ich war mit einer schönen und aufregenden Frau verheiratet. Unser Sohn Julian war in einem reizenden Alter, in dem jedes Wort und jede Tat etwas Ursprüngliches ist, frisch geprägt in einem Kopf, der vor Neugierde schier platzte. Ich hatte die Interessen meines frühen Lebens kultiviert und während meiner Jahre in Rußland neue hinzugewonnen, und jetzt kannte ich meine Vorlieben sehr genau und hatte Mittel zur Genüge, um ihnen frönen zu können. Musik, Kunst, Geschäft und Familienleben nahmen mich voll in Anspruch und füllten meinen Tag mit Freuden aus. Während der vorangegangenen dreizehn Jahre, seit ich die kränkliche Firma meines Vaters übernommen hatte, hatte ich meinen Beitrag geleistet, und jetzt kam die Belohnung; es wäre undankbar gewesen, wenn ich sie nicht genossen hätte. In Paris hätte ich ewig leben mögen. Aber ich wohnte dort nur etwas mehr als ein Jahr.

Der Verkauf unserer Kunstschätze machte mir Sorgen. L'Ermitage, die Galerie, die wir eröffnet hatten, machte Verluste in erschreckender Höhe. Die einzigen Verkaufserfolge wurden von Morris Gest auch noch verpatzt – wir hätten unsere Kunstschätze gleich in den East River werfen können. Die Briefe und Telegramme, die ich von Harry und Victor erhielt, waren gleichbleibend düster: Sie konnten sich nicht vorstellen, wie das Unternehmen noch ein Erfolg werden sollte.

Im Lauf des Winters 1930–31 saß ich in meinem Büro in Paris, las diese entmutigenden Nachrichten und hoffte das Beste. Meine Antworten rieten zu Optimismus – die Wirtschaftskrise könne ja nicht ewig anhalten, reiche Leute schafften es immer, an ihrem Vermögen festzuhalten, und der Aktienmarkt erhole sich bestimmt. Aber als die Umsatzzahlen der Galerie weiterhin keine nennenswerte Veränderung zeigten, beschloß ich im Frühjahr, nach New York zu fahren und die Geschäfte selbst in die Hand zu nehmen.

In der Zwischenzeit – noch in Paris – kreuzte mein Weg kurz und zum ersten Mal den glänzenden Pfad Franklin Roosevelts. Ich fühle mich privilegiert, in seiner Ära gelebt zu haben, und ich werde immer stolz sein, daß er und seine Frau Eleanor mich ihren Freund nannten und meine geringen Bemühungen schätzten. FDR war noch Gouverneur von New York, und sein enger Freund, der ehemalige US-Senator Henry French Hollis von New Hampshire hatte in Paris eine Rechtsanwaltspraxis eröffnet. Hollis wurde mein Anwalt und guter Freund. Er interessierte sich sehr für die Erfahrungen, die ich in Moskau gemacht hatte, und bestärkte mich in meinem Glauben, FDR, der sich ernsthaft um das Präsidentschaftsamt bemühte, mit Rat unterstützen zu können. Im Falle seiner Wahl wollte FDR die diplomatischen Beziehungen zur UdSSR normalisieren, die die Vereinigten Staaten stets abgelehnt hatten.

Natürlich war ein solcher Plan äußerst wichtig. Alles, was den Rückzug Rußlands in die eisige Isolation, die Stalin begünstigte, rückgängig machen könnte, mußte unbedingt gefördert werden. Schon damals hielt ich es für äußerst gefährlich, einen so wichtigen Staat wie Sowjetrußland aus der Gemeinschaft der Handelsnationen hinauszudrängen. Dabei dachte ich an Benjamin Franklins Maxime, daß Nationen, die miteinander Handel treiben, selten Krieg gegeneinander führen.

Roosevelts rationale und gesunde Einstellung zu dieser Angelegenheit hätte allein schon genügt, um meine Unterstützung zu gewinnen, aber es gab noch vieles andere, was ich bewunderte. FDR glaubte mit jeder Faser seines Herzens an das liberale amerikanische System und verteidigte es leidenschaftlich, gleichzeitig begriff er jedoch, daß der Reichtum Amerikas nicht nur zum Besten der Amerikaner, sondern auch zum Besten der Welt nutzbar gemacht werden mußte. Dies war die Bedeutung und der Impuls des New Deal, der neuen Politik, die er mit Eloquenz, Witz und Leidenschaft vortrug.

Henry Hollis drängte mich, zu Roosevelts Kampagne beizutragen und andere Geschäftsleute in Frankreich im gleichen Sinn zu beeinflussen. Er brauchte mich nicht lange zu überreden.

Am 28. Juli 1932 schickte ich ein Telegramm an Gouverneur Roosevelt, in dem ich die Anerkennung der russischen Regierung aufgrund meiner neunjährigen Geschäftserfahrung als amerikanischer Staatsbürger in Rußland aufrichtig unterstützte. Dem fügte Mc Henry Howe, ein privater Roosevelt-Berater, hinzu: «Der Rat Dr. Hammers zu den Gegebenheiten in Rußland und wie man mit der derzeitigen Regierung am besten verhandelt, wäre äußerst wertvoll.»

Es ergab sich, daß mir 1932 die Zeit fehlte, mehr für Roosevelt zu tun, als Geld für den Wahlkampf zu spenden und meine Freunde zu ermuntern, das gleiche zu tun. (Roosevelts Pfad und meiner sollten sich in den kommenden Jahren jedoch noch oft kreuzen.) Den ganzen Sommer über stak ich bis zum Hals in der außergewöhnlichen Arbeit, zaristische Kunstschätze an den amerikanischen Mittelstand zu verkaufen, für dessen Wohlstand Roosevelt so viel getan hatte.

Als ich nach einer dieser Atlantiküberquerungen, vor denen mir inzwischen graute, in New York landete, holten mich Victor und Harry mit langen Gesichtern und düsteren Nachrichten vom Schiff ab. Es hätte keinen Sinn, weiter zu versuchen, unsere Schätze durch L'Ermitage an den Mann zu bringen, sagten sie. Wir sollten die Galerie schließen, die besten Stücke zu unserem eigenen Vergnügen herausnehmen und den Rest so lange lagern, bis sich die Wirtschaft erholt hätte und die Leute wieder Geld ausgäben.

Die Unterlagen bestätigten ihren Pessimismus. Sie hatten so gut wie nichts verkauft. Das meiste war noch nicht einmal ausgepackt und füllte viele Räume eines Lagerhauses auf der Upper East Side: Zu den Verlusten kamen auch noch hohe Lagerkosten.

Morris Gests Verkaufserfolge bewiesen jedoch, daß eine gewisse Nachfrage bestand. Wir mußten nur eine wirksamere Methode finden, um unseren Markt zu erreichen. Ich sagte meinen Brüdern, wir sollten uns nicht einfach mit der Tatsache abfinden. Schließlich steckte in diesen Kunstwerken eine Investition von mehreren Millionen Dollar. «Hört zu», sagte ich zu Victor und Harry, «nicht alle können ihr Geld verloren haben. Es gibt immer Leute, die gern etwas besitzen, was einmal dem Hochadel gehört hat.»

Ich wollte nicht einsehen, warum es beim Kunsthandel anders sein sollte als mit jedem anderen Geschäft – wenn man etwas zu verkaufen hatte, was andere Leute haben wollten, und wenn man sie auf das Produkt aufmerksam machte und es zu einem guten Preis anbot, wie konnte da etwas schiefgehen? Ich habe immer gesagt: «Es gibt kein schlechtes Geschäft, nur schlechte Geschäftsleute.»

Als erstes mußten wir natürlich Inventur machen. Wir hatten noch nicht einmal eine vollständige Liste der Objekte, die das Lager füllten. Wie konnten wir die Sachen zum Verkauf anbieten, wenn wir nicht einmal wußten, was wir alles hatten? Victor machte sich an die Arbeit und erstellte in sehr kurzer Zeit ein detailliertes Inventarverzeichnis. Jedes Objekt zeichnete er mit einem Preis aus – meist waren es nur Schätzungen. Für die Waren, die wir zu verkaufen hatten, gab es keinen eingeführten Markt. Wer konnte beispielsweise sagen, was eine Hausfrau in Poughkeepsie für ein Paar russische Kerzenhalter des Zaren aus dem neunzehnten Jahrhundert bezahlen würde?

Die Lösung unseres Absatzproblems kam per Zufall – doch so ein Zufall ist auch nicht immer nur Zufall. Wenn man hart genug arbeitet und sich auf ein Problem konzentriert und auf jede mögliche Lösung achtet, kann man sein Glück machen. Mein Glück war es, daß ich die Erfahrung eines sehr intelligenten Mannes namens S.L. Hoffman beachtete.

Samuel Hoffman war ein ungeheuer reicher Bekleidungshersteller, ein Selfmademan, der wie so viele andere amerikanische Unternehmer jener Zeit in Rußland geboren worden war und sich seinen Weg aus der Lower East Side New Yorks herausgekämpft hatte. Er machte sein Vermögen während der Depression, als der Bekleidungshandel absolut am Boden lag. Hoffman, der wußte, daß die Menschen Kleidung brauchten, ganz gleich, wie schlecht die Wirtschaftslage war, schaffte es, Damenkleider für einen Dollar das Stück zu verkaufen. Er installierte riesige Maschinen in seinen Fabriken, die Unmengen von Kleidern in einfachen Arbeitsgängen zuschneiden und nähen konnten. Dann lieferte er die Kleider an Kaufhäuser in ganz Amerika. Seine Ein-Dollar-Kleider gehörten zu den berühmtesten Merkmalen jener verzweifelten Zeit.

Hoffman und ich hatten den gleichen Rechtsanwalt: Jacob Schapiro. Schapiro machte uns miteinander bekannt, und ich erzählte Sam von meinen Schwierigkeiten mit unserer zaristischen Kunst. «Kaufhäuser», antwortete er. «Versucht's mal mit Kaufhäusern.»

Das war vollkommen logisch. Die Kaufhäuser, sagte er, hielten immer nach einer neuen Attraktion Ausschau, um Kunden anzulocken, und sie zogen Werbekampagnen besonders wirksam auf. «Sie haben mit diesen Kunstwerken eine wunderbare Story zu erzählen, der ganze Ursprung und die Geschichte und wie Sie zu den Sachen kamen», sagte er. «Die Kaufhäuser lieben eine gute Geschichte. Die helfen Ihnen, Ihre Sammlung am vorteilhaftesten auszustellen.»

Ich war von der Idee begeistert und beschloß sofort, an die Direktoren sämtlicher größeren Kaufhäuser des Landes einen persönlichen Brief zu schreiben, in dem ich ihnen meine Geschichte erzählte und die Sachen anbot. Sam erklärte sich bereit, mir dabei zu helfen. Das Angebot sollte so verlockend und faszinierend wie möglich sein. Ich berichtete kurz über meinen Aufenthalt in Rußland und meine geschäftlichen Erfahrungen dort und erklärte, wie ich an russischer Kunst Interesse gefunden hatte: ... «wegen des fallenden Rubels und meines Wunsches, mein Geld in etwas Reales umzusetzen.» Ich fuhr fort: «Wir sind keine Kunsthändler. Aber wir waren (und sind) daran interessiert, diese Kunst zu veräußern.»

Ich bot den Kaufhäusern die Schätze mit einem Preisnachlaß von 40 Prozent an. Dann ließ ich einen Stapel Etiketten mit dem Doppeladler der Zarenfamilie und einer kurzen Beschreibung des Objekts drucken. Nun lehnte ich mich zurück und wartete auf die Flut von Angeboten, die ganz einfach eintreffen mußte. Nichts passierte. Wenn sie sich überhaupt die Mühe machten zu antworten, war es abschlägig und entmutigend. Ich hatte schon das Gefühl, daß Hoffman mich in eine Sackgasse geführt hatte, als aus St. Louis ein Telegramm von einem Mr. Joseph Laurie, dem stellvertretenden Direktor von Scruggs-Vandervoort-Barney, eintraf.

KOMMEN SIE SOFORT stand in dem Telegramm. Ich rief ihn an, und er war sehr enthusiastisch. Er sagte, er würde uns einen guten Platz einräumen und viel Werbung machen. Victor und ich verließen sofort unser Büro und gingen zur Sixth Avenue, wo ein Theater, das Bankrott gemacht hatte, seine Schrankkoffer verkaufte. Wir nahmen alle Koffer, ließen sie zum Lagerhaus schaffen, verpackten einen guten Teil unserer Schätze und setzten sie in den Zug nach St. Louis.

Victor und ich fuhren mit. In St. Louis sprach ich mit Mr. Laurie und sagte, daß der Erfolg unseres Unternehmens meiner Meinung nach von guter Zeitungswerbung abhinge. Ich wollte, daß sie unsere Ausstellung nicht wie irgendeine andere Kaufhauswerbung behandelten, sondern als geschlossene Story. Ich sagte Mr. Laurie, daß ich die Herausgeber und Redakteure der Lokalblätter treffen wollte, und bat ihn, mich vorzustellen. Natürlich verschenkt keine Zeitung Anzeigenraum an ein Kaufhaus oder einen anderen regulären Inserenten, aber ich war der Ansicht, daß unsere Geschichte das journalistische Blut in Wallung bringen könnte.

Die Redakteure erkannten den Nachrichtenwert unserer Story. Ich gab ihnen Bilder unserer sagenhaften Fabergé-Eier und von verschiedenen anderen Kunstschätzen und erzählte ausführlich von meinen Jahren in Rußland. Beide Tageszeitungen brachten die Geschichte, und zwar so, daß sie ins Auge sprang.

Am nächsten Tag standen etwa fünftausend Menschen vor dem Kaufhaus Schlange und warteten darauf, eingelassen zu werden. Sie drängten sich in Schwärmen durch unsere Ausstellung und schnappten sich die günstigsten Angebote so rasch, wie die Quittungen ausgestellt werden konnten. In der ersten Werbewoche wurde unser Ausstellungsraum von durchschnittlich zweitausend Menschen pro Tag besucht, und die Umsätze stiegen in die Hunderttausende. Victors Preiskalkulation war raffiniert gewesen. Wenn er sich über einen Preis nicht ganz sicher war, rundete er ihn auf den nächsten Dollar oder auf hundert auf und zog eine Einheit ab – so kostete eine Perle vielleicht $ 9,99 und ein Armreif $ 99. Soweit ich weiß, war dieser Verkaufstrick auf dem Kunstmarkt noch nie angewendet worden, und mir ist bis jetzt noch kein Rubens begegnet, der auf dem üblichen Markt für $ 999 999 angeboten wurde.

Vor Ablauf der ersten Woche bat mich Mr. Laurie, die Ausstellung um weitere acht Tage zu verlängern und Nachschub aus New York zu beschaffen. Die Schrankkoffer wurden an das Lagerhaus zurückgeschickt und aus unserem Bestand aufgefüllt, nach St. Louis zurücktransportiert und auf den Tischen und Tresen rechtzeitig zum Wochenbeginn ausgeleert.

Als Teil der Verkaufsförderung hatte sich Victor bereit erklärt, im Konzertsaal von Scruggs-Vandervoort-Barney einen Vortrag zu halten, unsere Sammlung vorzustellen und ein paar Geschichten von unseren Erfahrungen in Rußland zum besten zu geben. Victor war vor seiner bisher größten Zuhörerschaft in seinem Element. Sein Vortrag war ein solcher Erfolg, daß Mr. Laurie mich bat, «zu veranlassen, daß Mr. Victor Hammer in unserem Konzertsaal einen weiteren Vortrag hält, weil so viele ihre große Enttäuschung zum Ausdruck gebracht haben, daß sie heute [2. Februar 1932] nicht dabei sein konnten».

Sobald sie von unserem Erfolg hörten, kamen auch die anderen großen Kaufhäuser gerannt. Marshall Field's in Chicago, die es nicht für nötig befunden hatten, meinen Brief zu beantworten, schickten eiligst einen Direktor, und er schrieb einen derart begeisterten Bericht, daß das Kaufhaus uns für drei Wochen buchte.

In Chicago wandte ich mich auf dieselbe Weise an die Lokalpresse, und das Ergebnis war noch spektakulärer. Das Kaufhaus war tagein tagaus von eifrigen Kunden buchstäblich verstopft. Die drei Wochen in Chicago wurden zu drei Monaten, und ich mußte Victor zurücklassen, um die Hauptshow abzuwickeln, während ich mit einer kleineren Reiseausstellung durch die ganze Nation fuhr.

In den fünfzehn Monaten zwischen Februar 1932 und Juni 1933 stellten wir dreiundzwanzig Verkaufsausstellungen auf die Beine. Ich lernte jeden Schaffner in jedem Schlafwagen der großen Züge kennen. Ich brachte damals fast so viele Kilometer per Schiene hinter mich wie heute per Jet.

Ich liebte jeden Aspekt und jedes Detail unseres neuen Geschäfts, es war ein erfrischender Wechsel nach all den früheren Unternehmungen.

Unser neuer Kunsthandel hatte etwas von dem Rummel und der Spontaneität eines Reisezirkus. In einer Stadt angekommen, bauten wir – bildlich gesprochen – unser Zelt in einem Kaufhaus auf, legten die Waren aus, machten Publicity und warteten auf die zahlenden Kunden. Wenn ihnen nicht gefiel, was sie sahen, zahlten sie nicht. Mein Job war einfach: Ich mußte die Show faszinierend und unwiderstehlich machen. Ich war der Anpreiser und Zirkusdirektor. Ich konnte gar nicht genug davon bekommen.

Mir machte besonders das Aufsetzen unserer Werbetexte Spaß, was ich ohne fachkundige Hilfe erledigte. Um die besondere Faszination unserer Sammlung herauszustellen, war eine Art Telegrammstil nötig, wo jedes Wort wegen der Kosten die Wirkung von zehn haben mußte. Ich entdeckte bald, daß wenige Zentimeter eines Leitartikels in der Zeitung das Zehnfache an bezahlter Werbung wert waren und daß ein Zeitungsfoto einen unschätzbaren Wert hatte. Als unsere Ausstellung in Buffalo eintraf, hatte ein Fotograf die glänzende Idee, ein paar junge Damen der Gesellschaft in zaristischen Roben aus unserer Sammlung posieren zu lassen. Da die Mädchen bekannt waren, kam das Bild auf das Titelblatt und zog Horden von Kunden an. Ich nahm mir diese Lehre zu Herzen und sorgte dafür, daß von nun an auf unseren Reisen immer eine prominente Person eingeladen wurde, damit ihr Bild zusammen mit den Artikeln über die Kollektion erschien.

In Chicago hatten wir Glück, als eine Nichte des toten Zaren Nikolaus II. sich die Schaustücke ansah und den Besitz ihrer verlorenen Familie berührte. Ich hätte um keine bessere Publicity bitten können.

Bei einem seiner Vorträge wurde Victor nach der Affäre Anastasia gefragt, die die Welt in Atem hielt. Mit der Zarenfamilie war Anastasia, die jüngste Tochter von Zar Nikolaus II., im Keller von Jekaterinburg erschossen worden. Anfang der dreißiger Jahre tauchte jedoch in Amerika eine Frau auf, die behauptete, Anastasia zu sein. Sie erzählte, der Körper eines Familienmitglieds habe sie vor den Kugeln geschützt. Sie habe sich tot gestellt und von einem der Soldaten, der mit dem Gewehrkolben auf die Leichen einhieb, einen Schlag auf den Kopf bekommen. Als sie wieder zu sich gekommen sei, habe ihr einer der Soldaten, der den Keller bewachte, zur Flucht verholfen. Und dann habe sie sich bis zur Weißrussischen Armee durchgeschlagen und sei aus Rußland herausgeschafft worden, zuerst nach Rumänien und dann nach Amerika.

Die sogenannte Anastasia, die jetzt den Namen Anderson trug, stand unter dem Schutz und der Vormundschaft einer reichen Amerikanerin, die die offizielle Anerkennung ihrer Geburtsrechte durchzusetzen versuchte. Ein gewaltiges Vermögen hätte Mrs. Anderson erwartet, wenn sie hätte beweisen können, die lebende Erbin der unzähligen Millionen zu sein, die angeblich auf den Konten der Romanows in ganz Europa deponiert waren.

Victor wurde gefragt, was er von der Sache hielt, und er antwortete: «Ich bezweifle nicht, daß ein Schlag auf den Kopf eine Person bewußtlos machen und zum Verlust ihres Gedächtnisses führen kann, oder daß diese Person, nachdem sie sich wieder erholt hat, hätte fliehen können. Aber ich kann mir nicht vorstellen, daß ein noch so heftiger Schlag es fertigbringt, daß eine gebürtige Russin plötzlich mit einem polnischen Akzent spricht wie diese Frau.»

Das Rätsel Anastasia/Mrs. Anderson wurde nie zufriedenstellend gelöst, obwohl Victors Skepsis die Sache am genauesten kommentierte, wie mir schien.

Zur selben Zeit machte man mir den Vorschlag, ich solle ein Buch über meine Erfahrungen in Rußland schreiben, um den Verkauf unserer Kunstschätze anzukurbeln. Im Sommer 1932 schrieb ich dann in nur drei Wochen aus dem Gedächtnis und mit Hilfe von unvollständigen Notizen eines Tagebuchs, das ich in den zwanziger Jahren geführt hatte, *The Quest of the Romanoff Treasure*. Die unvermeidlichen Mängel eines Buches, das mit derartiger Geschwindigkeit geschrieben wurde, waren mir schmerzlich bewußt, aber das Buch wurde wohlwollend aufgenommen, und verschiedene meiner Freunde, darunter Walter Duranty, meinten, ich hätte meinen Beruf verfehlt, ich hätte Journalist werden sollen.

Im Januar 1933 lud uns das Kaufhaus Lord & Taylor ein, unsere Sammlung kurzfristig in New York auszustellen. Lord & Taylor wurde von einer Frau geführt – wahrscheinlich die einzige, die damals ein größeres Kaufhaus leitete –, einer hervorragenden Geschäftsfrau namens Dorothy Shaver. Als ich sie im Winter 1932 aufsuchte und ihr von unseren Erfolgen berichtete, verschaffte sie uns sofort die Möglichkeiten für eine dreiwöchige Ausstellung. Der Umsatz dieser Show war so enorm, und die Werbung brachte so viele Leute ins Kaufhaus, daß sie sagte: «Warum bleiben Sie nicht für immer?»

Am 5. April 1933 eröffnete Lord & Taylor im siebten Stock eine Ikonen-Galerie; die Ikonen stammten allesamt aus unserer Sammlung aus dem Winterpalast und anderen Zarenpalästen. Es war zweifellos die größte Verkaufsausstellung russischer Ikonen in New York seit der Russischen Revolution, und sie fand weltweit Beachtung bei bedeutenden Kunstkritikern. Einer der herausragendsten Leute, die die Galerie besuchten, war Professor Paul Muratoff, der in Paris lebte, in Oxford, Cambridge und am Courtauld-Institut in London gelehrt hatte und als führende Autorität galt. Professor Muratoff machte eine aufregende Entdeckung. Eine unserer Ikonen stellte sich als ein Meisterwerk Stroganows, eines der bedeutendsten Ikonenmaler, heraus.

Es war ein Feldaltar aus der Privatkapelle des Winterpalasts und hatte zuletzt Zar Nikolaus II. gehört. Es stellte die Trinität, die beliebtesten Heiligen Rußlands und die Wunder des Neuen Testaments dar. Wir hatten es in der Annahme gekauft, daß es sich um ein Werk aus dem achtzehnten Jahrhundert handelte.

Muratoff betrachtete diese Ikone sehr genau, kehrte immer wieder zu ihr zurück. Schließlich erklärte er, sie sei wohl übermalt worden – wie viele Ikonen zur Zeit Peters des Großen – und müsse viel älter sein, als wir annahmen. Er wollte die Ikone reinigen. Wir waren sofort damit einverstanden. Das Verfahren offenbarte dann auch die Pracht des Originals – eine Tiefe und Wärme der Farbe und eine Feinheit des Pinselstrichs, die von der Übermalung verdeckt worden waren. Muratoff bestätigte schriftlich, daß es sich um eines der Meisterwerke Stroganows aus dem sechzehnten Jahrhundert handelte – «etwa um 1580».

Die Galerie im siebten Stock genügte Dorothy Shaver nicht. Sie glaubte, daß unsere einzigartige Sammlung ein selbständiges Unternehmen tragen könnte. Sie wußte von einem leeren Laden an der Südostecke des *Waldorf-Astoria* an der Park Avenue und machte uns den Vorschlag, wir sollten uns mit Lord & Taylor assoziieren und eine Zweigstelle eröffnen. Es war eine glänzende Idee: Lord & Taylor unterstützte unsere Werbung, und die Niederlassung florierte, bis wir uns im Jahr 1935 für stark genug hielten, vollkommen unabhängig zu arbeiten, und unsere eigene Galerie, die Hammer Galleries, auf der Fifth Avenue eröffneten.

Nachdem die Niederlassung im *Waldorf-Astoria* etabliert war, brauchten wir uns nicht mehr auf Achse zu begeben. Erleichtert und mit einigen Millionen Gewinn, beendeten wir unsere Reisen.

Inzwischen hatten wir rund neunzig Prozent der Kunstschätze verkauft und unsere Bestände mehrmals wieder aufgestockt. Victor machte ausgedehnte Reisen nach Berlin, um mit der Agentur zu verhandeln, die die Sowjets zur Überwachung der Kunstexporte eingerichtet hatten. Er fand sich in der ausgezeichneten Lage, bestmögliche Ware zu den besten Bedingungen erwerben zu können, da wir die Russen ja jetzt mit Dollar bezahlten, die sie so dringend benötigten.

Victor wollte außerdem nach Moskau fahren, um seinen Sohn Armascha zu sehen und sich erneut um ein Ausreisevisum für den Jungen zu bemühen, damit er in Amerika leben konnte. Solange Stalin an der Macht war, lehnten die Russen dies ab.

In der Zwischenzeit handelten auch meine Eltern, die Rußland verlassen hatten, weiter in unserem Auftrag als Einkäufer. Sie dehnten ihre Aktivitäten über ganz Europa aus und reisten viel, besonders nach Südfrankreich. Auf einer dieser Reisen, Anfang 1932, geriet mein Vater für kurze Zeit in ein deutsches Gefängnis.

Es war eine schlimme Sache. Mein Vater war zwar noch robust und stark, aber immerhin Ende fünfzig. Gefängnisse sind keine Ferienlager, und die europäischen waren damals besonders unangenehm. Mein Vater fand sich in einer Lebenslage wieder, die verglichen mit Sing-Sing schlecht abschnitt. Er nahm seine kurze Inhaftierung jedoch mit der üblichen philosophischen Gelassenheit hin und wartete geduldig, bis ich ihn entlasten konnte. *Ich* war nicht so ruhig. Bis zum Hals in Geschäften, verlor ich fast den Verstand in New York, während mein Vater in Erfurt inhaftiert war.

Es war eine elende Geschichte – Betrug und Korruption seitens eines unserer Angestellten, und mein Vater das Opfer. Er war in Moskau geblieben, um den Deal mit dem Hauptkonzessionsausschuß für den Verkauf meiner Bleistiftkonzession abzuschließen. Um den Wert des Betriebes festzulegen, war eine umfassende Buchprüfung nötig, und die Sowjets hatten es natürlich nicht eilig, weil ihnen das Geld fehlte. In der Zwischenzeit setzte die Bleistiftfabrik ihren Betrieb fort, und der Konzessionsausschuß mußte unsere Gläubiger sowie sämtliche ausländischen Lieferanten, die in Fremdwährung zu bezahlen waren, entschädigen. Um die Höhe jeder Forderung zu ermitteln, berief mein Vater in Moskau eine Versammlung aller Gläubiger ein und schloß mit allen Verträge, in denen die Höhe ihrer Ansprüche festgesetzt wurde.

Einer dieser Gläubiger war ein Deutscher namens Bach, der imprägnierte Zedernlatten geliefert hatte und mit uns einen Rechtsstreit führte, weil wir eine minderwertige Lieferung zurückgewiesen hatten. Bei der Gläubigerversammlung in Moskau akzeptierte Bach eine Kürzung seiner Forderungen und unterzeichnete einen Vertrag.

Das Büro in Berlin, das unsere Geschäfte mit den deutschen Lieferanten abwickelte, bestand noch, und auf einer seiner Reisen dorthin nahm mein Vater Georg Schonzwit, einen Angestellten aus unserer Moskauer Buchhaltung, mit. Mein Vater hatte Schonzwit so weit vertraut, daß er ihm Zugang zu Briefbögen gewährte, die er dummerweise für die Bestätigung von kleineren Schulden blanko unterschrieben hatte.

Als mein Vater einmal nicht in Berlin war, nahm Schonzwit einige dieser Bögen aus dem Safe, setzte einen fingierten Anspruch auf, fälschte einen Scheck, den er bei einer unserer deutschen Banken einlöste, und teilte diese Beute mit einem Freund.

Als mein Vater nach Berlin zurückkehrte, entdeckte er den Betrug und drohte Schonzwit, ihn der Polizei zu übergeben, wenn er und sein

Freund nicht das Geld zurückzahlten. Fast zur gleichen Zeit erhielt mein Vater einen Anruf von unserem Lieferanten Bach, der ihn in Erfurt treffen wollte. Bei seiner Ankunft wurde mein Vater festgenommen. Bach hatte unter Benutzung einer Eidesstattlichen Erklärung von Schonzwit Strafanzeige erhoben. In der Anzeige wurde behauptet, daß mein Vater vom sowjetischen Konzessionsausschuß für die Forderung Bachs vollständig entschädigt worden sei. In seiner Eidesstattlichen Erklärung versicherte Schonzwit, mein Vater habe Bach betrogen, indem er ihm nur einen reduzierten Anteil ausgehändigt und den Rest in die eigene Tasche gesteckt habe. Bach hatte der Polizei gesagt, mein Vater wolle in die Schweiz fahren und das Geld dort deponieren.

Schonzwit und Bach hatten die Sache zusammen ausgeheckt: Bach hatte alles so geschickt eingefädelt, daß er im Vorteil war. Schonzwit verschwand. Nachdem ich Bach angedroht hatte, ihn wegen Meineids zu verklagen, nahm er die Anklage zurück. Bach bekam sein Geld vom Konzessionsausschuß, und der Fall war abgeschlossen.

Für den Rest der dreißiger Jahre blieben meine Eltern in Europa. Erst als der Krieg ausbrach, kehrten sie nach New York zurück.

Das Leben meiner eigenen kleinen Familie war von den Ereignissen der vorangegangenen Jahre turbulent beeinflußt worden. Unser glückliches Leben in Paris dauerte nur ein Jahr; unsere Ehe und auch meine Beziehung zu unserem Sohn Julian litten unter den langen Trennungen, während ich mich um den Kunsthandel kümmerte.

Olga und Julian blieben in Paris, als ich 1931 nach New York und in mein kleines Atelierhaus in Greenwich Village zurückkehrte. Zehn Jahre waren vergangen, seit ich dort gewohnt hatte, und ich freute mich sehr, dort wieder einzuziehen.

1932 wollte ich meine Familienangelegenheiten ins reine bringen und Olga und Julian nach New York holen. Olga war von der Idee begeistert, aber sie stellte eine unabänderliche Bedingung: Die russische Kinderfrau, die seit Julians Geburt bei uns war, müsse unbedingt mitkommen. Diese scheinbar so einfache Forderung verstrickte mich in Manöver, die genauso viel Erfindungsgabe verlangten wie ein Unternehmen größeren Ausmaßes.

Die Kinderfrau hieß Xenia Parousine und war schon Olgas Kindermädchen gewesen. Sie war etwa siebzig Jahre alt, loyal und warmherzig, und Olga liebte sie sehr. Sie stammte aus einer Bauernfamilie und sprach nur Russisch, was sie aber weder lesen noch schreiben konnte. 1932 waren die amerikanischen Einwanderungsgesetze sehr streng. Alle Einwanderer mußten entweder Englisch sprechen oder in ihrer eigenen Sprache Grundkenntnisse im Lesen und Schreiben aufweisen. Wollte ich also meine Familie bei mir haben, mußte ich einen Weg finden, um das Kindermädchen durch das Einwanderungsnetz zu schleusen. Würde man ihr die Einreise verwehren und sie nach Frankreich schicken, ging Olga sofort mit – keine Frage.

Zuerst versuchte ich, die Einwanderungsbehörden dazu zu bringen, ihre Vorschriften ein wenig lockerer zu handhaben. Das ist doch eine alte Dame, sagte ich, und man kann nicht erwarten, daß es mit ihren siebzig Jahren noch mit dem Alphabet klappt. Es war nichts zu machen.

Ich schickte Olga ein Telegramm und erklärte die Lage: WASHINGTON LEHNT EINMISCHUNG AB STOP ENTSCHEIDUNG PARISER KONSUL ENDGÜLTIG STOP SEHR STRENG WEGEN ARBEITSLOSIGKEIT STOP SEHNE MICH SCHRECKLICH NACH EUCH STOP TELEGRAFIERE DEINE ENTSCHEIDUNG.

Olgas Antworttelegramm lautete: HABE VISUM FÜR KINDERMÄDCHEN BIS NEW YORK OHNE LANDEERLAUBNIS STOP VERSUCHE ZU ARRANGIEREN STOP. Das hieß so viel wie: Das ist dein Problem, sieh zu, wie du damit fertig wirst!

Schweren Herzens erwartete ich die *Aquitania*. Ich hatte das Problem nicht lösen können. Jetzt klammerte ich mich an den letzten Strohhalm. Ich fuhr mit dem Lotsenschiff hinaus und saß still hinter den Beamten im Salon des Schiffes, während sie die Einwanderer dem Lesetest unterzogen. Sie hatten ein großes Buch mit Texten in allen wichtigen Sprachen Europas. Jeder Kandidat mußte in seiner Muttersprache lesen.

Als ein Russe an die Reihe kam, hörte ich genau zu. Es war die Geschichte von Goldilocks und den drei Bären. Ich merkte mir den Stil, in der die Geschichte geschrieben war, und eilte zur Kinderfrau.

«Du kennst doch die Geschichte von Goldilocks und den drei Bären, nicht wahr?» fragte ich sie auf russisch.

«Natürlich», sagte sie.

«Gut. Das mußt du ihnen vorlesen», sagte ich. «Und so geht die Geschichte.»

«Ich weiß, wie sie geht.»

«Hör zu. Merk dir diese Worte.» Ich wiederholte den Text bis zum Ende des ersten Absatzes, weiter kam ich nicht.

Xenias Vorstellung hätte einen Oscar verdient gehabt. Sie setzte die Brille auf, blickte konzentriert auf den Text und wiederholte fließend die Worte, die sie sich eingeprägt hatte.

Ein russisch sprechender Assistent stand neben dem Beamten der Einwanderungsbehörde, der die Prüfung überwachte. Nachdem Xenia ein paar Sätze fehlerlos heruntergerasselt hatte, unterbrach sie der Assistent und sagte: «Sie ist in Ordnung.» So betrat meine Familie den Boden der Vereinigten Staaten.

Leider gefiel Olga die Unterkunft, die ich für sie vorbereitet hatte, ganz und gar nicht. Sie warf nur einen kurzen Blick auf mein kleines Haus in Greenwich Village und murmelte auf russisch: «Armand, du machst wohl Witze – wir können doch nicht in einem Puppenhaus leben.» Wir nahmen eine große Wohnung auf der Fifth Avenue, nicht weit vom Metropolitan Museum.

Das gefiel Olga schon besser, machte sie aber auch nicht glücklich. Sie konnte kein Englisch und fühlte sich einsam in New York City, besonders wenn ich unterwegs war, wie so oft. Ihre Schwierigkeiten schienen die Tatsache nur noch deutlicher zu machen, daß wir eigentlich sehr wenig gemeinsam hatten. Sie war am Geschäftlichen nicht interessiert, und ich hatte nichts für die leichte Unterhaltung übrig, die ihre Leidenschaft war. Natürlich wollte sie eine Menge Zeit mit der russischen Gemeinde in New York verbringen und über die alten Zeiten sprechen und ging oft in die russischen Restaurants und Nachtclubs. Das unaufhörliche nostalgische Gerede in diesen Lokalen langweilte mich. Ich war am Amerika der Gegenwart interessiert. Wir begannen, uns langsam und ohne große Verbitterung auseinanderzuleben. Schließlich trennten wir uns.

Ein Name, der damals in jeder Klatschspalte auftauchte, und ein Gesicht, das auf jedem Zeitungsfoto von einschlägigen Parties erschien, waren die von Fürst Michail Gounduroff. Er lieh uns (oder besser: wir mieteten) sein fürstliches Flair für unser Geschäft – er fungierte als nobler Repräsentant in unserem Laden und war bei Eröffnungen unserer Wanderausstellungen zugegen.

Eines Tages war Fürst Michail in unserer New Yorker Galerie

aufgetaucht, angeblich um sich die Zarenschätze anzusehen, aber eigentlich eher in der Hoffnung, daß für ihn etwas abfiel. Seine Familie war entfernt mit der Zarenfamilie Romanow verwandt und lebte in einem Schloß in Deutschland. Michail, der zweite oder dritte Sohn, konnte nicht damit rechnen, etwas vom Reichtum seiner Familie zu erben, und suchte trotz seiner großartigen Verbindung einen Job.

Er tat sein Bestes, um eine glänzende Figur zu machen, beeindruckte Gastgeberinnen und aß sich durch so viele Dinners, wie er nur konnte. Ich meinte, ein echter russischer Fürst könnte unserem Unternehmen die persönliche Note geben. Er brauchte weiter nichts zu tun, als sich im Laden aufzuhalten, fürstlich auszusehen und den Kunden hin und wieder mit einem Rat zur Seite zu stehen. Diese Aufgaben erfüllte er mit hochgradiger Empfindsamkeit und schauspielerischem Geschick.

Als wir ihn zu einer unserer Shows nach Chicago schickten, ließen wir ihn von einer Polizeieskorte vom Bahnhof abholen, die ihn mit heulenden Sirenen bis zum Kaufhaus geleitete. Mit wahrhaft professionellem Instinkt für eine gute Schlagzeile ließ Michail die Kavalkade unterwegs stoppen, als er eine Würstchenbude erblickte. Er erklärte den keuchenden Reportern, sein größtes Vergnügen in Amerika sei ein guter Hot Dog, dem er nie widerstehen könne. Das gefiel ihnen.

Daß wir Michails Name mit dem Geschäft verbanden, half auch, einige Anfeindungen zu zerstreuen, denen wir seitens anderer aristokratischer Emigranten aus Rußland begegneten. Einige waren empört, das frühere Eigentum ihrer Zarenfamilie in einer Galerie oder einem Kaufhaus offen zum Verkauf ausliegen zu sehen. Sie hielten das für eine Majestätsbeleidigung und schickten Beschwerdebriefe an die Zeitungen.

Mitte der dreißiger Jahre wurde in unserer Galerie mehrmals eingebrochen, und Dinge von besonderem Erinnerungswert für Weißrussen wurden gestohlen. In der Nacht zum 24. März 1934 schlug ein Dieb unsere Fenster ein und nahm das mit Juwelen besetzte Schwert mit, das früher dem Onkel des letzten Zaren, Großherzog Wladimir, gehört hatte. Im Oktober 1937 wurde bei einem Schaufenstereinbruch eine Schnupftabaksdose aus Gold und Diamanten im Wert von fünftausend Dollar gestohlen, die der Schah von Persien der Zarin geschenkt hatte.

Die weißrussischen Emigranten waren ganz eindeutig der Auffassung, daß einfache Geschäftsleute aus der Bronx kein Recht hatten, das heilige Eigentum der Zarenfamilie zu veräußern. Die Anwesenheit Fürst Michails in der Galerie, wo er den Kunden höflich versicherte, die Stücke seien echt, milderte indessen ihre Kritik.

An den einsamen Abenden in New York und anderswo begann ich, mich anderen Frauen zuzuwenden, und ich glaube, ab 1934 sah ich mich wirklich nach einer neuen Ehefrau um. Lange Zeit schwärmte ich sehr für die Schauspielerin Helen Hayes.

Es kam nie viel dabei heraus. Ich war noch verheiratet und deshalb in meinen Annäherungsversuchen sehr vorsichtig. Auch Helen Hayes war verheiratet. Ich sah sie 1934 zum ersten Mal, als sie Maria Stuart spielte. Sie war hervorragend in ihrer Rolle, und ich wollte ihr ein Zeichen meiner Bewunderung schicken.

In der zaristischen Sammlung unserer Galerie fand ich ein in Saffianleder gebundenes Büchlein mit eingeprägtem Monogramm und der Krone der früheren Besitzerin – Zarin Maria Feodorowna. Es war ein hinreißend erzählter historischer Roman von einem unbekannten Autor, und die Heldin war Maria Stuart. Ich schickte es Helen Hayes mit einem Begleitbrief ins Theater.

Ihr Manager meinte, das Geschenk könnte der Publicity des Stars nützen, und bat mich, es ihr in der Garderobe persönlich zu überreichen, wo Pressefotos gemacht würden. Da stand ich nun und schüttelte die Hand dieser großen Schauspielerin. Ihre liebenswerte offene Art bezauberte mich, und der Eindruck, den sie auf mich machte, blieb in meinen Gedanken haften.

Wenige Monate später fand ich wieder ein Buch über Maria Stuart, und diese Geschichte war noch romantischer als die erste. Dieses Buch war Zar Alexander I. etwa 1860 von der gefeierten Schauspielerin Adelaide Ristori überreicht worden. Sie war eine der größten italienischen Tragödinnen des neunzehnten Jahrhunderts gewesen und durch ihre Darstellung von Lady Macbeth, Königin Elisabeth und Maria Stuart berühmt geworden. Das Buch war mit dem Exlibris des Zaren versehen, und der Text war in italienischer und französischer Sprache.

Auch dieses Buch schickte ich Helen Hayes, die mit sehr herzlichen Zeilen dankte und mich einlud, sie wieder zu sehen. Wir verabredeten uns für den Abend des 11. März 1936 nach der Aufführung von

«Victoria Regina». Am folgenden Tag machte ich eine Eintragung in mein Tagebuch, was ganz ungewöhnlich war. Ich führte nur unregelmäßig Tagebuch, und meist waren es geschäftliche Notizen. Diese Eintragung ist ein kleines Zeitdokument, und so möchte ich sie hier wiedergeben.

Den ganzen Tag lang machte ich meine Arbeit im Büro mechanisch und dachte nur immer an eines – würden meine Illusionen zerstört werden, wenn ich sie traf?

Um den besten Eindruck zu machen, wollte ich ein paar Stunden ausruhen, bevor ich ins Theater ging. In letzter Minute wurde ich aber durch irgendeine Sache im Büro aufgehalten und hatte dann nur noch eine schlaflose halbe Stunde Pause. Schließlich war ich auf dem Weg ins Theater, elegant in Frack und Zylinder.

Selbst der Nieselregen konnte meine freudige Erregung nicht dämpfen. Mein Platz war in der zweiten Reihe am Gang und bot mir die ausgezeichnete Gelegenheit, jeden Ausdruck und jede Linie im Gesicht von Mrs. Hayes zu studieren. Was mich besonders beeindruckte, waren das müde Aussehen und die schweren Furchen auf ihrem Gesicht und Hals. Es war, als ob der Alterungsprozeß wegen der Anstrengung und harten Arbeit vorzeitig einsetzte. Ihre Darstellung war jedoch vollkommen und genau so, wie man es von einer perfekten Künstlerin erwartet. Man vergaß sich selbst und man vergaß, daß man im Theater saß und Helen Hayes sah. Es war Victoria selbst, die vor einem erschien, und man wurde mit dieser mutigen kleinen Gestalt fortgetragen und freute sich über ihre Naivität und war entzückt von ihrer Pikanterie und ihrem Charme. Hin und wieder ließ sie die Augen über die Gesichter der Zuschauer in der ersten Reihe wandern, und ich hoffte insgeheim, daß ich derjenige war, den sie suchte, als ihre Augen auf mir zu ruhen schienen. Die Szene mit Disraeli rührte mich zutiefst. Sie war so voller Zartheit und Schönheit, daß die Tränen mir ganz natürlich über die Wangen liefen. Ein Kunstwerk wurde geschaffen, in dem zwei große Seelen das Beste herausholten, das in ihnen war.

Disraeli und Victoria liebten und verehrten einander, aber ihre Liebe und Verehrung lag auf höherer Ebene als sinnliche Leidenschaft. Jeder hatte einen Partner verloren, und die liebevolle Erinnerung an ihn war der beherrschende Gedanke, der die verbleibenden Jahre belebte.

Nach der Vorstellung schickte ich meine Karte hinter die Bühne. Bald tauchte eine tüchtige junge Dame auf und geleitete mich in die dunklen geheimnisvollen Gänge hinter den Kulissen und auf die Seite der Bühne. Würde es mir etwas ausmachen, ein paar Minuten zu warten, bis Mrs. Hayes ihr Make-up entfernt hätte? Ich stand in einer kleinen Gruppe mit sechs anderen, die «hallo» sagen und ein paar Freunde von außerhalb vorstellen wollten.

Endlich öffnete sich die Tür der winzigen bescheidenen Garderobe, und Mrs. Hayes erschien in einem kurzen Morgenrock, der wohl eher aus Gründen der Bequemlichkeit und Wärme als um des Aussehens willen getragen wurde. Darunter sah man die «Schulmädchenbeine» – von Ashton Stevens [einem berühmten Kritiker] so benannt –, die immer noch von den schwarzen Baumwollstrümpfen bedeckt waren, die Victoria im letzten Akt getragen hatte. Ein Paar Hausschuhe und ein zerzauster Kopf rundeten das Bild ab. Während Mrs. Hayes mit ihren Gästen ein paar freundliche Worte austauschte, hielt ich mich abseits. Ich wollte nicht stören, bis ihre Gäste gegangen waren. Ich wurde jedoch entdeckt, und eine freundliche warme Stimme rief: «Wollen Sie nicht hereinkommen, Dr. Hammer? Ich bin gleich fertig.»

Ich wurde einigen Besuchern vorgestellt – Bekannte aus London. Nach wenigen Minuten gingen sie, und ich saß vor dem dünnen Vorhang, hinter dem sich Mrs. Hayes ankleidete. Sie unterhielt sich reizend mit mir, trotz des Vorhangs, der uns trennte. «Vielen Dank für die Orchideen, es sind die schönsten, die ich je gesehen habe! Und die Rosen auch! Lassen Sie mal sehen, was Sie anhaben!» rief sie, und die Gestalt im Morgenrock tauchte plötzlich auf.

Sie betrachtete mich und rief aus: «Frack! Und ich muß ein Kleid tragen, das meinen Hals bedeckt. Ich bin nämlich erkältet und eigentlich in keinem Zustand, um auszugehen. Ich hatte den ganzen Abend schon Magenbeschwerden und mußte mich nach der Vorstellung übergeben. Ich war gestern abend aus und muß irgendwas gegessen haben, was mir nicht bekommen ist.»

Ich sagte ihr, daß es mir leid täte, und schlug vor, die Verabredung auf einen anderen Abend zu verschieben. Sie wollte nichts davon

216

wissen. «Es wird schon gehen, obwohl ich keine gute Gesellschaft sein werde – für mich gibt's nur Mineralwasser, etwas anderes vertrage ich nicht.»

Leider endet die Eintragung hier, aber ich erinnere mich lebhaft an den Rest des Abends, und mein Erinnerungsvermögen läßt mich nicht im Stich, wenn ich sage, daß Mrs. Hayes etwas Stärkeres als Mineralwasser vertrug. Ich führte sie zum Essen ins *Maisonette Russe* im *St. Regis* Hotel, wo wir eine ganze Menge Champagner tranken und Zigeunergeiger uns bis in die frühen Morgenstunden Ständchen brachten. Am nächsten Tag machte ich mir Sorgen, daß ich ihr vielleicht mit zu viel Champagner geschadet hätte. Ich entschuldigte mich mit ein paar Zeilen und schickte ihr eine der Abendtaschen, die für unsere Galerie aus den gold- und silberdurchwirkten Stoffen aus dem achtzehnten Jahrhundert angefertigt worden waren. Sie schrieb zurück: «Ich wollte immer eine haben – seit ich vor Ihrem Schaufenster stand und Ihre Schätze bewundert habe.» Sie sagte, der Champagner hätte ihr beileibe nicht geschadet, im Gegenteil – «ich wachte auf und fühlte mich wie neugeboren».

Das war das letzte Mal, daß ich sie gesehen habe. Wir tauschten für eine Weile förmliche und höfliche Briefe aus. Die Verliebtheit flaute ab, wie es so oft geschieht, und zurück blieb die leise Erinnerung an eine reizende und ganz außergewöhnliche Frau.

Durch meinen Kunsthandel kreuzte auch noch eine andere Dame meinen Weg. Obwohl ich sie nur eine Woche lang sah, vergaß ich sie nie mehr. Sie sollte die wichtigste Frau in meinem Leben und meine bleibende und glückliche Liebe werden.

Auf unserer Hauptausstellung 1933 in Chicago kaufte eine schöne und reiche Frau namens Frances Tolman einige auserlesene Stücke von Victor, mit dem sie sich anfreundete. Später – 1934 – lieh sie uns, was sie erworben hatte, als wir eine Ausstellung in unserer Galerie aufbauten, und kam als unser Gast nach New York. Da lernte ich sie kennen.

Frances war mit Elmer Tolman, einem reichen und prominenten Einwohner Chicagos verheiratet, Sohn eines Bankiers, von dem er mehrere Millionen Dollar geerbt hatte. Frances war seine zweite Frau. Die erste hatte es vorgezogen, sich in den schicken Society-Kreisen Europas zu bewegen, und ihre Tochter hatte sich nach mehreren erfolglosen Ehen mit europäischen Gigolos das Leben genommen. Elmer war viel älter als Frances. Er verbrachte die meiste Zeit mit Trinken, trotz ihrer Bemühungen, ihn zurückzuhalten. Sie waren bereits einige Jahre miteinander verheiratet, und Frances wurde zunehmend unglücklicher. Sie mochte Elmer, der gut und großzügig war, sehr gern, aber er wollte keine Kinder mehr haben, und sein Alkoholproblem war ernst. Einmal sagte sie: «Elmer konnte an keiner Bar vorbeigehen, genau wie du an keiner Telefonzelle vorbeigehen kannst. Ich weiß nicht, mit welcher Sucht es sich schwerer leben läßt.»

Wir lernten uns kennen, als Victor mit Frances und einer Freundin einen Nightclub besuchte und ich sie dann in mein Atelierhaus in Greenwich Village mitnahm. Frances verliebte sich in das Haus. Und wir verliebten uns ineinander. Ich war effektiv von Olga getrennt, die in Highland Mills lebte, und ich wollte, daß Frances ihren Mann verließ und mich heiratete. Sie war hin und her gerissen, und der Gedanke, Elmer zu verletzen, quälte sie zutiefst, aber sie wollte auch bei mir sein.

Am Ende der Woche fuhr sie zurück nach Chicago und wußte nicht, was sie machen sollte. Sie sprach mit ihrer Familie, überdachte das Problem, während ich in New York in qualvoller Spannung auf das Ergebnis wartete. Ihre Familie riet ihr, mich zu vergessen und das Beste aus ihrer Ehe zu machen. Am Ende beschloß sie, diesem Rat zu folgen. In einem Brief voll des rührendsten und zärtlichsten Schmerzes teilte sie mir ihren Entschluß mit.

Obwohl wir der Meinung waren, es sei besser, wenn wir uns nicht wiedersähen, schrieb sie mir weiter. Ich schickte meine Briefe an ein Postfach in Chicago.

Erst kürzlich fand ich zwei dieser Briefe zwischen den Seiten eines alten Tagebuchs wieder, und Frances' herzzerreißende Worte brachten mir die bittersten Augenblicke meines Lebens zurück.

Der erste Brief stammte aus dem Jahr 1937. Sie schrieb endlos von der Schwierigkeit, mit Elmer zu leben, während ihre Gedanken bei mir waren. Sie hatte schreckliche Schuldgefühle. Den zweiten Brief hatte sie 1940 geschrieben. Sie war gerade mit Elmer aus Florida zurückgekehrt und schimpfte über die vielen Bars; ihre Toleranz sei bis zum Äußersten angespannt.

Unsere Korrespondenz setzte sich über Jahre fort. In der Zwischenzeit befreundeten sich Harry und Victor eng mit den Tolmans. Frances fand sich mit ihrem Leben ab, reiste mit Elmer im Winter zuerst nach Kalifornien, wo sie sich Häuser mieteten, und dann um die Welt. Ich gab die Hoffnung nie auf, daß das Schicksal es uns eines Tages erlauben würde, zusammen zu sein.

Unter den Häusern, die Frances und Elmer in Los Angeles mieteten, war eines, das sie später kauften – eine reizende versteckte Villa mit einem herrlichen Rosengarten zwischen Westwood und Bel Air. Es hatte der Filmschauspielerin Gene Tierney und ihrem Mann Oleg Cassini gehört. In diesem Haus sollten Frances und ich schließlich dreißig Jahre lang zusammen leben! Alle Gegenstände, die Frances in Chicago von uns gekauft hatte, teilen wir uns jetzt in unserem geliebten Zuhause.

Zwanzig Jahre nach unserer flüchtigen Begegnung in New York trafen wir uns wieder – unter Umständen, von denen ich in einem späteren Kapitel berichten will –, und dieses Mal war ich fest entschlossen, daß Frances Tolman die dritte und letzte Mrs. Armand Hammer werden müsse.

Wir arrangierten auch weiterhin im ganzen Land unsere verschwenderischen Ausstellungen und hatten mit einem wachsenden Strom reicher und mächtiger Kunden zu tun. Von allen außergewöhnlichen Kunden, denen die Hammer Galleries in den dreißiger und vierziger Jahren dienten, waren Harry Clifton und König Faruk von Ägypten die merkwürdigsten. Ich wurde in die Geschäfte dieser beiden Männer verwickelt, als ich auf ihre phantastischen Interessen und Forderungen eingehen mußte; Absonderlicheres habe ich nie wieder erlebt.

In einer Wand meines Büros im Zwischengeschoß war ein Guckloch, durch das ich den Laden im Auge behalten konnte. Eines Tages – das war 1934 – blickte ich durch dieses Loch und beobachtete entsetzt, wie Victor auf dem Tresen Kunstschätze auftürmte, die er offensichtlich einem jungen Tramp zu übergeben gedachte. Schmuck und kostbare Gegenstände im Wert von etwa fünfzehntausend Dollar lagen vor einem Mann, dessen Arme aus den zu kurzen Ärmeln eines ungepflegten Anzugs ragten, der keine Krawatte trug und dessen wilde Haare an ein Stachelschwein erinnerten. Im Gegensatz zu heute war es Mitte der dreißiger Jahre ungewöhnlich, daß jemand sich für

Juwelen und Kunstgegenstände interessierte und aussah, als hätte er in einer Hecke geschlafen. Ich sagte Victor am Telefon, er solle sofort zu mir kommen und jemanden im Laden lassen, der auf den Mann und unsere Schätze aufpaßte.

«Was in aller Welt machst du da?» fragte ich. «Der Mann sieht aus, als ob er sich nicht mal 'ne U-Bahn-Karte leisten kann.»

«Ich weiß», erwiderte Victor, «aber er sagt, er sei Engländer und heiße Harry Clifton, wohne im *St. Regis* Hotel und wolle seine Einkäufe dorthin geliefert haben.»

«Hat er Referenzen angegeben?» fragte ich.

«Ja, Marcus and Company von gegenüber.» (Ein sehr prominenter Fifth-Avenue-Juwelier.)

«Also, sag ihm, es dauert ein wenig, bis wir seine Sachen verpackt haben, und in der Zwischenzeit überprüfen wir ihn.»

Der Tramp verließ die Galerie, und ich rief Mr. Marcus an.

«Kennen Sie einen Mr. Harry Clifton?» fragte ich.

«Selbstverständlich», sagte er.

«Also, er hat hier gerade Waren im Wert von etwa fünfzehntausend Dollar gekauft, und ich würde gern wissen, ob er kreditwürdig ist.»

«Ob Harry Clifton *kreditwürdig* ist?» Ungläubiges Staunen kam durch die Telefonleitung. «Er ist gut für alles, was Sie in Ihrem Laden haben, und alles, was in unserem ist. Er ist einer der reichsten Männer Englands. Seiner Familie gehörte ganz Blackpool, und er hat ungeheuren Grundbesitz, der ihm ein Einkommen von zehntausend Dollar pro Tag oder mehr beschert.»

«Oh», sagte ich und versuchte, mein Erstaunen zu verbergen. «Das ändert natürlich die Sachlage. Ich bin Ihnen sehr verbunden.»

Ich sagte Victor, Mr. Cliftons Käufe sollten unverzüglich verpackt werden, und wir eilten gemeinsam zum *St. Regis* Hotel, um sie persönlich abzuliefern. Wir nahmen auch noch ein paar andere Dinge mit, die ihn vielleicht interessieren konnten. Er kaufte alles, ohne zweimal hinzusehen. Dann faszinierte ihn die Geschichte unseres Rußlandaufenthalts, und wir unterhielten uns eine Weile und schlossen Freundschaft.

Danach lud er uns oft zum Lunch in seinem bevorzugten China-Restaurant ein, wo er zwischen den Gängen an seine Investitionen dachte. Er traf seine Entscheidungen mit der gleichen Zufälligkeit wie ein Spielautomat. Nachdem er sich ein paar Wertpapiere ausgesucht hatte, rief er den chinesischen Kellner heran und fragte ihn: «Soll ich kaufen oder verkaufen?»

Der verblüffte Chinese, der kaum englisch sprechen konnte, starrte ihn verständnislos an.

«Sagen Sie mir nur, soll ich kaufen oder verkaufen?»

Der Mann versuchte schließlich sein Glück. «Kaufen», riet er.

«In Ordnung», sagte Clifton und ging zum Telefon, um seinen Makler anzurufen. «Kaufen Sie zehntausend hiervon und zehntausend davon.»

Das war die Art, mit der er gewöhnlich seine Geschäfte abwickelte, und sie versetzte die Wall Street in Angst und Schrecken: Manche Aktien, die er ausgewählt hatte, waren bisher kaum gehandelt worden. Die Behörden vermuteten, daß irgendein kriminelles Gehirn an einem heimtückischen System arbeitete, und die Börsenaufsichtsbehörde untersuchte Cliftons Tun. Als sie die Wahrheit über seine Methoden aufdeckten, waren sie sprachlos.

Clifton beauftragte stets eine Maklerfirma namens Carl Loeb Rhoades, die im *St. Regis* ein kleines Büro unterhielt. Er mochte einen der Händler so sehr, daß er ihm einen Platz an der New Yorker Börse kaufen wollte – ein Angebot, das heute eine halbe Million Dollar wert wäre. Der arme Mann, dessen Karriereerwartungen die eines bescheidenen Verkäufers waren, wußte nicht, was er dazu sagen sollte, und wollte erst die Genehmigung seiner Firma einholen. Inzwischen hatte es sich Clifton wieder anders überlegt und war zu den Spielwiesen der Reichen von San Francisco und Los Angeles weitergezogen. Der Mann wurde rasend vor Wut, als er daran dachte, was ihm da durch die Lappen gegangen war.

Harry ging mit seinem Vermögen dennoch nicht unbedingt sorglos um. Er wußte, daß er sich darum kümmern mußte, es interessierte ihn nur nicht besonders. Er war erst Mitte zwanzig, als wir ihn kennenlernten. Sein Vater war wenige Jahre zuvor gestorben und hatte ihm sein riesiges Vermögen hinterlassen. Harry Clifton wollte Amerika und die ganze Welt sehen und seinen Spaß haben. Bevor er sich zur Westküste aufmachte, bestimmte er mich zu seinem Finanzmakler. Er sagte: «Ich werde meine Banken veranlassen, daß sie sich erst mit Ihnen in Verbindung setzen, wenn größere Schecks reinkommen, um sicherzugehen, daß es keine Fälschungen sind.» Generalvollmacht für einen der reichsten Männer Englands zu übernehmen, war nicht merkwürdiger als alle anderen seiner Aufträge, und ich akzeptierte, ohne zu fragen.

Das Schwierigste an der ganzen Sache war, ihm auf der Spur zu bleiben. Wir wußten so gut wie nie, wo er sich jeweils aufhielt. Es war völlig sinnlos, ihm zu schreiben, weil er seine Briefe immer ungeöffnet in einen Koffer warf. Von Zeit zu Zeit schickte er den Koffer an seine Sekretärin. Sie fand dann Monate alte ungeöffnete Briefe, die sie selbst ihm geschickt hatte.

Eines Tages kam ein Anruf von der Chase Manhattan Bank. «Wir haben hier einen Scheck, gezogen auf das Konto von Mr. Harry Clifton, über einhundertfünfzigtausend Dollar. Wir haben den Scheck gerade bestätigt, da die Unterschrift echt ist und das Konto mehr als genug Deckung aufweist. Wir haben jedoch Zweifel, weil er auf einen Mr. Brice ausgestellt ist, dessen Namen und Ruf Ihnen sicher bekannt ist.»

Und ob er mir bekannt war! Es war der Bruder der großartigen Schauspielerin Fanny Brice, ein verrufener Falschspieler. Ich gab der Bank die Anweisung, den Scheck erst einzulösen, nachdem ich mit Clifton gesprochen hätte.

Ich mußte wie ein Privatdetektiv vorgehen, um Clifton aufzuspüren, der sich ziellos in Kalifornien herumtrieb. Ich fand ihn schließlich in Los Angeles im Haus einer Mystikerin namens Violet Greener, für die er einen Tempel baute – «Abageg Tempel» sollte der heißen, warum, habe ich nie herausgefunden. Clifton schien sich zu gut zu amüsieren, um sich durch einen Scheck über 150 000 Dollar beunruhigen zu lassen. Zunächst meinte er, ich solle die Zahlung genehmigen und mir keine Gedanken machen.

«Wußten Sie, daß dieser Brice ein bekannter Falschspieler ist?» fragte ich.

«Nein», sagte er, «das wußte ich nicht. Und ich habe ja dieses Geld auch beim Kartenspiel verloren. Ich lernte ihn auf dem Schiff kennen, als ich aus England kam, und dann bin ich ihm hier wieder begegnet. Auf alle Fälle ist es eine Ehrenschuld, und ich muß sie bezahlen.»

«Das glaube ich nicht, Harry», sagte ich. «Dieser Mann ist bekannt dafür, daß er mit gezinkten Karten spielt. Und er arbeitet mit Schuldscheinen, die er nie bezahlen kann, weil er kein Geld hat. Meiner

Meinung nach sind Sie betrogen worden. Mein Rat ist, nicht zu zahlen.»

«Na schön, Armand», sagte er leichthin, «ich überlasse es Ihnen. Tun Sie, was Sie für richtig halten.»

Ich teilte der Polizei von Los Angeles meinen Verdacht mit. Sie machten eine Razzia, ertappten Brice auf frischer Tat mit gezinkten Karten und nahmen ihn fest. Ich wies die Bank an, das Geld nicht auszuzahlen. Zuerst lehnte sie ab. Bei einem bestätigten Scheck die Auszahlung zu stoppen, das war noch nie vorgekommen. Ich sagte ihnen, ich würde sie für die Verluste meines Klienten verantwortlich machen, und stellte sie vor die Alternative, entweder für die 150 000 Dollar zu haften oder meine Ersatzleistung zu akzeptieren, falls Mr. Brice sie verklagen sollte. Was er natürlich nie tat.

Bei seinem nächsten Besuch in New York kam Harry Clifton in mein Büro und marschierte direkt auf ein Bild von Frans Hals zu, das an der Wand hing. Er fragte, ob es zu verkaufen sei. Ich sagte, der Preis sei 100 000 Dollar.

Dann entdeckte er einen kleinen Rubens, der 50 000 Dollar kostete. «Ich nehme sie beide», sagte er.

Für einen ernsthaften Käufer war ich ohne weiteres bereit, den Preis zu senken. Die Bilder waren schon eine ganze Weile in meinem Besitz gewesen, und ich hatte für beide nie ein passendes Angebot bekommen. Ich sagte: «Ich lasse sie Ihnen gerne billiger, Harry.»

«Ich habe Ihnen hundertfünfzigtausend geboten. Wenn Sie sie mir dafür nicht verkaufen wollen, spreche ich nie wieder mit Ihnen.»

Ich entschuldigte mich. Clifton schrieb einen Scheck für 150 000 Dollar aus, nahm den Frans Hals und den Rubens von der Wand, klemmte sie unter den Arm und schlenderte aus der Galerie. Niemand hat je die Last eines großen Vermögens mit mehr Charme oder weniger Sorge getragen.

Natürlicher Charme gehörte indessen nicht zu den herausragenden Eigenschaften König Faruks, aber auch ihn plagten weder Schuldgefühle noch Sorgen um sein Vermögen. König Faruk von Ägypten gehörte wohl eher zu der Sorte, von der die Erde gerne verschont bleibt – der absolute Herrscher, der die Welt als persönliches Kinderzimmer und alle Dinge darin als seine Spielsachen betrachtet. Es war mein Schicksal, Hauptlieferant für des Königs Spielzeug zu werden.

Die Kundenparade, die die Türen der Hammer Galleries durchschritt, war so exotisch und ausgefallen, daß mich die außergewöhnlichen Transaktionen, die ich oft durch das Guckloch beobachtete, nicht mehr sonderlich beeindruckten. Trotzdem sah ich eines Tages fasziniert zu, wie Victor einige unserer Fabergé-Stücke einem kleinen schlanken Mann mit arabischem Aussehen zeigte. Unter den Objekten, die Victor präsentierte, war das vielleicht wertvollste Stück in unserer Galerie – Fabergés Schwanen-Ei, in dem ein mit Brillanten besetzter Schwan auf einer glatten Oberfläche wie auf einem See schwamm, mit den Flügeln schlug und den Hals reckte. Das Ei sollte 100 000 Dollar kosten und wurde für gewöhnliche Besucher, die sich nur umschauen wollten, nicht aus dem Schaukasten genommen.

Sobald ich Victors Aufmerksamkeit erringen konnte, nahm ich ihn beiseite und fragte ihn nach diesem geheimnisvollen Typen.

«Das ist ein Adjutant König Faruks von Ägypten», sagte Victor, «und er ist zur Weltausstellung hier und soll alles kaufen, was dem König gefallen könnte.»

«Hat er gesagt, was der König mag?» fragte ich.

«So gut wie alles, was teuer ist, wie's scheint», sagte Victor und lachte.

«Ach so», sagte ich. «Da können wir ihm bestimmt helfen.»

Mit viel Getue führten wir ihn ins Untergeschoß, das wie ein Zarenzimmer im Kreml eingerichtet und dekoriert war. Wir zeigten ihm all unsere Schätze und gaben ihm Fotos und ausführliche Beschreibungen für Faruk mit.

Einige Wochen lang hörten wir nichts aus Kairo. Es war Krieg, die Nazis rückten in Nordafrika vor, und in der Welt herrschte Chaos. Dann kam eine Mitteilung: «Seine Majestät möchte das Schwanen-Ei kaufen. Bitte liefern Sie dieses und ähnliches, das Sie empfehlen können.»

Wir wollten den Auftrag gern erfüllen, aber Ägypten war zu diesem Zeitpunkt nicht so einfach zu erreichen. Rommels Wüstenkrieg rollte auf die Grenzen des Landes zu, die Deutschen blockierten die Seewege im Atlantik und im Mittelmeer mit ihren U-Booten. Ich konnte unmöglich mein Geschäft im Stich lassen, um für unbestimmte Zeit zu verreisen, aber Victor meinte, es würde ihm Spaß machen, einen König in seinem Palast zu besuchen – besonders, da ich einige Nachforschungen betrieben und herausgefunden hatte, daß Faruk eine Leidenschaft für Tricks, Zauberkunststücke und lustige Streiche hatte. Er schien als Kunde für Victor maßgeschneidert zu sein. Wir gingen zusammen den Broadway hinauf und hinunter, besuchten Scherzartikelläden und kauften mechanische Tricks. Dann beluden wir Victor mit einer Schultertasche voll dieser Dinge und einer anderen mit Schmuck. Er machte sich auf seine gefährliche Reise, per Wasserflugzeug.

In Kairo wurde er von einem Adjutanten und einer Ehrenformation begrüßt, die er wie ein Staatsoberhaupt abzuschreiten hatte. Außerdem wurde ihm ein massivgoldener Hammer in einem mit Samt ausgekleideten Kästchen überreicht, auf dem geschrieben stand: «Willkommen in Kairo, Mr. Hammer.»

Im Palast wurde er rasch vor den König geführt. Wie ein Kind zu Weihnachten machte sich Faruk mit Freudengeschrei über den Inhalt der Taschen her. Die kitschigen Scherzartikel vom Broadway entzückten ihn genau so wie die Juwelen aus dem Palast der Romanows. Ganz besonders gefielen ihm die Zaubertricks, bei denen man etwas mit der Hand verschwinden läßt, und es machte ihm großen Spaß, die katzbuckelnden Höflinge mit seinen Kunststücken zu faszinieren. Victors Beliebtheit schoß raketenartig in die Höhe.

Victor war nie ein gerissener Geschäftsmann gewesen, aber als Verkäufer war er eine Naturbegabung, wie ich selten eine gesehen habe. Mit seinem Witz und seinem natürlichen Charme schwatzte er den Kunden sonstwas auf, Faruk war keine Ausnahme. Als Zeichen besonderer Wertschätzung zeigte Faruk Victor ein verstecktes Gemach im Palast, das des Königs heimliche Freude war: Es war randvoll mit Pornographie, erotischen Bildern und Skulpturen sowie einer Reihe von Geräten für sexuelle Perversitäten; Victor stand baß erstaunt davor und konnte bei vielen nicht einmal die Funktion erraten. Faruk hatte außerdem eine Werkstatt voller Waffen und Kanonen, an denen er gerne herumbastelte. Ich glaube, kein unreiferer Mann als Faruk hat je auf dem Thron eines Landes gesessen.

Victor hatte sich bei Faruk derart beliebt gemacht, daß ich bald nach seiner Rückkehr einen Brief mit Datum vom 26. Februar 1940 von einem Mr. Mourad Hohsen, Generaladministrator für das Privatvermögen des Königs, erhielt, der so begann:

Sir,

ich habe die Ehre, Ihnen mitzuteilen, daß Seine Majestät der König, mein erlauchter Gebieter und Souverän, die Freude hatte, Ihnen in Seiner großen Güte den Titel «Lieferant Seiner Majestät des Königs» zu verleihen.

Ich freue mich, Ihnen deshalb das Königliche Wappen und Brevet zu übersenden, um die Gültigkeit des Ihnen verliehenen Titels festzusetzen, sowie die Bedingungen, die an die Benutzung des Titels geknüpft sind und die Sie bitte unterzeichnen und zurücksenden wollen.

Wir setzten das Wappen des Königs auf unser Briefpapier, eröffneten ein Sonderkonto mit einem fürstlichen Vorschuß, den Faruk überwiesen hatte, und machten uns bereit, seinen Wünschen zu dienen. Diese regneten auf uns herab wie Blätter im Herbstwind, eine nie enden wollende Folge bizarrer Wünsche, die jedesmal in den würdevollsten Tönen höfischer Rede vorgebracht wurden, wie absurd auch immer sie waren.

Zum Beispiel habe ich einen Brief vom Privatsekretär des Königs vom 26. März 1940, in dem von Dingen die Rede ist, «die Seine Majestät gnädigst in Erwägung zu ziehen beliebt». Es ging um die Beschreibung einer Sammlung von Armbanduhren, die wir Faruk geschickt hatten und die er jetzt kaufen wollte. Es waren schlüpfrige Kreationen, deren Mechanik Kopulationen «rund um die Uhr» darstellten.

Ein anderer Brief beschreibt ausführlich die Schwierigkeiten Faruks mit einem Apparat, den er von uns bestellt hatte: «Der Motor des ‹Universalen Gesundheits-Aufbauers› kann nur an eine Stromquelle von 60 Hertz angeschlossen werden. Da aber der Strom, der im Palast in Gebrauch ist, 40 Hertz (110 Volt) nicht überschreitet, wird es nicht möglich sein, diesen Apparat zu benutzen, es sei denn, der Motor könnte ausgetauscht werden – oder der ganze Apparat, falls erforderlich. Würden Sie sich dieser Angelegenheit freundlichst annehmen?»

Gnädigerweise hat die Zeit die Erinnerung an den «Universalen Gesundheits-Aufbauer» ausgelöscht, und ich kann mir nicht mehr vorstellen, welche von Faruks Eitelkeiten er befriedigen sollte. Von allen Käufen, die ich im Auftrag Faruks erledigte, war keiner absurder als der «Continental Clipper». Das Ganze war so lächerlich, daß ich kaum erwarte, daß mir jemand glaubt. Zum Glück wird die Geschichte in dem Buch *The 14-Karat Trailer* von Myron Zobel, dem Schöpfer des Clippers, wiedergegeben. Myron Zobel war ein Mann, der von einer Vision besessen war. Wo andere kurz vor dem Ruhestand von Hochseeyachten oder einsamen Farmen träumen, auf denen sie ihren Lebensabend verbringen wollen, war Zobel, ein früherer Werbefachmann, von den Plänen einer Landyacht besessen, einem Wohnwagen – die absolute Spitze eines Wohnwagens –, in dem er und seine Frau majestätisch durch Amerika gondeln wollten.

Zobels Phantasie lief Amok. Er ersann einen Palast auf Rädern, der von einem Schlepper gezogen wurde, den eine uniformierte Crew steuerte. Zobel würde von der Brücke seines Clippers aus per Wechselsprechanlage mit der Crew kommunizieren. Außerdem wollte er per Funk mit der ganzen Welt in Verbindung stehen. Der Wohnwagen sollte wie die Suite eines Luxushotels ausgestattet sein: Schlafzimmer mit Bad, Salon, Küche, Bar mit Weinkeller – kein Luxus sollte ausgelassen werden.

Zobel hatte ursprünglich 2500 Dollar für die Ausführung seines Traums durch einen technischen Zeichner angesetzt. Als die Blaupausen fertig waren, hatte er bereits 6500 Dollar ausgegeben. Die endgültigen Kosten betrugen nach heutigem Wert 200 000 Dollar. Das Monster war vierzehn Meter lang und wog mehr als sieben Tonnen.

Der «Continental Clipper» war eine Katastrophe. Die Reifen überhitzten sich und platzten, sobald der Apparat sich in Bewegung setzte. Bei dem ungeheuren Energieverbrauch waren die Batterien in Minutenschnelle leer. Es gab Kurzschlüsse. Mit der Funkstation erreichte Zobel kaum seine Fahrer, vom Rest der Welt ganz zu schweigen. Wenn der Clipper um die Kurve fuhr, gingen Flaschen und Gläser zu Bruch. Die Wasserleitungen waren öfter undicht als das Pentagon.

Nach jahrelangen erschöpfenden und teuren Anstrengungen warf Zobel das Handtuch und wollte seine Traummaschine, die zu einem Alptraum geworden war, verkaufen. Das Problem war, einen Käufer zu finden, der dumm genug war, sich so etwas einzuhandeln. Die einzigen, die auf Zobels Anzeigen in der Zeitschrift *Fortune* antworteten, waren Spinner und Neugierige.

Ein gesetzter älterer Herr, der offensichtlich sehr reich war, schien ein ernsthafter Käufer zu sein, aber als er den Clipper inspizierte, schüttelte er den Kopf. «Junger Mann», sagte er zu Zobel, «ich besitze ein Fischerhäuschen in Maine, eine Jagdhütte in Schottland und eine Insel in den Florida Keys. Aber dieses Ding da kann ich mir beim besten Willen nicht leisten!»

Zobel fand sich mit seinem Verlust ab und ließ den Clipper auf einem Parkplatz in Manhattan verrotten. Er hatte jedoch nicht mit den fünf Monaten gerechnet, die es dauerte, bis seine Anzeigen Kairo erreichten und unter die alles verschlingenden Augen Faruks kamen. Der König kämmte Berge von amerikanischen Publikationen durch, stets auf der Suche nach Neuheiten, und sobald er Zobels Anzeige und die Abbildung der Landyacht sah, trat er in Aktion. Er *mußte* den Clipper als mobilen Palast haben, in dem er aus Kairo fliehen konnte, wenn Rommel es schaffte, die Achte Armee der Briten zu besiegen und in Ägypten einzudringen. Ich erhielt die knappe Anweisung, den Clipper zum angebotenen Preis zu erwerben. Ich will nun Myron Zobel zu Wort kommen lassen.

Zobel sagt, er habe in seinem Büro gesessen, als seine Sekretärin ihm einen Anruf mit den überraschenden Worten durchstellte:

«Gespräch für Sie, Mr. Zobel – ein Mann, der den Clipper kaufen will.»

«Sind Sie der Mann, der den Wohnwagen in *Fortune* vom vergangenen Mai zum Verkauf angeboten hat?»

«Ja.»

«Noch zu haben?»

Nach so vielen Anrufen – und immer falschem Alarm – hatte ich zwar die Hoffnung aufgegeben, aber ich wollte es ihm auch nicht zu leicht machen. «Ich habe ein paar gute Angebote, die ich mir noch durch den Kopf gehen lassen will. Rufen Sie mich lieber Ende der Woche noch mal an.»

«Ich muß ihn gleich sehen.»

Er schien es eilig zu haben, das weckte mein Interesse. Ich überlegte schnell. Der Clipper hatte seit fast einem Jahr auf einem Parkplatz im Freien gestanden. Er sah sicher schlimm aus.

«Na schön, wann?» begann ich.

«Heute nachmittag», sagte die Stimme entschlossen.

«Gut. Kommen Sie um sechs zum Parkplatz Ecke Ninety-first und Broadway.» Ich blickte auf die Uhr. Um sechs wäre es dunkel. Der Clipper sähe im Dunkeln besser aus.

Meine Gebete wurden erhört. Draußen war es dunkel, und die im Innern strahlenden Lichter ließen den Clipper wie einen Pullman-Speisewagen aussehen, der durch die Nacht fährt – lebendig, exotisch und verlockend.

Eine Flasche Bourbon stand in der Bar. Eiswürfel erschienen wie durch ein Wunder. Ich schaltete den automatischen Plattenspieler ein, und liebliche Musik erfüllte den Raum. Diese verführerische Szene betrachtend, packte mich wieder der alte Drang loszuziehen.

Punkt sechs traf der Interessent ein. Es war ein kleiner energischer Mann mit raschen vogelartigen Bewegungen. Seine blitzenden Augen erfaßten das Ganze mit einem Blick. Meinen hingehaltenen Cocktail kommentarlos zur Seite schiebend, machte er im Laufschritt eine Tour durch den Clipper. Ich konnte ihm nicht folgen. Die Badezimmertür schlug zu, die Kombüsentür wurde auf- und wieder zugeschoben, er bewegte sich schneller, als das Auge folgen konnte. Ich hörte, wie er den Wasserdruck in der Kombüse prüfte, die Schränke inspizierte und die Kühlschranktür zuschmiß.

Dann rauschte er an mir vorbei, zur Brücke hoch, um die Instrumente zu prüfen. Die ganze Inspektionstour dauerte wenige Minuten.

«Ich nehme ihn», verkündete er. Es waren seine ersten Worte.

Ich war verärgert, der Mann mußte wahnsinnig sein. Vielleicht glaubte er, Napoleon Bonaparte zu sein.

«Sie haben sich ja noch nicht einmal die Zugmaschine angesehen!»

«Meinem Kunden ist es gleichgültig, wie die Zugmaschine aussieht.»

«Sie kaufen den Schlepper also nicht für sich selbst?»

«Nein.»

«Weiß Ihr Kunde, wieviel er kostet?»

«Er hat den Preis wahrscheinlich in Ihrer Anzeige gesehen. Aber», fügte er großspurig hinzu, «das ist auch völlig unwichtig.»

Jetzt war ich überzeugt, daß hier etwas faul war. Vierzehntausend Dollar unwichtig? Ziemlich erregt schlug ich vor, sein Kunde solle sich die Sache lieber selbst einmal ansehen.

«Das ist unmöglich. Er ist nicht in der Stadt.»

«Wann kommt er zurück?»

«Er lebt im Ausland. Er war überhaupt noch nie in den Vereinigten Staaten. Und hat auch nicht die Absicht, zu kommen.»

Die Ungeheuerlichkeit dieser Situation war einfach zu viel. Sollte ich etwa glauben, daß ein Mann unseren Clipper kaufen wollte und nie die Absicht hatte, ihn hier zu benutzen?

«Ich werde den Clipper meinem Kunden schicken», erklärte der mysteriöse kleine Mann.

«Dann ist er wohl ein ausländischer Reeder?»

Er lächelte. «So ungefähr.»

Ich beschloß, dieses sinnlose Frage- und Antwortspiel zu beenden. «Wie wär's mit einer Anzahlung, um den Kauf festzumachen? Sagen wir zweitausend Dollar?»

Mein rätselhafter Interessent zog sein Scheckbuch und schrieb einen Scheck über die genannte Summe aus. Bevor die Tinte trocken war, gab er schon Anweisungen.

«Der klimatisierte Weinkeller und die Bar müssen raus.»

Ich war überzeugt, daß der Mann verrückt und sein Scheck ungedeckt war, also kämpfte ich nur halbherzig gegen diesen Irrsinn an.

«Jeder will eine Bar», erklärte ich ungeduldig. «Ich bin sicher, daß auch Ihr Kunde eine haben möchte.»

«Mein Kunde trinkt nicht.»

«Seine Freunde möchten vielleicht ab und zu mal einen Schluck.»

Sein Gesicht zuckte. «Mein Kunde trinkt nicht, und seine Freunde wollen auch keinen ‹Schluck›!»

Das müssen ja langweilige Parties sein, dachte ich bei mir.

Mein Käufer gab weitere Anweisungen. «Die Funkstation muß wieder eingebaut werden.»

«Warum? Ist Ihr Kunde Funkamateur?»

«Das nicht gerade.» Er lächelte.

«Es ist auch egal. Ich könnte sie sowieso nicht wiedereinbauen. Ich habe sie rausgenommen, als wir in den Krieg eingetreten sind. Alle Amateursender sind verboten.»

«Wer verbietet sie?»

«Die Bundesbehörde für das Fernmeldewesen.»

Der kleine Mann winkte verächtlich ab. «Der Sender kommt wieder rein. Mein Kunde hat seine eigene Bundesbehörde für das Fernmelde-wesen.»

Danach erhob ich keine weiteren Einwände gegen seine Vorschläge, wie sehr sie mich auch reizten. Es war ganz offensichtlich, daß dieser Mann – der sich übrigens Hammer nannte – vollkommen verrückt war. Warum streiten, wenn sein Scheck ja doch platzen würde?

Ich legte ihn am nächsten Morgen meiner Bank mit Entschuldigungen vor. «Zweifellos faul», sagte ich. «Hab ihn hergebracht, um Ihnen die Mühe zu ersparen, ihn zurückzuschicken.»

Er betrachtete die Unterschrift. «Hundertprozentig gut», versicherte er. «Dieser Hammer besitzt die Hammer Galleries. Hat die russischen Zarenschätze verkauft. Dieser Scheck ist aus einem Spezialfonds, den ein Kunde für ihn eingerichtet hat. Auch mit drei Nullen mehr würden wir ihn noch einlösen.»

In den folgenden Wochen war viel los. Mr. Hammer rief täglich an, um umfassende und teure Änderungen zu veranlassen. Der neue Besitzer hatte telegrafiert, er wolle die Badezimmerarmaturen vergoldet haben. Anstelle der Bar und des Weinkellers müsse ein großer Safe installiert werden. Dann kam eine Bestellung für einen stärkeren Motor im Schlepper. Als nächstes sollten alle Polster mit Seidendamast neu überzogen, sämtliche Holzteile im Innern nachgearbeitet und außen neu gestrichen werden. Außerdem verlangte er zwei neue Sätze Ballonreifen und zwanzig neue und größere Batterien.

Um diese neuen Verhaltensregeln zu untermauern, regnete es Schecks, die allesamt von meiner Bank freudig akzeptiert wurden. Aber unsere Anstrengungen, von Hammer Näheres zu erfahren, waren zwecklos.

Das letzte Telegramm verlangte, ich solle eine ausführliche Betriebsanleitung diktieren, die per Luftpost zu verschicken sei. Der Clipper selbst sollte per Schnellboot folgen, das Metall eingefettet und das Innere mit Watte ausgepolstert. Zugmaschine und Wohnwagen wurden in speziell angefertigte Holzverschläge verpackt.

«Steck ihn in eine Schachtel», sang meine Frau, «bind ein Band drum und wirf ihn in die tiefe blaue See.»

«Fällt Ihnen noch was ein?» fragte ich Hammers Sekretärin, als ich nach zwei vollen Stunden mit dem Diktieren fertig war.

Ich hatte sie überrumpelt. «Wie um alles in der Welt wollen die bloß diese riesigen Verschläge vom Hafen in Alexandria zum Palast in Kairo schaffen?» sagte sie.

Der Geist von König Tut! Wir hatten unseren Clipper also an König Faruk von Ägypten verkauft!

Soweit Zobel. Zum Glück mußte der Clipper während des Krieges nie wirklich eingesetzt werden, und Faruks Haut wurde gerettet, als Feldmarschall Montgomerys Achte Armee Rommel in der Schlacht von El Alamein zurückschlug. Nach dem Krieg versuchte der König, den Wohnwagen für romantische Ausflüge zu nutzen. Er funktionierte für ihn so wenig wie für Zobel. Jedes Mal, wenn er ihn zu einer großen Verführungsszene auf die Straße rollen ließ, platzten die Reifen, und der Fahrer mußte per Funk vom Palast ein Auto anfordern, um den König und seine Begleiterin zu bergen. Er hatte bald genug davon, und der Clipper wurde – zusammen mit anderen ausrangierten Spielsachen – in eine Garage verbannt.

Unsere Verkäufe an Faruk summierten sich im Laufe der Jahre auf viele Millionen und endeten erst, als Ägyptens Komitee der freien Offiziere unter Nasser im Juli 1952 die Abdankung Faruks erzwang. Zuvor hatte er uns jedoch noch zwei letzte, wahrhaft typische Aufträge erteilt. Der erste kam in Telegrammform und verlangte lediglich: KAUFEN SIE MIR EINE BAKELITFABRIK. Der zweite kam in einem Luftpostumschlag. Dieser enthielt einen Ausschnitt aus einem Filmmagazin und eine handschriftliche Notiz. Die Notiz lautete: «Schicken Sie mir Lana Turner.» Den ersten Auftrag konnten wir ausführen, der zweite lag leider außerhalb unserer Möglichkeiten.

Ein amerikanischer Kaiser

«Eine Sache führt zur anderen.» Das war immer meine Antwort, wenn ich gefragt wurde, wie es kam, daß ich in so viele verschiedene Geschäfte verwickelt war – von der Arzneimittelherstellung über eine Asbestmine, eine Bleistiftfabrik, eine Handelsbank, über einen Kunsthandel im Kaufhaus, eine Branntweinbrennerei, eine Rinderzucht bis hin zum Ölgeschäft. Ich setze immer hinzu, daß ich stets dafür gesorgt hätte, daß eines erfolgreich zum nächsten führte. «Pack die Gelegenheit beim Schopf, und schau, wohin sie dich führt!» ist eines meiner Lieblingsmottos.

Eine große Sache führte zu einer noch größeren: unser Erfolg mit den Kaufhausverkäufen der Romanow-Schätze führte dazu, daß ich dieselbe Arbeit für einen amerikanischen «Kaiser» besorgte – den legendären Zeitungszaren William Randolph Hearst.

So bizarr Harry Clifton und Faruk auch waren – sie waren kleine Fische im Vergleich zu Hearst, dessen Schätze ich verkaufen sollte. Neben Hearst war Harry Clifton ein Bettler und Faruk ein unbedeutender Krimskrams-Sammler. Nur die russischen Zaren hielten, was das Ausmaß und die Unbekümmertheit betraf, mit denen sie das Geld aus dem Fenster warfen bzw. es horteten, einen Vergleich mit Hearst aus.

Als Erbe eines großen Vermögens und Gründer eines der mächtigsten und reichsten Verlagsimperien hatte William Randolph Hearst sich Kunstschätze an Land gezogen, die mit dem Besitz früherer Weltreiche vergleichbar waren. Das Britische Imperium hatte Hunderte von Jahren gebraucht, um die Londoner Museen zu füllen, Hearst dagegen hatte seine gigantische Sammlung im Lauf eines einzigen Lebens zusammengetragen. Die Museen von Paris sind heute noch übervoll mit der Beute von Napoleons großen Armeen; Hearst hatte die Welt der Kunst mit dem Scheckbuch geplündert.

Schon als Junge hatte es sich Hearst zur Gewohnheit gemacht, jedes Jahr mindestens eine Million Dollar (und häufig ein Mehrfaches davon) in den Auktionshäusern und Kunsthandlungen der Welt auszugeben. Er kaufte alles und jedes, an dem er Gefallen fand. Ende der dreißiger Jahre schätzte man, daß er mindestens fünfzig Millionen Dollar in seine Sammlung gesteckt hatte – nach heutigem Wert nahezu eine Milliarde. Sein Privatvermögen wurde auf zweihundertzwanzig Millionen geschätzt, was heute etwa viereinhalb Milliarden Dollar wären.

Man darf aber nicht vergessen, daß er die meisten Käufe tätigte, als der Kunstmarkt darniederlag. Anfang des Jahrhunderts, zu Hearsts aktivsten Zeiten, konnte man für eine Million Dollar Kunstwerke in einer Quantität und Qualität erwerben, von denen man heute nur noch träumen kann. Meine eigenen Kunstsammlungen lassen sich heute auf einen Wert von mindestens einhundert Millionen Dollar schätzen. Hearsts Sammlung war vor einem halben Jahrhundert schon fünfzig Millionen wert. Er kaufte so unbeschreiblich viel, daß er buchstäblich nicht wußte, was er besaß. Schiffsladungen voller Kunstschätze trafen in Amerika ein, um unausgepackt in seinem Lagerhaus in der Bronx deponiert oder zu seinem Schloß in San Simeon an der kalifornischen Küste verfrachtet zu werden, wo sie häufig im Keller landeten, ohne geprüft und katalogisiert zu werden. Nachdem ich mich einige Jahre mit dem Verkauf der Hearst-Sammlung befaßt hatte, verbrachte ich einige Zeit in San Simeon und schlief in einem Tudor-Himmelbett in einem Raum, der mit europäischen Antiquitäten vollgestopft war. Als ich die Schublade meines Nachttisches aufzog, fand ich eine Fotografie eines wunderschönen Wandteppichs, über die Hearst mit dickem Stift geschrieben hatte: «Gehört das mir oder wird es mir angeboten?»

Mitte der dreißiger Jahre kam Hearst in Geldnot. Daß er einmal unter Geldmangel leiden könnte, war genauso unglaublich wie die Vorstellung, daß die *Titanic* einen Eisberg rammen und sinken könnte. Beides trat ein, und beide Titanen wurden auf Grund gesetzt.

Wenige Jahre später wurde immer deutlicher, daß das Hearst-Imperium ein Scherbenhaufen war. Mit den Einzelheiten will ich mich hier nicht befassen. Aber Ende der dreißiger Jahre forderten die Banken viele Millionen. Hearsts schlimmste Stunde war gekommen, als er erfuhr, daß sein Hauptrivale in Kalifornien – Harry Chandler, Besitzer der *Los Angeles Times* – der Hypothekengläubiger seines geliebten Schlosses San Simeon war.

Chandler verlängerte den Kredit, doch die anderen Gläubiger waren nicht so freundlich. Hearsts Direktor Richard Berlin mußte alle Hebel in Bewegung setzen, um seinen Chef zu schützen, als ein kanadisches Zeitungskartell Hearsts Zeitungen und Magazine übernehmen wollte. Berlin blockte außerdem Joseph P. Kennedys, Vater des späteren Präsidenten, eigennütziges Angebot ab, Hearst zu «helfen»; für acht Millionen Dollar wollte dieser ihm sämtliche Zeitschriften abnehmen – ein Bruchteil ihres Wertes.

Außer seinem enormen Grundbesitz – er besaß drei Landsitze in Kalifornien, Ranches in Mexiko, ein Schloß in St. Donat in Wales und vier größere Hotels in New York, um nur einige zu nennen – hatte Hearst seine Kunstsammlung anzubieten. Die Vorstandsmitglieder drängten ihn beharrlich, den Großteil der Sammlung zu veräußern. Ebenso beharrlich lehnte Hearst ab. Dann kam der Augenblick, wo es hieß, sofort elf Millionen Dollar hinzulegen oder das Presseimperium, sein Lebenswerk, zu verlieren. 1938 erklärte er sich widerwillig bereit, die Hälfte seiner Sammlung zu verkaufen.

Die International Studio Art Corporation, eine Holding-Gesellschaft von Hearst, wurde mit der Durchführung des Verkaufs beauftragt, und im November 1938 wurde ein Teil der Sammlung in New York zum ersten Mal öffentlich ausgestellt und kam dann unter den Hammer. Im gleichen Monat veranstaltete die Parke-Bernet Gallery eine Auktion von Hearsts ansehnlicher Sammlung historisch-literarischer Autographen, frühamerikanischer Möbel und Staffordshire-Porzellans.

Die Auktionen waren ein Reinfall. Die internationalen Händler, die sich jahrzehntelang die Taschen mit Hearsts Geld gefüllt hatten, verschmähten entweder seine Schätze, oder sie schlossen sich gegen ihn zusammen und drückten die Preise in absurde Tiefen. Dann versuchten es die Direktoren der International Studio Art Corporation mit einem diskreten Verkauf in Kaufhäusern und wetteiferten mit meinen eigenen Bemühungen um die Romanow-Schätze. Bei Marshall Field's in Chicago wurde der erste Versuch gestartet – ein Fiasko. Weniger als zweihunderttausend Dollar kamen herein, und erheblich mehr wurde für Werbung, Honorare und sonstige Nebenkosten ausgegeben. «Es wäre billiger gewesen, alles zu verschenken», brummte Richter Shearn, Vorsitzender der Hearst-Treuhänder.

Schließlich wandten sich die Direktoren an mich. Einer davon war ein Freund von mir namens Charles B. McCabe, der Herausgeber des *Daily Mirror* in New York gewesen war. Nicht nur, daß er ein brillanter Journalist war, er besaß auch den besten analytischen Verstand, der mir je begegnet ist.

«Es gibt nur einen, der diese Sachen abstoßen kann», sagte McCabe zu Martin Huberth, dem Chef der Immobilienabteilung von Hearst, der den Verkaufsversuch überwachte, «und das ist Armand Hammer.»

Huberth war ein sehr solider Geschäftsmann. Offen und ehrlich gab er zu, daß elf Millionen Dollar sofort aufzubringen waren. Er sagte, er habe von meinem Erfolg in den Kaufhäusern gehört und sei bereit, den Verkauf der Hearst-Sammlung in meine Hände zu legen. Ich sagte ihm, ich wolle freie Hand und zehn Prozent der Bruttoeinnahmen als Entschädigung. Er stimmte vorbehaltlos zu.

Die Tinte unter dem Vertrag war kaum trocken, als ich Beardsley Ruml, den Vorstandsvorsitzenden des Kaufhauses Macy's und der Federal Reserve Bank in New York anrief.

«Beardsley», sagte ich, «ich habe für Sie die größte Verkaufsaktion, die je veranstaltet worden ist. Was halten Sie davon, Kunst im Wert von fünfzig Millionen Dollar über den Tresen zu verkaufen? Sie haben von meinen Erfolgen gehört. Das hier wird alles in den Schatten stellen. Es wird Kaufhausgeschichte machen.»

«Kommen Sie sofort her», sagte Beardsley.

In Beardsleys Büro hatte sich die Führung der Firma versammelt und wollte meine Geschichte hören. Ich brauchte nicht lange, um sie davon zu überzeugen, daß dies eine einmalige Gelegenheit war. Sie glühten vor Begeisterung.

Hearsts New Yorker Lagerhaus, dieser erstaunliche Bau in der Southern Avenue Nr. 387, nahm einen ganzen Häuserblock ein. Es war vierzehn Stockwerke hoch. Buchstäblich niemand auf der Welt wußte, wie viele Stücke es enthielt. Fünfzigtausend wurde geschätzt. Ein Expertenteam von Hearst war seit zwei Jahren dabei, um die Samm-

236

lung zu katalogisieren, und die Arbeit war noch lange nicht abgeschlossen. Victor überprüfte die vorliegenden 152 Katalogbände, wühlte sich durch Tausende von Fotografien und stellte Preisschilder und Beschreibungen für mehr als zwanzigtausend Gegenstände zusammen. Schließlich waren auch Macy's Juristen so weit, daß der erste Vertragsentwurf unterzeichnet werden konnte. Er war zehn Zentimeter dick. Huberth und die Hearst-Direktoren unterschrieben, aber ich zögerte und bestand auf dem Recht, den Vertrag zu kündigen, falls wir uns nicht über die Preise einigen konnten. Langsam bekam ich das Gefühl, vielleicht doch auf das falsche Pferd gesetzt zu haben. Ich vermutete, daß Macy's für dieses Geschäft nicht kompetent genug war, was sich auch bald als richtig erweisen sollte.

Ich beschloß, Macy's «Experten» zu testen. Mit dem Lager in der Bronx vereinbarte ich, eine große Auswahl an Porzellan, Lampen und Möbeln herauszuziehen und sie auf langen Tischen im Lager auszustellen. Dann kamen die Einkäufer von Macy's. Es müssen zwanzig Leute gewesen sein, Männer und Frauen, die allesamt schon jahrelang bei der Firma waren. Sie schritten die Tische ab und stellten Listen mit ihren Preisvorschlägen zusammen.

Sie stimmten in keiner Weise mit den Preisen überein, die Victor und wir festgelegt hatten. Nicht bei einem einzigen Gegenstand. Sie hatten keine Ahnung von dem Wert der Stücke, die sie unter die Lupe nahmen.

Verärgert und verzweifelt beobachteten wir sie bei der Arbeit. Wir standen da und schüttelten die Köpfe. Ein Paar schwarze chinesische Hawthorne-Vasen aus dem siebzehnten Jahrhundert, für die Mr. Hearst 20 000 Dollar bezahlt hatte, zeichneten sie mit $ 29,95 aus. Für beide!

Victor protestierte. «Haben Sie überhaupt eine Ahnung, was ursprünglich dafür bezahlt worden ist?»

Die Einkäuferin von Macy's blieb unbeeindruckt. «Spielt keine Rolle», sagte sie. «Neunundzwanzig fünfundneunzig zahlen unsere Kunden dafür, nicht mehr.»

Wir waren fassunglos. Ich ging zu Huberth und berichtete ihm, was los war. «Versuchen Sie's woanders», sagte er.

Wieder einmal setzte sich mein wertvoller Freund «Glück» für mich ein. Fred Gimbel vom Kaufhaus Gimbels in New York war Kunde der

Hammer Galleries. Ich mochte ihn auf Anhieb, und eine Freundschaft begann, die bis zu seinem Tod dauerte. Eines Tages, während ich noch mit Macy's kämpfte, spazierte Fred in mein Büro. Er sagte, er habe von meinen Schwierigkeiten gehört, und wollte wissen: «Käme Gimbels für Sie in Frage?»

Der Gedanke schien absurd. Gimbels war berühmt für ihre ständigen Sonderangebote im Untergeschoß, das «Bargain Basement», das jeden zweitklassigen Gegenstand enthielt, der sonst unverkäuflich war. Was den Ruf des Kaufhauses bezüglich der Qualität der Waren betraf, so war er – um es höflich auszudrücken – nicht gerade berühmt. Das Kaufhaus war jedenfalls der ungeeignetste Ort, um die feinste Kunstsammlung Amerikas im Wert von fünfzig Millionen Dollar zu präsentieren und zu verkaufen.

Fred Gimbel hatte jedoch eine unternehmerische Ader, die nahezu genial war, und er konnte überzeugen. «Ich räume ein ganzes Stockwerk für Sie», sagte er und schlug das fünfte Obergeschoß vor, das mit dem Fahrstuhl und über Rolltreppen zu erreichen war. «Wir holen Fachleute aus Hollywood, um die Beleuchtung und Dekoration zu gestalten. Wir stellen die Kunstschätze jedes Landes vor einen passenden Hintergrund. Allein dafür mache ich sofort hunderttausend Dollar locker. Und Sie und Victor können die Preise völlig selbständig festsetzen – die ganze Show gehört Ihnen!»

Sein Enthusiasmus gefiel mir sehr, aber ich vermutete, daß die Hearst-Gruppe Einwände erheben würde. Und ich hatte recht. Sie kamen von William Randolph selbst. Als er hörte, daß seine großartige Kunstsammlung, sein Stolz und seine Freude, bei Gimbels landen sollte, sagte er: «Oh mein Gott. Macy's war schlimm genug, aber Gimbels' Keller – mein Gott!» Unerbittlich bestand er darauf, den Handel zu stoppen. Huberth entschuldigte sich tausendmal, aber er war sicher, daß Hearsts Entschluß unumstößlich war. Ich mußte einen Ausweg finden.

Ich ging zu den Gimbel-Brüdern und sagte: «Schauen Sie, Sie besitzen doch auch Saks Fifth Avenue (eines der angesehensten Geschäfte in New York). Geben Sie mir dort *und* bei Gimbels Raum für die Sammlung. Ich bin sicher, daß Mr. Hearst das akzeptieren wird.»

Zunächst waren sie dagegen. Sie sagten, bei Saks gebe es keinen Platz; und was noch wichtiger war: Sie hatten stets dafür gesorgt, daß die Namen Gimbels und Saks vollkommen auseinandergehalten wurden, damit die vornehmen Saks-Kunden nicht das Gefühl bekämen, ihre Einkäufe würden durch eine Gimbels-Verbindung besudelt.

Doch ich konnte sie überreden. Ich wollte nur eine kleine Fläche bei Saks. Wenn wir eine kleine Show mit ein paar ausgewählten Stücken auf die Beine stellten, argumentierte ich, könnten wir die Kunden von Saks neugierig machen und anregen, die Hauptausstellung bei Gimbels zu besuchen.

Sie waren einverstanden. Und Hearst wurde besänftigt.

Jetzt stand unserer Show nichts mehr im Wege. Fred Gimbel hielt Wort und holte die besten Hollywood-Designer heran, um die rund siebentausend Quadratmeter des fünften Stockwerks ihres Kaufhauses umzugestalten. Mehr als zwanzigtausend Objekte wurden ausgestellt, darunter ein Regiment mittelalterlicher Rüstungen (Hearsts Sammlung war eine der besten der Welt), Täfelungen im Tudorstil, florentinisches Silber, geschnitzte gotische Türen, Buntglasfenster und so weiter. Knapp zweitausend Quadratmeter wurden im dritten Stockwerk umgestaltet, um Hunderte von Bildern auszustellen.

In einer Pressemitteilung sagte ich, es sei wie «der Inhalt des Louvre und des British Museum zusammen». Und der *New York Times* teilte ich am 29. Dezember 1940 mit: «Die Sammlung erstreckt sich von allem zu allem. Stellen Sie sich vor, Sie gehen ins Metropolitan Museum of Art und finden an allen Objekten Preisschilder. Nur so kann ich es beschreiben. Die Preise sind günstig. Jeder kann es sich leisten, etwas aus der Hearst-Sammlung zu kaufen.»

Mir hatte es immer Spaß gemacht, Leute in die Hammer Galleries zu locken, die sich normalerweise in hochgestochenen Kunstgalerien fehl am Platze fühlten. Ich meinte, die Hammer Galleries taten etwas wirklich Nützliches, indem sie durchschnittlichen Leuten halfen, Geschmack am Erwerb von Kunstwerken hoher Qualität zu finden. Später trauten sie sich dann vielleicht auch zu, in anderen Galerien herumzustöbern. Dieser «demokratisierende» Aspekt machte mir auch beim Aufbau der Hearst-Ausstellungen Freude. Mir gefiel der Gedanke, daß eine Hausfrau aus Queens bei Gimbels hereinschauen mochte, um im «Basement» einen Wasserkessel zu kaufen, und dann zum fünften Stockwerk fuhr, um eine ägyptische Perle für 99 Cent oder eine kleine Figur für 9,95 Dollar mitzunehmen.

Wir boten alle möglichen kleinen Schätze an, die sich auch Gehalts-empfänger durchaus leisten konnten. Für 325 Dollar zum Beispiel konnte man eine Brille mit Silberrahmen von Benjamin Franklin erwerben, in die sein Name eingraviert war. Oder man wählte eine Weste, die von George Washington getragen wurde, oder eine kleine Tasche, die einmal Martha Washington gehört hatte.

Für wahre, urteilsfähige Kunstsammler boten wir noch nie dagewe-sene Preisvorteile: bei Bildern von Vestier oder Boucher ebenso wie bei einer mit Gold und Edelsteinen verzierten Achatschale von Benvenuto Cellini oder einer «Heiligen Familie» von Andrea del Sarto. Victor versah ein Bild der Madonna mit Kind von Raffaelino del Garbo mit einem Preis von 12998 Dollar, einem Bruchteil dessen, was Hearst bezahlt hatte. Für ein flämisches Gemälde von David Teniers d. J., einer bäuerlichen Tanzszene, hielt Victor 998 Dollar für einen fairen Preis. Beide Arbeiten wären heute mindestens das Fünfundzwanzigfa-che wert.

Mein Hauptjob war es, die Kunden heranzuziehen. Robert Lehman, Chef der Bankgesellschaft Lehman Brothers und einer von Gimbels' Direktoren, wollte hunderttausend Dollar ausgeben, um die beste Public-Relations-Firma mit der PR-Kampagne zu beauftragen. Ich sagte dem Vorstand, das wäre rausgeworfenes Geld. «Es reicht, wenn Bernard Gimbel mich den Herausgebern der New Yorker Zeitungen vorstellt. Wir haben hier die beste Story, und ich weiß, wie wir sie an den Mann bringen können.»

Mit leichten Zweifeln brachte mich Gimbel zu Arthur Sulzberger von der *New York Times*, zu Helen Reid von der *Tribune*, zu Roy Howard vom *World-Telegram* und zu Dorothy Schiff von der *Post*. Das Ergebnis war eine Flut von Titel-Stories zur Ausstellungseröffnung.

Doch unsere Freude war kurzlebig. Gleich nach Erscheinen der ersten Zeitungsgeschichten kam ein Anruf von Huberth, der mit unverkennbarer Wut sagte: «Bitte sehen Sie zu, daß ohne unser Einverständnis keine weiteren Pressemitteilungen herauskommen.» Er fürchtete den berüchtigten Zorn seines Chefs.

Der Grund für Huberths Sorge lag in der Pressemitteilung, die ich geschrieben hatte. Mich auf die zum Verkauf angebotenen Kunstwerke als Teil von Hearsts Sammlung beziehend, hatte ich gesagt, daß ihr Gesamtwert auf rund fünfzig Millionen Dollar geschätzt worden sei.

Die Angaben stimmten zwar, aber Huberth fürchtete, sie würden den alten Mann zutiefst kränken und vielleicht veranlassen, das Ganze abzublasen. Hearst wollte auf keinen Fall, daß die Öffentlichkeit annahm, es gehe ihm so schlecht, daß er sein Vermögen veräußern müsse. Was die fünfzig Millionen anbetraf, war schwer zu begreifen, warum Huberth sich so darüber erregte. Ich hatte die Zahl einer Publikation von Hearsts International Studio Art Corporation entnommen, als sie ihre eigene mißlungene Verkaufsshow in Chicago gestartet hatten.

Huberth sagte also zu mir: «Diese Fünfzig-Millionen-Dollar-Story kann uns in Schwierigkeiten bringen. Außerdem muß eindeutig hervorgehoben werden, daß in diesem Verkauf Mr. Hearsts Privatsammlung nicht enthalten ist. Falls von der Küste her ein Donnerwetter einsetzt, wird es für Sie und für uns peinlich.»

Die Gebrüder Gimbel hatten große Angst, daß Hearst sich nicht nur ganz aus dem Deal zurückziehen würde, sondern sie außerdem noch auf Vertragsbruch, unrichtige Darstellung und möglicherweise sogar Verleumdung verklagen würde. Die Hölle brach los.

Ich war schrecklich niedergeschlagen und glaubte, diesmal einen echten Bock geschossen zu haben. Eine Pressekonferenz am 28. Dezember war wirklich unangenehm für mich. Ein Reporter der *Sun* hatte erfahren, daß Hearst versucht hatte, die Associated-Press-Story, der meine Pressemitteilung zugrunde lag, zurückziehen zu lassen, obwohl sie vom *Journal*, Hearsts eigenem Blatt, gebracht wurde.

Ich tat mein Bestes, den *Sun*-Reporter während der Pressekonferenz zu isolieren, und später – bei Sekt und Highballs – nahm ich ihn zur Seite und freundete mich mit ihm an. Beim Abschied sagte er schließlich: «Ich denke, alles ist okay.» Friedlicher Abschluß einer Sache, die zu einer verhängnisvollen Episode hätte werden können!

Am folgenden Abend erhielt Huberth die wütenden Anrufe seines Chefs, die er gefürchtet hatte. Er bat mich, ihn in seinem Büro aufzusuchen. Schweren Herzens, das Schlimmste erwartend, machte ich mich auf den Weg. Ich erwartete meinen Rausschmiß. Huberths ausdrucksloses Gesicht verbesserte die Stimmung nicht. Ich fühlte mich wie ein Sack voll Blei, als ich mich setzte. Dann begann er: «Wir sind gerade noch mal davongekommen. Aber ich konnte den alten Herrn beruhigen. Die Publicity in der *Times* und in den anderen

Zeitungen war wunderbar. So was haben wir noch nie erlebt. Aber um Himmels willen, seien wir von jetzt an vorsichtig! Der Alte hat mich heute früh um eins geweckt. Erst hat er mir den Kopf gewaschen, aber dann sagte er: ‹Was für eine Phantasie, die Sachen mit dem British Museum und dem Louvre zu vergleichen.› Dann fügte er noch hinzu: ‹Mir hat die Broschüre der Hammer Galleries gefallen. So was brauchen wir.›»

Ich atmete tief und erleichtert auf. Huberth fuhr fort: «Der wahre Grund, warum sich der Alte so aufregt, ist der, daß er in seinem tiefsten Innern gar nichts verkaufen will. Ich möchte ihm jedoch zeigen, daß wir recht hatten. Ich bin sicher, daß ein Kaufhaus der richtige Ort ist, um die Sachen zu verkaufen. Wenn Sie nur nicht von den fünfzig Millionen gesprochen hätten! Als ob man ein rotes Tuch vor einem Bullen hin und her schwenkt.»

Zurückblickend muß ich sagen, daß ich das ganze Theater jetzt besser begreife als damals. Huberth und seine Kollegen lebten in der «Furcht des Herrn» und gingen voll auf seine Empfindlichkeiten ein. Zweifellos war Hearst unberechenbar und launisch, aber ich glaube nicht, daß er annähernd so dünnhäutig und zartbesaitet war, wie Huberth ihn darstellte.

Der Sturm im Wasserglas hatte sich gelegt. Wir waren bereit für die große Eröffnung. Um die großen Geldausgeber anzulocken, verschickte ich an die hunderttausend Kreditkartenkunden von Saks Fifth Avenue elegante Einladungen. Drei Nächte lang veranstalteten wir in beiden Häusern eine formelle Vorbesichtigung mit Verkauf.

In keinem Ort der Welt gibt es mehr Premieren als in New York. Und da die New Yorker immer schon alles gesehen haben, sind sie schwer zu beeindrucken. Doch die Hearst-Sammlung schien ihre Selbstgefälligkeit ein wenig anzukratzen.

Die Polizei mußte anrücken, um die Massen von Gästen und Neugierigen unter Kontrolle zu halten. Jeden Abend stürmten mehr als dreißigtausend Menschen die Kaufhäuser, worauf Gimbels in einer triumphierenden Anzeige am 9. Februar 1941 in der *New York Sun* bemerkte, an einem Abend wäre die Besucherzahl größer gewesen als in den drei großen Kunstmuseen New Yorks in einer Woche!

Nach diesem Feuersturm an Beachtung und Neugierde riß der Umsatz nicht ab. Im Spätherbst 1941 wurde die Fünf-Millionen-

Dollar-Marke überschritten, und die Gegenstände, die Saks Fifth Avenue zugeordnet worden waren, wurden nun quer durch Manhattan zu Gimbels geschafft. Mr. Hearst war mit dem Verkaufsergebnis zufrieden und hatte keine Einwände mehr.

Eine unserer merkwürdigsten Transaktionen war der Versuch, ein komplettes spanisches Zisterzienserkloster aus dem 12. Jahrhundert zu verkaufen, das, in 10700 Kisten verpackt, die Böden des Lagerhauses in der Bronx ausbeulte.

Während seiner Spanienreise 1928 war Hearsts habsüchtiges Auge auf dieses Gebäude gefallen, das seit fast tausend Jahren da gestanden hatte. Ursprünglich war es 1114 von Alfonso VII., König von Kastilien, gebaut worden. Hearst bezahlte den verblüfften Mönchen 500000 Dollar für ihren Rückzug, und um sie für ihren Verlust noch reichlicher zu entschädigen, baute er ihnen ein völlig neues Kloster, das ihn mehr kostete als das Original. Dann engagierte er ein Team amerikanischer Architekten und Ingenieure, um das ganze Bauwerk, Stein für Stein, abtragen, jeden Stein numerieren und separat verpacken zu lassen. Über eine Strecke von fünf Kilometern mußten Schmalspurschienen gelegt werden, um die Ladung zur nächsten Eisenbahnlinie zu transportieren.

Als die Fracht in New York eintraf, wurde sie von Vertretern des Landwirtschaftsministeriums beschlagnahmt, die die Strohpolster, die um die Steine gewickelt waren, auf Maul- und Klauenseuche untersuchten. Hearst mußte für die Öffnung und Inspektion der Kisten 53500 Dollar bezahlen. Die Kisten waren sauber.

Victor setzte den Preis für das Kloster – das wir bei Gimbels natürlich nur auf Fotografien vorzeigen konnten – zunächst mit 100000 Dollar an. Es fand sich kein Abnehmer. Er ging auf 50000 Dollar runter, und schließlich wurde es von den Besitzern eines Friedhofes in Florida gekauft, die meinten, es würde ihr Gelände zieren. Und dort steht es noch heute.

Victor und ich zögerten nie lange, einen Preis zu ändern, wenn sich ein Gegenstand hartnäckig auf seinem Sockel oder seiner Platte festhielt. Van Dycks Porträt der «Königin Henrietta Maria mit ihrem Zwerg» zog mit unserer Originaltaxierung von 175000 Dollar keine Abnehmer an. Also senkten wir den Preis auf 124998 Dollar, und es wurde verkauft. Jetzt gehört es der Nationalgalerie in Washington.

Bevor das Jahr 1941 zu Ende ging – weniger als ein Jahr nachdem wir die Aktion gestartet hatten –, erreichten wir die vorbestimmte Marke von elf Millionen Dollar. Unser Vertrag mit Hearst war erfüllt, und der Jahrmarkt brach für immer seine Zelte ab. Zur Feier des Tages wurde ich zum größten Dinner eingeladen, das New York je ausgerichtet hatte – nicht von William Randolph Hearst, nein, von seiner Bank.

«Kunst im Kaufhaus» – ob Romanow oder Hearst – war in den dreißiger und vierziger Jahren nicht das einzige Geschäft, mit dem ich mich befaßte. Auch in einer ganz anderen Richtung führte eines zum anderen, und zwar von der Bierfaßherstellung zur Branntweinbrennerei. Eines führte tatsächlich so ausgiebig zum anderen, daß ich Ende der vierziger Jahre eine der größten Whiskeybrennereien der Vereinigten Staaten betrieb.

Wie gewöhnlich hatte diese Entwicklung einen bescheidenen Anfang. Ich versuchte lediglich, eine kleine Lücke, die ich entdeckt hatte, auszufüllen.

Eine der ersten Gesetzesvorlagen, unter die Franklin Delano Roosevelt nach seiner Amtsübernahme 1933 seinen Namen setzte, war die Aufhebung des Prohibitionsgesetzes. Vierzehn Jahre lang war das Land gesetzlich abstinent gewesen, obwohl es natürlich in illegal gebranntem Fusel schwamm. FDR beendete den Konflikt zwischen Gesetz und Praxis ganz einfach, indem er den Humbug beiseite wischte und die Tatsache anerkannte, daß Menschen, die trinken wollen, es auch tun.

Will Rogers brachte Roosevelts Haltung perfekt zum Ausdruck: «Nur drei Wörter – mehr hat er nicht gesagt: ‹Laß sie trinken›, das ist alles, was er gesagt hat. Und er hat in den ersten beiden Wochen zehn Millionen eingenommen. Und hätte er gutes Bier gehabt, wären die Staatsschulden schon bezahlt.»

Gutes Bier war nicht das einzige, an dem es nach der Prohibition mangelte. Auch wenn die Brauer schnell genug produzierten, um den Bedarf der Nation zu befriedigen, so hatten sie doch keine Fässer für das Bier. Nicht nur die Böttcher des Landes hatten ihren Betrieb eingestellt, auch die Hersteller von Faßdauben.

Die Dauben mußten aus Weißeiche gefertigt werden, und weil sie zweieinhalb Zentimeter dick waren, mußten sie mindestens zwei Jahre lang an der Luft getrocknet werden. Natürlich gab es in ganz Amerika keine. Die Sowjetunion dagegen produzierte riesige Mengen von Dauben, die zum großen Teil an deutsche Brauereien geliefert wurden. Das war mir noch von meiner Moskauer Zeit her bekannt. Ein Freund meines Bruders Harry fragte, ob ich russische Faßdauben besorgen könne, und ich hielt es für möglich.

Ich schickte ein Telegramm an das Außenhandelsministerium in Moskau. Man antwortete mir, die Verhandlungen mit den Deutschen seien fast abgeschlossen, aber die Deutschen zögerten wegen des erhöhten Preises. Als die Russen ihren Preis nannten, rechnete ich mir schnell aus, daß ich Fässer für etwa fünf Dollar das Stück produzieren könnte.

Ich teilte Anheuser-Busch mit, daß ich ihren Bedarf decken könne. Sie überreichten mir einen Scheck über 100000 Dollar und einen Auftrag für 10000 Fässer, das Stück zu 10 Dollar. Als andere Brauereien davon erfuhren, kamen sie ebenfalls mit ähnlich großen Aufträgen zu mir.

Ich dachte, ich sei fein raus. Daß die Sache indes einen Haken haben könnte, damit rechnete ich nicht. Die Russen verkauften ihre Faßdauben in Blöcken, also ungeformt. In ganz Amerika konnte ich kein Werk finden, das mir das Holz zurichtete. Und so war ich in Schwierigkeiten. Die Russen hatte ich mit dem Geld der amerikanischen Brauereien bezahlt, das ich für fertige Dauben bekommen hatte. Es gab nur eine Lösung: Ich mußte meine eigene Faßdaubenfabrik aufbauen.

Als provisorische Maßnahme, nur um mit der Lieferung beginnen zu können, richtete ich direkt am Pier der New York Dock Company in Brooklyn, wo die russischen Schiffe festmachten, ein Werk ein. Es war leicht, genügend erfahrene Handwerker zu finden, die während der Prohibition arbeitslos gewesen und jetzt froh waren, wieder in ihrem alten Beruf arbeiten zu können. In dieser Fabrik produzierten wir mit drei Acht-Stunden-Schichten rund um die Uhr viele Monate lang tausend Fässer pro Schicht, um den steigenden Bedarf der amerikanischen Brauereien zu decken.

Alles schien wunderbar zu laufen, bis meine Bank eine unerhörte Forderung an mich stellte. Der Zeitpunkt dafür war äußerst geschickt gewählt. Die Trust Company of North America finanzierte meine

Daubensendungen; ich konnte die Russen bezahlen, sobald ein Schiff eintraf. Eines Tages, im Jahr 1933, während eine Sendung sich gerade mit der *Albert Ballin* auf hoher See befand, kam ein Angestellter der Bank zu mir ins Büro. Er hatte ein Vertragsschreiben in der Hand und sagte, die Bank bestehe darauf, daß ich einen Kredit in Höhe von 100000 Dollar für ein Jahr aufnehme, wofür sie eine Provision von 50000 Dollar, zahlbar im voraus, haben wollten. Wenn ich diesen Vertrag nicht unterschriebe, würden sie die Wechsel für die Fracht nicht einlösen, und der gesamte Kredit würde gekündigt.

«Was ist mit der Sendung, die schon auf See ist?» fragte ich.

«Wir werden die unbezahlten Wechsel an Amtorg, den sowjetischen Verkäufer, zurückschicken müssen», antwortete er.

Das hätte die Kündigung meines wertvollen Vertrags bedeutet, und Amtorg hätte es freigestanden, die Dauben an jemand anders zu verkaufen. Ich wäre ruiniert gewesen.

Ich las den Vertrag durch. Dann sah ich ihn an und sagte: «Sie haben etwas ausgelassen.»

«So, was denn?»

«Das Arsen, das ich wohl besser gleich nehme, wenn ich das hier unterschreibe.»

Ich unterschrieb. Ich hatte ja keine Wahl.

Nachdem die *Albert Ballin* eingetroffen war und die Russen ihr Geld bekommen hatten, schaute ich mich sofort nach einer anderen Bank um. Ich lehnte es ab, an die Trust Company of North America Zahlung zu leisten, und zwar mit der Begründung, daß ich zu diesem Vertrag gezwungen worden war.

Natürlich verklagten sie mich. Sie wollten 230000 Dollar. Ich widersetzte mich. Zunächst war der Sieg unser, da der Oberste Gerichtshof des Staates New York ihre Klage abwies. Dann gehörte der Sieg teilweise ihnen, weil ein Richter in Manhattan einer Teilverurteilung stattgab. Eine Menge Unsinn, der entstanden war, weil man erkannt hatte, wie vielversprechend sich das Faßgeschäft entwickelte. Ich hatte lediglich einem Notstand abhelfen wollen und war dabei auf eine tolle Chance gestoßen.

Ich stürzte mich mit ganzer Kraft in das Faßgeschäft. Zwischen 1933 und 1934 baute ich auf 2000 Quadratmetern eine moderne Faßfabrik – die A. Hammer Cooperage Company – in Milltown, New Jersey, auf.

Sie war groß genug, um den Bierfaßbedarf ganz Amerikas zu decken; allein in den ersten zwei Jahren machte sie einen Gewinn von etwa einer Million Dollar. Etwas später fing ich an, auch Whiskeyfässer herzustellen. Als sich die amerikanischen Brauereien gegen Ende der dreißiger Jahre auf Aluminiumfässer verlegten und die Brennereien begannen, ihre eigenen Whiskeyfässer zu machen, ließen die Gewinne nach. Ich löste das Faßgeschäft allmählich auf und stieg in das Destillationsgeschäft ein.

Die Böttcherei hatte noch ein Nebengeschäft. Die Isoliereigenschaften der Weißeichendauben waren so hervorragend, daß ich aus Whiskeyfässern, die in Hälften gesägt und mit einem festschließenden Weißeichendeckel versehen waren, einen Gegenstand produzierte, der Ice-Saver genannt wurde. Der Ice-Saver konnte als Picknickkoffer oder als Kühlbox verwendet werden. Später wurde er von den Kühlschränken und Plastik-Picknicktaschen abgelöst, aber für eine Weile erfreute er sich großer Beliebtheit.

Mein Geschäftsleben war aktiv und meine Arbeitstage ausgefüllt, aber mein Privatleben geriet dabei leider etwas durcheinander. Meine Ehe mit Olga war so gut wie am Ende. Wir sahen uns kaum, und unsere gelegentlichen Treffen waren alles andere als gelungen. Ich neigte dazu, meine Unzufriedenheit durch noch härteres Arbeiten zu kompensieren. In den dreißiger Jahren, als ich mich um die Hammer Galleries und die Faßproduktion kümmerte, arbeitete ich oft bis spät in die Nacht hinein und schlief manches Mal an meinem Schreibtisch ein. Mit einem Ruck wachte ich dann in den frühen Morgenstunden auf und fuhr durch die leeren Straßen zu meinem Haus in Greenwich Village. Der sich häufende Erfolg meiner Geschäfte ging, wie ich fürchte, auf Kosten der Beziehung zu meinem Sohn Julian.

Manchmal kam er nach New York City, um das Wochenende mit mir zu verbringen. Er ging gern ins Kino und liebte es – leider –, denselben Film zweimal hintereinander anzuschauen. Ich hatte einfach nicht die Zeit oder Geduld, diesen Enthusiasmus zu teilen. Nur mein Vater hatte genügend Zeit, Julian zu seinen vierstündigen Kino-Sitzungen zu begleiten.

An einem Wochenende kam Julian mit seiner Schule nach New York, um den Zoo zu besuchen. Aufgeregt rief er mich im Büro an, um mir von seinen Plänen zu erzählen, und wir machten aus, uns um zwei am Eingang des Zoos zu treffen.

Ich verspätete mich ein bißchen – von Julian oder seiner Gruppe keine Spur. Wie alle Eltern in einem solchen Fall packte mich schreckliche Angst, er könnte sich verlaufen haben und glauben, ich hätte ihn im Stich gelassen. Ich fragte an der Kasse, ob eine Schulklasse gesehen worden sei. Nichts. Ich lief in den Zoo und rannte schwitzend vor Angst durch die Anlagen, von einem Käfig zum anderen. Endlich fand ich Julian und seine Freunde, die ruhig durch das Affenhaus schlenderten.

Er freute sich riesig, mich zu sehen, und war sehr stolz, daß ich der einzige von allen Eltern war, der sich zu seiner Gruppe gesellte. Wir verbrachten einen schönen Nachmittag miteinander, schauten alles an, kauften Andenken und heiße Würstchen. Wir hielten uns an den Händen, und fühlten uns näher denn je. Als der Bus vom Parkplatz fuhr, stand ich unter einem Baum und winkte Julian, der so lange zurückwinkte, bis der Bus um die Ecke verschwand. Schweren Herzens dachte ich daran, wie selten die Augenblicke waren, in denen wir uns so nahe waren. Ich gab mir selbst das Versprechen, daß wir uns in Zukunft häufiger sehen würden.

Aber es sollte nicht sein. Olga wollte nach Kalifornien ziehen, um ihre Karriere als Sängerin wieder aufzunehmen und ihr Glück in Hollywood zu versuchen. Natürlich nahm sie Julian mit. Sie wohnten in Los Angeles, ich sah Julian noch seltener. Er litt unter diesen schwierigen Umständen. Die Pubertätsphase war noch problematischer als bei den meisten anderen, und es gab ständig Schwierigkeiten mit der Schule. Es war nicht Olgas Schuld: Sie kümmerte sich sehr liebevoll um Julian, und auf ihre Art, glaube ich, liebte sie auch mich.

Die Dinge wurden für Julian nicht einfacher, als ich mich in Angela Zevely verliebte. Wir lernten uns 1938 kennen, und nach kurzer Zeit wußte ich, daß aus unserer Affäre etwas Ernstes werden würde. Sie lebte von ihrem Mann getrennt, der sie verlassen hatte. Er war völlig vom Erdboden verschwunden und hatte sie ohne einen Pfennig zurückgelassen. Sie war bezaubernd, witzig und elegant, liebte Parties, Dinners, Theater, Reisen und Pferderennen. Die Familie ihres Mannes hatte Vollblutpferde gezüchtet, eines davon – Zev – gewann 1923 im Kentucky Derby. Als ich Angela kennenlernte, war sie mit einem prominenten Verleger befreundet, der sie heiraten wollte, aber Angela war noch verheiratet, also nicht frei.

Die Hammer-Brüder schienen eine Schwäche für Sängerinnen zu haben. Auch Angela war Sängerin, und sie trat gelegentlich in einer Radio-Show auf. Es war mir immer ein völliges Rätsel, wie sie eine Melodie pfeifen konnte, ganz zu schweigen davon, vor einer großen Band ein kompliziertes Lied zu singen, weil sie von Geburt an fast taub war. Sie kämpfte sehr tapfer gegen dieses Handicap an und tat alles, um es zu verbergen. Sie konnte mit erstaunlicher Geschwindigkeit Lippen-lesen, und da sie nicht nur tapfer, sondern auch eitel war, lehnte sie alle Hilfsmittel ab, weil sie nicht gut aussahen. Mein Vater überredete sie, es mit einem Hörgerät zu versuchen, und brachte es Angela, um es ihr zu zeigen. Sie riß es sich vom Kopf und schleuderte es durchs Zimmer. Sie sagte, die Lautstärke sei unerträglich.

Bald lebten wir zusammen, während sie versuchte, ihren Mann zu finden und eine Scheidung herbeizuführen, und dann, nach einem Jahr in New York, beschlossen wir, ein friedliches Leben auf dem Lande zu führen. Angela war sehr gern in der Natur. Sie hatte schon immer eine Farm besitzen wollen. Ein befreundeter Immobilienmakler riet uns, in der Gegend von Red Bank, New Jersey, einige Grundstücke anzusehen, und an einem schönen Wintertag im Jahr 1939 fuhren wir mit ihm hin. Gegen Abend, nachdem wir uns mehrere Farmen angeschaut hatten, die uns aber nicht gefielen, fuhren wir zu einem Grundstück am Rande eines Sees. Wir wußten sofort, daß es wie für uns geschaffen war, auch wenn das Haus und die umliegenden 3,6 Hektar ziemlich herunterge-kommen waren.

Angela blieb auf der Farm, stellte Helfer ein und ließ das Grundstück herrichten, während wir in zwei Zimmern hausten. Dann wurden unser beider Ehen geschieden, und Angela und ich heirateten. Ihre Geschenke für mich enthielten ein paar tolle Überraschungen.

Die erste kam in der Hochzeitsnacht, als sie deutlich machte, daß sie keine Kinder wollte. Ich war wie vom Donner gerührt. Nie versuchte sie, mir zu erklären warum. Ich vermutete, daß sie ihre Taubheit für einen Erbfehler hielt und ihn nicht weitervererben wollte. Ich hatte ihr immer deutlich gezeigt, daß ich Kinder liebte und noch viele haben wollte, und sie hatte nie irgendwelche Bedenken geäußert.

Was sollte ich tun? Wahrscheinlich hätte ich die Ehe annullieren lassen können, aber ich hoffte, sie mit der Zeit umstimmen zu können. Wie die Jahre zeigen sollten, hatte ich mich geirrt.

Angelas zweite große Überraschung war die, daß sie Alkoholikerin war. Ich wußte, daß sie gerne trank, aber irgendwie schien ihr Trinken damals in die allgemeine Aufregung unserer Romanze zu passen. Als ich entdeckte, wie ernst ihre Sucht war, versuchte ich, ihr zu helfen, sie zu überwinden. Ich redete ihr zu, sich von Fachärzten und in Kliniken behandeln zu lassen, aber nichts half. Sie versuchte alles, um mich glauben zu machen, sie sei trocken. Sie versteckte Flaschen, indem sie sie an Schnüren aus dem Fenster hängte. Kleine Flaschen versteckte sie in ihren Kleidern und Handtaschen. Jedesmal, wenn sie allein in der Stadt war – geschäftlich oder zum Einkaufen –, führten sie Umwege in Bars. Wenige Ehen können den Belastungen durch derartige konstante Sorgen und Täuschungen standhalten. Es war ein Wunder, daß unsere so lange hielt.

Ein weiteres geschäftliches Hauptinteresse und mein größter Erfolg in jenen Jahren war die Whiskeybrennerei. Fred Gimbel spielte auch hier eine entscheidende Rolle.

Als ich Angela heiratete, war Fred Brautführer gewesen. Nach der Feier, kurz bevor wir in unsere Flitterwochen aufbrachen, gab er mir einen Börsentip, obwohl er wußte, daß ich nie an der Wall Street spekulierte. Der große Krach hatte mir eine Lehre erteilt: Ich habe nie an leicht verdientes Geld geglaubt.

Fred Gimbel war jedoch ein seriöser Mann und verstand alles, was mit Geschäft zu tun hatte. Man wäre dumm gewesen, seinem Rat nicht zu folgen.

«Sie sollten American-Distilling-Aktien kaufen», sagte er, «kein Risiko für Sie. Jeder, der Anteile kauft, bekommt als Dividende ein Faß Bourbon. Wir bei Gimbels kaufen Ihnen den Whiskey ab, soviel Sie uns verkaufen wollen.» (Das Gesetz verbot es dem Einzelhandel, Brennerei-Aktien zu besitzen.) Ich kaufte 5500 Anteile zu je 90 Dollar und fuhr mit Angela nach Mexiko.

Als ich nach New York zurückkehrte, erwarteten mich gute Nachrichten. Die Aktien waren auf 150 Dollar gestiegen. Während meines Urlaubs hatte ich 330 000 Dollar verdient! Dazu noch 5500 Fässer Bourbon, die ich Fred Gimbel verkaufen konnte. Zumindest hätte ich sie haben *sollen*. Die American Distilling Company hatte aber keine der versprochenen Bourbonfässer geliefert. Jemand hatte die Firma verklagt, um sie am Vertrieb des Whiskeys zu hindern, und das Gericht hatte einen Verwalter bestellt. Dieser Verwalter hatte seine eigenen Pläne: Er wollte den Whiskey für sich selbst und seine Freunde. Ich fuhr zum Sitz der Firma in Peoria, um mit ihm zu verhandeln. «Warum verteilen Sie den Whiskey nicht?» wollte ich wissen.

«Ich fürchte, ich müßte dann für den Whiskey die Steuern zahlen.»

«Ich verstehe», sagte ich. «Sagen Sie mir, wie hoch die Steuern für meine fünftausendfünfhundert Fässer sind.»

Er nannte eine Summe.

«Sehr gut», sagte ich. «Ich werde für diesen Betrag eine Sicherheit stellen, um Sie für die Steuerzahlung zu entschädigen.»

Bei diesem Angebot wurde der Mann blaß, und mir war klar, daß er etwas im Schilde führte.

Am gleichen Tag fand eine Aktionärsversammlung statt. Ich war unter den größten Einzelaktionären. Ich schlug eine Strategie vor, wie man unseren Whiskey aus den Händen des Verwalters befreien könnte, und alle waren einverstanden.

Ich engagierte die Firma des früheren Generalstaatsanwalts als unsere Rechtsvertretung. Dann gingen wir zu dem Verwalter und teilten ihm mit, daß wir ihn vor Gericht wiedersehen würden, wo wir ihn persönlich für unsere Verluste haftbar machen und viele Millionen Dollar einklagen würden. Er brach zusammen, und wir bekamen unseren Whiskey.

Gimbels warben mit ganzseitigen Anzeigen in den New Yorker Zeitungen für meinen Bourbon, und in einer Stadt, in der die Menschen gerne einen tranken und wegen des Krieges kaum etwas zu trinken fanden, bildeten sich Schlangen rund um den Block.

Ich hatte allen Grund, mich bei Fred Gimbel für seinen Tip zu bedanken. Wir waren beide äußerst gut gefahren, und zweifellos hätten wir noch phantastische Gewinne mit der Abfüllung und dem Verkauf der restlichen 3000 Fässer meines Bourbons gemacht, und das hätte das Ende meines kleinen Raubzugs im Land der Whiskeybarone bedeutet –, wäre da nicht eine zufällige Begegnung gewesen, die mich noch tiefer ins Destillationsgeschäft tauchte.

Eines Tages meldete meine Sekretärin, daß mich ein Mr. Eisenberg zu sprechen wünsche. Ich war etwas ungeduldig, wegen eines – wie ich dachte – privaten Besuchs gestört zu werden, doch dann trat Mr. Eisenberg ein und ließ sofort eine aufgeregte Schilderung irgendeiner Entdeckung, die er gemacht hatte, vom Stapel. Ich achtete kaum auf ihn und versuchte, an meinem Schreibtisch weiterzuarbeiten. Nur mit halbem Ohr hörte ich zu. Plötzlich schien ich so etwas wie «... und so können Sie Whiskey natürlich strecken» vernommen zu haben.

Jetzt hatte er meine volle Aufmerksamkeit.

«Was haben Sie da gesagt?»

«Sie können ebenso gut wie aus Getreide auch aus Kartoffeln Alkohol machen – ein Unterschied ist nicht festzustellen. Dann können Sie ihn mit purem Whiskey verschneiden. Sie könnten Ihrem Bourbon bis zu achtzig Prozent neutralen Alkohol hinzufügen und Ihren Vorrat um das Fünffache verlängern.»

Das Fünffache? Das ergäbe 15 000 Fässer meiner verbliebenen 3000 Fässer Bourbon, also 9500 mehr als ich überhaupt erworben hatte.

«Was Sie da erzählen, interessiert mich sehr», sagte ich zu Mr. Eisenberg. «Können Sie es mir demonstrieren?»

Er war darauf vorbereitet. Er hatte eine Probe neutralen Alkohols dabei, der aus Korn hergestellt worden war, und eine zweite, die von Kartoffeln stammte. Ich öffnete eine Flasche von meinem Bourbon. Eisenberg goß ihn in zwei Papierbecher und fügte dem einen Kornalkohol und dem anderen Kartoffelalkohol zu. Ich durfte kosten.

Ich konnte keinen Unterschied herausschmecken. Nicht nur das: Ich konnte auch keinen Unterschied zwischen den Mischungen und dem echten Zeug erkennen. «Na schön», sagte ich. «Und wo bekomme ich eine größere Menge Kartoffelalkohol her?»

Eisenberg grinste siegesgewiß. «Ich weiß wo», sagte er. «In Newmarket in New Hampshire, direkt an der Grenze zu Maine, steht eine verlassene Rumbrennerei. Die Leute, die sie betrieben hatten, konnten ihren Kredit von der Wiederaufbaubank nicht zurückzahlen. Die Bank möchte die Brennerei los werden. Sie könnten sie für wenig Geld bekommen. Außerdem», fuhr er fort, «gibt es drüben in Maine eine ungeheure Menge Kartoffeln. Die Regierung unterstützt die Bauern, die immer mehr anbauen, und der Markt ist übersättigt. Die Speicher sind voll. Die Kartoffeln faulen und stinken zum Himmel und eignen sich wirklich nur noch zum Schnapsbrennen.»

Für dieses Unternehmen brauchte ich kräftige Unterstützung. Das Rüstungsministerium hatte die Produktion von Alkohol für Getränke gedrosselt, weil er in anderer Form im Krieg benötigt wurde. Ich fuhr nach Washington und suchte die Senatoren von New Hampshire (Styles Bridges) und von Maine (Owen Brewster) auf. Beide empfingen mich mit offenen Armen: Bridges, weil er erkannte, daß ich in New Hampshire Arbeitsplätze schaffen würde, und Brewster, weil er den Farmern von Maine helfen wollte. Sie arrangierten für mich ein Treffen mit Donald Nelson, dem Chef des Rüstungsministeriums. Er pflichtete mir bei, daß der Kartoffelberg «die Landschaft verstänkert», und erteilte mir die Genehmigung, Alkohol zu Getränkezwecken zu produzieren.

Ich ging zur Wiederaufbaubank in Boston und fragte den zuständigen Sachbearbeiter, wieviel er für die Rumbrennerei haben wollte. Es waren 55 000 Dollar. Ich zog mein Scheckbuch.

Der Angestellte lächelte. «Also, Dr. Hammer», sagte er, «jetzt sind Sie Besitzer einer Schnapsbrennerei. Es war gut, daß Sie sich so schnell entschlossen haben, denn erst gestern war Mr. Joseph Kennedy hier, der sich für die Anlage interessierte. Er fragte, ob wir sie für ihn reservieren würden, und wir baten ihn um eine Anzahlung. Er sagte, er würde sie heute vorbeibringen. Jetzt sind Sie ihm zuvorgekommen.»

Die Erfahrungen, die ich in meiner Moskauer Bleistiftfabrik gesammelt hatte, waren unschätzbar. Genauso wie ich damals nach Nürnberg und Birmingham gefahren war, um die besten Handwerker anzuwerben, ging ich jetzt zu American Distilleries und heuerte den besten Chemiker an, einen Deutschen namens Hans Meister, der sich auf dem Gebiet des Branntweinbrennens wohl am besten auskannte und vor allem in Deutschland gelernt hatte, wie man Alkohol aus Kartoffeln gewann. Ich gab ihm freie Hand, sein eigenes technisches Personal einzustellen.

Dann sprach ich erneut bei der Regierung vor und kaufte Tausende Tonnen ihres Kartoffelüberschusses zum Sonderpreis von 10 Cent für jeden 45-Kilo-Sack. Die Kartoffeln wurden in die Lagerhallen der Brennerei gebracht. Ich stoppte die gesamte Abfüllung von «Cooperage» bei American Distillery in Peoria und brachte meine Bourbon-Fässer zu den Abfüllanlagen, wo im Verhältnis von 20 Prozent Bourbon zu 80 Prozent Kartoffelalkohol verschnitten wurde.

Niemals zuvor war die primitive Knolle in reines Gold verwandelt worden. Fred Gimbel nannte mein neues Produkt «Gold Coin» – Goldmünze –, und wieder bildeten sich bei Gimbels Schlangen um den Block herum, und zwar trotz der Tatsache, daß jeder Kunde nur eine Ration von zwei Flaschen Gold Coin bekam und gleichzeitig eine Flasche kubanischen Rum kaufen mußte.

Gold Coin machte gute Geschäfte. Aber es wurde auch viel gelästert, der Stoff wurde bekannt als «Knollen»-Whiskey, was seinem Ruf nicht gerade dienlich war. Diesen Makel wollte ich beseitigen.

Kartoffeln sind nur Gemüse, dachte ich. Wenn ich sagen kann, daß Gold Coin aus Gemüsegeist gemacht wird, kann ich den Ruch der «Knolle» verschwinden lassen. Außerdem meinte ich, mir ruhig von den Whiskeyverschnitt-Herstellern etwas abgucken zu können, die neutralen Alkohol aus Korn extrahierten. Sie mußten nicht erklären, um welche Getreideart es sich handelte – Roggen, Gerste oder Weizen. Ich ging zum Alkoholsteueramt in Washington und sagte: «Nehmen wir an, ich würde meine Kartoffeln mit anderen Gemüsen mischen. Dürfte ich das Destillat ‹Gemüsegeist› nennen?»

«Selbstverständlich», sagten sie.

Ich fing an, eine Wagenladung Kartoffeln mit Möhren, Steckrüben oder anderen Wurzelgemüsen zu vermischen und Gemüsealkohol daraus zu machen. Das versetzte mich in eine äußerst vorteilhafte Lage gegenüber den traditionellen Brennereien, die sehr große Whiskeyreserven hatten. Ich bot ihnen einen Tauschhandel an. Zum Beispiel tauschte ich mit National Distillers vier Fässer meines neutralen Gemüsealkohols gegen ein Faß ihres vier Jahre alten reinen Whiskeys. Dann streckte ich den Whiskey nach der Formel des guten alten Mr. Eisenberg, und Gold Coin floß in Strömen aus der alten Rumfabrik in Newmarket. Wir bekamen Bestellungen in phantastischen Höhen.

Die Geschäfte gingen glänzend, da näherte sich eine große schwarze Wolke. Ich erhielt ein Telegramm vom Kriegsministerium, in dem vom 1. August 1944 an bis auf weiteres ein «grain holiday» deklariert wurde: Amerikanischen Brennereien wurde es wieder gestattet, Alkohol für Getränke aus Korn herzustellen.

Als Fred Gimbel von diesem «grain holiday» hörte, rief er mich sofort an. Er sagte: «Am besten, Sie schließen gleich Ihren Laden und kommen heim. Beeilen Sie sich. Verkaufen Sie die Kartoffeln. Verkaufen Sie den Alkohol.»

«Kennen Sie jemand, der ihn nimmt?» fragte ich gereizt.

«Nicht, daß ich wüßte», antwortete Fred.

Es sah ganz so aus, als sei ich ruiniert. Hier saß ich nun in Newmarket, bis zum Hals in faulenden Kartoffeln, und die stornierten Aufträge für Gold Coin brachen wie ein Orkan über uns herein. Mit Hans Meister und seinen Technikern hielt ich Kriegsrat. Die meisten waren dafür, das Handtuch zu werfen. Ich beschloß, nicht auf sie zu hören.

«Wir werden den Alkohol weiterfabrizieren», sagte ich. «Wir werden unsere Lagertanks auffüllen, und wenn sie voll sind, bauen wir neue. Die Kartoffeln sind so nutzlos wie fauler Abfall, aber als Alkohol können wir sie wenigstens aufbewahren. Irgend jemand wird ihn irgendwann brauchen.»

Es begann eine spannungsgeladene Zeit. Ich hatte einen großen Betrieb und keine Umsätze. Ich setzte auf die Hoffnung, daß die angesammelten Reserven irgendwo einen Markt finden würden. Ich hasse es, im blinden Glauben zu handeln. Das richtige Geschäftsgebaren sollte eine intelligente Berechnung sein, die auf bekannten Faktoren beruht und mit Phantasie und Voraussicht durchgesetzt wird. Die besten Geschäftsentscheidungen kombinieren ein konservatives Sicherheitsgefühl mit dem Abenteuer eines phantasievollen Sprungs. Blinder Glaube dagegen ist der gerade Weg in die Katastrophe.

Im Fall der Kartoffelbrennerei jedoch zahlte sich der blinde Glaube aus. Innerhalb eines Monats erhielt ich ein weiteres Telegramm: der «grain holiday» war aufgehoben worden. Sofort liefen die Telefonleitungen wieder heiß, die Bestellungen von Gold Coin strömten herein und beulten die Postsäcke aus. Wir waren wieder im Geschäft.

Doch ich wollte mich nie wieder von solch einem radikalen Kollaps eines Marktes bedrohen lassen. In die herkömmliche Kornbrennerei würde ich einsteigen; ein neuer «grain holiday» sollte in Zukunft auch für mich eine schöne Ruhezeit sein und mir keinen Schlag versetzen. Sollte die Regierung die Verwendung von Korn erneut verbieten, könnte ich die Produktion des Gemüsealkohols steigern; würde der Kornbann wieder aufgehoben, könnte meine Brennerei wieder puren Whiskey und neutralen Alkohol produzieren.

Ich kaufte stillgelegte Kornbrennereien, angefangen mit der Blue Grass Distillery in Kentucky. Dort erwarb ich auch noch die Brennerei J. W. Dant. Dann kaufte ich von National Distillers eine riesige, früher Melasse verarbeitende Anlage in Louisiana. Dieser Betrieb konnte auf die Verwendung von Korn umgestellt werden, was mich beim nächsten «grain holiday» zu einer größeren Kornquote berechtigen würde. Am Ende des Krieges besaß ich neun Kornbrennereien und rangierte als Whiskeyhersteller in den Vereinigten Staaten an zweiter Stelle hinter Seagram's. Und das alles nur aufgrund eines Tips von Fred Gimbel.

Ich vereinte alle meine Brennereien unter einem Dach namens United Distillers of America Ltd. Schließlich beschäftigte United Distillers etwa zweitausend Leute und produzierte für an die fünfzig Millionen Dollar im Jahr. Die Gesellschaft gehörte mir und meinem Bruder Harry. Wir mußten keine einzige Aktie ausgeben. Damals hielt ich Aktionäre für eine Plage, ohne die ich sehr gut auskam. Das war, bevor ich ein globales Unternehmen zu leiten begann und die Verantwortung für die vielen Millionen Dollar der Aktionäre trug.

Nach Kriegsende, als die Regierung erneut die uneingeschränkte Verwendung von Korn zur Herstellung von Getränken zuließ, ging natürlich sofort die Nachfrage nach meinem Whiskeyverschnitt zurück. Die Leute wollten «straight» Whiskey, der mindestens vier Jahre alt sein und einen alten eingeführten Namen tragen mußte.

Ich beschloß, J. W. Dant zu unserem Flaggschiff zu machen, mit dem wir den neuen Markt erobern wollten. Die zwanzigtausend Kisten der normalen Produktion wurden für sieben Dollar pro Flasche verkauft und brachten mir weniger als 20 Dollar pro Kiste netto ein. Ich wollte den Preis auf 4,95 Dollar senken und J. W. Dant's Bourbon zu einem unwiderstehlichen Preisschlager machen.

Mein stellvertretender Direktor Newt Cook stimmte diesem Plan nur widerstrebend zu, und erst nachdem ich ihn wissen ließ, daß es sowieso geschehen würde, ob es ihm nun gefiel oder nicht.

«Kein Mensch verkauft Kentucky-Bourbon so billig», sagte er. «Niemand.»

«Wart's ab», sagte ich.

Wir wollten gerade unsere Werbekampagne starten, da kaufte Harry eine Flasche Bourbon in einem New Yorker Getränkeladen und verlangte, loyal wie er war, eine Flasche J. W. Dant. Der Laden führte diese Marke nicht. Statt dessen langte der Besitzer unter den Tresen und brachte eine Flasche Heaven Hill zum Vorschein. «Probieren Sie mal einen Schluck davon», sagte er. «Wir verkaufen ihn nur an unsere besten Kunden.»

Harry schmeckte er so gut wie J. W. Dant.

«Wieviel verlangen Sie dafür?» wollte er wissen.

Der Ladenbesitzer wisperte: «Vier neunundvierzig» – der Preis für Seagram's Seven-Crown-Whiskeyverschnitt.

Harry rannte zum nächsten Telefon und rief mich an.

Ich rief Newt Cook an.

«Ändere alle Anzeigen, Newt», sagte ich. «Der neue Preis ist vier neunundvierzig.»

«Das kannst du nicht machen», protestierte er.

«Wer behauptet, daß ich das nicht kann?» erwiderte ich. «Die Trinker werden sagen: ‹He, wenn ich für den gleichen Preis wie Seagram's Seven reinen Whiskey kriege, warum zum Teufel soll ich dann Verschnitt kaufen? Warum etwas trinken, was aus fünfundsechzig Prozent Alkohol gemacht ist, wenn man das echte Zeug für den gleichen Preis bekommt?»

Newt änderte die Anzeigen.

Wir profitierten von unserer Erfahrung, die wir mit den Kaufhausverkäufen gesammelt hatten, und ließen eine groß aufgemachte Werbekampagne für J. W. Dant vom Stapel. In die Schulter der Flasche prägten wir eine Krone ein und nannten das Ganze «The Crown Jewel of Kentucky Bourbon». Victor beschaffte sich eine Habsburgerkrone und ein paar Juwelen, und wir schickten sie auf Publicitytour, um für den Whiskey zu werben. Genau wie ich es mit den Romanow-Schätzen getan hatte, organisierte ich mit den Habsburger Juwelen Wohltätigkeitsveranstaltungen und lud prominente Damen ein, um die Tiaras und Kronen vorzuführen. Diese Bilder bekamen in der Tagespresse immer einen guten Platz.

In nur drei Jahren verbesserte sich der Umsatz enorm. J. W. Dant Whiskey, der sich früher eigentlich nur in Kentucky und Süd-Illinois verkauft hatte, war jetzt im ganzen Land bekannt. Die anderen Brenner wurden verrückt. Als der Absatz von J. W. Dant eine Million Kisten erreicht hatte, bekam ich einen Anruf von Louis Rosenstiel,

Vorsitzender von Schenley's. Er bat mich um ein «freundliches» Geschäftsgespräch.

Ich verkaufte ihm die J. W. Dant Brennerei samt Inventar für 6,5 Millionen Dollar in bar. Was er wirklich wollte, war der Markenname. Für den hatte ich nur ein paar Jahre zuvor 100 000 Dollar bezahlt.

Die rapide Vergrößerung der Geschäfte von United Distillers in den Kriegsjahren belastete unsere Büroräume, die wir in die Hammer Galleries verlegt hatten, erheblich. Wir brauchten unbedingt neue Unterkünfte. Bürofläche war in New York – besonders in prominenten und zentralen Gegenden – genauso schwer zu finden wie guter Bourbon. Ich schickte Kundschafter aus, die die Straßenschluchten von Zentral-Manhattan abgrasten, um für die Firma einen guten Platz zu finden. Sie kamen zurück und hatten nichts weiter vorzuweisen als ihre verdrießlichen Mienen.

Die Lösung meines Problems kam buchstäblich aus der Luft und unter tragischen Umständen. Am 28. Juli 1945 flog eine B-25 der US-Armee bei Nebel gegen die Spitze des Empire State Building, tötete vierzehn Menschen und zerstörte das achtundsiebzigste Stockwerk. Eine katholische Wohlfahrtsorganisation hatte ihr Büro darin gehabt.

Ich vermutete, daß diese Leute nicht scharf darauf waren, an den Schauplatz des Unglücks zurückzukehren. Einen Tag nach dem Unfall rief ich den Makler für das Empire State Building an und sagte: «Falls der achtundsiebzigste Stock frei werden sollte – ich möchte ihn haben.»

Ich bekam ihn.

Die Wiederherstellung und Renovierung des Geschosses dauerte fast ein Jahr, und erst im Juni 1946 konnte United Distillers of America Inc. eine große Party geben, um das neue Zuhause einzuweihen. Zum Vergnügen unserer Gäste hatten wir ein paar Büromöbel vorzuzeigen, die eine Zeitlang das Gespräch von New York waren – und übrigens auch von London.

1945 hatte Victor von einem englischen Kunst- und Antiquitätenhändler gehört, daß ein seltener Schatz verfügbar werden würde, und zwar der sogenannte «Treaty Room» von Uxbridge. Der mit Eichenholz über drei Meter hoch bis zur Decke getäfelte Raum maß etwa sechseinhalb mal fünfeinhalb Meter. Im Laufe der Jahrhunderte hatte das Eichenholz eine tiefrotbraune Patina angenommen, und die

Schnitzereien deuteten darauf hin, daß der Raum aus der Zeit König James' I. stammte. Er wurde Schauplatz einer der bedeutendsten Begegnungen in der englischen Geschichte. 1645 setzten sich sechzehn Kommissare, die für König Charles I. waren, und sechzehn, die für die Nation (Oliver Cromwells Puritaner) waren, im Haus eines Mr. Carr in Uxbridge in der Grafschaft Middlesex zusammen. Eine Reihe der mächtigsten Herren und Adligen Englands zählte dazu. Die Kommissare des Königs wurden vom Herzog von Richmond, dem Marquis von Hertford und dem Grafen von Southampton angeführt, die Kommissare der Nation durch die Grafen von Northumberland, von Pembroke und von Salisbury. Was sie zusammenführte, war die Festsetzung von Bedingungen für einen Waffenstillstand im englischen Bürgerkrieg.

Nach drei Wochen wurden die Verhandlungen ergebnislos abgebrochen; Charles sollte nicht nur den Krieg, sondern auch seinen Kopf verlieren. Seit jener Zeit ist der Raum als Treaty Room von Uxbridge bekannt. Der größte der angrenzenden Räume, in den sich die Kommissare zu Privatkonferenzen zurückgezogen hatten, wurde Presence Room genannt, ebenfalls mit herrlichen Schnitzereien und Täfelungen versehen.

Ich kaufte beide.

Der Verkauf dieser kostbaren Antiquitäten an einen amerikanischen Geschäftsmann löste in England lautes Protestgeschrei, zornige Leitartikel und ungehaltene Fragen im Parlament aus. Das hatte ich nicht erwartet. Doch der Treaty Room wurde mein Büro, der Presence Room Probierstube von United Distillers, und ein dritter Raum, die ehemalige Ratskammer aus den letzten Medici-Palästen in San Donata, Italien, wurde unser Sitzungsraum. Doch mir war letztlich nicht wohl bei der Sache. Ich sagte zu Harry: «Es wäre doch eine nette Geste, wenn wir den Treaty Room bei passender Gelegenheit an England zurückgeben würden.»

Der richtige Augenblick kam 1953 mit der Krönung Königin Elisabeths II. Ich bot die Räume als Krönungsgeschenk an, und sie wurden im Namen der Königin von Premierminister Churchill dankbar angenommen. Die Königin gab Anweisungen, sie im Victoria and Albert Museum in London unterzubringen. Doch schließlich machten die alten Herrlichkeiten ihren Weg zurück in ihr historisches Zuhause in Uxbridge. Die Königin ließ sie als permanente Leihgabe in der ursprünglichen Umgebung installieren. Allied Brewers, die jetzt das Olde Treaty House als Gasthaus betreiben, sorgten großzügig für die Wiederherstellung, und es freute mich ungemein, die Räume bei einem meiner Besuche in England wieder an ihrem historischen Platz zu finden.

Meine Erfahrung mit dem Treaty Room war mir eine Lehre, an die ich mich seitdem gehalten habe. Große Kunstwerke sollten nicht im privaten und ausschließlichen Besitz von reichen Leuten sein. Sie sollten mit allen geteilt werden, und jeder sollte sich daran erfreuen können.

In den späteren Jahren meines Lebens hatte ich das Glück, viele der größten Meisterwerke der Welt erwerben zu können, die mich grenzenlos erfreuen. Es bereitet mir aber genauso viel Vergnügen und Befriedigung, meine Kunstsammlungen in Museen und Galerien in der ganzen Welt zeigen zu können, und ich bin sicher, daß keine anderen Privatsammlungen an mehr Orten gezeigt und von mehr Menschen betrachtet worden sind als meine.

Aber ich eile voraus. Tatsächlich muß ich einige Jahre zurückgehen. Lange bevor ich den Treaty Room kaufte, lange bevor ich Brennereikönig wurde, lange bevor ich mich wieder verheiratete, geschah etwas, was alle Geschäfts- und persönlichen Interessen in den Schatten stellte, und nicht nur ich war betroffen, sondern der ganze Globus.

Die Welt zog in den Krieg.

Roosevelt

Ich beobachtete den Aufstieg der Nazis mit wachsendem Entsetzen, aber auch mit Wut. Zwar war ich nie praktizierender Jude gewesen, aber immerhin jüdischer Abstammung; viele meiner Freunde waren Juden, und natürlich fühlte ich mich mit ihnen seelenverwandt. Wie alle jüdischen Kinder der damaligen Zeit, deren Eltern Einwanderer waren, wuchs ich mit Geschichten über die zaristischen Pogrome und den Antisemitismus im alten Rußland auf. Bereits 1931, als ich in Paris lebte, ließen mir die Berichte über den Aufstieg der Nationalsozialisten, die ich von Freunden hörte, das Blut erstarren. Hitler mußte gestoppt werden! Das Münchner Abkommen von 1938 entsetzte mich.

Wie viele Amerikaner war auch ich gegen einen Isolationismus der Vereinigten Staaten. Hitlers unverkennbarer Ehrgeiz war die Beherrschung und Versklavung Europas. Natürlich war er verrückt; natürlich war das Weltbild der Nazis aberwitzig. Viele Amerikaner meinten indes, man solle diesen Hitler nicht ernst nehmen. Zu diesen Leuten gehörte ich nicht.

Ich trat jeder seriösen Organisation bei, die die Alliierten im Kampf gegen Hitler unterstützte und den Isolationismus Amerikas bekämpfte. Führend war in den ersten Kriegsjahren das «Komitee zur Verteidigung Amerikas durch die Unterstützung der Alliierten», das von William Allen organisiert worden war. Ein weiteres Hilfswerk war Bundles for Britain, das – von Privatleuten organisiert – riesige Mengen an lebenswichtigen Gütern nach Großbritannien schickte. Wegen meiner Arbeit im Destillationsgeschäft wurde ich zum Vorsitzenden der Abteilung für Weine und Spirituosen ernannt.

Bundles for Britain bat mich um Hilfe, als der große J. P. Morgan das gesamte Zubehör seiner herrlichen Yacht *Corsair* verkaufen und den Erlös spenden wollte. Ich wurde gefragt, ob ich den Verkauf nicht über die Gebrüder Gimbel abwickeln könne, mit denen die Hammer Galleries einen Management-Vertrag geschlossen hatte. Die *Corsair* war durch eine Anekdote bekannt. Morgan, der gefragt wurde, wieviel ihre Unterhaltung koste, erwiderte: «Wenn Sie fragen müssen, dann können Sie sich sie nicht leisten.»

Im Mai 1940 war die 104 Meter lange Yacht an die Briten übergeben und in den Kriegsdienst gestellt worden. Sämtliche Ausrüstungen und das gesamte Mobiliar waren herausgenommen worden. Wir gestalteten die Dekoration bei Gimbels so, daß es aussah wie auf dem Deck einer Yacht. Die Preise reichten von 7,50 Dollar für einen Stuhl bis 250 Dollar für einen Teppich. Es kamen viele tausend Dollar zusammen.

Irving Berlin und seine Frau Ellin waren ebenfalls sehr aktiv für Bundles for Britain, und als Ellins Vater – Clarence Mackay – starb, wollte sie dessen Kunstsammlung verkaufen und spenden. Berlin, den ich seit den zwanziger Jahren kannte, bat mich, auch dieses Geschäft abzuwickeln – und für die Briten kam mehr als eine Million Dollar zusammen.

Bundles for Britain tat viel Gutes. Großbritannien war jedoch in einer verzweifelten Lage und unsere Hilfe nicht viel mehr als ein Tropfen auf dem heißen Stein.

Um die Panzerdivisionen und Görings Luftwaffe aufzuhalten und die Einkreisung von Dönitz' U-Boot-Geschwadern zu durchbrechen, war die aktive Beteiligung der amerikanischen Regierung unbedingt notwendig.

Außer den isolationistischen Neigungen mancher Leute waren die Haupthindernisse für eine Hilfe Großbritanniens legislativer und politischer Natur. FDR hatte gesagt, daß die Vereinigten Staaten Großbritannien in jeder Weise helfen würden, aber seine Hände waren durch das Neutralitätsgesetz von 1939 und durch den Johnson Act von 1934 («um Finanztransaktionen mit jeder ausländischen Regierung zu verbieten, die Verpflichtungen gegenüber den Vereinigten Staaten nicht nachgekommen ist») gebunden.

1925 beliefen sich Großbritanniens Schulden aus dem Ersten Weltkrieg gegenüber Amerika auf über fünf Milliarden Dollar. Zwischen

1925 und 1940 wurden fast 1,5 Milliarden zurückgezahlt. Die Gesetze bedeuteten also – zusammengenommen –, daß Großbritannien mehr als 3,5 Milliarden zu zahlen hatte, bevor die Vereinigten Staaten finanzielle und materielle Hilfe leisten konnten. Großbritanniens Kriegsschulden hatten im übrigen – welch grausames Paradox! – nicht die gleiche Behandlung erfahren wie Italiens Schulden. Erleichterte Bedingungen hatten die ursprünglichen Kriegsschulden Italiens von mehr als zwei Milliarden Dollar nahezu halbiert. Somit hatte Amerika einer der Achsenmächte, die jetzt die Freiheit der Welt bedrohten, generös Wirtschaftshilfe gewährt, während dem einzigen Land in Europa, das die faschistischen Diktatoren noch bekämpfte, eine ähnliche Unterstützung verweigert worden war.

Roosevelts politische Schwierigkeiten waren auf seinen harten Wahlkampf im Jahr 1940 zurückzuführen. Damals, als die Meinungsforschung noch nicht so fortgeschritten war wie heute, konnte niemand mit Sicherheit sagen, was die amerikanische Wählerschaft von der Finanzierung eines neuen Krieges in Europa halten würde. Es war deshalb verständlich, daß FDR die Frage vor der Wahl mit leisen Schritten anging. Er brauchte die Unterstützung seiner Freunde und Anhänger, um die öffentliche Meinung zu Gunsten Großbritanniens zu stärken und die Beseitigung der gesetzlichen Hindernisse zu erreichen.

Ich hatte eine Lösung. Es war die Lösung eines Geschäftsmannes, aber darum nicht schlechter.

Großbritannien hatte massive Schulden. Großbritannien hatte aber auch Anlagevermögen in Form von Kolonialgebieten in der westlichen Hemisphäre, die für die Vereinigten Staaten nützlich sein konnten. Die Veräußerung dieser Anlagen hätten die Schulden eliminiert und es dem Präsidenten erlaubt, Großbritannien legal zu unterstützen. Die Briten benötigten dringend Zerstörer für den Schutz der Konvois im Atlantik. Im Sommer 1940 startete das «Komitee zur Verteidigung Amerikas» eine Kampagne mit dem Slogan «Heute Zerstörer oder morgen Zerstörung», die die Regierung dazu aufrief, Großbritannien etwa 60 der 162 Zerstörer zur Verfügung zu stellen, die bei der Navy als überaltert galten (d. h. mehr als sechzehn Jahre alt waren). Ich unterstützte diese Kampagne und präsentierte meinen Vorschlag, Großbritanniens Territorialvermögen gegen seine Schulden einzutauschen.

Kolonialgebiete von potentiellem Interesse für Amerika waren die britischen Inseln in der Karibik sowie British Honduras, die Falkland-inseln, British Guiana und die Inseln St. Pierre und Miquelon vor der Küste Neufundlands. Es war vorgeschlagen worden, daß die Briten diese Territorien im Rahmen der Schuldenbegleichung an die Ameri-kaner verkaufen – ein unpraktischer Vorschlag. Die britische Regie-rung betrachtete die Gebiete als Treuhänderschaft und hätte es als moralisch unvereinbar angesehen, die Herrschaft über einen Teil dieser Treuhänderschaft zu übergeben, ganz gleich wie dringend die materiellen Bedürfnisse des Mutterlands auch sein mochten.

Meine Idee wich geringfügig, aber wesentlich, von diesem Plan ab: Die Briten sollten die Inseln an die USA als Luft- und Marinestütz-punkte verpachten, wobei eine gemeinsame Oberherrschaft mit der US-Regierung und der Regierung Kanadas auszuhandeln wäre.

Raymond Gram Swing, mein alter Leidenskamerad aus dem Mos-kauer Hotel *Savoy* und jetzt ein bekannter Radiokommentator für Außenpolitik, war von meinem Vorschlag begeistert und wollte mir beim Aufsetzen und Redigieren helfen.

Ich machte mich sofort an die Arbeit und analysierte das Ausmaß der britischen Kriegsschulden und den Wert der Territorien, die verpachtet werden konnten. Vor allem schlug ich vor, daß der briti-schen Schuld die gleichen Bedingungen eingeräumt werden sollten wie der italienischen. Diese Maßnahme allein würde die britische Schuld auf 311 Millionen Dollar reduzieren. Wenn dreizehn Inselstützpunkte für neunundneunzig Jahre zu jeweils 25 Millionen Dollar verpachtet würden, wären die Schulden getilgt.

Mit Swings unschätzbarer Hilfe wurde das Dokument rasch für den Druck vorbereitet. Es trug den schwungvollen Titel: «Vorschlag für die sofortige Verpachtung von Militärbasen in bestimmten Territorien Großbritanniens in der westlichen Hemisphäre, wobei deren Bezah-lung mit der vollständigen Begleichung der Kriegsschulden verrechnet und jeder zusätzliche Betrag England für Einkäufe in den Vereinigten Staaten zur Verfügung gestellt wird.» Er ging einem nicht gerade leicht über die Zunge, aber er kam zur Sache. Am 1. Juli schickte ich Raymond ein Telegramm: AUCH WENN DIE CHANCEN NUR EINS ZU HUNDERT STEHEN, EINEN SOFORTIGEN KREDIT FÜR DIE ALLIIERTEN ZU ERWIRKEN, LOHNT ES SICH NICHT TROTZDEM?

Dann begann ich die Werbetrommel zu rühren. Es war das erste Mal, daß ich versuchte, öffentliche Angelegenheiten zu beeinflussen. Ich fand es damals – wie heute – faszinierend. Um den Vorschlag in Kraft treten zu lassen, brauchte ich die Unterstützung der Briten und einer Lobby in Washington. Whites Komitee war die am einflußreichsten organisierte Gruppe Amerikaner, die für eine Unterstützung Großbritanniens war. Ich traf mich oft mit ihm, und unser Briefwechsel war rege. Ein typischer Brief dieser Korrespondenz, den ich am 10. Juli 1940 schrieb, war folgender:

Ich habe noch Ihre Worte «etwas muß getan werden, um Großbritannien Geld zur Verfügung zu stellen» im Ohr. Ich fühle mich so hilflos, während ein Tag nach dem anderen vergeht und nichts getan wird, um England finanzielle Unterstützung zukommen zu lassen. Es ist bedauerlich, daß man in den heutigen Zeitungen lesen muß, daß die englische Regierung die Hausfrauen bittet, ihre Töpfe und Pfannen abzuliefern, um das Land mit dem vielbenötigten Aluminium zu versorgen. Oder lesen zu müssen, daß das englische Volk auf strenge Diät gesetzt wird, um Devisen zu sparen – und diese Menschen kämpfen für uns. Jeder Tag, der verstreicht, ohne daß sie mit Geldern und lebensnotwendigen Gütern versorgt werden, macht ihre Lage (und übrigens auch unsere) um so gefährdeter.
Gestern hörte ich, daß deshalb nicht mehr englische Kinder herübergeschickt werden, weil es nicht genug Schiffe gibt. Wenn England eine Milliarde Dollar oder mehr aus der Verpachtung von Militärbasen zur Verfügung stünde, könnte es die Schiffe, die die mit dem Geld erworbenen Güter transportieren, einsetzen, um auf dem Rückweg Kinder nach Amerika zu bringen. England hätte dann auch genug Geld, um Schiffe von uns zu kaufen.

White leistete unschätzbare Hilfe bei der Vorstellung meines Plans in Washington, den ich als Gesetzentwurf vor den Kongreß gebracht sehen wollte. Die Briten selbst waren weniger positiv.
Die britische Botschaft in Washington war – offiziell – etwas nervös: Sie wollten zwar Hilfe von Amerika, aber nicht den Eindruck erwecken, es ginge nicht auch ohne. Das Land kratzte alles zusammen, um den Krieg zu finanzieren, aber die stolzen Briten wollten nicht, daß die Welt

sie für Bettler hielt, die uns ihre Almosenschalen entgegenstreckten. Jede Andeutung, daß das britische Weltreich es sich nicht leisten könne, gegen Hitler Krieg zu führen, wurde von Dr. Goebbels' Propagandamaschine mit freudigem Triumph aufgenommen. Diese Vorstellung hemmte die Briten so sehr, daß sie nicht einmal hinter den Kulissen aktiv zu werden vermochten.

Im Sommer 1940 ging ich mehrmals zur britischen Botschaft in Washington, um G. H. S. Pinsent, Chefberater für Finanz- und Wirtschaftsfragen von Lord Lothian, dem britischen Botschafter, zu sprechen. Er lieferte mir wichtige Daten zur Untermauerung meines Vorschlags und ermutigte mich diskret, doch seine offizielle Stellungnahme klang ganz anders. In einem typischen Brief schrieb er mir am 18. Oktober 1940:

> Ich muß ganz offen mit Ihnen sein und Ihnen sagen, daß wir eine öffentliche Erörterung dieser Frage zur Zeit nicht für sinnvoll halten; eher ist das Gegenteil der Fall. Wir bedauern die Diskussion, die aufgrund des Gesetzentwurfs von Senator King hier und an anderer Stelle entstanden ist, und wir würden es vorziehen, wenn das Thema zumindest erst nach den Wahlen klargelegt würde.

Dieses Schreiben finde ich noch immer unglaublich. Es macht so richtig die andere Seite des britischen Charakters deutlich. Dieses Gefühl für Würde, Gerechtigkeit und *fair play* kann dazu führen, sich selbstzerstörerisch nur mit dem einen Gedanken zu befassen, stets das Anständige und Richtige zu tun. In ihrer schlimmen Lage wäre den Briten ein Schuß frechen amerikanischen Selbstbewußtseins gut bekommen.

Am 30. September 1940 wurde mein Vorschlag mit Hilfe meines alten Freundes und Senators von Utah, William King, als Gesetzesvorlage beim Senat eingebracht. Dieses Gesetz sollte den Präsidenten bevollmächtigen, Verhandlungen «für den Erwerb durch Pacht oder auf andere Weise» der Inseln in britischem Besitz aufzunehmen, der britischen Regierung durch die Export-Import-Bank in Washington Kredite oder Kreditverlängerungen zu gewähren und für die britischen Kriegsschulden die gleichen Bedingungen einzuräumen, die für Italien galten.

Ich würde gerne feststellen, daß mein Vorschlag sofort und ohne Gegenstimme durchkam. Das war aber leider nicht der Fall. Der Gesetzesentwurf blieb schon im Ausschuß stecken und schaffte es nicht mal bis ins Plenum des Senats. Soviel zu meinem Vorschlag.

Ich war aber noch nicht am Ende. Wir mußten England doch *irgendwie* helfen, und ich war fest entschlossen, den Beweis zu erbringen, daß die große Masse der Amerikaner gleicher Meinung war. Im Oktober 1940 ließ ich durch ein Ausschnittsbüro alle Leitartikel und Meinungen amerikanischer Zeitungen zur Frage der Unterstützung Großbritanniens, die in diesem Monat veröffentlicht wurden, analysieren. Das Ergebnis war beeindruckend: 92 Prozent der Kommentare in Zeitungen, die von mehr als vierunddreißig Millionen Amerikanern gekauft – und wahrscheinlich von dreimal so vielen gelesen – wurden, waren *für* die Hilfe.

Am 28. November 1940 bekam ich einen Termin im Weißen Haus, um dem Präsidenten meine Nachforschungen vorlegen zu können. Es dauerte lange, bis ich ins Oval Office geführt wurde. Mit mir wartete John Cudahy, der ehemalige US-Botschafter in Polen und Irland, der mir flüchtig bekannt war. Wir saßen im Büro von Generalmajor Edwin M. («Pa») Watson, dem Terminsekretär des Präsidenten. Auf seinem Schreibtisch lag ein Paar überdimensionaler Holzwürfel, ein Geschenk vom Erbauer des Panamakanals General G. W. Goethals an das Weiße Haus. Sie waren aus Eisenbahnschwellen gemacht, die für den Bau des Kanals benutzt worden waren. Als ich die Würfel bewunderte, sagte Pa Watson: «Los, spielen wir doch, während wir warten.»

Wir setzten uns auf den Teppich, holten unser Geld heraus und fingen an zu würfeln. Nach einer halben Stunde hatte ich etwa dreihundert Dollar gewonnen. Dann führte mich Pa Watson ins Büro des Präsidenten.

«Herr Präsident», sagte er zu FDR, «diesem Mann sollten Sie sehr genau zuhören. Der hat wirklich Glück. John Cudahy und ich haben eine halbe Stunde lang mit ihm gewürfelt, und er hat uns jede Menge Geld abgeknöpft.»

FDR warf seinen Kopf zurück, lachte schallend und sagte: «Na, ich hoffe, er hat Sie nicht total geschröpft!»

Die Anziehungskraft des Präsidenten war unwiderstehlich. Er hörte gespannt zu, seine Antworten waren klar und einleuchtend. Die Kraft seiner Persönlichkeit zog mich sofort in seinen Bann. Diese hervorragende Intelligenz, verbunden mit lebhaftem Charme und glänzendem Humor, fesselten mich. Schon bevor ich ihn kennengelernt hatte, war ich sein treuer Fan gewesen. Jetzt, da ich ihm im Oval Office gegenübersaß, war ich ganz der Seine.

Ich legte meine Mappe mit Zeitungsausschnitten vor, die er mit großem Interesse entgegennahm. (Am folgenden Tag brachte er sie sogar zu einer Pressekonferenz ins Weiße Haus mit.) Er hatte von mir gehört und kannte meine Ideen und Absichten. Zum Thema «Zerstörer gegen Stützpunkte» wies er auf eine Reihe von ernsten Schwierigkeiten hin, machte jedoch deutlich, daß er einen derartigen Plan befürwortete und bei der Ausarbeitung gern meine Hilfe in Anspruch nähme.

Er meinte aber auch, daß England seine eigenen finanziellen Mittel noch nicht völlig erschöpft hätte und daß die Frage einer aktiven Unterstützung vorläufig noch ruhen sollte. Ich sagte: «Glauben Sie denn, Herr Präsident, daß Hitler ruhen wird?»

Er lächelte und antwortete nach kurzem Nachdenken: «Alles in Deutschland kann bombardiert werden. Alles in England kann bombardiert werden. Aber England hat etwas, was nicht bombardiert werden kann – die Vereinigten Staaten.»

Ich sagte, dies sei aber nur ein kurzfristiger Vorteil: Wenn Deutschland Großbritannien eroberte und dessen karibische Inseln in Besitz nahm, würde es Stützpunkte erhalten, von denen aus die Ostküste der Vereinigten Staaten bombardiert werden könnte. Der Präsident widersprach nicht.

Er sagte, mein Freund Beardsley Ruml habe meinen Plan mit Harry Hopkins, dem Handelsminister, der kurz davor stand, zum Chef der Pacht- und Leihverwaltung ernannt zu werden, besprochen, und daß Hopkins und ich uns zusammensetzen sollten, um einen gemeinsamen Plan auszuarbeiten. In den nächsten Monaten kam Hopkins mehrmals zu mir ins Büro, und schließlich wurde eine Version meines Vorschlags angenommen. Großbritannien erhielt tatsächlich die fünfzig Zerstörer, die 1941 eine entscheidende Rolle spielten, während die Vereinigten Staaten sich noch aus dem Konflikt heraushielten. Ich weiß, ich selbst spielte dabei nur eine ganz kleine Rolle, aber ich bin stolz darauf.

Ich tat auch, was ich konnte, um 1940 Roosevelts Wiederwahl zu fördern, und zwar nicht nur durch Geldspenden; ich hatte auch mit einer Organisation zu tun, die sich «Writers for Roosevelt Committee» nannte und unter dem Vorsitz von Robert Sherwood ein Radioprogramm ins Leben gerufen hatte, das die sozialen Vergünstigungen des New Deal dramatisierte. Das Programm, das vom Bühnenautor und Produzenten Marc Connelly geschrieben worden war, brachte wahre Geschichten, und die Schauspieler waren auch im wirklichen Leben Empfänger von Renten- und Arbeitslosenversicherungen oder anderen Beihilfen. Wir mußten mit allen Mitteln kämpfen, um das Programm senden zu können. Die größeren Rundfunksender weigerten sich, eine «Dramatisierung politischer Natur» zu bringen. Als das Programm schließlich über den Sender lief, nannte es die *New York Post* «außergewöhnlich neu und interessant», und Eleanor Roosevelt schrieb mir aus dem Weißen Haus, um mir zu sagen: «Was für eine großartige Sache Sie gemacht haben, um dem Präsidenten zu helfen!»

Diesen Brief schätze ich noch heute, ebenso sehr wie Mrs. Roosevelts Worte bei einer anderen Gelegenheit, achtzehn Jahre später.

1958 verlangte das Finanzamt in Verbindung mit einer Steuerveranlagung der Whiskeygeschäfte, die ich fünf Jahre davor verkauft hatte, 750 000 Dollar von mir. Ich bot ihnen an, uns auf 50 Prozent zu einigen, das Finanzamt bestand auf mindestens 75 Prozent, und wir gingen vor Gericht. Mein Anwalt und Freund Arthur Groman meinte, der Ausgang des Rechtsstreits hinge von der Frage meiner Glaubwürdigkeit ab. Ich solle den besten Zeugen herbeischaffen, der für meinen Charakter bürgen könne. Ich sagte: «Wen möchten Sie denn haben?» Er dachte wohl, er könnte mich aus der Fassung bringen, und sagte: «Am liebsten wäre mir Eleanor Roosevelt, aber die werden Sie wohl kaum kriegen.» Am nächsten Morgen um neun interviewte er Eleanor Roosevelt.

Bei der Gerichtsverhandlung war Mrs. Roosevelt in Arthurs Worten «die großartigste Zeugin in meiner vierzigjährigen Laufbahn». Bei der Vernehmung sagte sie aus, daß sie mich persönlich und geschäftlich kenne, daß ihr Mann mich kenne und daß ihre Kinder mich kennen und daß ich bei ihnen Gast gewesen sei. Sie gab an, daß ich in der Gemeinde, in der ich lebte, den Ruf hätte, ehrlich, aufrichtig und redlich zu sein, und sie sagte, «es ist ein ausgezeichneter Ruf».

Ich siegte haushoch.

Während seiner Amtszeit schickte ich FDR als Zeichen meiner Wertschätzung eine Reihe von Geschenken. Seine Vorliebe für Schiffsmodelle war bekannt, und durch mein Geschäft mit den Hammer Galleries bekam ich einige außergewöhnliche Modelle in die Hände. Eines davon, ein holländisches Kriegsschiff, schickte ich ihm zu Weihnachten 1940. Er war begeistert, wie er schrieb.

Ein anderes Schiffsmodell, das ich nicht verschenkte, das aber aus den Hammer Galleries stammte, war Ursache eines pikanten Vorfalls im Weißen Haus.

Zu Beginn von Roosevelts Amtszeit wurde ein bekannter Unternehmer im Grußkartengeschäft aus dem Mittleren Westen namens Bigelow wegen Steuerhinterziehung zu einer Gefängnisstrafe verurteilt. Im Gefängnis freundete er sich mit einem Mitgefangenen namens Charlie Ward an, der auf seinen reichen neuen Freund aufpaßte und ihn vor den anderen Häftlingen schützte. Mr. Bigelow war so dankbar, daß er ihm versprach, sich nach seiner Entlassung für den Rest seines Lebens um ihn zu kümmern.

Nach einer gewissen Zeit begnadigte Roosevelt beide Männer, und Charlie Ward wurde Partner seines reichen Freundes. Als Bigelow starb, wurde Ward der alleinige Besitzer des Geschäfts. Ward, der sich Roosevelt gegenüber verpflichtet fühlte, suchte nach einem geeigneten Geschenk zum Geburtstag des Präsidenten 1943. Er fand es in den Hammer Galleries.

Es war ein 60 cm langes Modell eines Wolgadampfers. Es war aus Silber, Platin und Gold und 1913 von Carl Fabergé für Zarewitsch Alexis geschaffen worden. Wir hatten es in den späten zwanziger Jahren in Moskau gekauft; es war ein Stück unserer Sammlung.

Victor schätzte, daß der ursprüngliche Preis, den Fabergé verlangt hatte, etwa 50000 Dollar gewesen sein mußte. Wir verlangten 10000 Dollar, da wir es für die Hälfte dieses Preises erworben (seinen Wert in Gold und Silber) und nie ein Angebot dafür erhalten hatten. Victor sagte zu Charlie: «Das ist das teuerste Geschenk der Welt.»

Charlie war begeistert von seinem Einkauf, und eine offizielle Übergabe an FDR im Weißen Haus wurde arrangiert. Der Präsident freute sich sehr über das Geschenk und lud Maxim Litwinow, den ersten sowjetischen Botschafter in den Vereinigten Staaten, ein, der kleinen Feier im Oval Office beizuwohnen.

Der Präsident, der dem Botschafter sein neues Spielzeug zeigte, berührte den Knopf, der das Spielwerk des Wolgaschiffs einschaltete. Eine zarte Melodie begann zu spielen, für jeden und besonders Litwinow, der blaß wurde, sofort erkennbar. Die Melodie war «Gott segne den Zar» – die Hymne der Romanows, die die Bolschewiken umgebracht hatten. Wie immer sah FDR das Komische an der Sache und brüllte vor Lachen. Ein Hauch von Farbe kehrte in Litwinows Wangen zurück, und auch er lachte, wenn auch lautlos.

Inzwischen waren wir natürlich selbst in den Krieg verwickelt. Schon früh war ich überzeugt, daß Deutschland vom Westen her angegriffen werden mußte, um den Kampf der Nazis an der russischen Front zu komplizieren. Da die Vorbereitungen für eine umfassende Landung auf dem Festland Europas Jahre dauern würden, konnte man Hitler nur aus der Luft angreifen.

Mein ganzes Leben lang war ich gegen den Krieg gewesen, aber da wir nun einmal drin steckten und Hitler gestoppt werden mußte, suchte ich nach Wegen, dies in der kürzestmöglichen Zeit und mit den geringsten Verlusten von Amerikanern und Alliierten zu erreichen. Fraglos war dies am besten zu schaffen, wenn man das industrielle Herz Deutschlands bombardierte.

So selbstverständlich mir selbst die Sache erschien, gingen die Meinungen vieler Amerikaner doch auseinander. Bricht ein neuer Krieg aus, so stellen sich viele Menschen vor, er verlaufe wie der letzte. Da die amerikanische Kriegserfahrung in Europa auf den Ersten Weltkrieg zurückging, wurde allgemein angenommen, der Krieg gegen Hitler spiele sich erneut in den blutigen Schützengräben von Flandern ab. Diese Annahme ließ jedoch den gewaltigen technologischen Sprung der dazwischenliegenden zwanzig Jahre außer acht: Die Flugzeuge des Ersten Weltkriegs waren nicht viel mehr als Schnur und Balsaholz gewesen, zusammengehalten von der Beherztheit der jungen Piloten. Bis 1940 war die Flugzeugindustrie so weit vorangeschritten, daß der neue Krieg weitgehend in der Luft ausgetragen und dort gewonnen und verloren werden würde.

Im Frühjahr und Sommer 1942 stellte ich meinen Namen und mein Geld einer Kampagne zur Verfügung, die «Jetzt Deutschland schlagen

– aus der Luft!» propagierte. Zahlreiche prominente Amerikaner, darunter mein alter Freund King, der Senator, nahmen daran teil. Die Prinzipien der Kampagne wurden in einer kleinen Broschüre, die ich herausgab, dargelegt:

Dieser Krieg kann schnell gewonnen werden. Er kann gewonnen werden, indem wir Deutschland aus der Luft k. o. schlagen. Ein überwältigender Luftangriff kann Deutschlands Nachrichten- und Industriesystem zerstören.

Der Krieg ist im Grunde eine Sache der industriellen Leistung und einer überragenden gewerblichen Wirtschaft. Die großen Massen stehen nicht an der Front, sondern an den Produktionsmaschinen. Unsere Feinde werden vernichtend geschlagen, wenn wir die wichtigsten Industriezentren und Nachrichtensysteme *mit ausreichender Kraft* angreifen. Damit bilden wir eine zweite Front.

Am 29. Mai 1942 schrieb ich an Joe Laurie, meinen Freund aus den alten Tagen der Romanow-Ausstellung in St. Louis:

Ich hoffe, daß Ihre Mutmaßung korrekt ist und der Krieg viel früher zu Ende ist, als die Öffentlichkeit denkt. Ich halte es jedoch für einen Fehler, unsere Feinde zu unterschätzen. Es kann zu ihrer Strategie gehören, uns in diesem Glauben zu lassen, während sie etwas Überraschendes vorbereiten. Wir haben es mit verzweifelten Menschen zu tun, die nichts zu verlieren glauben, wenn sie ein Risiko eingehen.

Ich würde mich bedeutend wohler fühlen, wenn wir von Rußland die Genehmigung erhielten, die sibirischen Stützpunkte zu benutzen, so daß wir die japanischen Städte und besonders die Fabriken bombardieren können. Ich glaube auch, daß Colonel Lords Plan, England als Flugzeugträger zu benutzen und es auf die Produktion von Kampfflugzeugen zu beschränken, während wir alle Bomber produzieren – die wir dann in Wellen von tausend mit je 20 Tonnen pro Bomber nach Deutschland schicken –, die deutschen Städte und Transportwege bald in Schutt und Asche legen würde. Es sieht so aus, als ob unsere Militärbehörden so etwas versuchen werden, obwohl sie im Augenblick wohl noch nicht ganz so weit sind, wie es sich Colonel Lord gedacht hatte – es gibt nicht so viele schwere Bomber...

Später im selben Jahr, am 26. September 1942, schrieb ich wieder an Joe Laurie und beantwortete seine Fragen:

Was die Chance betrifft, daß Deutschland vor Ablauf des Jahres 1943 einer Niederlage entgegensieht, so glaube ich, daß alles davon abhängt, wie wir uns unsere Industrien zunutze machen, um Bomber und Transportflugzeuge zu bauen. Werden Deutschlands Fabriken und Transporteinrichtungen nicht durch intensive Bombardierung völlig zertrümmert, dann endet eine zweite Front möglicherweise in einem schrecklichen Gemetzel und einer Niederlage. Dies könnte nicht nur den Zeitpunkt des endgültigen Sieges hinauszögern, sondern auch den Verlust unseres Luftwaffenstützpunkts, nämlich Großbritanniens, bedeuten. Wäre Großbritannien erst einmal verloren, dann bestünde die Gefahr, daß die Deutschen mit uns machen, was wir eigentlich mit ihnen vorhaben, nämlich große Bomberflotten bauen, um unsere Industrien zu zerstören. Wenn die Deutschen und Japaner sich die Hände reichen, werden sie wahrscheinlich die Aleuten als Basis benutzen, es sei denn, wir haben sie bis dahin rausgetrieben...

Das Komitee zur Zerstörung Deutschlands aus der Luft setzte auch das Komitee für eine zweite Front aus der Luft in die Welt, das während der Jahre 1942–1943 die gleichen Prinzipien verfolgte, bis die Landungen der Alliierten in Sizilien und Italien den Krieg auf dem europäischen Festland begannen. Wieder waren wir daran beteiligt, orthodoxe militärische Meinungen für unseren Zweck zu ändern, und ich glaube, wir halfen dabei, den Bau der gigantischen Flotte schwerer Bomber zu beschleunigen, die Deutschland in den letzten Kriegsjahren zerrieben.

Die Zerstörung der deutschen Städte durch die Bombardierungen der Alliierten war einer der traurigsten und schmerzlichsten Aspekte jenes furchtbaren Krieges, besonders für mich. Als junger Mann hatte ich ein Hamburg, Berlin und Nürnberg kennengelernt, das nur wenige Amerikaner gesehen hatten. Ich haßte den Gedanken, daß sie in Schutt und Asche fallen mußten. Aber der Krieg verlangt unerträgliche

Entscheidungen und unbeschreibliche Taten. Krieg ist mehr als die «Fortsetzung der Politik mit anderen Mitteln». Es ist die Hölle auf Erden.

Ich machte mir auch Gedanken darüber, was geschehen würde, nachdem diese Hölle wieder verschwunden wäre. Am 14. Januar 1942 hielt ich vor dem Bundesamt für Hilfsmittel und Planung eine Rede. Es ging darum, Amerikas Strategie in der Nachkriegswelt vorzubereiten. Damals war offensichtlich, daß der Krieg noch mindestens zwei bis drei Jahre dauern würde. Es war also vernünftig, sich jetzt schon zu überlegen, was für eine Welt wir auf den Trümmern des Krieges errichten wollten. Ganz klar war für mich, daß die Vereinigten Staaten die Führung in der Organisation politischer und militärischer Kräfte und in der Verteilung des Reichtums einnehmen müßten, um zu verhindern, daß sich ein weiterer Konflikt zwischen den Nationen entwickelte. Der Hauptfehler des Versailler Vertrags nach dem Ersten Weltkrieg war, die besiegten Deutschen durch die Forderung hoher Reparationsleistungen zu strafen und sie in die Armut und damit in die Hände der Nationalsozialisten zu treiben.

Dem Amt trug ich vor: «Unser oberstes Ziel sollte es sein, die Welt so zu organisieren, daß Vernunft und Gerechtigkeit, Macht und Gewalt bei der Beilegung von Streitigkeiten zwischen den Nationen ersetzen. Parallel zu diesem Ziel sollten wir uns außerdem bemühen, ein wirtschaftliches New Deal für alle Nationen zu schaffen und dabei zu helfen, den Lebensstandard aller Völker der Erde zu verbessern, damit sie soziale Sicherheit und alle anderen Freiheiten ohne Angst und Not erlangen können, die in einer echten Demokratie herrschen.»

Ich skizzierte einen Plan für eine Weltorganisation, die von einer neuen Weltverfassung geleitet würde. Schirmorganisation waren die Vereinten Nationen, zu denen sich die Staaten der Welt – wie ich vorschlug – nach dem Modell unserer eigenen Vereinigten Staaten verbünden sollten. Die zentrale Botschaft meiner Rede war:

Wenn der Krieg zu Ende ist, dürfen wir nicht in die alte politische und wirtschaftliche Ordnung zurückfallen. Als Mitglied der Familie der Nationen dürfen wir uns nicht vor unseren Pflichten drücken. Die Welt kann nicht länger von sechzig egozentrischen Regierungen ohne Verantwortung der Welt gegenüber verwaltet werden. Durch

Errichtung einer internationalen Organisation wollen wir die fundamentale Wahrheit, die in der amerikanischen Unabhängigkeitserklärung enthalten ist, erneuern, nämlich, daß eine gerechte Macht nur aus der Zustimmung derjenigen ihren Ursprung haben kann, die ihr unterstehen. Alle internationalen Beschlüsse und die Ausführung dieser Beschlüsse sollten in den Händen von Menschen liegen, die ihre Verantwortung für das allgemeine Wohlergehen erkennen und der Gemeinschaft aller Nationen sowie ihren eigenen Nationen die Treue halten.

Anschließend wurde ich gefragt, wo ich in meinem Plan Stalin unterbringen wolle. Ich antwortete, daß er genau die Sorte Mann war, der der Gemeinschaft aller Nationen nicht die Treue hielt und auch nicht halten würde, und daß seine Ambitionen für eine sowjetische Expansion von den westlichen Mächten in Schach gehalten werden müßten. Ich sagte, daß unsere Allianz mit Stalin – und unser Mitgefühl für das schreckliche Leiden des russischen Volkes im Krieg – uns nicht gegen Stalins ehrgeiziges Streben, den Kommunismus im sowjetischen Stil auf die ganze Welt auszudehnen, blind machen dürfe.

Der Onkel des Präsidenten, Frederic A. Delano, der das Amt leitete, widersprach mir ziemlich heftig. Er sagte, ich mache einen guten und tapferen Verbündeten schlecht; das Bild der sowjetischen Beziehungen zu den westlichen Demokratien werde sich nach dem Krieg, in dem sie mit uns gekämpft hätten, gewaltig ändern.

Ich sagte, daß mich meine lange Erfahrung mit Rußland und meine Beobachtungen überzeugt hätten, daß sich Stalin, nach der Sicherung des Sozialismus in der Sowjetunion und nach dem militärischen Erfolg im Krieg gegen Hitler, nicht damit zufriedengeben würde, seine Armeen anzuhalten und seinen Expansionsdrang an der Grenze ruhen zu lassen, die das Ende der Feindseligkeiten mit Deutschland markierte. Stalins eigenes Dogma zeige so klar wie Hitlers Erklärungen in «Mein Kampf», daß er an eine Art Bolschewismus für alle Industrieländer glaube. Leider bewies er in den kommenden Jahren, daß ich recht hatte.

Meine Ideen von einer Weltorganisation, die den Frieden der Welt regeln sollte, mögen heute utopisch erscheinen – jetzt, wo wir weitere vierzig Jahre an bewaffneten und unbewaffneten Konflikten zwischen den Staaten der Welt erduldet haben –, damals aber waren sie nicht so ungewöhnlich. Der Gedanke einer Weltregierung wurde von vielen geteilt. In den letzten Kriegsjahren, als die Menschen sich nach einer neuen Welt ohne Krieg sehnten, wäre es vielleicht möglich gewesen, eine derartige Ordnung zu schaffen. Wenn die Vereinigten Staaten – die damals als einzige Macht der Welt im Besitz von Atomwaffen waren – sich auf die Durchsetzung eines solchen Plans konzentriert hätten, wer weiß, wie die Nachkriegswelt sich entwickelt hätte?

Die Welt nach dem Kriege war in einem fürchterlichen Zustand. Der endgültige Sieg über Deutschland hatte ganz Europa in einem Chaos zurückgelassen, das selbst die Schrecken von 1919 übertraf. Die Wirtschaft aller kriegführenden Nationen war zerstört, und die Regierungen waren nicht in der Lage, die Grundbedürfnisse ihrer Bevölkerung zu befriedigen. Millionen von Flüchtlingen und Vertriebenen zogen kreuz und quer durch Europa, füllten provisorische Lager und verursachten ungeheure administrative Verwirrungen.

Zu Beginn des Jahres 1946 hörte ich den berühmten Kommentator Drew Pearson, der im Radio diese fürchterlichen Szenen beschrieb, und ich war tief berührt.

Ich schickte ihm sofort ein Telegramm und bot ihm an, eine Million Pfund Getreide aus meiner Zuteilung für die Whiskeybrennerei zur Verfügung zu stellen (Getreide war noch rationiert). Pearson meinte, ich solle mein Getreide der Wohlfahrts- und Wiedergutmachungsorganisation der UNO (UNRRA) übergeben, was ich unverzüglich tat.

Dann machte er mich mit Fiorello La Guardia, dem Bürgermeister von New York, bekannt, der außerdem Generaldirektor dieser UNO-Organisation war. La Guardia, ein unwiderstehliches Energiebündel, fragte mich: «Wie können wir die anderen Brennereien Amerikas dazu bewegen, das gleiche zu tun?»

«Mir fällt nur eine Möglichkeit ein», sagte ich. «Man muß sie beschämen. Bringen Sie Präsident Truman dazu, die Vorsitzenden und Direktoren aller Destillationsbetriebe ins Weiße Haus einzuladen. Man muß ihnen sagen, daß hundert Millionen Pfund Getreide notwendig sind. Und alle werden gebeten, einen Teil ihrer Getreidezuteilung proportional zu ihrer Größe beizusteuern.»

So geschah es. Wir wurden allesamt von Herbert Lehman, einem

Leiter der UNO-Organisation und ehemaligen Gouverneur von New York, ins Weiße Haus beordert. Er brachte genau das vor, was ich La Guardia empfohlen hatte. Als Lehman seine Rede beendet hatte, antwortete ich ihm zuerst.

«Meine Firma erhält sechs Prozent der gesamten Getreidezuteilung zu Destillationszwecken in den Vereinigten Staaten», sagte ich. «Deshalb werde ich sechs Prozent der von Ihnen gewünschten Gesamtmenge – also sechs Millionen Pfund – beisteuern.» Dies geschah zusätzlich zu der einen Million Pfund, die ich bereits zugesagt hatte.

Erstickte Laute schienen sich aus den Hälsen einiger Direktoren zu quälen, aber sie saßen in der Falle, und sie wußten es. Falls sich jemand geweigert hätte, seinen Beitrag zu leisten, hätten er und seine Firma als Geizhälse dagestanden. Außerdem hätte er riskiert, die ganze Zuteilung einzubüßen.

Somit wurden der Wohlfahrts- und Wiedergutmachungsorganisation der UNO einhundert Millionen Pfund Getreide zur Verfügung gestellt.

Roosevelts Tod bedeutete nicht das Ende meiner Verbindung mit ihm und seiner Familie. In den Jahren nach dem Krieg brachte der Sohn des Präsidenten, Elliott, einige persönliche Dinge seines Vaters zu Victor, um sie über die Hammer Galleries verkaufen zu lassen. Wir verkauften auch eine Reihe von Büchern, die Eleanor Roosevelts Exlibris enthielten. Wir erwarben selbst eine Reihe von Dingen und brachten sie zurück in das Haus der Roosevelts in Campobello, nachdem ich es übernommen und restauriert hatte.

Roosevelts Sommerhaus auf Campobello Island war der Welt zu seinen Lebzeiten genauso bekannt wie der Kennedy-Komplex in Hyannis Port oder die Reagan-Ranch in Santa Barbara. In der Mündung des Flusses Passamaquoddy vor der Küste von Maine gelegen, gehört die Insel eigentlich zur Provinz New Brunswick. Das Dreiundvierzig-Zimmer-Haus auf einem acht Hektar großen Grundstück war seit der Jugend Roosevelts im Familienbesitz. Dort hatte er Kinderlähmung bekommen, die 1921 fast seine politische Karriere zerstört hätte; dort hatte er mit Eleanor seine Flitterwochen verbracht; und dort wurde 1914 ihr Sohn Franklin Delano jr. geboren. Campobello war eine Art Nationalschrein. So empfand ich es jedenfalls.

1952 beschloß Elliott Roosevelt, Haus und Grundstück zu verkaufen. Es war acht Jahre lang vernachlässigt worden und in sehr schlechtem Zustand. Mehrere hunderttausend Dollar mußten für die Renovierung aufgebracht werden. Das Grundstück an sich war nicht viel wert, aber ich kaufte es.

Ich wollte das Haus zum Andenken an meinen großen Helden vollständig wiederherstellen und sicherstellen, daß es für Eleanor und ihre Familie zur Verfügung stand, so lange sie lebte. Wir brachten ein neues Dach, neue Stützen, Fußböden und Fenster an und ließen die Rohre und elektrischen Leitungen erneuern. Anschließend arbeiteten Victor und Eleanor zusammen, um das Innere des Hauses so wiederherzustellen, wie es gewesen war, als sie hier zum ersten Mal zu Besuch war. Wir brachten viele persönliche Dinge in das Haus zurück, die uns Elliott und Eleanor zum Verkauf angeboten hatten, und Victor grub noch viele andere Erinnerungsstücke aus Roosevelts Jugend aus, wie zum Beispiel die Ruder, die er in Harvard benutzt hatte. Stück für Stück, Zentimeter um Zentimeter wurde Campobello wieder «meine geliebte Insel», wie es der Präsident genannt hatte. Bald nachdem wir die Hauptarbeiten erledigt hatten, bot mir ein Syndikat, das das Haus zu kommerziellen Zwecken nutzen wollte, fünfhunderttausend Dollar für das Grundstück an. Ohne lange zu überlegen, lehnte ich ab.

Die Familien Hammer und Roosevelt verbrachten in den fünfziger Jahren viele glückliche Sommer in Campobello. Bis ich Mitte der fünfziger Jahre nach Kalifornien zog, besuchte ich die Insel gelegentlich an Wochenenden oder Feiertagen. Meine Mutter, Victor, Harry und ihre Frauen verbrachten alle ihre Ferien dort. Eleanor Roosevelt und ihre Söhne kamen häufig zu Besuch. Was Eleanor über das Haus und die Insel dachte, ist in einem kleinen Brief, den sie Victor am 19. August 1962 schrieb, lebendig wiedergegeben:

Lieber Victor,
an diesem, meinem letzten Tag auf Campobello möchte ich Ihnen noch einmal für Ihre große Freundlichkeit danken, daß Sie mich im Hause wohnen ließen und alles für meine Bequemlichkeit arrangierten. Es war ein wunderbarer Aufenthalt, der heute mit einem der schönsten Tage, den die Insel hervorbringen konnte, abschloß und in einem herrlichen Sonnenuntergang endete.

Ich gehe gestärkt und erholt, und ich schreibe die Erneuerung meiner Kräfte dem Frieden und der Ruhe zu, die ich hier gefunden habe. Worte können meine Dankbarkeit Ihnen und Ir[e]ene [Victors Frau] gegenüber nicht beschreiben, aber ich hoffe doch sehr, daß Sie verstehen, daß sie tief und herzlich ist.

Ich freue mich darauf, Sie beide sehr bald wiederzusehen, und ich hoffe, daß Sie recht bald nach Hyde Park zu Besuch kommen.
Herzlich
Eleanor Roosevelt.

Sie sollte Campobello nie wiedersehen. Sie starb am 7. November 1962. Der Tod meiner alten Freundin veranlaßte mich, mein Verwalteramt neu zu überdenken. Ich hatte mich inzwischen völlig an das Leben in Kalifornien gewöhnt. Die Insel wurde kaum benutzt und war die meiste Zeit verlassen. Es war Zeit für eine Veränderung.

Im gleichen Monat – August 1962 –, in dem Eleanor zum letzten Mal Campobello genießen konnte, war Präsident John F. Kennedy in Maine eingetroffen, um eine Brücke zur Insel einzuweihen. In seiner Rede sagte JFK, daß er glaube, ein Park in der Nachbarschaft von Roosevelts altem Lieblingsplatz würde «die Bande der Freundschaft zwischen beiden Ländern weiter verfestigen».

In jenem Winter verfolgte mich dieser Gedanke und tauchte im folgenden Mai völlig ausgereift wieder auf, als ich im Radio den Bericht über ein Treffen in Hyannis Port zwischen Präsident Kennedy und dem kanadischen Premierminister Lester Pearson hörte. Laut diesem Bericht hatte der Präsident die Idee eines Parks gegenüber dem Premierminister erwähnt.

Ich rief sofort den Senator von Maine, Edmund Muskie, an und sagte ihm, daß ich Campobello den Menschen Amerikas und Kanadas schenken und zur Erinnerung an FDR einen internationalen Park anlegen lassen wolle. Muskie war von der Idee begeistert.

Dann rief ich Jimmy Roosevelt an, der von allen Kindern Roosevelts mein bester Freund und zudem der Kongreßabgeordnete meines Bezirks war, und fragte ihn, was er davon hielte. Er war ebenfalls begeistert und sagte, er würde dem Präsidenten mein Angebot vortragen. Als Bestätigung wiederholte ich das Angebot in einem Telegramm, das ich Jimmy sandte.

Kurz danach hörte ich vom Weißen Haus, daß Präsident Kennedy mit mir persönlich über das Angebot sprechen wolle und daß er mich am nächsten Morgen, einem Sonntag, zu Hause anrufen würde. Es war ein großer Augenblick für mich und meinen Haushalt, und um das Ereignis mit der entsprechenden Feierlichkeit zu begehen, sollte der Anruf des Präsidenten über Lautsprecher laufen, damit er von meiner Familie und dem Personal mitgehört und aufgezeichnet werden könnte. Die Anlage wurde in der Bibliothek unseres Hauses in Westwood aufgestellt, und kurz vor neun versammelten wir uns.

Der Anruf kam. JFK sagte, er riefe an, um zu prüfen, ob mein Angebot auch echt sei.

«Ja, mir ist es ernst damit», sagte ich.

«Das ist ein sehr großzügiges Geschenk. Der Premierminister Kanadas ist hier bei mir in Hyannis Port. Wir wollten von Ihnen die Bestätigung haben, bevor wir die Neuigkeit an die Presse weitergeben.»

«Haben Sie das Telegramm erhalten, das ich gestern abend an Jimmy Roosevelt geschickt habe?»

Kennedy sagte, er habe es nicht bekommen.

«Würde es Ihnen etwas ausmachen, am Telefon zu bleiben, während ich eine Kopie hole, damit ich es Ihnen vorlesen kann?» fragte ich. Er sagte, er würde warten.

Ich rannte aus der Bibliothek, die Treppe hinauf in mein Schlafzimmer, um nach dem Papier zu suchen.

Ich bilde mir ein, ein Mann mit einem gewissen Ordnungssinn zu sein. Es ist unmöglich, einen Betrieb zu führen, vor allem eine große Gesellschaft, ohne System im Informationsfluß. Mein Büro ist meiner Ansicht nach ein Muster an systematischer Ordnung; mein Schlafzimmer ist in dieser Hinsicht nicht ganz so perfekt.

Viele meiner persönlichen Papiere und Unterlagen werden in meinem Schlafzimmer aufbewahrt und nach einem System abgelegt, das meine eigene Erfindung ist und das kein anderer versteht. Das Zimmer enthält außerdem Tausende von Büchern, Hunderte von aktuellen Zeitschriften und Zeitungen, vier Fernsehgeräte und Regale voll aufgezeichneter Filme und Fernsehprogramme. Niemand legt an diese Papiere Hand an außer mir. Es ist zugegebenermaßen nicht das bestorganisierte Archiv, das man sich vorstellen kann. Um ehrlich zu sein:

Manchmal gehen Papiere verloren (gelegentlich tauchen sie dann unter meinem Bett wieder auf).

Das Telegramm an Jimmy Roosevelt war jedenfalls verschwunden. Ich drehte Stöße von Papieren um. Ich schaute unters Bett. Nichts. Die Minuten verrannen, und Mr. Kennedy war noch immer in der Leitung. Schließlich rannte ich wieder in die Bibliothek zurück. Ich kann heute noch meine Hausschuhe auf den Hartholzböden klatschen und die Stimme meiner Frau Frances hören: «Ist dir eigentlich klar, daß du den Präsidenten der Vereinigten Staaten am Telefon warten läßt?»

Ich entschuldigte mich bei Kennedy und sagte: «Folgendes stand in meinem Telegramm, Herr Präsident.» Dann wiederholte ich meine Worte an Jimmy Roosevelt aus dem Gedächtnis und schrieb sie nieder, während ich sprach. Als ich die Notiz später mit der Kopie meines Telegramms verglich, stellte ich fest, daß beide Texte glücklicherweise fast völlig übereinstimmten.

Am 12. Mai 1963 wies der Präsident die Außen- und Innenministerien an, mit ihren kanadischen Partnern Verhandlungen aufzunehmen, um die Campobello-Gedächtnisstätte ins Leben zu rufen. Zwei Tage später wurde vom Staat Maine der entsprechende Beschluß gefaßt, wobei die Großzügigkeit der Familie Hammer lobend erwähnt wurde. Im darauffolgenden Januar, zwei Monate nach Kennedys Ermordung, lud Präsident Johnson Harry, Victor und mich zum Lunch ins Weiße Haus ein, um das Regierungsübereinkommen zu unterzeichnen.

Am 20. August 1964, nachdem Königin Elisabeth II. als Staatsoberhaupt von Kanada ihre Unterschrift unter das Abkommen gesetzt hatte, eröffneten die First Ladies der Vereinigten Staaten und Kanadas offiziell den Roosevelt Campobello International Park.

Campobello ist oft in meinen Gedanken. Es ist meine permanente Verbindung mit FDR und mein bleibendes Andenken an den größten Mann meiner Zeit. Ich bin stolz darauf, ihn gekannt und ihm gedient zu haben.

Harte Zeiten

Meine mittleren Jahre waren recht schwierig. Wenn ich aus meinem Leben erzähle, klingt es oft, als sei ich nur auf Rosen gebettet gewesen. Wenn ich mein «öffentliches» Gesicht aufsetze, versuche ich, die Sorgen von gestern abzuschütteln, als ob es sie nie gegeben hätte. Dunklen Gedanken hänge ich nicht lange nach – was nützt es schon? Selbstvorwürfe und Beschuldigungen schaden nur der Seele.

Es kam allerhand zusammen. Von meinen Geschäften abgesehen, ging so ziemlich alles schief. Mein Vater starb. Meine zweite Ehe zerbrach unter peinlichen Umständen, die an die Öffentlichkeit gezerrt wurden. Mein Sohn kam in große Schwierigkeiten und entging nur knapp einer Zuchthausstrafe. Meine Gesundheit war angeknackst. Es waren nicht die besten Zeiten, um es gelinde auszudrücken.

Nach all dem Tumult, den Unruhen und Schwierigkeiten seines Lebens verliefen die letzten Jahre meines Vaters verhältnismäßig ruhig. Dem Sozialismus nach wie vor zugetan, war er politisch doch weniger aktiv, nachdem er und meine Mutter Rußland verlassen hatten. Er war desillusioniert.

In seiner Moskauer Zeit hatte er die Anfänge von Stalins Terror unmittelbar miterlebt. Freunde meines Vaters, loyale alte Bolschewiken, die an der Seite Lenins gekämpft hatten, wurden aus ihrem Amt entfernt, in Schauprozessen öffentlich gedemütigt und hingerichtet. Einige wurden ohne Gerichtsverhandlung brutal ermordet. Viele andere verschwanden für lange Zeit in der Verbannung in Sibirien. Der ganze Horror von Stalins Regime wurde in Rußland erst nach Chruschtschows geheimer Rede auf dem XX. Parteitag im Februar 1956 in

Moskau eingestanden. Schon Anfang der dreißiger Jahre hatte mein Vater jedoch genau verstanden, was «Väterchen Stalin» machte. Zu erleben, wie Stalin die Träume und Ideen des Sozialismus pervertierte und korrumpierte, war für meinen Vater erschütternd und deprimierend.

Die Beziehungen zwischen meinem Vater und den Sowjets waren in den dreißiger Jahren alles andere als freundlich. Der Kritiker Stalins war auch nicht länger Freund des Staates, und die Feindseligkeit ihm gegenüber dehnte sich auch auf die anderen Familienmitglieder aus, selbst auf meinen Bruder Victor und meine Mutter.

Victor versuchte noch immer, seinen Sohn Armascha nach Amerika zu holen, aber die Sowjets blieben eisig. Obwohl Armascha am 2. August 1929 als amerikanischer Staatsbürger im amerikanischen Konsulat von Berlin registriert wurde, weigerten sich die sowjetischen Behörden, ihm ein Ausreisevisum zu erteilen. Sie verweigerten Victor und meiner Mutter sogar Visa für Moskau, um den Jungen zu besuchen. Victor sah seinen Sohn erst nach Stalins Tod wieder, als er erwachsen war.

Nachdem die Vereinigten Staaten in den Krieg eingetreten waren, wollte mein Vater wieder als Arzt arbeiten. Er sah es als seine Pflicht, dabei zu helfen, daß jüngere Ärzte für den Militärdienst freigestellt werden konnten.

Obwohl er 1924 vom Gouverneur von New York begnadigt worden war, hatte mein Vater sich nie um eine Erneuerung seiner ärztlichen Zulassung bemüht. In Moskau hatte er medizinische Fachartikel für die englischsprachige Zeitschrift *Moscow Daily News* geschrieben, und nach seiner Rückkehr arbeitete er freiwillig mit meinem alten Freund Maxie Rosenzweig zusammen, der als Gynäkologe am Jüdischen Krankenhaus in Brooklyn tätig war. Gemeinsam arbeiteten sie mit an der Entwicklung verschiedener wichtiger Tests. Mein Vater war auf dem laufenden und völlig kompetent, seine Praxis wiederaufzunehmen.

Im Mai 1943 wurde in seiner Sache verhandelt, und mein Vater wurde wieder zugelassen. Er eröffnete eine Praxis auf der West Fifty-fourth Street und wirkte als praktischer Arzt. Er rechnete sich einmal aus, daß er im Laufe der Jahre mehr als fünftausend Babys auf die Welt gebracht hatte.

Er starb am 17. Oktober 1948. Er war an der Prostata operiert worden, was seine Herzbeschwerden verschlimmert hatte. Nach seiner Entlassung aus dem Krankenhaus zog er sich eine Lungenentzündung zu, was ihn noch mehr schwächte. Beim Zeitunglesen rutschte er bewußtlos vom Stuhl und starb an einer Hirnblutung.

Sein kostbarster Nachlaß für mich war spiritueller Art. Er lehrte mich, was Mut und Willensstärke bedeuten und daß Verzagtheit und Verzweiflung durch Entschlossenheit überwunden werden können. In diesen Jahren, in der Mitte meines Lebens, als ich zu Hause, in meiner Ehe, ziemlich unglücklich war und als mein Geschäftsleben so hektisch und anstrengend wurde, daß ich häufig das Gefühl hatte, mir mehr aufgehalst zu haben, als ich bewältigen konnte, da verlor ich oft den Mut. Mein Optimismus verwandelte sich in Pessimismus, aus Hoffnung wurde Verzweiflung, aus Beherztheit Unsicherheit und aus Mut Niedergeschlagenheit und Angst.

Dann versuchte ich, mich an die Maximen meines Vaters zu erinnern, daß ich mich selbst zu meinem schlimmsten Feind machte, wenn ich den Mut verlöre. Ich sagte mir, daß ich gegen diese Invasionen des Trübsinns ankämpfen, sie Zentimeter um Zentimeter zurückschlagen müsse. Kiplings Gedicht «If» war mir eine große Hilfe, aber auch Dale Carnegies Buch «Sorge dich nicht, lebe». Ich freute mich riesig, als er ein Kunde der Hammer Galleries wurde und ich ihm sagen konnte, wie sehr er mein Leben beeinflußt hatte.

Viele Jahre lang trug ich übrigens auch ein kleines, in Leder gebundenes Buch mit den Sprüchen von Mark Aurel bei mir, dessen Lebensphilosophie mir immer wieder Kraft gab.

Gebildete Leute mögen sich über diese altmodischen Heilmittel mokieren, und natürlich möchte ich nicht behaupten, daß schwere Depressionen mit Willenskraft und Entschlossenheit zu meistern sind. Aber in normalen unglücklichen Phasen, die in jedem Leben vorkommen, müssen wir uns oft daran erinnern, daß wir nicht tatenlos zu sein brauchen: Unser Leben ist unsere eigene Verantwortung. Wenn wir handeln und unseren ganzen Mut und Willen zusammennehmen, können wir unsere Lebensumstände ändern und unseren Kummer ein bißchen verringern.

Trotz meines Kampfes gegen die Trübsal, war ich meist müde und hatte wegen einer Gallenblasenerkrankung und Nierensteinen ständig

Schmerzen. Ich konnte wenig tun, um diesen Zustand zu bessern. Die Arbeit, die ich übernommen hatte, mußte einfach erledigt werden: Untertauchen oder Ausweichen kam nicht in Frage. Ich hatte eine Verantwortung gegenüber den Mitgliedern meiner großen Familie und Hunderten von Angestellten. Ich schlief schlecht. In meinem rechten Bein entwickelte sich ein furchtbarer Schmerz. Anfang der vierziger Jahre hatte ich monatelang ununterbrochen Schmerzen, die mein Bein fast lähmten. Ich mußte die meiste Zeit an Krücken humpeln, und mein Auto wurde umgebaut, damit ich nur die Hände und nicht die Füße brauchte. Meine Ärzte konnten sich die Lähmung nicht erklären. Sie vermuteten eine Infektion, konnten aber die genaue Lage der Störung nicht feststellen. Schließlich ging ich zu einem Urologen, der den Entzündungsherd in meiner Prostata fand. Er massierte sie, und endlich verschwanden Schmerz und Lähmung. Der Urologe wollte eine Prostatektomie vornehmen, um sicherzustellen, daß das Problem nicht wiederkam, und die Operation wurde erfolgreich durchgeführt.

Das Narbengewebe, das sich nach dieser Operation gebildet hatte, brachte mich mehr als vierzig Jahre später fast um. Allmählich war es zu einem Hindernis geworden, das 1973 eine zweite Operation erforderlich machte, um einen Nierenstein zu entfernen, der in meiner linken Harnröhre eingeklemmt war. Zwölf Jahre später – im Sommer 1985 – kamen meine Ärzte zu dem Schluß (fälschlicherweise, wie sich herausstellte), daß ich in Gefahr war, an Harnvergiftung zu sterben. Also mußte ich mich einer größeren Operation unterziehen, bei der Harnleiter implantiert wurden, um die Behinderung zu umgehen.

Was die Gallenblase anbetraf, war ich derart von Seidlitz-Pulver abhängig, daß ich mich praktisch davon ernährte. Unter diesen hartnäckigen Beschwerden litt ich fast dreißig Jahre, bis sie mit einem Mal ganz gewaltig auftraten. Es war in Washington, wo ich an einer langen Sitzung des Börsenvorstands teilgenommen hatte. Plötzlich packte mich in der Nacht in meinem Hotelzimmer ein furchtbarer Schmerz im Unterleib. Mit Hilfe meines Anwalts Arthur Groman schleppte ich mich zu einem Arzt in der Nähe des Weißen Hauses. Der gab mir eine schmerzstillende Spritze, und irgendwie schaffte ich den Weg in mein Flugzeug.

Am folgenden Tag war der Schmerz verschwunden. Trotzdem

suchte ich Dr. William Longmire auf, den früheren Präsidenten des American College of Surgeons an der UCLA Medical School. Die Röntgenbilder zeigten nichts, doch er wollte operieren. Er überließ mir die Entscheidung, und ich sagte: «Machen Sie's. Sehen wir mal nach, was los ist.»

In einer fünfstündigen Operation fanden Dr. Longmire und seine Kollegen einen großen abgegrenzten Abszeß voller Eiter und Gallensteine. Er hätte jederzeit platzen und sich in den Unterleib entleeren können, was zu einer sofortigen Bauchfellentzündung geführt hätte.

Die Nierenschmerzen hörten nicht auf. Im Dezember 1970 wurde ich wieder von Dr. Longmire und Dr. Goodwin, Professor für Urologie an der UCLA, operiert. Dieses Mal entdeckten sie einen riesigen Stein im Leiter zwischen Niere und Blase und ein Divertikel in der Blase. Diese zweite Operation dauerte sechs Stunden. Nachdem ich wieder zusammengenäht war, war mein Torso kreuz und quer mit Narben übersät.

Die Operationen anderer Leute können für einen Leser oder Zuhörer ein langweiliges Thema sein, und ich erzähle diese Einzelheiten auch nicht, um mit meinen Narben anzugeben. Ich will damit nur sagen, daß man Krankheiten und Schmerzen genauso bekämpfen muß wie Verzagtheit und Verzweiflung. Man darf sich von ihnen nicht unterkriegen lassen.

Ich hatte auch meinen Teil an Eheproblemen, und ich weiß sehr gut, welches Unglück eine schlechte Ehe mit sich bringen kann. Wenn ich zwischen zehn Jahren Krankheit oder zehn Jahren ehelichem Nahkampf wählen müßte, würde ich die Krankheit nehmen. Vom Anfang der vierziger bis zu Beginn der fünfziger Jahre hatte ich beides.

Mein Leben mit Angela war nicht immer schlecht. Sie machte mir viel Mut bei meinen Aktivitäten in der Kriegszeit. Sie schrieb mir kleine Briefe, in denen sie mir sagte, sie glaube, ich könnte ein großer Mann sein und die Welt verändern, wenn ich nur an mich selbst glaube.

Wenn sie nüchtern war, war sie tüchtig, intelligent, fleißig und reizend. Hätte sie das Trinken lassen können, hätte unsere Ehe vielleicht Bestand gehabt, trotz meiner Enttäuschung über die Tatsache, daß sie keine Kinder wollte.

Sie sagte oft, daß das Trinken ihre Energien ankurble, was die Wahrheit verzerrte. Tatsächlich war sie eine von Natur aus tatkräftige und überempfindliche Frau, die Alkohol als eine Art Betäubungsmittel benutzte, um ihre Nervosität zu bekämpfen und ihre Energien zu unterdrücken. Sie trank gleichmäßig, den ganzen Tag lang, und am Abend hatte sie sich nicht mehr im Griff. In diesen Stunden war sie fähig, alles zu sagen und zu tun. Dann bekam ich Angelas spitze Zunge zu spüren, besonders in Gesellschaft. Waren wir mit Freunden zusammen, fand sie auf böse Weise ihren Spaß daran, meine Herkunft und meine Familie zu verhöhnen. Hatte sie mal wieder ganz tief ins Glas geschaut, brachte sie es fertig, mich einen schmutzigen Juden zu schimpfen.

Mit der Zeit wurde mir klar, daß sie nie nüchtern bleiben würde und daß ich wählen mußte zwischen endloser Trübsal oder der Chance, noch ein bißchen Glück zu ergattern. Um unserer Ehe willen, die ich immer noch retten wollte, kam ich nur langsam zu dieser Erkenntnis. Aber eines Nachts – 1953 – war es soweit.

Ich kehrte von einer langen Geschäftsreise zurück, war todmüde und freute mich auf zu Hause und ein schönes Abendessen. Angela griff mich sofort an. Zu den üblichen Sticheleien kam noch etwas Neues: Sie warf mir Untreue vor und ließ eine Reihe antisemitischer Beleidigungen vom Stapel.

Mir riß der Geduldsfaden. Ich drehte mich auf dem Absatz um und verbrachte die Nacht in einer der Hütten, die zur Farm gehörten. Am nächsten Tag ließ ich mir vom Haus einige Sachen bringen. In diesem Häuschen sollte ich dann fast zwei Jahre bis zur Scheidung leben. Angela und ich sahen und sprachen uns kaum wieder. Der Bruch war endgültig.

Die Scheidung war eine fürchterliche Sache. Ich war zu einer fairen und großzügigen Regelung bereit, damit Angela zeit ihres Lebens versorgt wäre, nur sollte die Scheidung so schnell und ruhig über die Bühne gehen wie möglich. Angela und ihre Anwälte hatten jedoch andere Vorstellungen. Sie beschloß, aufs Ganze zu gehen, und verlangte zehn Millionen Dollar sowie Anteile an den Hammer Galleries und an United Distillers.

Eine Zehn-Millionen-Dollar-Scheidung hatte es damals so gut wie noch nie gegeben. Die Höhe der Summe und mein Bekanntheitsgrad sorgten für Zeitungsstories im ganzen Land. Bald gab es noch mehr Schlagzeilen, als Angela auf temporäre Alimente klagte, während wir auf den Scheidungsprozeß warteten. Um so versorgt zu sein, wie sie es gewohnt war, verlangte sie 158 000 Dollar pro Jahr.

Ihr Antrag umfaßte monatliche Beträge von 2500 Dollar für Kleidung, 1000 für Unterhaltung und 500 «für ihr Hobby, das Sammeln von Antiquitäten» (ein Hobby, das mir bisher entgangen war). Sie wollte jeden Monat insgesamt 11 525 Dollar in bar und 20 000 jährlich «für notwendige Reparaturen» am Haus in Red Bank, das für diese Summe eigentlich von oben bis unten hätte neu gebaut werden können.

Die Medien reagierten mit Freuden auf Angelas Forderungen. Die Leute konnten gar nicht genug über diesen extravaganten Skandal zwischen «der Society-Dame und dem Multimillionär» hören. Angela und ihre Anwälte trugen alle Beschuldigungen, die sie aushecken konnten, zusammen. Sie behaupteten sogar, daß mein Sohn Julian uns in unserem Schlafzimmer überwacht und das Geschehen im Ehebett mit dem Fernglas beobachtet hätte, um seiner Mutter über die Einzelheiten zu berichten. Diese Phantasiegeschichte sollte meine Beziehungen zu Julian und Olga noch mehr komplizieren.

Um an mein Geschäftsvermögen heranzukommen, wollte Angela die Verhandlung nach New York verlegen. Obwohl ich der Meinung war, daß sie auch nicht den geringsten Anspruch darauf hatte, war das Vermögen, das ich im Laufe von mehr als dreißig Jahren angesammelt hatte, in echter Gefahr. Ich hatte aber das große Glück, die Dienste von Louis Nizer in Anspruch nehmen zu können.

Nizer war bereits einer der berühmtesten Prozeßanwälte in Amerika, ein Kämpfer für Arm und Reich gleichermaßen, und auf dem Wege, Doyen der amerikanischen Anwälte und einer der berühmtesten Männer in der Geschichte der amerikanischen Anwaltschaft zu werden. Ich war ihm zum ersten Mal begegnet, als er in einer kleinen Geschäftssache als gegnerischer Anwalt tätig war; ich hatte seine herausragenden Fähigkeiten sofort erkannt. Meine erste Konsultation sollte die Basis für eine dauerhafte Freundschaft und Geschäftsbeziehung werden. In fünfunddreißig Jahren ist kaum eine Woche vergangen, in der ich nicht von seiner Klugheit und seinem Wissen profitiert habe.

Louis studierte meinen Fall, und es dauerte nicht lange, bis er mir einen bemerkenswerten Vorschlag machte. Er sagte: «In Anbetracht der Qualen und Demütigungen, die Sie durch Ihre Frau erleiden mußten, und der Geduld, mit der Sie deren Alkoholismus ertragen haben, können Sie selbst wegen seelischer Grausamkeit klagen.» Diese Empfehlung war nicht nur deshalb überraschend, weil sie neu war, sondern weil sie ihn einen einträglichen Job kostete. New Yorks Gesetze sahen nicht vor, daß sich ein Ehemann wegen seelischer Grausamkeit von seiner Frau scheiden ließ, wohl aber die Gesetze von New Jersey, obwohl es einen derartigen Prozeß auch dort noch nicht gegeben hatte. Endlose Anhörungen, Vollstreckungsaufschübe und Verzögerungen folgten. Angelas Anwälte waren wiederholt unfähig, sie vor Gericht vorzuführen, weil sie mit «einer ziemlich chronischen» Lebererkrankung – der Beginn einer Zirrhose – ans Bett gefesselt war.

Schließlich verkündeten die Zeitungen: ES IST ALLES VORBEI. Zwischen meinen Anwälten und Angela war ein Kompromiß geschlossen worden. Sie erklärte sich mit einer angemessenen Entschädigung und entsprechenden Alimenten einverstanden, und ich nahm meine eigene Klage zurück. Um «weiteren Kummer und Schmerz» zu vermeiden, wie ich dem Gericht erklärte, wollte ich ihre Klage wegen böswilligen Verlassens nicht anfechten. Aber ich hatte auch noch andere zwingende Gründe, meine Scheidung von Angela voranzutreiben.

Frances Tolman, von der ich all diese Jahre seit unserem ersten Kennenlernen in New York getrennt war, die ich aber nie vergessen hatte, trat während der langen qualvollen Zeit meiner Scheidung wieder in mein Leben. Es war jedoch nicht die Scheidung, die uns zusammenbrachte, sondern ein viel schwerwiegenderer Prozeß in Kalifornien: Mein Sohn Julian wurde des Totschlags beschuldigt.

Seine Jugend war schwierig gewesen. Olga liebte ihn sehr, wie jeder in meiner Familie, aber die dauernde Sorge, Liebe und Disziplin eines Vaters fehlte, und er litt darunter. Die Freuden Kaliforniens haben schon manchen Kopf verdreht, und Julian genoß alle und vielleicht zu sehr.

Sooft wir zusammen waren, hatten wir Spaß. Einmal fuhren wir zum Angeln nach Kanada, paddelten mit unseren Kanus auf Seen und Flüssen und trugen die Boote auf unseren Rücken übers Land, schliefen in Zelten und brieten unseren Fang. 1950 begleiteten mich Julian und Angela in meiner Beechcraft auf einer Geschäftsreise zu den karibischen Inseln, wo ich für United Distillers Rum und Melasse besorgte.

Wir verbanden meine Geschäfte mit Familienvergnügen, fischten vor den Florida Keys und segelten in der westindischen See.

Julian schrieb einen langen und lustigen Bericht über diese Reise, den er «Karibisches Tagebuch – wie eine Geschäftsreise wirklich sein sollte» nannte. Die Widmung lautete:

> Für Dad und Angela, nicht nur, weil sie diesen Trip möglich machten, sondern weil sie ihn mit ihrer besonderen Art von Abenteuer und Mißgeschick würzten, was jede Reise mit ihnen zu einer wunderbaren Erfahrung macht, die man so schnell nicht wieder vergißt.

Schade ist nur, daß wir nicht mehr wunderbare Erfahrungen zusammen sammeln konnten und daß unsere Abenteuer und Mißgeschicke so selten waren.

Julian besuchte die Golden State University, graduierte 1953 und ging dann in die Armee. In seiner Armeezeit sahen wir natürlich sehr wenig von ihm. Nach seiner Entlassung zog er nach Kalifornien, wo er seine Frau Sue kennenlernte, die bald ein Baby erwartete. Sein Leben schien sich beruhigt zu haben, als ich plötzlich Anfang Mai 1955 die schreckliche Nachricht von seiner Mutter bekam, daß unser Sohn verhaftet worden sei.

Ich nahm das erste Flugzeug an die Westküste. Die Schlagzeilen, die uns in Los Angeles begrüßten, riefen Erinnerungen an jene Tage vor sechsunddreißig Jahren wach, als mein Vater verhaftet worden war. Dieses Mal war es jedoch nicht ARZT-MILLIONÄR VERHAFTET, sondern MILLIONÄRSSOHN TÖTET GI.

Ich erfuhr bald Näheres über die schreckliche Geschichte von Julian, daß er tatsächlich einen Menschen getötet, aber in Notwehr gehandelt hatte, um seine schwangere Frau und sich selbst zu schützen.

Der Tote war ein Kamerad von Julian aus ihrer Rekrutenzeit. Julian war zum Dienst in der Heimat verpflichtet worden, während sein Freund – ein früherer Boxchampion – nach Korea geschickt wurde. Der Krieg trennte sie, und sie hörten nichts von einander, bis der Freund in Kalifornien auftauchte. Die beiden Männer feierten Wiedersehen in einer Bar in Los Angeles, und dann nahm Julian seinen Freund mit nach Hause, um ihm seine Frau vorzustellen. Julians

Freund trank weiter. Dann fing er an, Julians Frau zu belästigen. Es entstand ein Streit, und der Ex-Boxer wurde gewalttätig. Er drohte Julian mit einer Bierflasche und ging auf ihn los. Julian griff in eine Schublade und zog eine geladene Pistole heraus. Er warnte den Mann. Der kam trotzdem näher. Julian schoß.

Ich setzte mich mit meinem Freund Jimmy Roosevelt in Verbindung, der mich mit Mendel Silberberg, Seniorpartner eines der prominentesten Rechtsanwaltsbüros in Kalifornien, bekannt machte. Silberberg sagte, seine Firma bearbeite keine Kriminalfälle, aber um mir und Roosevelt einen Gefallen zu tun und wegen Julians offensichtlicher Schuldlosigkeit, würde er den Fall seinem Junior-Partner Arthur Groman übertragen.

Nach Louis Nizer lernte ich nun einen weiteren Anwalt kennen, auf dessen Rat und Freundschaft ich mich verlassen konnte. Beide Männer sollten Direktoren im Vorstand von Occidental Petroleum werden.

Arthur erledigte Julians Fall mit erstaunlicher Geschwindigkeit. Julians Frau bestätigte die Geschichte. Die Autopsie ergab einen extrem hohen Alkoholspiegel im Blut des Toten. Arthur wies nach, daß der Staatsanwalt Julian als Zeugen benutzt und gegen zwei Entscheidungen des Obersten Gerichtshofs von Kalifornien verstoßen hatte, wonach der Staatsanwalt die Glaubwürdigkeit seines eigenen Zeugen nicht angreifen kann.

Das Verfahren wurde ohne Verhandlung eingestellt und Julian auf freien Fuß gesetzt.

Zwischen dieser Sache und dem Scheidungsprozeß waren die Presseleute hin- und hergerannt, und mein Name machte Schlagzeilen von Küste zu Küste. Die *Police Gazette* brachte eine besonders finstere Geschichte – aber durch die Veröffentlichung dieses häßlichen Artikels nahm mein Schicksal eine erfreuliche Wendung.

In einem Frisiersalon in Los Angeles blätterte eine reiche Witwe die *Police Gazette* durch. Plötzlich stieß sie auf die Story über meine Scheidung und starrte wie gebannt darauf. Anschließend nahm sie die Zeitung von Los Angeles in die Hände und las von Julians Verhaftung.

Die Frau war Frances Tolman. Sie hatte seit Jahren, seit dem Tod ihres Mannes Elmer, allein gelebt. Sie war einsam, sie war frei, und auch sie hatte mich nie vergessen. Der Artikel in der *Police Gazette* und die Geschichte über Julian erweckten sie zu neuem Leben. Sie eilte nach Hause und setzte rasch ein Telegramm auf, das sie mir an die Adresse von Hammer Galleries schickte. Sie sagte, es täte ihr leid, hören zu müssen, daß ich Sorgen hätte, und fragte, ob sie irgend etwas für mich tun könne.

«Ja, Frances», lachte ich, als ich das Telegramm las, «du kannst etwas für mich tun – du kannst mich heiraten.»

Ihre Telefonnummer war nicht angegeben. Es blieb mir nichts anderes übrig, als zu ihr zu fliegen. Am nächsten Morgen blickte Frances aus dem Fenster auf den üppigen sonnigen Garten ihres Hauses in Los Angeles und sah mich die Stufen heraufrennen. Seit diesem Morgen sind wir zusammen, und ihr Haus in Kalifornien ist auch meins.

Endlich, fast zwanzig Jahre nach unserer ersten Begegnung, gab es nichts mehr zwischen uns, was uns hinderte. Frances war allein. Meine Scheidung von Angela lief. Frances hatte keine Kinder, und mein einziges Kind, Julian, war erwachsen. Ich war mehr als bereit, meine Geschäfte an der Ostküste aufzulösen und mich in den ewigen Frühling Kaliforniens zurückzuziehen, um bei Frances zu sein.

Ich war gerade siebenundfünfzig geworden – vier Jahre älter als Frances –, und ich war bereit, mein Geschäftsleben etwas ruhiger zu gestalten. Elmer Tolman hatte Frances ein erhebliches Vermögen hinterlassen, und zusammen mit meinen Millionen hatten wir weit mehr Geld, als wir jemals brauchen würden oder ausgeben wollten. Das Destillationsgeschäft war gut zu mir gewesen, aber es interessierte mich nicht mehr. Ich war bereit, es aufzugeben.

Es gab nichts, was mich an der Ostküste hielt, denn ich hatte beschlossen, meine Aberdeen-Angus-Herde zu verkaufen. In den letzten sieben Jahren hatte ich nämlich noch einen weiteren Nebenzweig meines Geschäfts entwickelt, der lukrativ und äußerst befriedigend war: die Rinderzucht. Ich war von meinem neuen Beruf fasziniert. Er reizte sowohl meinen Geschäftssinn als auch meinen Intellekt. Die Studie der Blutlinien und die Aufgabe, die Tiere gesund zu halten oder zu heilen, wenn sie krank wurden, erweckten einen Teil meines Verstands zu neuem Leben, der seit meiner medizinischen Zeit brach gelegen hatte.

Es begann so: Eines Tages, gegen Ende des Krieges, hatte ich großen Appetit auf ein Steak. Daran ist nichts Ungewöhnliches, aber damals war alles knapp, und ein erstklassiges Steak war genauso schwer zu bekommen wie eine Zwei-Pfund-Dose Beluga-Kaviar.

Henry, unser Mann auf der Farm, schlug vor, ich solle einen Ochsen zum Schlachten kaufen, und er würde die Stücke in der Gefriertruhe aufbewahren. Ich war einverstanden.

Am folgenden Wochenende stand ein Aberdeen-Black-Angus-Rind angekettet im Hof. «Ich konnte keinen Ochsen finden», sagte Henry, «drum hab ich diese Kuh gekauft.»

«Fein», sagte ich. «Wann gibt's was zu essen?»

Er sah verlegen aus und hustete nervös. «Sie ist gedeckt worden, Doc», sagte er. «Sie kriegt bald ein Kalb.»

«Gütiger Himmel», sagte ich, «ich kann keine Kuh umbringen, die bald kalbt! So nötig habe ich ein Steak nun auch wieder nicht. Schlachte sie nicht. Laß sie hier auf der Farm, wir werden sie gut behandeln und mal sehen, was passiert.»

Was passierte, war ein Kalb, ein gutes, starkes, schönes weibliches Wesen, an das ich mich gewöhnte, wie an die Mutter, die bald wieder kalbte. Die drei hätten auf der Farm in den Ruhestand treten können, wenn ich nicht einen geschäftlichen Geistesblitz gehabt hätte.

Ein kleines, jedoch äußerst rentables Nebenprodukt meiner Brennereien war der nahrhafte Rückstand der Maische. Rinderzüchter kauften mir für ihre Herden alles ab. Um dieses Geschäft hatten wir uns nie viele Gedanken gemacht. Wir waren froh, überhaupt etwas für das zu bekommen, was wir für Abfall hielten. Eines Tages wurde mir klar, daß dieser sogenannte Abfall umgewandelt werden konnte – wenn auch nicht in pures Gold, dann doch wenigstens in harte Dollar.

Das war 1947. Einer von Angelas Freunden, ein Fachmann auf diesem Gebiet, lud uns zum Besuch einer Ausstellung ein. Eine Kuh aus der Herde von Seymour Knox aus Buffalo gewann den ersten Preis und wurde versteigert. Das Gebot blieb bei 500 Dollar stecken, als ich die Hand hob. Für 1000 Dollar bekam ich den Zuschlag.

Mr. Baker, der Manager von Knox, kam anschließend zu mir und sagte: «Ich kann mich nicht an Sie erinnern. Haben Sie eine große Herde?»

Ich mußte laut loslachen und erzählte ihm von meinen drei Haustieren. Verdutzt fragte er: «Warum kaufen Sie dann einen solchen Champion?»

Ich erzählte ihm von unserem Maischefutter und sagte: «Ich glaube, ich werde die beste reinrassige Herde in diesem Land züchten, um zu zeigen, wie gut unser Futter ist.»

Diese Idee mußte schon eine Zeitlang irgendwo in einer Dunkelkammer meines Hirns herangereift sein, aber erst an jenem Nachmittag war sie mir bewußt geworden. Ich wußte genau, wie ich vorgehen wollte.

Baker schien von meiner Idee gefesselt und stellte mir eine ganze Reihe von Fragen. Seine Neugier beeindruckte mich.

«Würden Sie gern für mich arbeiten?» fragte ich.

Er dachte einen Augenblick nach. Dann sagte er: «Mr. Knox ist an meiner Arbeit nicht besonders interessiert. Er ist ja nicht mal gekommen, um zu sehen, wie ich Sieger geworden bin. Wenn Sie es wirklich ernst meinen damit, an die Spitze zu kommen, tu ich mein Bestes, um Ihnen dabei zu helfen. Wie wollen Sie's machen? Schnell oder langsam?»

«Schnell.»

«Gut. Dann brauchen Sie nur den besten Bullen im Land zu kaufen. Zufällig wird er in ein paar Wochen in Chillicothe, Missouri, verkauft. Er heißt Prince Eric. Wenn Sie ihn bekommen können, verschaffe ich Ihnen die beste Herde im Land.»

«Wie hoch, meinen Sie, muß ich gehen?» fragte ich fröhlich.

«Wie hoch wollen Sie denn gehen?»

«Was sagen Sie zu fünfzehntausend?»

Er sagte nichts. Er starrte mich nur mit großen Augen an und zog die Luft pfeifend durch die Zähne. Ich wußte nicht, ob er die Summe für viel zu hoch oder viel zu niedrig hielt. Und ich war viel zu stolz, um zu fragen. Ich wußte bald Bescheid.

Die Gebote für Prince Eric erreichten 15 000 Dollar, bevor ich überhaupt meine Hand in die Höhe brachte. Als er in den Ring geführt wurde, war das Eröffnungsangebot mehr als 5000 und raste in Tausend-Dollar-Sprüngen bis zu 30 000 in die Höhe. Jetzt waren nur noch zwei Mitstreiter übrig: ein Strumpffabrikant aus Chicago und ich. Die Gebotsprünge hatten sich jetzt auf 100 Dollar verlangsamt, aber ich schwitzte.

Ich riskierte eine riesige Geldsumme in ein Unternehmen, in dem ich ein völliger Neuling war, was gänzlich gegen meine Instinkte und Geschäftserfahrung ging. Ich hatte ein neues Geschäft stets von unten auf gelernt, langsam, vorsichtig und konservativ, und machte den nächsten gefährlichen Schritt nur, wenn ich mich auf die von mir gebauten Fundamente verlassen konnte. Hier riskierte ich einen mächtigen Haufen Geld, um ganz oben, ohne Fundament, einzusteigen.

Noch schlimmer: Kurz vor meiner Abreise nach Chillicothe hatte ich die Verhandlungen mit der ultrakonservativen Chase Manhattan Bank für einen Kredit über zehn Millionen Dollar abgeschlossen, um einige Erweiterungen in meinem Whiskey-Unternehmen zu finanzieren. Ich fühlte mich nicht ganz wohl, wenn ich mir das Gesicht von Bill Dubois, dem stellvertretenden Vorsitzenden, vorstellte, wie er am nächsten Tag die Morgenzeitung durchblätterte und las, daß sein Kunde Dr. Armand Hammer, der nichts vom Viehgeschäft verstand, den teuersten Black-Angus-Bullen auf der Erde gekauft hatte.

Hin- und hergerissen zwischen Verlangen und Beklemmung bot ich 35 000 Dollar.

«Fünfunddreißigtausendeinhundert» erwiderte O'Bryan mit der Lässigkeit eines Mannes, der bereit war, aufs Doppelte zu gehen.

Das war das Ende. Ich hörte auf. Aber noch bevor ich den Ring verlassen hatte, ärgerte ich mich schwarz über mich selber und schimpfte mich einen Dummkopf. Ich hasse Unentschlossenheit. Ich war immer der Meinung gewesen, daß man bereit sein muß, den notwendigen Preis für einen Sieg zu bezahlen, wenn man an einem Wettbewerb teilnimmt. Wenn du nicht bezahlen kannst, halt dich raus. Ich schwor mir: Niemand würde mich mehr bei einer Sache überbieten, die ich haben wollte.

Ich hatte den besten Bullen der Welt verloren, also mußte ich den zweitbesten nehmen. Er hieß Prince Barbarian of Sunbeam. Mit Prince Barbarian vergrößerte sich die Herde von Shadow Isle, und der Umsatz mit Shadow-Isle-Futter verbesserte sich ebenfalls recht gut. Ende der vierziger Jahre erzielten die beiden jährlich stattfindenden öffentlichen Auktionen jeweils einen Bruttogewinn von 500 000 Dollar, und Privatverkäufe brachten außerdem noch viele hunderttausend Dollar zusätzlich pro Jahr. Trotzdem nagte die Erkenntnis an mir, daß ich ohne Prince Eric immer nur Zweitbester sein würde.

Dann brachte mir der Veterinär, der in regelmäßigen Abständen auch nach Shadow Isle kam, außergewöhnliche Neuigkeiten: Prince Eric war impotent geworden.

«Was um alles in der Welt kann passiert sein, daß ein achtjähriger Bulle impotent wird?» fragte ich.

«Ich vermute, daß O'Bryan übertrieben hat», sagte Mac. «Er hat ihn mit fünfzig Kühen pro Tag rumrennen lassen, und das ist für jeden Bullen zu viel. Wie ich es sehe – der hat sich einfach zu Tode gebumst.»

«Und was es für den armen Prince Eric noch schlimmer gemacht hat», fuhr Mac fort, «ein Arbeiter auf O'Bryans Farm hat ihn jedesmal mit der Peitsche geschlagen, wenn er zögerte, eine Kuh zu besteigen. So hat er den Geschlechtsverkehr mit Schmerzen in Verbindung gebracht, und jetzt schaut er immer, wenn ihm eine Kuh gebracht wird, in die andere Richtung. Ich halte sein Problem für psychologischer Natur, nicht für physiologisch. Ich habe den Verdacht, daß der Samen dieses Bullen so gut ist wie eh und je, wenn man ihn nur aus ihm herausholen könnte.»

Ich ging direkt zum Telefon und erreichte O'Bryan in Chicago. Er sagte, er würde Prince Eric nur allzu gern verkaufen.

«Großartig», sagte ich. «Abgemacht. Wieviel wollen Sie für ihn haben?»

«Hunderttausend Dollar», kam sofort die Antwort.

Ich dachte, mir bleibt das Herz stehen. «Sind Sie verrückt?» brüllte ich. «Ich habe eben gehört, daß Ihr Bulle impotent ist.»

«Und warum wollen Sie ihn dann kaufen?» fragte O'Bryan ruhig. «Ich weiß, was Sie probieren wollen.»

«Warum zum Teufel machen Sie's dann nicht selbst?»

«Ich hab zu viel mit meinem Strumpfgeschäft zu tun, um mich richtig um meine Herde kümmern zu können. Ich kann ihn genauso gut verkaufen, wenn der Preis stimmt.»

«Na schön, Les, ich sag Ihnen, was ich mache», sagte ich. «Sie haben vor drei Jahren fünfunddreißigtausendeinhundert Dollar für ihn bezahlt. Ich gebe Ihnen, was Sie bezahlt haben – ich gebe Ihnen Ihr Geld zurück. Schließlich gibt es keine Garantie dafür, daß die künstliche Befruchtung funktioniert. Ich gehe ein Risiko ein.»

«Hunderttausend Dollar.»

«Also hören Sie, ich gebe Ihnen fünfzigtausend, aber...»

«Hunderttausend.»

«Halbieren wir die Differenz, Les», sagte ich. «Ich gebe Ihnen fünfundsiebzigtausend, vorausgesetzt, ich kann einen Test machen und es funktioniert.»

Einen Augenblick blieb es still in der Leitung, dann sagte er: «In Ordnung. Kommen Sie her.»

Am nächsten Morgen flog ich mit unserem Veterinär nach Chicago. Als wir auf den Feldern von O'Bryan landeten, kam er aus einer Scheune, um uns zu begrüßen, und führte uns zu einer Koppel, wo Prince Eric stand.

Diesen Augenblick habe ich noch lebhaft im Gedächtnis. Endlich würde ich eine Kreatur von unvergleichlicher Schönheit erobern. Es mag absurd klingen, aber als ich Prince Eric sah und daran dachte, daß er bald mir gehören sollte, war ich aufgeregter, als ich es je über eines der großartigen Bilder gewesen bin, die ich in den Auktionshäusern der Welt erworben hatte. Ich stand einfach da und starrte ihn an und prügelte mich in Gedanken dafür, daß ich mir die Gelegenheit entgehen lassen hatte, ihn schon vor drei Jahren in meinen Besitz zu bringen. Inzwischen brachten seine Nachkommen mindestens 5000 Dollar das Stück.

Der Veterinär machte sich an ihm zu schaffen, stattete ihn mit einem Kondom von der Größe eines mittleren Zeppelins aus und untersuchte eine Probe unterm Mikroskop. Dann reichte er sie mir.

Tausende und aber Tausende Spermien wuselten unter der Linse herum. Ich sah nur Fünftausend-Dollar-Noten. Ich wandte mich an O'Bryan und sagte: «Ich bin zufrieden. Hier ist mein Scheck über fünfundsiebzigtausend Dollar. Ich akzeptiere alle Ihre Bedingungen. Sie garantieren nicht, daß er ein Zuchtbulle ist. Wenn er in fünf Minuten tot umfällt, ist das mein Pech.»

O'Bryan nahm den Scheck und hielt ihn eine Sekunde lang in der Hand. Dann gab er ihn zurück.

«Das ist nicht genug», sagte er. «Ich habe Ihnen gesagt, ich will hunderttausend Dollar.»

«Nein!» brüllte ich. «Ich hab gesagt, ich halbiere die Differenz, und Sie haben gesagt: ‹In Ordnung. Kommen Sie her.›»

«Sicher hab ich gesagt ‹Kommen Sie her›», erwiderte O'Bryan. «Aber ich habe nicht gesagt, daß ich fünfundsiebzigtausend nehme. Es ist nicht genug.»

«Sie Schweinehund!» brüllte ich. «Ich werde den Bullen nicht nehmen, und wenn er der letzte auf der ganzen Welt wäre.» Ich wandte mich an die anderen und sagte: «Los. Machen wir, daß wir hier wegkommen.» Und wir marschierten zum Flugzeug, ohne uns noch einmal umzudrehen.

Prince Eric sollte mir nicht gehören, so schien es jedenfalls. Auf der nächsten internationalen Rinderausstellung von Chicago wußte ich jedoch, daß ich einen Weltchampion hatte. Es war eine junge Kuh, die von Prince Eric abstammte und die ich als Kalb gekauft hatte. Doch als der Sieger herausgeführt wurde, war es nicht «meine Kuh»: Es war das herrlichste Tier, das ich je gesehen hatte, und es stammte ebenfalls von Prince Eric ab – eine Schwester meiner Kuh mit der gleichen Mutter. Meine eigene Kuh wurde zweite, aber das war kein Trost. Ich flog weg, auf eine kurze Geschäftsreise, und kam zurück. Ich lag auf meinem Hotelbett und konnte nicht schlafen. Beim Gedanken an diesen großen herrlichen Bullen wälzte ich mich hin und her: Eric machte mich zum Narren.

Ich stand auf und rief O'Bryan an.

«Wollen Sie Prince Eric immer noch verkaufen?» fragte ich.

«Ja.»

«Was kostet er jetzt?»

«Immer noch hunderttausend.»

«Wenn Sie sofort zu mir ins Hotel kommen», sagte ich, «zahle ich den Preis.»

Und so geschah's. In den verbleibenden drei Jahren seines Lebens verdiente Prince Eric zwei Millionen Dollar für Shadow Isle. Er produzierte tausend Kälber, darunter sechs internationale Champions. Ich war nie glücklicher.

Eines Nachts im August 1953 brach in Prince Eric eine völlig unerwartete Leidenschaft aus, die ihn selbst verblüfft haben mußte. Eine Färse auf der anderen Seite eines hohen Stacheldrahtzauns war stierig. Der arme Prince Eric wollte bereitwillig über den Zaun springen, aber sein Bauch wurde von den Stacheln aufgerissen. Am Morgen fand man ihn tot in einer riesigen Blutlache.

Am Tag, als Prince Eric starb, verlor ich die Lust an der Viehzucht. Er war mein Preisbulle und mein Stolz gewesen, und er war unersetzlich. Halbherzig machte ich noch ein Jahr weiter. Dann zwangen mich Steuerschulden, die Herde aufzulösen, und so wurden sie in einer

Auktion, die als «Jahrhundertverkauf» bezeichnet wurde, alle versteigert. Sie brachten eine Million Dollar ein.

(Später nahm ich die Viehzucht wieder auf, als ich Chef der Firma Occidental Petroleum wurde. Auf der Shadow Isle Ranch außerhalb von Scottsbluff, Nebraska, besitzt Occidental jetzt die größte Herde reinrassiger Black-Angus-Rinder der Welt – über viertausend Stück.)

Nachdem ich die Herde verkauft hatte, mußte ich nur noch meine restlichen Anteile an United Distillers liquidieren. Die Hammer Galleries hätte ich nie aufgegeben. Ich war aus sentimentalen Gründen, und weil es das Lebenswerk meines Bruders Victor war, an die Galerie gebunden.

Bevor die J. W. Dant Brennerei für 6,5 Millionen Dollar verkauft wurde, bat mich mein Manager, Newt Cook, nicht zu verkaufen, sondern eine Aktiengesellschaft daraus zu machen. «Die Kapitalzeichnung bringt Ihnen mindestens genauso viele Millionen, wie Sie durch den Verkauf der Firma bekommen», sagte er, «und Sie besitzen dann immer noch fünfzig Prozent.»

Ich muß zugeben, es war eine Versuchung, aber ich hatte keine Erfahrung mit Aktiengesellschaften, und der Gedanke, daß ich mich mit andersdenkenden Aktionären und einer bürokratischen Börsenaufsichtsbehörde herumschlagen müßte, gefiel mir gar nicht, obwohl Newts Vorschlag solide war und mich zu einem noch viel reicheren Mann gemacht hätte. Aber es war nicht meine Absicht, zu kassieren und meine Finger im Destillationsgeschäft zu lassen. Ich wollte raus – raus nach Kalifornien und zu Frances.

Ich flog nach Westen. Was mich betraf, so war mein Geschäftsleben so gut wie abgeschlossen. Vor mir, dachte ich, lag die Ehe, die ich mir seit zwanzig Jahren gewünscht hatte, und ein ruhiger Lebensabend unter kalifornischen Palmen und Bougainvillea.

Sobald ich erfuhr, daß meine Scheidung von Angela endgültig war, fuhren Frances und ich nach Pomona, um im Hause eines Richters zu heiraten. Wir wählten Pomona, um Publicity zu vermeiden, da die Nachricht nur in der örtlichen Zeitung erscheinen würde.

Es war am 25. Januar 1956, einem der regenreichsten Tage der Regenzeit Südkaliforniens. Die Frau des Richters, die Trauzeugin war, zog ihr bestes Kleid für die Feier vor dem Kamin an. Ich hatte zwei

Brillantringe gekauft, einen zehnkarätigen Solitär und einen Ehering. Frances hat beide Ringe nie mehr vom Finger gezogen.

Von unseren Flitterwochen zurückgekehrt, entdeckten wir, daß ich ein großartiges Gemälde zu einem außergewöhnlich günstigen Preis erworben hatte. Es war ein gutes Omen.

Um unsere Eheschließung zu feiern, wollte ich ein Bild kaufen, das über dem Kamin im Haus in Greenwich Village hängen sollte, und zwar an Stelle jenes Gemäldes des russischen Museumsdirektors, der das Rembrandtbild «Beschneidung Christi» gefälscht hatte. Kurz vor der Hochzeit verkaufte das Metropolitan Museum of Art unter anderem auch ein Bild «aus der Schule von Sir Thomas Lawrence» mit dem Titel «The Best Children». Lawrence war Hofmaler von Georg III.

Alle Umstände dieses Verkaufs deuteten darauf hin, daß dieses Bild keinen großen Wert besaß. Das Metropolitan verkauft nicht seine Meisterwerke, und die Worte «aus der Schule von...» bedeuten meist, daß die Verkäufer nicht allzu viel von einem Bild halten.

Trotzdem gefiel es mir. Es war eine sehr schön gemalte Studie von zwei kleinen Mädchen auf einer riesigen Leinwand, etwa drei Meter mal einsachtzig. Mir gefiel die Szene, und ich mochte die Größe, da das Bild genau über meinen Kamin paßte. Ich wollte es unbedingt haben.

Selbst mein Bruder Victor versuchte, mir auszureden, das Bild zu ersteigern. Er sagte: «Bestenfalls ist es eine Kopie. Wenn es echt wäre, wären sämtliche Händler aus ganz Amerika und Europa hinter ihm her und würden mehr bieten, als du zu zahlen bereit bist. Vergiß es, Armand!»

Es ist eine Schwäche und eine Stärke meines Charakters, daß ich niemandes Wort für bare Münze nehme, sondern immer alles selber prüfe. Ich ging zum Metropolitan Museum, erklärte, daß ich etwas zu recherchieren hätte, und fragte den Archivar nach Unterlagen über Sir Thomas Lawrence. Er forderte mich auf, an einem großen Tisch Platz zu nehmen, und brachte mir eine Masse Akten.

Unter den Dokumenten zu «The Best Children» fand ich Briefe von einem Mr. Pratt an das Museum. Wie sich herausstellte, hatte Mr. Pratt das Bild ursprünglich in England erworben und es dem Met geschenkt. Ein vergilbter Zeitungsausschnitt tat kund, daß Mr. Pratt «The Best Children» für den höchsten Preis, der je für einen Lawrence bezahlt wurde, erworben hatte.

Das waren überzeugende Informationen. Ich wußte, daß Pratt ein Partner von John D. Rockefeller war, selbst Millionär. Wenn er für «The Best Children» eine größere Summe bezahlt hatte, muß er angenommen haben, daß es echt war.

Nun wollte ich das Bild erst recht kaufen. Ich ging mit einem Händler zur Auktion. Wir saßen nebeneinander, hoch oben auf einem Balkon. Ich wollte nicht, daß jemand erfuhr, daß ich selbst bot und daß der Händler mich vertrat, und berührte lediglich seinen Fuß mit meinem, damit er mein Gebot erhöhte.

Mein Agent bekam den Zuschlag zum lächerlichen Preis von 2100 Dollar. Dann protestierte jemand, daß der Auktionator sein Angebot nicht beachtet hätte, und die Versteigerung ging weiter. Dieses Mal bekamen wir den Zuschlag für 2700 Dollar.

Ich freute mich sehr. Es war mir sogar egal, ob es eine Kopie war, weil es ein schönes farbenfrohes Bild war, und ich freute mich darauf, es in meinem Wohnzimmer zu sehen. Ich ließ es an Victor liefern, damit er die Reinigung überwachen konnte.

Victor holte Frances und mich ab, als wir aus den Flitterwochen kamen. Wir waren in bester Stimmung, und Victors Neuigkeit war das Tüpfelchen auf dem i. «Herzlichen Glückwunsch», sagte er. «Du hast eines der besten Bilder gekauft, die Lawrence gemalt hat.»

Bei der Reinigung des Gemäldes war eine dritte Gestalt zum Vorschein gekommen, ein kleiner Junge im Samtanzug, der auf einer Treppe saß und einen Zylinder trug. Victor, der das Geheimnis anläßlich eines Besuchs in England lüften wollte, hatte sich mit Nachkommen der Familie Best in Verbindung gesetzt und erfahren, daß der Junge auf dem Bild nach seinem frühen Tod übermalt worden sei. Seine trauernden Eltern konnten seinen Anblick nicht ertragen und hatten einen Maler aus der Schule von Lawrence beauftragt, ein Kissen an Stelle des Jungen zu malen. Deshalb sah das Bild schlecht proportioniert aus und wurde für eine Kopie gehalten.

Über meinem Kamin, über den ich das Werk des Rembrandtfälschers gehängt hatte, hing jetzt mein echter Lawrence, und er ist heute noch dort. Der falsche Rembrandt hatte die stille Botschaft ausgestrahlt, in der tückischen Welt des Kunsthandels vorsichtig zu sein. «The Best Children» strahlt ebenfalls eine aussagekräftige Botschaft aus, die ich mir gut gemerkt habe: Auch die Experten haben nicht immer recht.

Wenn mir eine Wahrsagerin prophezeit hätte, daß die hektischsten, abenteuerlichsten und erfolgreichsten Jahrzehnte meines Lebens gerade erst anfingen, hätte mein schallendes Gelächter wohl ihre Kristallkugel zerschmettert.

Eine kleine Firma namens Occidental

Alle meine Freunde wußten es besser. Als ich ihnen erzählte, ich würde in Kalifornien die Füße hochlegen und mir's bequem machen, sagten sie: «Das klappt nie, Armand!»

Vierzig Jahre lang hatte ich schwer gearbeitet. Das Geschäft selbst bedeutete mir viel mehr, als reich zu werden. Geld zu machen, nur um des Geldes wegen, war nie mein Hauptmotiv gewesen. Das Geschäft gefiel mir wegen der Herausforderungen, der Schwierigkeiten und des aufregenden Geschehens. Es gefiel mir, weil es ein endloses Puzzle ist, das dauernde Aufmerksamkeit im kleinsten Detail wie in der großen Planung verlangt. Es gefiel mir, weil das Geschäft Amerika gemacht hat. Und in entscheidendem Sinn *ist* die amerikanische Lebensweise Geschäft.

Als ich 1955 die Ostküste verließ, um nach Kalifornien zu ziehen, hatte ich fälschlicherweise eine vorübergehende Müdigkeit für eine permanente Erschöpfung gehalten. Nach all meinen Problemen mit der Gesundheit, meiner Familie und meiner Ehe spürte ich – zum ersten und einzigen Mal in meinem Leben – meine Jahre. Ich näherte mich dem sechzigsten Geburtstag und glaubte, ich würde nun alt werden und brauchte Ruhe. Es ist komisch, sich jetzt an diese Gefühle zu erinnern, wo ich über achtundachtzig bin, bei guter Gesundheit, voller Energie und beschäftigt wie eh und je.

Frances und ich verbrachten lange, geruhsame Flitterwochen. Wir kümmerten uns um unsere Aktien, machten Pläne für Haus und Garten und planten Reisen und Urlaub rund um die Welt. Wir lebten genauso, wie man es von Menschen im Ruhestand erwartet. Innerhalb weniger Monate langweilte ich mich zu Tode.

Ich fürchtete mich vor jedem Tag, an dem ich nichts zu tun hatte; ich hatte keinen Arbeitsplatz, zu dem ich gehen konnte, keine Termine, die ich einhalten, und keine Entscheidungen, die ich treffen mußte. Vierzig Jahre lang war ich an eine tägliche Routine gewöhnt gewesen, in der Aufgaben, Konferenzen, Anrufe und Reisen sich häuften. Ich hatte sieben Tage in der Woche mit allen Personal- und Verwaltungsproblemen großer Konzerne gelebt. Mein Adrenalin-Ausstoß war mit dem Telefon verbunden, und ich war es gewöhnt, den Hörer Tag und Nacht abzunehmen, Neuigkeiten zu erfahren und Anweisungen zu geben.

Jetzt klingelte das Telefon nur selten im Haus, und die tägliche Post war meist nur eine Handvoll Briefe, statt der vielen hundert, die ich sonst immer bekommen hatte. Ich wurde ruhelos und deprimiert. Trotz meines Glücks mit Frances wußte ich, daß ich einen großen Fehler begangen hatte.

Ich sagte zu ihr: «Wenn ich hier draußen nichts zu tun finde, müssen wir wieder nach Osten ziehen. Hier kann ich nicht bleiben, wenn ich nur untätig bin. Ich werde verrückt.»

Frances sorgte sich sehr und machte mir Mut. Sie wollte mich nicht von der Arbeit abhalten, aber auch nicht wieder an der Ostküste leben. Nach all den Wintern in Chicago und Mundelein war sie süchtig nach südkalifornischem Sonnenschein. Es sah aus, als ob wir in Schwierigkeiten wären, dabei hatten wir unser gemeinsames Leben doch gerade erst begonnen.

Dann lernte ich Sam Shapiro kennen, und mein Leben änderte sich von neuem. Sam war ein entfernter Verwandter und in Los Angeles ein bekannter Wirtschaftsprüfer. Wir trafen uns auf einer Cocktailparty, und wie es Wirtschaftsprüfer so an sich haben, fing er an, mich über meine Steuersachen auszuhorchen – ein Thema, für das ich ein geradezu schmerzliches Interesse hegte, da Frances und ich uns unentrinnbar in der höchsten Steuerklasse bewegten.

«Warum macht ihr nicht von den steuerbegünstigten Ölgeschäften Gebrauch?» fragte Sam.

Ich wußte nicht, wovon er redete. Er erklärte, alle Gelder, die in trockene Bohrungen investiert würden, könnten abgeschrieben werden. Stieß man aber auf Öl, dann war es ratsam, sich schnellstens nach einem neuen Steuerschutz umzusehen. Ich hörte ihm aufmerksam zu, als er sagte, er kenne eine kleine Firma, die für eine derartige

Investition ideal wäre. Sie hieß Occidental Petroleum und hatte seit ihrer Entstehung Anfang der zwanziger Jahre schwer zu kämpfen. Sam kannte ein paar Leute, die sich zusammengetan hatten, um Occidental zu übernehmen, und bot sich an, mich mit ihnen bekannt zu machen. Es waren Dabe Harris, Roy Roberts und John Sullivan.

Die 600 000 Aktien in Publikumsbesitz wurden auf der Börse von Los Angeles mit 18 Cent pro Stück gehandelt. Die Übernahmegruppe bot an, mir weitere 600 000 Aktien zu 20 Cent zu verkaufen, 120 000 Dollar in das Firmenvermögen zu stecken und mir 50 Prozent der Gesellschaft zu überlassen. Ich sah mir ihre Bilanzen an und stellte fest, daß die Aktien noch nicht mal ihre 18 Cent wert waren.

Die Firma hatte nur ein Gesamtvermögen von 78 000 Dollar, einschließlich 14 000 Dollar Bargeld auf der Bank. Sie arbeitete mit Verlust: Die Einnahmen aus allen Quellen lagen nur knapp über 50 000 Dollar, und die Ausgaben beliefen sich auf 93 000 Dollar. Ich rechnete mir aus, daß der wahre Wert der Firma eigentlich bei 34 000 Dollar lag. Ich lehnte das Angebot ab.

Da sagten sie: «Wir haben zwei Pachtverträge, wo wir Öl vermuten. Wenn Sie uns das Geld fürs Bohren leihen, beteiligen wir Sie zur Hälfte.»

Am 30. Juli 1956 hatten Erdölingenieure Occidental darauf aufmerksam gemacht, daß sich in diesen beiden Feldern auf einer Fläche von ca. 526 Hektar Öl- und Gaslager befinden könnten, und sie schätzten, daß mehr als sieben Millionen Barrel Öl gewonnen werden könnten.

Das erste Ölfeld lag im Fresno County, etwa 80 Kilometer nördlich von Los Angeles, das zweite in der Nähe von San Jose in Nordkalifornien. Die Gruppe wollte insgesamt 100 000 Dollar. Frances und ich meinten, außer Steuergeldern hätten wir nichts zu verlieren, und liehen Occidental jeweils 50 000.

Beide Bohrungen waren erfolgreich. Die Burrell-Quelle produzierte etwa zweihundertfünfzig Barrel pro Tag. Frances und ich waren gleich beim ersten Versuch auf eine Pfütze schwarzen Goldes gestoßen. Viele Leute haben ihr ganzes Leben lang nicht so viel Glück.

Keiner von uns beiden kannte sich im Ölgeschäft aus. Keiner hatte jemals einen modernen Bohrturm aus der Nähe gesehen. Frances war so aufgeregt über unseren Fund, daß sie einen Wohnwagen kaufen wollte, in dem wir auf unserem Feld zwischen den rauf- und runtergehenden Pumpen, sogenannten nickenden Eseln, schlafen könnten. So weit wollte ich nicht gehen, aber auch ich war fasziniert.

Frances und ich steckten Ende 1956 mehr Geld in die Firma, um ein weiteres Feld hinzukaufen zu können. Es lag westlich von Bakersfield, Kalifornien. Auf diesem Feld standen dreizehn Bohrtürme; die meisten produzierten nicht mehr als zwei oder drei Barrel pro Tag. Einige Bohrtürme waren schon im Ersten Weltkrieg in Betrieb gewesen, andere Anlagen stammten aus den zwanziger Jahren. Man schätzte die Reserven dieses Feldes jedoch auf viele hundert Millionen Barrel.

Frances und ich steckten nochmals 100 000 Dollar hinein. Wir ließen neue Bohrtürme errichten, zogen das Beste aus den vorhandenen Materialien heraus und setzten eine neue Technologie ein, die das sehr schwere Öl an Ort und Stelle erhitzte und es so flüssiger machte.

1984, achtundzwanzig Jahre später, verkauften Frances und ich zusammen mit Occidental unsere Anteile an diesem Feld. Sie bekam 6,2 Millionen und ich 5,3 Millionen – und das alles nach einer ursprünglichen Investition von nur 100 000 Dollar.

Von diesen Erfolgen angefeuert, wollte ich Occidental weiterbringen und die Firma vergrößern. Damals herrschte kein Mangel an Pachtverträgen und Feldern, die uns von erfahrenen Ölleuten angeboten wurden. Was fehlte, war Bargeld in der Schatztruhe von Occidental. Und es lag an mir, diesen Mangel zu beheben.

Im November 1956 war ich erneut bereit, gemeinsam mit Occidental ein weiteres kleines Ölfeld zu kaufen. Der Verkäufer war J. K. Wadley.

«J.K.», wie er genannt wurde, war ein berühmter Spekulant aus Texarkana, Arkansas, wo er außerdem als Philanthrop einen Namen hatte. Er besaß ein kleines Feld mit neun Bohrtürmen, die jeweils im Durchschnitt tausend Barrel pro Tag produzierten, und mehrere unberührte Felder in Dominguez, einem Vorort von Los Angeles. Im November 1956 wollte J.K. 1,25 Millionen aufbringen und bot deshalb das Dominguez-Feld zum Verkauf an. Occidental und ich schlugen ein.

Mit Arthur Groman raste ich zu J.K. ins Hotel, das *Beverly Hilton* in Beverly Hills. In der Lobby nahm Arthur ein Stück Briefpapier und kritzelte eine Vertragsnotiz darauf, die er und ich unterschrieben.

Er sollte 1 Million Dollar in bar und von Occidental einen Schuldschein über drei Jahre in Höhe von 250 000 Dollar plus Zinsen bekommen. Ich bot ihm Aktien statt des Schuldscheins an, aber die wollte er nicht. Fünfzehn Jahre später erinnerte ich ihn, daß die Aktien jetzt vier Millionen Dollar wert gewesen wären.

Ich fing an, richtig süchtig zu werden. Das Ölgeschäft war einfach aufregender, interessanter, komplexer, riskanter und dankbarer als jedes andere Geschäft, das ich kannte. Nach den ersten Erfolgen stiegen die Aktien von Occidental auf einen Dollar pro Stück an, und ich kaufte sie auf dem offenen Markt, bis ich der größte Aktionär war. Danach wurde ich aufgefordert, dem Vorstand der Gesellschaft beizutreten, und im Juli 1957 wurde ich zum Präsidenten und Vorstandsmitglied gewählt.

Ich war jedoch noch nicht bereit, mich vollkommen dem Geschäft oder Occidental zu verschreiben. Die Firma war immer noch ein schwaches Ding. Ich wollte nicht alles auf eine Karte setzen. Es gab ohnehin noch etwas anderes, auf das ich setzte, und zwar den Rundfunk. Ich hatte gerade an der Ostküste die Leitung von Mutual Broadcasting System, der größten Radiostation der Vereinigten Staaten, übernommen. 1957 pendelte ich ständig zwischen New York und Kalifornien hin und her, wachte über meine neuen Interessen und wußte nicht, ob ich Ölmensch oder Medienboss sein wollte.

Zu Mutual war ich durch das glückliche Gesetz gekommen, wonach eine Hand die andere wäscht. Es war mir von einer Dame namens Frieda Hennock angeboten worden, die meinte, mir etwas zu schulden, weil ich ihr einige Jahre zuvor in ihrem Beruf behilflich gewesen war. Kurz nachdem ich Direktor von Occidental geworden war, rief mich Frieda an und sagte: «Ich habe nie vergessen, wie freundlich Sie waren, und ich möchte Ihnen auch einen Gefallen tun. Ich glaube, ich kann etwas empfehlen, was Sie interessieren wird.»

Mutual Broadcasting System sollte verkauft werden. Es war im Besitz der O'Neill-Familie, die an der wachsenden Fernsehindustrie und an der General Tire Company beteiligt war. Nach Übernahme der Betriebsverbindlichkeiten kostete die Gesellschaft nur noch 750 000 Dollar. Ich kaufte sie für Occidental, um die Beteiligungen der Firma auszudehnen. Frances und ich erwarben außerdem eine Minderheitsbeteiligung, damit Occidental nicht das ganze Geld aufbringen mußte.

MBS war billig, weil die Gesellschaft sich in großen Schwierigkeiten befand. Sie lieferte Programmaterial an Hunderte von Rundfunkstationen im ganzen Land, besaß selbst aber nicht einen einzigen Sender. Das Wachstum des Fernsehens hatte die Nachfrage nach ihren Produkten verringert. Dafür waren die Betriebskosten enorm gestiegen. Alles wurde per Telefon an die Kundenstationen weitergeleitet. Die Telefonrechnung belief sich auf Millionen. Und ein guter Batzen der Einnahmen floß direkt in die Taschen des Präsidenten.

Dieser Mann machte geheime Geschäfte mit den Werbefirmen der Gesellschaft, verlangte einen günstigen Preis für Werbezeiten und steckte unter dem Tisch Prämien ein. Ich entdeckte, was los war, als ein Kunde sein Angebot ablehnte und mir davon berichtete. Ich ließ mich daraufhin zum Präsidenten wählen und berief eine Direktorenversammlung ein. Der bisherige Präsident wurde nicht eingeladen. Wir gingen nachts zusammen in sein Büro und durchsuchten seinen Schreibtisch. Berge von Briefen überführten ihn. Als er am nächsten Morgen im Büro erschien, warteten ein paar Detektive auf ihn. Sie brachten ihn zu mir.

Ich ließ ihn wählen: Er konnte stillschweigend kündigen oder seiner Verurteilung entgegensehen. Er kündigte.

Jetzt machte ich mich an die Arbeit, um die Gesellschaft zu reorganisieren. Die größte Aufgabe war, ihre Leistung den sich wandelnden Zeiten anzupassen und zu modernisieren. Die Hörerschaft bestand nicht mehr aus den Familien Amerikas, die sich am Herd versammelten, um Unterhaltungssendungen und Big-Band-Konzerten zu lauschen. Statt dessen waren es immer mehr Hausfrauen und Autofahrer, die mit einem Ohr auf die Musik und die neuesten Nachrichten hörten. MBS brauchte einschlägige Nachrichten und große Namen. MBS erholte sich 1957 bis 1958 ganz enorm. Wir revolutionierten das traditionelle Rundfunkkonzept und führten den Kauf von Werbezeit ein. Es war uns klar, daß die traditionelle Gestaltung von Radiosendungen – spektakuläre Shows und Werbung mit viel Rummel – der Vergangenheit angehörte. Das Fernsehgerät hatte das Wohnzimmer und den Unterhaltungssektor erobert. Rundfunkleute schrieben das Radio ab, allerdings zu früh. Die Zuschauer selbst kannten die Grenzen des Bildschirms. Aktuelle Nachrichten, besondere Ereignisse, Sportprogramme und gute Musik wurden noch immer im Radio gehört.

Diese Situation war uns bekannt, und wir setzten uns ein Ziel: einen

Rundfunkservice zu bieten, der mit den Programmerfordernissen unserer lokalen Teilnehmer am besten übereinstimmte, und diesen Service so zu präsentieren, daß die Marktpositionen der Teilnehmer in ihren Bereichen gesteigert wurden. Mit dem neuen Konzept erreichten wir genau das. Wir sendeten alle halbe und volle Stunde Nachrichten, dazu Sport, besondere Ereignisse, gute Musik und Sonderfeatures. Zudem wurden im voraus Zeiten für die Werbung eingeplant.

Das klingt bekannt? Damals war es neu. Ich behaupte nicht, ein revolutionärer Erneuerer eines Medienstils zu sein. Ich reagierte nur auf einen sich sichtbar verändernden Markt, indem ich mich den neuen Bedürfnissen anpaßte –, aber ich kann mit Bestimmtheit behaupten, daß ich unter den ersten war, die diese Bedürfnisse erkannten.

Mutual Broadcasting machte eine Menge Spaß, aber am Ende war es doch nicht das Richtige für mich. Ich wollte nicht in New York sein, besonders nicht im Winter. Ich wollte warm und braun gebrannt mit Frances in Los Angeles leben. Außerdem faszinierten mich Occidental und die Möglichkeiten des Ölgeschäfts letztlich doch mehr als das Rundfunk- und Medienunternehmen. Als ich mich 1958 entscheiden mußte, gab es wirklich gar keine Frage. Ich verkaufte Mutual mit einem Gewinn von 1,3 Millionen Dollar.

Bevor ich New York verließ, hatte ich aber noch etwas zu erledigen. Mike Brignole, mein Freund seit siebenunddreißig Jahren, der mir Lebensmittel aus dem Laden seines Vaters nebenan lieferte und sich um mein Haus in Greenwich Village kümmerte, war in Schwierigkeiten. Sein Leben wurde von Gangstern bedroht.

Mikes Vater war Anfang der fünfziger Jahre gestorben, und Mike und seine Schwestern hatten eine schöne Menge Geld geerbt. Ein entfernter Verwandter heftete sich sofort an seine Fersen und überredete ihn, mit seiner Erbschaft Aktien einer Firma zu kaufen, die Speisewagen für die Eisenbahn herstellte. Mike wurde versichert, die Firma wachse rasch und er könne mit seinem Aktienpaket ein Direktor der Firma werden und sich vom Lebensmittelhandel zurückziehen.

Kaum hatte Mike die Aktien erworben, ging der Preis tatsächlich in die Höhe, und es sah ganz so aus, als ob er ein gutes Geschäft machen würde. Aber der Verwandte, der ihn den Geschäftsführern vorgestellt hatte, sagte, er solle erst verkaufen, wenn diese es auch täten. Die Aktien stiegen weiter, und bald waren Mikes 50000 Dollar 150000 wert. Er wollte verkaufen. Nun hieß es, das ginge nicht. Seine Partner würden ihm andernfalls einen hübschen Betonsarg an einem schönen Platz auf dem Grund des East River schenken, wenn er aus der Reihe tanzte. Offensichtlich wurden die Aktienpreise künstlich in die Höhe getrieben. Mike bat mich um Rat.

Ich holte Informationen über die Firma ein und stellte zu meiner Überraschung fest, daß einer der Direktoren Partner in einem Rechtsanwaltsbüro war, dessen Dienste ich in Anspruch nahm und das von dem Kongreßabgeordneten Celler geleitet wurde, dessen New Yorker Partner ein angesehener Anwalt und Freund von mir war. Ich lud ihn zum Lunch ein und begann, ihn sehr vorsichtig über die Firma auszufragen. Ich sagte, ein enger Freund von mir habe ein dickes Aktienpaket gekauft und mache sich Sorgen wegen der Firma.

Der Rechtsanwalt unterbrach mich: War mein Freund Italiener? Das bestätigte ich. «Ich weiß alles über diese Firma», sagte er. «Tatsächlich bin ich zurückgetreten. Ihr Freund hat ganz recht. Diese Leute sind Kriminelle, sie sind gefährlich, und mit etwas Glück landen sie bald im Gefängnis.»

«Na ja, das ist alles schön und gut», sagte ich. «Aber was soll er denn nun machen? Die fünfzigtausend Dollar, die er investiert hat, sind alles, was er besitzt. Das ist eine Menge Geld für ihn.»

Wir erstellten einen Plan. Mike sollte seine Anteile verkaufen, und zwar immer nur im Wert von tausend Dollar. Die Gauner würden jeden Verkauf beobachten, und sie wüßten, woher er käme. Dann würden sie Mike erneut bedrohen, und er sollte sagen: «Hört zu, ich habe diese ganze Transaktion minuziös aufgeschrieben, und dieser Bericht liegt in meinem Banksafe. Ein Mitglied meiner Familie hat den Schlüssel. Falls mir irgendwas passiert, wird mein Verwandter den Safe öffnen und den Bericht dem Staatsanwalt übergeben.»

Mike folgte diesem Plan bis ins Kleinste. Als er die ersten Anteile im Wert von tausend Dollar verkaufte, bekam er 3000 Dollar. Er freute sich riesig, denn er hatte sein Geld verdreifacht. Dann bekam er den erwarteten Besuch. Sie betraten seinen Laden und luden ihn zu einer Spazierfahrt in ihrem großen Wagen ein.

Mike hatte Angst, hielt aber die Stellung. «Ich weiß, was ihr vorhabt», sagte er, «aber seid vorsichtig.» Dann wiederholte er, was wir ihm eingebläut hatten. Voller Wut stiegen die Gangster ins Auto und fuhren davon. Nach einer Weile kamen sie wieder vorbei und sagten: «Bringen wir die Sache zu Ende. Wir geben dir zurück, was von den fünfzigtausend, die du investiert hast, noch übrig ist.» Aber Mike war auch darauf vorbereitet. Wie wir es geplant hatten, antwortete er: «Ich will den vollen Marktwert oder gar nichts.» Er bekam ihn. Sie zahlten ihm 150 000 Dollar.

Das alles passierte um die Zeit herum, als die Occidental Petroleum Corporation noch ums Überleben kämpfte. Um mir zu beweisen, daß er an mich glaube, und aus Dankbarkeit investierte Mike 30 000 Dollar in Occidental. Im Januar 1968, als die Aktien für 150 pro Stück verkauft wurden, waren Mikes Anteile mehr als drei Millionen Dollar wert.

Meinen Vorschlag, Aktien im Wert von einer Million zu verkaufen, auf die Bank zu bringen und bis ans Ende glücklich zu leben, lehnte er ab und sagte: «Wenn Sie Ihren Anteil nicht verkaufen, warum ich? Ich halte zu Ihnen bis zum Schluß.» Was er auch getan hat, von 1931 bis zum 5. Februar 1987, als er leider nach einem Herzinfarkt starb.

Seit ich Good Laboratories von meinem Vater übernahm, hatte ich nie mehr mit einer so unbedeutenden Firma wie Occidental zu tun gehabt. Ich fühlte mich wieder jung. Jedenfalls brauchte ich mich nicht mehr über Langeweile zu beklagen. Es gab eine Menge zu tun.

Die Firma bezog Büros auf dem Beverly Boulevard in Los Angeles. Ich stellte drei Leute ein. Paul Hebner wurde Geschäftsführer (was er heute noch ist), Gladys Louden (inzwischen verstorben) war die Buchhalterin, und Dorothy Prell war meine Sekretärin. Frank Barton fungierte als unser Anwalt, hatte aber sein eigenes Büro in der Stadt. Die Büromöbel wurden gemietet.

Der Hausbesitzer wollte mir nur einen Mietvertrag für jeweils einen Monat geben. Er sagte: «Ich hab genug Erfahrung mit Eintagsfliegen, und es gibt keinen Grund anzunehmen, daß Ihre Firma länger hält als die anderen.»

Ich weiß nicht, ob der Mann noch lebt, aber wenn ja, dann schuldet er sich einen Tritt in den Hintern. Dreißig Jahre später – 1986 – war Occidental der achtgrößte Energiekonzern in den Vereinigten Staaten und das zwölftgrößte Industrieunternehmen überhaupt. Der Umsatz belief sich 1986 auf ca. 16 Milliarden Dollar, und die Firma beschäftigt

45 000 Leute. Das Kapital ist im Besitz von 350 000 Aktionären, und die Firmeninteressen und -aktivitäten umspannen den Erdball.

Jemand hat vor kurzem ausgerechnet, daß 1956 investierte 10 000 Dollar heute 4,5 Millionen wert wären. Hätte jener Vermieter nur 1000 Dollar in die Firma gesteckt, in die er so wenig Vertrauen hatte, säße er heute auf beinahe einer halben Million Dollar.

Eine ähnliche Geschichte ist die vom «teuersten Porsche der Welt». Dieser Porsche wurde vom Sohn eines sehr bekannten Rechtsanwalts in San Francisco, der für Occidental eine Menge getan hatte, gekauft. Da wir nicht so viel Bargeld hatten, um seine Gebühren bezahlen zu können, war der Anwalt großzügigerweise bereit, Aktien im Wert von zehntausend Dollar zu übernehmen, als sie zum Preis von einem Dollar pro Stück auf dem Markt waren. Seinem Sohn gab er einen Teil davon, und zwar im Wert von 1000 Dollar. Als die Aktien vier Dollar wert waren, verkaufte der Sohn seine Anteile und schaffte sich besagten Porsche an. Als die Aktien dann auf 150 Dollar pro Stück anstiegen, deutete der Anwalt auf das Auto und sagte zu seinem Sohn: «Ich hoffe, du bist stolz auf dich, mein Junge. Du besitzt den teuersten Porsche der Welt.»

1957, in meinem ersten Jahr als Generaldirektor, machte Occidental zum ersten Mal Gewinn, und zwar 36 000 Dollar. Als ich Allied Drug and Chemical vor fast vierzig Jahren leitete, hatte ich das manchmal an einem einzigen Tag verdient. Mehrere Jahre lang arbeitete ich ohne Gehalt oder Spesenkonto (bis heute bezahle ich das meiste aus eigener Tasche).

Es wird niemanden wundern, daß es 1957 bei Occidental keine Dividende gab. Hebner, der Geschäftsführer, hatte keine Ahnung, wie man Dividenden ausschüttet, und er brauchte es vorläufig auch gar nicht zu wissen.

Die erste Jahresversammlung mit mir als Generaldirektor fand in unserem Bürokorridor statt, da kein Raum groß genug war, um die paar Dutzend Aktionäre aufzunehmen. Wir waren nicht darauf erpicht, eine Menge Aktionäre auf unseren Jahresversammlungen zu sehen, deshalb machten wir es in den folgenden Jahren so schwierig wie möglich für sie, daran teilzunehmen. In den ersten paar Jahren hielten wir die Versammlung in einem Restaurant in Bakersfield, Kalifornien, ab. Es war keine große Sache.

Occidental auf den Kopf zu stellen, war kein alchemistisches Wunder, wie es manchmal von der Presse dargestellt wurde. Auf mein neues Interessengebiet wandte ich einfach alle Lektionen an, die ich in meinen vierzig Geschäftsjahren gelernt hatte. Um ein Geschäft erfolgreich zu machen, muß man herausfinden, was die Konkurrenz tut, und ihr zuvorkommen. Man engagiert die besten Leute der Branche, und man braucht die Hilfe von Freunden.

Viele meiner Freunde investierten in Occidental, als ich die Firma übernahm. Der New Yorker Bauunternehmer Louis Abrons nahm die Hälfte der fünfzigprozentigen Investition ab, die Frances und ich in eines der Felder gesteckt hatten. Randolph Hearst, Morrie Moss, Dr. Myron Prinzmetal, der berühmte Kardiologe, und sein Assistent Dr. Rex Kennamer investierten gemeinsam mit Frances und mir in unsere Bohrungen. J. Paul Getty, der zehntausend Anteile übernommen hatte, war dabei, um mir bei der Finanzierung neuer Probebohrungen und Entwicklungen zu helfen...

Als ich Occidental beitrat, stellte ich fest, daß der Chef-Ingenieur ein hoffnungsloser Alkoholiker war. Natürlich mußte er gehen, aber wo würde ich einen Ersatz finden? Ich hatte gerade erst gelernt, was ein Bohrturm ist, und war nicht in der besten Lage, Chefingenieure zu befragen und zu beurteilen. Außerdem konnte sich die Firma das Gehalt eines guten Ingenieurs nicht leisten – diese Leute haben es immer fertig gebracht, kleine Vermögen zu verlangen.

Ich bat Nico van Wingen, Professor für Erdöl-Engineering, um seine Meinung. Er sagte: «Wenn die Großen Bohrprobleme haben, sagen sie immer, ‹Schickt Gene Reid her›.» Nico warnte mich, daß Reid zwar ein begnadeter Experte, aber auch ein unabhängiger und leicht reizbarer Kerl sei, der mache, was er wolle, und dem gleichgültig sei, was er sage. Aber ich war nicht an seinem Benehmen interessiert, ich wollte nur den besten Mann für den Job.

Ich suchte Reid in seinem kleinen Büro in der Gene Reid Drilling Company in Bakersfield auf. Während wir redeten, rauchte er ununterbrochen seine selbstgedrehten Zigaretten.

Mein Blick wurde immer wieder abgelenkt. Ich sah aus dem Fenster in den Hof, der mit altem Gerät vollgestopft war. Da mußten etwa dreizehn Bohrtürme, in tausend Stücke zerlegt, herumliegen. Das war alles zu verkaufen, weil Reid Geld brauchte, da er fast pleite war. Er hatte einen früheren Partner mit geliehenem Geld ausgekauft.

Reids großes Problem war, daß er zwar der beste und höchstbezahlte Ingenieur im Ölgeschäft war, aber ein Ölfeld überhaupt nicht einschätzen konnte. Seine riesigen Honorare steckte er in eigene Bohrversuche. Die Quellen waren immer trocken. Nicht ein einziges Mal hatte er, wenn er auf eigene Rechnung bohrte, Öl gefunden. Auf meine Bitte, mir diesen Widerspruch zu erklären, antwortete er mürrisch: «Verdammte Geologen, das ist es. Ich hab noch keinen guten getroffen. ‹Verdammte Schlammschnüffler›, nenne ich sie. Ich hab so eine Wut auf sie – immer lassen die mich sitzen, immer geben die mir trockene Löcher. Einmal hab ich einen Haufen von ihnen mit aufs Feld genommen und auf den Boden gezeigt und gesagt: ‹Zum Teufel mit euch allen, jetzt wird genau hier gebohrt.› War auch trocken.» Er schüttelte betrübt den Kopf. «Keine Chance. Einfach keine Chance.»

Als ich Reid 1959 kennenlernte, wollte er sich mit dem einen Geologen, dem er vertraute – seinem Sohn Bud, der die Stanford University absolviert hatte –, zusammentun. Er wollte die neue Firma mit dem Verkauf der Bohrtürme in seinem Hof finanzieren. Die Banken machten es ihm schwer, und sein Gesamtkapital betrug nur vierhunderttausend Dollar, wenig davon war flüssig.

Reid gefiel mir immer besser, und plötzlich hatte ich mich entschlossen. «Ich möchte, daß wir zusammenarbeiten», sagte ich. «Ich glaube, wir können ein gutes Team werden. Statt selbst ins Geschäft einzusteigen, warum kommen Sie nicht zu mir und Occidental? Ich kann Aktien verkaufen und genug Geld für Sie aufbringen, damit Sie bohren können. Ich kann Ihnen zwar nicht das Gehalt zahlen, das Sie wert sind, aber ich schlage Ihnen vor, daß wir Partner werden. Sie übernehmen Aktien und werden in den Vorstand aufgenommen, und wir machen Sie zum stellvertretenden Direktor für Exploration und Entwicklung. Was sagen Sie dazu?»

Er sah mich an und lächelte. Dann sagte er: «Mein ganzes Leben lang wollte ich Millionär werden, und ich hab es nie geschafft. Aber ich hab das Gefühl, mit Ihnen könnte es klappen.»

Er beschloß, die Hälfte seines Kapitals in Occidental zu investieren und seine Gene Reid Drilling Company mit unserer zusammenzulegen. Sein Steuerberater erklärte jedoch, daß keine steuerfreie Fusion erfolgen könnte, wenn er nicht sein ganzes Kapital investierte. Er zögerte keinen Moment: «Okay, ich steck alles rein.»

Nur wenige Jahre später erfüllte sich sein Traum, und seine Aktien waren drei Millionen Dollar wert. Da fragte ihn ein Freund: «Gene, warum verkaufst du nicht ein Drittel deiner Aktien, dann hast du eine Million sicher auf der Bank und kannst mit dem Rest spielen?» «Nicht zu diesen Preisen», sagte er.

Er behielt die Occidental-Aktien, bis er starb. Er muß dreißig Millionen Dollar wert gewesen sein.

Bud Reid trat zusammen mit seinem Vater der Firma bei und wurde stellvertretender Direktor und Leiter der Explorationsabteilung. Bud brachte einen der besten Geologen von Stanford mit, einen jungen Mann namens Dick Vaughn, der Chefgeologe wurde.

Wir konnten es uns auch nicht leisten, Bud oder Dick ein ausreichendes Gehalt zu zahlen, und so bot ich ihnen Aktien an, die sie bald zu Millionären machten. Ein weiterer junger Geologe, der damals zu uns stieß, war David R. Martin. Jetzt – fünfundzwanzig Jahre später – ist er stellvertretender Generaldirektor der Occidental Petroleum Corporation und Generaldirektor der Occidental Oil and Gas Corporation und hauptsächlich für die weltweiten Bohrungen der Firma verantwortlich.

Als Martin sich zu uns gesellte, arbeiteten die Geologie- und Engineering-Abteilungen in einem winzigen Gebäude in Bakersfield, in dem heute nicht einmal die Hausmeister unterzubringen wären. Jetzt verbringt er seine Zeit damit, von Bakersfield zu den entferntesten Ölfeldern zu jetten, heute Pakistan, morgen Peru oder Kolumbien.

Das Explorationsprogramm für 1961 war fast erschöpft, als unsere Geologen Reid und mich überzeugten, daß wir in einem Gebiet namens Lathrop im Sacramento Valley, östlich von San Francisco, bohren sollten. Ich machte meine übliche Runde von Freund zu Freund, angefangen mit Frances, und bat um Gelder, damit wir mit dem Bohren beginnen konnten. Um 320 000 Dollar aufzubringen, bot ich an, zehn Anteile zu 32 000 das Stück zu verkaufen. Ich erwarb selbst einen halben Anteil. Frances kaufte einen, Morrie Moss kaufte drei, und so weiter.

Die Firma war so knapp bei Kasse, daß sie nicht einmal einen Bankkredit aufnehmen konnte. Kurz nachdem wir in Lathrop mit dem Bohren begonnen hatten, ging Hebner zu einer New Yorker Bank und versuchte, 400 000 Dollar für das Programm zu leihen. Die Bank bestand darauf, daß Paul 440 000 Dollar lieh, wobei die zusätzlichen

40 000 deponiert bleiben müßten. In anderen Worten, wir sollten für 440 000 Dollar Zinsen zahlen, um vierhunderttausend leihen zu können.

Paul war sehr aufgeregt, als er anrief. Ich sagte ihm, er solle das Ganze vergessen, nach Hause kommen und sich keine Sorgen machen. «Es wird schon gehen», sagte ich. «Es wird denen bald leid tun, daß sie uns nicht mehr entgegengekommen sind.» Ich weiß nicht, ob er sich danach besser fühlte, aber ich machte mir nichts vor. Wir waren in Schwierigkeiten.

Der Riese Texaco verzichtete auf seinen Anspruch, als auch die letzte Bohrung auf diesem Areal noch bei 1700 Meter trocken war. Jeder weitere Meter fühlte sich an wie der Zahnarztbohrer auf den Nerven von Occidental. Wir saßen in Los Angeles und warteten verzweifelt auf Nachricht aus Lathrop. Als Reid anrief und sagte, er habe tiefer als 2400 Meter gebohrt und die Quelle sei noch immer trocken, wurde ich sehr nervös.

Wir bissen die Zähne zusammen, bis sie knirschten. Bei 2600 Meter, ganze 900 Meter tiefer als Texaco gegangen war, stieß Reids Bohrerspitze auf das zweitgrößte Erdgasvorkommen in der Geschichte Kaliforniens, einen Zweihundert-Millionen-Dollar-Fund.

Unsere Aktien sprangen von vier auf sieben Dollar. Angebote von jeweils einer Million wurden für die 32 000 Dollar-Anteile gemacht, die ich bei der Lathrop-Exploration verkauft hatte. Ich fuhr nach Hause und sagte zu Frances, sie könne für ihren Anteil eine Million bekommen. Sie wollte es nicht fassen.

Am folgenden Morgen fragte ich sie, ob sie verkaufen wolle, und sie sagte, sie hätte Moss angerufen und ihn gefragt, was er vorhabe. Morrie hatte gesagt: «Ich verkaufe nicht. Ich glaube, die sind noch viel mehr wert.» Frances sagte: «Da wollte ich auch nicht verkaufen.» Vor ein paar Jahren beschlossen wir alle, zu verkaufen. Inzwischen waren die Anteile jeweils mehrere Millionen Dollar wert, und wir hatten anständige Dividenden erhalten. Niemand war gescheiter als Morrie Moss, und niemand machte einen Fehler, wenn er seinem Rat folgte.

Wenige Monate nach Reids Erfolg im Lathrop-Feld stieß er auf eine weitere Goldgrube im nahegelegenen Brentwood-Feld.

Mit diesen riesigen Gasfunden ging ich selbstsicher zur Pacific Gas and Electric Company, bereit, 20-Jahres-Verträge zu unterzeichnen.

Die Luftblase platzte. Sagten die doch tatsächlich: «Wir brauchen Ihr Gas nicht.»

Sie hatten gerade eine Menge Geld für den Bau einer Pipeline von Alberta, Kanada, in den San-Francisco-Bay-Bereich ausgegeben. Für kurze Zeit war ich recht mutlos.

Dann ging ich zur Stadtverwaltung von Los Angeles und erklärte, daß Oxy eine Pipeline von Lathrop nach L.A. bauen und Pacific Gas oder andere Bewerber unterbieten würde, wenn es um die Versorgung der Stadt ginge. Als Pacific Gas dies hörte, gaben sie klein bei und unterschrieben langfristige Verträge, um unser Gas zu kaufen.

Wir hatten unverschämtes Glück gehabt. Jetzt war die Firma sicher. Jetzt konnte sie Dividende zahlen. Jetzt konnte ich mich nach noch reicheren Feldern und größeren Zielen umsehen, und zwar zu den gleichen Bedingungen wie die großen Ölgesellschaften. Jetzt konnte ich vielleicht sogar die «Sieben Schwestern» aus der Fassung bringen.

Kennedy und Chruschtschow

Gerade als Oxy so weit war, sich aufs nationale und internationale Ölgeschäft auszudehnen, übernahm ich selbst eine neue Rolle in der Welt. Nach einunddreißig Jahren flog ich auf Wunsch des Präsidenten der Vereinigten Staaten zum ersten Mal wieder nach Moskau. John F. Kennedy lernte ich in Washington kennen, als er noch Senator von Massachusetts war. Senator Albert Gore sen. machte uns miteinander bekannt. JFK kam gerade aus einer Ausschußsitzung, und wir standen zu dritt im Korridor und plauderten etwa zwanzig Minuten lang. Gore erzählte ihm, ich sei der erste amerikanische Konzessionär in der Sowjetunion gewesen, was ihn sehr interessierte. Er sagte, er würde gern mehr über meine Erfahrungen hören.

Als er für die Präsidentschaft kandidierte, nahmen Frances und ich an einem Wahlspenden-Dinner in Los Angeles teil. Er ging von Tisch zu Tisch und setzte sich zehn Minuten neben mich. Erst nach seiner Wahl, im Winter 1960, ergab sich die Gelegenheit zu einem richtigen Gespräch.

Der zukünftige junge Präsident gönnte sich nach der Wahlkampagne eine kurze Erholungspause im Sonnenschein von Palm Beach, um sich auf die Anforderungen seines neuen Jobs vorzubereiten. Er ruhte sich an Deck seines Boots *Honey Fitz* aus, als meine Yacht mit fast dreißig Knoten das Wasser zerteilte und die *Honey Fitz* auf- und niederdümpeln ließ. Er sprang auf, sah uns vorbeibrausen und rief seinem Kapitän zu: «Wer zum Teufel war das?» Am Abend fragte er seinen Gastgeber, Oberst Michael Paul, ob er den Besitzer einer außergewöhnlich starken Yacht namens *Shadow Isle* kenne. Oberst Paul und ich kannten uns schon seit vielen Jahren, und er besaß eine Menge Aktien von Occidental. Er schlug Kennedy vor, ihn am nächsten Vormittag auf die *Shadow Isle* zu bringen.

Da der Besuch ohne Vorwarnung arrangiert worden war, hatte mein Steward George keine Zeit, sich vorzubereiten. Er war völlig aufgelöst. Ich hatte gehört, daß Kennedy gern Bloody Marys trank, und bat George, einen Krug zusammenzumixen. Das Herz des armen George wollte schier versagen, als er entdeckte, daß sich nicht eine einzige Flasche Wodka an Bord befand, und Kennedy wurde jeden Augenblick erwartet. George hatte keine Zeit mehr, an Land zu gehen. So sprang er in ein Beiboot und ruderte zur Nachbaryacht, um eine Flasche zu borgen. Die Leute halfen nur zu bereitwillig, als sie hörten, für wen sie bestimmt sei. George war ein einziges Nervenbündel. «Beruhige dich», sagte ich. «Tu nur, was du kannst.»

Kennedy bat tatsächlich um eine Bloody Mary. George zitterte so stark, als er das Tablett hereinbrachte, daß er es kaum absetzen konnte. Kennedy nahm einen Schluck, und seine großen Augen wurden noch größer. «Ich glaube, den muß ich genießen», sagte er und gratulierte George. George ging wie auf Wolken, als er sich rückwärts entfernte.

Nachdem ich Kennedy die *Shadow Isle* gezeigt und alle seine Fragen zum Schiff beantwortet hatte, redeten wir lange über die Aufgaben der Regierung, die er bildete. Er kehrte zum Thema meiner Moskauer Jahre zurück und wollte Genaueres über den Umgang mit den Sowjets wissen. Er sagte, er wolle die Beziehungen verbessern und den Verhandlungsprozeß in Richtung einer Gipfelkonferenz in Gang bringen, er wisse jedoch, daß echtes, starkes Mißtrauen auf beiden Seiten existiere und daß es unbedingt notwendig sei, vor den Russen nicht als schwacher Präsident zu erscheinen.

Ich sagte, ich wisse aus Erfahrung, daß die Russen Stärke respektierten und bewunderten, daß sie fest, zäh und klug in ihren Verhandlungen seien, ihren Verpflichtungen aber stets nachkämen und ihr Wort hielten. Eine seiner Havannas rauchend, die Augen fest auf mich gerichtet, hörte mir Kennedy nachdenklich zu.

Er fragte mich, was ich von der sowjetischen Führung hielt. Ich kenne Chruschtschow nicht, sagte ich, aber Mikojan ziemlich gut. Ich sagte, kein klügerer Mann sei mir bekannt, auf keiner politischen Ebene.

Beim Abschied sagte Kennedy, wir sollten in Verbindung bleiben. Ich versicherte ihm natürlich, ihm stets zur Verfügung zu stehen, wenn er meinen Rat brauche.

Ich sah ihn dann am 20. Januar 1961 bei der Amtseinführung wieder. Vor jener faszinierenden Schneeszene, die vom Feuer und Glamour des neuen Präsidenten und seiner First Lady leuchtete, saßen Frances und ich in der Nähe des Vereidigungspodiums. Gemeinsam mit allen anderen Amerikanern war ich von seiner mitreißenden Antrittsrede ergriffen, vor allem als er sagte: «Frage nicht, was dein Land für dich tun kann, frage, was du für dein Land tun kannst.» Auch als er erklärte: «... die Fackel ist einer neuen Generation übergeben worden ... geboren in diesem Jahrhundert», fühlte ich mich nicht aus dem neuen Zeitalter der Energie und Hoffnung ausgeschlossen. Ich war bereit, meine Rolle darin zu spielen.

Kurz danach nahmen die Gores an einer kleinen Dinner-Party im Weißen Haus teil. Das Gespräch wandte sich Rußland zu, und Präsident Kennedy erwähnte, daß der Sowjetunion vor kurzem der Vorwurf gemacht worden war, «Zwangsarbeiter» für die Produktion von Krebsfleisch einzusetzen, was zu einem langfristigen Einfuhrverbot des Erzeugnisses geführt hatte. Der Vorwurf wurde von den Sowjets empört bestritten. Daraufhin machte Gore den Vorschlag, ich, als Sohn eines Emigranten aus Rußland, sollte in die Sowjetunion fahren, um herauszufinden, ob es Wahrheit oder Lüge sei. Der Präsident bat Gore, mit dem Handelsminister Luther Hodges darüber zu reden. Hodges setzte sich prompt mit mir in Verbindung, und die Reise wurde festgesetzt. Ich hatte ohnehin eine Weltreise mit Frances geplant, und nichts paßte mir besser als eine Chance, Moskau wiederzusehen und Frances Sehenswürdigkeiten und Schauplätze meines früheren Lebens zu zeigen. Wenn ich dabei auch noch zur Entspannung zwischen Ost und West beitragen konnte, wäre die Reise einfach perfekt.

Die Beziehungen zwischen Amerika und Rußland waren zu Beginn der Amtszeit von JFK einer Konfrontation gefährlich nahe gekommen. In den letzten Monaten der Regierung Eisenhowers war Gary Powers mit seinem Spionageflugzeug U-2 über Swerdlowsk abgeschossen worden, und Chruschtschow hatte der geplanten Vier-Mächte-Konferenz in Paris wütend den Rücken gekehrt und seine Einladung an

Eisenhower, Moskau zu besuchen und über Rundfunk und Fernsehen zum sowjetischen Volk zu sprechen, zurückgenommen. Die neue Regierung mußte dringend herausfinden, ob Chruschtschow seine angriffslustige Haltung zum U-2-Vorfall beibehalten wollte oder bereit wäre, mit dem neuen Präsidenten einen neuen Anfang zu machen.

Hodges schlug außerdem vor, ich solle auch andere Reiseziele zum Vorteil der Regierung nutzen: Ich solle Möglichkeiten zur Verbesserung des Handels untersuchen, und zwar nicht nur mit der Sowjetunion, sondern auch mit anderen Ländern, die auf meiner geplanten Route lagen.

Ich wollte völlig privat reisen, ohne den formellen Status eines Vertreters der Vereinigten Staaten, und alle meine Kosten selbst tragen. Trotzdem bot Hodges an, einen Reiseplan für Frances und mich aufzustellen und Einführungen auf höchster Ebene in den Ländern, die wir besuchen wollten, zu arrangieren. Er schlug vor, ich solle mir Großbritannien, Frankreich, die Bundesrepublik Deutschland, Italien, Libyen, die Sowjetunion, Indien und Japan ansehen. Eleanor Roosevelt schrieb freundlicherweise Briefe, um mich bei Chruschtschow und Indiens Premierminister Nehru einzuführen.

Wir verließen Los Angeles nur wenige Tage nach der Amtseinführung, schwenkten rasch durch Europa und berührten kurz Libyen, wo ich auf die Möglichkeit zukünftiger Geschäfte achtete. Am 11. Februar 1961 trafen wir in Moskau ein.

Vom Flughafen kommend, fuhren wir durch hügelige Wälder voll silbriger Birken und hoher Tannen, zwischen denen sich Hunderte von jungen Leuten auf Schlittschuhen und Skiern tummelten. Frances war von dem bunten Treiben entzückt und sagte: «Also, wenn das Rußland ist, wird's mir gefallen.» Ihre Begeisterung war nur von kurzer Dauer.

Das Datum unserer Ankunft in Moskau lag nur fünf Monate vor dem vierzigsten Jahrestag meines ersten Besuchs. Natürlich gab es viel Neues zu sehen, aber noch viel überraschender war für mich, daß so vieles beim alten geblieben war.

An Stelle der sich aneinanderkauernden baufälligen Hütten standen jetzt große Wohnkomplexe in Moskaus Vorstädten, deren Blöcke sich wie riesige Dominosteine am Horizont aneinanderreihten. Neu waren für mich auch die monumentalen «Zuckerbäcker»-Bauten aus

Stalins Zeiten, als er versuchte, den Wolkenkratzern New Yorks Konkurrenz zu machen – die absurd kolossalen und klobigen Hotels und Regierungsgebäude. Die phantastische U-Bahn, die in den dreißiger Jahren auf Stalins Anordnungen von Chruschtschow gebaut worden war, kannte ich auch noch nicht. Große Schritte waren offenbar in der Entwicklung der Schwerindustrie gemacht worden, und riesige Anlagen spuckten Dampf und Qualm mitten ins Herz der Stadt.

Die *Droschki*, die von Pferden gezogenen Schlitten meiner frühesten Tage in Moskau, waren 1961 natürlich alle verschwunden, aber die Taxifahrer in ihren ramponierten Fahrzeugen waren noch genauso gerissen wie ihre verwegenen Vorgänger. In den Straßen liefen die Kinder nicht in Lumpen herum wie 1921, und es waren auch keine Erwachsenen zu sehen, die statt Schuhen Fußlappen trugen.

Die langweilige Eintönigkeit, die sich in meinen letzten Moskauer Jahren über die Stadt gelegt hatte, war jedoch immer noch vorhanden. Jeder trug jetzt praktische Kleidung, aber einer sah aus wie der andere, nichts hatte Schick, und die Gesichter der Menschen waren gezeichnet von den Härten des Lebens, genauso wie damals. Immer noch mußten sie stundenlang Schlange stehen, um an die einfachsten Nahrungsmittel und Haushaltsartikel zu kommen. Auch 1961 war eine Rolle weichen Toilettenpapiers nur schwer zu finden. Und der belanglose Inhalt meiner Hosentaschen – Füllhalter, Drehbleistifte – war noch immer begehrtes Trinkgeld in Restaurants und Läden.

Wir wohnten im Hotel *Sowjetskaja*, einem ehemaligen exklusiven Club. Rasputin, der «verrückte Mönch» des Zarenhofs, soll dort die vielen Damen seiner Leidenschaft bewirtet haben.

Natürlich wollte ich sehr gern meine alte Bleistiftfabrik besuchen und sie Frances zeigen. Die sowjetischen Beamten, denen ich diesen Wunsch vortrug, waren ablehnend und behaupteten, das Werk würde instand gesetzt und könne nicht besichtigt werden.

Mein erstes Gespräch mit ein paar älteren sowjetischen Funktionären lief auch nicht sehr gut. Am 14. Februar ging ich zum Handelsministerium, um Winogradow, den Verwaltungschef für den Handel mit westlichen Ländern, und Gribkow, den Chef der amerikanischen Handelsabteilung, zu sprechen. Beide Herren steckten vor einunddreißig Jahren, als ich Moskau verließ, noch in kurzen Hosen. Der Zauber von Lenins Name und meine Beziehung zu ihm übten zwar noch immer einen gewissen Einfluß aus, aber für diese Funktionäre war ich eine vage Gestalt aus der Geschichte, und sie verhielten sich zurückhaltend. Ich eröffnete das Gespräch, indem ich meine früheren Erfahrungen in der Sowjetunion und meine amerikanischen Geschäftsunternehmen in den vergangenen dreißig Jahren beschrieb. Dabei hob ich hervor, daß Verbesserungen im Handel zwischen SU und USA Zeit benötigten, daß es aber nützlich wäre, kleine Anfänge zu machen. Als Geschäftsmann vermied ich politische Fragen und versuchte nur, Bereiche zu erforschen, die eine gewisse Verbesserung des Handels versprachen.

Ich erkannte eine Reihe von sowjetischen Fehldarstellungen, Propagandasprüchen und alten Argumenten wieder, aber ich hielt es für unangebracht, in dieser Diskussion über diese Punkte zu streiten. Ich suchte eher nach Bereichen der Übereinstimmung, die – unter den entsprechenden politischen Bedingungen – zu einer Verbesserung der Handelsbeziehungen führen könnten.

Am nächsten Tag, als ich die US-Botschaft besuchte, wurde mir eine Liste mit anderen sowjetischen Funktionären vorgelegt, die ich treffen könnte. So höflich ich konnte, schob ich sie zur Seite. «Diese Männer waren allesamt Kinder, als ich wegfuhr», wandte ich ein. Jetzt ging ich aufs Ganze. «Ich möchte Mikojan sehen», sagte ich.

Der Botschaftsangestellte sah mich an, als ob ich meinen Verstand verloren hätte. «Das ist unmöglich», sagte er. «Mikojan ist der stellvertretende Premierminister...»

«Das weiß ich», sagte ich.

«...Er sieht *niemanden* – vor allem keine amerikanischen Geschäftsleute. Sie machen Spaß, Dr. Hammer.» Die Miene des Funktionärs drückte gönnerhafte Selbstzufriedenheit aus.

Ich sprach wohlüberlegt und beherrscht: «Ich habe Mikojan 1923 kennengelernt, an dem Tag, als ich die Fordson-Traktoren nach Rostow hinein fuhr. Er war damals Sekretär des örtlichen Sowjets. Es war ihm viel daran gelegen, mich kennenzulernen. Ich kannte Lenin, er nicht. Später in Moskau lernte ich ihn dann noch sehr gut kennen, als er Außenhandelsminister war und den Verkauf der Bilder aus der Eremitage in Leningrad bearbeitete. Ich glaube, er wird mich empfangen. Ich schicke ihm jetzt gleich eine Mitteilung und sage ihm, warum ich hier in Moskau bin und daß ich ihn sprechen möchte. Ich wäre

Ihnen dankbar, wenn Sie dafür sorgen würden, daß der Brief übermittelt wird.»

Das schien ihm einigen Wind aus den Segeln zu nehmen; trotzdem nahm er mein Schreiben mit kaum unterdrückter Skepsis entgegen und ließ es zustellen.

Er und seine Kollegen waren höchst erstaunt, als zwei Stunden später Mikojans Büro anrief, um zu sagen, daß sofort ein Wagen geschickt würde, um mich abzuholen.

Ein breites Lachen erhellte Mikojans Gesicht, als er mich umarmte. «Ich hätte nie gedacht, daß ich Sie wiedersehen würde», sagte er. «Was haben Sie in all den Jahren gemacht?»

Wir führten ein langes, persönliches Gespräch, während dem er herzlich und entspannt war. Er sah natürlich viel älter aus. Sein Haar war grau geworden, aber er war immer noch sehr klug, sehr wach und schnell in seinen Bewegungen. Obwohl ein Dolmetscher zugegen war, unterhielten wir uns fast ausschließlich auf russisch. Er brachte das Gespräch bald auf das amerikanische Einfuhrverbot und die Frage der «Zwangsarbeit». Mir wurde schnell klar, daß ich die Bedeutung dieser Angelegenheit unterschätzt hatte. Ich hatte sie für so belanglos gehalten, wie sie klang (die Krebsfleischexporte nach Amerika hatten sich nur auf etwa sieben Millionen Dollar pro Jahr belaufen).

Anastas Mikojan machte sehr deutlich, daß die Sowjets über dieses Einfuhrverbot sehr verärgert waren. Damit hätte man ihre Würde verletzt, wie er meinte, und den gesunden Menschenverstand. «Glauben Sie vielleicht, *wir* würden dieses Krebsfleisch essen, wenn es durch Sklaven- oder Zwangsarbeit produziert würde?» fragte er zynisch. «Das wäre unhygienisch und gefährlich. Warum fragen die Amerikaner nicht ihre japanischen Freunde nach der Wahrheit? Ihre Schiffe fischen Seite an Seite mit unseren. Die müssen es wissen – und sie würden es Ihnen sagen.»

Die Unterhaltung ging jetzt auf allgemeinere wirtschaftspolitische Themen über. Die noch ausstehenden ungelösten Fragen waren die unbezahlte Pacht-Leih-Schuld aus dem Zweiten Weltkrieg gegenüber den Vereinigten Staaten und die Weigerung Amerikas, der UdSSR die Meistbegünstigungsklausel einzuräumen. Mikojan sagte, daß größere Probleme, wie die Pacht-Leih-Regulierung, Kredite und die Gewährung der Meistbegünstigungsklausel eine Gesetzgebung benötigten und Zeit brauchten. Er glaubte, daß selbst John Foster Dulles vor seinem Tod für eine Gewährung von Krediten, die Regulierung der Pacht-Leih-Schuld und die Ausdehnung des Handels zwischen den beiden Ländern gewesen war.

Falls das Pacht- und Leihproblem geregelt und Kredite gewährt würden, könnte die UdSSR Aufträge an die Vereinigten Staaten in Höhe von einer Milliarde Dollar erteilen. Mikojan sagte, daß diese Aufträge keine militärischen Posten enthalten würden. Wörtlich sagte er: «Schließlich können wir die besser machen als ihr. Zum Beispiel sind wir euch in der Raketenentwicklung überlegen.»

Er fügte hinzu, daß erst vor wenigen Tagen Aufträge an Schweden für die Lieferung von 135 000 Tonnen Stahlrohre und an die Italiener für 240 000 Tonnen gegangen seien. Keine langfristigen Kredite waren nötig. «Solche Bestellungen», sagte er, «hätten auch in die Vereinigten Staaten gehen und zur Lösung des Arbeitslosenproblems in Amerika beitragen können, wo die amerikanische Stahlindustrie nur mit fünfzig Prozent ihrer Kapazität arbeitet.»

Ich gewann den Eindruck, daß die Sowjets die Beziehungen in der Tat verbessern und den amerikanisch-sowjetischen Handel unbedingt ausdehnen wollten. Ich wies Mikojan jedoch darauf hin, daß die UdSSR meiner Meinung nach eine bessere Atmosphäre in Amerika erzeugen müßte, bevor die neue Regierung es schaffen könnte, den Kongreß dazu zu bringen, die notwendigen Gesetze zu verabschieden.

Ich sagte, das Wohlwollen des amerikanischen Volks, das nach Mikojans Besuch in den Vereinigten Staaten Anfang 1959 und nach Chruschtschows Besuch im Herbst 1959 einen Höhepunkt erreicht hatte, habe erheblich nachgelassen. Ich wollte nicht über Recht und Unrecht der russischen oder amerikanischen Position im Hinblick auf den U-2-Vorfall streiten. Falls aber der russische Handel sich erheblich erweitern sollte, müsse die Öffentlichkeit dahinterstehen. Das wäre ein langwieriger Prozeß, und guter Wille und Vertrauen müßte auf beiden Seiten zu erkennen sein.

Mikojan sagte: «Wie können wir unsere Zahlungen für die Leih- und Pacht-Schuld leisten und gleichzeitig Aufträge vergeben, wenn wir keine Kredite erhalten und wenn wir unsere Waren nicht zu den gleichen Bedingungen wie andere Länder verkaufen können?»

Ich wies darauf hin, daß verbesserte Beziehungen durch zunehmen-

den Fremdenverkehr in beiden Richtungen und durch einen Kulturaustausch unterstützt werden könnten. Rußland sollte eine repräsen-
tative Sammlung seiner Kunstschätze aus den führenden Museen in
die Vereinigten Staaten schicken. Die Wirkung wäre enorm. Um die
Sache ganz unkommerziell und unpolitisch zu handhaben, schlug ich
vor, Eleanor Roosevelt zur Vorsitzenden eines Komitees zu ernennen,
das das Unternehmen überwachen und darauf achten sollte, daß alle
Einnahmen aus Eintrittsgeldern der Eleanor Roosevelt Cancer Foundation zukämen. Ich sagte, daß ich sicher sei, die erste Ausstellung
könnte in der Nationalgalerie von Washington, D.C., durchgeführt
werden und anschließend in die größeren Städte Amerikas wie New
York, Chicago und Los Angeles gehen. Mikojan hielt das für eine sehr
gute Idee und wollte mit den zuständigen Behörden reden.

Nach diesem Treffen war ich der Meinung, in Moskau so erfolgreich
gewesen zu sein, wie es nur möglich war, und Frances und ich packten
unsere Koffer für den Weiterflug nach Neu-Delhi, wo mich Premierminister Nehru erwartete.

Am nächsten Morgen wollten wir gerade das Hotel verlassen, als ein
Anruf vom amtierenden Botschafter Freers kam. «Stoppen Sie alles»,
sagte er, «es scheint, der große Boss will Sie sehen.»

Offenbar hatte Mikojan mit Chruschtschow über mich gesprochen,
und der Generalsekretär wollte mich persönlich kennenlernen. Es
wurde ein Termin für den folgenden Tag, den 17. Februar 1961, in
Chruschtschows Büro im Kreml vereinbart. Ich entschuldigte mich
telegrafisch bei Nehru und verlängerte meinen Aufenthalt in Moskau.

Im Büro des Generalsekretärs wartete ein großer, stattlicher und
heiterer Mann, den ich bisher nicht kennengelernt hatte, mit dem ich
aber eine Freundschaft aufbauen sollte, die bis zum heutigen Tage
besteht. Es war Anatolij Dobrynin, der damalige Chef der Abteilung
amerikanischer Länder im Ministerium für Auswärtige Angelegenheiten und spätere Botschafter in den Vereinigten Staaten, bis er 1986
nach Moskau zurückgerufen wurde, um als Sekretär des Zentralkomitees der Kommunistischen Partei zu wirken.

Damals war er jedoch noch Berater Chruschtschows. Robust, mit
einem gedrungenen Bauernkörper, begrüßte mich der Generalsekretär
herzlich und kam rasch zur Sache.

Chruschtschow meinte, mein Russisch sei gut genug, um das ganze Gespräch auf russisch zu führen. Er kam sofort zur Sache. Fleisch sei ein großes Problem in der UdSSR, und die sowjetischen Rinder erzielten nur etwa 50 Prozent ihres Bruttogewichts an nutzbarem Fleisch. In Amerika seien es wohl 65 bis 70 Prozent. Er sagte auch, er wisse aus Erfahrung, daß die Qualität des amerikanischen Fleisches besser sei. «Als ich in Amerika war, habe ich Ihre großen Steaks genossen. Ich werde froh sein, wenn auch das russische Volk solche Steaks haben wird.» Er hatte von Präsident Eisenhower und vom früheren amtierenden Handelsminister Strauss je eine Black-Angus-Färse bekommen. Ich sagte: «Mit zwei Färsen können Sie wenig anfangen. Ich schicke Ihnen einen Angus-Bullen, einen Sohn meines berühmten Prince Eric.»

Chruschtschow deutete an, daß sein Land viel von Amerika gelernt habe und gern auf den Gebieten dazulernen würde, in denen wir uns auszeichneten. Ford, zum Beispiel, hätte ihnen beigebracht, wie man Autos herstellt, und er dankte mir dafür, Ford nach Rußland gebracht zu haben. Obwohl die UdSSR eine Menge Fehler gemacht habe und die Arbeiter aus Unwissenheit oder anderen Gründen viele Maschinen ruiniert hätten, sei sein Land auf mehreren Gebieten den Vereinigten Staaten überlegen.

Er sagte, eine Gruppe amerikanischer Ingenieure habe Bewunderung, ja sogar Neid gegenüber den sowjetischen hydro-elektrischen Anlagen gezeigt, und sein Land sei jetzt in der Lage, Kunstgummi direkt aus Gas herzustellen, ohne zuerst synthetischen Alkohol zu erzeugen; die UdSSR habe 1960 fünfundsechzig Millionen Tonnen Stahl produziert, 1961 einundsiebzig Millionen und werde 1962 zwischen 76 und 78 Millionen produzieren. «Wir werden euch in der Stahlproduktion schlagen, und 1980 werden wir doppelt so viel wie ihr produzieren.»

Später erwies sich, daß Chruschtschow viel zu optimistisch war.

Er fuhr fort: «Jetzt wollen wir mehr in die Landwirtschaft stecken als früher, weil wir vor den Vereinigten Staaten keine Angst mehr haben. Wir wollen die Lebensbedingungen unseres Volkes verbessern. Wir wollen unsere chemische Industrie stärken, damit wir unsere Leute mit besserer Kleidung versorgen können. Andere Länder in Westeuropa zögern nicht, Ausrüstungen an uns zu verkaufen und uns Kredite zu gewähren. Wenn manche Leute in den Vereinigten Staaten glauben, sie könnten uns vernichten, wenn sie nicht mit uns handeln, dann irren sie sich. Wir haben jetzt dreimal so viele Ingenieure wie ihr. Ihr sollt nur an uns verkaufen, wenn es sich für euch rentiert – und für uns. Wir werden kaufen, was wir brauchen. Euer Mann Dillon» – C. Douglas Dillon, Eisenhowers Unterstaatssekretär im Außenministerium – «hat davon gesprochen, uns Schuhe verkaufen zu wollen. Ich habe ihm meine Schuhe gezeigt und gesagt, sie seien besser als seine und in Rußland hergestellt. Es gibt vieles, was wir kaufen wollen. Wenn wir es bekommen, können wir unsere eigenen Industrien entlasten. Wenn wir zusammenarbeiten, werden sich unsere Wirtschaften verbinden. Wenn Sie uns Kredit geben, sollten Sie es tun, weil es für Sie von Nutzen ist und nicht nur ein Gefallen. Sie werden Zinsen bekommen, Sie werden mit den Waren, die Sie verkaufen, Gewinne machen, und Ihre Fabriken sind ausgelastet. Es ist noch nie vorgekommen, daß wir unseren Handelsverpflichtungen nicht nachgekommen sind, und es wird auch nie vorkommen. Wir werden nie auf Kredit kaufen, auch nicht für fünf Jahre, wenn wir nicht dafür bezahlen können.»

Ich wiederholte im wesentlichen, was ich Mikojan bereits gesagt hatte, nämlich daß sich das Wohlwollen gegenüber der UdSSR sowohl in Kongreßkreisen als auch unter dem amerikanischen Volk seit dem Kollaps des Pariser Gipfels verschlechtert habe. Somit hätten sich auch die Aussichten für verbesserte Handelsbeziehungen verschlechtert. Es würde lange dauern, bis die Öffentlichkeit wieder dahinterstünde. Bevor neue Gesetze beschlossen werden könnten, müsse meiner Meinung nach die Leih-und-Pacht-Frage geregelt werden. Chruschtschow sagte: «Ich habe Anweisungen gegeben, daß sie geregelt wird, aber die amerikanischen Behörden wollen uns nicht so gut behandeln, wie sie die Briten behandelt haben. Behandelt uns wie die Briten, und wir werden zufrieden sein.»

Chruschtschow brachte den U-2-Vorfall zur Sprache. Er sagte, die amerikanische Administration hätte schon im April 1960 eine U-2 über Rußland geschickt. Sie sei nicht abgeschossen worden, der für diese Nachlässigkeit verantwortliche Mann sei bestraft worden. Dann sagte er: «Ich wurde am 1. Mai frühmorgens geweckt, als das zweite Flugzeug geortet wurde. Ich persönlich habe angeordnet, daß es abgeschossen wird. Das geschah mit unseren Raketen. Ich habe außerdem eine

Falle gestellt. Ich habe die Nachricht zurückgehalten, um zu sehen, was die amerikanischen Behörden dazu sagen würden. Als sie logen, habe ich sie bloßgestellt. Wir haben sie auf frischer Tat ertappt.» Er sagte, Eisenhower habe später zugegeben, daß sie gelogen hätten, aber weitere Flugzeuge über Rußland geschickt. «Das war zu viel für uns», sagte Chruschtschow. «Denken Sie daran, daß wir Eisenhower eingeladen hatten. Es war, als ob ein Gast in Ihrem Haus sagen würde, ‹ich werde Sie vernichten›.»

Chruschtschow fuhr fort: «Ich glaube, daß Eisenhower über die U-2-Flüge informiert war und auch von dem Flug im April wußte, von dem Flug am 1. Mai aber nicht. Der wurde von Allen Dulles oder von der CIA bewilligt. Ich glaube, sie wollten mich blamieren und Eisenhower zeigen, daß wir uns nicht verteidigen könnten. Ich versuchte, Eisenhower Gelegenheit zu geben, sich zu entschuldigen, als er es aber ablehnte, wollte ich nicht mit ihm in Paris reden. Kennedy sagte während des Wahlkampfs, *er* an Eisenhowers Stelle hätte sich entschuldigt. Das zeigt, daß er ein ehrbarer und kluger Mann ist. Die Sache ist aber jetzt vergessen, und wir verlangen nicht länger eine Entschuldigung. Senator Fulbright und Stevenson haben beide eine ähnliche Haltung wie Kennedy eingenommen.» Er fügte hinzu: «Ich mag auch Ihren Botschafter Thompson. In unseren Gesprächen vertritt er natürlich den kapitalistischen Standpunkt, aber ich verstehe ihn, und er versteht mich. Wir vertragen uns, wie es die Vertreter zweier Großmächte tun sollten.»

Chruschtschow sagte von sich aus, er habe noch immer eine hohe Meinung von Eisenhower, der ein nobler und pflichtbewußter Mann sei, der wirklich Frieden in die Welt bringen wolle. Er meinte jedoch auch, Eisenhower delegiere zu viel an andere und sei «faul».

Ich sagte Chruschtschow, es müsse mehr kulturellen Austausch zwischen unseren beiden Ländern geben. Das hielt er für eine ausgezeichnete Idee und wollte Jurij Schukow, dem Kulturminister, die Anweisung geben, mit dem kulturellen Berater der amerikanischen Botschaft zusammenzuarbeiten. Er bat mich, einen Plan auszuarbeiten.

Als ich vorschlug, Mikojan solle sich mit dem neuen Handelsminister beraten, da er mir gegenüber erwähnt hätte, mit früheren Handelsministern nichts erreicht zu haben, schien Chruschtschow dies zu begrüßen. Als wir allerdings die strittige Frage der Krebsfleischexporte berührten, lernte ich zum ersten Mal seine berühmte Angriffslust kennen. Laut sagte er: «Es gibt keine Zwangsarbeit in Rußland! Nicht seit Stalin tot ist! Es gibt keine Arbeitslager mehr. Die sind alle aufgelöst worden.»

Ich zuckte mit den Schultern und versuchte, ihn mit einem Vorschlag zu beruhigen: «Sie brauchen nur ein Inspektionsteam von uns nachprüfen lassen, ob alles stimmt. Danach wird es keine Probleme mehr geben. Das Verbot wird aufgehoben.»

Wieder fühlte sich Chruschtschow in seiner Würde verletzt. Er sagte: «Ihre CIA wollte Spione schicken, aber ich lasse Sie selbst hinfahren und nachsehen.»

Ich erwiderte, daß ich Rußland leider verlassen müsse und keine Zeit dazu hätte.

Er forderte mich auf, andere «Leute» vorzuschlagen, die das machen sollten, und schlug vor, die Sache über Botschafter Menschikow weiterlaufen zu lassen.

Dann sagte er etwas Erstaunliches: «Wenn wir unserem Volk nicht den gleichen Lebensstandard geben können, den Ihr Volk unter dem kapitalistischen System hat, kann der Kommunismus nicht erfolgreich sein. Wir sind jedoch davon überzeugt, daß es gehen wird, und die letzten Jahre haben es bewiesen. Und wir sind gern bereit, der Geschichte die Entscheidung darüber zu überlassen, welches System das bessere für die Menschheit ist und welches überleben wird.»

Ich sagte, daß es meiner Meinung nach notwendig sei, Frieden und Ordnung in der Welt zu schaffen, indem die UN gestärkt würden, und ich erwähnte, daß Adlai Stevenson, der die Vereinigten Staaten in dieser Organisation vertrete, bereitwillig Streitigkeiten mit der UdSSR innerhalb dieses Rahmens beilegen würde. Chruschtschow antwortete, er habe eine hohe Meinung von Stevenson, und sagte: «Wir werden sehen. Auch wir wollen alle Streitfragen auf friedlichem Wege lösen.»

Er lud mich ein, im Sommer zurückzukehren, wenn das Wetter schön sei. Ich versicherte ihm, daß ich es gern täte. Von seinem Schreibtisch nahm er einen goldenen Drehbleistift, der mit einem Rubin in Form eines Sterns verziert war. Er reichte mir den Stift und sagte: «Das ist für alles, was Sie getan haben, um die erste Bleistiftfabrik in der UdSSR aufzubauen.»

Beim Abschied erwähnte ich, daß ich erfolglos versucht hätte, meine alte Fabrik zu besuchen. Er wandte sich an Dobrynin und sagte: «Arrangieren Sie es sofort.»

Wenn ich nach fünfundzwanzig Jahren auf dieses Treffen zurückblicke, fällt mir am meisten die Kontinuität der Geschichte auf. Viele Themen, die ich mit Chruschtschow erörterte, waren schon in meinen Unterredungen mit Lenin angesprochen worden, und sie kehrten in meinen Gesprächen mit Gorbatschow und der jetzigen sowjetischen Führung wieder. Chruschtschow war natürlich nicht Lenin, neben dessen Brillanz und Charme Chruschtschows bäuerliche Kampflust und Schlauheit verblaßten, aber Chruschtschow wiederholte vieles, was Lenin auch zur Sprache gebracht hatte, als er seinen Stuhl näher an meinen heranzog und davon sprach, daß Rußland mit Amerika handeln müsse.

Wie Lenin bewunderte auch Chruschtschow die amerikanische Technologie und unsere Erfindungsgabe. Wie Lenin glaubte er, daß die amerikanische Industrie vom Handel mit der UdSSR profitieren könnte, und er betonte, daß die Russen bereit und fähig seien, für ihre Einkäufe voll und fristgerecht zu bezahlen.

Der Hauptunterschied zwischen beiden Männern und beiden Gesprächen lag in der Klarheit ihres Verständnisses. Lenin wußte und erkannte, daß ein riesiger Graben wirtschaftlicher und materieller Errungenschaften die UdSSR von den USA trennte. Er wußte, daß der Kommunismus nicht funktionierte, und er ordnete den Rückzug zum Staatssozialismus an.

Chruschtschow hätte nie zugeben können, daß auch der Staatssozialismus nicht funktionierte. Ob aus Stolz oder Angst – seine aggressive Starrköpfigkeit führte ihn zu töricht kämpferischen Äußerungen. Man erinnere sich: Dies war der Mann, der die abschreckendsten und provozierendsten Worte des kalten Krieges aussprach, als er zu Nixon sagte: «Wir werden euch begraben.» Jetzt behauptete er, daß Rußland die Amerikaner noch vor Ende des Jahrhunderts mit ihrer Industrieproduktion beschämen und der Kommunismus mit dem materiellen Effekt des Kapitalismus gleichziehen werde.

Wie der frühere Präsident Nixon später sagte: Chruschtschows sowjetischer Kommunismus hat den Kampf verloren. Wir brauchen nicht auf das Urteil der Geschichte zu warten, das Urteil ist gefällt. In den Jahren, seit ich Chruschtschow kennenlernte, konnten die Russen der Prüfung, der er sie aussetzte, nicht standhalten. Sie konnten ihrem Volk nicht «den gleichen Lebensstandard, den Ihr Volk unter dem kapitalistischen System bekommt» geben. Und in Satellitenstaaten wie Polen und die CSSR, wo das sowjetische System am genauesten verfolgt wird, hat es in noch viel größerem Maße versagt. Nur in den «liberaleren» sozialistischen Staaten wie Ungarn, wo ein gewisses Maß an freiem Unternehmertum gefördert wird, hat sich der allgemeine Lebensstandard entfernt dem des Westens angeglichen.

Gorbatschow hat gezeigt, daß er die dringende Notwendigkeit einer Veränderung im sowjetischen Wirtschaftssystem erkannt hat, und er wird wohl Lenins Beispiel folgen und eine Injektion kapitalistischer Methoden zulassen müssen. Wir müssen jedoch abwarten und sehen, ob er eine Entspannung, wie sie in den zwanziger Jahren zugestanden wurde, erlaubt, als ein amerikanischer Geschäftsmann ermutigt wurde, eine Fabrik in Moskau aufzubauen, kapitalistische Methoden einführte und Akkordlöhne bezahlte. Derzeit befürwortet Gorbatschow Joint-ventures zwischen ausländischen und sowjetischen Firmen. Er hat zudem beschlossen, den Außenhandel zu dezentralisieren und zuzulassen, daß etwa siebzig sowjetische Industrieorganisationen selbständig Partner im Ausland suchen und mit ihnen handeln, ohne das bürokratische Auslandsmonopol einschalten zu müssen. Auf diese Weise hofft er, die russische Wirtschaft zu modernisieren, ohne so weit wie Ungarn oder China zu gehen.

Dobrynin handelte rasch. Am selben Abend noch, als ich bei der US-Botschaft über mein Interview mit dem Generalsekretär berichtete, ging ein Anruf aus dem Kreml ein: Ein Auto sei unterwegs, um mich und Frances zu meiner alten Bleistiftfabrik zu bringen.

Als ich die Fabrik eröffnete, lag sie am Stadtrand. Inzwischen war Moskau ringsherum gewachsen. Trotzdem fand ich sie genauso vor, wie ich sie vor dreißig Jahren verlassen hatte. Das einzige Neue war der Name über dem Tor – MOSKAUER SCHREIBGERÄTEFABRIK SACCO-VANZETTI.

Der Schnee fiel schwer, als wir ankamen. Er fiel auf die Fabrik, auf das Schulhaus, die Freizeithalle und all die kleinen Häuser, die ich für meine deutschen Arbeiter gebaut hatte. Die weißen Birken, die damals nur Schößlinge gewesen waren, standen hoch und stämmig. Die ganze

Szene war in weiches schimmerndes Licht getaucht – die romantischste und ergreifendste Szenerie, die man sich vorstellen kann. Ich konnte kaum sprechen, als wir eintraten, und hielt Frances' Hand ganz fest. Die Nachtschicht war bei der Arbeit. Alle Gerüche und Geräusche waren mir vertraut. Bis auf ein paar neue Maschinen benutzten sie noch die alten, die ich vor vielen Jahren in Deutschland besorgt hatte. Die Direktoren, die uns begrüßten, führten uns von einer Abteilung zur anderen, und ich sah, daß der Fertigungsprozeß fast unverändert war. Nach einer Stunde kamen wir schließlich zu den Büros. Als ich mein altes Büro betrat, konnte ich nicht glauben, daß mein Schreibtisch noch am selben Platz stand. Ich konnte kaum sprechen und nur den Kopf schütteln und sagen: «Ich kann's nicht glauben, ich kann's einfach nicht glauben.»

Im Konferenzzimmer hatte man einen Imbiß vorbereitet mit Kaviar, Sekt, Wodka – allem, was dazu gehört. Alle Direktoren der Fabrik und ein halbes Dutzend Arbeiter noch aus meiner Zeit waren eingeladen worden. Das war der emotionalste Augenblick des Abends. Ich mußte eine ganze Weile in diese müden, zerfurchten Gesichter schauen, bis die Jahre verschwanden und ich die jungen Männer und Frauen wiedererkannte, die ich eingestellt hatte. Eine kleine alte Dame trat mit Tränen in den Augen auf mich zu. Sie war traurig, daß Frances und ich nicht durch ihre Abteilung geführt worden waren.

«Armand Julewitsch», sagte sie, «ich bin Anna Iwanowna. Als Ihr Bruder Victor Julewitsch zum Arbeiten in diese Fabrik kam, habe ich dafür gesorgt, daß er mit jeder Maschine umzugehen gelernt hat.»

Jetzt erkannte ich sie, und wir umarmten und drückten uns. Sie trat zurück, sah mich abschätzend an und sagte nicht gerade schmeichelhaft: «Also, Sie haben sich aber verändert!»

Nicht nur ich, dachte ich und erinnerte mich an das hübsche leichtlebige Mädchen, das so viele Köpfe verdreht hatte, daß praktisch die ganze Produktion zum Stillstand kam, wenn es durch die Fabrik hüpfte. Aber ich sagte nichts, lächelte nur.

Im Lauf des Abends kamen immer mehr Leute dazu. Schließlich saßen vielleicht fünfzig um den Tisch herum und prosteten mir immer wieder zu mit Wodka, Wein, Sekt und zum Schluß mit Cognac. Der Empfang des verlorenen Sohns war im Vergleich dazu kühl. Es war ein ganz großartiger Abend – ganz unvergleichlich.

Am nächsten Tag sah ich – mit leicht geröteten Augen und Kopfschmerzen – Chruschtschow noch einmal kurz im Parteihauptquartier in Moskau, wo er einen Empfang für hochrangige Kommunisten aus den Satellitenstaaten der Sowjetunion gab. Ich stellte ihm Frances vor, und er lächelte breit und sagte: «Jetzt verstehe ich, warum Sie sie vor mir versteckt haben. Sie hatten Angst, daß ich sie Ihnen wegnehme.» Es gelang uns zu lächeln.

Wir beobachteten ihn, wie er zufrieden an dem berstenden Buffet vorbeischritt. Beim Essen ließ er eine Erdbeere fallen und kickte sie lässig unter den Tisch.

Später erwähnte er meinen Besuch in der Bleistiftfabrik in einer Rede, die in der *Prawda* wiedergegeben wurde. Er berichtete etwas konfus über meine Konzession für Bleistifte und sagte, ich hätte dies mit Lenin abgesprochen. Lenin war aber schon einige Jahre tot, als mir die Idee kam, Bleistifte herzustellen.

Chruschtschow schrieb:

Hammer ging zu Lenin und sagte, er habe sich entschlossen, eine Konzession für die Herstellung von Bleistiften zu beantragen. Lenin sah ihn überrascht an und sagte: «Warum wollen Sie eine Konzession für die Herstellung von Bleistiften haben?»

«Herr Lenin», sagte Hammer, «Sie haben sich zum Ziel gesetzt, daß jeder lesen und schreiben lernen soll, aber Sie haben keine Bleistifte. Deshalb werde ich Bleistifte herstellen!» (Lauter Beifall im Saal.)

Einige alte Arbeiter waren noch da, um Hammer zu begrüßen. «Seht, wie sich unser alter Chef über unseren Fortschritt freut», sagten sie. (Gelächter und Applaus.)

Ihr seht, Lenin ist noch weiter gegangen als wir, weil er Ausländern Konzessionen gewährt hat.

Chruschtschow war 1929 als junger Partei-Apparatschik nach Moskau gekommen, und es war eine der großen Enttäuschungen seines Lebens, daß er Lenin, den er abgöttisch verehrte, nie kennengelernt hatte. Meine Verbindung mit Lenin machte mich in seinen Augen zu einer sehr wichtigen Gestalt in der Geschichte, wie aus seiner Widmung unter einem Foto, das uns beide darstellt, abzulesen ist:

«Für Armand Hammer – erster ausländischer Konzessionär, der mit W. I. Lenin sprach – N. Chruschtschow.»

Ich hatte jetzt das Gefühl, daß die Nachrichten, die ich für Washington hatte, so wichtig waren, daß ich den Rest meiner Reise absagen und zurückeilen sollte, um Luther Hodges zu berichten. Indien mußte warten.

Am 23. Februar 1961 trafen wir in Washington ein. Am folgenden Tag ging ich zu Hodges. Ich berichtete ausführlich über meine Gespräche mit Mikojan und Chruschtschow, und Hodges gab eine Zusammenfassung der Punkte an Präsident Kennedy weiter. Kennedy bat Finanzminister Dillon – wie Mikojan vorgeschlagen hatte –, nachzuforschen, ob die Japaner etwas über Zwangsarbeit in der sowjetischen Fischereiflotte in Kamtschatka wüßten.

Am 10. März 1961 trug die *New York Times* diese Schlagzeile: US FÜHREN SOWJETISCHES KREBSFLEISCH WIEDER EIN – ZEHN JAHRE DAUERNDES VERBOT WIRD AUFGEHOBEN.

Im September 1961 sah ich Präsident Kennedy im Weißen Haus. Der Kongreßabgeordnete Jimmy Roosevelt und ich trafen ihn im privaten Wohnzimmer, das sich an sein Schlafzimmer anschloß. Der Präsident dankte mir nun auch noch persönlich für meine Hilfe bei der Verbesserung der Beziehungen zur UdSSR.

Es faszinierte ihn, daß Chruschtschow zugegeben hatte, der sowjetische Kommunismus müsse versagen, wenn er nicht in der Lage wäre, dem russischen Volk den gleichen Lebensstandard zu bieten wie Amerika. Ich sagte zu JFK: «Da sie ihren Leuten nicht genug Anreiz bieten und wegen ihrer bürokratischen Methoden und des fehlenden Wettbewerbs, die den Fortschritt hindern, werden sie auf lange Sicht gesehen nie mit uns konkurrieren können.»

Mit meiner informellen Mission für Präsident Kennedy habe ich vielleicht einen kleinen Stein ins Fundament einer besseren Beziehung zwischen dem Weißen Haus und dem Kreml gelegt, eine Beziehung, die sich Stück für Stück im Verlauf der sechziger Jahre verbesserte und in der Entspannung der siebziger Jahre gipfelte.

Schreckliche Spannungen und Konflikte lagen noch vor uns – die Kubakrise, der Vietnamkrieg, die russische Invasion in der Tschechoslowakei –, und dennoch sollten die sechziger und siebziger Jahre das beständigste Wachstum an Vertrauen im Handel und in der Kommunikation zwischen den beiden Supermächten seit der Russischen Revolution erfahren. Mitte der siebziger Jahre wurde das Gefühl in mir stärker, daß mit dem Ende des zwanzigsten Jahrhunderts auch das Zeitalter des atomaren Schreckens zu Ende gehen und die kindische Starrköpfigkeit auf beiden Seiten beendet werden würde, die die Welt zu sprengen drohte. Und dann kam Afghanistan.

Auch hier hatte ich beim Versuch, diese gefährliche Krise zu beenden, eine Rolle zu spielen. Zwei volle Jahrzehnte sollten jedoch seit meiner stillen Mission in Moskau für Präsident Kennedy und dem hektischen Pendeln zwischen Washington, Moskau, Warschau, Paris, London und Islamabad verstreichen. Es waren Jahrzehnte voll neuer Geschäfte mit Rußland, voll Erfahrungen mit Kunst und Erfolgen mit Öl, voll politischer Intrigen, Reisen und Arbeiten. Occidental Petroleum und ich spannten unsere Interessen um die Welt.

Occidental in der großen Welt

Voll Schwung kehrte ich nach Los Angeles zurück. Mein Kopf war voller großer Ideen für Occidental. Ich sah die Zukunft der Firma auf der anderen Seite der Welt, in nordafrikanischen Wüsten und ukrainischen Weizenfeldern.

Die Erdölerschließungen, die ich in Libyen gesehen hatte, waren vielversprechend. Meine Gespräche in Moskau, besonders mit Chruschtschow, hatten mir Ideen für die Veränderung und Entwicklung von Occidental gegeben. Ich wollte, daß sich die Gesellschaft im wesentlichen mit der Gewinnung mineralischer Rohstoffe befaßte, um dem steigenden Bedarf an Düngemitteln in Libyen und Rußland nachzukommen. Ich konnte es kaum erwarten, mit den Direktoren darüber zu reden.

Doch sie waren alles andere als begeistert. Viele waren mit dem Wachstum unserer Firma mehr als zufrieden, und sie wollten das Schicksal nicht herausfordern. Sie meinten, als kleine, unabhängige Ölgesellschaft sollten wir an einer gleichmäßigen Entwicklung des Inlandsgeschäfts festhalten.

Anführer dieser Konservativen war Gene Reid. Nachdem sich sein lebenslanger Wunschtraum, Millionär zu werden, erfüllt hatte, wollte er nicht erleben, daß Oxys neuer Wohlstand durch entlegene Projekte in ausländischen Feldern und Geschäftsunternehmen aufs Spiel gesetzt würde. Der Gedanke an Öl in Libyen gefiel ihm ebensowenig wie der an Düngemittel sonstwo. Ich mußte schwer kämpfen, um Gene für meine Ideen zu gewinnen. Er hatte es schließlich bereits geschafft, mir ein Goldbergwerk aus dem Kopf zu schlagen.

Eine Gruppe von Bergbauingenieuren hatte versucht, mich für eine anscheinend tolle Sache zu interessieren. In Nordkalifornien wollten sie eine Reihe von Minen wiedereröffnen, die seit den alten Goldgräberzeiten stillagen. Theoretisch war ihr Vorschlag völlig in Ordnung. Die alten Claims waren mit primitiven Methoden bearbeitet worden – Goldwäsche zum Beispiel. Moderne Methoden und Maschinen würden Goldmengen freilegen, an die die alten Goldgräber nicht rangekommen waren.

Die Sache faszinierte mich. Die Goldgräberei weckt die Sinne für Romantik und Wagemut, und ich war nicht der erste, der dem «Goldfieber» erlag. Die Ingenieure überreichten mir ein Arzneifläschchen mit Goldstaub, das sie ihrem künftigen Abbaugelände entnommen hatten, und ich eilte nach New York, um ihn Analytikern zu präsentieren. Gene Reid war dabei. Er gab zu, daß die Bergwerksidee theoretisch stimmte, nur die Praxis machte ihm Sorgen.

Vor den Analytikern hielt ich eine enthusiastische Rede und schwenkte das glitzernde Fläschchen vor ihren Augen. Gene stand auf und sagte: «Ich habe Dr. Hammer genau zugehört, und ich möchte Sie und ihn nur daran erinnern, daß zwischen den einzelnen Goldkörnchen, die er Ihnen hier gezeigt hat, eine gewaltige Menge Geröll liegt.» Genes kalte Dusche kühlte mein Goldfieber gehörig ab, und damit war die Sache erledigt.

Ich war bereit, mich Genes Skepsis in Sachen Gold zu beugen, wollte aber, daß er die Dinge, was Düngemittel, Libyen und Rußland betraf, so wie ich sah. Auf diesen Gebieten kannte ich mich besser aus. Ich wußte ganz genau, daß der russische Bedarf an Düngemitteln gigantische Ausmaße annehmen würde, und ich war ziemlich sicher, daß Dünger bei Ölkontraktverhandlungen in Libyen der Schlüssel zum Erfolg sein würde. Gene beugte sich meiner größeren Erfahrung und meinem Scharfsinn, sah aber mit Besorgnis zu, wie ich Occidental immer weiter vorantrieb.

Oxys erste größere Akquisition in dieser Richtung war der größte Düngemittelverkäufer der Welt, die International Ore and Fertilizer Corporation, oder INTERORE. Mit Niederlassungen in 23 Ländern und Fertigungsbetrieben in 59 machte ihr Umsatz mehr als 50 Prozent der US-Düngemittelexporte aus. Ein weißer Rolls-Royce machte das Rennen – ohne ihn hätte ich die Firma vielleicht nie bekommen.

INTERORE gehörte Henry Leir, einem hervorragenden Geschäftsmann. Nachdem wir fest entschlossen waren, seine Firma zu übernehmen, versuchte ich herauszufinden, wie man ihn am besten ansprechen und überreden könnte. Ich stellte Nachforschungen an, fragte gemeinsame Bekannte aus und las alle Zeitungsberichte über ihn. Was die Recherchen ergaben, war dies: Leir war ein ungeheurer Snob. Ich beschloß, mir dieses Wissen zunutze zu machen.

Leir verbrachte den Herbst 1962 in Montecatini, Italiens berühmtem Kurort, wo er mit europäischen Größen und pensionierten Millionären verkehrte. Ich vereinbarte einen Gesprächstermin mit ihm und flog nach London. In London ging ich zu Jack Barclay, dem berühmtesten Rolls-Royce-Händler der Welt. Ich sagte dem Verkäufer, ich wolle den schönsten Rolls-Royce sehen, den sie hätten.

Barclay ließ mich nicht im Stich. Mir wurde ein phantastischer weißer Rolls-Royce Silver Cloud Mark II Cabrio mit roter Lederpolsterung vorgeführt. Ich kaufte ihn auf der Stelle. An den Preis erinnere ich mich nicht. Ich weiß nur, daß es das teuerste Auto war, das sie hatten, und neue Rolls-Royces sind nie billig. Frances war dabei und sagte: «*Ich* schenk ihn dir.»

Dann stellte ich einen livrierten Chauffeur ein und ließ das Auto nach Paris schicken, wo Frances und ich abgeholt wurden. Von Paris aus machten wir uns auf den Weg nach Italien, ließen uns dabei viel Zeit und freuten uns an dem Wagen.

An einem Freitag, kurz vor Mittag, trafen wir in Montecatini ein. Henry Leir, dem ich ein Telegramm geschickt hatte, erwartete uns zum Lunch. Als wir vor dem Hotel vorfuhren, erregte der weiße Rolls-Royce ein derartiges Aufsehen, daß einer der Gäste seine vormittägliche Drinkrunde unterbrach, um sich das Auto anzuschauen. Es war Olaf V., König von Norwegen.

Daß ich so vornehm vorgefahren und die Aufmerksamkeit des Königs erregt hatte, erleichterte mir die Arbeit enorm. Beim Spaziergang im Hotelpark nach dem Lunch konnte ich mit Henry die meisten Punkte unseres Deals klären, den wir im Lauf des Wochenendes zum Abschluß brachten. Ich konnte ihm kein Bargeld bieten. Occidental hatte damals nie Extrageld, und alle Akquisitionen wurden gegen Aktien ausgehandelt.

Nachdem wir uns über die Hauptelemente geeinigt hatten, sprachen wir über Erweiterungspläne für Occidental. «Mit Ihren Angestellten dürfen Sie nie zu vertraut werden, wissen Sie», informierte mich Henry. «Meine Philosophie ist: ‹Vertrautheit weckt Verachtung.› Sie und ich sollten uns für Kaiser halten, und unsere Angestellten sind da, um uns zu bedienen.» Nur mit Mühe konnte ich ein Lachen unterdrücken.

INTERORE war für Occidental ein noch viel besseres Geschäft als der Rolls-Royce für mich. Ohne INTERORE hätten wir wahrscheinlich keine Düngemittel anbieten können, als wir uns um libysche Ölfelder bemühten. Ohne Düngemittel wäre unser Angebot wahrscheinlich nicht akzeptiert worden. Und wenn wir das libysche Öl nicht bekommen hätten, wäre Occidental wahrscheinlich eine relativ kleine Firma geblieben.

INTERORE allein reichte jedoch nicht, und wir machten uns sofort daran, unsere Düngemittelbeteiligungen zu vergrößern. 1963 kauften wir Best Fertilizers in Kalifornien mit ihren Ammoniakanlagen und im März 1964 die Jefferson Lake Sulphur Company in Texas, das drittgrößte Schwefelwerk in den Vereinigten Staaten.

Jefferson Lake war halb geschenkt. Der Schwefelpreis war sehr niedrig und die Marktposition der Firma schwach, vor allem, weil sie eine Menge Geld in eine unproduktive Asbestniederlassung in Kanada gesteckt hatte. Für die Fusion boten wir Occidental-Aktien im Wert von 15 Millionen Dollar an und verkauften das Asbestwerk für eine Million. Der Bonus der Akquisition war die siebzigprozentige Beteiligung an Jefferson Lake Petro-Chemicals, eine Firma mit Sitz in Kanada, die an der amerikanischen Börse mit einem Marktwert von etwa zwölfeinhalb Millionen Dollar notiert war. Sehr bald nach Abschluß der Fusion kletterte der Marktpreis für Schwefel in die Höhe und vervierfachte den Wert von Jefferson Lake.

Jetzt hatten wir Gas, Ammoniak und Schwefel – drei wichtige Bestandteile der Düngemittelherstellung. Wir brauchten aber noch Pottasche und Phosphate. Pottasche kauften wir von riesigen billigen Minen in Kanada. Mit den Phosphaten war es schwieriger.

Die Phosphatindustrie lag als Monopol in den Händen einer kleinen Gruppe von Produzenten in der Nähe von Tampa im Süden Floridas. Sie meinten, die einzigen bedeutenden Reserven Nordamerikas zu besitzen. Wer Phosphate wollte, zahlte ihre Preise oder bekam eben keine.

Ein bei Occidental unter Vertrag stehender junger Geologe sagte mir, daß in Florida große unangetastete Phosphatreserven vorhanden sein müßten. Der einzige Grund, warum sie nie gefunden worden waren, sei der, daß niemand richtig nachgeschaut hatte. Der größte Teil jener Region wurde von der Continental Can Company kontrolliert, die nur am Holz interessiert war.

Unser Geologe organisierte Mannschaften, um Probelöcher entlang der Straßen in den wenigen Metern Erde, die dem Bezirk und nicht der Continental Can Corporation gehörten, zu graben. Und richtig: Sie brachten Proben zum Vorschein, die auf reiche Phosphatreserven schließen ließen. Mit den geologischen Gutachten ausgerüstet, setzte ich mich mit Continental Can in Verbindung und vereinbarte mit ihnen die Möglichkeit, auf über 12 000 Hektar ihres Landes bohren zu dürfen. Die Untersuchungen ergaben phantastische Reserven – 100 Millionen Tonnen erstklassiger Phosphorit.

Wir waren im Geschäft. Nur, die Ausbeutung jener Reserven verlangte größere industrielle Investitionen, die im Lauf der Jahre etwa 750 Millionen Dollar Kosten verursachten. Die Wiedergabe dieser Summe schwarz auf weiß läßt nichts von den Ängsten und Aufregungen ahnen, die mit ihrer Beschaffung verbunden waren. Eine Gesellschaft, die Mühe hatte, 1956 100 000 Dollar aufzubringen, investierte weniger als zehn Jahre danach eine Dreiviertelmilliarde Dollar in Industrieanlagen. Kein Wunder, daß Reid nervös wurde.

In den letzten beiden Jahren waren wir von der Börse in Los Angeles zur amerikanischen Börse übergewechselt, und jetzt war ich der Meinung, wir seien reif für die New Yorker Börse. Der Handel mit unseren Aktien begann am 2. März 1964, eine Woche, nachdem wir Jefferson Lake erworben hatten. Das war ein großer Tag für uns, und Keith Funston, Präsident der New Yorker Börse, gab eine Dankeschön-Party, an der sämtliche Direktoren der Firma, alle drei Hammer-Brüder und natürlich Frances teilnahmen. Als unser erstes Angebot unter dem Fernschreibersymbol OXY mit 28½ erschien, kaufte Frances die ersten 200 Anteile.

Die Anlagenstreuung der Firma und das Düngemittelgeschäft waren als einzelne, voneinander unabhängige Unternehmen schon sinnvoll genug. Zusammengenommen waren sie für Occidental jedoch das As im Pokerspiel um die Ölkonzessionen in Libyen.

Libyen war für Occidental ausschlaggebend, und die Welt veränderte sich mit dem Erfolg von Occidental in Libyen. Einige langfristige Auswirkungen sind selbst heute noch zu spüren. Im April 1986 bombardierten amerikanische Flugzeuge Ziele in Tripolis und Bengasi als Vergeltungsmaßnahme für terroristische Akte, die angeblich von Libyen unterstützt wurden. Im Sommer 1986 konferierten OPEC-Minister und vereinbarten Ölförderungsbeschränkungen, um ihre beinahe uneingeschränkte Macht der siebziger Jahre zu erneuern. Beide Ereignisse – für die Welt von großer Bedeutung – resultieren indirekt aus der Entdeckung von Öl in Libyen in den sechziger Jahren, an der Occidental stark beteiligt war. Wenn ich geahnt hätte, welche Sorgen ich mir damit auflud, hätte ich's mir zweimal überlegt – und dann doch weitergemacht!

Libyen war immer anders, immer ein Sonderfall. Wie sich das Land zur Entwicklung seiner Ölquellen verhielt, war schon immer revolutionär gewesen, schon bevor der Militärputsch Oberst Gaddafi an die Macht brachte.

1959 wurde zum ersten Mal Öl in Libyen entdeckt. Davor hatte Mussolinis Besatzungsarmee Probebohrungen durchgeführt, die nicht sehr tief gingen. Das Unternehmen wurde bald wieder aufgegeben. Man zittert heute noch, wenn man sich vorstellt, was es für die Achsenmächte bedeutet hätte, wenn die Italiener beharrlicher gewesen und auf das Öl unter dem libyschen Sand gestoßen wären.

Geologische Vermessungen, die in den fünfziger Jahren durchgeführt wurden, wiesen eindeutig darauf hin, daß das Land über erschließbare Reserven riesiger Ausmaße, vergleichbar mit den großen ölproduzierenden Staaten des Mittleren Ostens, verfügte. Die Europäer und Amerikaner wurden verrückt bei der Aussicht auf libysches Öl, und zwar in erster Linie wegen der geographischen Lage des Landes. Es lag 1600 km näher bei den Hauptmärkten als die Ölstaaten des Golfes, und – noch besser – Öl aus Libyen brauchte den strategisch verletzlichen Suezkanal nicht zu passieren.

Die großen Ölgesellschaften stürzten sich auf die libyschen Lagerstätten wie Hunde auf einen Knochen. Sobald ich meinen Blick darauf geworfen hatte, wollte auch ich dabei sein. Das war im Januar 1961. Occidental gründete OXYLIBYA, eine hundertprozentige Tochtergesellschaft, die unsere Interessen dort vertrat.

Die Libyer waren fest entschlossen, bei der Ausbeutung ihrer Rohstoffe mit den Traditionen zu brechen. Sie waren es nicht zufrieden, Gefangene der großen Ölgesellschaften zu werden, wie es in Saudi-Arabien und im Iran geschehen war. In jenen Ländern waren nur einer großen Gesellschaft oder einem Konsortium Exklusivkonzessionen gewährt worden. So konnten die Multis, die Sieben Schwestern, die Preise wunderbar kontrollieren.

Die Libyer weigerten sich, den Großen Exklusivkonzessionen zu erteilen. Statt dessen öffneten sie das Land, Stück für Stück, allen Bietern. Mit einem Hieb war das Monopol der Sieben Schwestern zerschlagen.

Zur Zeit, als in Libyen zum ersten Mal Öl entdeckt wurde, herrschte König Idris. Er war der absolute Herrscher über seine Stammesländer. Regierungsstil und Lebensweise waren nicht viel anders als vor Tausenden von Jahren. Die Entdeckung von Öl und die Ankunft der Ölgesellschaften warfen Libyen mit traumatischer Abruptheit ins zwanzigste Jahrhundert.

Im Lauf der Jahre wurde König Idris immer mehr als korrupt, einfältig, senil beschrieben. Ich muß sagen, dieses Bild paßt nicht zu dem König, den ich kannte. Ich sah ihn stets als typischen Araber der alten Welt, tiefreligiös, bescheiden und genügsam und väterlich im Umgang mit seinen Untertanen. Ich glaube nicht, daß er seine eigenen Bankkonten auf Kosten seines Volkes füllte, und ich weiß mit Sicherheit, daß er kein alter Narr war. Kein Narr hätte die Sieben Schwestern nach seiner eigenen Pfeife tanzen lassen, wie Idris es tat.

Es stimmt jedoch, daß ein paar seltsame und exotische Gestalten sich in den Kulissen der libyschen Bühne herumtrieben und versuchten, sich ins Rampenlicht zu stellen und ans große Geld heranzumachen. Viele von ihnen behaupteten, entweder mit Idris verwandt zu sein oder besonderen Zugang zu ihm zu haben. Einer dieser Hochstapler kreuzte auch meinen Weg. Wegen seiner familiären Bindungen zum König, die wohl eher seiner Phantasie entsprachen, nannte er sich gern den Schwarzen Prinzen. Es war ein Riese von mindestens zwei Meter Größe und einem Gewicht von schätzungsweise drei Zentnern. In Turban und Seide gehüllt, mit einem goldenen Dolch im juwelenbesetzten Gürtel, kam er bei meinem ersten Besuch in Libyen – 1961 – zu mir ins Hotel. Er sagte, er würde mir eine Konzession verschaffen. Zuvor wären allerdings ein paar Millionen Dollar an ihn zu zahlen. Er versuchte, mir einzureden, dies sei das übliche «Bakschisch». Als ich es ablehnte, verschwand der Schwarze Prinz in einer Wolke blauen Dunsts.

Mit der Eröffnung seiner Ölfelder erzeugte Idris ein kommerzielles Pandämonium, das seinesgleichen suchte, vielleicht vergleichbar mit dem Goldrausch in Kalifornien und Alaska und der Ölmanie alter Zeiten in Texas und Oklahoma. Anfang und Mitte der sechziger Jahre wurden Bengasi und Tripolis zu den Schauplätzen des – wie die Zeitschrift *Fortune* es ganz richtig ausdrückte – «größten schwimmenden Basars und Würfelspiels».

Diese Städte waren mit Ölmenschen, Beratern, Bankern, Ganoven und Politikern vollgestopft, die alle vom Rausch etwas mitbekommen wollten. Nach der ersten Konzessionsrunde sah es aus, als ob die Spieler sich die Finger verbrannt hätten.

Die ersten Konzessionen in Libyen wurden von den Großen übernommen. Shell steckte etwa fünfzig Millionen Dollar in nicht kommerzielle Ölquellen, ebenso die French National Oil Company. Esso-Libya, eine Tochtergesellschaft von Esso Standard of New Jersey, hatte ebenfalls viele Millionen ausgegeben, und ein Erfolg war nicht in Sicht. Sie wollten schon aufgeben, als sie bei der letzten Probebohrung fündig wurden.

Alle großen Gesellschaften bohrten in Westlibyen, nahe der algerischen Grenze. Es zog sie in diese Richtung, weil in Algerien bereits riesige Ölquellen entdeckt worden waren. Aber sie waren alle trocken. Dann kam so ein wilder Geologe von Esso auf die Idee, daß alle Großen im falschen Teil Libyens gebohrt hatten. Er schlug Esso vor, sich eher in Richtung Ägypten zu bewegen.

Esso-Libya stieß auf eine «Goldgrube». Das Zelten-Feld mit fünfzig Bohrtürmen produzierte etwa 500 000 Barrel pro Tag, als für die zweite Konzessionsrunde geboten wurde. Nun stiegen auch wir ein.

Wenn die erste Runde der Verhandlungen ein Wirrwarr gewesen war, so war die zweite so etwas wie ein Besuch beim Turmbau zu Babel. Etwas Exotischeres, Verworreneres und Komplizierteres als diesen Zirkus hätte es nicht geben können. Mehr als vierzig Gesellschaften aus neun Ländern machten Gebote. Horden von Händlern besetzten Libyen, stolperten übereinander und versuchten, den Schlüssel zum erfolgreichen Gebot zu finden. Inmitten dieses Palavers stand König Idris. Seine Unterschrift war die einzige, die zählte. Wäre Idris so korrupt gewesen, wie behauptet wird, hätte man durch Bestechung des Königs zum Ziel gelangen müssen. Ich bin sicher, daß andere diese Methode probiert haben, aber das Angebot von Occidental hatte Erfolg, weil es den patriotischen Sinn des Königs für das Wohlergehen seines Volkes ansprach und keine käufliche Seite seines Charakters.

Da ich vor meiner Reise 1961 nach Rußland schon in Libyen gewesen war, wußte ich ziemlich genau, was die Libyer wollten und was ihnen am Herzen lag. Ich wußte, daß der König und seine Minister fest entschlossen waren, ganz Libyen von dem neuen Ölwohlstand profitieren zu lassen. Nachdem das ganze Öl herausgepumpt wäre und die Dollar nicht mehr strömten, sollte Libyen nicht in die Armut alter Zeiten zurücksinken. Das war ihr Ehrgeiz.

Ich persönlich überwachte die Vorbereitung unseres Angebots und flog nach Libyen, um das Team, das unser Gebot präsentierte, anzuführen. Wir flogen in unserem ersten Transatlantikflugzeug, einem ramponierten, umgebauten A-26-Bomber.

Unsere Angebotsunterlagen wurden auf die traditionelle arabische Weise auf Schafhäute aufgerollt und mit roten, schwarzen und grünen Seidenbändern umwickelt – den libyschen Nationalfarben. Die Bedingungen unterschieden sich auch weitgehend von den herkömmlichen Offerten der anderen Firmen. Zum Beispiel boten wir an, eine Projektstudie für ein Ammoniakwerk in Libyen durchzuführen und es gemeinsam mit der Regierung zu bauen, falls Öl gefunden würde.

Was noch wichtiger war: Wir versprachen, kostenlos nach Wasser zu suchen. Wir machten das Angebot, in der Nähe des Wüstendorfs Kufra – dem Geburtsort des Königs und der Königin, wo sich auch das Grab des Vaters des Königs befand – zu forschen. Daß es überall an Wasser mangelte, hatte Libyen, mehr noch als der Mangel an Öl oder Devisen, an seine mittelalterliche Armut gefesselt und seine Menschen zum Nomadenleben verdammt. Idris war es zweifellos genauso wichtig, für sein Land Wasser wie Öl zu finden. Zur normalen Teilung der Gewinne bot ich den Libyern zusätzlich fünf Prozent der Vorsteuergewinne an, die für die landwirtschaftliche Entwicklung genutzt werden sollten.

Als die Angebote geöffnet wurden, beglückwünschte der Ölminister

Fuad Kabazi Occidental. Der Chef einer der großen Gesellschaften wandte sich an seinen örtlichen Vertreter und tuschelte vorwurfsvoll: «Warum haben *wir* nicht an so was gedacht?»

Im Februar 1966 erhielt Occidental zwei Konzessionen. Unsere Hauptkonkurrenten waren erstaunt und alles andere als erfreut über unseren Erfolg. Der amerikanische Botschafter David Newsom machte eine Bemerkung, die die Reaktion der Großen mit schönem Understatement wiedergibt: «Ich glaube, man kann ohne weiteres sagen, daß Occidental von den anderen Gesellschaften nicht gerade herzlich begrüßt wurde.»

Eine unserer Konzessionen war nach der ersten Runde von einem Konsortium, bestehend aus Shell, Amerada, Marathon und Continental, als hoffnungslos aufgegeben worden. Oxy war für diese Konzession in der zweiten Runde einer von siebzehn Bietern. Der andere Block, den wir gewannen, zog nur sieben Angebote in der zweiten Runde an – er war von Mobil preisgegeben worden, nachdem man Millionen von Dollar in trockene Bohrungen gesteckt hatte. Unsere geologischen Gutachten über beide Blöcke waren sehr ermutigend. Ich glaubte, wir brauchten einfach bloß etwas Glück, genügend Geduld und eine Menge Mut, um uns in ein volles Bohrprogramm zu stürzen.

Alle Sinne Gene Reids rebellierten gegen das, was ein riesiges und möglicherweise katastrophales Glücksspiel zu sein schien. «Wir haben in Libyen nichts verloren, Doktor», sagte er. «Nur die Großen schaffen es dort. Das ist einfach nicht der richtige Ort für eine kleine Firma wie Oxy. Wir hätten uns da nie reinmischen sollen, und wir sollten verschwinden, bevor wir uns ruinieren.»

Im Anfangsstadium der libyschen Exploration hallten Genes Worte verdächtig laut in meinem Gedächtnis nach. Die ersten drei Löcher, die wir bohrten, waren knochentrocken. Sie kosteten jeweils eine Million Dollar – zusätzlich zu den zwei Millionen, die wir bereits für seismische Untersuchungen ausgegeben hatten. Ein Totalverlust von fünf Millionen war ein ungeheurer Happen für eine Firma, deren Nettowert – wie in einem Schreiben der Chase Manhattan Bank beurkundet – 48 Millionen Dollar ausmachte. Andere Vorstandsmitglieder stellten sich auf Genes Seite und nannten unser libysches Unternehmen «Hammers Torheit». Nach sieben Monaten teuren Versagens sah ich mich der Gefahr einer unkontrollierbaren Vorstandsrevolte gegenüber.

Im November 1966 zahlte sich das Glücksspiel dennoch aus. Auf der 1580 Quadratkilometer großen Konzession 102 stießen wir auf Öl. Diese Probebohrung brachte 14 860 Barrel pro Tag, was sie zur zweitgrößten Ölquelle in der libyschen Geschichte machte. Innerhalb weniger Monate waren auf dieser Konzession, Augila Field genannt, acht zusätzliche Bohrungen niedergebracht worden, die insgesamt 97 500 Barrel pro Tag brachten.

Um eine Idee vom Wert dieses Feldes zu bekommen, brauche ich nur zu sagen, daß in ganz Kalifornien damals nur 900 000 Barrel pro Tag gewonnen wurden. Unser Fund war nicht groß, er war riesig.

Das Erdöl dieses Feldes war mit einem Schwefelgehalt von weniger als einem Viertel Prozent von außergewöhnlich hoher Qualität. Damals begannen die Industrieländer gerade, sich über die Umweltverschmutzung Gedanken zu machen. Unser «süßes Öl», wie es genannt wurde, würde den Smog reduzieren und in Europa und den Vereinigten Staaten offensichtlich «süße» Preise erzielen.

Dieser spektakuläre Fund wurde von den Entwicklungen auf unserem zweiten Block der Konzession 103 noch übertroffen. Neue seismische Techniken, mit denen wir im November 1966 zu forschen begannen, ließen erkennen, daß Mobil umfangreiche Reserven übersehen hatte. Als die Augila-Bohrtürme produzierten, hatte der Oxy-Vorstand nichts gegen Probebohrungen auf 103. Im März 1967 gab ich die entsprechenden Anordnungen. Innerhalb von sechs Wochen entdeckte die erste Bohrung – direkt an der Stelle des verlassenen Mobil-Camps – ein neues Feld, aus dem mehr als 43 000 Barrel pro Tag sprudelten.

Wir waren auf etwas gestoßen, was die Ölindustrie ein «Riff» nennt – eine Konzentration von Öl in solchen Mengen, daß es ohne Pumpen fließt. Es war das erste Riff, das in Libyen entdeckt wurde. Bald stießen wir auf ein zweites und dann auf ein drittes. Das zweite sprudelte mit einer stabilisierten Geschwindigkeit von 17 600 Barrel pro Tag. Das dritte war bei weitem die größte Ölquelle Libyens – 74 867 Barrel pro Tag.

Der Verkaufspreis für Erdöl lag damals bei drei Dollar pro Barrel. Im November 1967 schätzten Ingenieure, daß die von Occidental entdeckten vier Felder Reserven von mehr als drei Milliarden Barrel umfaßten. Occidental war nicht länger ein kleiner Fisch, nicht einmal ein großer

Fisch in einem kleinen Becken. Wir waren mittendrin – mit den großen Fischen im großen Becken.

Einer dieser großen Fische war bereits aus den Tiefen getaucht und wollte uns schlucken. Nach unseren Entdeckungen im Augila-Feld stattete mir der Präsident von Esso-Libya, Hugh Wynne, einen Besuch ab. Er kam mit Zuckerbrot und Peitsche.

Er beglückwünschte mich und lächelte. Dann fragte er – hier kam die Peitsche zum Vorschein –, wie ich denn das Öl verkaufen wolle. «Sie haben keine Pipeline und keine Verteiler, keine Raffinerien und keine Verkaufsstellen», sagte er. «Sie sind auf die großen Gesellschaften angewiesen.» Seine Fakten waren unanfechtbar. Dann – um seinen Edelmut zu zeigen – wurde das Zuckerbrot hingestreckt: Esso-Libya würde 100 Millionen Dollar für die Hälfte von Oxys libyschem Unternehmen anbieten und unsere ganze Produktion in ihr Raffinerie- und Verkaufssystem aufnehmen.

Ich war mir nicht schlüssig. Einerseits zögerte ich, mich in die Arme eines der großen Öl-Multis zu stürzen. Mein Instinkt sagte mir, daß es besser wäre, allein weiterzumachen. Andererseits stellten 100 Millionen Dollar für eine unabhängige Gesellschaft von Oxys Größe einen enormen Profit dar, mehr als das Doppelte unseres damaligen Gesamt-nettowerts. Ich mußte dieses Angebot natürlich meinem Vorstand vorlegen.

Sie waren alle, ohne Einschränkung, dafür. Die Verhandlungen liefen. Das Geschäft wurde gemacht.

Dann wurde es rückgängig gemacht. Der Präsident von Esso-Libya legte die Sache dem Vorstand von Standard of New Jersey vor, der sie genehmigen mußte, was – wie er gesagt hatte – nur eine Formsache war. Ohne Diskussion oder Entschuldigung warf jener Vorstand den Deal über Bord. Ich vermute, daß sie dem kleinen unabhängigen Emporkömmling eine Lektion erteilen wollten. Einer der Direktoren soll gesagt haben: «Wir versuchten, mit Armand Hammer ins Geschäft zu kommen. Das Dumme ist nur, daß er nichts vom Ölgeschäft versteht.»

Der große Fisch sank wieder zum Beckenboden.

Nach unseren Entdeckungen bei Konzession 103 tauchte er erneut auf, um nochmals anzubeißen. Diesmal besuchte mich Siro Vazquez, ein Direktor der Muttergesellschaft Standard of New Jersey. Er war nicht allein. Er kam mit einer ganzen Mannschaft von Direktoren und Anwälten nach Los Angeles, siebzehn im ganzen. Sie besetzten ein ganzes Stockwerk im *Hilton* in Beverly Hills. Verständlicherweise nahm ich sie nur widerwillig ernst. Vazquez versicherte mir, daß die Verhandlungen diesmal anders seien: Er habe die absolute Vollmacht und das Vertrauen seines Vorstands.

Die Verhandlungen waren ausgedehnt und anstrengend. Das ursprüngliche Angebot für das Augila-Unternehmen belief sich auf 100 Millionen Dollar, so verlangte ich jetzt 200 Millionen für 50 Prozent von Augila sowie das neue Idris-Feld. Dieser Summe wurde schließlich zugestimmt. Alle waren glücklich. Die Direktoren von Occidental triumphierten. Die Anwälte waren erleichtert und erschöpft. Es gab eine lange und laute Party im *Hilton*.

Die Sache hatte nur einen kleinen Haken: Wie zuvor mußte der Deal vom gesamten Vorstand von Standard of New Jersey genehmigt werden. «Kein Problem, Dr. Hammer», sagte Siro Vazquez. «Machen Sie sich keine Sorgen. Das klappt alles. Meine Kollegen haben meine Geschäfte immer genehmigt.» Er und seine Leute flogen wieder gen Osten, und ich ging nach Hause ins Bett und zählte Oxys künftige Millionen.

Der Vorstand verwarf die Sache erneut. Sie dachten wohl, ich hätte ankriechen und alle Bedingungen, die sie diktierten, akzeptieren müssen, solange wir ohne eigene Pipeline und Absatzmöglichkeiten waren.

Man ließ uns keine Wahl. Wir mußten eine Marketing-Organisation bilden oder erwerben. Mein erster Gedanke, die Großen links liegen zu lassen und die Verteilung unseres libyschen Erdöls allein in die Hände zu nehmen, wurde nun aufgrund der Umstände zur Notwendigkeit.

Ich ging mit unserem Problem zu meinem Freund Steve Bechtel von der riesigen Engineering-Gruppe Bechtel of San Francisco und erklärte ihm, daß ich potentielle Reserven in Höhe von drei Milliarden Barrel Erdöl im Boden hätte und keinen Ort, wo ich sie hinschaffen könnte. Ich sagte, ich müsse ein Pipelinesystem von mehr als 200 km Länge zum nächsten geeigneten Hafen in Zueitina an der Mittelmeerküste und eine Verteilerstelle bauen. Vorläufig könne ich jedoch für diese Entwicklungen nicht zahlen, und ich hätte auch noch keine Kunden für das Erdöl, auch wenn es an die Küste gelangte.

Seit der Antwort, die mir Bechtel an jenem Tag gab, habe ich ihn ins Herz geschlossen. «Wir machen das alles für Sie auf Kredit», sagte er. «Ich glaube an Sie, und ich bin sicher, daß Sie einen Weg finden, das Öl zu verkaufen.» Manchmal werden große geschäftliche Entscheidungen wirklich auf der Basis persönlichen Vertrauens getroffen. Der menschliche Faktor in Geschäftsbeziehungen kann so wichtig sein wie die Dollar und Cent in der Gewinn- und Verlustrechnung. Bechtel gewährte mir effektiv einen 150-Millionen-Dollar-Kredit, weil er mir vertraute. Später wurde sein Vertrauen um mehr als das Zehnfache belohnt, als wir ihm das Multimilliarden-Dollar-Projekt unserer Nordseefunde übertrugen.

Die Hauptpipeline mit einem Durchmesser von einem Meter und somit in der Lage, eine Million Barrel pro Tag vom Idris-Feld nach Zueitina zu transportieren, sollte die größte Libyens werden. Eine sekundäre Pipeline von 60 cm Durchmesser sollte entlang einer 65 km langen Verbindung zwischen dem Augila-Feld und dem Idris-Feld gebaut werden. Bechtel mußte außerdem Sammel-, Separations- und Meßvorrichtungen im Feld konstruieren sowie neue Verteilerstellen in Zueitina und riesige Tanks und Dockanlagen für Tanker bauen, die in der Lage waren, eine Million Barrel Erdöl zu transportieren. Die Gesamtkosten für all diese Pläne betrugen 300 Millionen Dollar. Die Banken waren bereit, das Projekt in Höhe von etwa 150 Millionen zu finanzieren, nachdem wir mit dem Verschiffen des Öls begonnen hätten.

Ich fuhr mehrmals in die Wüste, um die Bauarbeiter zu überwachen. Es wurde in der schlimmsten Hitze bei fast 50 Grad und die ganze Nacht durch gearbeitet. Ich bestellte ein System mit Speziallampen, die an Masten in 15 Meter Abstand aufgehängt waren, damit die Arbeit ununterbrochen weitergehen konnte. Die Bauarbeiten waren im August 1967 aufgenommen worden. Das Öl begann am 5. Februar 1968 in die Pipeline zu fließen und kam am 16. Februar in der Verteilerstation an. Seine Ankunft wurde groß gefeiert. König Idris selbst war Ehrengast des königlichen Empfangs, den wir in der Wüste gaben.

Die Zeitschrift *Fortune* berichtete: «Nationalfahnen in Rot, Grün und Schwarz flatterten im Wind. Kameltruppen patrouillierten durch die Dünen entlang der Anlage, scharlachrot gewandete Musiker standen mit ihren in der Mittagssonne glitzernden Instrumenten in Formation, und das Blut von Opferlämmern färbte den Wüstensand. An die 800 Kabinettsminister, Stammeshäuptlinge, religiöse Würdenträger, Diplomaten, ein US-Senator [Albert Gore] und andere Gäste füllten einen herrlichen Pavillon, der allein zum Zweck der halbstündigen Zeremonie errichtet worden war.»

Die Party kostete eine Million Dollar. Ich glaubte, wir alle verdienten eine schöne Feier, aber vielleicht nicht *so* schön. Ich blickte in die Bücher und fand alles mögliche «Ungeziefer» darin, unter anderem einen Blankoscheck, der dem Lieferanten für die Feier überreicht worden war. Ich bin ja für Nächstenliebe, aber nicht auf diese Art.

Noch während des Baus der Pipeline hatte ich das Problem der Raffination und des Absatzes gelöst. Eines Morgens, zu Hause in Los Angeles, las ich in *Oil Daily*, der Branchen-Bibel, einen Artikel über Signal Oil, eine internationale Marketing-Organisation mit einem riesigen europäischen Unternehmen. Sie besaßen Öltanker und Verteilerstellen. Sie hatten eine 85 000-Barrel-pro-Tag-Raffinerie im Hafen von Antwerpen und eine 1500-Barrel-pro-Tag-Raffinerie am Rhein-Herne-Kanal. Sie verfügten über Verkaufsstellen in Großbritannien und Belgien, und sie hatten den Verkauf an den Großhandel und an Industrieverbraucher in ganz Europa organisiert. Und das Beste war, daß es ihnen an Öl mangelte und sie deshalb verkaufen wollten.

Ich erkundigte mich und fand heraus, daß der für Signals gesamtes Marketing zuständige Direktor ein Franzose namens Claude Geismar war, der als einer der klügsten Ölvermarkter der Welt galt. Ich setzte mich mit ihm in Verbindung und sagte: «Warum nehmen Sie nicht unser Öl? Wir haben genug. Wir können Ihre Verteilerstellen, Tanker, Raffinerien und Vertriebsstellen auslasten. Wir zahlen Ihnen für jedes verkaufte Barrel Provision.»

Er sagte, er würde dem Vorstand von Signal gern empfehlen, als Agenten für unser Öl zu fungieren. Dann verhandelte ich mit Forrest Shumway, Präsident von Signal. Die Gespräche gingen sehr gut, und wir kamen zu einer Einigung, als ich Forrest mit folgenden Worten überraschte: «Wie ich höre, haben Sie für Ihr ganzes Vertriebsnetz, einschließlich aller Raffinerien, Tanker, Verteiler- und Vertriebsstellen, einen Preis von einhundertfünf Millionen Dollar angesetzt. Ich biete Ihnen die Hälfte als Vorzugsaktien und die andere Hälfte als Fünfjahresschuldscheine.»

Er sagte: «Ich räume Ihnen das Optionsrecht unter einer Bedingung ein – Sie müssen es am oder vor dem Tag ausüben, an dem das erste Barrel Öl in Zueitina geladen wird.»

Dann setzte ich mich mit Claude Geismar zusammen und schloß Verträge für den Verkauf unseres Erdöls über das Signal-Netz. Mitte November 1967 gab Signal bekannt, daß sie bereits über eine Milliarde Barrel Occidental-Erdöl mehr als die 800 Millionen Barrel verkauft hätten, die Signal für eigene Zwecke benötigte.

Bis das erste Barrel zum Verladen in Zueitina bereit war, betrug die für diese Verträge zahlbare Provision schon fast 200 Millionen Dollar.

Natürlich übte ich dann das Optionsrecht aus, und wir wurden über Nacht Besitzer des ganzen Signal-Unternehmens. Claude Geismar sollte den Betrieb für uns führen, und er trat dem Vorstand von Occidental bei.

Ohne einen Pfennig zu investieren, hatten wir nun die Möglichkeiten, unsere gesamte libysche Produktion, die sehr bald an die 800 000 Barrel pro Tag ausmachte, zu raffinieren und zu verkaufen. Diese Akquisition machte uns zwar nicht zur achten Schwester der Ölindustrie, aber sie legitimierte uns als Familienmitglied, wenn auch als schwarzes Schaf.

Die Großen rächten sich, als sie Occidental effektiv daran hinderten, eine Raffinerie in Machiasport, Maine, zu bauen, um 300 000 Barrel libysches Öl pro Tag zu verarbeiten. Neuengland unterlag den idiotischsten Restriktionen des Öleinfuhrquotensystems. Aus Afrika und dem Mittleren Osten nach Portland, Maine, transportiertes Öl mußte nach Kanada weitergeleitet werden, wo es für drei Cent pro Gallone weniger verkauft wurde als das Öl aus dem Golf von Mexico, auf das Maine beschränkt war.

Es war also sinnvoll, eine Raffinerie für libysches Öl in Maine zu bauen und die Neuengländer mit billigem ausländischem Öl zu versorgen. Ich bat Washington, eine «Freihandelszone» einzurichten; als Gegenleistung bot ich um zehn Prozent billigeres Öl für die Verteidigung sowie als Benzin und Brennstoff für Haushalte an.

Wie Robert Sherrill in seinem Buch *The Oil Follies of 1970–1980* bemerkte: «Diese Art freies Unternehmertum ging allen größeren Ölfirmen und den meisten Unabhängigen gegen den Strich. Fast wie ein Mann standen sie gegen das Machiasport-Vorhaben auf. Einige dieser ehrbaren Herren gingen so weit, Hammer vorzuwerfen, er versuche, sich seinen Weg zum Erfolg mit Schmiergeldern zu ebnen.» Die Genehmigung wurde abgelehnt.

Öl war nicht die einzige Flüssigkeit, die Occidental aus dem Sand der libyschen Wüste fließen ließ. Wir hielten uns auch an unser Versprechen, Wasser zu suchen. Professor Neil H. Jacoby von der UCLA, Vorstandsmitglied von Occidental, erzählte die Geschichte so:

Es war ein Millionen-Dollar-Glücksspiel, würde ich sagen. Wir schafften einen Bohrturm und Mannschaften 800 Kilometer weit ins Innere über die glühende Wüste nach Kufra, begannen mit dem Bohren und fanden ein unterirdisches Reservoir, das auf eine Größe geschätzt wurde, die mit dem Nil vergleichbar wäre – wenn er zweihundert Jahre lang fließt! Es war wunderbares klares Quellwasser. Die Leute konnten es nicht fassen, und ich glaube, wir auch nicht. Wir fanden es nur 76 Meter unter der Oberfläche. Der Doktor flog ein paar Farmexperten aus dem San Joaquin Valley ein, bestellte viele Kilometer an Aluminium-Bewässerungsrohren, Sprinkler und chemische Düngemittel, und wir brachten diesen Leuten bei, wie man die Wüste zum Blühen bringt. Wir pflanzten Alfalfa, und sie sproß aus dem Sand, als ob sie im saftigsten Boden der Erde Wurzeln geschlagen hätte.

König Idris war von unserer Entdeckung so begeistert, daß er zu mir sagte: «Allah schickte Sie nach Libyen!» Er wollte seinen Geburtsort umtaufen und «Hammer» nennen. Ich sagte, dies sei der Ehre zuviel, und ich fragte ihn, ob er einer Umbenennung unseres Felds Konzession 103 zustimmen würde; ich wollte es Idris-Feld nennen.

Ich hatte diese Idee bereits mit dem Premierminister Mustaba Halim erörtert. Der riß seine Arme vor Schreck in die Höhe und warnte mich, dies auf gar keinen Fall vorzuschlagen. «Der König ist ein Heiliger, und er würde dem nie zustimmen. Er würde höchstens – und dann äußerst widerwillig – zustimmen, daß eine Moschee oder eine Universität seinen Namen erhält. Aber ein Ölfeld? Nie!»

Als Idris sagte, ich sei von Allah geschickt worden, dachte ich bei mir: «Also, wenn das so ist, sollte ich den König doch fragen können, ob er dem Ölfeld nicht seinen Namen geben will.»

Ich sagte dem König, was ich wollte. Idris lachte und fragte: «Wie komme ich zu dieser Ehre?»

Ich sagte: «Weil das, was Sie für Libyen getan haben, Sie unsterblich machen wird.»

«Nicht, wenn es nach Nasser geht», antwortete er.

Dies waren prophetische Worte. Unser großes Ölfeld in Libyen sollte nicht lange nach Idris benannt bleiben. Gamal Abd el-Nasser, der Staatsoberhaupt von Ägypten wurde, nachdem er meinen alten Kunden König Faruk gestürzt hatte, und Leitstern des arabischen Nationalismus der Nachkriegswelt, machte kein Geheimnis daraus, daß er sich in Libyen eine Revolution wünschte.

Nasser lebte gerade noch lange genug, um sie zu erleben. Er starb 1970, Idris wurde am 1. September 1969 gestürzt. Paradoxerweise verbrachte Idris seine restlichen Jahre in Kairo unter dem Schutz von Nassers Nachfolger Sadat.

Der Coup gegen Idris wurde von einem jungen Offizier der Armee angeführt, der Nasser sehr verehrte und ein stolzer Anhänger seiner merkwürdigen Ideologie war, die Arabismus, Sozialismus und Nationalismus miteinander vermischte. Nachdem der Revolutionäre Kommandorat Idris entthront und die Libysche Arabische Republik ausgerufen hatte, dauerte es noch einige Tage, bis uns sein Name als Revolutionsführer bekannt wurde.

Ich brauche ihn nicht vorzustellen. Seit fast zwanzig Jahren kennt und fürchtet die Welt Muammar Gaddafis Namen. Wenn man bedenkt, daß die Bevölkerung Libyens kaum mehr als zwei Millionen Menschen zählt, ist es erstaunlich, daß Gaddafi es fertig bringt, die Weltaffären und die Phantasie derart zu beeinflussen. Ohne Öl wäre Libyen ein unterentwickeltes Land der Dritten Welt geblieben. Ohne Öl wäre Gaddafi unbekannt geblieben und nichts anderes als ein weiterer obskurer Diktator geworden.

Eine der ersten Handlungen der neuen Regierung war die Umbenennung unseres Ölfelds. Es hieß nun nicht mehr Idris, sondern Intisar.

Gaddafi hatte die Nachfolge als Führer des Landes ganz reibungslos angetreten, und was seine Politik betraf, so lag der Unterschied zwischen seiner und der des alten Königs zunächst weniger an der Substanz als am Stil. Da gab es allerdings einen erheblichen Unterschied. Zum Beispiel hatten Idris' Minister stets 30 Cent mehr pro

Barrel verlangt, als die Produzenten zahlen wollten. Sie waren immer der Meinung, daß Libyen zu kurz käme. Die Produzenten ignorierten das, da sie den König für machtlos hielten. Gaddafi war der gleichen Meinung; auch er fand, daß Libyen für das Öl nicht fair bezahlt wurde. Er wollte ebenfalls zwischen 30 und 40 Cent mehr pro Barrel. Gaddafi war jedoch bereit, die Ölfelder zu verstaatlichen, wenn er nicht genug Geld bekam, und die Gesellschaften aus dem Land zu jagen. Das kann man wohl einen «anderen Stil» nennen.

Im Januar 1970, weniger als fünf Monate nach der Machtübernahme, organisierte er ein Treffen der Ölproduzenten in Libyen, bei dem er den Vertretern der Gesellschaften sagte, er sei fest entschlossen, 40 Cent mehr pro Barrel zu bekommen. Es sollte angemerkt werden, daß James E. Akins vom State Department, der frühere US-Botschafter in Saudi-Arabien, später sagte, dieser Betrag sei «nicht unverschämt» gewesen, und er rechnete außerdem aus, daß die Libyer ohne weiteres hätten noch mehr verlangen können.

Die Gesellschaften sahen die Dinge verständlicherweise etwas anders. Sie wollten nicht mehr als eine Erhöhung von 10 Cent pro Barrel anbieten. Sie meinten, wenn sie in Libyen zustimmten, könnte dies weltweit zu einem Dominoeffekt führen.

Sie hatten leicht reden. *Sie* hatten umfassende Beteiligungen in anderen Ländern. Occidental aber nicht. Wir waren völlig von unserer libyschen Produktion abhängig, die 1969 mehr als 90 Prozent der Gesamtölproduktion der Firma ausmachte. Natürlich erkannten Gaddafi und seine Minister das Ausmaß unserer Abhängigkeit und pickten uns sehr bald als schwächstes Angriffsziel heraus.

In den ersten Monaten des Jahres 1970 kamen uns ständig Drohungen aus Libyen zu Ohren, daß unsere Produktion gekürzt oder beschnitten würde. Die offizielle Begründung für diese Drohungen war, daß die Libyer behaupteten, die 800 000 Barrel pro Tag, die wir produzierten, seien nach herkömmlicher Praxis viel mehr, als uns hätte eingeräumt werden dürfen. In Wirklichkeit wollten sie uns bloß weichkriegen. Unsere Verwundbarkeit machte uns zu der reifsten Frucht am Baum und zu der Gesellschaft, die am ehesten geneigt wäre, über eine Preiserhöhung zu verhandeln. In der sich verschlechternden Atmosphäre jener Zeit wurde es unumgänglich, unsere Verpflichtungen in Libyen zu reduzieren, und meine erste Reaktion auf die libyschen Drohungen war die Drosselung der Bauarbeiten an einer riesigen Flüssiggasanlage in Zueitina, für die wir bereits 60 Millionen Dollar aufgebracht hatten. Bald danach schloß ich sie ganz.

Am 12. Juni 1970 erklärten uns die Libyer, daß unsere Produktion von 800 000 auf 500 000 Barrel pro Tag reduziert würde. Zwei Monate später, am 19. August, verkündeten sie eine weitere Reduzierung auf 440 000 Barrel pro Tag. Obwohl auch andere Gesellschaften Kürzungen einstecken mußten, litt niemand so sehr wie Occidental.

Zwischen diesen beiden Daten im Sommer 1970 hatte ich versucht, Occidentals Position gegen die wachsende Bedrohung in Libyen zu festigen. Am 10. Juli 1970 flog ich nach New York, um Ken Jamieson, den neuen Generaldirektor von Esso, aufzusuchen.

Im 51. Stockwerk des Esso-Gebäudes auf der Avenue of the Americas wurde ich in den großen Raum, den Jamieson sein Büro nannte und der für einen Staatsempfang geeignet wäre, geleitet. Er – groß, kühl, reserviert – begrüßte mich nicht gerade herzlich.

Ich legte meine Karten offen auf den Tisch. Ich hatte nichts zu verbergen. Ich sagte ihm, daß ich mich nicht mehr lange gegen Gaddafi behaupten könne. Da die libysche Produktion von Occidental bereits so stark eingeschränkt sei, hätte ich ernste Schwierigkeiten, unsere Lieferverträge zu erfüllen. In Kürze würde ich diesen Verträgen nicht mehr entsprechen können, und meine Gesellschaft sei in Gefahr, ausgelöscht zu werden. Ich erinnerte ihn – obwohl es ganz bestimmt nicht nötig war –, daß alle Ölfirmen in Libyen sich anschließen müßten, falls ich gezwungen würde, Gaddafi nachzugeben.

«Ich bin bereit, die Stellung zu halten», sagte ich, «wenn Sie mir das Öl verkaufen, das ich brauche, und zwar zum Selbstkostenpreis plus angemessenem Gewinn, sagen wir zehn Prozent.»

Jamieson nahm mein Angebot schweigend entgegen. Dann sagte er, er brauche Zeit zum Überlegen. Ich verließ ihn und hatte keine Ahnung, wie Esso reagieren würde. Sie brauchten zwei Wochen zu ihrer Entscheidung – zwei Wochen, in denen Occidental – zweifellos zu ihrer Freude – gleichsam an jenem Strick baumelte, den Gaddafi uns um den Hals gelegt hatte. Dann kam die Entscheidung von Esso: Sie würden uns das Öl verkaufen, das wir brauchten, aber nur zum gängigen Marktpreis. Keine Abfuhr hätte durchdachter sein können. Wir kamen ohne solche Freunde aus – wir mußten.

Die Konsequenzen dieser Kurzsichtigkeit von Esso sollten bald über uns hereinbrechen. Eines Abends, Ende August, rief mich George Williamson, unser stellvertretender Vorsitzender und Manager in Libyen, an und teilte mir mit, daß wir verstaatlicht werden sollten. Dies war offensichtlich für die Feiern zum ersten Jahrestag der Revolution geplant.

Ich beschloß, sofort nach Libyen zu fliegen. Ich bat Frances, mir zu helfen, ein paar Sachen einzupacken. Sie drängte mich, nicht zu fliegen. Sie sagte, ich sei nicht bei Verstand. «Gaddafi läßt dich festnehmen», sagte sie. «Du bist ein alter Freund des Königs und in ihren Augen schuldig. Sie stellen dich wahrscheinlich vors Gericht und erschießen dich vielleicht sogar. Wenn schon jemand gehen muß, warum nicht ein Jüngerer?»

«Ich muß gehen», sagte ich. «Die Aktionäre würden es mir nie verzeihen, wenn ich es zuließe, daß sie uns verstaatlichen.»

«Also, das ist jedenfalls eine Reise, auf die ich mich nicht begebe», sagte sie. Es war das erste und einzige Mal, daß sie sich weigerte, mitzukommen.

Wir flogen die ganze Nacht. In Turin stieß Claude Geismar zu uns. Wir beschlossen, für die Reise nach Tripolis einen französischen Falcon-Jet zu chartern, denn wir befürchteten, die Libyer könnten unser Flugzeug konfiszieren.

Als das Flugzeug kurz vor Sonnenaufgang zum Stehen kam, blickten wir nervös aus dem Fenster. Der Flughafen war menschenleer. Nur ein Mann erwartete uns – George Williamson, unser Kollege. Er sagte, Premierminister Abd el-Salam Dschallud sei von meiner Ankunft informiert worden und erwarte mich in seinem Büro.

Als ich sein riesiges Zimmer betrat, sprang Dschallud auf und kam mir mit strahlendem Lächeln entgegen. «Herzlich willkommen, Dr. Hammer», sagte er. «Sie sind der erste Vorsitzende und Direktor einer Ölgesellschaft, der uns seit der Revolution aufsucht. Bitte fühlen Sie sich als Gast der Regierung. Ein Quartier ist für Sie im Palast des Ex-Königs, den Sie natürlich von früheren Besuchen her kennen, vorbereitet. Haben Sie schon gefrühstückt? Wir haben hier warme Brötchen für Sie und Kaffee. Bitte, setzen Sie sich.»

Ich war wie vor den Kopf geschlagen von der Herzlichkeit dieses Empfangs und fühlte mich noch verwirrter von Dschalluds erster

Handlung, bevor wir uns nebeneinander auf das Sofa setzten. Er schnallte seinen breiten Ledergürtel los und legte ihn auf den niedrigen Tisch vor uns. Vom Gürtel hing ein Halfter, in dem ein sehr großer Revolver steckte. Er lächelte. Ich lächelte. Dann versuchte ich, mich zu beruhigen. Ich hatte auch früher schon Geschäftsgespräche unter merkwürdigen Umständen geführt, jedoch nie über dem matt glänzenden Lauf einer .45!

Dann fingen wir an. Ich versicherte ihm, daß ich gekommen sei, um in gutem Glauben zu verhandeln, daß ich für alle vernünftigen Angebote offen sei und daß mein Hauptanliegen der Schutz der Interessen meiner Aktionäre sei. Er antwortete, daß auch die Libyer vernünftige Leute seien. Alles, was er wünsche, sagte er, sei eine Abgabenerhöhung von 40 Cent pro Barrel. Die Alternative, sagte er charmant, sei einfach: Wir würden vollständig übernommen.

Ich verhandelte fast eine Woche lang mit den Libyern. Ihr gastfreundliches Angebot nahm ich lieber nicht an. Ich fühlte mich in Tripolis nicht sicher. Ich dachte ständig an die Gefahr möglicher Schwierigkeiten und an Verhaftung. Statt in Idris' altem Palast zu wohnen, flog ich jede Nacht nach Paris und kam dort meist um zwei Uhr früh an. Um sechs Uhr flog ich dann wieder nach Libyen. Nach dem ersten Flug nahm ich meine eigene Maschine. Es war sehr schwierig für Fred Gross, meinen Piloten, aber er beklagte sich nicht. Er hatte selbst keine große Lust, in Tripolis zu übernachten.

Schließlich erreichten wir einen Kompromiß – eine Erhöhung von 30 Cent pro Barrel –, und ein Abkommen wurde vorbereitet. Ich sollte für Occidental unterzeichnen, Mabruk, der Ölminister, für Libyen. Als Williamson, Geismar und ich uns in Mabruks Büro einfanden, fragte ich ihn, ob er von der libyschen Regierung die Vollmacht erhalten habe, Unterschrift zu leisten.

«Das habe ich», antwortete er. «Hier in meinem Schreibtisch.»

«Ich möchte sie gerne sehen», sagte ich. «Ich möchte eine Kopie davon machen und an unseren Vertrag heften.»

«Tut mir leid», sagte er. «Das ist ganz unmöglich. Das ist ein geheimes Regierungsdokument.»

Diese Antwort gab mir ein sehr unangenehmes Gefühl. Ich vermutete einen Trick. Ohne formelle Resolution wäre jeder Vertrag, den ich unterschrieb, nicht durchsetzbar, wertlos.

Ich sagte Mabruk, daß ich unter diesen Umständen nicht bereit wäre zu unterschreiben, und bat ihn, mit Dschallud zu sprechen. Er verließ den Raum und sagte, er würde Dschallud von einem anderen Büro aus anrufen. Ich weiß nicht, ob er telefonierte oder nicht, aber nach wenigen Minuten kehrte er zurück, um mitzuteilen, Dschallud sei einverstanden, ich könne die Resolution sehen. Er bestand jedoch darauf, daß ich mir weder eine Kopie davon machen noch sie dem Vertrag beifügen dürfe.

«Das muß ich mir überlegen», sagte ich. «Ich fürchte, ich bin nicht bereit, jetzt zu unterschreiben. Sie müssen mir Zeit geben, über diese Entwicklung nachzudenken.»

Ich verließ das Büro. Sobald wir draußen waren, sagte ich zu Williamson: «Das ist sehr verdächtig. Es gefällt mir ganz und gar nicht. Ich fliege sofort ab. Sie sind bevollmächtigt, den Vertrag in meinem Namen zu unterschreiben, wenn Sie die Resolution anheften dürfen – aber nur dann. Sonst dürfen Sie nicht unterschreiben.»

Claude und ich fuhren direkt zum Flugplatz. Es war spät nachts, alles menschenleer. Fred Gross schlief im Flugzeug. Ich weckte ihn und sagte: «Freddie, wachen Sie auf. Wir müssen sofort hier raus. Starten Sie die Maschine und ab!»

«Aber ich brauch die Erlaubnis vom Tower», sagte er.

«Fragen Sie nicht», sagte ich. «Warten Sie auf nichts. Stoppen Sie nicht, wenn man es Ihnen sagt. Fliegen Sie los – sofort!»

Niemand hat mehr Courage als Fred Gross, und niemand hat mehr Spaß an einem bißchen Abenteuer als er. Er grinste und sagte: «Ist mir recht, Doktor, aber ich muß Sie auf das Risiko aufmerksam machen. Die können anfangen zu schießen, sobald wir rollen. Vielleicht schicken sie uns sogar Jagdflugzeuge hinterher, aber wenn wir abgehoben haben, sind wir sehr schnell aus ihrem Luftraum raus.»

«Versuchen wir unser Glück», sagte ich. «Jetzt schlafen sie alle. Wir sind weg, bevor sie was merken.»

Fred fuhr das Flugzeug wie einen Sportwagen zur Piste und schoß die Startbahn entlang. Der Gulfstream II hat den Vorteil, daß er mit einer Steiggeschwindigkeit wie ein Kampfflugzeug loskommt. Nach einigen Minuten sagte Fred: «Der libysche Luftraum liegt hinter uns, Doktor. Nächster Stopp: Paris.»

Im Hotel *Ritz* in Paris in Sicherheit, erhielt ich von Williamson am nächsten Tag einen Anruf aus Tripolis. Die Libyer seien wegen meines plötzlichen Abflugs so perplex gewesen, sagte er, daß Dschallud klein beigegeben und der Beifügung der Resolution zugestimmt habe.

«In diesem Fall», sagte ich, «unterschreiben Sie.»

Die unmittelbare Krise war vorüber. Wir vereinbarten, 30 Cent mehr pro Barrel sofort und weitere zwei Cent pro Jahr über fünf Jahre zu zahlen. Wir akzeptierten außerdem eine Erhöhung des Steuersatzes von 50 auf 58 Prozent. Occidental war gerettet. Unsere libysche Produktion war sicher. Aber jetzt brach die Hölle los.

Sobald die Einzelheiten unseres Vertrags mit Libyen bekannt wurden, gerieten die anderen Ölgesellschaften in Rage und behaupteten, ich hätte sie verraten und verkauft. «Von da an», soll einer von Shell geäußert haben, «war es entweder Rückzug oder Flucht.» Dieselben Gesellschaften, die es abgelehnt hatten, Occidental zu Hilfe zu kommen, knirschten jetzt mit den Zähnen und heulten.

Verspätet dachten die Gesellschaften daran, sich zu verteidigen. Am 7. September 1970 führte John J. McCloy, Berater und Sprecher der Großen, eine Delegation von Direktoren der Ölgesellschaften in Washington an, um mit Außenminister William Rogers, Unterstaatssekretär Alexis Johnson und James Akins zu konferieren. Bei dieser Konferenz kam man zu dem Schluß, daß die Situation in Libyen sehr ernst sei, eine Entscheidung wurde aber nicht getroffen.

Die großen britischen Gesellschaften, Shell und BP, versuchten jetzt, die Widerstandsorganisation anzuführen. Die jeweiligen Vorsitzenden, Sir David Barran und Sir Eric Drake, besuchten alle großen Gesellschaften in den Vereinigten Staaten und riefen die Sieben Schwestern auf, in Libyen «zusammenzuhalten». Socal und Texaco waren jedoch nicht bereit, sich einem Kampf zu stellen, und gaben bald unter den gleichen Bedingungen, wie ich sie mit Occidental ausgehandelt hatte, nach.

Die Dominosteine kippten reihenweise um. Da die Gesellschaften sich jetzt den Wünschen der Libyer unterwerfen mußten, geschah, was die Ölmanager immer befürchtet hatten: Die anderen erdölproduzierenden Länder folgten Libyen. In rascher Folge forderten und bekamen der Iran, Algerien, Kuwait und Irak 55prozentige Steuererhöhungen. Am 9. Dezember versammelten sich die OPEC-Länder in Caracas und erstellten eine Reihe von säbelrasselnden Statements, in denen sie mit weiteren Steuererhöhungen drohten.

Am 10. Dezember lag ich auf dem Operationstisch und ließ mir meine Nierensteine entfernen. Am nächsten Tag, als ich mich kaum von der Narkose erholt hatte, wurde ein Anruf von Sir David Barran zu meinem Krankenhausbett durchgestellt.

«Armand», sagte er, «es gibt gute Gründe anzunehmen, daß die Libyer wieder anfangen, und dieses Mal werden sie einen Dollar pro Barrel verlangen. Es sieht so aus, als ob sie wieder auf Ihnen herumhacken werden, weil sie Ihre Position als die schwächste ansehen. Ich hoffe, Sie werden ihnen Widerstand leisten.»

«Es ist sehr nett von Ihnen, mich anzurufen», sagte ich, «aber ich würde gerne wissen, wer sich um meine Firma kümmert, wenn ich ihnen Widerstand leiste und sie uns anschließend verstaatlichen. Versorgen Sie mich mit Öl zum Selbstkostenpreis, damit ich meine Verträge erfüllen und meinen Verpflichtungen nachkommen kann?»

«Das halte ich für eine völlig verständliche Bitte», sagte er. «Lassen Sie mich das Ganze mit den anderen Gesellschaften besprechen.»

Am nächsten Tag rief Sir David wieder an und sagte, er sei bereit, einen Deal auszuarbeiten. Er bat mich, einen Vertreter zu schicken, um mit diesem in London verhandeln zu können. Ich schickte ihm John Tigrett, einen amerikanischen Berater, den ich unter Vertrag hielt. John ließ alles fallen und flog sofort nach London.

Während der Tage kurz vor und nach Weihnachten 1970 diskutierten John und Sir David über ein «Sicherheitsnetz», das die Gesellschaften in Libyen schützen sollte. Sir David schrieb dann einen «Neujahrsbrief» an alle Firmen und schlug ein Treffen in New York vor.

Am 11. Januar 1971 versammelten wir uns alle dreiundzwanzig im Büro von John J. McCloy in New York. Das Sicherheitsnetz wurde zusammengeknüpft. Im wesentlichen vereinbarten wir, jede Firma zu unterstützen, die in Libyen benachteiligt oder verstaatlicht würde. Jede Gesellschaft würde der geschädigten Firma entsprechend ihrer libyschen Produktion Öl liefern. Die Gesellschaften, die im Persischen Golf operierten, würden die Ölmengen ersetzen, die die libyschen Gesellschaften wegen der Unterstützung der Gaddafi-Opfer einbüßen würden.

Die großen Fragen zu diesem Abkommen waren: «Wird es funktionieren?» und «Ist es legal?» McCloy wies rasch darauf hin, daß unser Vertrag wohl einen offensichtlichen Bruch der Kartellgesetze darstellte. Wir baten ihn, dem Justizministerium unser Dilemma zu erklären. Das Justizministerium antwortete in typisch zweideutiger Weise, daß sie vorläufig nicht die Absicht hätten, Kartellklage gegen uns zu erheben, daß sie sich aber das Recht vorbehielten, in Zukunft entsprechend zu handeln.

Zur selben Zeit, in der wir dieses Sicherheitsnetz bildeten, erstellten die Gesellschaften auch einen «Vertrag libyscher Produzenten», mit dessen Hilfe verhindert werden sollte, daß die Libyer irgendeine Firma zu Angriffszwecken herausbrachen. Das Abkommen schlug vor, «daß eine allumfassende Verhandlung zwischen Vertretern von uns und OPEC beginnen sollte, wobei eine dauerhafte Einigung erzielt werden könnte».

Zur Frage «Wird es funktionieren?» lautet die Antwort: «Es wäre möglich gewesen, wenn es jemand versucht hätte.» Die produzierenden Länder waren absolut gegen unsere Vorschläge – was nicht überraschte –, und sie waren fest entschlossen, nicht mit uns vereint zu verhandeln. Die Libyer sahen deutlich, daß sie alle Vorteile ihrer Position durch gemeinsame Verhandlungen einbüßen würden. Aus unterschiedlichen Gründen nahmen die gemäßigteren Iraner die gleiche Position ein. Angesichts dieser Opposition gaben die größeren Ölgesellschaften unsere kollektive Strategie auf und akzeptierten individuelle Verhandlungen mit den produzierenden Regierungen.

Das Ergebnis dieses Wankelmuts brachte die Gefahr der Verstaatlichung näher.

Es geschah nicht über Nacht. Wir hatten genug Zeit, uns darauf vorzubereiten. Die Produktion von Occidental in Libyen wurde weiter beschnitten – auf 423 000 Barrel pro Tag im Jahr 1972 und auf 354 000 im Jahr 1973. Es war deutlich, worauf das Ganze hinausführte, und nach der ersten Restriktion verkündete ich, daß wir von nun an, «unseren libyschen Betrieb erheblich reduzieren» würden.

Es ging nicht alles nach dem Willen der Libyer. Sie blieben eisern bei ihren Prinzipien, aber im feinen Netz unserer Geschäftstätigkeiten ließen sie uns etwas Spielraum. Einmal war ich in der Lage, mit diesem Netz einen Fang von einer halben Milliarde Dollar hereinzuholen.

Mit der Anhebung der Steuern und der Kürzung unserer Produktion verstießen die Libyer offen gegen unsere Verträge. Natürlich beschwerten wir uns. Natürlich kümmerten sie sich nicht darum. Ich hielt es für klug, Vorbereitungen zu treffen, uns ganz aus Libyen zurückzuziehen. Wie in unserem Vertrag vorgesehen, wollte ich sie vors internationale Schiedsgericht in Paris bringen, um wenigstens unser Betriebsvermögen, das auf 275 Millionen Dollar geschätzt wurde, beizutreiben, aber als Druckmittel wollte ich auch etwas von ihnen in den Händen haben.

Für die Bezahlung unseres Erdöls an die Libyer hatten wir Kredit über sechzig Tage. Von unseren eigenen Kunden wurden wir nach dreißig Tagen bezahlt. Wir sammelten ein riesiges Guthaben an. Als die Summe, die wir einbehielten, dem Vermögen entsprach, das wir in Libyen verlieren konnten, schrieben wir an die Libyer und informierten sie über unsere Absicht, ein Schiedsverfahren einzuleiten, und sagten, daß wir ihr Erscheinen erwarteten. Der Brief verursachte ungefähr so viel Aufregung in Tripolis wie eine Fliege, die auf einem Rhinozeros landet. Sie beantworteten ihn nicht. Wir verschifften weiter unser Öl und hielten ihr Geld zurück.

Das Geld häufte sich, bis wir 550 Millionen Dollar zusammen hatten. Einige unserer Direktoren wurden nervös. Sie glaubten, Gaddafi würde Terroristen auf uns hetzen und uns entführen und bis zur Freigabe des Geldes festhalten. Arthur Groman riet mir ängstlich, eine kugelsichere Weste zu tragen, und unsere Sicherheitsleute holten Preise für einen gepanzerten Wagen für mich ein. Ich ging nicht auf ihre Vorschläge ein. Läßt man Ängste dieser Größenordnung erst einmal zu, läuft man Gefahr, verrückt zu werden. (Alle Möchtegernkidnapper, die dies lesen, seien jedoch gewarnt, daß ich entsprechende Vorkehrungen getroffen habe, um mich und meine Familie zu schützen.)

Endlich kamen die Libyer zu Vernunft. Dschallud schickte eine Delegation nach Los Angeles.

«Wie Mr. Dschallud gehört hat, ist Ihnen heiß», sagte der Anführer. «Er schlägt vor, daß Sie duschen und sich abkühlen. Wir wollen diesen Streit beenden.»

«Ich bin bereit», sagte ich.

«Nun, dann müssen Sie uns unser Geld geben.»

«Ich bin bereit, Ihnen zweihundertfünfundsiebzig Millionen Dollar zu geben», sagte ich, «aber die restlichen zweihundertfünfundsiebzig Millionen halte ich als Sicherheit gegen eine weitere Verletzung unseres Vertrags oder die Androhung der Konfiszierung unseres Vermögens zurück.»

«Fair genug», sagten sie.

Ich war ziemlich überrascht. Ich hatte nicht erwartet, daß man mir so schnell 275 Millionen Dollar schenkte.

Wir behielten ihre 275 Millionen für zwei Jahre ein, bis Dschallud schließlich Williamson in Tripolis rufen ließ und sagte: «Schauen Sie her, das ist absurd. Dr. Hammer muß uns unsere zweihundertfünfundsiebzig Millionen Dollar zurückgeben.» So zahlten wir das Geld allmählich im Laufe einiger Jahre zurück, bis unsere Gewinne die Summe von 275 Millionen Dollar überschritten.

Zu dieser Zeit, als meine Beziehungen zu den Libyern äußerst gespannt waren, wurde ich ihnen durch ein Mißgeschick fast ausgeliefert.

Ich flog über Nacht von Nigeria nach Europa, als in meinem Flugzeug ein Generator ausfiel. Wir befanden uns über der Sahara. Fred Gross sagte, er müsse das Flugzeug auf der nächsten Piste landen, die groß genug sei. Das war Tripolis!

«Oh, mein Gott», sagte ich. «Wenn die Libyer erfahren, daß wir gelandet sind, stecken sie uns alle hinter Gitter. Ich bin augenblicklich nicht ihr liebster Mann.»

Da Fred den Flughafen kannte, glaubte er, heimlich rein- und wieder rausfliegen zu können, ohne daß die Libyer das Flugzeug und seine Passagiere erkannten.

Wir landeten, und Fred parkte die Maschine weit draußen. Dann setzten wir uns mit unserem Büro in Verbindung – die besten Mechaniker sollten schnellstens zu uns kommen. Fred und seine Jungen arbeiteten die ganze Nacht durch. Ich versteckte mich. Endlich waren wir abflugbereit. Zum zweiten Mal brachte Fred die Maschine ohne Starterlaubnis in die Luft.

Das Geschenk der Libyer zu meinem fünfundsiebzigsten Geburtstag war die Verstaatlichung. Ich feierte ihn im Mai 1973 in Malta mit John Tigrett und George Williamson, mit denen ich einen Vorschlag für die Libyer ausarbeitete, wonach uns gestattet würde, weiter dort zu produzieren.

John und ich waren sofort nach Malta gejettet, als wir von George erfuhren, daß eine vollständige Verstaatlichung bevorstünde. Die sorgfältig vorbereiteten Pläne für meine Geburtstagsfeier in Los Angeles mußten verschoben werden. Wenn wir Libyen ganz verloren, gäbe es ohnehin nicht viel zu feiern.

Ich glaubte, die Libyer zu verstehen. Ich sagte zu John und George: «Ich nehme nicht an, daß sie sich um die Ölfelder kümmern wollen. Ich glaube, sie wollen nur die Kontrolle darüber. Auch wenn sie ein Anrecht von einundfünfzig Prozent haben, bleiben uns immer noch neunundvierzig Prozent, womit wir unsere Verträge erfüllen könnten.» So wurde es geplant. Die Libyer akzeptierten, 136 Millionen Dollar für 51 Prozent unseres Unternehmens zu bezahlen. Die anderen Gesellschaften in Libyen mußten dann unserem Beispiel folgen, aber ich glaube, wir waren die einzigen, die eine Entschädigung in Bargeld erhielten. Die anderen wurden mit ihrem eigenen Öl bezahlt. Manche hatten noch nicht einmal so viel Glück. Bunker Hunt und andere wurden bedingungslos verstaatlicht.

In den zehn Jahren, die diesem Deal folgten, arbeitete ich ununterbrochen daran, Occidentals Abhängigkeit vom libyschen Öl zu reduzieren. Es war einfach zu gefährlich, mehr als 90 Prozent unseres Öls aus einem Land kommen zu lassen, das ständig mit dem Rest der Welt, und besonders mit Amerika, uneins war. Unsere Leute suchten auf der ganzen Welt nach Öl, und wir setzten gigantische Beträge für die Erforschung und Erschließung der Nordsee, von Feldern in Peru, Kolumbien, Pakistan, Oman, im südchinesischen Meer und anderswo ein. Das Glück lächelte uns bei vielen dieser Bemühungen, unsere Position als Ölproduzenten zu Hause in Amerika zu stärken.

Aufgrund dieser Bestrebungen, über die ich später ausführlicher berichten werde, wurde Occidental nicht vom Kollaps bedroht, als Ronald Reagan nach seiner Wahl 1980 mit Gaddafi zusammenstieß. Als die diplomatischen Beziehungen zwischen den Vereinigten Staaten und Libyen 1981 abgebrochen wurden, hielten wir uns an die Anweisungen des Präsidenten und zogen alle amerikanischen Staatsbürger aus Libyen zurück. Unser Betrieb wurde von Angestellten anderer Nationalitäten, hauptsächlich aus Großbritannien, fortgesetzt.

Als Präsident Reagan im Januar 1986 nach den terroristischen Bombenanschlägen auf den Flughäfen von Rom und Wien durch die Abu-Nidal-Gruppe im Dezember 1985 sämtlichen Handel mit Libyen verbot, konnte Occidental mühelos Folge leisten. Dank unserer Anstrengungen repräsentierte unser libysches Unternehmen nur knapp ein Prozent des Gesamtwerts des weltweiten Geschäfts der Gesellschaft.

In den vergangenen zwanzig Jahren bin ich häufig von den Bossen anderer Ölgesellschaften wegen meiner Rolle in Libyen angegriffen worden. Meine Antwort jenen Kritikern gegenüber ist einfach: Ich habe überlebt – andere nicht. Occidental war oft in Gefahr, wegen unseres libyschen Unternehmens und den Problemen, die es mit sich brachte, völlig ausgelöscht zu werden. Meine Verantwortung war einfach und unmißverständlich: Ich mußte die Investition unserer Aktionäre schützen. Denn *sie* hätten gelitten, wenn es in Libyen schiefgegangen wäre.

Weil Gaddafis Regime in Amerika solches Interesse hervorruft, ist ungeheurer Unsinn über meine Geschäfte dort geschrieben und geredet worden. Der bedrohlichste aller Mythen – der beinahe eine große Krise heraufbeschworen hätte – war der, daß Occidental der CIA insgeheim Millionen von Dollar angeboten habe, um sie beim Sturz von Gaddafi zu unterstützen.

Zum ersten Mal hörten wir an einem Sonntag mittag Mitte der siebziger Jahre von dieser Mär. Larry Stern, Redakteur bei der *Washington Post*, brachte die Bombe zum Platzen, als er Bill McSweeny, Generaldirektor von Occidental International und mein bester Mann in Washington, anrief.

Stern sagte Bill, daß er die Geschichte aus bester Quelle habe und sie auch bringen werde. Offenbar war seine Quelle ein verstimmter früherer Direktor von Occidental, der dem Agenten der CIA in Los Angeles gesagt hatte, daß 24 Millionen Dollar – der Himmel weiß, wie er auf diese Summe kam – von den Ölgesellschaften in Libyen aufgebracht werden könnten, um Gaddafi zu stürzen. Occidental stand an oberster Stelle als vermeintlich beitragleistende Firma. Diese Geschichte war einem Reporter der *Washington Post* weitererzählt worden.

Ich war in der Luft auf dem Weg nach New York, als Bill den Anruf von Larry Stern erhielt, der die Story zurückzuhalten versprach, bis ich darauf reagieren konnte. Bill McSweeny erreichte mich, als mein Flugzeug in Newark aufsetzte. Vom Flughafen aus versuchte ich, diesem Unsinn auf den Grund zu gehen, während Bill McSweeny sich mit William Colby, dem damaligen Chef der CIA, in Verbindung setzte.

Colby wollte mit der Story nichts zu tun haben und reduzierte sie so weit, daß selbst die Libyer sie nicht mehr ernst nehmen konnten. So konnten wir uns aus der Klemme befreien. Hätte man den Libyern Grund zu der Annahme gegeben, wir versuchten, ihre Regierung zu stürzen, hätten sie uns aus dem Land geworfen wie ein nasses Kleenex.

Nicht alle von der Presse waren so verantwortungsbewußt wie die *Post*. Eine Zeitschrift behauptete sogar, daß Gaddafi mir auf Geheiß der Sowjets eine besonders günstige Behandlung in Libyen zuteil werden ließ. Das einzige, auf das sich der Schreiber dieses Blödsinns stützen konnte, war die Tatsache, daß die CIA in der Woche meiner Verhandlungen in Tripolis eine Zunahme von kodiertem Kommunikationsaustausch zwischen Libyen und Moskau festgestellt hatte. Da diese Woche auch der erste Jahrestag der libyschen Revolution war und da Gaddafi drohte, alle größeren Ölgesellschaften zur Feier des Jahrestages zu übernehmen, ist es kaum verwunderlich, daß die Russen ein paar Worte mit dem Oberst zu wechseln hatten.

Die Sowjetunion hat nie etwas mit unserem Erfolg in Libyen zu tun gehabt. Den mußten wir uns selbst erkämpfen. Natürlich handeln wir jetzt überhaupt nicht mehr mit Libyen. Occidental hat in Übereinstimmung mit der Aufforderung Präsident Reagans, ab 30. Juni 1986 keine Geschäfte mehr mit ihnen zu machen, alle Aktivitäten gestoppt. Wir werden unsere Eigentumsrechte jedoch behalten, und ich glaube, daß Gaddafi uns entweder irgendein Angebot machen wird oder daß wir – falls er von einer demokratischen Regierung abgelöst wird – irgendwann unser Eigentum zurückerhalten werden.

Der Schah und andere Haie

Geschäft ist unter anderem auch Kampf. Der auf Wettbewerb einge-
stellte Kapitalismus bringt einzelne Personen, Firmen und Gesellschaften unweigerlich in Konflikt miteinander. Es ist ein hartes und
rücksichtsloses System, erbarmungslos den Schwachen und Schüchter-
nen gegenüber, es ist aber auch – wie Präsident Kennedy sagte – das
dauerhafteste System, das wir seit der Schaffung von Reichtum und
materiellem Fortschritt kennen.

Neben seinen Vorteilen hat mir das Geschäftsleben auch eine ganze
Reihe von Kämpfen auf Vorstandsebene und vor Gerichten beschert.
Ich stand oft mit dem Rücken zur Wand. Ich suche die Auseinandersetzungen nicht – wenn ich aber darin verwickelt werde, kämpfe ich, bis
ich gewinne. Hier möchte ich nun von zwei beispielhaften, wenn auch
ganz unterschiedlichen Schlachten berichten. Die erste führt uns
zurück zu den Ölfeldern von Libyen.

Occidentals Einsatz in Libyen brachte viele Schwierigkeiten und
Konflikte mit sich, und eine Sache verdient im einzelnen beschrieben
zu werden. Es war einer der folgenschwersten Rechtskriege, in die ich
je eingetreten bin und der vor vierzehn Bundesrichtern ausgefochten
wurde, und nicht nur in Amerika, sondern auch in Italien, in der
Schweiz, in England, der Bundesrepublik Deutschland und in Belgien.
Wenn das endgültige Urteil zu Ungunsten von Occidental gefällt
worden wäre, hätte es uns Hunderte von Millionen Dollar gekostet,
und ich hätte meinen guten Namen in der Geschäftswelt und an der
Wall Street verloren. In diesem großen Krach kämpfte ich nicht nur
aus geschäftlichen Gründen, sondern auch um meine Ehre.

Wie Louis Nizer später in *Reflections Without Mirrors* schrieb: «Der Autor von Tausendundeiner Nacht hätte sich kein spannenderes Szenarium ausdenken können. Wir waren in einen faszinierenden Kampf voller Geheimnisse, Intrigen, gefälschten Dokumenten und Wundern, wie die Entdeckung eines Ozeans unter der libyschen Wüste, verwickelt. Natürlich genoß Hammer das Drama, während er seine Besorgnis verbarg, und ich als sein Anwalt mußte die Sorgen teilen, ohne das Drama genießen zu können.»

Die Geschichte beginnt 1964 in England. Die hochangesehenen Gebrüder Allen, Charles und Herbert von der Wall-Street-Investmentgesellschaft gleichen Namens, schlugen vor, daß ein Freund von ihnen, Ferdinand Galic, sehr hilfreich bei der Beschaffung von libyschen Ölkonzessionen sein könnte. Galic war Tscheche, mit einer Amerikanerin verheiratet und in der Pariser Gesellschaft prominent. Er behauptete, mit einem Mann namens General de Rovin bekannt zu sein, der wiederum angeblich in der Gunst der libyschen Regierung von König Idris stand.

Ein Treffen wurde im Hotel *Claridge's* in London arrangiert. Es wurde ein Vertrag zwischen Occidental und den Allens entworfen, worin ihnen ein Anteil von 25 Prozent für jede Konzession, die «Galic zutage förderte», gewährt wurde. Die Kosten und Gewinne sollten im gleichen Verhältnis geteilt werden. Nach dem Wort «Kosten» fügten die Allens jedoch noch den Satz «die gemeinsam zu vereinbaren sind» ein. Sie wollten sich nicht zu Kosten verpflichten, die in die Millionen gingen, und dann mit nichts als trockenen Löchern dastehen. Damit konnten sie aus dem Vertrag entlassen werden, wenn sie es wollten. Ich akzeptierte, und mit meiner Unterschrift übernahm ich auch die Last von Millionen von Dollar für Occidental allein für seismographische und andere Kosten und später für enorme Bohrkosten ohne Gewährleistung, daß auch nur ein Barrel Öl zutage käme.

Dann kam das erste melodramatische Ereignis. Eine Routineprüfung durch Privatdetektive ergab, daß General de Rovin ein Hochstapler war. Er war kein General, sondern ein notorischer Betrüger mit langem Strafregister. Er war schon vor dem Zweiten Weltkrieg in Paris, Berlin, Wien und sonstwo als Schwindler in Erscheinung getreten und hatte während des Krieges mit den Nazis Geschäfte gemacht, wofür ihn ein französisches Gericht in Abwesenheit zum Tode verurteilte. In der

369

Nachkriegszeit reiste er in Südamerika und Kanada herum und stellte ungedeckte Schecks aus. Unter dem falschen Namen de Rovin war er aus Argentinien nach Frankreich zurückgekehrt, wo er bei einer Firma angestellt war, deren Betriebsvermögen er prompt verschleuderte. Kurz gesagt: Er war nicht gerade die Art von Mensch, die man zu Hause oder im Vorstand gerne willkommen heißt. Im Kielwasser dieser Entdeckung erfuhren wir außerdem, daß auch Galic in Libyen kein rechtes Ansehen genoß.

Inzwischen war mir auch klar geworden, daß Konzessionen nicht über Verhandlungen mit Dritten zu erlangen waren. Sie waren nur durch konkrete wettbewerbsfähige Angebote zu bekommen.

Ich beschloß, alle Verbindungen mit diesen Männern abzubrechen, und kündigte Anfang Juli 1965 ihre Vertretung. Da Galic nun nicht mehr in Erscheinung treten würde, konnte er auch keine Konzessionen «zutage bringen», und der Vertrag mit den Allens war damit ebenfalls beendet. Ich schrieb ihnen entsprechend, und sie erhoben keine Einwände, zumindest achtzehn Monate lang nicht, bis eine der größten Ölquellen in der Weltgeschichte den Sand überflutete und die Aktien von Occidental in die Höhe schossen. Da fiel den Allens ein, daß sie 25prozentige Partner seien –, obwohl sie nicht einen einzigen Cent an Risikokapital eingebracht hatten.

Die Allens konnten der Versuchung nicht widerstehen, etwas von Occidentals libyschem Reichtum zu beanspruchen, und verklagten uns beim Bundesgericht von New York. Auf dem Spiel stand ein Viertelanteil am libyschen Unternehmen von Occidental. Der geforderte Schadenersatz betrug «mehr als 100 Millionen Dollar»; dazu kam eine Rechnungslegung, die den Ersatzanspruch auf gut eine Viertelmilliarde Dollar erhöhen konnte.

Eine Niederlage wäre für Occidental ein lähmender Schlag gewesen. Aber ich wollte mich nicht einigen. Man hatte mir schließlich den Vorwurf gemacht, einen Vertragspartner zu betrügen. Die ganze Wall Street und die übrige Geschäftswelt blickten auf diesen Fall. Wenn ich zur Zahlung bereit gewesen wäre, wäre dies einem Schuldbekenntnis gleichgekommen, und mein Wort und die Rechtschaffenheit von Occidental wären von da an wertlos gewesen. Ich war fest entschlossen zu kämpfen, zu gewinnen und meine Ehre zu retten.

Am Anfang schien unsere Position unanfechtbar. Die Allens hatten das Investitionsrisiko vermieden. Sie hatten gegen unsere Kündigung erst anderthalb Jahre später Einspruch erhoben, nachdem wir die enormen Funde in Libyen gemacht hatten. Die Kündigung unseres Vertrags war nicht unbegründet gewesen. Notorische Schwindler waren als Agenten vorgeschlagen worden, und ich war berechtigt gewesen, sie rauszuschmeißen.

Die Sache sah nach einem siegreichen Prozeß aus. Aber, wie Louis Nizer schrieb, «hat es jemals einen Prozeß gegeben, in dem nicht plötzlich ein überraschender Zeuge oder ein Dokument auftauchten, die alle Berechnungen über den Haufen warfen?»

Die Allens produzierten so ein Dokument. Es detonierte in unserer Mitte und zwang uns beinahe zur Kapitulation. Es handelte sich um nichts Geringeres als das Schreiben eines Ministers des Königs, des Erdölministers Fuad Kabazi, auf offiziellem Briefpapier der libyschen Regierung, adressiert an Ferdinand Galic. Daraus war ihre enge Beziehung zu entnehmen und daß man sich auf die finanzielle Kapazität der Allens verließ. In diesem Schreiben ließ Kabazi Galic wissen, daß Occidental zwei Konzessionen erhalten würde. Der Brief hätte den Allens nicht besser dienen können, wenn er von ihnen selbst abgefaßt worden wäre, um einen perfekten Anspruch gegen mich und Occidental vorweisen zu können. Das war's auch, was an ihm nicht stimmte. Er war zu perfekt.

Als wir uns wieder gefaßt hatten, gingen wir zum Gegenangriff über, um zu demonstrieren, was wir vermuteten: daß Kabazi, der inzwischen kein Minister mehr war, seinen Brief zurückdatiert hatte, um den Prozeß gewinnen zu helfen.

Der Rechtsberater der Allens wollte Kabazis Zeugenaussage vor dem Verfahren aufnehmen. Und wir freuten uns über die Chance, ihn aufs Korn nehmen zu können. Es würde für uns gut zu wissen sein, ob wir seine schädigende Zeugenaussage überleben könnten.

Die Vernehmung fand in der amerikanischen Botschaft in London statt, damit der amerikanische Konsul den Zeugen vereidigen konnte.

Kabazi war ein gutaussehender, bärtiger Mann mit Augen, die ihn als Hypnotiseur qualifiziert hätten. Er rühmte sich, ein Dichter zu sein, was er häufig vorbrachte, um seine Schwierigkeiten bei kommerziellen Fragen zu erklären. Er hatte nicht die geringste Ahnung vom angelsächsischen Rechtswesen. Er verstand die Funktion des Kreuzverhörs nicht und betrachtete Louis Nizers Fragen als Affront gegen seine Lauterkeit.

Nizers subtiles und geschicktes Kreuzverhör führte Kabazi von einer Falle in die andere, die er sich selber grub. Er bezeugte, daß er in Tripolis war, als er den Brief an Galic schrieb, und später – irgendwelcher Widersprüche nicht gewahr – sagte er aus, er habe an Beratungsgesprächen in Beida, 1200 km von Tripolis entfernt, teilgenommen, und zwar zu einer Zeit, in die auch eben dieser Tag fiel, an dem der Brief datiert war. Er sagte, er habe mit Galic stets in italienischer Sprache kommuniziert, ihn mit «Lieber Ferdo» angeredet und die Antworten auf französisch erhalten. Englisch wurde nie benutzt. Er übersah die Tatsache, daß der fragliche Brief englisch geschrieben war und mit «Sehr geehrter Herr –» begann.

Er räumte ein, daß weder Galics Name noch der der Allens im Angebot von Occidental erwähnt worden waren und daß wir ein Schreiben der Chase Manhattan Bank beigefügt hatten, in dem eine zufriedenstellende finanzielle Unterstützung bestätigt wurde – und doch behauptete Kabazis Schreiben, daß er sich auf den finanziellen Status der Allens verließ. Wieder bemerkte er den Widerspruch nicht. Und es gab noch einen Widerspruch. Seine Zeugenaussage erfolgte in gebrochenem Englisch, so, wie man spricht, wenn man eine Sprache, die man nicht beherrscht, in Gedanken übersetzt. Aber der Brief, den er, wie er behauptete, persönlich getippt hatte, war in perfektem Englisch.

Als das Kreuzverhör wirklich hart wurde und Louis ihn mit einem Auszug des libyschen Strafrechts konfrontierte, das ihn für sechs Monate hinter Gitter bringen würde, weil er die Gewährung von Konzessionen vorzeitig bekanntgegeben hatte, erhob sich Kabazi entrüstet über den Angriff auf seine Ehre und stürmte aus dem Raum.

Louis beantragte, die ganze Zeugenaussage zu streichen, falls er nicht zurückkehre, um die Untersuchung entsprechend der Gerichtsordnung abzuschließen, was dazu führte, daß die Rechtsanwälte der Allens und der amerikanische Konsul Kabazi anflehten, weiterzumachen. Schließlich kam er schmollend zurück. Er führte weiter große Reden, daß er ein Künstler sei und die Anspielungen, die gegen seine Ehre gingen, ablehne.

Die Widersprüche setzten sich fort. Er behauptete, den Brief auf seiner Olivetti-Reiseschreibmaschine getippt zu haben. Wo war die Schreibmaschine? Er wand sich angesichts der bohrenden Fragen und sagte schließlich, er habe sie einem Freund in Rom geschenkt, an dessen Namen er sich nicht erinnern könne. Wir bestellten einen Fachmann, der einwandfrei feststellte, der Brief sei nicht auf einer Olivetti geschrieben worden, was sogar die Gutachter der Kläger einräumten. Kabazi behauptete, er habe eine Kopie dieses Schreibens im Erdölministerium abgelegt. Wir beschafften uns ein beglaubigtes Statement vom Ministerium, daß eine derartige Kopie nicht in den Akten zu finden sei. Der Originalbrief wurde Experten für mikroskopische und Ultraviolettstrahlentests übergeben, um festzustellen, ob an den durch die Tasten verursachten Einkerbungen Kohlepapierspuren zurückgeblieben waren. Es gab keine.

So tobte der Rechtsstreit, um das Überraschungsdokument, das von den Allens präsentiert worden war, aus dem Feld zu schlagen. Aber die Überraschungen durch neu entdeckte Dokumente setzten sich fort. Diesmal wartete Occidental mit einer auf.

Uns hatten Gerüchte erreicht, daß «General de Rovin» und Galic sich getrennt hätten: Die Gauner hatten Krach gekriegt. Wie wir erfuhren, hatte Galic ein zehnprozentiges Anrecht auf alle Leistungen erworben, die den Allens zugesprochen werden mochten. De Rovin schien offenbar der Meinung zu sein, ihm stünde ein Teil der Beute zu; dies war ihm jedoch verweigert worden, und der Betrüger fühlte sich betrogen. Louis Nizer bat seinen Partner Neil Pollio, de Rovin in Italien aufzusuchen, um herauszufinden, ob seine Verbitterung zu unserem Vorteil ausgenutzt werden könnte.

De Rovin war so bereitwillig, Galic eins auszuwischen, daß er uns seine persönliche Korrespondenz überließ. Wir trauten unseren Augen nicht. Hier, dargelegt in Galics eigener Handschrift, war eine detaillierte Beschreibung des betrügerischen Arrangements, das den Eindruck erwecken sollte, Galic habe die Konzessionen aufgrund seiner Verbindung zu Kabazi «aufgetan», wodurch die Klage der Allen-Brüder Substanz erhalten hätte.

Jetzt wurde mir einiges klar. Der Brief war ein Machwerk von Galic, de Rovin und Kabazi. Die Allens hatten mit dem Schwindel nichts zu tun. Sie hatten ihrem persönlichen Freund Galic blind vertraut, und er hatte sie betrogen.

Wir stellten Galic eine Falle. Mit seinen Briefen bewaffnet, ließ Nizer ihn tagelang aussagen, ohne ihm zu verstehen zu geben, daß wir seine Schriftstücke wie Sprengkörper unter dem Tisch versteckt hielten. Er fühlte sich frei, ein Phantasiebild seiner Vertrautheit mit Kabazi zu malen und wie er für alles Gute, das Occidental widerfuhr, verantwortlich sei. Louis forderte ihn heraus, mit jeder Frage immer mehr auf seine eigenhändig abgefaßten Widersprüche eingehend.

Schien die Untersuchung abgeschlossen, fing Louis wieder von vorne an. Indem er Galics Antworten der vorangegangenen Tage zitierte, konfrontierte er ihn schließlich mit seinen Briefen an de Rovin. Seine eigenen Worte gaben preis, daß er auf fast jede Frage mit einer Lüge geantwortet hatte. Statt von «Freundschaft» mit Kabazi zu sprechen, während dieser noch Minister war, schrieb er de Rovin, daß er zweimal ein Treffen mit Kabazi zu arrangieren versucht habe, daß Kabazi ihn aber nicht sehen wolle.

Statt frühzeitig von Kabazi erfahren zu haben, daß an Occidental Konzessionen vergeben würden, gab er zu, nichts zu wissen, und schlug vor, daß vielleicht ein anderer versuchen sollte, etwas für ihn herauszubekommen. In einem anderen Schreiben sagte er, er habe erfahren, daß «Kabazi überhaupt nichts getan hat», um Konzessionen zu erhalten.

Das Peinlichste überhaupt war Galics Brief an de Rovin, in dem die unangenehme Lage der Allens aufgedeckt wurde. Galic schrieb: «Ich verließ mich auf Ihre [de Rovins] Aussage, daß die Konzessionen durch Verhandlung erworben werden konnten, und dann ging es nur durch freie Ausschreibung. Das hat mir Mr. Allen gestern vorgeworfen. Sie hätten das vermeiden können. Es wird die Schwachstelle meines Prozesses sein.»

Als er mit diesen verheerenden Briefen konfrontiert wurde, schien Galics Gesicht die Farben der libyschen Flagge anzunehmen. Um seine frühere Aussage zu retten, verdammte er dann seine eigenen Briefe als Lügen – «alles Lügen». Nach einer Weile hatte er es satt, sich selbst einen Lügner zu schimpfen, und ging über zu «Quatsch». Er stotterte und schwitzte, als die Widersprüche seiner eigenen Worte auf ihn niederprasselten.

Noch deutlicher als Galics Zerfall war die Art, wie sich der Anwalt der Allen-Brüder verhielt. Er steckte einen Bleistift in den Mund, und als die Briefe enthüllt wurden, biß er ihn mittendurch. Herbert Allen hingegen schob seinen Stuhl zurück, Zentimeter um Zentimeter, vom Tisch weg, an dem er mit Galic gesessen hatte, als ob er sich so weit wie möglich von Galics Schande distanzieren wollte.

Die Allen-Brüder wandten sich an Louis Nizer und Arthur Groman und baten um eine relativ kleine Summe, um den Fall abzuschließen. Beim Lunch in meinem Greenwich-Village-Haus sagte Arthur: «Armand, warum machen wir jetzt nicht Schluß? Die Summe, die sie verlangen, ist belanglos – weniger als Ihre Gerichtskosten sein werden, wenn Sie weitermachen wollen, um den Prozeß zu gewinnen.»

«Nein», sagte ich. «Diese Hunde haben mich einen Lügner genannt, und ich möchte sie in der Hölle schmoren sehen. Wir werden diesen Prozeß gewinnen.»

Die Verhandlung dauerte drei Wochen. Am Ende tadelte der Richter Galic schwer für sein «heimtückisches Verhalten», sagte, seiner Zeugenaussage «mangele es absolut an Glaubwürdigkeit», und Kabazis sei «voller Widersprüche und Unwahrscheinlichkeiten», und er verurteilte Kabazis Schreiben als «vorsätzlich erdacht, vordatiert und im Bestreben verfaßt, Galic in einem beabsichtigten Prozeß gegen Occidental zu helfen».

Zum Abschluß des Verfahrens bemerkte Louis Nizer sehr weise: «Wie in jedem Rechtsstreit lag auch diesem das Prinzip der Gerechtigkeit zugrunde. Kann man auf der Pirsch liegen, um zu sehen, wie ein riskantes Unternehmen sich entwickelt, und dann verkünden, daß man die ganze Zeit Partner war? Die Gerichte haben schon mit vielen ähnlichen Fällen zu tun gehabt, besonders in Verbindung mit dem Bergbau, wo Millionen verloren oder gewonnen werden können. Ein Richter drückte dieses uralte Prinzip umgangssprachlich aus: ‹Kopf, ich gewinne, Zahl, ich verliere – dies kann nicht die Basis für Gerechtigkeit sein.› Richter Weinfeld drückte es anders aus: Die Allens ‹wollten von allem das Beste. Wäre Öl gefunden worden, hätten sie 25 Prozent Gewinn im Joint-venture beanspruchen können – bei einer trockenen Bohrung konnten sie die Haftbarkeit für 25 Prozent des Verlusts in Abrede stellen, indem sie auf das Kündigungsschreiben von Occidental hinwiesen. Die Allens können nicht beides haben.›»

Meine Ehre war wiederhergestellt. Ich hatte meinen Namen – und eine Viertelmilliarde Dollar gerettet.

Der zweite Kampf betrifft zunächst einmal einen kleinen Ort namens Umm Al Kaiwain. Ich nehme an, daß nur sehr wenige meiner Leser wissen, wo sich dieser Ort befindet, und doch hat mir jenes winzige Scheichtum am Persischen Golf fast so viel Ärger, Kummer, Rechtsanwaltsgebühren und Gesetzeskonflikte verursacht wie der Rest von Occidentals weltweiten Interessen zusammengenommen. Jahrelang war es ein Dorn in meinem Fleisch.

Ein guter Freund brachte mich auf den Gedanken, in Umm Al Kaiwain nach Öl zu suchen. Er hatte es gut gemeint. Seine Firma hatte in den späten sechziger Jahren vor der Küste des Scheichtums gebohrt. Die Geologenberichte ließen ganz entschieden auf große Reserven schließen, aber die Firma meines Freundes war nicht in der Lage, die Bohrarbeiten vor Ablauf ihres Pachtvertrags zu Ende zu führen. Er schlug vor, Occidental solle versuchen, seine Konzession zu übernehmen.

Ich setzte mich mit Scheich Sultan, dem Alleinherrscher über Umm Al Kaiwain, in Verbindung und arrangierte ein Treffen mit seinem Sohn, dem Kronprinzen, im Londoner Hotel *Claridge*; das war 1969.

Mit den Titeln «Scheich Sultan» und «Kronprinz» assoziieren westliche Menschen ganz bestimmte Vorstellungen, besonders seit dem explosiven Wachstum des arabischen Ölreichtums in den vergangenen zwanzig Jahren. Sie denken an kultivierte und gebildete moslemische Potentaten wie die saudi-arabischen Könige und Prinzen, die die Multimilliarden-Dollar-Interessen ihrer Länder geschickt managen. Diese Vorstellungen treffen auf die Herrscher von Umm Al Kaiwain nicht zu.

Seit mehr als einem Jahrhundert – bis es zu den Vereinigten Arabischen Emiraten kam – war Umm Al Kaiwain eines der Scheichtümer am Persischen Golf unter dem Schutz Großbritanniens gewesen. Die internationalen Beziehungen, die Verteidigung und Gerichtsbarkeit der Territorien, einschließlich der Hoheitsgewässer, standen unter der Obhut der britischen Regierung.

Diese Verantwortlichkeiten haben der britischen Königin und ihren Ministern bestimmt nicht allzu viele schlaflose Nächte bereitet. Das Territorium war etwa 30 Kilometer breit und 25 lang. Das Scheichtum hatte in den späten sechziger Jahren etwa viertausend Einwohner (niemand hatte jemals alle Köpfe gezählt). Das Gesamteinkommen des

Staates, vor allem durch den Export von getrocknetem Fisch, wurde – vor der Entdeckung des Öls – auf etwa 22 000 Dollar pro Jahr geschätzt. Es gab eine Schule und eine gepflasterte Straße. Gelegentlich tauchte ein reisender Arzt auf, andere Gesundheitseinrichtungen waren nicht vorhanden. 1968 gab es zum ersten Mal Wasser und Elektrizität im Dorf, das als Hauptstadt des Scheichtums bezeichnet wurde, aber am Ende des Jahres waren lediglich neunzig Anträge auf Anschlüssse gestellt worden. Der königliche Haushalt wurde zuerst angeschlossen.

Der königliche Haushalt war jedoch keineswegs in einem Palast untergebracht. Als die Leute meines Freundes die ersten Verhandlungen über den Pachtvertrag führten, berichteten sie, daß sie «an mehreren Gesprächen teilnahmen, die in einem Gebäude in Form eines ‹aufgemöbelten› Zelts stattfanden».

Der Herrscher von Umm Al Kaiwain war wenig mehr als das unbestrittene, mächtige Haupt einer großen Familie. Er hatte kein Kabinett, keine Beamten und kein Gerichtswesen. Alle Staatseinnahmen gehörten ihm, und er konnte sie nach eigenem Gutdünken ausgeben. Als der Scheich Konzessionen für Ölbohrungen verkaufte, flossen die Gelder in seine eigene Tasche. Wenn er es wollte, konnte er das Geld für Schulen, Straßen und Krankenhäuser ausgeben, er konnte es aber auch auf Bankkonten in der Schweiz horten.

Der Kronprinz verlangte eine Million Dollar für den Scheich. Wir gaben sie ihm. Später wollte die Börsenaufsichtsbehörde wissen, ob die Million nicht in Wirklichkeit Bestechungsgeld gewesen sei. Die Antwort war: ganz unmöglich. Es war unmöglich, den Scheich zu bestechen, damit er gewissermaßen an sich selbst Einfluß ausübte. Er war bei niemandem angestellt und hatte keinen Vorgesetzten. Gelder, die über den Sohn, den Kronprinzen, an den Scheich weitergeleitet wurden, gehörten einfach von Anfang an zu den Zahlungen für die Konzession. Wenn eine andere Ölgesellschaft dem Herrscher eine größere Summe angeboten hätte, hätte sie die Konzession bekommen können. Und wie oft habe ich inzwischen gewünscht, es wäre so gewesen!

Am 18. November 1969 unterzeichneten der Kronprinz und ich einen Konzessionsvertrag, in dem Oxy für die Dauer von vierzig Jahren die Exklusivrechte für Ölbohrungen innerhalb sämtlicher Hoheits-

und Küstengewässer von Umm Al Kaiwain gewährt wurden. Das britische Außenministerium genehmigte den Konzessionsvertrag.

Frances und ich flogen nach Umm Al Kaiwain, um mit dem Scheich und seiner Familie den Vertragsschluß zu feiern. Es war eine ungewöhnliche Party. Wir saßen auf dem Boden des palastartigen Zelts des Scheichs und labten uns an den Köstlichkeiten, die uns von sehr aufmerksamen Dienern angeboten wurden. Frances erkundigte sich nach einem dieser Leckerbissen, den sie nicht identifizieren konnte. Es tat ihr dann leid, gefragt zu haben: Als ein besonderes Zeichen der Gunst waren ihr die Augen eines Schafs angeboten worden.

Zufrieden verließen wir Umm Al Kaiwain und hofften, daß wir in den Nachbarscheichtümern Ajman und Sharjah ähnlichen Erfolg haben würden. Einer unserer Firmengeologen unterschrieb rasch einen Konzessionsvertrag mit dem Scheich von Ajman, lehnte aber aus irgendeinem Grund einen ähnlichen Deal, den der Herrscher von Sharjah offeriert hatte, ab. Ich habe nie erfahren, warum, aber der Geologe ist nicht mehr bei Occidental. Kurz danach gab der Herrscher von Sharjah bekannt, daß er einer kleinen Ölgesellschaft in Kalifornien namens Buttes eine Konzession gewährt habe. Die Sharjah-Konzession schien uns vor unseren Nasen weggeklaut worden zu sein. Aber wir weinten nicht.

Wir setzten unsere Probebohrungen in den Gewässern von Umm Al Kaiwain fort und gaben Millionen von Dollar für seismische Prüfungen aus. Die Tests zeigten, daß sehr große Mengen Öl und Gas innerhalb unseres Konzessionsgebiets vorhanden waren, und wir fingen mit dem Bohren an.

Dann passierte es. Ende März 1970 verkündete Buttes, daß sie gemäß den Bedingungen der Sharjah-Konzession die Absicht hätten, *genau* an der Stelle zu bohren, wo wir unsere erfolgreichen Tests durchgeführt und mit unseren Bohrarbeiten begonnen hatten.

Inzwischen war ich fast fünfzehn Jahre im Ölgeschäft. Ich glaubte, ich hätte alles erfahren, was in diesem Business möglich ist. Aber dies war das Unverschämteste, was mir je begegnet ist. Ich nahm natürlich an, daß die Aktion von Buttes gesetzlich nicht vertretbar war und daß sie von unserer Konzession verjagt werden könnten. Doch ich sollte mich wundern.

Der Herrscher von Sharjah erklärte, er habe am 10. September 1969 einen Beschluß erlassen, wonach die Hoheitsgewässer von Sharjah von drei auf zwölf Meilen ausgedehnt worden seien, wodurch die Insel Abu Musa vor der Küste von Umm Al Kaiwain plötzlich zum Hoheitsgebiet gehörte. Wie praktisch für Buttes! Diese «Ausdehnung» brachte genau die Stelle, wo wir nach Öl bohren wollten, in die von Sharjah beanspruchten Gewässer.

Niemand hatte bisher von diesem Beschluß gehört. Auf allen Landkarten, die uns vom britischen Außenministerium zur Verfügung gestellt worden waren und denen wir unsere Verhandlungen mit dem Scheich von Umm Al Kaiwain zugrunde gelegt hatten, waren die Grenzen der Hoheitsgewässer von Sharjah deutlich mit drei Meilen angegeben. Die Sache roch entschieden faul. Es konnte nur so sein, daß der «Beschluß» des Herrschers zurückdatiert worden war. Als er gefragt wurde, warum er den Beschluß nicht öffentlich bekanntgemacht habe und wo er denn sei, antwortete der Herrscher von Sharjah, daß er ihn in die Tasche gesteckt und völlig vergessen habe. Das hat er tatsächlich gesagt!

Es war Sache der britischen Regierung zu versuchen, dieses phantastische Durcheinander zu entwirren. Das Außenministerium, das Konflikte zwischen den Scheichtümern vermeiden wollte, wies Occidental und Buttes an, die Bohrungen abzubrechen.

Ich wollte diesen Anweisungen nicht folgen. Wir hatten ehrlich verhandelt, wir hatten sehr viel investiert, und wir waren berechtigt, mit unserer Arbeit fortzufahren. Erst eine Fregatte der Royal Navy und Flugzeuge der Royal Air Force konnten uns davon abhalten, unsere Bohrung vorzunehmen.

Gegenüber dieser Machtentfaltung blieb uns keine andere Wahl, als uns zurückzuziehen und auf eine faire gerichtliche Entscheidung der Briten zu warten, aber die Briten hatten es nicht eilig. Ihre Verantwortung für die Protektoratsstaaten am Persischen Golf sollte am 30. November 1971 auslaufen. Wenn die Briten das Problem bis dahin aufschieben konnten, waren sie es los. Ein Machtvakuum entstand.

Auf der anderen Seite des Persischen Golfs, in Teheran, wartete der Schah nur darauf, dieses Vakuum auszufüllen. Im Mai 1970 erklärte der Iran, die Insel Abu Musa gehöre keineswegs zu Sharjah, sondern sei Eigentum des Iran. Die National Iranian Oil Company beanspruchte im Namen des Schahs dieses Besitzrecht.

Seltsamerweise hatte der Iran sich bisher nie die Mühe gemacht, diesen Anspruch zu erheben. Jetzt jedoch, mit dem Ölgeruch in der Nase, drohte der Schah, Sharjah zu überfallen, um diesen Punkt auf der Landkarte zu kassieren, der auf einmal so wichtig für das kaiserliche Prestige geworden war.

Der Einstieg des Schahs in dieses Drama hob die Handlung aus der Verborgenheit eines unbedeutenden Theaters auf die Bühne der Weltpolitik. Jetzt hatten wir es wirklich mit einem weltmännischen moslemischen Potentaten zu tun, einem der größten aller großen Akteure.

Ich flog nach Teheran und wurde vom Schah im Gulistan-Palast empfangen. Kein anderer Monarch war sich seiner Würde mehr bewußt als er. Er hatte eine Manier von beinahe eisiger Höflichkeit und Selbstbeherrschung kultiviert, die wohl demonstrieren sollte, wie weit er sich von der restlichen Menschheit distanziert fühlte.

Wie viele andere Menschen war auch der Schah nicht ganz vertrauenswürdig. Im Verlauf dieses Besuchs in Teheran bekam ich die kaiserliche Doppelzüngigkeit zu spüren. Der Schah war das Gegenteil des Scheichs von Umm Al Kaiwain. Das große Geschäft als ein vulgäres Spiel verachtend und es den Geringeren der menschlichen Rasse überlassend, machte der Schah klar, daß er höhere Dinge im Kopf hatte als die Besprechung von Geschäften, die in die Milliarden gingen. Von amerikanischen Geschäftsleuten ließ sich der Schah nicht beeindrucken, und so fühlte er sich frei, sie zu betrügen.

Ich war mit einem massiven internationalen Angebot nach Teheran gekommen, das weitreichende Wirkungen auf die amerikanische Wirtschaft und das Gleichgewicht der Kräfte im Mittleren Osten in sich barg. Von Lyndon B. Johnson inspiriert, hatte ich mich angeboten, als Mittelsmann in einem gigantischen Deal zwischen dem Schah und dem Luft- und Raumfahrtriesen McDonnell-Douglas zu fungieren. Und das kam so:

Meine Beziehung zu Lyndon B. Johnson gehörte zu den unkompliziertesten und offensten, die ich je mit einem Präsidenten hatte. Wir sahen uns nur selten, tauschten aber viele Briefe über Fragen der Innen- und Außenpolitik aus. Johnson konnte man sagen, was man dachte, denn er schätzte Offenheit und Geradheit. Er ernannte mich zum Mitglied des öffentlichen Beratungsausschusses für amerikanische

Handelspolitik, und ich arbeitete eng mit ihm zusammen, um die Gefahren eines Atomkriegs zu verringern. Während seiner Amtszeit erzielte er mit der Unterzeichnung des Atomsperrvertrags, den er «das wichtigste internationale Abkommen auf dem Gebiet der Abrüstung seit Beginn des Atomzeitalters» nannte, einen historischen Erfolg. Nachdem dieser Vertrag unterzeichnet worden war, erhielt ich einen Brief von James Jones, Johnsons Sonderberater im Weißen Haus, mit Datum vom 25. Juli 1968. Er schrieb: «Er [der Präsident] ist dankbar für den Beitrag, den Sie geleistet haben, um dies zu erreichen, und er ist stolz zu wissen, daß Ihre Führung dabei helfen wird, die Bemühungen dieser Nation zu unterstützen, um über diese historische und hoffnungsvolle Stunde hinaus fortzuschreiten.»

Am 22. Mai 1970 flogen Frances und ich in meinem Flugzeug von New York nach Washington, um LBJ und Lady Bird für ein Wochenende auf der LBJ-Ranch abzuholen. Am ersten Abend führten die Johnsons uns einen Film vor. Ich saß zwischen dem Präsidenten und James McDonnell, dem Chef von McDonnell-Douglas. LBJ wandte sich zu mir und sagte: «Mr. McDonnell hat einen Vorschlag zu machen, der Sie vielleicht interessieren wird.»

«Und das wäre?»

«Es besteht die Chance, vom Schah einen großen Auftrag für Kampfflugzeuge zu bekommen – ein paar hundert Stück im Wert von mehreren hundert Millionen Dollar.»

«Herzlichen Glückwunsch», sagte ich.

«Ja, vielen Dank, es ist großartig, aber ein Haken ist dabei», sagte er. «Der Schah möchte uns mit Öl bezahlen. Ich weiß nicht, was ich mit Öl machen soll. Ich dachte, vielleicht würden Sie das Öl gerne übernehmen und uns auszahlen.»

«Gerne», sagte ich. Öllieferungen vom Schah würden es mir vielleicht erlauben, die europäischen Kunden von Occidental weiter zu beliefern, solange die Libyer so grob waren. Außerdem: Wenn ich dem Schah in dieser Sache einen Gefallen tat, wäre er vielleicht eher geneigt, Occidental, was Umm Al Kaiwain betraf, entgegenkommender zu behandeln.

Mein Gespräch mit dem Schah sollte diese beiden Probleme lösen. Der Schah sagte, er sehe im McDonnell-Douglas-Deal eine Chance, das

Monopol der Sieben Schwestern zu brechen, und er dankte mir für mein Hilfsangebot.

Er dankte mir außerdem dafür, daß ich allen ölproduzierenden Nationen geholfen habe, indem ich mich mit Libyen geeinigt hatte. Dies, so sagte er, habe die Sieben Schwestern ihrer absoluten Machtposition enthoben und sie gezwungen, mehr für das Öl zu zahlen, das sie dem Iran abkauften. Angesichts der vielen Schwierigkeiten, die ich hatte, um meine libysche Regulierung zustande zu bringen, grenzte das Kompliment des Schahs schon an Sarkasmus, und ich nahm es mit einem gequälten Lächeln entgegen. Das Lächeln gefror mir auf den Lippen, als der Schah mit den Worten fortfuhr: «Solange der Weltbedarf an Öl weiter zunimmt und Sie in Amerika keinen Ersatz dafür haben, werden wir den Preis immer weiter anheben.»

Was unsere vereitelten Bohrungen in Umm Al Kaiwain betraf, so erklärte mir der Schah großzügig, ich könne ganz beruhigt sein, es handle sich nur um ein örtliches Mißverständnis. Er würde auf den Herrscher von Sharjah einwirken, vernünftig zu sein und uns unsere legitimen Rechte einzuräumen, versicherte er mir.

Ich verließ Teheran mit dem zufriedenen Gefühl, daß uns Gerechtigkeit widerfahren würde und daß ich kurz davor stand, für Occidental ein phantastisches Geschäft zu machen. Aber der Schah hielt sein Versprechen nicht, und die Lage von Occidental wurde auf allen Seiten um ein Zehnfaches schlimmer.

Zuerst legte er mich im Flugzeuge-gegen-Öl-Handel herein. Nach kurzen Verhandlungen mit der National Iranian Oil Company sollte der Vertrag für dieses Geschäft im Juli 1970 in Athen unterzeichnet werden. Ich flog hin und traf mich mit Bill Bellano, meinem damaligen Generaldirektor, dem Betriebsleiter Claude Geismar und John Tigrett, unserem Berater.

Als der Vertrag fix und fertig war, unterschrieb ich ihn; so was macht man schließlich mit einem fertigen Vertrag. Die Iraner dagegen sagten, bevor sie unterschrieben, wollten sie den Vertrag noch einmal durchlesen.

«In Ordnung», sagte ich. «Ich finde es allerdings merkwürdig, da wir doch alles im einzelnen durchgesprochen haben und ich bereits unterschrieben habe. Lesen Sie ihn durch, während ich zur Toilette gehe.»

Ich war keine fünf Minuten fort. Als ich zurückkehrte, waren die Iraner verschwunden. «Wo sind sie?» fragte ich Bellano und Geismar.

«Weg», sagten sie.

«Haben sie den Vertrag unterschrieben?»

«Nein», sagten sie.

«Was!» explodierte ich. «Ihr habt sie gehen lassen, ohne daß sie unterschrieben haben?»

«Sie sagten, sie wollten ihn dem Schah zeigen. Sie sagten, sie würden ihn unterschreiben, sobald sie wieder in Teheran seien», antworteten sie leise.

«Ihr Dummköpfe!» schrie ich. «Wie konntet ihr das zulassen? Sie waren angeblich voll unterschriftsberechtigt. Das war die Basis unserer Besprechung. Deshalb sind wir hier. Kapiert ihr nicht, was sie jetzt machen werden? Der Schah wird den Vertrag mit meiner Unterschrift den Sieben Schwestern zeigen, und die werden nach seiner Pfeife tanzen. Sie werden alles tun, um uns aus dem Iran zu drängen.»

Und so geschah es. Die Sieben Schwestern nahmen ihm das Öl ab und zahlten ihm mehr, als mit Occidental vereinbart worden war. Sie akzeptierten den Verlust, um uns rauszuhalten. Kurz danach stieg der Ölpreis enorm an. Ohne diesen Vertrag verloren wir mehrere hundert Millionen Dollar.

Das alles reichte dem Schah jedoch nicht. Als nächstes war Umm Al Kaiwain an der Reihe, uns eins auszuwischen.

Vier Tage vor Ablauf des britischen Protektoratsabkommens kapitulierte der Herrscher von Sharjah – unter der Androhung der gewaltsamen Besetzung durch den Iran – vor dem Schah und ließ zu, daß iranische Truppen Abu Musa besetzten und die iranische Flagge hißten. Das Abkommen zwischen dem Iran und Abu Musa sah außerdem vor, daß die Hoheitsgewässer von Abu Musa auf zwölf Meilen ausgedehnt wurden, um das Konzessionsgebiet, das von Sharjah an Buttes vergeben worden war, mit einzuschließen.

Mit anderen Worten: Die ursprünglich von Umm Al Kaiwain an Occidental vergebene und von Buttes aufgrund des betrügerischen Vorgehens von Sharjah übernommene Konzession war jetzt vom Iran durch die Ausdehnung der Hoheitsgewässer der Insel Abu Musa annektiert worden. Ich sehe ein, dieser Satz ist schwer verständlich. In einfachen Worten: Wir wurden beraubt.

Unser Konzessionsgebiet wurde von Buttes an andere Ölgesellschaften, darunter Cities Service und Ashland, weitergegeben. Sie erschlossen schließlich ein wichtiges Ölfeld. Der Gesamtverlust betrug für Occidental Hunderte von Millionen Dollar.

Wir versuchten, eine Entschädigung einzuklagen; wir brachten unsere Sache vor amerikanische und britische Gerichte – und erreichten nichts. Das wesentliche Hindernis war, daß die Gesetze souveräner Staaten nicht vorsehen, daß andere souveräne Staaten wegen standeswidrigen Verhaltens angeklagt werden können. Will ein souveräner Staat die Rechte und das Eigentum einer Gesellschaft annektieren und kommt er damit durch, sieht der Gesetzgeber keine Regreßpflicht vor. Daraus sind schon Kriege entstanden.

Das Fiasko von Umm Al Kaiwain brachte jedoch auch etwas Gutes mit sich. Der Rechtsberater von Umm Al Kaiwain war (im Namen der britischen Regierung) Sir John Foster, ein Fellow von All Souls, Oxford, gewesen – einer der distinguiertesten Männer Großbritanniens. Sein Verstand und seine Fähigkeiten begeisterten mich, und ich hatte das Glück, ihn überreden zu können, mein Rechtsanwalt zu werden und dem Vorstand von Occidental beizutreten. Für den Rest seines Lebens, bis zu seinem frühzeitigen Tod im Februar 1982, brachte Sir John seine Klugheit, seinen Charme und seinen Frohsinn in die Beratungen des Vorstands ein. Ich wünschte, ich hätte ihn noch heute an meiner Seite.

Der letzte Zug im Ränkespiel von Umm Al Kaiwain war der bizarrste: Der Schah von Persien versuchte, Occidental zu kaufen.

Als ich ihn in Teheran sah, hatte er mit der Idee von Gemeinschaftsunternehmungen zwischen Occidental und der National Oil Company gespielt. Unter anderem besaßen wir Supertanker, mit denen wir Erdöl von der iranischen Insel Kharg transportieren konnten. Bisher war jedoch nichts Konkretes dabei herausgekommen, und nach dem hinterlistigen Verhalten des Schahs war ich auch nicht in der Stimmung nachzuhaken. Ohne Nachricht oder Vorwarnung erhielt ich dann plötzlich am 5. Mai 1976 ein merkwürdiges Fernschreiben vom Premierminister des Schahs.

Er informierte mich, daß ein Mr. Cyrus Ansary – wie es sich herausstellte, der Bruder des Wirtschafts- und Finanzministers Hushang Ansary – auf dem Weg sei, um mit mir zu reden. Warum, sagte er nicht. Cyrus Ansary erschien denn auch in meinem Büro in Los Angeles und kam schnell zur Sache.

«Dr. Hammer», sagte er, «ich bin bevollmächtigt, Sie zu informieren, daß der Schah Aktien von Occidental erwerben möchte.»

«Nun», sagte ich, «der Schah kann gern Occidental-Aktien kaufen. Nichts wird ihn daran hindern. Sie sind auf dem Aktienmarkt erhältlich.»

«Nein», sagte er. «Der Schah möchte ein Aktienpaket direkt von Occidental kaufen.»

«An welche Größe hat er denn gedacht?» fragte ich.

«Er möchte zehn Prozent der Firmenanteile jetzt erwerben, mit der Option, weitere zehn Prozent später kaufen zu können.»

Ich behielt mein Mienenspiel unter Kontrolle. Mit einer Beteiligung von zehn Prozent wäre der Schah der bei weitem größte Aktionär. Es würde ihn auch mindestens 125 Millionen Dollar kosten.

Zu dem Zeitpunkt war die Gesellschaft kapitalkräftig und hatte keinen Bedarf, aber der Schah führte daheim eine Modernisierungskampagne an, die uns ungeheure Chancen für die Herstellung und den Verkauf von chemischen Düngemitteln eröffnete. Andererseits würden zehn Prozent der Firma den Schah in eine dominierende Position versetzen, von der aus er Occidental übernehmen könnte.

Ansary versicherte mir, daß die Motive des Schahs absolut freundlicher Natur seien. Er wollte von den Vorzügen des gegenwärtigen Managements der Firma profitieren, es keinesfalls absetzen. Als Zeichen des guten Willens wollte er nur einen Direktor in den Vorstand von Occidental entsenden. Ich ließ Ansary wissen, daß wir bereit seien, über das Angebot zu diskutieren. Er überbrachte die Nachricht, und unverzüglich trafen die Anweisungen ein, daß der Handel beschleunigt durchzuführen sei.

Ganze Mannschaften von Anwälten wurden auf beiden Seiten angeheuert und in New York versammelt. Es mochten 30 Leute gewesen sein, die wochenlang ununterbrochen arbeiteten, um den Vertragsentwurf auszufeilen. Ich hatte auf einem unabänderlichen Punkt bestanden: Falls die Iraner jemals ihr Aktienpaket verkaufen wollten, mußten sie es zuerst uns anbieten, und erst wenn wir es ablehnten, dürften sie es an andere verkaufen. Dieser Punkt war für die Iraner akzeptabel.

Schließlich wurde bekannt, daß Hushang Ansary mich in Paris treffen würde, um den Vertrag im Namen der Regierung zu unterzeichnen. Alle Rechtsanwälte flogen von New York aus nach Paris, während ich in meinem eigenen Flugzeug mit Arthur Groman aus Los Angeles abflog.

Als Fred Gross in Neufundland landete, um aufzutanken, wurde ihm erklärt, es gebe keinen Treibstoff. Der Flughafen war völlig ohne Benzin. Fred kam mit der Neuigkeit und einem langen Gesicht zu mir.

«Wann kriegen sie welches?» fragte ich.

«In zwei Wochen», antwortete er, und sein Gesicht wurde noch länger.

«Zwei Wochen!» schrie ich. «Ist das ein Witz?»

Ich rief Pierre Trudeau, den Premierminister Kanadas, an. Innerhalb von zwei Stunden waren wir auf dem Weg nach Paris.

Unser Team war im Hotel *Ritz* untergebracht, und die Iraner nahmen ein Stockwerk im Hotel *Meurice* ein. Die letzten Einzelheiten wurden in den Vertrag eingebracht, als mich Hushang Ansary anrief und mich bat, ihn in seiner Hotelsuite aufzusuchen. Er sagte, es sei unumgänglich, daß ich allein käme, ohne Anwalt.

Ich war mißtrauisch. Ich besprach mich mit Arthur Groman, und er sagte: «Das gefällt mir nicht, Armand. Ich finde, ich komm besser mit, egal, was sie sagen.»

Als wir in der Suite des Ministers eintrafen, empfingen er und sein Bruder Cyrus uns mit umwerfendem Charme. Alles sei in Ordnung, versicherten sie uns; Hushang sei bereit zu unterschreiben.

«Es gibt nur eine Kleinigkeit, die der Schah gern geändert haben möchte», fügte er hinzu.

«Und was ist das für eine Kleinigkeit?» fragte ich.

«Der Schah ist nicht mit der Bedingung einverstanden, daß er die Aktien zuerst Ihnen anbieten muß, bevor er sie weiterverkauft. Er möchte, daß diese Klausel gestrichen wird.»

Ich erhob mich und sagte: «Der Deal ist geplatzt.»

«Das ist doch nicht Ihr Ernst», rief der verblüffte Minister aus.

«Mein voller Ernst», sagte ich. «Der Deal ist geplatzt. Los, komm, Arthur. Gehen wir.»

Arthur und ich marschierten aus der Tür, stiegen in unser Auto und fuhren zum *Ritz*. Dort riefen wir die Anwälte zusammen und sagten ihnen, sie sollten packen. Anderthalb Stunden später waren wir auf dem Rückflug.

Die Falschheit des Schahs war kaum zu übertreffen. Das war nun das dritte Mal, daß er versucht hatte, mich hereinzulegen. Ich war beleidigt, daß er annehmen konnte, ich würde auf so eine unfeine Taktik hereinfallen. Das wäre mir nicht mal als Junge passiert, als ich noch Bonbons ausfuhr.

Wäre der Schah berechtigt gewesen, sein Aktienpaket an wen auch immer zu verkaufen, hätte er das bestehende Management von Occidental mit einem nur geringfügig über dem Marktwert unserer Aktien liegenden Übernahmeangebot stürzen können. Oder er hätte uns, an Händen und Füßen gefesselt, den Sieben Schwestern ausliefern können, was zum gleichen Ergebnis geführt hätte. Wir hätten uns nicht wehren können.

Denkt man an das Ende des Schahs und an das tragische Schicksal des Iran unter der Herrschaft der Mullahs, so war es für Occidental eine außerordentlich gute Sache, daß er das Geschäft durch seine Falschheit platzen ließ. So hoffnungslos kompliziert und aufreibend es war, die libyschen Interessen zu managen, schätze ich mich doch glücklich, daß ich nie mit dem Ayatollah Chomeini verhandeln mußte.

Die achte Schwester

Im Frühjahr 1968 schrieb mir J. Paul Getty aus Sutton Place, seinem Landsitz in England. Ich hatte ihm eine Kopie des Jahresberichts von Occidental für 1967 zugeschickt. Zur Entwicklung von Occidental schrieb er: «Es ist erstaunlich, was ein Mensch heutzutage schaffen kann. Wir alle wissen, daß es früher Titanen gegeben hat, aber die meisten der jetzigen Generation glauben, die heutigen Bedingungen ließen es nicht zu, daß aus einer kleinen unabhängigen Firma eine große Ölgesellschaft werden kann. Sie haben bewiesen, daß es noch immer möglich ist.» Von seiner Schmeichelei abgesehen, hat Paul den Nagel auf den Kopf getroffen. Normalerweise geht man davon aus, daß die großen Monopole des amerikanischen Kapitalismus sich hinter ihrer Macht verschanzen und nicht herausfordern lassen; daß sie kleine Fische, die ihre Hegemonie bedrohen, stets verschlingen.

In unserem Fall blieben die Skeptiker dabei: Occidental könnte niemals groß genug werden, um die Sieben Schwestern herauszufordern. Hätte ich auf all jene gehört, die sagten: «Es geht nicht», wäre nie etwas geschehen. Ich sage immer: «Erzählt mir nicht, daß es nicht zu machen ist – sagt mir, *wie* ich es machen kann.»

Dies ist die Geschichte, wie wir es geschafft haben.

Der Jahresbericht, der Getty so beeindruckte, enthielt noch nicht einmal die ersten Resultate aus unseren libyschen Erfolgen zu König Idris' Zeiten. Trotzdem war zu erkennen, daß sich die Roheinkünfte der Milliardengrenze näherten. Wie jeder unerwartete Gewinn bescherten unsere libyschen Einnahmen mir und dem Management ein schönes Problem: Wie sollen wir den Gewinn am besten anlegen?

Wie glückliche Spieler hätten wir das Geld natürlich auch auf der Bank liegenlassen und die Zinsen als Dividende verteilen können. Wenige unserer Aktionäre hätten sich darüber beklagt. Aber ich fürchtete, daß die libysche Goldgrube nicht von Dauer sein würde. Der ganze Mittlere Osten war explosiv wie eine Schachtel Feuerwerkskörper. Die alten arabischen Monarchien fielen beim Vordringen der neuen moslemischen Fanatiker wie tote Bäume.

Man mußte kein Hellseher sein, um neue bewaffnete Auseinandersetzungen zwischen den arabischen Staaten und Israel vorauszusagen und zu erkennen, daß amerikanische Firmen im Mittleren Osten schlecht behandelt würden, wenn die Vereinigten Staaten – was unvermeidbar war – Israel unterstützten.

Es war gefährlich für Occidental, sich auf den libyschen Gewinnen auszuruhen. «Ein Haus, das auf Sand gebaut ist, kann nicht stehen.» Unser Haus war auf dem Sand der libyschen Wüste gebaut. Wir mußten die Fundamente versetzen, damit der Einsturz des libyschen Flügels nicht das ganze Gefüge zum Wanken brachte.

Die libyschen Reichtümer hatten Oxys Aktien in die Höhe getrieben; sie wurden jetzt mit 50 bis 55 Dollar gehandelt. Diese Aktien erlaubten mir eine schnelle und großangelegte Akquisition. Wenn unsere Firma uneinnehmbar sein wollte, mußte ich sie so groß machen, daß die Großen sie nicht mehr schlucken konnten.

In rascher Folge erwarben wir die Permian Corporation und die McWood Corporation, die beide Erdöl verkauften (McWood besaß und betrieb außerdem Erdgasanlagen), dic Island Creek Coal Company, die drittgrößte Kohlenfirma der Vereinigten Staaten, und die Hooker Chemical Company, die uns in das Gebiet der Chemikalien und Kunststoffe führte und Occidental mit einer Marktvorherrschaft in der petrochemischen Industrie versah.

Die Akquisition von Hooker brachte uns trotz ihrer Bedeutung aber auch eine Menge Sorgen, denn mit den Vermögenswerten erwarben wir auch Probleme, die wir nicht erwartet hatten. Von 1941 bis 1952 hatte Hooker chemische Abfallprodukte auf dem Gelände neben ihrem Werk in Niagara Falls vergraben, bis die Stadt das Gelände übernahm. Die Stadt hatte vereinbart, die Oberfläche nicht anzugreifen; aber dann ließen sie eine Straße bauen, wobei die Lehmdecke entfernt wurde. Als wir die Firma 1968 kauften, hatten wir keine Ahnung von dem Problem. Als der Umfang des Umweltschadens Ende der siebziger Jahre deutlich wurde, versuchte Occidental, die Situation so rasch wie möglich zu verbessern, obwohl Occidental selbst nichts mit der Ursache zu tun gehabt hatte. Insgesamt wurden 20 Millionen Dollar, vor allem über unsere Versicherungen, ausgezahlt, und Occidental paßte auf, daß ein derartiges Desaster nie wieder auf einem unserer Gelände passierte. Wir glauben, daß es unsere Verantwortung ist, die öffentliche Gesundheit und Sicherheit zu schützen. Deshalb bringen wir auch Millionen von Dollar für den Umweltschutz auf.

Diese unglücklichen Ereignisse lagen jedoch noch vor uns. Vorläufig versuchten wir, weiter zu expandieren. Die chemischen, die Kohlen- und Marketing-Unternehmen, die wir erworben hatten, waren hochwillkommen; andererseits konnten wir aber auch auf viele erfolgreiche Versuchsbohrungen zurückblicken. Was wir Ende der sechziger Jahre am meisten benötigten, war ein wirklich großer Ölfund, um die bedrohte Versorgung aus Libyen zu ersetzen. Wenn Oberst Gaddafi und seine Leute unsere libyschen Ölfelder verstaatlichen wollten, brauchten wir woanders eine Quelle, die uns mit Hunderttausenden von Barrel pro Tag belieferte. Falls wir eine solche Quelle nicht fänden, müßten wir Erdöl kaufen, um unsere bestehenden Verpflichtungen zu erfüllen. Und wir wußten aus Erfahrung, daß die Großen sich lieber ihre Nasen abschneiden, als uns ihr Öl zu einem angemessenen Preis verkaufen würden.

Die Quelle wurde in der Nordsee gefunden. Kein Ort hätte weniger aussichtsreich erscheinen können als das Meer zwischen Großbritannien und Skandinavien. Bisher stellte sich jeder, wenn er an große Ölfelder dachte, brennendheiße Wüsten und eisige Wildnis vor, irgendwo in fernen und unkultivierten Erdteilen. Großbritannien, in den post-imperialen und post-industriellen Abstieg gleitend, schien der unwahrscheinlichste Kandidat auf der Welt für eine Mitgliedschaft unter den großen ölproduzierenden Nationen. Denis Healey, Finanzminister in der Labour-Regierung von Harold Wilson, bemerkte ganz richtig, die Entdeckung von Öl in der Nordsee sei «Großbritanniens erster Glückstreffer im zwanzigsten Jahrhundert».

Problematisch war jedoch für Großbritannien – und auch für mich und Occidental –, daß die Briten schlecht vorbereitet waren, um aus ihrem ungeheuren Glück das Beste zu machen. In den weit entfernten

Dominions und Kolonien des britischen Reiches hatte das Auswärtige Amt seit fünfzig Jahren mit Ölgesellschaften und dem Management von Konzessionen zu tun gehabt. Aber all diese Erfahrungen zählten nichts, als Anfang der sechziger Jahre die Aussicht auf Öl in heimischen Gewässern akut wurde. Die britische Regierung behandelte diese potentielle «Goldgrube» so sorglos und selbstzufrieden wie ein naiver Scheich und warf sie praktisch weg – in die Hände der Sieben Schwestern.

Erst 1971, sieben Jahre nachdem das erste Los der Nordsee-Konzessionen erteilt worden war, kam dem britischen Parlament schließlich das Ausmaß ihrer selbstzugefügten Ausbeutung durch die großen Ölgesellschaften voll zu Bewußtsein. Für die Erteilung weiterer Konzessionen wurde dann eine neue Taktik eingeführt, um sowohl britische Firmen als auch kleinere unabhängige Konsortien zu ermutigen.

Auf dieses Signal hatte ich gewartet. Ich beschloß, ein Konsortium zu bilden und für Felder zu bieten, die später Piper und Claymore genannt wurden, und zwar in den Gewässern östlich von Aberdeen und nördlich von Schottland. Bei der Gewährung von Konzessionen suchte die britische Regierung nun ganz offensichtlich nach besonderen Qualitäten. Vor allem mußte der Nachweis erbracht werden, daß eine Ölproduktionskapazität vorhanden war, was wir natürlich demonstrieren konnten. Zweitens mußte der Nachweis einer definitiven britischen Beteiligung (vorzugsweise einer schottischen) erbracht werden.

Ungeheuer leidenschaftliche politische Debatten entbrannten nach der Entdeckung des Nordsee-Öls in Schottland. Der schottische Nationalismus hatte sich bei dem Gedanken, daß die Erträge direkt in die Schatzkammern Londons fließen würden, explosionsartig entzündet. Die Schotten vermuteten, daß sie aus dieser «Goldgrube» keinen Nutzen ziehen würden, statt dessen weiter unter der wirtschaftlichen Depression und hoher Arbeitslosigkeit leiden müßten, die vor allem auf den Niedergang ihrer traditionellen Schwerindustrie zurückzuführen waren. So erhitzt waren die Gemüter, daß sich in Schottland eine Volksbewegung stark machte, die nach separaten Regionalmächten und einer Kontrolle der Nordsee-Einkünfte rief.

Schon um die Gemüter in Schottland zu besänftigen, begünstigte die britische Regierung Konsortien, die ein schottisches Element enthielten.

Ich kannte einen Mann mit einer schottischen Verbindung. Es war mein alter Freund Roy Thomson. Roy besaß viele Zeitungen, darunter die *Times* und *Sunday Times*. Außerdem gehörten ihm *The Scotsman* – Schottlands wichtigste Zeitung – und ein größerer Anteil am schottischen Fernsehsender STV.

Roy war einer der nettesten Menschen, die ich je kennengelernt habe, stets höflich, gut gelaunt und gefällig. Er war außerdem ein kluger Geschäftsmann, was sein früher Einstieg ins kommerzielle Fernsehen deutlich macht. Zutreffend hatte er das als «Lizenz, um Geld zu drucken» bezeichnet. Als ich ihn einlud, dem Konsortium beizutreten, lachte er und sagte: «Ich wollte schon immer Milliardär werden, aber es hat bisher noch nicht geklappt. Der Himmel weiß, mit meinen Zeitungen schaffe ich es nie. Aber vielleicht klappt es damit.»

Zu einer unserer ersten Besprechungen suchte ich ihn in seinem Penthouse über der *Sunday Times* auf. Das Gespräch zog sich den ganzen Vormittag hin, und Roy sagte: «Komm, ich lade dich zum Lunch ein.» Wir stiegen in seinen Rolls-Royce, und er fing an, in seinen Taschen herumzusuchen. Endlich zog er eine zerknautschte Pfundnote hervor. «Es wird was Billiges sein müssen», sagte er. «Das ist das einzige, was ich habe.»

Ich hatte auch kein britisches Geld bei mir. Es war schon eine komische Situation. Zwei sehr reiche Männer dieser Welt konnten sich nicht mal ein Mittagessen im Pub leisten. Am Ende schaltete sich mein Berater, John Tigrett, ein und fuhr uns zum Claremont Club, wo er anschreiben lassen konnte.

Nachdem ich Roys Teilnahme gesichert hatte, stellte ich den Rest des Konsortiums zusammen. Occidental sollte mit 36,5 Prozent der betriebsführende Partner sein; Thomson Enterprises und Allied Chemical übernahmen jeweils 20 Prozent; und Paul Getty, der sowieso schon einen großen Brocken an Oxy-Aktien besaß, nahm die restlichen 23,5 Prozent.

Die anfänglichen Erschließungskosten unserer Konzessionen würden sich auf 250 Millionen Dollar belaufen (in den letzten fünfzehn Jahren haben wir mehr als drei Milliarden Dollar für unsere Nordsee-Operationen ausgegeben). Roy konnte für seinen 20prozentigen Anteil nicht das Geld aufbringen. Wir einigten uns deshalb, daß er uns aus den zukünftigen Öleinnahmen bezahlte. Damit ging er eine große

Verpflichtung und ein ziemliches Risiko ein, was ihm eine Zeitlang Sorgen machte. Eines Tages, als ich mal wieder in London war, lud er mich erneut zum Lunch ein. Ich sah sofort, daß er bei bester Laune war.

«Armand», sagte er strahlend, «endlich fühle ich mich so richtig wohl mit meiner Investition.»

«Hör zu, Roy», sagte ich besorgt, «es ist zu früh, um optimistisch zu sein. Die Seismik sieht zwar phantastisch aus, das gesteh ich dir zu, aber wir haben noch keinen Liter Öl nach oben gebracht.»

«Das weiß ich», sagte er, «aber erst letzte Woche lud mich Paul Getty zum Lunch ein. Und, Armand, *er zahlte!* Na, du kennst doch Paul. Wenn er fürs Essen bezahlt, ist man besser auf der Hut.»

«Was hat er denn gesagt?» fragte ich, erstaunt über diese außergewöhnliche Gettysche Großzügigkeit.

Roy konnte nicht aufhören zu lachen. Er zog ein langes Armesündergesicht und versuchte, Gettys klägliche Miene und Stimme zu imitieren.

«Paul sagte: ‹Weißt du, Roy, ich mach mir Sorgen um deine Rolle in diesem Konsortium. Ich glaube, Armand hat dich da zu etwas überredet, ohne daß du die Risiken verstehst. Ich weiß nicht, ob dir klar ist, daß diese Bohrungen Millionen kosten werden, und wenn sie trocken sind, kriegst du keinen Cent für deine Investition. Selbst wenn wir auf Öl stoßen – ich glaube nicht, daß du verstehst, welche enormen Summen nötig sind, um es zu erschließen. Ich sag dir das alles nur als Freund, verstehst du.›»

Roy fuhr fort: «Ich saß stumm da und versuchte, mich zu beherrschen. Ich wartete darauf, daß er endlich mit der Sprache herausrückte. Schließlich machte Paul sein besorgtestes Gesicht und sagte: ‹Roy, ich helf dir da raus.›» Roy lachte schallend. «Jetzt wußte ich, daß ich großartig investiert hatte. Ich sagte: ‹Ich danke dir für dein Mitgefühl, Paul, aber ich glaube, ich halte doch zu Armand.›»

Getty war ein Schlawiner, aber es machte riesigen Spaß mit ihm. Seine Verschlagenheit war nicht hinterhältig. Er war aufrichtig unaufrichtig, und deshalb konnte man ihm nie wirklich böse sein oder sich hintergangen fühlen. Er versuchte einmal, mir aufs unverschämteste das Fell über die Ohren zu ziehen, was ich einem anderen nie verziehen hätte. Damals wollte er mich zu einer Teilhaberschaft an seinen

Explorationen in Algier verleiten. Als Frances und ich ihn in Sutton Place besuchten, nagelte er mich fest. Er malte die Möglichkeiten in den rosigsten Farben aus.

Ich wies meine Direktoren und Anwälte in Los Angeles an, sofort mit Gettys Leuten in Verhandlung zu treten und das Geschäft schleunigst abzuwickeln. Sie machten sich an die Arbeit und kamen prompt in Schwierigkeiten. Seine Leute spielten ein ganz hartes Spiel. Sie verlangten 30 Millionen Dollar im voraus. So rosig wie die Sache nach Pauls Beschreibung auch ausgesehen hatte: Nichts rechtfertigte diese gewaltige Forderung.

Eines Abends, beim Essen, berichtete ich ihm von unseren Verhandlungsschwierigkeiten in Los Angeles und sagte, wenn seine Leute nicht einen anderen Ton anschlügen, würde ich mich zurückziehen. Kurz danach – vielleicht auf ein geheimes Signal hin – betrat ein Diener das Zimmer und meldete, Getty werde am Telefon verlangt, ein Anruf aus Kalifornien. Er verließ das Speisezimmer und ließ Frances und mich allein.

Ich mußte zur Toilette. Auf der Suche nach Erleichterung ging ich einen imposanten Korridor entlang. An einer offenen Tür vorbeikommend, hörte ich Paul ins Telefon schreien. «Du verdammter Dummkopf!» brüllte er. «Du vermasselst das ganze Geschäft, wenn du so weiter machst, und dann kostet *mich* das dreißig Millionen. Wir finden da nie Öl, soweit ich das beurteilen kann.»

So war das also: Er hatte selbst kein Vertrauen in das Projekt. Er erwartete trockene Bohrungen und wollte mir seine Verluste zuschieben!

Paul und ich kehrten getrennt zum Speisezimmer zurück, und ich beendete mein Dinner schweigend. Nach dem Dessert sagte ich: «Würdest du mich bitte entschuldigen? Ich muß dringend telefonieren.»

Ich ging nach oben in unsere Zimmer und ließ mich mit meinem Büro in Los Angeles verbinden – ein R-Gespräch, natürlich.

«Das Geschäft ist geplatzt», sagte ich ruhig.

Ich habe Paul nie die Wahrheit über unseren Rückzug gesagt. Ich ließ ihn schmoren. Es tat ihm gut, auch einmal eins ausgewischt zu bekommen.

Ich nehme an, der unglückliche Mensch am anderen Ende der Leitung, der Pauls Zorn über sich ergehen lassen mußte, war sein Sohn

George gewesen. Getty liebte ihn abgöttisch, aber er machte ihm das Leben zur Hölle und ließ ihn stets wissen, daß er es mit seinem Vater nicht aufnehmen konnte.

Laut Robert Lezners Buch *The Great Getty* dachte Paul einmal an mich als seinen möglichen Nachfolger, um Getty Oil zu leiten. Natürlich wurde George als Erbe betrachtet, aber Paul schrieb: «Wenn das derzeitige Management von GOC [Getty Oil Company] nicht besser als vorausgesagt arbeitet, möchte ich Dr. Hammer oder Mr. Robert Anderson [Vorsitzender von Atlantic Richfield] bitten, mich zu ersetzen.»

Paul hat diese Absicht – die er sicher nie ernsthaft in Erwägung zog – nie mit mir besprochen, aber wir erkannten in uns verwandte Züge. Ich möchte nicht unbedingt mit diesem geizigen alten Wiesel verglichen werden, aber ich mochte seine Begeisterung fürs Geschäft und seinen unternehmerischen Schwung, seinen Eifer, weiterzukommen und jede Minute seines Lebens auszufüllen. Ich mochte auch die Unabhängigkeit seines Geistes.

Frauen waren eine andere Sache. Er beugte sich einer endlosen Folge von Frauen. Sie waren einfach da, damit er sich an ihnen erfreuen konnte; dann wurden sie fallengelassen. Wie im Geschäft zeigte er seine unehrenhaften Absichten vollkommen offen, und eine Frau mußte schon dumm sein, wenn sie ihn nicht verstand. Viele Frauen machten sich jedoch selbst etwas vor und glaubten, das Herz des alten Gauners erobern zu können, und Getty goß dabei noch kräftig Öl aufs Feuer und genoß jede Sekunde.

Frances und ich waren einmal Zeugen einer lächerlichen Szene, als es zur offenen Schlacht zwischen Rivalinnen kam. Zwei seiner Geliebten waren im Haus, und eine hatte zur Unterstützung ihre Mutter mitgebracht. Sie gab vor, sich den Knöchel verstaucht zu haben, und zog sich schmollend in ihr Zimmer zurück, während ihre Mutter die andere Geliebte beschimpfte, sie eine Hure nannte und Paul sagte, er solle ihre Tochter heiraten.

Paul hatte seinen größten Spaß an diesem Streit. Sein Lächeln wurde breiter und breiter, während die Beschimpfungen hin- und herflogen und die Tränen strömten. Schließlich erhob er sich und sagte: «Es fällt mir schwer, mich loszureißen, aber es ist Zeit für *Upstairs, Downstairs*.» Das war sein liebstes Fernsehprogramm, das er nie verpaßte. Er bat mich, nach oben zu gehen und den Zustand der verletzten Geliebten ärztlich zu begutachten. Sie lag weinend auf dem Bett und beteuerte, sie sei nicht seine Hure.

Paul trug gelegentlich etwas für den *Playboy* bei. Vermutlich wollte er von Hugh Hefner eingeladen werden, um mit seinen Häschen spielen zu können. Roy Thomson fragte Paul einmal ganz offen, ob er in seinem hohen Alter sexuell immer noch potent sei, und Getty versicherte, seine Virilität stehe außer Frage, er verlasse sich auf Aphrodisiaka.

In den letzten Jahren seines Lebens, von Krankheiten heimgesucht, wollte Paul nichts lieber als seine Tage im Land seiner Geburt und in seinem geliebten Zuhause in Malibu verbringen. Er hatte schon immer große Angst vorm Fliegen gehabt und konnte sich nicht überwinden, ein Flugzeug zu besteigen, nicht einmal für die Heimkehr, nach der er sich so sehnte.

Paul tat mir leid. Jedes Mal, wenn ich ihn besuchte, schien sein Kummer größer zu sein. Ich drängte ihn, doch mein Flugzeug zu benutzen, und sagte: «Du kannst eine kräftige Schlaftablette nehmen, und wir tragen dich ins Flugzeug und legen dich in mein Bett. Du wirst nicht einmal merken, wenn das Flugzeug abhebt. Und wenn du aufwachst, bist du in Kalifornien.»

Das Angebot reizte ihn, und er notierte in seinem Tagebuch, daß er es annehmen wollte. Geschäftsbriefe, die er mir kurz vor seinem Tod schrieb, wurden später benutzt, um zu beweisen, daß er bis zum Ende geistig auf der Höhe war (was später von einigen Familienmitgliedern angefochten wurde, die mehr von seiner Hinterlassenschaft haben wollten). Die Tagebucheintragung erwies sich als ungeheuer wertvoll für die Familie Getty. Dadurch konnten die konfiskatorischen Erbschaftssteuern umgangen werden, die Großbritannien erhoben hätte, wenn der Nachweis hätte erbracht werden können, daß Paul ein permanenter Einwohner Großbritanniens gewesen war, der nie die Absicht gehabt hatte, nach Amerika zurückzukehren.

Anfang der siebziger Jahre, als ich in die Nordsee «tauchte», lagen diese Angelegenheiten jedoch noch in weiter Ferne. Mit Roys nicht zu unterdrückender guter Laune und Gettys gewohnheitsmäßiger Hinterfotzigkeit war die Organisation unseres Nordsee-Ölkonsortiums ein dauerndes Vergnügen für mich, und zu meiner Freude war ich oft in London. Frances und ich hatten fast ständig eine Suite im *Claridge*.

Andere Aspekte des Nordseeunternehmens waren weniger erfreulich. Die Konzession, die wir im Dezember 1972 erhielten, war eingebettet in politische Komplikationen, verstrickt in ein Spinnengewebe uralter Streitigkeiten zwischen den Gewerkschaften. In mancher Weise waren die Kopfschmerzen, die uns die Sache in Großbritannien machte, schlimmer als die, die uns die Geschäfte in Rußland und Libyen verursacht hatten. In Großbritannien wurden die Behinderungen durch eine schwerfällige Bürokratie verstärkt durch fanatischen Eifer am Rande der politischen Macht.

Es war sehr merkwürdig, daß man ausgerechnet im guten alten England von der Verstaatlichung bedroht sein könnte, wie es in Libyen der Fall gewesen war. Der Ruf nach Verstaatlichung kam in Großbritannien von weit links stehenden Gruppen, die natürlich während der konservativen Administration Heath keinen Einfluß auf die Regierung hatten.

Als Heath 1974 bei zwei allgemeinen Wahlen geschlagen wurde und Wilson seine Labour Party an die Regierung brachte, verlagerte sich das politische Gleichgewicht merklich nach links. Da gewann der Verstaatlichungsgedanke an politischem Gewicht, besonders als er sich mit der nationalistischen Stimmung, die sich in Schottland breitmachte, verband.

Das alles beunruhigte uns jedoch nicht allzusehr, aber wir behielten die politischen Entwicklungen im Auge. Wir vertrauten der Vernunft Wilsons und seiner Kollegen Callaghan und Healey. Das Schlimmste, was wir von ihnen erwarteten, waren hohe Steuerforderungen. Tatsächlich waren dann die Bestimmungen so hart, daß die kommerzielle Entwicklung der Ölfelder eingeschränkt wurde – zum Nachteil der Gesellschaften und der Staatskasse.

Von Tony Benn, Wilsons Staatssekretär für Energie, der als der «wilde Mann» der Linken bekannt war, hatten wir allerdings offizielle Behinderungen erwartet. Mr. Benn hatte auf die Vorrechte seiner adligen Geburt verzichtet, als sich seine politischen Neigungen immer mehr nach links entwickelten. Als Ehrenwerter Anthony Wedgwood Benn geboren und Erbe des Titels Viscount Stansgate, hatte er sich selbst den Titel aberkannt, um mit dem gemeinen Volk gemeinsame demokratische Sache zu machen. Es wurde uns gesagt, daß Mr. Benn wohl kaum ein Konsortium mit freundlichen Blicken bedenken würde, das sich aus kalifornischen Ölmagnaten und einem der «Pressebarone» zusammensetzte, die seine Labour-Gruppe so sehr haßte und fürchtete. Aber ich mochte Tony Benn, und ich glaube, er mochte mich. Wir kamen ausgezeichnet miteinander aus, und es entstand eine herzliche Freundschaft. Er war sehr an meinen Erinnerungen an das bolschewistische Rußland und an meiner Freundschaft mit Lenin interessiert. Er meinte wohl, wenn ich gut genug für Lenin war, dann sei ich auch gut genug für ihn.

Ich fand seine Augen beunruhigend. Sehr hell und das Weiße und Blaue scharf voneinander getrennt, erinnerten sie mich an die harten funkelnden Augen Trotzkis. Die Farbe war anders, aber beide hatten den gleichen scharfen Blick. Ich denke immer, daß solche Augen die Fenster einer fanatischen Seele sind.

Es war außerdem etwas beunruhigend mitanzusehen, in welchem Maße er Tee und Tabak konsumierte. Ich glaube, er war ein überzeugter Abstinenzler. Welchen Nutzen er jedoch aus dieser Abstinenz für seine Gesundheit auch ziehen mochte – alles machte er mit Tabak und Tee wieder zunichte. Ewig klemmte eine qualmende Pfeife zwischen seinen Zähnen, die nur entfernt wurde, wenn er den Mund öffnete, um Tee hineinzuschütten, von dem er angeblich bis zu siebzehn große Tassen täglich trank.

Die kombinierten Anregungen dieser Süchte ließen Benns Geist – und zweifellos auch sein Herz – mit der Geschwindigkeit eines D-Zugs laufen. Ich fürchtete, daß dieser eines Tages entgleisen könnte, und als ich Ende der siebziger Jahre hörte, er sei schwer erkrankt, hatten sich meine Befürchtungen wohl bewahrheitet.

Die Möglichkeit der Verstaatlichung bereitete uns keine ernsthaften Sorgen, aber das abscheuliche Wetter und die selbstmörderisch obstruktiven Gewerkschaften taten es; wenn der Sturm uns nicht unter Wasser zu peitschen drohte, dann sollte unser Unternehmen wenigstens unterminiert und auf andere Weise gefährdet werden.

Die Gewässer der Nordsee, in denen sich unsere Konzessionsgebiete befanden, gehören zu den gefährlichsten der Welt. Stürme aus der Arktis, die mit einer Geschwindigkeit von bis zu 160 Kilometer pro Stunde über die offene See fegen, treiben bis zu 20 Meter hohe Wellen vor sich her, die in gewaltigen Sturzbächen hereinbrechen. Hagelkörner so groß wie Murmeln und eisiges Regen-Schnee-Gemisch peitschen über die Wellen wie Maschinengewehrfeuer. Das Wasser selbst ist für den größten Teil des Jahres so kalt, daß die Taucher es nur vierzig Minuten unter der Oberfläche aushalten. Nicht einmal auf der Nordseite von Alaska ist das Wetter weniger einladend für Erdölbohrungen als in der Nordsee.

Was die technische Herausforderung betrifft, so ist auf der ganzen Welt noch nie etwas Ähnliches wie die Exploration in der Nordsee probiert worden. Unsere Gebiete, die etwa 121 407 Hektar umfaßten, lagen in 140 Meter Tiefe, und die Seismik ergab, daß sich die Lagerstätten in 2400 bis 3600 Meter Tiefe befanden. Um das Feld zu erforschen, mußten wir eine schwimmende Bohrinsel namens Ocean Victory mieten. Diese Monstrosität des Schiffsmaschinenbaus war so groß wie ein neunundzwanzigstöckiges Gebäude, zweimal so hoch wie die Niagarafälle. Zwölf riesige Anker waren nötig, um die Förderinsel festzuhalten. Der Betrieb von Ocean Victory kostete uns 40 000 Dollar pro Tag. Doch die Investition hat sich millionenfach ausgezahlt.

Im Januar 1973, weniger als zwei Monate nachdem die Konzession gewährt worden war, stieß die Ocean Victory im Piper-Feld auf einen der größten Funde in der Nordsee. Es wurde geschätzt, daß das Feld nahezu 925 Millionen Barrel Öl enthielt, wovon 65 Prozent gefördert werden könnten. Durch Piper war Occidental vor Gaddafi sicher.

Der Fund verlangte die sofortige Vergabe riesiger Engineering-Arbeiten und Anlagen. Wir brauchten eine Bohrplattform, eine Pipeline und eine Verteilerstelle. Verglichen mit den Schwierigkeiten, die der Bau der Plattform mit sich brachte, waren die Pipeline und die Verteilerstelle ein Klacks.

Nächstgelegenes Land waren die Orkneyinseln, wenige Kilometer nördlich von Schottland und 217 Kilometer westlich von Piper gelegen. Steve Bechtel, der endlich seine gerechte Belohnung für den Kredit bekam, den er uns für Libyen gewährt hatte, verlegte auf dem Meeresboden ein 76 Zentimeter dickes Rohr von Piper zur Insel Flotta, wo wir unsere Terminals bauen wollten.

Flotta ist ein wilder und wunderschöner Ort, von vielen Kormoranen und Austernfischern und nur wenigen Menschen bewohnt. Die wenigen Leute, die dort leben, stammen von den Pikten des alten Schottland ab, und ihr Blut ist mit dem der Nordländer vermischt, die in ihren Wikinger-Langschiffen gekommen waren. Angesichts der außerordentlichen Naturschönheiten war es nur natürlich, daß sich manche Leute über den Bau einer Pipeline und einer riesigen Anlage erregten. Wir verstanden die Befürchtungen der Leute, daß unsere Arbeit diesen außergewöhnlichen Ort verderben könnte, vollkommen. Einerseits waren sie entschlossen, die uralten Schönheiten ihrer Insel zu schützen, andererseits begrüßten sie das Geld, das wir in ihre Wirtschaft einbringen würden, und die vielen neuen Arbeitsplätze, die wir ihnen boten. Nachdem die Bauarbeiten begonnen hatten, kehrten viele Männer und Frauen auf ihre Heimatinsel zurück, von der sie aus wirtschaftlicher Not und durch Arbeitslosigkeit vertrieben worden waren.

Die fertige Anlage sollte fast 300 Menschen beschäftigen, davon etwa 90 Prozent Einheimische. Sie sollte etwa 156 Hektar, mehr als ein Zehntel der ganzen Insel Flotta, umfassen. Darauf sollten Öltanks errichtet werden, die viereinhalb Millionen Barrel fassen konnten. Die Gasaufbereitungsanlage, die wir benötigten, sollte bis zu 600 000 Kubikmeter Propan und Äthan verarbeiten. Wir brauchten einen Pier, an dem Öltanker von bis zu 150 000 Tonnen anlegen konnten, und Leitungen zu Liegeplätzen in Scapa Flow, wo noch größere Schiffe – bis zu 200 000 Tonnen – unser Öl aufnehmen konnten.

Man sagte uns, es bestünde absolut keine Chance, eine Genehmigung für den Bau einer derart riesigen Anlage an solch einem herrlichen Fleckchen Erde zu bekommen; wir brauchten es gar nicht erst zu versuchen. Wir versuchten es. Und es gelang.

Wir beauftragten die besten Konstruktionsteams von Großbritannien. Die Anlage sollte so weit wie möglich der Landschaft angepaßt werden. Ich erinnere mich, daß ausgedehnte Tests durchgeführt wurden, bevor die Designer sich für die genauen Farbtöne entschieden. Als die Menschen von Flotta sahen, wie emsig wir waren, faßten sie Vertrauen, und wir wurden gute Freunde.

Die Anlage hat eine Anzahl von Preisen gewonnen – für das Design und für den Sicherheitsstandard. In fast zehn Jahren, seit das erste Barrel Öl durch die Pipeline floß, hat es in Flotta nicht einen einzigen Unfall gegeben, obwohl mehr als eine Milliarde Barrel Öl dort angekommen ist.

Tony Benn war dabei, als wir die Anlage am 11. Januar 1977 eröffneten und das erste Piper-Öl verladen wurde. Das war einer der besten Tage der Nordsee-Erschließung. Am anderen Ende der Pipeline dagegen hatte mir die Piper-Plattform fürchterliche Kopfschmerzen bereitet.

Obwohl wir eines der letzten größeren Konsortien gewesen waren, die in das Nordsee-Öl einstiegen, wollten wir eine der ersten sein, die produzierten. Aufträge für Elemente der riesigen Plattform – 150 Meter hoch und mehr als 14 000 Tonnen schwer – gingen an die größten Bauunternehmer der ganzen Welt. Wir setzten die Bauleute unter Druck, und sie lieferten alle prompt, bis auf die Briten.

Vor allem, weil das Feld in der Nähe lag, aber auch, weil wir der britischen Wirtschaft helfen wollten, beschlossen wir, die Plattform in Ardersier in Schottland montieren zu lassen. Die Fertigungsarbeiten begannen Ende 1973. Im Juni 1974 sollte die Plattform an Ort und Stelle stehen und produzieren. Erst im Juni 1975 wurde sie jedoch endlich zum Feld hinaus geschleppt und aufgerichtet. Wegen nichtiger Streitigkeiten zwischen den Gewerkschaften in Ardersier büßten wir eine ganze Jahresproduktion ein.

Eric Jacobs, Redakteur an Roys *Sunday Times*, schrieb im Juni 1974 einen guten Artikel über dieses Problem: «Im wesentlichen ist der Disput... ein klassischer Machtkampf zwischen zwei traditionellen Werftgewerkschaften, den Kesselbauern und den Maschinenbauern. Es könnte die Rückkehr zu der Art von intergewerkschaftlichem Kampf bedeuten, der an die alten Wer-macht-was-Kräche erinnert, die die Schiffsbauindustrie vor einem Jahrzehnt kennzeichneten. Man kann sich kaum ein schlimmeres Abschreckungsmittel für die internationalen Ölgesellschaften vorstellen.»

Die Maschinenbauer beanspruchten das ausschließliche Recht für die Arbeiten. Ein Großteil davon waren jedoch Schweißarbeiten, eine Aufgabe, die traditionell den Kesselbauern zufiel. Sieg oder Niederlage in diesem Kampf waren besonders für die Schatztruhen der jeweiligen Gewerkschaften wichtig. Wie ein älterer Gewerkschaftsfunktionär sagte: «Es ist im Grunde auch ein Kampf um Mitgliedschaften.»

Ein Streik wurde ausgerufen, was zum allgemeinen Stillstand unserer Arbeit führte. Die Kesselbauer der Subunternehmer gingen nicht durch die Streikpostenketten ihrer Brüder in Ardersier. Der Streik dauerte fast einen Monat, und dadurch verpaßten wir das sehr kleine

«Wetterfenster», das uns erlaubt hätte, die Plattform zu befestigen, bevor die Stürme im September wieder aufkamen.

Ich verschickte haufenweise Telegramme und Fernschreiben nach London und drängte auf eine Einstellung dieses abträglichen Kampfes. Roy Thomson suchte den Premierminister auf und berichtete ihm über die Folgen dieses Verzugs, und der Arbeitsminister und die Gewerkschaftsbosse wurden unaufhörlich bearbeitet. Nichts half, nichts änderte sich. Die Gewerkschaften von Ardersier knurrten sich weiter an, und wir verpaßten die Gelegenheit, die Plattform auf See zu bekommen.

Die britische Wirtschaft erlitt einen Verlust von etwa 380 Millionen Pfund, und das zu einer Zeit, als sie es sich nicht leisten konnte, 380 Cent zu verlieren. Unser Vertrauen in die Kapazität der britischen Industrie wurde arg in Mitleidenschaft gezogen.

Zum Abschluß dieser leidigen Story schrieb Eric Jacobs: «Occidental braucht bald wieder eine neue Plattform. Die Frage wird sich stellen, ob sie – nach dem, was im vergangenen Monat in Ardersier geschehen ist – oder irgendeine andere Gesellschaft es eilig haben wird, den nächsten Auftrag in Großbritannien zu vergeben.»

Jacobs war entweder sehr gut informiert oder sehr schlau. Wir standen kurz davor, Aufträge für die Herstellung einer Plattform für das zweite Nordsee-Feld, das wir entdeckt hatte, zu vergeben. Im Mai 1974 war die Ocean Victory in das Claymore-Feld westlich von Piper eingedrungen. Claymore hatte geschätzte Reserven von 400 Millionen Barrel und würde eine mit der Piper-Plattform identische Anlage benötigen.

Während die Kämpfe in Ardersier wüteten, gab ich Anweisungen, uns anderswo nach Werften umzuschauen. Sehr schnell traf ein ausgezeichnetes Angebot von einer Gesellschaft aus Cherbourg ein, und der Auftrag wurde dorthin vergeben. Der einzige Nachteil dabei war, daß die Plattform über den Kanal und entlang der britischen Insel durch Nordseegewässer geschleppt werden mußte. Die Gefahr eines Unfalls wurde jedoch mehr als ausgeglichen durch den Vorteil schneller Arbeit und prompter Lieferung. Unsere neue, in Frankreich erbaute Plattform nahm die Produktion rechtzeitig im November 1977 auf.

Am 24. Februar 1978 stand ich auf der regengepeitschten Plattform, starrte in die tieftreibenden grauen Wolkenfetzen und wartete auf das

Knattern von Hubschrauberrotoren im Wind. Endlich näherte sich aus der Düsternis ein leuchtendroter Helikopter, der sauber auf der Plattform landete. Heraus stieg ein grinsender Pilot – der Prince of Wales in Person –, der einer Offshore-Nordsee-Anlage seinen ersten offiziellen Besuch abstattete.

Ich hatte Prinz Charles zum ersten Mal am 4. Mai 1977 in London kennengelernt, als die Knoedler Galleries eine Ausstellung von Gemälden und Zeichnungen Churchills als eines der Eröffnungsereignisse zur Feier des fünfundzwanzigjährigen Krönungsjubiläums der Königin veranstaltete. Prinz Charles besuchte die Ausstellung. Mit der Kenntnis des Praktikers sehr am Malen und Zeichnen interessiert, unterhielt er sich lange und eingehend mit mir über die ausgestellten Werke. Ich hatte gehört, daß seine Mutter ein Gemälde von Churchill besaß, er aber nicht. Sein Enthusiasmus war so mitreißend, daß ich ihm eines meiner Bilder als Geschenk anbot. Er zauderte und sagte, er könne es nicht annehmen. Als ich sagte, ich würde es dem Jubiläumsfonds der Königin übergeben, stimmte er begeistert zu. Das war der Anfang einer hoch in Ehren gehaltenen und weitreichenden Freundschaft.

Am 26. Oktober 1977 sollte Prinz Charles in Los Angeles während eines Essens, das ihm zu Ehren vom World Affairs Council gegeben wurde, sprechen. Am Tag davor hatte der britische Generalkonsul eine Gartenparty gegeben, bei der sich Prinz Charles mit seinem Forschungsdrang wieder an mich wandte. Er habe alles über unsere Nordseefunde gelesen, sagte er, und er wolle von mir wissen, wie hoch ich deren Bedeutung für Großbritannien einschätze.

«Glauben Sie, die Chance besteht, daß Großbritannien, was das Öl betrifft, Selbstversorger werden wird?»

«Nicht nur Selbstversorger», antwortete ich. «Großbritannien wird viel Öl exportieren können.»

Am nächsten Tag, beim Lunch, saß ich neben dem Prinzen. Er kritzelte hastig auf den Blättern seiner vorbereiteten Rede herum. Als er sprach, wiederholte er genau das, was ich ihm gesagt hatte, und überraschte seine Zuhörer mit meinen Ansichten über Großbritanniens Ölchancen.

Der Besuch des Prinzen auf der Claymore-Plattform folgte diesem Treffen in Los Angeles. Er verbrachte einen halben Tag auf der Plattform und bestand darauf, in jede Ecke und unter jedes Rohr zu schauen – er wollte unbedingt alles verstehen. Er unterhielt sich lange und ausführlich mit vielen Arbeitern und fragte sie über ihre Jobs und die Bedingungen aus.

«Werden Sie gut bezahlt?» hörte ich ihn einen Mann fragen.

«Oh, sehr gut, Sir», war die Antwort. «Das Dumme ist nur, daß wir fünfzig Prozent davon wieder an die Steuer verlieren.»

«So eine Schweinerei!» war die prinzliche Antwort.

Am 7. Februar 1980 ehrte uns sein Vater, der Herzog von Edinburgh, mit einem Besuch auf einer anderen unserer Nordseeanlagen. Er wohnte der Fahnen-Zeremonie auf der MSV *Tharos* bei. Dieses erstaunliche Schiff, dessen Bau uns 100 Millionen Dollar kostete, sieht aus wie eine normale Bohrinsel, ist aber ein multifunktionaler Brandbekämpfer und «Killer» von wilden Bohrlöchern. Der berühmte Red Adair beriet uns eingehend bei der Konstruktion und Ausrüstung, zu der auch die Wasserkanone gehört, die über 176 000 Liter Wasser pro Minute über eine Entfernung von mehr als 70 Metern spritzen kann.

Während unseres Hubschrauberflugs zum Schiff erzählte mir der Prinzgemahl von seiner Arbeit für den World Wildlife Fund, dessen Präsident er ist, um die Wale zu retten. Ich verpflichtete mich leichthin, ihn bei seinen Bemühungen zu unterstützen, ein Versprechen, das er nicht vergaß.

Am 5. September 1980 bekamen wir erneut wichtigen Besuch, diesmal jene beeindruckende Dame, die Premierministerin von Großbritannien ist – Mrs. Margaret Thatcher. Ihre Begeisterung für Unternehmertum und Initiative sprudelte nur so über uns hinweg, als sie nach Flotta kam. Wie der Prince of Wales guckte sie in jede Ecke, eilte von einem Arbeiter zum nächsten, schoß mit Fragen um sich und konzentrierte sich wie eine Laserpistole auf die Antworten. Als sie und ich uns der Presse stellten, gab sie eine ihrer charakteristischen Vorstellungen. Sie erklärte mit Diktiergeschwindigkeit: «Achthunderttausend Mann-Stunden sind hier gearbeitet worden, ohne einen einzigen Unfall. Haben Sie das? Achthunderttausend. Das ist phantastisch.»

Das Nordsee-Öl war es aber nicht, was Occidental rettete – so sehr waren wir nie in Gefahr. Doch man kann sagen: als wir aus dem libyschen Feuer sprangen, fielen wir im Vereinigten Königreich auf die Füße.

Auch in Peru, Venezuela und Nigeria hatten wir ungeheures Glück, wenngleich wir mit unseren südamerikanischen Explorationen – politisch gesprochen – vom Regen in die Traufe kamen. In den sechziger und siebziger Jahren war fast jede Regierung, mit der Occidental in Südamerika zu tun hatte, instabil, und viele waren alles andere als appetitlich. Sie waren aber an der Macht, und mit ihnen machten wir dann eben Geschäfte.

Texaco und Gulf hatten erfolgreiche Konzessionen in Ecuador übernommen. Ich wollte ein Gebiet in ähnlichem Terrain jenseits der Grenze, aber die Militärjunta in Peru hatte ein Gesetz verabschiedet, das es ausländischen Firmen verbot, innerhalb eines Gebiets, das weniger als 80 Kilometer von der Grenze entfernt war, zu arbeiten. Ich schaffte es, die peruanischen Generale zu überreden, dieses Gesetz außer Kraft zu setzen.

Wir übernahmen ein großes Gebiet im amazonischen Dschungel direkt an der Grenze und schlossen mit Petroperu, der staatlichen peruanischen Ölgesellschaft, einen Erschließungsvertrag. Wir machten das Angebot, eine 965 Kilometer lange Pipeline über die Anden zu bauen. Aber in Erwartung eigener großer Funde zog Petroperu es vor, selbst eine zu bauen. Jedenfalls machten sie und auch andere Gesellschaften keine nennenswerten Entdeckungen, und Petroperu mußte alle Kosten des Programms, von dem wir profitierten, selbst tragen.

1973 hatten die ersten fünf Bohrungen von Occidental in Peru zu neuen Ölfunden von bis zu 3000 Barrel pro Tag geführt. Trotz andauernder politischer Schwierigkeiten, der Gefahr von Guerillaattacken und der Verstaatlichung, hat Occidental bis zum heutigen Tag Öl in Peru produziert.

Ich konnte das Problem der schrumpfenden Ölreserven in den Vereinigten Staaten voraussehen. Deshalb interessierte ich mich 1967 für neue Quellen, um den amerikanischen Bedarf an flüssigen Brennstoffen zu decken. Ich fand die Lösung in Schieferöl. Die reichsten Lagerstätten der Welt liegen in Colorado, Wyoming und Utah. Und in diesen drei Staaten gibt es mehr Öl als auf der ganzen arabischen Halbinsel.

Oxy erwarb 1971 ein Stück dieses kostbaren Geländes und sicherte sich 1972 das erste US-Patent für ein Verfahren, das als Modified In

Situ (MIS) bekannt ist. Wir bauten eine unterirdische Kaverne, füllten sie mit Schieferbruch, zündeten ihn an, und das Öl strömte wie aus einer Quelle. Manche Vorkommen sind von solch hoher Qualität, daß das daraus gewonnene Öl als Dieselbrennstoff verwendet werden kann, ohne weiter raffiniert werden zu müssen. Dieser sinnreiche Prozeß erwies sich nicht nur als enorm erfolgreich für die Gewinnung von Öl aus Schiefer, sondern löste auch Umweltprobleme beim Schieferabbau.

Mit dem steilen Anstieg der Ölpreise in den siebziger Jahren begann unser Verfahren für die Extraktion von Öl aus Schiefer zu einer wirtschaftlichen Realität zu werden. Die amerikanische Regierung erkannte den strategischen Wert des Schieferölpotentials für militärische und zivile Zwecke. Zum Beispiel schrieb uns der Brigadegeneral Anthony J. Farrington vom San Antonio Air Logistics Center über die Testflüge der Air Force: «Die Umstellung von konventionellem auf Schiefertreibstoff ist geplant... sobald genügend Mengen zur Verfügung stehen.»

Wir benötigten jedoch Hilfe von der Regierung. Als die Ölpreise fielen, beschloß die Regierung, die Ersatzenergieforschung nicht länger zu unterstützen. Nach der Abschaffung der United States Synthetic Fuels Corporation durch den Kongreß im Jahr 1985 blieb mir keine andere Wahl, als unser Schieferölunternehmen auf Sparflamme zu setzen, aber nur vorübergehend.

Ich bin überzeugt, daß die Zeit für Schieferöl kommen und uns vor dem Desaster leergeräumter Reserven und der Rationierung bewahren wird. Es gibt mehr als genug Öl in unserem eigenen Garten, eingeschlossen in den mächtigen Rocky Mountains, das uns mit all unseren Bedürfnissen bis weit in die Mitte des nächsten Jahrhunderts hinein versorgen wird. Und mit nachweislich nur für sieben Jahre vorhandenen Ölreserven in den Vereinigten Staaten greifen wir vielleicht früher als gedacht auf Schieferöl zurück.

Im Juni 1984 stießen wir in Kolumbien auf eine Quelle namens Layuca, die darauf hinzudeuten schien, daß wir ein Feld von vielleicht 100 Millionen Barrel vor uns hatten. Im Spätsommer und Herbst wurden weitere Probebohrungen vorgenommen, die Reserven von bis zu einer Milliarde Barrel in Aussicht stellten, also einer Produktion von etwa 250 000 Barrel pro Tag. Ich ordnete ein Sofortprogramm für den Bau einer Pipeline an, mit der 250 000 Barrel pro Tag befördert werden konnten, und die anderen großen Gesellschaften verstärkten ihre Explorationsprogramme und gaben zum Nutzen der kolumbianischen Wirtschaft etwa 500 Millionen Dollar pro Jahr aus.

Dieser Fund und der im Cañon Limón markierte auch einen größeren Wendepunkt im Schicksal von Occidental. Er erlaubte es uns, einen Großteil der Schulden, die uns durch den Erwerb der Cities Service Company – zweifellos meine wichtigste Akquisition – entstanden waren, zu tilgen.

Nach unseren langfristigen Erfolgen im Ausland standen wir vor der Wahl, auch weiterhin in ausländische Felder zu investieren oder zu versuchen, eine Firma im Inland zu erwerben, die bereits über umfangreiche Reserven verfügte. In jeder Hinsicht schien es am sinnvollsten, eine inländische Akquisition anzustreben. Cities war dafür ideal.

Cities Service hatte über eine Fusion mit Gulf verhandelt. Als nichts daraus wurde, balgten sich die Firmen um die Nachfolge von Gulf. Fast vier Milliarden Dollar mußten für die Akquisition aufgebracht werden; dazu kam die Übernahme der Schulden von Cities in Höhe von drei Milliarden Dollar.

Ich erkannte, daß es wichtig war, den Chef von Cities, Charles (Chuck) Waidelich, für uns zu gewinnen. Ich suchte ihn auf und erklärte ihm, daß unsere Firmen perfekt zusammenpaßten. Ich zeigte Waidelich, daß wir billigeres Öl für die Raffinerien von Cities garantieren könnten. Ich versicherte ihm auch, daß er und seine Direktoren allesamt im Management der fusionierten Gesellschaft bleiben könnten.

Chuck Waidelich gefiel mein Vorschlag, aber seine Banker waren dagegen. Eines Tages war ich mit Waidelich allein im Büro, während Vertreter von First Boston und Lehman Brothers in einem anderen saßen und per Telefon verzweifelt die Geschäftswelt absuchten, um einen besseren Bieter als Occidental zu finden. Schließlich wurden Chuck und ich uns einig, und er bat mich, vor seinem Verwaltungsrat zu erscheinen und meine Sache vorzutragen. Ich spürte, daß meine Rede gefiel – und bald danach bekamen wir grünes Licht.

Dieses Geschäft, das am 3. Dezember 1982 zum Abschluß kam,

machte Occidental zum zwölftgrößten Industriekonzern und zur acht-größten Ölgesellschaft in den USA. Was noch wichtiger ist: Damit erreichte ich mein langfristiges Ziel, die Zukunft von Occidental durch eine solide Basis in den Vereinigten Staaten zu garantieren und die Abhängigkeit der Gesellschaft von unsicheren Unternehmungen im Ausland zu verringern. Wir verkauften genug Vermögenswerte, die wir nicht benötigten, so daß wir die Banken auszahlen und die ausgegebenen Vorzugsaktien zurückkaufen konnten.

Und das ist die Geschichte, wie wir es – in J. Paul Gettys Worten – schafften, uns von einer kleinen unabhängigen in eine große internationale Ölgesellschaft zu verwandeln. Die Skeptiker sagten, es sei unmöglich. Wir bewiesen das Gegenteil.

Business mit Breschnew

Leonid Breschnew war der sowjetische Führer, den ich am besten kannte. Vom Anfang der siebziger Jahre bis zu seinem Tod im November 1982 führten wir viele ausgedehnte Gespräche miteinander. Wir trafen uns in seinem Büro im Kreml, bei Staatsfeiern in Moskau, in seinem Ferienpalast auf der Krim und bei seinem Besuch in Amerika, als er das Gipfelgespräch mit Präsident Nixon führte. Wir tauschten Dutzende von Privatbriefen aus, die wiederum einen Korrespondenzberg zwischen meinen Büros und den Ämtern des Sowjetstaats produzierten.

Soweit eine Beziehung mit einem Staatschef überhaupt mehr als dienstlich sein kann, waren Breschnew und ich Freunde. Wir waren aus ganz verschiedenen Hölzern geschnitzt, aber wir entwickelten ein herzliches Verständnis füreinander. Der Umgang mit ihm war nicht gerade einfach – besonders, was sein impulsives Wesen und seine enorme Trinkkapazität betraf –, aber ich mochte ihn sehr und glaubte an die Ernsthaftigkeit seiner Bemühungen um die Verbesserung der russischen Beziehungen zu Amerika.

1973 erschien Breschnew in einem einstündigen TV-Programm der NBC über mich, das *The Russian Connection* hieß. Er tauchte zum Schluß auf – breit grinsend und bärenartig brummend, sagte er: «Armand Hammer hat sich sehr bemüht. Ich helfe ihm, er hilft mir. Es beruht auf Gegenseitigkeit. Wir reden nicht über Geheimnisse, nur über Geschäftliches.»

Fast die Wahrheit – aber nicht ganz.

Während seiner Amtszeit handelte ich riesige Geschäfte mit den

Sowjets aus, darunter das größte, das jemals zwischen der Sowjetunion und einer ausländischen Firma abgeschlossen worden ist, in Höhe von etwa 20 Milliarden Dollar. Sie machten ständige Diskussionen und Revisionen zwischen Breschnew und mir notwendig, und bei diesen Treffen kamen wir natürlich auch auf allgemeine Handelsfragen zu sprechen.

Es stimmt also, daß wir Geschäftliches erörterten. Wir sprachen aber auch über Rüstungskontrolle, Entspannungspolitik, die Position der sowjetischen Juden und der *Refuseniks*, über die unerfreuliche Lage amerikanischer Geschäftsleute, die sich mit dem KGB anlegten, die sowjetische Invasion in Afghanistan, die Lage von Sowjetbürgern in Amerika, die sich abgesetzt haben, und über eine Menge anderer Themen.

Meine Verbindung zur Sowjetunion, die seit Chruschtschows Entmachtung mehr oder weniger eingeschlafen war, blühte Anfang der siebziger Jahre wieder auf. Unter dem Schirm einer wachsenden Annäherung zwischen Präsident Nixon und Generalsekretär Breschnew verbesserten sich die Handelsbedingungen zwischen den beiden Ländern enorm. (1978 ehrte mich die sowjetische Regierung mit dem Orden der Völkerfreundschaft für meine Bemühungen um freundschaftliche Beziehungen und wirtschaftliche Zusammenarbeit zwischen den beiden Ländern; diesen Orden hatte bisher noch kein ausländischer Geschäftsmann erhalten.)

Nixon wollte in seiner zweiten Amtsperiode – von Henry Kissinger angespornt – größere Veränderungen in den globalen Beziehungen der Vereinigten Staaten bewirken. Nach Beendigung des Vietnamkriegs wollte er mit den kommunistischen Supermächten Rußland und China eine neue Ära beginnen. Er wollte Vergangenes vergangen sein lassen und seinen Ruf als Gegner der Kommunisten reformieren. Das Urteil der Geschichte im Auge, wollte Nixon als Präsident gelten, der zwischen Ost und West Frieden gestiftet hatte.

Die politischen und wirtschaftlichen Gründe für diesen Umschwung in der amerikanischen Außenpolitik waren ziemlich klar. Die japanischen und südkoreanischen Ökonomien explodierten wie Leuchtkugeln – nicht nur über dem Pazifik, sondern in der ganzen Welt. Zwischen den Industriestaaten war mehr oder weniger offen ein Handelskrieg erklärt worden. Um aufzuhalten, was sich ihrer wirtschaftlichen Vorherrschaft näherte, mußten die Vereinigten Staaten die Japaner in den wichtigsten neuen Märkten schlagen, vor allem in China und Rußland.

Das Konzept Henry Kissingers verlangte, daß Nixon zur gleichen Zeit Verbindung mit China und mit Rußland aufnahm. Keine der beiden Mächte sollte sich ausgeschlossen fühlen. Der größte diplomatische Vorteil der Nixon/Kissinger-Strategie lag darin, daß er die Vereinigten Staaten zum kritischen Verbindungspunkt zwischen der Sowjetunion und China machte. Amerika fungierte in der chinesisch-sowjetischen Trennung nicht als Bindestrich, sondern als Partner beider Mächte, was für die Welt von Nutzen war, da dies friedliche und tolerante Beziehungen zwischen den drei mächtigsten Nationen voraussetzte. Nixon und Kissinger erkannten, daß mit Rußland und China Handelsbeziehungen aufgenommen werden mußten. Der Handel war der Schlüssel nicht nur zu einer neuen politischen Ära, sondern auch zur Verteidigung und Erweiterung der amerikanischen Interessen.

Natürlich beobachtete ich die Entwicklung dieser Strategie mit schärfstem Interesse und wachsendem Enthusiasmus. Keine Politik hätte meiner eigenen Einstellung mehr entgegenkommen können. Ich wollte, daß Occidental in der neuen Entspannungspolitik eine führende Rolle spielte und mit meiner eigenen Idee von «Entspannung-durch-Handel» Einfluß nahm. Unsere Firma war für diese Rolle besser als andere in Amerika geeignet.

Alle Bestandteile des Düngemittelgeschäfts, das ich seit so vielen Jahren in Gedanken mit mir herumgetragen und vorbereitet hatte, setzten sich jetzt zusammen. Im Juli 1972 unterzeichneten Occidental und die Sowjets einen wissenschaftlichen und technischen Kooperationsvertrag, der viele Bereiche abdeckte, unter anderem auch Düngemittel, aber ich wußte, daß zwischen dem Abschluß eines Vertrages und seiner Erfüllung eine lange Strecke zurückzulegen war. Wenn dieser Plan erfolgreich sein sollte, brauchte ich die Hilfe von Leonid Breschnew.

Während dieser Zeit hatte sich Breschnew aus dem geschäftlichen Teil der Détente herausgehalten. Er sah keinen amerikanischen Geschäftsmann und schenkte unseren Bemühungen in Moskau nicht mehr als ein flüchtiges zustimmendes Nicken. Aber wenn mich meine siebzigjährige Geschäftserfahrung eines gelehrt hat, dann dies: Verhandle mit dem Mann an der Spitze, dem Boss! Nur so erreicht man etwas.

Mit all den Unternehmen und Ämtern, die sie kontrolliert, ist die Regierung der Sowjetunion wie eine riesige Firma – und der oberste Chef dieses immensen Konglomerats ist der Generalsekretär der Kommunistischen Partei der Sowjetunion. Wenn man etwas erreichen will, wenn man sich durch das Labyrinth der bürokratischen Komplikationen, die in einem korporativen Staat existieren, durchschlagen will, hilft es, Zugang zum Vorstandsvorsitzenden zu haben.

Ich überlegte lange, wie ich am besten mit Breschnew in Verbindung treten könnte. Dann fiel mir endlich – mehr oder weniger durch einen komischen Zufall – etwas ein.

Mitte 1972, als die ersten Stadien des Düngemittelvertrags unter Dach und Fach waren, rief mich ein Kunsthändler namens Otto Kallir, Besitzer der Galerie St. Etienne in New York, an. Er behauptete, zwei Originalbriefe in der Handschrift Lenins seien in seinen Besitz gekommen, und er habe einen Vorschlag zu machen. Er würde mir die Briefe geben, um sie an die Russen weiterzuleiten, wenn ich sie dazu überreden könnte, ihm als Gegenleistung mehrere Meisterwerke aus der Eremitage in Leningrad oder dem Puschkin-Museum in Moskau zu überlassen.

Welch ein Handel! Eine absurde Idee. Kallir verlangte doch tatsächlich von den Russen, sich erpressen zu lassen. Das ist nach meiner Erfahrung nicht der beste Weg, sie für eine Kooperation zu gewinnen. Trotzdem – wenn Kallir die Wahrheit sagte, hatte er Dokumente von großer historischer Bedeutung und immensem Wert in Händen. Ich hoffte, mit ihm vernünftig reden zu können.

Als Vorsichtsmaßnahme nahm ich mehrere Fotokopien von Briefen mit, die Lenin mir geschrieben hatte. Durch ein Vergrößerungsglas betrachtete ich die Briefe des Händlers so genau ich nur konnte und verglich die Form jedes Buchstaben mit meinen Originalen. Sie schienen exakt übereinzustimmen.

Ein Brief, 1919 auf französisch geschrieben, war an den «Genossen Loriot und alle französischen Freunde der Dritten Internationalen» adressiert. Der andere war in Deutsch, 1921 geschrieben und an Clara Zetkin und den Genossen Levi gerichtet.

Ich sagte, ich brauchte unbedingt eine Authentisierung von Experten, und Kallir war einverstanden, daß ich Wissenschaftlern am Lenininstitut in Moskau Fotokopien zusandte. Per Telegramm kam die Nachricht zurück, daß die angebotenen Briefe in der Tat echt seien. Jetzt mußte ich versuchen, Kallir zur Vernunft zu bringen. Da er für die Briefe Bilder haben wollte, bot ich ihm einige Werke aus den Hammer Galleries an, und da er auch Geld wollte, bot ich ihm eine Menge Geld an. Das Gefeilsche zog sich über mehrere Monate hin, aber schließlich – im Oktober 1972 – gehörten die Briefe mir. Ich fuhr nach Moskau und hatte sie bei mir.

Mein Hauptkontakt in Moskau war Jermen Gwischiani, Schwiegersohn Kossygins und stellvertretender Vorsitzender des Komitees für Wissenschaft und Technologie des Ministerrats der UdSSR. Ich übermittelte ihm die Briefe und legte ein separates Schreiben, das an Breschnew adressiert war, bei, in dem ich die Lenin-Dokumente als «mein bedingungsloses Geschenk für die Regierung und das Volk der UdSSR» deklarierte.

Die Antwort war prompt. Frances und ich wohnten im alten Hotel *National* gegenüber dem Roten Platz, in der Suite, die Lenin während der Oktoberrevolution 1917 eingenommen hatte. Wenige Tage nachdem ich die Briefe an Breschnew geschickt hatte, besuchte mich Gwischiani, um mir mitzuteilen, daß Michael Suslow, der zweitmächtigste Mann in der Sowjetunion, die Lenin-Briefe erhalten hätte, da Breschnew nicht in der Stadt sei. Suslow wolle mich sehen.

Das waren erstaunliche Neuigkeiten. Suslow, der Chefideologe des Politbüros, war der sowjetische Führer, der wohl am wenigsten geneigt war, sich mit einem amerikanischen Kapitalisten abzugeben. Als einer der letzten wichtigen Figuren der Stalinära, die an der Macht geblieben waren, hätte Suslow leicht Generalsekretär werden können, als Chruschtschow gestürzt worden war. Offenbar hatte er aber ein geringeres Amt vorgezogen, das es ihm erlaubte, sich auf die Beibehaltung der Reinheit der marxistisch-leninistischen Ideologie zu konzentrieren. Seinem Ruf nach war er ein strenger, unbeugsamer und einschüchternder Mann.

Als ich ihn zu Gesicht bekam, schien sich sein Ruf zu bestätigen. Er war sehr groß, gut über einsachtzig, und hatte ein hageres Gesicht mit ausgeprägten Backenknochen und strenge graublaue Augen hinter dicken Gläsern. Er blickte ernst und teilnahmslos.

Ich erkannte rasch, daß Suslow seinen wahren Charakter versteckte. Hinter seiner Teilnahmslosigkeit verbarg sich Schüchternheit. Die Gelehrtenhaftigkeit seiner zerzausten grauen Haare war echt und seine Intelligenz unverkennbar. Er war bescheiden und nicht grausam, und sein Lächeln war bei weitem nicht kalt, sondern freundlich. Sein Gesicht leuchtete auf, wenn er von Lenin sprach.

Auf seinem Schreibtisch standen mehrere Bände von Lenins veröffentlichter Korrespondenz. Zwischen vielen Seiten guckten weiße Zettel als Buchzeichen hervor. Suslow hatte seine Hausaufgaben gemacht und alle Briefe und Aktennotizen gelesen, die Lenin an und über mich geschrieben hatte. Er las mir eine Resolution des Zentralkomitees der Kommunistischen Partei vor und dankte mir für das Geschenk. Und er überreichte mir ein wunderschönes Porträt von Lenin aus Silber und anderen Metallen, die im Ural gefunden wurden. Dann geleitete er mich durch das Sekretariat und wies auf eine Tür. Es war Breschnews Büro. Suslow sagte: «Generalsekretär Breschnew bedauert, nicht hier sein zu können, aber er wird Ihnen nach seiner Rückkehr schreiben und Sie bei Ihrem nächsten Besuch in der UdSSR ebenfalls empfangen und Ihnen persönlich danken.»

Das war der Durchbruch, den ich seit vielen Monaten gesucht hatte. Und innerhalb weniger Wochen erhielt ich tatsächlich ein Schreiben von Breschnew, der mir dankte.

Ich brauche Ihnen nicht ausführlich zu erklären, wie teuer dem sowjetischen Volk alles ist, was direkt mit dem Leben und Handeln des großen Gründers unserer Partei und des sowjetischen Staates zu tun hat.

Und weiter:

Die Führung der Sowjetunion mißt dem gegenwärtigen positiven Wandel der sowjetisch-amerikanischen Beziehungen große Bedeutung bei. Die Erarbeitung von Verträgen und die Entwicklung einer beiderseitig nützlichen friedlichen Zusammenarbeit zwischen unseren Völkern auf verschiedenen Gebieten wird von uns als eine

Angelegenheit von äußerster Wichtigkeit betrachtet. Eine bedeutende Rolle spielen dabei die wirtschaftlichen Beziehungen, und Sie, Dr. Hammer, tragen aktiv zu ihrer Entwicklung bei.

Ich wandelte wie auf Wolken. Anfang Februar 1973 wurde mir mitgeteilt, daß der Generalsekretär mich sehen wolle. Ich flog am 11. Februar nach Moskau, und am 15. Februar 1973 öffnete sich mir die Tür, auf die Suslow gezeigt hatte.

Breschnew und ich verbrachten zweieinhalb Stunden miteinander. Der einzige andere Mann im Raum war Victor Suchodrow, der offizielle Dolmetscher. Bald, nachdem Breschnew zu sprechen begonnen hatte, antwortete ich ihm auf russisch, bevor Suchodrow die Übersetzung beendet hatte. Breschnew sagte: «Na, Dr. Hammer, Sie scheinen mein Russisch ja gut zu verstehen.»

«Ja», sagte ich, «aber wichtiger wäre zu wissen, ob Sie *mein* Russisch verstehen können.»

Er lachte und sagte, es wäre in Ordnung, und wir setzten unser Gespräch fort, ohne Suchodrow groß in Anspruch zu nehmen.

Mir zeigte sich Breschnew als ein Mann großer Menschlichkeit und Herzlichkeit. Seine Empfindungen waren tief, und seine Augen füllten sich rasch mit Tränen, wenn seine Gefühle angesprochen wurden. Es war ihm peinlich, daß kein Geschenk für mich vorbereitet worden war. Er stand auf, riß die goldene Uhr mitsamt der Kette von seiner Weste und reichte sie mir. Ich trug sie jahrelang mit mir herum und neckte die Amerikaner gern, indem ich die Uhr als ein Beispiel sowjetischer Technologie pries. «Geht ziemlich genau, wissen Sie.»

Breschnew war erpicht darauf, den sowjetischen Handel mit dem Westen, besonders mit den Vereinigten Staaten, in Gang zu bringen. Ihm gefiel meine Formulierung «Entspannung durch Handel», und er war bereit, sich voll hinter die Geschäfte zu stellen, die ich für Occidental abwickeln wollte.

Das waren folgende:

– Occidental sollte Düngemittel im Wert von einer halben Milliarde Dollar jährlich an Rußland liefern im Austausch gegen Urea und Ammoniak im gleichen Wert, die wir in den Vereinigten Staaten verkaufen könnten.

- Der Bau eines internationalen Handelszentrums und Hotels im Herzen Moskaus für die wachsende Zahl amerikanischer und internationaler Firmen, die Büroräume und Hotelunterkünfte benötigen würden.*
- Ein unglaublich ehrgeiziger Plan, sowjetisches Gas aus Ostsibirien in die Westküstenstaaten Amerikas zu leiten.
- Der Export russischen Nickels im Austausch gegen amerikanische Vernickelungsmaschinen zur Verarbeitung sowjetischer Metalle.

Ich besprach die Einzelheiten dieser Vorschläge mit Breschnew, und er stimmte allen zu. Der Durchbruch mit ihm war in seiner Art genauso bedeutend wie Lenins Vorschlag, der erste amerikanische Konzessionär der UdSSR zu werden.

Die Geschäfte würden Occidental bis zum Ausgang des zwanzigsten Jahrhunderts zur führenden amerikanischen Gesellschaft in der Sowjetunion machen. Das über zwanzig Jahre dauernde Düngemittelgeschäft, das 1978 aufgenommen werden sollte, würde im Jahr meines hundertsten Geburtstages auslaufen. Ich sagte Breschnew, ich hätte vor, dies in Rußland zu feiern, und daß ich hoffte, auch er würde dann mit mir anstoßen.

Er hätte es vielleicht geschafft, wenn er dem Essen, Trinken und dem Tabak nicht so zugesprochen hätte. Bei unserem ersten Treffen sagte er mir, er müsse eine Menge abnehmen, aber die geschmacklosen Unbilden all der Diäten, die er probiert hätte, wurden ihm über. Ich empfahl ihm, es mit *Dr. Atkins' Diet Revolution* zu versuchen, dem Programm, das mir half, lästige zwanzig Pfund Übergewicht zu verlieren, während ich weiter gut speisen und mein Essen genießen konnte. Ich gab ihm ein Exemplar des Buches, das er – soweit ich informiert bin – ins Russische übersetzen ließ. Ich sagte ihm auch, er solle mit dem Zigarettenrauchen aufhören. Diese Gespräche über Diät und Gesundheit tauchten in den kommenden Jahren bei unseren Treffen immer wieder auf. Ich glaube aber, daß seine Bemühungen, die Atkins-Diät einzuhalten, von seinem Appetit immer wieder zunichte gemacht wurden. Ich bohrte

* Es wurde 1980 eröffnet und wird in Moskau «Hammer-Haus» genannt. Darin untergebracht sind mehr als 600 Büros, 600 Apartments und 600 Hotelzimmer sowie Konferenzräume, internationale Restaurants und Läden – ein bleibendes Monument des Jahrzehnts der Détente.

weiter wegen der Zigaretten. Einmal versuchte er es mit einer Zigarettenspitze mit Filter, aber das nützte auch nicht viel. Erst kurz vor seinem Tod gab er das Rauchen ganz auf.

Seine Trinkgewohnheiten waren alles andere als gemäßigt. Jedes Mal, wenn ich ihn in den folgenden Jahren abends sah, schüttete er mit erschreckender Geschwindigkeit Wodka in sich hinein. Besonders in seinem Ferienhaus in der Nähe von Jalta am Schwarzen Meer, wo Frances und ich ihn besuchten, trank er so viel, daß er beim Verlassen des Zimmers gestützt werden mußte. Mit dieser Wodkaflut hätte ich nicht mithalten können, selbst wenn ich es gewollt hätte. So heimlich wie möglich, wenn niemand herschaute, leerte ich mein Glas unter dem Tisch aus.

Der einzige, der es mit Breschnew aufnehmen konnte, war offenbar Konstantin Tschernenko – für den die medizinischen Konsequenzen gleichermaßen unheilvoll waren. Als Tschernenko – nur zwei Jahre nach Breschnew – starb, ging in Moskau das Gerücht um, er habe neben anderen schweren Krankheiten auch Leberzirrhose gehabt.

Dieses exzessive Trinken unter den Russen war meiner Meinung nach einer der Hauptgründe, warum Michail Gorbatschow es gleich am Anfang zu einer Priorität machte, den Wodkakonsum seiner Landsleute einzuschränken.

Aber zurück ins Jahr 1973. Bei diesem ersten Treffen sagte Breschnew, das einzige größere Hindernis, das ihm bei «Entspannung durch Handel» einfiel, sei das politische Klima in Amerika. Die Watergate-Krise machte sich jetzt bemerkbar, schien Breschnew aber nicht zu beunruhigen. Er war sicher, daß eine Affäre, die ihm so trivial erschien, die folgenschweren politischen Interessen von Nixons neuer globaler Strategie nicht behindern würde. Wichtig war für Breschnew, ob Nixon wirklich eine neue Entspannungsära mit Rußland wollte oder nicht und ob er beim Kongreß und beim amerikanischen Volk damit durchkäme.

Das politische Gedächtnis ist in Rußland sehr stark entwickelt, und Kränkungen und Beleidigungen werden weder vergessen noch schnell vergeben. Nixons langjährige feindliche Haltung gegenüber der Sowjetunion und sein aggressiver Antikommunismus innerhalb der Vereinigten Staaten waren in den Büchern des Kremls genauestens notiert worden. Seine Konfrontation unter vier Augen mit Chruschtschow, als Nixon als Eisenhowers Vizepräsident Moskau besuchte, hatte einen unauslöschlichen Eindruck von Angriffslust hinterlassen. Ich versuchte, Breschnew zu beruhigen. Ich war sicher, sagte ich, daß Nixons Stimmungswandel ernsthaft sei. Er habe gemerkt, daß er mit Hilfe der Entspannungspolitik als einer der größten Präsidenten Amerikas in die Geschichte eingehen könnte; und das Urteil der Geschichte beschäftigte ihn, wie jeder weiß, vorrangig während seiner zweiten Amtszeit.

Was die Fähigkeit des Präsidenten, das amerikanische Volk für sich zu gewinnen, betraf, versicherte ich Breschnew, daß nicht daran zu zweifeln sei. Nixon hatte einen der größten Wahlsiege aller Zeiten errungen. Sein Ansehen beim Volk war außergewöhnlich groß. In der Nach-Vietnam-Atmosphäre suchte Amerika nach einer neuen Rolle in der Welt und nach einem neuen Zeitalter der Versöhnung. Alle Wählerschichten waren für den neuen Deal, versicherte ich Breschnew; und das galt auch für die Deals, die ich für Occidental in Rußland zu machen gedachte.

Breschnew glaubte mir. Er sagte unseren Geschäften seine persönliche Unterstützung zu und versicherte, er würde ein Auge auf die Entwicklung haben. Er forderte mich auf, ich solle mich direkt an ihn wenden, wenn wir auf größere Schwierigkeiten stoßen sollten oder wenn ich der Meinung wäre, daß seine Intervention nützlich sei.

Das war der Bonus, den ich mir gewünscht hatte. Das Siegel der Zustimmung durch den Generalsekretär würde den Erfolg der neuen Unternehmungen von Occidental in Rußland garantieren. Der offene Zugang zu Breschnew, dem «Vorstandsvorsitzenden», würde mich den Maschendraht der Bürokratie überwinden lassen.

Der Abschluß der Düngemittel- und Handelszentrum-Vorhaben nahm ein weiteres volles Jahr in Anspruch. Geschäfte mit den Russen werden nicht schnell getätigt. Gleichmäßige Schritte werden ganz methodisch getan, und bei jedem einzelnen wird sichergestellt, daß man seine Meinung ändern, sich zurückziehen oder das Geschäft mit anderen abschließen kann. Ohne Konkurrenzangebote werden keine Verhandlungen aufgenommen. Die Verhandlungen beginnen mit einem Protokoll, ohne das man keine Visa bekommt und nicht offiziell zu Diskussionen zugelassen wird. Das Protokoll läßt einen herein. Als nächstes wird eine Absichtserklärung formuliert, gefolgt von einem

Globalabkommen, das die Hauptabsprachebedingungen darlegt. Dieses ebnet den Weg für den letzten Schritt – die Durchführungsvereinbarungen.

Man braucht viel Geduld, Wettbewerbssinn und Wachsamkeit, wenn man mit den Russen Geschäfte macht. Von der Society of American Business Writers einmal um Ratschläge für amerikanische Geschäftsleute gebeten, sagte ich:

Ich würde es so zusammenfassen: Setzen Sie Ihren Vertrag sorgfältig auf, denn wenn er erst einmal unterzeichnet ist, passen die Sowjets auf, daß Sie sich daran halten, genauso wie sie die Absicht haben, sich an ihre eigenen Verpflichtungen zu halten... Der Vorsitzende der Staatsbank, Alchimow, erzählt eine Geschichte über die russische Presse, die Sie lehrreich finden mögen. In Rußland ist das Wort für «jedoch» *vsjo-taki*. Alchimow sagte, die *Iswestja* und *Prawda* liest man am besten, indem man den Satz, der mit dem Wort *vsjo-taki* beginnt, verfolgt. Von diesem Punkt an passen Sie *ganz genau auf*. Das gleiche gilt für Verträge.

Ein amerikanischer Geschäftsmann, der mit den Russen Verhandlungen aufnimmt und erwartet, daß sie im Aufsetzen von Verträgen und der Beitreibung auch der letzten Kopeke naiv sind, befindet sich auf dem Holzweg. Einmal sagte Breschnew lachend: «Ich schätze, Komarow [der Stellvertretende Erste Außenhandelsminister] setzt Sie unter Druck.» Ich antwortete wahrheitsgetreu, daß wir reichlich unter Druck gesetzt würden.

Andererseits kann amerikanisches Draufgängertum manchmal auch in der sowjetischen Bürokratie für Überraschung sorgen. Einmal – bei meinem ersten Besuch in Moskau nach dem Nixon/Breschnew-Gipfel im Juli 1972 – verblüffte ich Gwischiani mit dem legeren Stil, in dem wir Entscheidungen treffen.

Er hatte mich in sein Büro gerufen, um mir den Entwurf unseres vorgeschlagenen Fünf-Punkte-Vertrags zu zeigen. Er war natürlich in Russisch abgefaßt. Ich sah ihn mir an, und er schien in Ordnung zu sein. Ich nahm einen Füllhalter, strich das Wort «Entwurf» durch, unterzeichnete den Vertrag und reichte ihn zurück. Gwischiani war sprachlos.

«Wollen Sie ihn nicht Ihrem Anwalt zeigen?» fragte er.

«Nein», sagte ich. «Ich brauche keinen Anwalt, der mir sagt, daß der Vertrag so in Ordnung ist.»

«Wollen Sie das Ganze nicht noch einmal überdenken?»

«Hören Sie», sagte ich, «das ist Ihr Entwurf, nicht meiner. Ich habe nicht ein einziges Wort geändert, und ich habe unterschrieben. Also sind wir doch im Geschäft, oder nicht?»

Er stand einen Augenblick mit dem Dokument in der Hand da und wußte offensichtlich nicht, was er machen sollte. Dann sagte er, er müsse Rat holen. Er verließ das Zimmer. Ich glaube, er telefonierte mit seinem Schwiegervater. Nach einer Weile kam er zurück und sagte: «In Ordnung.» Dann nahm er den Füllhalter, unterschrieb seinen eigenen Entwurf und tat dabei noch immer so, als ob ich ihn übers Ohr hauen wollte.

Bevor die Verhandlungen ins Endstadium kamen, sah ich Breschnew zweimal. Als er im Juni 1973 zur Gipfelkonferenz mit Nixon in Washington war, traf ich ihn zum Lunch im Blair House, dem Gästehaus für Staatsoberhäupter gegenüber dem Weißen Haus. Als Frances und ich an jenem Abend das Weiße Haus betraten, um an Nixons Staatsdinner teilzunehmen, kam es zu einer kleinen improvisierten Konferenz zwischen dem Präsidenten, dem Generalsekretär und mir. Breschnew, der mich in der Empfangsreihe erblickte, hielt mich einige Minuten lang auf und unterhielt sich mit mir auf russisch, während ich für den Präsidenten übersetzte.

Am 17. November 1973 sah ich Breschnew wieder in seinem Büro im Kreml. Inzwischen hatte er die Büchse der Pandora von Watergate genauestens geprüft und den vollen Umfang von Nixons Misere erfaßt. Obwohl er starke Halsschmerzen hatte und ihm gesagt worden war, er solle nicht reden, bestand er darauf, mich zu sehen, weil – wie er sagte – «ich unbedingt Ihre Ansichten hören muß». Mehr als alles andere wollte er wissen, was ich von Nixons Watergate-Problemen hielt.

Damals glaubte ich noch, Nixon würde überleben. Ich sagte Breschnew, daß der Kampfgeist des Präsidenten ihn durchbringen würde. Breschnew meinte, er wundere sich über all das Theater um Watergate. Er sagte: «Ihr habt eure eigenen Methoden, und – ganz im Vertrauen – ich verstehe sie nicht. Ich mache mir Sorgen um Nixon. Ein Mann kann nur ein bestimmtes Quantum ertragen, dann muß er einfach zusammenbrechen.» Er sagte, er gebe acht, Nixons Schwierigkeiten nicht auszunutzen und ihn nicht «herunterzumachen wie die anderen». Er hätte Nixon einen herzlichen persönlichen Brief geschrieben, der sich – wie Dobrynin ihm berichtet hätte – sehr darüber gefreut habe. Mit der Erklärung, Nixon sei «der einzige echte Staatsmann in den Vereinigten Staaten – selbst Pompidou ist dieser Ansicht», sagte Breschnew, er wolle alles Mögliche tun, um Nixon zu helfen, seine politischen Probleme, besonders im Mittleren Osten, zu bereinigen. Breschnew dachte überraschend undogmatisch und pragmatisch über die Position Israels. Er sagte, es müsse eine Regelung geben, die Israel Sicherheit und «gute nachbarschaftliche Beziehungen» gewährleiste. Er fuhr fort: «Die Vereinigten Staaten sind mehr als wir daran interessiert. Schließlich kaufen wir kein Öl im Mittleren Osten.» Er meinte, Nixon habe durch die amerikanischen Zionisten mit einem fast unlösbaren Problem zu tun. «So können sie nicht lange leben», sagte er. «Sowohl die Araber als auch die Israelis müssen zu einem Kompromiß kommen.»

Trotz seiner Halsentzündung war Breschnew gut gelaunt. Er erkundigte sich nach dem Fortschritt des Düngemittelgeschäfts und sprach dann lange über seine eigenen Tage in der Landwirtschaft auf einer der größten Kolchosen in Kasachstan, wo «nichts ohne chemische Düngemittel wachsen wollte». Er sagte, er habe immer gern gearbeitet und den Amtsschimmel gehaßt. «Ich sage gerne meine Meinung und pack die Sache an», sagte er.

Er bat mich, Nixon wissen zu lassen, daß er wirklich «auf die Entspannung als brauchbare Grundlage baue» und daß er an Nixon glaube, aber über seine Gesundheit besorgt sei. Ich übermittelte dem Präsidenten diese Botschaft in einem Brief. Dieser Brief enthielt auch ein Zitat von Abraham Lincoln, das mir immer viel bedeutet hat. Lincoln sagte: «Wenn ich versuchen wollte, alle Angriffe auf mich zu lesen, von ihrer Beantwortung ganz zu schweigen, hätte man für keine anderen Geschäfte mehr Zeit und müßte diesen Laden schließen. Ich tue mein Allerbestes, und ich habe die Absicht, es bis zum Ende zu tun. Wenn sich am Ende erweist, daß ich recht hatte, dann ist das, was gegen mich vorgebracht wird, nicht von Bedeutung. Wenn sich am Ende erweist, daß ich unrecht hatte, dann nützen mir auch zehn auf mich schwörende Engel nichts.»

Ich hatte besonderes Mitgefühl für Nixons Misere, weil ich meine eigenen Watergate-Probleme hatte.

Ende März und Anfang April 1972 hatte ich für Nixons Wahlkampagne gespendet – anonym und aus meinen eigenen Reserven, wie ich es schon immer getan hatte, seit Roosevelt 1932 kandidierte. Weil ich das Pech hatte, meine Spende in die Hände eines Angestellten zu legen, der sich als Halunke entpuppte, sollte mein Beitrag mich in einen Kampf verwickeln, der meinen Ruf, meine Arbeit, meine Gesundheit und sogar mein Leben bedrohte.

Richard Nixons Kampagne wurde 1972 fast so organisiert, als ob es sich um einen Unbekannten und nicht um einen amtierenden Präsidenten handelte, der gegen einen schwachen demokratischen Kandidaten antrat. Äußerst tüchtig kämmte das Komitee zur Wiederwahl des Präsidenten die Nation durch, um jeden möglichen Dollar zur finanziellen Unterstützung zu ergattern. So war es für mich keine Überraschung, als Maurice Stans, Vorsitzender des Finanzausschusses, mich wegen einer «erheblichen Spende» aufsuchte.

«Erheblich» bedeutete für mich 50 000 Dollar, und die Summe nahm ich mit, als ich Stans am 30. März 1972 in Washington aufsuchte. Stans hatte an ein bißchen mehr gedacht – so um die 250 000 Dollar. Es gelang mir zu lächeln, und ich zauderte.

«Also, meiner Meinung nach sollten Sie hunderttausend spenden und Mitglied des Hunderttausend-Clubs werden. Viele Ihrer Freunde sind drin.» Wenig begeistert stimmte ich zu, bestand aber weiter darauf, anonym zu bleiben.

«In dem Fall», sagte Stans, «müssen Sie Ihren Beitrag vollständig bis zum 7. April geleistet haben. An dem Tag tritt nämlich das Bundeswahlkampagnengesetz in Kraft, wonach Spenden deklariert werden müssen.»

Das wußte ich bereits. Ich sagte, ich könnte ihm 50 000 sofort geben, und versprach, die Differenz innerhalb der nächsten sieben Tage an ihn weiterzuleiten. Wie sich herausstellte, konnte ich ihm nur 46 000 Dollar geben – 4000 wurden für Tickets für politisches Essen benötigt –, aber ich sagte zu, er würde die restlichen 54 000 innerhalb einer Woche bekommen. Am 3. April – wieder in Los Angeles – hob ich 54 000 Dollar von meiner Bank ab, flog nach Reno, wo ich mich mit dem Herausgeber des *Manchester Union Leader*, Bill Loeb, verabredet hatte, und am 5. April gab ich das Geld meinem Geschäftspartner Tim Babcock, der es an Stans weiterreichen sollte, wobei ich ihn darauf aufmerksam machte, daß es unbedingt vor dem 7. April geschehen müsse. Er sagte: «Kein Problem.» Tim Babcock war stellvertretender Vorsitzender von Occidental International, meiner Niederlassung in Washington, und von 1962 bis 1968 Gouverneur von Montana. Ich vertraute ihm vorbehaltlos.

Zweieinhalb Monate später, am 20. Juli, sah ich Präsident Nixon im Oval Office. Ich war gerade aus der Sowjetunion zurückgekehrt, wo ich den ersten Handelsvertrag seit dem Nixon/Breschnew-Gipfel unterschrieben hatte, und Nixon wollte natürlich alles darüber erfahren. Er war heiter, freundlich, auf der Höhe seiner Macht und von überragendem Selbstvertrauen. «Ich habe meine Pflicht getan», sagte ich. «Ich bin mit Maurice Stans im Hunderttausend-Club.»

Wir lachten beide.

Ein Jahr später lachte ich nicht mehr.

Wie sich herausstellte, hatte Tim Babcock die 54 000 Dollar *nicht* vor dem 7. April an Stans abgeliefert. Tatsächlich hatte er, was kaum zu glauben ist, erst am 14. September Stans' Büro aufgesucht und ihm 15 000 Dollar überreicht. Stans sagte natürlich, die Summe würde als Spende von Armand Hammer notiert. O nein, erwiderte Babcock, die Spende sei nicht von mir, sondern von mehreren Personen, deren Namen und Adressen er bald mitteilen würde.

Am 3. November erhielt Stans weitere 25 000 Dollar durch Babcocks Anwalt, die wiederum verschiedenen Spendern zugeschrieben werden sollten, deren Namen bald bekanntgegeben würden. Und am 17. Januar 1973 erhielt er den Endbetrag von 14 000 Dollar mit dem gleichen Hinweis.

Das waren meine 54 000 Dollar, mit denen sich Babcock bedient und die er dann aus anderen Quellen ersetzt hatte. Aber warum hatte er das getan? Eine spätere Untersuchung brachte des Rätsels Lösung, die aber leider zu spät kam, um meiner Sache dienlich zu sein.

Offensichtlich hatte sich Babcock im April 1972 in ernsten finanziellen Schwierigkeiten befunden. Er hatte zwei Millionen Dollar aufgenommen, um ein Hotel in Montana zu bauen, und dann noch 600 000, um es einzurichten. Er restaurierte ein historisches Herrenhaus für sich selbst und besaß eine Rundfunkstation, die Verluste machte. Man kann wohl annehmen, daß ihm seinerzeit 54 000 Dollar sehr gelegen kamen.

In der Zwischenzeit ahnte ich nichts von dem Sturm, der in Kürze über mich hereinbrechen sollte. Im April 1973 entwickelten sich die Ereignisse im Watergate-Skandal dramatisch, und es wurde klar, daß Stans' Finanzausschuß offiziell untersucht werden würde. Im Juni legte Stans alle Informationen über die Gelder offen, die er erhalten hatte, und teilte mir mit, mein Beitrag habe 46 000 Dollar ausgemacht.

Sechsundvierzigtausend Dollar? Zu sagen, ich sei in die Luft gegangen, wäre nicht übertrieben. Ich rief Babcock zu mir nach Hause, und er log und sagte, ich hätte ihm das Geld im Juli oder August gegeben, «ich kann mich nicht mehr genau erinnern». Von diesem Augenblick an verstrickte sich Babcock in seine Lügen und mich dazu.

Kurz danach schickte der Sonderausschuß des Senats, angeführt von Sam Ervin, einen Fragebogen an alle Spender. Ich fragte Louis Nizer, was ich tun sollte. Seine Antwort war unmißverständlich: Ich war nicht gefragt worden, wieviel Geld ich wem übergeben hatte, um es als Beitrag zu leisten, sondern wieviel ich gespendet hatte, und dieser Betrag war 46 000 Dollar. Was immer mit dem Geld geschehen war, das Babcock erhalten hatte, war eine Sache zwischen Babcock und mir.

Das war meine Antwort – aber damit war nicht Schluß. Der Watergate-Sonderstaatsanwalt glaubte mir nicht. Zuerst belangte er Babcock, weil dieser bei einer illegalen Spende *mir* als «Tatgehilfe» gedient habe. Babcock wurde überführt und zu vier Monaten Gefängnis verurteilt (was später in eine Geldstrafe von 1000 Dollar umgewandelt wurde, nachdem auch ich zu einer Geldstrafe verurteilt worden war). Babcock mußte an seiner Geschichte festhalten, die mich für seine Untaten verantwortlich machte. Er behauptete, ich habe ihm die 54 000 Dollar um den 6. September 1972 herum mit den Anweisungen gegeben, das Geld im Namen anderer Leute an den Finanzausschuß zu übermitteln. Es wurde weiter behauptet und mir vorgeworfen, daß ich mit Babcock unter einer Decke gesteckt habe, um die Spenden, die dem Finanzausschuß am 14. September, 3. November und 17. Januar übermittelt worden waren, zu verheimlichen.

Wie sollte ich meine Unschuld beweisen? Ich hatte keine Quittungen, keine Zeugen, keine Unterlagen darüber, wann ich Babcock das Geld gegeben hatte. Außerdem hatte ich meine Reise nach Reno völlig vergessen – das Ganze lag achtzehn Monate zurück –, und so war das einzige Datum, das mir als Übergabetermin einfiel, der 3. April, der Tag, an dem ich das Geld von der Bank abgehoben hatte. Und Babcock konnte beweisen, daß er an diesem Tag nicht in Los Angeles war!

Trotzdem – ich wußte, wenn ich vor Gericht erscheinen und meine Geschichte vorbringen würde, könnte ich alle überzeugen. Ich wußte, wenn ich mit ihnen von Angesicht zu Angesicht redete, würde ich sie überzeugen, daß ich nichts Unrechtes getan hatte. Meine Anwälte waren dagegen, aber ich war kampfbereit.

Zumindest mein Kopf und meine Seele waren bereit, mein Herz indessen nicht. Im Augenblick der größten persönlichen Krise meines Lebens machte es schlapp. Ich war sechsundsiebzig Jahre alt, war seit mehr als zwanzig Jahren mit Unterbrechungen immer wieder schwer erkrankt und mußte mich innerhalb der letzten drei Jahre zweimal einer schweren Operation unterziehen. Außerdem stand ich unter enormen Spannungen im Geschäftsleben. In einer solchen Zeit mit der Androhung eines Strafverfahrens konfrontiert zu werden, war mehr, als mein Herz ertragen konnte. Es hat nicht gleich aufgegeben, aber es hat den Wunsch geäußert, Schluß zu machen.

Unter keinen Umständen, sagten meine Ärzte, dürfe ich die Belastung einer Gerichtsverhandlung auf mich nehmen. Das könnte mich – buchstäblich – umbringen. Ich hatte keine Alternative; meinen Stolz überwindend und in Übereinstimmung mit dem Staatsanwalt, erklärte ich mich in drei Fällen für schuldig und beschloß, die ganze häßliche Angelegenheit hinter mich zu bringen. Ich dachte, das Schlimmste sei nun vorüber. Dabei kam es erst noch.

In gewisser Weise war es meine Schuld. Der Bewährungshelfer in Los Angeles forderte mich auf, alle Umstände, die mit den Ereignissen zu tun hatten, darzulegen, und ich folgte dieser Aufforderung. Ich schrieb einen Brief, in dem ich ein gewisses Maß an Schuld eingestand, weil ich nicht genau aufgepaßt hatte, was mit dem Geld geschah, das ich in Babcocks Hände gelegt hatte. Und zum Schluß schrieb ich, indem ich mich für schuldig erklärte, sei ich bereit, alle Zweifel im Sinne des Staatsanwalts zu beseitigen.

Der Richter verstand den Brief – korrekt, wie ich zugeben muß – als Unschuldsbeteuerung und unvereinbar mit einer Schulderklärung. Er setzte eine neue mündliche Verhandlung an. Als der Staatsanwalt das hörte, verkündete er, daß er nun eine Grand Jury einberufen und mich wegen zweier Verbrechen anklagen würde, und zwar zusätzlich zu den Vergehen, über die bereits verhandelt worden war.

Jetzt war das Schlimmste eingetreten: Verbrechen, eine Gerichtsverhandlung – meine fürchterlichsten Alpträume wurden wahr. Glücklicherweise wurde die Klage des Richters in der Berufungsinstanz aufgehoben.

Um zehn Uhr nachts, in meinem Haus in Kalifornien, versagte mein Herz. Ich glaubte, ich würde sterben. Ich wurde eilig ins Los Angeles Hospital gebracht, wo mein Zustand diagnostiziert wurde: Präinfarkt-Angina, Herzinsuffizienz und Herzrhythmusstörungen. Als ich Ende März 1976 in Los Angeles vor Gericht erschien – die Sache war wegen meines Zustands von Washington nach Los Angeles verlegt worden –, war ich unsichtbar an elektrokardiographische Geräte angeschlossen (die Meßwerte wurden drahtlos übertragen), so daß ich von Ärzten und medizinischen Helfern von einem Nebenraum aus überwacht werden konnte.

Nie hatte ich mich bisher dem Tod näher gefühlt. Mein ganzes Leben lang hatte ich versucht, anständig zu leben und ehrlich zu handeln. Nichts hat mir im Leben mehr bedeutet als mein guter Name und Ruf. Und hier sollte ich nun verurteilt werden.

Ich erhielt eine Geldstrafe von 3000 Dollar und ein Jahr Bewährung. Ich könne gehen, sagte man mir, ich sei frei.

Aber erst einmal verurteilt, kann ein Mensch nie wieder richtig frei sein. Schuld und Unschuld sind mehr als juristische Begriffe. Die Schuld lebt in den Gedanken des Straftäters und in der Gesellschaft weiter, in der er sich bewegt, wo er immer verdächtigt wird und wo man ihm mißtraut. Unschuld ist ein Zustand der Gnade, verliehen und bestätigt durch die vertrauensvollen Beziehungen zwischen den Menschen in all ihren Handlungen. Der Unschuldige kann erst frei sein, wenn die Welt seine Unschuld auch anerkennt.

Ich machte mich auf, meinen Namen zu reinigen.

Allmählich kehrte meine Gesundheit zurück, und ich kam voran. Den ersten Durchbruch erreichte ich, als sich mein Gedächtnis plötzlich klärte und ich mich daran erinnerte, daß ich Babcock das Geld am 5. April in Reno übergeben hatte – ein Tag, für den er kein Alibi hatte. Der zweite kam 1985, als ich folgendes erfuhr:

Als Babcock am 17. Januar 1973 mit seinem letzten Paket von 14 000 Dollar in Stans' Büro kam, war die Wahl längst vorbei gewesen. Stans hatte Babcock erklärt, daß der Finanzausschuß genug Geld habe, um den Wahlfeldzug zu finanzieren, daß aber für andere Ausgaben, zum Beispiel die Zusammenstellung von Wählerprofilanalysen im Weißen Haus, Gelder benötigt würden. Stans hatte Babcock gefragt, ob es seinen Spendern etwas ausmachen würde, wenn sowohl die vorliegenden 14 000 als auch die vorangegangenen 25 000 Dollar für diese Zwecke ausgegeben würden. Babcock hatte geantwortet, dies sei kein Problem.

Das bedeutete, daß die 39 000 Dollar doch nicht für Wahlkosten aufgewendet worden waren und somit unmöglich illegale Wahlzuschüsse sein konnten. Ich war erwiesenermaßen unschuldig. Und was die ersten 15 000 Dollar betraf, die Babcock am 14. September übergeben hatte, so war diese Spende verjährt, bevor in meiner Sache verhandelt wurde.

Nachdem meinem Herzen diese Last genommen war, besserte sich auch mein Gesundheitszustand, und ich begann wieder, hin- und herzufliegen. Mitte der siebziger Jahre war Frances so oft in Moskau gewesen, daß es ihr für den Rest des Lebens reichte. Eines Abends, in der Lenin-Suite des Hotel *National*, wurde sie energisch.

«Hör mal zu, Armand», sagte sie, «ich habe jetzt wirklich genug von dieser Stadt, und ich komme nie wieder hierher zurück, wenn sich nicht was ändert. Ich mag dieses Hotel nicht. Ich fühle mich in den Fahrstühlen nicht sicher, weil sie ständig steckenbleiben. Die meiste Zeit funktionieren die Toiletten nicht. Das Zimmer ist entweder zu warm oder zu kalt. Man kann das Fenster nicht öffnen, um zu lüften. Der Charme dieser Räume entgeht mir völlig. Wenn wir es nicht bequemer haben können, möchte ich nicht zurückkommen.»

Am nächsten Abend hatten wir an einem Bankett im Kreml teilzunehmen. Ich saß neben Breschnews Assistenten Alexandrow. Breschnew selbst saß ein paar Stühle weiter. Plötzlich wandte sich Alexandrow mir zu und sagte: «Wie ich höre, ist Mrs. Hammer mit ihrer Unterkunft nicht zufrieden. Da Sie Moskau so häufig besuchen, wäre es vielleicht besser für Sie, wenn Sie eine Wohnung hätten. Bitte gestatten Sie uns, daß wir uns darum kümmern. Ich bin sicher, daß wir im

Diplomatenviertel eine Wohnung für Sie finden können, die Mrs. Hammer gefällt.»

Wie, frage ich mich, konnten sie wissen, daß Frances mit ihrer Unterkunft nicht zufrieden war?

Auf jeden Fall fanden sie eine Fünf-Zimmer-Wohnung mit Blick auf den Kreml. Ich ließ sie völlig umbauen und elegant möblieren. Die Wände wurden mit wunderschönen Gemälden berühmter russischer Künstler geschmückt.

Ohne Frances ein Wort davon zu sagen, fuhr ich mit ihr zu jenem Haus, führte sie die Treppe hinauf, öffnete die Tür, und da stand ein russisches Dienstmädchen und hieß uns in unserem neuen Heim willkommen. Frances war sprachlos.

Als wir Breschnew besser kennenlernten, mußten wir uns auch an seine ungewöhnliche Art, besondere Freunde zu begrüßen, gewöhnen. Ich wurde von Tausenden von russischen Männern geküßt – und auf diese Erfahrung hätte ich ohne weiteres verzichten können –, aber immer nur auf die Backe. Es war ein Zeichen seiner besonderen Wertschätzung, wenn Breschnew enthusiastisch Küsse auf die Lippen verteilte. Mir schien es allerdings weniger auszumachen als Frances.

Präsidenten kamen und gingen im Weißen Haus, aber nur der Tod würde Breschnew aus dem Büro des Generalsekretärs im Kreml entfernen. Als Gerald Ford das Amt von Richard Nixon übernahm, um dann von Jimmy Carter abgelöst zu werden, wurde ich zu einem der wenigen Amerikaner, die der Entspannungspolitik Kontinuität verliehen. Meine Nützlichkeit als Kontakt zwischen dem Kreml und dem Weißen Haus nahm infolgedessen zu.

Jimmy Carters Aufstieg überraschte mich. Ich gehörte zu denjenigen, die ihm keine Chance gegeben hatten. Ich hatte ihn zum ersten Mal bei einer Party während seines Wahlfeldzugs in Los Angeles kennengelernt. Damals wußte ich kaum, wer er war, und es war mir auch ziemlich gleichgültig. Frances saß beim Dinner zufällig neben ihm, und auf dem Heimweg sagte sie: «Paß auf diesen Mann auf, der wird Präsident.»

Da Carter keinerlei Erfahrung mit Auslandsbeziehungen hatte und für die Russen eine völlig unbekannte Größe war, war ich in der Lage, als nützlicher Vermittler zu fungieren.

Beispielsweise übermittelte ich im September 1976 eine Botschaft des Außenministers Gromyko an Carter. Nachdem ich Gromyko in New York bei einem Treffen, das von Botschafter Dobrynin arrangiert worden war, gesehen hatte, wollte ich eine Party im Hause von Mrs. Lillian, Carters Mutter, in Georgia besuchen. Gromyko wollte sichergehen, daß Carter die gleichen Informationen über die sowjetische Rüstungsposition hatte wie Kissinger. Er fragte, ob ich Carter eine Botschaft überbringen könnte, was ich dann auch tat.

Am 9. Dezember 1976 traf ich Jimmy Carter dann zum Lunch im Blair House und gab ihm einen aktuellen Bericht über unsere Geschäfte mit den Russen. Ich drängte ihn, als eine der ersten Prioritäten eine Gipfelkonferenz mit Breschnew zu arrangieren. Gegen Ende seiner Amtszeit sagte mir Carter, daß er wünschte, er hätte meinen Rat befolgt und nicht so lange gewartet. Wie die meisten amerikanischen Präsidenten mußte auch Carter mit einer mächtigen antisowjetischen Lobby im Weißen Haus kämpfen. Seine wurde von Zbigniew Brzezinski angeführt, dessen Familienbesitz in Polen von den Kommunisten enteignet worden war und der die Russen haßte.

Eine weltweite Kampagne zur Verteidigung der Menschenrechte würde ganz offensichtlich ein maßgebender Punkt in Carters Regierungsprogramm sein. Carters Charakter trug starke moralische Züge, und er betrachtete es als Mission Amerikas in der Welt, weniger aufgeklärten Ländern in puncto Menschenrechten als Beispiel voranzugehen.

Ganz allgemein war ich mit dieser Haltung einverstanden, aber ich bin der Meinung, daß sich eine Person oder Nation nur Probleme schafft, wenn sie ein moralisches Beispiel für andere sein wollen. Insoweit die Haltung der Regierung die Beziehungen Amerikas zur Sowjetunion beeinflußte, fühlte ich mich unbehaglich.

Die Lage der russischen Juden war der herausragendste Streitpunkt zwischen den Vereinigten Staaten und der UdSSR. Als echtes Dilemma verlangte diese Frage ein sehr sorgfältiges Vorgehen. Die sowjetischen Behörden haben stets entrüstet bestritten, daß Juden in ihrem Land unter Nachteilen oder Beschränkungen zu leiden hätten. Die Sowjets bestehen darauf, daß ihre Verfassung allen Gruppen Religionsfreiheit einräumt.

Die Theorie stimmt. Die Praxis ist anders. Die sowjetischen Behörden behaupten, daß die meisten jener Juden, die keine Ausreisegenehmigung erhalten, durch ihre Arbeit Zugang zu vertraulichen oder geheimen Informationen gehabt hätten. Viele hätten die Gesetze durch «Rowdytum» oder «antisowjetische Verleumdungen» verletzt und seien zu Gefängnisstrafen in Sibirien verurteilt worden. Die Behörden scheinen zu glauben, daß einer der beiden Vorwürfe auf nahezu jeden Juden in Rußland zutrifft, der auswandern möchte.

Als Jude spüre ich eine starke Verbundenheit mit dem Staat Israel, und seine Interessen liegen mir am Herzen. Viele meiner jüdischen Freunde in Israel und Amerika sind zu mir gekommen und haben mich gebeten, den Juden in Sowjetrußland zu helfen, und ich habe getan, was ich konnte.

Ich glaubte jedoch, daß man den sowjetischen Juden am besten auf diskrete Weise helfen könnte. Ich fürchtete, daß vage und schlecht ausgedrückte Empfindungen den absolut notwendigen Fortschritt der Entspannung zwischen Amerika und der UdSSR behindern würden.

Nach den Nixon/Breschnew-Gipfelkonferenzen von 1972 und 1973 wanderten durchschnittlich mehr als 20 000 Juden pro Jahr aus Rußland aus. In manchen Jahren, wie 1973 und 1978, waren es mehr als 30 000. 1979 verließen 50 000 Juden Rußland. 1980 – das Jahr der Afghanistan-Krise – war die Zahl wieder auf 20 000 gesunken, die seitdem nie mehr erreicht wurde. In den letzten vier Jahren, bis 1986, durften nur 1000 Juden pro Jahr ausreisen.

Ich versuchte, die Emigration in den siebziger Jahren zu fördern, und drängte die Sowjets, ihre Politik zu überdenken. In einem Schreiben vom 9. Dezember 1976 bat ich Breschnew, die sogenannte Sicherheitsfrage des Problems neu zu überprüfen. «Sicherlich», schrieb ich, «sind einige dieser Bürger doch jetzt lange genug von geheimem Material entfernt gewesen, als daß ihre Emigration sich nachteilig auf die UdSSR auswirken könnte.»

In Einzelfällen arbeitete ich eng mit jüdischen Freunden in Amerika zusammen, vor allem mit Harry Simon-Levi, einem unserer Anwälte, der sich ausgiebig mit jüdischen und israelischen Angelegenheiten befaßte. Bevor er in die Vereinigten Staaten gekommen war, hatte er mit seinem Freund Menachem Begin in der Irgun gekämpft, und er hatte enge Kontakte in Tel Aviv und Jerusalem beibehalten. Wir schafften es, daß die sowjetischen Behörden in einer Reihe von Fällen nachgaben.

Mein größter Erfolg auf diesem Gebiet kam nicht mit Unterstützung von Juden in Amerika zustande, sondern von Golda Meir selbst.

Am 5. September 1972 schrieb sie mir:

Ich bin sicher, Sie haben von der Notlage jüdischer Akademiker gehört, die nach Israel kommen möchten. Die Angelegenheit ist von solcher Bedeutung, daß ich alles tun würde, um Sie zu treffen und diese Angelegenheit mit Ihnen zu besprechen, die zu einer weiteren großen Tragödie des jüdischen Lebens werden kann.
Mir scheint, daß Sie, weil Sie so viel für Rußland getan haben, mehr als andere dabei helfen können, ein Unglück für die russischen Juden abzuwenden.
Bitte verzeihen Sie mir, daß ich mich an Sie wende, obwohl ich noch nicht die Ehre hatte, Sie kennenzulernen. Glauben Sie mir, es geschieht aus großer Besorgnis über das, was bereits geschieht und was die Zukunft bringen mag.
Bitte lassen Sie mich wissen, ob Sie bereit sind, eine Möglichkeit vorzuschlagen, wie wir uns zur Erörterung dieser Angelegenheit treffen können, oder ob Sie bereit sind, jemanden zu treffen, den ich zu Ihnen schicken würde.

Natürlich war ich bereit, sie aufzusuchen. Kurz nachdem ich ihren Brief erhalten hatte, bekam ich Nachricht, daß sie mich persönlich in Jerusalem sprechen wolle. Sie würde mir ein Flugzeug schicken, das mich heimlich dorthin bringen würde. Ich wußte, daß ich mein Leben riskierte, denn neue terroristische Überfälle waren geplant, aber die Dringlichkeit der Bitte trieb mich fort.
Ich ließ Frances in Paris zurück und sagte meinem Piloten Fred Gross, ich wollte zum Flughafen Da Vinci in Rom fliegen. Nach meiner Ankunft teilte ich ihm mit, ich hätte für ein paar Tage zu tun und er solle jederzeit abflugbereit sein.
Ich stieg in ein Taxi und ließ mich vom Flughafengelände fahren. Dann sagte ich dem Fahrer, er solle umkehren und mich an einem anderen, abseits gelegenen Teil des Flughafens absetzen.
Eine nicht gekennzeichnete Boeing 707 wartete mit laufenden Triebwerken auf mich. Bewaffnete Wächter standen um die Treppe herum. Kaum hatte ich das Flugzeug betreten, rollte das Flugzeug zum Start.
In Jerusalem wartete Golda Meirs Wagen auf mich. Ich wurde sofort

zum Staatsgästehaus gefahren, wo ein Dinner bereit stand. Golda und ich speisten zusammen.

Golda bat mich, auf Breschnew einzuwirken, um die sogenannten Ausbildungsabgaben aufzuheben. Diese Abgaben waren eine zusätzliche Strafe, die die Sowjets allen Juden auferlegt hatten, die auswandern wollten. Mit der Behauptung, daß der Staat für die Ausbildung, die sie in der Sowjetunion genossen hatten, entschädigt werden müsse, verlangten die Behörden im Durchschnitt 12 500 Goldrubel – etwa 15 000 Dollar –, bevor ein Ausreisevisum erteilt wurde.

Golda sagte, diese horrende Auflage machte eine Auswanderung höchstens für eine Handvoll Leute möglich. Auswanderungswillige würden auf diese Weise in Ketten gelegt. Der finanzielle Nutzen dieser Abgaben sei für die Sowjetunion unbedeutend. Golda glaubte, daß Breschnew vielleicht auf eine direkte Bitte von mir reagieren würde. Ich sollte ihm sagen, daß es eine grausame Maßnahme und einer großen Nation wie der Sowjetunion unwürdig sei, daß diese Maßnahme dem Ansehen der Sowjetunion in der Welt schade und sie disqualifiziere, zwischen Israel und seinen arabischen Nachbarn zu vermitteln.

Ich sagte Golda Meir, daß ich hoffte, Breschnew Anfang 1973 zu sehen. Ich würde das Problem dann zur Sprache bringen und alles tun, was in meiner Macht stünde, um ihrer Haltung Nachdruck zu verleihen.

Bei meinem Treffen mit Breschnew am 15. Februar 1973 übermittelte ich ihm Golda Meirs Botschaft und fügte dieser meine eigenen Argumente hinzu. Ich sagte, daß die fortgesetzte Auferlegung der Abgaben zweifellos dazu führen würde, daß jüdische Gruppen mächtigen Druck auf das Weiße Haus ausübten, worunter die Entspannung leiden müßte. Andererseits, argumentierte ich, würde die Aufhebung dieser Maßnahme als ein Akt des guten Willens und Großmuts betrachtet werden. Das Ansehen der Sowjetunion würde enorm steigen.

Nach einigen Tagen – noch bevor ich Moskau verließ – wurden die Auflagen aufgehoben.

Ich freute mich riesig, aber meine Bemühungen waren damit noch nicht zu Ende. Mit Hilfe des österreichischen Kanzlers Bruno Kreisky und des rumänischen Staatschefs Nicolae Ceausescu versuchte ich,

432

eines der logistischen Hindernisse der Emigration russischer Juden zu beseitigen, die auch von Golda Meir angesprochen worden waren. Diejenigen Juden, denen Ausreisevisa erteilt worden waren, wurden zuerst nach Wien geflogen, wo sie in Durchgangslagern untergebracht wurden. In diesen Lagern änderten viele ihre Meinung und beantragten US-Visa, statt nach Israel weiterzureisen. Diese Praxis irritierte die Sowjets, die sich auf den Arm genommen fühlten. Sie machte außerdem das Ziel Israels zunichte, die Zahl der einwandernden Juden zu erhöhen. Möglicherweise waren die Einwanderungswilligen eher bereit, sich in Israel niederzulassen, wenn es Direktflüge mit nur einer Zwischenlandung in Bukarest gäbe.

Auf meinen Vorschlag bot Ceausescu an, die Auswanderer in Durchgangslagern in Bukarest aufzunehmen, von wo aus sie mit El-Al-Flügen nach Israel weiterreisen könnten. Dieser Plan wurde vereitelt, als die Entspannung an der Afghanistan-Krise hängenblieb. Rüstungskontrollabkommen wurden hinausgezögert, mögliche Handelsverträge beiseite gelegt, Kulturveranstaltungen abgesagt. Den Ball, den Nixon an Ford weitergegeben hatte, ließ Jimmy Carter fallen.

Der endgültige Zusammenbruch der Détente hatte eine Menge mit Carters Glauben zu tun, Amerika habe der Sowjetunion eine moralische Lektion zu erteilen. Er schien von den Russen zu erwarten, daß sie für die Fehler ihres Systems und ihrer Gesellschaft öffentlich Buße taten. Das ist nicht die beste Art, ein so stolzes, starrköpfiges und defensives Volk wie die Russen für eine Kooperation zu gewinnen.

Hätte er mit den Russen persönlich und ohne Intervention von Brzezinski verhandeln können, dann hätten sie nicht das Gefühl gehabt, öffentlich gezüchtigt zu werden, und eher eingelenkt. Diese Ansicht wird von einem Beispiel, das ich aus erster Hand kenne, belegt: dem Fall von Francis Jay Crawford.

Crawford, ein in Moskau residierender leitender Angestellter der International Harvester Corporation, bekam 1978 Schwierigkeiten mit der sowjetischen Polizei. Man warf ihm vor, an Schwarzmarktgeschäften beteiligt gewesen zu sein, was er vehement bestritt.

Sein Fall war fast banal, obwohl er selbst es wahrscheinlich anders empfand. Schwarzmarkthandel ist etwas, mit dem das KGB Ausländer leicht aus der Fassung bringen kann. Viele ausländische Geschäftsleute sind in die Falle gegangen – glücklicherweise keine von Occidental –, Crawford war nur einer von vielen.

Seine Festnahme erfolgte – nicht rein zufällig – in einem schlechten Moment der Beziehungen USA–UdSSR. Das FBI hatte gerade zwei russische Mitglieder der UN-Delegation wegen Spionage festgenommen, und die Russen wollten sich rächen. Zur gleichen Zeit setzte die Carter-Regierung die Sowjets wegen der Moskauer Dissidenten-Prozesse unter Druck. Crawfords Fall gab den Russen eine Gelegenheit zum Zurückschlagen, als ob sie sagen wollten: «Wer glaubt ihr denn, daß ihr seid, uns Lektionen in Moral zu erteilen, wenn eure Leute sich so benehmen?» Kinderkram natürlich, aber internationale Beziehungen sinken nicht selten auf das Niveau jugendlicher Straßenspiele herab.

Die Firma International Harvester war natürlich über das Schicksal ihres Mannes aufgebracht und machte in amerikanischen Geschäftskreisen viel Wirbel. Potentielle Geschäfte mit der Sowjetunion wurden hingehalten, und amerikanische Geschäftsleute übten Druck auf das Weiße Haus aus – man sollte dem Kreml die Muskeln zeigen.

Zu diesem Zeitpunkt bat mich die Carter-Regierung, zu vermitteln. Ich glaubte – und glaube auch heute noch – an die SALT-Verträge. Ich hielt sie für die besten Früchte der Entspannungsdekade, obwohl SALT II vom Kongreß nicht ratifiziert wurde. Ich fand, sie wiesen den Weg zu rationaler und progressiver Abrüstung durch die Supermächte und zum Ende des atomaren Alptraums. Ich hätte alles in meiner Macht Stehende getan, um die SALT-Gespräche zu fördern.

Von Dr. Marshall Shulman, dem Sonderberater des Außenministers, wurde mir eine Nachricht übermittelt. Er hatte mit Bill McSweeny, dem Generaldirektor von Occidental International in Washington, telefoniert, um ihm zu sagen: «Ich habe soeben einen Anruf von Außenminister Vance bekommen, der mit dem Präsidenten gesprochen hat. Mit Genehmigung des Präsidenten hat Außenminister Vance vorgeschlagen, daß ich mich mit Armand Hammer in Verbindung setze, der vielleicht Einfluß nehmen kann, indem er Breschnew erklärt, welche nachteiligen Auswirkungen der Fall Crawford haben kann.»

Ich hörte von Dr. Shulman, als ich gerade mit dem Hubschrauber in unserem Schieferölwerk in Colorado landete. Ich sagte ihm, ich würde wegen Crawford direkt an Breschnew schreiben. Ich plante außerdem, im August in Rußland zu sein, und vielleicht könnte ich dann die Sache mit Breschnew direkt besprechen. Marshall Shulman erwiderte, daß man für alles, was ich tun könnte, dankbar wäre.

Am 6. Juli 1978 schrieb ich an Breschnew:

> Der Fall Crawford ist ein Reizmittel, das rasch aus der Welt geschafft werden sollte, damit es nicht Probleme erzeugt, die das Handelswachstum, das wir alle wünschen, ernsthaft beeinträchtigen.
> Ich frage nicht nach Schuld oder Unschuld des Mr. Crawford, da ich die Fakten nicht kenne ... Ich glaube, daß man einen guten Präzedenzfall schaffen und den Wirtschaftsbeziehungen helfen könnte, wenn Mr. Crawford aufgefordert würde, das Land zu verlassen, und nicht vor ein Gericht gebracht würde – mit all der ungünstigen und explosiven Publicity, die daraus folgen würde und auf die sich die Entspannungsgegner stürzen würden.
> Der Fall Crawford ist im größeren Rahmen des erfolgreichen Handels und des gegenseitigen Verständnisses nur ein kleines Ärgernis und sollte meiner Meinung nach als solches behandelt und rasch beseitigt werden. Sonst könnte es wie ein Tumor wachsen und die Beziehungen mit anderen Firmen und mit dem Kongreß der Vereinigten Staaten ernsthaft vergiften.

Unsere Ammoniak-Anlagen in Odessa sollten am 22. August 1978 in Betrieb gesetzt werden. Das Ereignis hatte für mich auch sentimentale Bedeutung – es war mein erster Besuch in der Heimatstadt meines Vaters. Breschnew machte zu diesem Zeitpunkt Urlaub in seiner Datscha am Schwarzen Meer. Dort sollte ich ihn aufsuchen. Nach der Eröffnung der Anlagen mußte ich mitsamt dem Pressekorps, das dabei gewesen war, nach Moskau zurückfliegen. Breschnew schickte ein Flugzeug nach Moskau, um Frances und mich abzuholen und uns nach Jalta zu bringen.

Wir wurden im Alexanderpalast, dem prächtigsten Quartier, das ich je bewohnt habe, untergebracht. Wir waren dort allein, und das gesamte Personal stand zu unserer Verfügung. Der Palast hatte eine eigene Telefonzentrale mit Standleitungen direkt zu Breschnews eigener Datscha und nach Moskau. Am Morgen wartete ein ZIL auf mich, um mich zu Breschnew zu bringen.

Er war in entspannter Ferienlaune, was er dadurch zum Ausdruck brachte, daß er noch mehr Wodka als gewöhnlich trank. Seine Herzlichkeit ging jedoch nicht so weit, daß sie Mr. Crawford einschloß. «Wir haben diesen Mann auf frischer Tat ertappt», sagte er. «Seine russische Freundin hat für uns gearbeitet. Wir haben seine Spesenkonten überprüft, und wir haben Beweise, daß er Devisenschiebung begangen hat. Wir sind vollkommen im Recht, wenn wir ihn verurteilen, und wir wollen ihn bloßstellen.»

«Gut», sagte ich. «Ich möchte nicht in das spezifische Recht oder Unrecht dieses Falls verwickelt werden. Ich möchte nur darauf hinweisen, daß Sie nichts dabei gewinnen, wenn Sie aus diesem Mann einen großen öffentlichen Fall machen. Wenn Sie ihn für längere Zeit ins Gefängnis stecken, schaden Sie den Beziehungen mit den Vereinigten Staaten ungeheuer. Amerikanische Firmen werden einfach nicht mehr hierherkommen.»

«Wir können ihn nicht einfach laufen lassen. Er muß sich vor Gericht verantworten», warf Breschnew ein.

«Mag sein», sagte ich, «aber Sie könnten ihm doch eine Strafe auferlegen und ihn dann des Landes verweisen. So verschaffen Sie Ihrem Gesetz doch auch Genugtuung.»

«Das ist eine gute Idee», sagte Breschnew. «So wird's gemacht.» Und so geschah es.

Was die beiden russischen Spione betraf, so wurden sie für schuldig erklärt und zu fünfzig Jahren Haft verurteilt, aber nach kurzer Zeit gegen mehrere Dissidenten ausgetauscht. Shulman schrieb mir, indem er von Präsident Carter, Außenminister Vance und von sich sprach: «Wir alle sind dankbar für das, was Sie tun konnten.»

Als Breschnew 1973 Washington besuchte, erwartete er eine Zunahme des Handels zwischen den Vereinigten Staaten und der UdSSR von 100 Millionen im Jahr 1974 auf eine Milliarde Dollar 1980. Mit Occidental an der Spitze, gab es in den siebziger Jahren wirklich eine Blütezeit, aber Ende 1980 machte das stark reduzierte Geschäft von Occidental in Rußland schon fast die Summe des gesamten Handels zwischen den beiden Ländern aus. Der Grund war Afghanistan.

Die Entspannung endete mit dem sowjetischen Einmarsch in Afghanistan und Jimmy Carters folgenden wirtschaftlichen und kulturellen

Repressalien. Eine der phantasievollsten und originellsten politischen Initiativen wurde im feindseligen Klima zwischen Moskau und Washington zerstört.

Ich war damals nicht der Meinung, daß die Afghanistan-Krise Grund genug war, um die Entspannungspolitik aufzugeben. Ich glaubte, die Krise könnte durch politische Verhandlungen gelöst werden. Wer hinter Carter stand und ihn drängte, die Würfel rollen zu lassen, war Brzezinski, der führende Sowjetgegner in der Regierung. Brzezinskis Mentalität war deutlich zu erkennen, als er für Fotos am Khaiberpaß posierte: Mit einem Maschinengewehr zielte er in Richtung Afghanistan – wie ein kleiner Junge, der mit seinem Kinderschießgewehr die Bösen verjagt.

Die Carter-Regierung nahm die Afghanistan-Krise als Gelegenheit, den Sowjets endlich eine moralische Lektion zu erteilen. Eine der ersten Handlungen Carters war das Getreide- und Phosphatembargo. Der stellvertretende Außenminister David Newsom rief mich an, um mich vorzuwarnen, daß der Präsident dieses Embargo in einer Fernsehansprache bekanntgeben würde. Ich gab allen Stellen bei Occidental sofort Anweisungen, diese Verordnung des Präsidenten zu befolgen, und schrieb an den Präsidenten, daß wir seine Entscheidung natürlich unterstützen würden. Ich fügte jedoch hinzu: «Ich glaube nicht, daß die Einstellung von Lieferungen oder eine einseitige Änderung der bestehenden Verträge für die Russen von wesentlicher Bedeutung sind.» Ich hatte recht.

Zuerst schien die Krise viel mehr als nur diplomatische und wirtschaftliche Beziehungen zu bedrohen. Sie drohte, Krieg zwischen den Supermächten heraufzubeschwören.

Am 23. Januar 1980 schrieb ich Breschnew und bat ihn um ein Gespräch.

Ich wende mich an Sie in einer Zeit, in der ich – wie ich glaube – einen positiven Beitrag zur Lockerung der Spannung leisten kann, die in den Beziehungen zwischen unseren beiden Ländern entstanden ist. Die Situation ist so explosiv und in der Tat kritisch, daß sie an die schlimmste Zeit der Beziehungen zwischen den Vereinigten Staaten und der UdSSR in den fünfziger Jahren erinnert. Meine größte Sorge ist natürlich, daß das Gefüge der amerikanisch-sowjetischen Entspannung, das mit so viel Anstrengung auf beiden Seiten errichtet worden ist, gefährlich wackelt. Um in dieser Krisenzeit von Hilfe sein zu können, bitte ich Sie höflichst um ein Gespräch sobald wie möglich.

Breschnew empfing mich Ende Februar 1980 im Kreml. Die sowjetische Präsenz in Afghanistan als Polizeiaktion beschreibend, sagte er, die Überreaktion Carters habe ihn erstaunt. Er behauptete, daß die Sowjets über zuverlässiges Beweismaterial verfügten, wonach die CIA die afghanische Regierung untergraben hätte – besonders durch Waffenlieferungen über Pakistan – und plante, dort eine antisowjetische Regierung einzusetzen. In Anbetracht der Instabilität von Chomeinis Iran, könnten die Sowjets ein solches Regime in Afghanistan, direkt an der Südgrenze Rußlands, nicht zulassen. Von den NATO-Streitkräften im Westen und von China im Osten flankiert, seien die Landesgrenzen der Sowjetunion in Gefahr, von feindlichen Regierungen eingekreist zu werden. Er sagte, er würde die sowjetischen Truppen sofort aus Afghanistan abziehen, wenn ihm Amerika und die Nachbarn Afghanistans garantieren würden, daß sie sich nicht in die prosowjetische Regierung einmischten.

Ich erwiderte, eine dringende Priorität sei es, ein Gespräch seines Außenministers Gromyko mit Carters Außenminister Vance herbeizuführen. Ich versprach, alles zu tun, um die beiden Seiten zusammenzubringen.

Für den größten Teil des Jahres 1980 flog ich um die Welt und versuchte, eine politische Beilegung der Krise herbeizuführen. Diese Weltumfliegerei wurde durch die Anschaffung unserer speziell angefertigten Boeing 727, Oxy One, sehr erleichtert. Sie war mit einer getäfelten Suite für mich und Frances ausgestattet, einschließlich eines Schlafzimmers mit Doppelbett und eines Büros, mit Salons vorn und achtern, in denen Sessel und Couches standen, die für meine Passagiere zu Betten umgebaut werden konnten. Außerdem war das Flugzeug – was noch wichtiger ist – mit der neuesten Bord-Boden-Anlage ausgerüstet, über die ich mit den meisten Orten auf der Welt telefonieren konnte.

Meine Flüge brachten mich zu Präsident Giscard d'Estaing nach Frankreich, zu Kanzler Kreisky nach Österreich, zu Pahr, zu Ceausescu nach Rumänien, zu Gierek nach Polen, zu Präsident Zia-ul Hak nach Pakistan, zu Aga Khan und Präsident Carter. Ich sprach mit jedem, der eine gute Idee hatte, wie man die Krise am besten beilegen konnte, und trug Botschaften hin und her.

Giscard und seine Frau nahmen am 3. April 1980 mit Frances und mir an einem privaten Lunch teil, der von Edgar Faure gegeben wurde. Er war verzagt und hatte keine echte Hoffnung für eine Lösung der Krise.

Ich sagte: «Wir können es uns nicht leisten, die Dinge für immer so zu lassen, wie sie sind. Wir müssen Gespräche in Gang bringen. Gromyko wird Sie bald in Paris besuchen. Warum lassen Sie Außenminister Vance nicht zur gleichen Zeit hier sein?»

«Ich weiß nicht», sagte er. «Glauben Sie, daß Gromyko heutzutage großen Einfluß hat?»

«Ja, das glaube ich», sagte ich. «Aber Breschnew ist immer noch der Boss.»

«Warum versuchen Sie nicht, Gierek dazu zu bewegen, Breschnew einzuladen, der mich in Warschau treffen könnte. Vielleicht könnte Frankreich als Vermittler fungieren?»

Ich versuchte es, aber Gierek verlor seinen Posten in Polen, bevor ein Treffen vereinbart werden konnte.

Kreisky glaubte, daß die Krise durch eine Friedenstruppe aus bündnisfreien Ländern beigelegt werden könnte. Diese Möglichkeit erwähnte ich, als ich Carter am 5. Juni 1980 im Oval Office sprach.

Ich schlug vor, eine Friedenstruppe fünf Jahre lang in Afghanistan zu stationieren. Danach könnten freie Wahlen stattfinden. Carter sagte: «Ich glaube nicht, daß wir so lang warten können.» Nie würde er begreifen, warum die Russen so plötzlich und so massiv in Afghanistan einmarschiert seien. Die Russen müßten abziehen, das sei die einzige Lösung. Das sei eine unrealistische Forderung, erwiderte ich; sie verlange praktisch, daß sich die Russen öffentlich entschuldigten. Aber er blieb dabei, ohne einen Rückzug der Russen könne es keine Verhandlungen geben. Er fühle sich persönlich betrogen und sei verbittert, weil Breschnew ihn belogen habe.

Präsident Zia-ul Hak war meiner Ansicht nach eine Schlüsselfigur. Als er mich und Frances in seinem Haus in Rawalpindi empfing, sagte er, daß er einer prosowjetischen Regierung in Kabul zustimmen und einen Nichteinmischungspakt schließen würde. Als Gegenleistung sollten die Sowjets ihre Truppen abziehen und den Millionen von afghanischen Flüchtlingen in Pakistan erlauben heimzukehren, ohne Repressalien erdulden zu müssen. Ich hielt dieses Angebot für so wichtig, daß ich direkt nach Moskau flog, um es Breschnew darzulegen. Er stimmte zu – solange China und Indien ebenfalls Nichteinmischung garantieren und Zia-ul Hak unterstützen würden. Die Carter-Regierung war nicht zu überzeugen.

Ein toter Punkt war erreicht. Die Entspannungsmaschinerie rostete, und einige der besten Gelegenheiten waren versäumt worden. Die Olympischen Spiele in Moskau reduzierten sich durch die Abwesenheit der Vereinigten Staaten und vieler anderer Nationen zu einer amputierten Feier des kommunistischen Blocks. Frances und ich waren unter den wenigen Amerikanern, die der Eröffnungszeremonie beiwohnten. An jenem Tag fühlte ich echte Verzweiflung in meinem Herzen. Der ganze Fortschritt in Richtung Frieden, der während des vorangegangenen Jahrzehnts so schmerzvoll erreicht worden war, schien jetzt ausgelöscht – fast so, als ob es ihn nie gegeben hätte.

Mit der Entspannung starb auch Breschnew. Als das neue Zeitalter, für das er so viel getan hatte, in einen neuen kalten Krieg versank, verließ ihn seine Lebenskraft. Gerüchte über seinen schlechten Gesundheitszustand und seinen bevorstehenden Tod begannen schon im August 1979 im Westen zu zirkulieren. Ich sah Leonid Breschnew am 16. Dezember 1981 zum letzten Mal, elf Monate vor seinem Tod. Das Alter machte ihm wirklich schwer zu schaffen, und die massive Vitalität der früheren Jahre schwand bemitleidenswert schnell dahin – aber ohne Zweifel war er an jenem Tag noch immer der Mann, der das Sagen hatte, der unbestrittene «Vorstandsvorsitzende». Die letzten Worte, die ich ihm sagte, sollten ihn daran erinnern, daß unser Düngemittelunternehmen seinem endgültigen Abschluß im Jahr 1998, wenn ich hundert Jahre alt sein würde, kräftig entgegenschritt. Ich wiederholte, daß ich ihn dann sehen wollte. Sein schwaches Lächeln schien auszudrücken, daß er es besser wußte.

Ich kann dieses Kapitel nicht abschließen, ohne noch einen anderen bemerkenswerten Mann zu erwähnen – einen Mann, mit dem ich mich Ende der siebziger Jahre eng befreundete.

Wie bereits erwähnt, war einer unserer Anwälte, Harry Simon-Levi, ein früherer Waffengefährte jenes Mannes, der 1977 Israels Premierminister werden sollte – Menachem Begin. Harry glaubte, ich könnte Begin in seinen historischen Bemühungen, Ägypten politisch näherzukommen, nützlich sein, und so geschah es, daß ich diesem hochintelligenten Mann, der mit größter Leidenschaft sein Ziel verfolgte, vorgestellt wurde.

Wir verstanden uns auf Anhieb. Mit meinem Glauben, daß man durch Geschäfte am besten Frieden schaffen kann, weil miteinander handelnde Partner sich selten bekriegen, war ich voller Ideen für industrielle Entwicklungen in Israel und Joint-ventures mit Ägypten. Begin erkannte die Möglichkeiten sofort, und bevor ich mich's versah, pendelte ich schon wieder auf diplomatischer Mission hin und her.

Der Plan, der ihm und Anwar Sadat am besten gefiel, betraf ein Milliarden-Dollar-Düngemittelprojekt, das amerikanisches Kapital, ägyptische Phosphate, ägyptisches Erdgas und israelische Pottasche involviert hätte. Es hätte Tausende von Arbeitsplätzen für die ägyptische Wirtschaft geschaffen und der Welt gezeigt, daß Ägypten und Israel tatsächlich die Absicht hatten zusammenzuarbeiten. Tragischerweise wurde diesem Plan durch Sadats Ermordung und durch die Behinderung Begins – wegen des Todes seiner Frau und seiner eigenen Krankheit – ein Ende gesetzt. Wären sie beide an der Macht geblieben, wäre das Projekt heute vielleicht Realität.

An ein Treffen mit Begin erinnere ich mich ganz besonders. Es war am 10. Juni 1980. In Camp David stimmten die Israelis widerstrebend zu, einen israelischen Luftstützpunkt auf der Sinai-Halbinsel an Ägypten zu übergeben. Als Gegenleistung vereinbarten die Amerikaner, Gelder für den Bau eines neuen Luftstützpunkts für Israel in der Wüste Negev zur Verfügung zu stellen. Bei unserem Gespräch am 5. Juni schlug ich Carter vor, die Vereinigten Staaten sollten den Stützpunkt auf der Halbinsel Sinai pachten, statt einen neuen zu bauen. Ich meinte, dies würde zusätzlichen Schutz für Israel bedeuten und dazu beitragen, den Frieden im Mittleren Osten zu sichern. Carter sagte: «Wir haben das in Camp David versucht, aber Sadat wollte nichts davon wissen. Sie sind doch so überzeugend, warum probieren Sie's nicht einmal?»

Als ich in Kairo mit Sadat sprach, sagte er: «Für meinen Freund Jimmy würde ich alles tun, aber ich könnte so nicht mit meinen arabischen Nachbarn leben. Warum bitten Sie Begin nicht, die Pacht des neuen Luftstützpunkts, den die Amerikaner bauen wollen, von diesen übernehmen zu lassen?» Ich jettete sofort nach Tel Aviv.

Frances und ich wurden direkt zu Begins Haus gefahren, wo seine Frau Alisa ein kleines Abendessen für uns bereitete. Wir saßen fast bis Mitternacht zusammen und diskutierten den Vorschlag. Begin gefiel die Idee, und er sagte, er würde sie dem Kabinett vortragen; zudem wolle er hören, was man in Amerika davon hielt. Später erfuhr ich, daß Carter die Sache von Brzezinski ausgeredet worden war.

Es beunruhigte mich, wie häufig Begin aus Sorge um die Gesundheit seiner Frau abgelenkt wurde. Offensichtlich hatte sie schwere Atemschwierigkeiten, was wohl auf ihr ununterbrochenes Zigarettenrauchen zurückzuführen war. Menachem und Alisa waren seit vielen Jahren verheiratet; während dieser langen Zeit war sie seine standhafteste und leidenschaftlichste Verteidigerin gewesen, ein unlösliches Band der Liebe und Treue hielt sie zusammen. Es war schmerzlich mit anzusehen, wie zärtlich sich Menachem um Alisa sorgte.

Ich holte zwei prominente Ärzte aus Amerika, die sie untersuchen und für eine weitere Behandlung in amerikanischen Krankenhäusern sorgen wollten, aber Alisa wies alle Hilfsangebote höflich zurück. Sie war nicht an ihrer Gesundheit interessiert, sie war nur daran interessiert, ihren Mann in seiner wichtigen Arbeit zu unterstützen. In einem typischen Brief, den sie mir Ende 1981 schrieb, sagte sie: «Es war sehr großzügig von Ihnen, mir die Möglichkeit einer Krankenhausbehandlung in den Staaten anzubieten. Ich konnte es einfach nicht machen. Nach reichlich stürmischen 42 Ehejahren, in denen wir nur durch die russische Haft getrennt waren, finde ich es nicht fair, Menachem jetzt allein zu lassen. Da Sie zweifellos die Ereignisse im Mittleren Osten verfolgen, verstehen Sie sicher, daß ich ihm private Sorgen ersparen will.»

Ihr Tod vernichtete Menachem beinahe. Sein Kummer war niederschmetternd. Er wollte von seinem Amt zurücktreten und sich in die Abgeschiedenheit zurückziehen. Gemeinsam mit seinen Freunden in Israel versuchte ich alles Menschenmögliche, um ihn zu ermutigen, im Amt zu bleiben, aber im September 1983 trat er zurück.

Bevor er jedoch sein Amt niederlegte, tat er etwas sehr Gutes für mich. Eines Tages im Jahr 1981 saß ich in meinem Büro in Los Angeles, als das Telefon klingelte. Es war Menachem, der aus Washington anrief.

«Armand», sagte er, «etwas sehr Wichtiges ist gerade passiert, über das ich Ihnen sofort berichten möchte.»

«Was ist das?» fragte ich.

Er war sehr erregt und redete schnell. «Ich habe gerade mit Präsident Reagan gesprochen, und Ihr Name kam ins Gespräch. Ich sagte ihm, er solle unbedingt mehr Gebrauch von Ihnen machen, weil Sie die Russen so gut verstehen. Er erwiderte: ‹Aber man hat mir gesagt, Armand Hammer ist Kommunist.› Ich war entsetzt. Ich sagte: ‹Armand Hammer ist kein Kommunist. Das ist ein reiner Kapitalist, durch und durch. Alle wissen das. Die Russen wissen es ganz genau.› ‹Nun›, sagte Präsident Reagan, ‹Hammers Vater war ein Kommunist.› ‹Ja, das stimmt›, sagte ich, ‹aber das heißt ja nicht, daß Armand einer ist. Ich fürchte, Ihre Informanten sind falsch unterrichtet, Herr Präsident, und ich rate Ihnen dringend, sich ihn genauer anzusehen. Ich weiß, Sie werden feststellen, daß er ein absolut loyaler Amerikaner ist.›»

Ich war bestürzt zu erfahren, daß sich im Kopf des Präsidenten derart absurde Behauptungen festgesetzt hatten, aber Begin sagte, ich solle mir keine Gedanken machen. Er würde sich darum kümmern. (Offensichtlich lag der Sache eine Aktennotiz zugrunde, die jemand, der Privatinteressen verfolgte, in Washington in Umlauf gebracht und der behauptet hatte, daß der israelische Geheimdienst «Beweise» hätte, daß ich Kommunist sei.)

Kurze Zeit später schrieb der israelische Botschafter in Washington, Ephraim Evron, an Außenminister Haig, indem er mich lebhaft verteidigte und zum Schluß sagte: «Der Premierminister bat mich, Ihnen mitzuteilen, daß an diesen Behauptungen nichts Wahres ist und daß wir Dr. Hammer als einen guten und vertrauenswürdigen Freund betrachten.»

Ich glaube, daß Begin Reagans Meinung über mich geändert hat. Meine Ernennung zum Vorsitzenden des President's Cancer Panel – was eine gründliche Überprüfung meiner Vergangenheit und eine Unbedenklichkeitserklärung des FBI erforderte – folgte kurz danach.

Im September 1984 unternahm ich meine erste öffentliche Reise nach Israel – alle anderen waren mit israelischer Hilfe heimlich erfolgt, um mich vor Gaddafis Zorn zu schützen. Dieses Mal war ich in Israel, um der Eröffnung meiner Sammlung «Meisterwerke aus fünf Jahrhunderten» beizuwohnen – und um zu versuchen, Begins Leben zu retten. Er litt an einem akuten urologischen Problem, das leicht zu beseitigen gewesen wäre, aber er lehnte eine Operation ab. Er hatte sich noch immer nicht vom Tod seiner Frau erholt und lebte zurückgezogen, in sich gekehrt. Mit mir im Flugzeug war Dr. Willard Goodwin, einer der bedeutendsten Urologen Amerikas, und ich hoffte, daß wir Begin – gemeinsam mit seinen Ärzten – irgendwie überzeugen könnten, daß etwas geschehen müßte.

Wir fuhren zum Shaare Zedek Medical Center. Das Gebäude war groß und offen, typisch für die Architektur Israels, mit Buntglasfenstern in der Lobby. Wir gingen zu Begins Zimmer, in dem emsige Geschäftigkeit herrschte. Es stellte sich heraus, daß sein Arzt ein Ungar namens Amicur Farkas war, dessen Mentor kein anderer als William Goodwin gewesen war. Er freute sich sehr, uns zu sehen. Nach eingehenden Beratungen kamen beide Ärzte zu dem Schluß, daß eine Operation unumgänglich sei, um Begins Leben zu retten, und nach gutem Zureden war er schließlich einverstanden. Heute ist er gesund.

Während meines Aufenthalts in Israel besuchte ich auch das Hadassah Hospital in Ein Kerem, wo ich auf den guten Rat Dr. Robert Gales eine Spende von 250000 Dollar für das Krebsforschungsprogramm zusagte; dieses Geld sollte für die Arbeit bei der Knochenmarktransplantation verwendet werden.

Ich traf mich auch für eine Stunde mit Premierminister Peres, um über die wirtschaftliche Lage seines kleinen Landes zu sprechen. An jenem Tag versprach ich, mindestens 100 Millionen Dollar für Geschäftsunternehmen aufzuwenden, die die Wirtschaft Israels ankurbeln könnten. Die ersten Früchte jenes Versprechens entwickelten sich sofort.

Durch Zufall traf ich einen früheren Geologen von Occidental namens Jerry Williams in der Lobby des *King David* Hotels. Jerry hatte in der Nordsee und in Libyen für uns gearbeitet und war jetzt für eine kleine Firma in Israel tätig, die Öl zu finden versuchte. Das blieb mir im Gedächtnis haften, und als ich nach Los Angeles zurückkehrte, bat ich Dave Martin in Bakersfield, Jerry Williams ausfindig zu machen. Jerry kam nach Los Angeles, und wir besprachen die Möglichkeit, Öl in Israel zu suchen. Bald danach reifte ein Plan, mehr als 18 Millionen Dollar für Bohrungen in der Wüste Negev aufzubringen. Bis zum Juni 1985 hatte ich 12 Millionen von Freunden aufgebracht. Dieser Summe setzten die Regierung Israels vier Millionen und unsere israelischen Partner zwei Millionen Dollar entgegen. Occidental konnte den Job aufgrund unserer Verbindung mit Libyen und anderen Teilen der arabischen Welt nicht selbst übernehmen, aber der Vorstand entschied, daß ich ihn privat übernehmen könnte, ohne Interessenkonflikte heraufzubeschwören.

Heute haben wir fast den halben Staat Israel unter Lizenz, und zum ersten Mal in der Geschichte des Landes ist systematische seismische Arbeit durchgeführt worden. Bis Januar 1987 werden wir mit dem Bohren begonnen haben, und wir werden feststellen, ob Gott wie in den Nachbarstaaten auch in Israel Öl in den Grund gesteckt hat. Die Untersuchungen sehen sehr ermutigend aus – und unsere Geologen sind optimistisch.

Falls in Israel Öl gefunden wird, könnte Israel sich in einen sich selbst versorgenden Staat verwandeln, der den Unbeständigkeiten der Weltpolitik weniger ausgesetzt wäre.

Von Menschen und Meisterwerken

Ich glaube, daß große Kunst geographische Grenzen, politische Divergenzen und Zeiträume überschreiten kann. Die großen Werke von Rembrandt, Leonardo da Vinci, Raffael, Michelangelo, Rubens, Gauguin, Renoir, van Gogh und vielen anderen berühren die Gedanken und Gefühle ihrer Betrachter heute noch genauso wie zu der Zeit, als sie gemalt wurden. Und ob diese Betrachter nun in Peking oder Nowosibirsk leben, in Washington, Los Angeles, München oder London – sie sehen die Bilder, wie sie vor Hunderten von Jahren zum ersten Mal in Holland, Italien oder Frankreich betrachtet worden sind. Große Kunstwerke zeigen uns, daß die Menschheit sich im Grunde nie ändert, daß wir alle für immer die gleichen Wesen mit den gleichen Sehnsüchten, Leidenschaften und Schmerzen sind.

Seit ich zur Welt der Kunst Zugang fand, als Victor und ich in den zwanziger Jahren in Moskau anfingen, Bilder zu kaufen, habe ich mich in diesem fruchtbarsten Zweig der menschlichen Verständigung weitergebildet. Seit fast dreißig Jahren habe ich die Kunst außerdem als Werkzeug benutzt, um Toleranz und Verständnis zwischen den Nationen und Völkern zu fördern.

Meine ersten Bemühungen im Kulturaustausch zwischen West und Ost begannen nach meinem Treffen mit Chruschtschow im Jahr 1961. Als ich erwähnte, daß der Austausch von Kunstwerken eine Möglichkeit wäre, Amerika und die UdSSR aus der Trübsal der fünfziger Jahre zu reißen, versprach Chruschtschow, diesen Vorschlag an seinen Kulturminister Jurij Schukow, den früheren Chefredakteur der *Prawda*, weiterzuleiten. Nichts kam dabei heraus.

Gegen Ende der Chruschtschow-Ära wurde die Idee von Schukows Nachfolgerin Jekaterina Furzewa, der ersten Frau im Politbüro, aufgegriffen. Ich lernte sie am 10. Juni 1964 kennen und mochte sie sofort. Sie war eine sehr attraktive, kluge und energische Frau in den Fünfzigern, deren einziges Laster eine ausgeprägte Vorliebe für Wodka war. In Moskau wurde außerdem gemunkelt, sie lebe zu gut. Schließlich wurde sie aus dem Amt entfernt, weil sie die sehr strengen sowjetischen Regeln der Schicklichkeit übertreten hatte. Man sollte sich ihrer aber trotzdem als der sowjetischen Funktionärin erinnern, die für die Förderung des Kunstaustauschs das meiste getan hat, bevor die Nixon/Breschnew-Détente in den siebziger Jahren alles einfacher machte.

Als ich sie kennenlernte, war sie gerade aus Kopenhagen zurückgekehrt, wo sie eine Ausstellung der amerikanischen Malerin Grandma Moses gesehen hatte. Zufällig hatte ich bei dieser Ausstellung, die um die Welt gegangen war, meine Hände mit im Spiel gehabt.

Frau Furzewa sprach begeistert von der Ausstellung, und ich fragte: «Soll ich sie nach Moskau holen?»

«Können Sie das?» fragte sie.

«Ich brauche nur Ihre Einladung.»

«Schon ausgesprochen», sagte sie.

Wir brachten die Ausstellung am 12. November 1964 ins Puschkin-Museum. Sie war ein großer Erfolg. Die Moskowiter standen bei Minustemperaturen in Schlangen um das Museum herum, um die Arbeiten von «Babuschka Moses» zu sehen. Es war eine Freude zu beobachten, wie begeistert sie von den Bildern waren, die so amerikanisch wie Kentucky-Bourbon sind. Die häuslichen Szenen und die emotionale Bindung der Malerin an das Land sprechen die universalste aller Sprachen. Es tat mir nur leid, daß Grandma Moses nicht selbst dabei sein konnte, um ihren Erfolg zu genießen. Im Dezember 1961 war sie im Alter von 101 Jahren gestorben. Sie hatte bis zu ihrem Tode gemalt.

Der sowjetische Teil dieses ersten Austauschs war nicht so leicht zu arrangieren gewesen. Frau Furzewa wollte den Chor der Roten Armee nach Amerika schicken, aber das State Department lehnte uniformierte Soldaten aus der UdSSR auf amerikanischem Boden ab. Frau Furzewa war wütend.

«Der Chor ist mit großem Beifall in Großbritannien, in ganz Europa, aufgetreten und hat gerade eine Einladung erhalten, zum zweiten Mal durch Kanada zu reisen», sagte sie. «Kanada ist nicht so stark wie die Vereinigten Staaten, und trotzdem haben die Kanadier keine Angst vor den Uniformen der Roten Armee. Wenn Sie Ihre berühmte Navy Band herschicken wollten, hätten wir nichts dagegen, sie in ihren Uniformen auftreten zu lassen.»

Ich versprach, mit Präsident Johnson über diesen absurden Streit zu reden, aber dann fiel mir etwas Besseres ein. Ich machte Frau Furzewa den Vorschlag, die Arbeiten eines russischen Künstlers zu schicken, der ein ähnliches Ansehen wie Grandma Moses genoß. Ich dachte an Pawel Korin, den meistgeehrten russischen Maler der damaligen Zeit, dessen Arbeiten stark von der Ikonentradition beeinflußt waren. Korins Werke waren technisch unübertroffen und gaben uralte Themen des religiösen Lebens und der Kunst in Rußland wieder. Er war ein sicherer und eher harmloser Kandidat für den ersten sowjetischen Beitrag zum Kunstaustausch. Selbst von den Bolschewiken-Hassern in Amerika, die sowjetische Propaganda fürchteten, war in diesem Fall keine Kritik zu erwarten.

Mein Bruder Victor wurde gebeten, aus Korins Arbeiten eine Auswahl für eine Show in den Hammer Galleries zu treffen. Pawel Korin, ein stattlicher alter Mann, und seine Frau kamen zur Eröffnung am 5. April 1965 als unsere Gäste nach New York. Die Ausstellung wurde respektvoll aufgenommen.

Der Austausch war ein guter Start. Er schaffte für Frau Furzewa und mich eine Basis gegenseitigen Vertrauens und führte zu weiteren Veranstaltungen, die auch die kritischen Intellektuellen von New York, Washington und Los Angeles begeisterten.

1971 kam Frau Furzewa auf ihrer US-Tour auch nach Los Angeles. Ich lud sie zu einer Ausstellung meiner Sammlung ein. Die Sammlung sollte im Juni und Juli 1972 zur Royal Academy in London gehen, danach von August bis Oktober zur Nationalgalerie in Dublin. Frau Furzewa bat mich, sie anschließend auch noch nach Rußland zu schicken. Die Sammlung traf Mitte Oktober 1972 in Leningrad ein und blieb fast ein Jahr in der Sowjetunion. Sie wurde von Millionen von Menschen in der Eremitage in Leningrad, im Puschkin-Museum in Moskau und in Kiew, Odessa, Minsk und Riga gesehen.

Die Ausstellung enthielt ein Gemälde von Goya, auf das ich beson-

ders stolz war, ein Porträt der Doña Antonia Zarate, einer Schauspielerin und Freundin des Künstlers. Frau Furzewa hatte mir in Los
Angeles ziemlich wehmütig erklärt, daß es in der ganzen UdSSR
keinen einzigen Goya gebe.

«Zufällig besitze ich zwei Goyas», sagte ich. «Es wäre mir eine Ehre,
wenn ich dem russischen Volk einen zum Geschenk machen dürfte.»
Nun war es wieder an Frau Furzewa, sowjetische Werke für eine
Show in Amerika anzubieten. Von militärischen Chören oder Arbeiten
ungewisser Qualität konnte nun keine Rede mehr sein. Wir wollten
unsererseits Meisterwerke sehen. Kurze Zeit zuvor hatten wir die
Knoedler Galleries, die älteste Galerie in den Vereinigten Staaten,
erworben, und diese Akquisition veränderte die Stellung der Hammer
Galleries; wir gehörten nun zu den führenden Kunsthändlern der Welt.
Folgendes war vorangegangen: Im Oktober 1971 flog ich mit meinem
Freund und Partner Dr. Maury Leibovitz nach New York. Dabei ging
es um ein Ölgeschäft. Maury, ein hervorragender Wirtschaftsprüfer
und neuerungssüchtiger Geschäftsmann, sah sich stets die Bücher
einer Firma an, die ich erwerben wollte, und lieferte jedes Mal eine
absolut zuverlässige Bewertung ab. Wir landeten in Joplin, Missouri,
um Victor abzuholen. Er hatte das Joplin-Museum besucht und im
Keller Gemälde angeschaut, die verkauft werden sollten. Victor kam
mit großen Neuigkeiten an Bord.

Er sagte: «Ich hab gehört, daß Knoedler in der Fifty-seventh Street
aufgeben und umziehen will. Außerdem ist die Firma zu verkaufen.»

Ich sagte zu Maury: «Das klingt interessant. Schaust du dir die
Sache mal an?»

In New York suchte Maury sofort die Besitzer der Galerie auf –
Jacques Lindon, ihr Geschäftspartner in Paris, und Roland Balay,
Neffe von Charles Henschel, der seit 1905 bis zu seinem Tod am
2. Oktober 1956 Präsident der Firma gewesen war. Nach kurzer
Einsicht in die Bücher eilte Maury zu mir. Ich hatte ihn noch nie so
aufgeregt gesehen – eigentlich hatte ich ihn überhaupt noch nie
aufgeregt gesehen.

«Wie oft hast du mich gefragt, ob ich nicht mit ins Geschäft
einsteigen möchte! Ich habe immer geantwortet, daß ich nicht interessiert bin, weil mir ein paar Kunden genügen. Ich liebe meine Freiheit.
Ich bin nicht am Geschäft interessiert. In meiner Freizeit unterrichte

ich lieber Psychologie. Aber, wenn du Knoedler kaufst, möchte ich ein kleines Stück davon.»

Knoedler verlangte drei Millionen Dollar für das ganze Geschäft. Einer der besten Käufe, die ihm je untergekommen seien, erklärte Maury.

Er hatte entdeckt, daß jeder Posten, der sich in zehn Jahren nicht verkauft hatte, als wertlos abgeschrieben worden war. «Dieses sogenannte wertlose Inventar ist ein Vielfaches des Kaufpreises der ganzen Firma wert!»

Mit zwei unserer Anwälte eilten wir zu Lindon und Balay. Ich wollte das Geschäft noch am selben Abend zum Abschluß bringen, weil ich Angst hatte, sie würden ihre Meinung und den Preis ändern. Meine Angst war grundlos. Sie wollten um jeden Preis raus aus dem Geschäft. Lindon wollte sich zur Ruhe setzen und seine Hunde im Bois de Boulogne spazieren führen, und Balay, der einen guten Blick für Gemälde hatte, hatte einen ebenso guten für die Damen und wollte dieser Leidenschaft frönen.

Ich drängte zum Abschluß. Der Abend zog sich in die Länge. Maury war nach dem Flug von Los Angeles erschöpft und schlief ständig ein. Um ihn wach zu halten, gingen Harris und ich zu Reuben's-Delikatessen und holten ihm Kaffee und Käsekuchen. Herbert Hirsch, einer der beiden Anwälte, hatte vergessen, seiner Frau Bescheid zu sagen, und in den frühen Morgenstunden rief sie schließlich verzweifelt die Polizei an, die ihn in ganz New York suchte.

Im Morgengrauen des 18. Oktober 1971 wurde das Geschäft abgeschlossen. Knoedler gehörte uns. Der Preis war drei Millionen Dollar, der von den Hammer Galleries aufgebracht wurde. Später stellten wir die Hammer Galleries um, so daß ich für meine Investition Vorzugsaktien und 75 Prozent der Stammaktien mit einem Nennwert von hunderttausend Dollar erhielt; Maury kaufte 25 Prozent der Stammaktien.

Dann verloren wir um ein Haar alle zeitgenössischen Künstler. Am 10. Dezember 1971 übernahmen wir das Gebäude auf der East Seventieth Street. Als Maury und ich eintrafen, fanden wir den Manager, Xavier Foucade, in ziemlich abweisender Laune vor. Da er den wahren Wert des Inventars kannte, hatte er das Geschäft selbst erwerben wollen. Um den Preis herunterzudrücken, hatte er das Gerücht in die Welt gesetzt, daß Knoedler bankrott sei. Dieses Gerücht war den

Künstlern zu Ohren gekommen, die bei Knoedler unter Vertrag waren. Viele wollten ihre Werke zurückziehen.

Lastwagen waren vor dem Gebäude vorgefahren, um Arbeiten von Henry Moore, Salvador Dali, Willem de Kooning und anderer Prominenz abzuholen. Die Galerie war bis auf das alte Inventar leer. Ich mußte mich wie ein Wahnsinniger ins Zeug legen, alle Künstler anrufen und ihnen versichern, daß die Galerie sicherer war als je zuvor und daß ihre Arbeiten ordnungsgemäß repräsentiert würden. Willem de Kooning spricht oft von dem Tag, an dem ich zu ihm flog und ihn überredete, einige seiner Werke bei Knoedler zu lassen.

So haben wir jedenfalls Knoedler bekommen, und deshalb war meine Position stark genug, daß ich von Frau Furzewa Meisterwerke verlangen konnte, die in New York ausgestellt werden sollten. Ich wußte genau, was ich wollte. Victor und ich und ein Angestellter stellten eine Liste auf. Wir wollten 36 impressionistische und postimpressionistische Meisterwerke aus der Eremitage und vom Puschkin-Museum, darunter Werke von Matisse, Gauguin, Picasso, Cézanne, van Gogh, Rousseau, Renoir, Monet, Derain, Braque, Sisley, Léger, de Vlaminck und Pissaro. Nur eine Handvoll westlicher Kunstkritiker und Kenner, die nach Rußland gereist waren, hatte sie bisher gesehen. Die Kunstwelt kannte sie nur von Fotografien.

Sie hatten früher zwei reichen Kaufleuten des zaristischen Rußland gehört – Iwan Morosow und Sergej Schtschukin. Beide Männer hatten ihre Häuser in private Museen verwandelt, die die Öffentlichkeit an jedem Sonntag besuchen durfte. Morosow besaß 430 russische und 240 französische Werke. Nach der Revolution wurden die Gemälde öffentliches Eigentum. Während der Stalin-Zeit lagen sie in Museumskellern, weil Stalin sie für dekadent hielt. Über modernere Gemälde, wie die Arbeiten von Kasimir Malewitsch, Kandinsky und anderen, konnte er in Wut geraten.

1955, zwei Jahre nach Stalins Tod, arrangierte Frau Furzewa eine bescheidene Ausstellung der Gemälde in Moskau. Riesige Menschenmengen kamen, um sich die Bilder anzuschauen. Danach wurden sie zwischen der Eremitage und dem Puschkin-Museum aufgeteilt.

J. Carter Brown, der Direktor der Nationalgalerie von Washington, bat mich, mich dafür einzusetzen, daß die Bilder auch dort ausgestellt würden. Ich beschloß, aufs Ganze zu gehen. Ich bat Frau Furzewa, einer ausgedehnten Tour durch die Vereinigten Staaten zuzustimmen und die Bilder in der National Gallery of Art, im Los Angeles County Museum of Art, im Art Institute of Chicago und im Kimbell Art Museum in Fort Worth zu zeigen. Ende März 1973 trafen die 41 Bilder in Washington ein, wo sie im April in der Nationalgalerie ausgestellt wurden. Im Mai waren sie bei Knoedler zu sehen. Der *Washington Evening Star* beschrieb die Sammlung als unschätzbar, obwohl sie für 25 Millionen Dollar versichert war. «Ich würde sie gern für fünfundzwanzig Millionen Dollar kaufen», sagte ich. Sowohl *Newsweek* als auch *Time* brachten ganzseitige Vorschauen und ließen sich zu Superlativen wie «legendär», «gewaltig» und «phantastisch» hinreißen. Wo immer die Bilder gezeigt wurden, waren die Besucherzahlen gewaltig.

Das Schenken von Gemälden war nicht nur einseitig. Die Sowjets zeigten sich für den Goya sehr erkenntlich. Eines Tages, als ich in Moskau war, rief mich Frau Furzewa an und sagte: «Wie wir hörten, haben Sie keinen Malewitsch in Ihrer Sammlung. Wir haben ein Bild ausgewählt, das die Direktoren der Tretjakow-Galerie für seine beste suprematistische Arbeit halten, und die sowjetische Regierung möchte sie Ihnen zum Geschenk machen.» Was für ein Geschenk! John Richardson von Knoedler schätzte den Wert des Bildes auf mindestens eine Million Dollar. Da ich keine modernen Gemälde sammle, tauschte ich es Jahre später gegen eine Gruppe französischer Impressionisten ein.

Sie kamen in eine meiner Sammlungen, von denen ich fünf habe. Bevor ich näher darauf eingehe, möchte ich aber zunächst noch folgendes festhalten: Die meisten Privatsammler großer Kunstwerke haben zu Beginn ihrer Sammlertätigkeit irgendwo auch das Interesse der Öffentlichkeit im Hinterkopf. Viele haben dafür gesorgt, daß ihre Sammlungen den großen Museen und Galerien vermacht wurden. Bis dahin aber behielten sie ihre Sammlungen für sich.

Der Hauptunterschied zwischen meinen und anderen Sammlungen ist der, daß ich zuerst an das Interesse der Öffentlichkeit dachte. Ich beabsichtigte von Anfang an, meine Sammlungen in Museen zu zeigen und durch die Welt reisen zu lassen. Keine Sammlung in Privathänden ist mehr gereist als meine, und keine ist von mehr Menschen gesehen worden.

Wenig Leute können es sich leisten, zu all den großen Museen zu reisen. Die meisten Städte besitzen nur magere Kollektionen, und ihre Bürger bekommen nur selten oder nie die Chance, große Kunstwerke zu sehen.

Genauso wie es mir riesigen Spaß machte, Hearsts Kunstsammlung bei Gimbels über den Ladentisch zu verkaufen, und zwar an Leute, die wahrscheinlich nie eine Kunstgalerie betreten hätten, macht es mir ungeheure Freude, meine Sammlungen in die Welt zu schicken. Große Künstler sprechen die gleiche Sprache, und ihre Arbeiten gehören allen Menschen. Ihre Werke sind nicht für Reiche gemacht, damit diese sie in ihren Panzerschränken oder Herrschaftshäusern verstecken.

Ende der sechziger Jahre kam mir die Idee, eine große Sammlung aufzubauen, und man erklärte mir damals, dies sei unmöglich. Die großen Kunstwerke, hieß es, befänden sich längst in den großen Museen.

Die Sammlung, die ich damals begann, war bereits die dritte in meinem Leben. Ich habe beschrieben, wie die erste mit Victors Hilfe in der Sowjetunion zusammengetragen wurde, als wir feststellten, daß wir Kunstwerke für den Preis gewöhnlicher Haushaltsgegenstände kaufen konnten.

Meine zweite Sammlung entstand, als ich mich mit dem Whiskeybrennen befaßte, und reflektierte mein wachsendes Interesse an holländischen und flämischen Gemälden des sechzehnten und siebzehnten Jahrhunderts. Wieder wählte ich die Bilder mit Victors Hilfe und der eines großartigen Bilderrestaurators namens Anthony Reyre aus, der für die Entdeckung vieler Meisterwerke verantwortlich war, die jetzt in den bekanntesten Museen der Welt hängen.

Mit Anthony Reyre bildete ich eine Partnerschaft. Jedes Bild, das wir kauften, wurde von Professor W. R. Valentiner begutachtet und mit Expertise versehen. Professor Valentiner war früher Direktor der Museen von Detroit und Los Angeles und Autor mehrerer Bücher über flämische und holländische Gemälde. Die Sammlung, die wir aufbauten, bestand aus etwa 50 Gemälden, darunter Arbeiten von Jan Steen, Gerard Terborch, Adriaen van de Velde, Jacob van Ruysdael, Frans van Mieris und Gerard Dou. Es waren auch Bilder von den Breughels (dem Jüngeren wie dem Älteren), von Frans Hals, Van Dyck und Rembrandt dabei.

Ein Gemälde, das ich sehr schätzte und das von Reyre entdeckt worden war, trug den Titel «Der Brief» und war von Gabriel Metsu. Nachdem er zunächst von seiner Echtheit überzeugt gewesen war, teilte mir Dr. Valentiner dann jedoch mit, daß mein Bild eine Kopie sei und daß das Original in der Walters Art Gallery in Baltimore hing. Ich bat die Walters Gallery um ein Foto ihres Gemäldes. Als ich die Bilder miteinander verglich, war ich überzeugt, daß meines dem anderen weit überlegen war. Ich brachte mein Bild zur Walters Gallery, und nachdem der Direktor und seine Angestellten die beiden Bilder miteinander verglichen hatten, bestätigten sie, daß ich das Original besaß und sie die Kopie. Dr. Valentiner war sehr erleichtert, daß seine ursprüngliche Meinung korrekt gewesen war. Soweit ich informiert bin, wird das Bild in der Walters Gallery nicht mehr gezeigt.

Ungefähr zu der Zeit, als ich nach Kalifornien zog und nachdem die Werke für unbestimmte Zeit als Leihgaben an das Virginia Museum of Fine Arts gegangen waren, reiste die Sammlung zwischen 1957 und 1960 an 18 Orte in Amerika und Kanada. 1965 wählte ich die Fisher Galleries of the University of Southern California als permanentes Heim für die Sammlung und schenkte sie der USC.

Kurz danach wurde ich Mitglied des Kuratoriums des Los Angeles County Museum of Art (LACMA), und ungefähr zu dieser Zeit fing ich an, eine neue, dritte Sammlung aufzubauen, die – trotz der Voraussagen der «Kunstexperten», Sammler und Händler, die über die Idee spotteten – außergewöhnlich werden sollte. Fachleuten zu beweisen, daß sie im Unrecht sind, war schon immer eine meiner liebsten Freizeitbeschäftigungen. Diese Sammlung wurde derart schnell zusammengetragen, daß sie Ende 1969 schon 82 Werke umfaßte, die das Brooks Museum in Memphis, Tennessee, für die «Sonderausstellung einer Sammlung im Aufbau» als Leihgabe erhielt.

Die in Memphis präsentierten Werke ließen den Ehrgeiz und Umfang der dritten Sammlung erkennen: Rembrandt, Rubens, Fragonard und Goya bis zu Werken von Rouault, Bonnard und Gauguin. Außerdem wurden in Memphis drei Werke gezeigt, die vom Los Angeles County Museum of Art mit Spendengeldern – einem Frances und Armand Hammer Fonds in Höhe von einer Million Dollar – erworben worden waren.

Diese drei Gemälde sind herausragende Werke der Künstler. Das erste war Rembrandts «Porträt eines Mannes der Familie Ramon», das später als «Porträt des Dirck Jansz Pesser» bezeichnet wurde. Als nächstes Rubens' Ölskizze «Manna sammelnde Israeliten in der Wüste» und als drittes Sargents «Porträt von Mrs. Edward L. Davis und ihrem Sohn Livingston Davis».

Außerdem waren in der Ausstellung in Memphis zwei Werke, die ich kurz zuvor erworben und bereits dem Los Angeles County Museum übergeben hatte: Renoirs «Zwei lesende Mädchen» und Modiglianis «Frau aus dem Volk». Das erste hing viele Jahre als Leihgabe im Metropolitan Museum, bis der Besitzer, ein Kunde der Hammer Galleries, beschloß, es zum Kummer des Metropolitan, das gehofft hatte, es eines Tages zu erben, mir zu verkaufen. Kenneth Donahue, der frühere Direktor des Los Angeles County Museum of Art, sagte voraus, daß es eines Tages zu den beliebtesten Gemälden des LACMA gehören würde. Modiglianis Bild, für das ich mehr als 300 000 Dollar bezahlte, ist eines der schönsten Werke des Künstlers. Modigliani war zu arm, um ein Modell bezahlen zu können, deshalb saß ihm die Tochter seiner Wirtin Modell für das Bild, das er der Wirtin dann statt der Miete gab. Ich wage die Vermutung, daß diese fünf Werke auf dem heutigen Kunstmarkt mehr als 10 Millionen Dollar einbringen würden – das Zehnfache dessen, was ich dafür bezahlte.

Einige Kritik in der *Washington Post* zu bestimmten «schwachen» Bildern meiner «dritten» Sammlung veranlaßten mich, mehr zu tun – nämlich eine Sammlung aufzubauen, die wirklich untadelig wäre. Ich bat John Walker, ein Kuratoriumsmitglied des Los Angeles County Museum of Art, mit mir an der Verbesserung zu arbeiten. Die Sammlung sollte «nur Werke enthalten, die sich eignen, in die ständigen Sammlungen der besten Museen der Welt aufgenommen zu werden, wie das Metropolitan Museum in New York und die National Gallery in Washington».

Walker zögerte. Er hatte sich vor kurzem zur Ruhe gesetzt und gab nur ungern eine Meinung zur Qualität von Gemälden in einer Privatsammlung ab – etwas, was er als Museumsdirektor peinlichst vermieden hatte. Als ich seinen Absagebrief erhielt, flog ich sofort nach Washington, um persönlich mit ihm zu argumentieren.

Ich überzeugte ihn. John war einverstanden, meine Sammlung zu überprüfen und über die Werke einen Bericht zu schreiben, die seiner

Meinung nach der Prüfung standhielten, und alle anderen, die verkauft oder eingetauscht werden sollten, aufzulisten. Walker warnte mich, daß er wohl die Hälfte der Werke, die er im Smithsonian gesehen hatte, rauswerfen würde. Als der Bericht abgeschlossen war und auf Empfehlung von Walker neue Gemälde erworben und andere herausgenommen worden waren, wurde die Sammlung für eine Ausstellung im Los Angeles County Museum of Art vorbereitet. Gleichzeitig gab ich bekannt, daß ich die Gemälde dieser Sammlung dem LACMA testamentarisch vermachen würde. Diese Präsentation ist das Fundament der jetzigen Armand-Hammer-Sammlung.

Diesmal gab es keine abschätzigen Kritiken. Sechsundvierzig Zeichnungen und Gemälde waren nach der Ausstellung im Smithsonian in der Sammlung verblieben. Auf Walkers Vorschlag waren noch 20 Ölgemälde und 30 hervorragende Zeichnungen, Pastelle und Aquarelle erworben worden, womit die Anzahl der Kunstwerke auf über 100 anstieg.

Die Akquisition der Zeichnungen geschah zum richtigen Zeitpunkt. 1970 und 1971 war es noch möglich, wichtige Zeichnungen zu vernünftigen Preisen zu erwerben – verglichen mit den Millionen, die heute für vergleichbare Arbeiten ausgegeben werden. Aber billig waren sie nicht. Ich bezahlte Hunderttausende von Dollar für das «Studienblatt» von Leonardo da Vinci, die «Studie zu einem Fresko der Propheten Hosea und Jonah» von Raffael und die beiden Zeichnungen von Watteau «Paar auf einer Bank» und «Junges Mädchen». Wenn diese Bilder heute versteigert würden, brächten sie das Zehnfache des Kaufpreises.

Ich vereinbarte, die Sammlung meiner Zeichnungen der National Gallery of Art in Washington, D.C., zu schenken. Die Galerie will ihren Bestand an Zeichnungen vergrößern und war deshalb sehr froh, meine Zeichnungen zu bekommen. Sie bestimmte eine spezielle Galerie für die Armand-Hammer-Sammlung. Diese Galerie wird auch eine Kapelle für die Ausstellung des Raffael-Entwurfs enthalten; nach dieser Studie malte er sein berühmtes Bild «La Belle Jardinière» (das im Louvre hängt). Ich stiftete 1,2 Millionen Dollar für den Entwurf, womit die National Gallery ihn von Lord Leicester in England kaufen konnte, wo er sich befand, seit Thomas Coke, der erste Graf von Leicester, ihn 1713 erworben hatte.

In diesem Akquisitionsrausch erwarben wir noch zwei hervorragende Werke von Corot («Porträt eines jungen Mädchens» und «Freuden des Abends») sowie Renoirs «Küste von Antibes», Caillebottes «Platz in Argenteuil» und Monets «Ansicht von Bordighera». Die Sammlung wuchs rasch zu einem Überblick über die westeuropäische Kunst von der Renaissance bis ins 20. Jahrhundert mit besonderem Schwergewicht auf der französischen; ein weiterer wichtiger Bereich war die amerikanische Kunst.

Es war nur folgerichtig, daß diese Sammlung auf diese Weise arrondiert wurde, denn sie sollte von Los Angeles aus auf eine Tournee gehen, die nicht ihresgleichen hatte.

Der erste Halt war die Royal Academy in London; es folgte eine Ausstellung in der National Gallery of Ireland in Dublin. Von 1972 bis 1973 ging die Sammlung durch sechs Städte in der Sowjetunion, 1975 nach Lima und Caracas und zwischen 1975 und 1976 an vier Orte in Japan. Bis zum Frühjahr 1986 war die Sammlung in 50 verschiedenen Städten in 18 Ländern von fast vier Millionen Menschen gesehen worden.

Meiner Ansicht nach ist die Sammlung gemäß ihrem Auftrag nahezu komplett, was mich aber nicht davon abgehalten hat, zur richtigen Zeit dazuzukaufen: 1976 beispielsweise eine Zeichnung von Michelangelo und die spektakuläre und wichtige «Juno» von Rembrandt, 1977 eine seltene Zeichnung von Andrea del Sarto, eine Zeichnung von Greuze und Gemälde von Berthe Morisot und Chaim Soutine, 1979 Rembrandts «Porträt eines Mannes mit schwarzem Hut» und das erste englische Bild, «Caller Herrin» von Millais.

1980 kamen zwei Zeichnungen von Cassatt und Gemälde von zwei amerikanischen Künstlern des Westens, Remington und Russell, hinzu. Zwischen 1981 und 1984 bereicherten wir die Sammlung mit Gemälden von Andrew Wyeth, Manet, Ensor, Gilbert Stuart, Tizian und Watteau.

1970 kaufte ich mein erstes Werk von Honoré Daumier. Das Aquarell «Plädierender Anwalt» sollte zugleich das erste Bild in der größten Sammlung von Werken dieses Künstlers werden, die je von einem Privatmann zusammengetragen worden ist. Wie ich es bei jedem neuen Künstler tat, der in meiner Sammlung aufgenommen wurde, informierte ich mich gründlich über Daumier. Je mehr ich über ihn las, desto mehr faszinierten mich seine Produktivität, sein Verständnis für die menschliche Psyche und sein Mut gegenüber der Obrigkeit. Bald kamen weitere Arbeiten von Daumier hinzu, und 1975 erwarben wir die George-Longstreet-Sammlung mit über 6000 Lithographien von Daumier.

Die Longstreet-Sammlung war über einen Zeitraum von 51 Jahren aufgebaut worden. Mit der Absicht, die Armand Hammer Daumier Collection zur umfassendsten öffentlichen oder privaten Sammlung zu machen, fügte ich ihr Gemälde und Zeichnungen hinzu. Eine Zeitlang schien es, als ob außer mir niemand Interesse hätte, ein Werk von Daumier zu ersteigern. Nach der Bezahlung von zwei Welthöchstpreisen für Bilder von Daumier – einmal für ein Ölgemälde (seitdem übertroffen) und einmal für ein Aquarell – wurde nicht mehr so schnell gekauft. 1980 kam schließlich die Longstreet-Sammlung mit Zeitgenossen Daumiers hinzu (mehr als 3500 Drucke und eine Reihe bedeutender Zeichnungen) und 1983 die Andrea-Rothe-Sammlung mit mehr als 3000 Drucken. Die Armand Hammer Daumier Collection zählt jetzt über 10 000 Objekte – Gemälde, Zeichnungen, Aquarelle, Skulpturen und dazugehörige Arbeiten.

Die Daumier-Sammlung folgte den Gemälden und Zeichnungen, die bereits unterwegs waren; sie wurde in achtzehn Städten in sieben Ländern von mehr als einer Million Menschen gesehen. Auch die Daumier-Sammlung ist als Geschenk für das Los Angeles County Museum of Art vorgesehen, wo ein Daumier-Studienzentrum entstehen soll.

Am 12. Dezember 1980 besuchte ich mehrere Galerien in London, um mir Werke von Chardin anzusehen. Der geforderte Preis für die meisten lag jeweils bei mehreren Millionen Dollar, und ich verzichtete. Um elf Uhr sollten wichtige alte Meisterwerke bei Christie's versteigert werden. Frances und ich waren anwesend, als ein Stilleben von Chardin – «Die Attribute der Malerei» – aufgerufen wurde. Das Bild verlangte fachmännische Restaurierungsarbeit. Die Gebote blieben weit unter dem Preis, den ich zu zahlen bereit war, und ich bekam den Zuschlag für 105 000 Dollar.

Es war jedoch nicht Zufall, was mich an jenem Tag zu Christie's führte, es war vielmehr der Verkauf eines Objekts im Anschluß an die Versteigerung. Es ging um den sogenannten Leicester-Codex von Leonardo da Vinci, eine 470 Jahre alte Sammlung handschriftlicher

Notizen und Skizzen in Leonardos berühmter Spiegelschrift, über die Beschaffenheit des Wassers und andere wissenschaftliche Fragen wie die Farbe des Himmels, wie der Mond beleuchtet wird, das Bauen von Kanälen und Dämmen, die Dränage von Mooren, Astronomie, Kosmologie, Geologie, die Wirkung der Gezeiten und die Prinzipien der Verdampfung und Kondensation, Luftblasen, die Theorie des Siphons, der Schnorchel, die Dampfkraft und das Kriegführen unter Wasser. Der Codex besteht aus 18 doppelseitigen Bogen mit 4 Seiten pro Bogen, einschließlich etwa 360 Zeichnungen. Da sich der Codex seit 1717 im Privatbesitz der Grafen von Leicester befand und nur einmal – 1952 – in der Royal Academy ausgestellt wurde, war er der Öffentlichkeit kaum bekannt.

Der Verkauf des Codex sorgte für viel Aufregung. Es war das einzige Manuskript Leonardo da Vincis, das sich noch in Privathand befand. Der Preis wurde auf bis zu 14 Millionen Dollar geschätzt, und es wurde gemunkelt, daß die italienische Regierung bereit sei, mindestens so viel zu bieten, um das Manuskript nach Italien zurückzuholen. Die britische Presse und die Museumsgesellschaft waren an der Versteigerung sehr interessiert. Sie fürchteten einen weiteren Verlust des kulturellen Erbes der Nation.

Ich saß still in der ersten Reihe. Nur ich kannte den Grund meiner Anwesenheit. Wie ich der Presse später erklärte: «Nicht einmal Mrs. Hammer wußte, warum wir da waren.» Inklusive Christie's Provision habe ich fast 6 Millionen Dollar aufgewendet, um das letzte Manuskript Leonardo da Vincis zu bekommen, das sich in Privatbesitz befand – das einzige in der westlichen Hemisphäre.

In den Presseinterviews gab ich zu, daß ich, wenn nötig, auch noch höher geboten hätte. Ich hatte Glück gehabt. Die italienische Regierung hatte sich schon Wochen vorher zurückgezogen. Den britischen Museen war es nicht gelungen, sich gezielt um den Codex zu bemühen, und kein anderer Privatmann hatte versucht, mich zu überbieten.

Ich versprach, den Codex regelmäßig ins Vereinigte Königreich zurückzubringen – ein Versprechen, das mit Ausstellungen in London, Edinburgh und Aberdeen eingehalten wurde.

Der Codex wurde von einem meiner Angestellten per Linienflug nach Los Angeles gebracht. Er hatte das Meisterwerk neben sich auf einem Sitzplatz der ersten Klasse. Es ist ein langer Weg von London nach Los Angeles, und niemand schafft den Flug, ohne die Toilette aufsuchen zu müssen. Mein Mann hatte solche Angst, den Leonardo-Codex allein zu lassen, daß er ihn jedesmal mitnahm. Beim letzten Mal erwartete ihn die gesamte Mannschaft des Bordpersonals, das zusammengetrommelt worden war, nachdem ein Passagier beobachtet hatte, wie jemand mit einem großen Paket, das aussah, als ob es eine Höllenmaschine enthielt, die Toilette betrat.

Um den Codex auf die Reise schicken zu können, ließ ich ihn unter der Aufsicht meines Leonardo-Beraters Carlo Pedretti in seine ursprüngliche «Loseblatt»-Fassung zurückbringen. Im gleichen Verfahren, das für die vielen Blätter der Sammlung der Königin auf Schloß Windsor angewendet worden war, wurde der Codex für die Ausstellung vorbereitet. In freistehenden Ausstellungsvitrinen sind die einzelnen Blätter – überwältigend in Aussagekraft und Detail – der Öffentlichkeit zugänglich.

Der Codex hat, dem Beispiel der anderen Hammer-Sammlungen folgend, die Welt bereist, 15 Städte in neun Ländern besucht und eine halbe Million Besucher angezogen. Am herzlichsten war der Empfang in Italien.

Der von Pedretti umbenannte «Codex Hammer» sollte 1982 in Florenz gezeigt werden. Ich brachte Leonardos Werk in meinem Flugzeug nach Pisa, denn dort befand sich der einzige Flughafen, der für die Oxy One groß genug war. Als ich das Flugzeug verließ, folgten mir Wächter mit abgesägten Schrotflinten und Maschinengewehren. Nach einer Abwesenheit von 265 Jahren war der Codex wieder in Italien.

Obwohl die Berichterstattung über das Ereignis aus Sicherheitsgründen eingeschränkt war, wurde die Rückkehr des Codex in sein Ursprungsland mit viel Beifall begrüßt. Vierhunderttausend Menschen sahen sich den Codex in Florenz an. Man machte mich zum Ehrenbürger von Vinci, und Italiens Staatschef Sandro Pertini beehrte mich mit seiner Anwesenheit während der Eröffnungsfeier. Ich versprach, den Codex alle fünf Jahre für Ausstellungs- und Studienzwecke zurückzubringen – ein Versprechen, das ich mit einer Ausstellung in Bologna im Jahr 1985 eingehalten habe.

Später wurde Pedretti beauftragt, ein Faksimile mit vollständiger Transkription, Übersetzung und Anmerkungen anfertigen zu lassen.

Durch eine Stiftung von einer Million Dollar, die von mir und auf Initiative von Franklin Murphy eingerichtet wurde, wurde ein Armand Hammer Center for Leonardo Studies an der University of California in Los Angeles ins Leben gerufen.

Die Armand-Hammer-Sammlungen wurden für die Öffentlichkeit zusammengetragen, um die Liebe zur Kunst bei möglichst vielen Menschen zu wecken und den internationalen Frieden und guten Willen zu fördern. Dies sind die wahren Motive – auch wenn ich zugeben muß, daß es noch ein anderes gibt.

Das Sammeln von Bildern ist eines der faszinierendsten Spiele auf der Welt. Es verbindet die Befriedigung aus intensiven Studien mit dem Kitzel der Jagd und der Aufregung des Geschäftlichen. Für mich ist es die ideale Freizeitbeschäftigung. Die Kunstwelt ist ein Dschungel von bösartigen Eifersüchteleien und skrupellosen Kämpfen zwischen Händlern und Sammlern. Aber ich bin mein ganzes Leben lang im Geschäftsdschungel herumspaziert, so ist der Kampf um Bilder für mich eher Entspannung.

Mit dem Erwerb fast jeden Bildes ist fast immer eine Geschichte verbunden – Geschichten von Auktionshausintrigen, von Aufbrüchen in großer Hast zu weit entfernten Orten, von Hinterlist und Gaunerei. Ich könnte dieses Kapitel ewig fortsetzen, wenn ich alle Geschichten erzählen wollte.

Der Erwerb von Gauguins «Bonjour Monsieur Gauguin» war ein klassischer Fall. Ich hörte, daß das Bild am 6. November 1969 in Genf verkauft werden sollte. Ich flog hin und landete im Schneesturm. Unser Flugzeug war das letzte, das an diesem Nachmittag landen durfte, alle folgenden Flüge wurden umgeleitet.

Der Verkauf begann am frühen Abend im Hotel *Richmond*. Die Auktion war lebhaft, um es milde auszudrücken. Schließlich bekam ich den Zuschlag für etwas über 329 000 Dollar. Kaum hatte ich den Raum verlassen, stand einer der plutokratischsten aller griechischen Reeder vor mir, der mir einen riesigen Profit anbot, wenn ich ihm das Bild verkaufte. Sein Flugzeug war meinem nach Genf gefolgt und durfte nicht landen. Er war mit dem Auto herbeigeeilt, nur um zu erfahren, daß das Gemälde an mich gegangen war.

«Das Bild ist nicht zu verkaufen», sagte ich.

Dann mußte ich noch einige Unsicherheiten über die Provenienz des

Bildes klären, was durch die schwierigen Lebensumstände Gauguins kompliziert wurde. Als er noch in dem kleinen Fischerdorf Le Pouldu in der Bretagne lebte, war er zu arm gewesen, um seine Miete bezahlen zu können. Seine Wirtin bekam statt dessen «Bonjour Monsieur Gauguin». Später – nachdem er etwas Geld geerbt hatte – bat er seine Wirtin, ihm das Bild zurückzugeben, was sie jedoch ablehnte. Gauguin malte dann eine andere Version aus der Erinnerung. Welche hatte ich gekauft?

Das andere Bild hing im Prager Museum. Mit Peter Nathan, einem bekannten Händler und Gauguin-Experten aus Zürich, flog ich nach Prag, um den Museumsdirektor zu sprechen. Wir hängten die Bilder nebeneinander auf. Nach einem kurzen Moment sagten der Direktor und seine Kuratoren: «Es gibt keinen Zweifel – Ihr Bild ist das ursprüngliche.»

Bei vielen Jagden auf Bilder geriet ich natürlich in Wettstreit mit anderen großen Sammlern wie Norton Simon und Paul Getty – beides schwierige Kunden und gewohnt, ihren Willen durchzusetzen. Ein- oder zweimal schaffte ich es, ihnen zuvorzukommen, und wie immer nahmen sie ihre Niederlage nicht leicht.

Norton Simon freute sich schwerlich, als ich Rubens' «Mädchen mit lockigem Haar» erwarb. Auf dieses wunderbare Bild, eines meiner liebsten, stieß ich in London.

Während eines Aufenthalts im Hotel *Claridge* im März 1971 bekam ich einen Anruf von Ernest Johns, Knoedlers Mann in London. Damals gehörte Knoedler uns noch nicht.

«Wir haben einen außergewöhnlichen Rubens, den ich Ihnen zeigen möchte», sagte er.

«Bringen Sie ihn her», sagte ich.

Ich schickte nach meinem guten Freund Michael Jaffe, einem Cambridge-Professor, der in London wohnt. Er kam, kurz nachdem der Mann von Knoedler, der das Gemälde zur Begutachtung dalieβ, gegangen war. Als Michael den Rubens sah, geriet er fast aus dem Häuschen.

«Endlich», sagte er, «sehe ich das Original. Von diesem Bild gibt es sechs Kopien in verschiedenen Museen der Welt, Armand, aber dies ist das Original. Sie müssen es unbedingt kaufen.»

Es bedurfte keiner langen Überredung. Es war Liebe auf den ersten Blick.

Das Mädchen im Bild war Dienstmädchen im Rubens-Haushalt gewesen. Nach dem Tod seiner Frau soll sie seine Geliebte geworden sein. Er soll die Absicht gehabt haben, sie zu heiraten, was aber nie geschah. Der Blick des Mädchens scheint zu fragen: «Wird mich dieser Mann heiraten oder nicht?» Das habe ich jedenfalls immer herausgelesen. Einige Frauen, die das Bild gesehen haben, sagen mir, daß die Augen des Mädchens eine viel direktere erotische Geschichte erzählen. Rubens hat das Bild nie verkauft. Nachdem er gestorben war, fand man es mit einem passenden Selbstporträt in seinem Atelier.

Das Geschäft wurde auf der Stelle abgeschlossen. Ich bezahlte fast eine viertel Million Dollar.

Zurück in Los Angeles rief mich Norton Simon an, der wie immer auf Neuigkeiten gespannt war.

«Na, Armand», sagte er, «hast du was Interessantes in Europa gekauft?»

«In der Tat», sagte ich. «Habe ich. Ich hab den herrlichsten Rubens gekauft, den ich je gesehen habe.»

Schweigen. Dann fragte Norton leise: «Es war nicht zufällig ein Mädchen mit Locken?»

«Genau das war's», antwortete ich.

Ich hörte, wie Norton den Atem durch seine zusammengebissenen Zähne zog. «Knoedler hat es mir angeboten», sagte er schließlich. «Sie wollten eine viertel Million dafür. Es hing sechs Monate bei mir an der Wand. Am Ende habe ich ihnen gesagt, daß es zu teuer ist, und hab's zurückgegeben. Aber ich wollte es unbedingt haben, es ging mir nicht aus dem Kopf. Erst gestern rief ich sie an und sagte: ‹Okay, wenn Sie mit dem Preis nicht runtergehen wollen – schicken Sie's her, und ich gebe Ihnen, was Sie haben wollen.› Und sie sagten: ‹Tut uns leid, das Bild ist verkauft.› Ich hab mir schon gedacht, daß du es warst.»

Die Geschichte mit Rembrandts «Juno», wo ich Getty eins auswischte, ist ähnlich verlaufen. Die «Juno» – Rembrandts herrliches Porträt der Königin der Götter – ist eines der besten und am besten dokumentierten späten Meisterwerke von Hollands größtem Künstler. John Walker hält es für das beste Rembrandtbild in Privathand. Jahrelang hing es als Leihgabe eines anonymen Sammlers im Metropolitan Museum in New York. Das Metropolitan glaubte, der Besitzer werde es ihnen irgendwann schenken oder testamentarisch vermachen.

Im Juni 1976 wurde es verkauft. Es gehörte Bill Middendorf, einem früheren Investmentbanker, Marineminister, Botschafter in den Niederlanden, Künstler, Musiker, Komponist – und Kunstsammler.

Er rief mich an und fragte, ob Knoedler bereit sei, das Bild für fünf Millionen Dollar in Kommission zu nehmen.

«Okay», sagte ich, «aber wenn es keine fünf Millionen bringt und Sie bereit sind, weniger zu akzeptieren, möchte ich der erste sein, der es erfährt.»

Er schickte mir seinen Vertrag, der diese Bedingungen enthielt. Knoedler bot das Bild für fünf Millionen an – keiner wollte es kaufen.

Ein paar Monate später speiste ich in Ed und Hannah Carters Haus. Ed ist einer der größten Wohltäter des LACMA und selbst ein großer Sammler mit einer hervorragenden Sammlung holländischer Landschaften. Während des Dinners wurde ich zum Telefon gerufen. Bill Middendorf war an der Leitung. Da ich mir schon dachte, daß es um die «Juno» ging, bat ich Ed, am Nebenanschluß mitzuhören. Bill sagte: «Armand, ich verkaufte die ‹Juno› an das Getty Museum.»

«Für wieviel?»

«Drei Millionen Dollar», sagte er.

«Ich kaufe es für drei Millionen», sagte ich.

«Ich weiß nicht», sagte er. «Ich muß mit Mr. Getty reden, ich habe schon angedeutet, daß sein Angebot akzeptabel ist.»

«Haben Sie das Geschäft schon gemacht?»

«Nein, noch nicht.»

«Gut. Wenn Sie sich unseren Vertrag anschauen, werden Sie feststellen, daß Sie mir ein erstes Anrecht eingeräumt haben. Sie haben mir eben gesagt, daß Sie bereit sind, das Bild für drei Millionen zu verkaufen, und ich sage Ihnen, daß ich es für drei Millionen kaufe.»

Ich ließ Bill in der längsten Pause eines Telefongesprächs, an die ich mich erinnern kann, schwitzen. Schließlich sagte er: «Ich nehme an, es gehört Ihnen.» Damit verdarb ich Bills Hoffnung, zwischen mir und dem reichsten Mann der Welt eine private Auktion inszenieren zu können. Kein Mensch weiß, wer schließlich den höchsten Preis bezahlt hätte und mit dem Bild nach Hause gegangen wäre. Da ich noch keinen Rembrandt besaß, wäre ich bis auf zehn Millionen gegangen. Das Bild ist diese Summe jedenfalls wert.

Ich sagte Bill, ich wollte den Deal noch vor Mitternacht abschließen.

Ich rief McSweeny in Washington an und diktierte ihm die Vertragsbedingungen. Er verfaßte das Dokument und eilte zu Bill Middendorf, der es im Schlafanzug unterschrieb. Wenige Tage später, am 28. September 1976, lieferte Middendorf das Bild an Bill McSweeny in einem Toyota-Kleinlastwagen, den seine Tochter fuhr. In Washington herrschten etwa 35 Grad. McSweeny fiel fast in Ohnmacht, als er die «Juno» sah – hinten im Wagen, in der prallen Sonne und nur zur Hälfte eingewickelt.

McSweeny war mit seinem Fahrer Sylvester in einer Firmenlimousine erschienen. Die «Juno» paßte nicht ins Auto. Einer der Männer, die mit McSweeny gekommen waren, kletterte auf den Kleinlaster und begleitete das Bild auf seiner Fahrt zur National Gallery, wo es vorübergehend als Leihgabe hängen sollte. Carter Brown, der dem Metropolitan so gern zuvorkommt, war begeistert.

McSweeny war vor Angst, daß ein Baum auf den Toyota stürzen oder sie in der Rush-hour in einen Unfall verwickelt werden könnten, fast gestorben. Er erzählte mir später, er habe im Auto gesessen und gedacht: «Wenn etwas passiert, schulde ich Hammer drei Millionen Dollar.»

Paul Getty war wütend. Er konnte es nie mehr lassen, mich zu attackieren: «Du weißt doch, daß du mir den Rembrandt gestohlen hast, nicht wahr?»

Als Norton Simon über Ed Carter von meinem Coup erfuhr, rief er mich sofort an.

«Wieviel wollen Sie für die ‹Juno›?» fragte er.

«Sie ist nicht zu verkaufen», erwiderte ich.

«Wie wär's mit fünf Millionen Dollar?»

«Sie ist nicht zu verkaufen.»

«Alles hat seinen Preis», sagte er.

«Nicht die ‹Juno›», antwortete ich.

«Rufen Sie mich an, wenn Sie Ihre Meinung ändern», sagte er und legte wütend auf.

Wie ich bereits berichtet habe, verwickelten uns die Hammer Galleries mit Harry Clifton und König Faruk in völlig verrückte Geschäfte. Aber nichts Unglaublicheres ist mir je in der Kunstwelt passiert als die Sache mit dem Abbruchunternehmer und seinen 110 Pissarros.

Ich saß in meinem Büro, als Victor hereinstürmte und sagte: «Unten ist ein Mann, der hundertzehn Pissarros zu verkaufen hat.»

«Lächerlich», sagte ich. «Wie kann jemand hundertzehn Pissarros haben?»

«Ich wiederhole nur, was er mir gesagt hat», erwiderte Victor gereizt. «Er hat die Bilder dabei. Ich hab sie mir kurz angesehen, und sie sehen echt aus.»

«Wo hat er sie her?» fragte ich.

«Er ist ein Abbruchunternehmer aus Chicago», erklärte Victor. «Er hatte den Auftrag, das Haus, das einmal dem Gründer von International Harvester, einem McCormick, gehörte, abzureißen. Das ganze Grundstück, mit allem, was drin ist, gehört ihm. In einer Mauer fand er einen versteckten Safe, der eine riesige Mappe mit Aquarellen enthielt. Er hat sie in der ganzen Stadt herumgeschleppt und nach einem Käufer gesucht, aber niemand glaubt ihm seine Geschichte.»

«Kann man das jemandem übelnehmen?» fragte ich. «Wieviel will er für die Mappe haben?»

«Zehntausend Dollar», sagte Victor.

«Zehntausend Dollar für hunderzehn Pissarros! Weniger als hundert Dollar pro Stück!» schrie ich. «Das ist das Verrückteste, was ich je gehört habe.»

Wenn die Bilder echt waren, mußte die Mappe mindestens eine Million Dollar wert sein.

«Gehen wir der Sache auf den Grund», sagte ich. «Du hältst ihn auf, und ich setz mich mit John Rewald in Verbindung und bitte ihn, zu uns rüberzukommen und sich die Bilder mal anzusehen.»

John war wohl der Welt größte Autorität, was Pissarro betraf, und Autor einer Reihe von bekannten Büchern über den Impressionismus.

«Was stellen die Bilder dar?» fragte John.

«Es scheint sich hauptsächlich um südamerikanische Szenen zu handeln, Flamencotänzer, ein paar Dschungelszenen.»

«Das klingt vielversprechend», sagte John. «Pissarro ist auf den Virgin Islands geboren und lebte eine Zeitlang in Venezuela. Diese Landschaften übten einen starken Einfluß auf seine frühen Arbeiten aus.»

«Können Sie kommen und sich die Mappe mal ansehen?» fragte ich.

«Bin schon unterwegs.»

John untersuchte die Bilder und erklärte die meisten für echt. Die restlichen waren ebenfalls interessant – sie stammten vom Lehrer Pissarros, einem dänischen Maler namens Melbye.

«Das ist ein phantastischer Coup», flüsterte mir John zu. Der Unternehmer hatte die Bilder fast allen Händlern New Yorks vorgelegt. Keiner hielt sie für echt, weil sie nicht signiert waren. Wenn ich sie nicht gekauft hätte, hätte er sie verschenkt, wie ich später erfuhr. Ich gab ihm seine zehntausend Dollar, und er ging pfeifend davon. Victor und ich führten einen Freudentanz auf.

Zur selben Zeit führte ich Verhandlungen um eine Ölkonzession am See Maracaibo in Venezuela. Es schadete meinem Ansehen bei den venezolanischen Behörden nicht, als ich die Pissarros nach Caracas brachte und in der Präsidentensuite eines der größten Hotels eine Ausstellung veranstaltete. Alfredo Boulton, einer der führenden Geschäftsleute des Landes und selbst ein großer Kunstkenner, veranlaßte die Zentralbank von Venezuela und andere Unternehmen, die ganze Sammlung zu kaufen. Sie kam an die Wände der Bank.

Ich war froh, die Sammlung verkaufen zu können, denn ich war der Meinung, sie gehörte nach Venezuela. Der Preis, den wir vereinbarten, war viel geringer, als wenn ich die Sammlung aufgeteilt hätte. Es waren aber immerhin noch mehr als hunderttausend Dollar.

Und unsere Ölkonzession bekamen wir auch.

Zum Vergnügen, Kunst zu sammeln, gehört auch, sie wegzugeben. Es gibt ein altes chinesisches Sprichwort, das besagt, daß man erst dann etwas wirklich besitzt, wenn man es verschenkt hat. Meine Kunstsammlungen werden ständig auf Wanderausstellungen gezeigt, und ich habe testamentarisch festgelegt, daß sie allesamt an Museen übergehen sollen. Die Gemälde und der Leonardo-Codex werden an das Los Angeles County Museum of Art gehen und die Zeichnungen an die National Gallery. Ich habe also meine sämtlichen Kunstsammlungen verschenkt.

Es hat mir aber auch eine Menge Freude gemacht, amerikanischen Präsidenten und dem Weißen Haus Kunstwerke zu geben. Mit einer Reihe von Präsidenten teile ich das Interesse und eine Liebe für die künstlerischen Traditionen Amerikas. Lyndon Johnson gefiel vor allem die Frontier-Kunst von Charles Russell, dessen Arbeiten ich seit vielen Jahren sammelte.

1967 nahm ich an einem Staatsdinner für den Schah teil und plauderte mit LBJ und dem Mehrheitsführer Mike Mansfield. LBJ sprach sehr stolz über eine Bronze von Frederic Remington, die Amon Carter, der Verleger aus Fort Worth, dem Weißen Haus geschenkt hatte. Mike, der wußte, daß ich eine der besten Sammlungen von Russell-Skulpturen besaß, sagte sehnsüchtig zum Präsidenten: «Wäre es nicht schön, wenn Ihnen jemand eine gute Bronze von Charlie Russell schenken würde, die zum Remington paßt?» Der Senator von Montana war natürlich sehr stolz auf die Werke Russells, eines der berühmtesten Söhne seines Staates.

Ich ging sofort darauf ein. «Ich würde Ihnen sehr gern eines der großartigen Stücke von Russell geben, Herr Präsident, wenn Sie es haben wollen – die Bronze ‹Meat for Wild Men›.»

LBJ war so begeistert wie ein Kind, dem man ein neues Fahrrad versprochen hat. Er sagte, Lady Bird würde die notwendigen Arrangements treffen, um das Stück unter dem Schutz des Komitees für die Erhaltung des Weißen Hauses in Empfang zu nehmen.

Lady Bird organisierte eine große Teeparty, um die Bronze am 8. November 1967 im Weißen Haus entgegenzunehmen. Sie ging immer und immer wieder um das Objekt herum und betrachtete es mit glücklichem Lächeln. Sie selbst hatte den Platz dafür ausgewählt, damit es von den 1,8 Millionen Menschen, die das Weiße Haus pro Jahr besuchen, bewundert werden kann.

Die Skulptur ist schwer zu übersehen. Sie steht auf einem sich drehenden Ständer und ist etwa 90 cm lang, 60 cm breit und 30 cm hoch. Von der Originalwachsform, die sich im Historischen Museum von Montana befindet, sind nur zehn Abgüsse gemacht worden. Die Darstellung von Indianern auf Pferden, die eine Büffelherde angreifen, ist ein perfektes Beispiel für die Art, in der Russell mit peinlichster Genauigkeit die Details des Frontier-Lebens wiedergab. Als ich die Skulptur dem Weißen Haus schenkte, hatte sie einen Wert von 100 000 Dollar. Heute würde sie ein Vielfaches dieser Summe bringen. Sie steht an auffallender Stelle im Korridor des Erdgeschosses neben den Türen, die zum Ostflügel führen.

Die Skulptur war ein solcher Erfolg und machte LBJ so viel Freude, daß ich ihm noch zwei weitere schenkte. Remingtons riesige Skulptur «Bronco Buster» wurde in der Lyndon Johnson Library in Austin,

Texas, aufgestellt. Zur Einweihung der LBJ Library gab ich ihm auch noch eine kleine Russell-Bronze mit dem Titel «The Best of the String».

Vor nicht allzu langer Zeit erfuhr ich, daß LBJ nicht der einzige Präsident war, der Russells Arbeit bewunderte. Im August 1986 hörte ich, daß eines der liebsten Gemälde Präsident Reagans, das als Leihgabe im Weißen Haus hing, entfernt werden sollte. Der Besitzer des Bildes war gestorben, und die Erben wollten es verkaufen. Dieses Meisterwerk Russells, das er im Jahr 1900 malte – «Fording the Horse Herd» –, mußte im Weißen Haus bleiben, aber die Erben wollten 700 000 Dollar dafür. Ich führte sofort ein paar Telefongespräche und brachte das Geld mit Hilfe meiner Freunde Ray und Joan Irani, Michael und Lori Milken, Carl und Edyth Lindner und der Armand Hammer Foundation auf. Jetzt befindet es sich in der permanenten Sammlung des Weißen Hauses, wo Reagan und zukünftige Generationen amerikanischer Präsidenten sich darüber freuen können.

Unter den Kunstwerken, die ich amerikanischen Präsidenten geschenkt habe, befindet sich William Harnetts «The Cincinnati Enquirer», das ich für 400 000 Dollar von Middendorf gekauft und Jimmy Carter für die Sammlung des Weißen Hauses überreicht hatte. Es ist mir das liebste. Das Bild gefiel auch dem Präsidenten ganz besonders gut. Einmal wurde Rosalynn Carter gefragt, welche Dinge der Präsident retten würde, wenn im Weißen Haus ein Feuer ausbräche. Sie antwortete, er würde unter jeden Arm ein Bild packen. Eines davon wäre William Merritt Chases «Back of a Nude» und das andere «The Cincinnati Enquirer».

Das Bild war wirklich eines von Harnetts besten, und die Carters nahmen es mit offensichtlicher und rührender Freude entgegen. Auch Rosalynn Carter gab eine große Teeparty, um das Bild im Blue Room des Weißen Hauses willkommen zu heißen. Ich flog aus Bolivien an, um dabei zu sein.

Victor und ich waren gleichermaßen von Harnetts Stilleben begeistert. In ihrem detaillierten Realismus und der Perfektion von Harnetts Trompe-l'œil-Technik, gehen sie über die rein fotografische Duplikation hinaus. Sie erzählen mit der zartesten Melancholie von der Flüchtigkeit des Augenblicks und der Vergänglichkeit aller Dinge.

Das Stilleben in meiner Sammlung gehörte zu Victors größten Freuden. Er schaute es sich immer wieder an, wo immer es gezeigt wurde. Das letzte Mal hat er es wohl in der Ausstellung gesehen, die wir in der National Gallery als Teil der Antrittsfeierlichkeiten für Ronald Reagans zweite Amtszeit im Januar 1985 arrangierten. Ich sehe ihn noch vor dem Bild stehen, auf seinen Stock und den Arm eines Freundes gestützt, lächelnd, von Harnetts Meisterwerk hingerissen.

Victors lebenslange Begeisterung für die Welt der Kunst und seine maßlose Freude an den großen Gemälden waren Gründe für mein eigenes Interesse am Sammeln. Die Freude, die ihm der Aufbau meiner Sammlungen bereitete, gab er mir überreichlich zurück. Meine Sammlungen sind ein Andenken an Victor, und die Freude, die sie den Menschen rund um den Erdball schenken, ist der angemessenste und dauerhafteste Tribut, den ich ihm zollen kann.

Durch die Tore der verbotenen Stadt

Die ersten Worte des Buches, das ich 1932 über meine Jahre in Rußland schrieb, lauteten: «Geschäft ist Geschäft, aber Rußland ist Romantik.» Dasselbe gilt für China heute.

Als die Beziehungen zwischen den USA und China sich in den siebziger Jahren zu verbessern begannen und die Aussichten auf offeneren Handel größer wurden, wollte ich unter den ersten amerikanischen Geschäftsleuten in Peking sein. Es war nicht nur der Reiz neuer kommerzieller Möglichkeiten, der mich anspornte. Ich wollte auch an einem der aufregendsten politischen und wirtschaftlichen Wechsel unseres Jahrhunderts beteiligt sein. Das romantische Ideal, das mich bewegte, an die Tore des Kaiserpalasts in Peking zu klopfen, war das Ideal einer friedlichen Koexistenz und des Handels zwischen Ost und West.

Jimmy Carter ist es anzurechnen, daß er die Annäherungspolitik mit China, die Nixon, Kissinger und Ford begonnen hatten, fortgesetzt und erweitert hat. Seine Regierung hatte es jedoch nicht eilig, mir Chinas Türen zu öffnen. Eingedenk meiner seit langem bestehenden Verbindungen mit der Sowjetunion fürchtete sie, daß ich bei den Chinesen «Persona non grata» sein könnte. Als Deng Xiaoping 1979 Amerika besuchte, taten Carters Berater alles, um mich fernzuhalten. Ich wurde zu keiner einzigen Veranstaltung in Washington eingeladen, an der Deng teilnahm.

Aber ich trommelte weiter an die verschlossene Tür. Als meine Beharrlichkeit nahezu peinlich wurde (und da ich einer der prominenteren Anhänger Carters war), wurde meinem Washingtoner Büro mitgeteilt, daß Frances und ich Einladungen für eine Festlichkeit in Texas erhalten würden.

Die Ölleute von Texas wollten Deng und seiner Delegation ein großes Barbecue-Dinner und eine Rodeo-Show in der Arena von Simonton bei Houston bieten. Als unser Auto vor der Arena vorfuhr, war das Gelände übersät von Sicherheitsbeamten, und am Eingang prüften Hostessen die Gäste an Hand einer Liste. Die junge Frau, der ich meinen Namen nannte, las die Liste durch. Sie sah mich besorgt an und sagte: «Es tut mir leid, Dr. Hammer, aber Ihr Name ist nicht drauf.»

Ich vermutete, daß Brzezinski seine Hand im Spiel hatte.

«Macht nichts», sagte ich, «da ist irgend etwas schiefgelaufen. Wo findet das Dinner statt?»

«Drinnen im Club», sagte sie.

«Dann steht mein Name sicher dort auf der Liste», sagte ich.

Sie ließ uns herein. Geheimdienstleute bewachten die Tür. Ich nannte wieder meinen Namen und wiederholte die Geschichte: «Mein Name ist versehentlich nicht in die Liste am Haupteingang aufgenommen worden. Das Mädchen sagte, er müsse auf der Liste im Club stehen.»

Die Geheimdienstleute ließen uns passieren.

Jetzt waren wir also im Club. Die Dame, die die Hauptliste in den Händen hielt, prüfte sie sorgfältig und sagte kläglich: «Es tut mir leid, Dr. Hammer, Ihr Name steht nicht drauf.»

«Macht es Ihnen etwas aus, wenn ich mir die Liste mal selber ansehe?» fragte ich.

Sie reichte sie mir. Mein Blick blieb am Namen Robert McGee hängen.

«Aha!» rief ich. «Jetzt verstehe ich, was passiert ist. Bob McGee ist ein Angestellter unserer Washingtoner Büros. Er hat sich im Weißen Haus um diese Sachen gekümmert. Meine Tickets müssen aus Versehen auf seinen Namen ausgestellt worden sein.»

«Oh», sagte sie erleichtert, «das erklärt ja alles. Sie sitzen an Tisch fünf.»

Jetzt hielt uns nichts mehr auf. Wir bahnten uns unseren Weg zum Tisch. Der Raum füllte sich. Jemand saß schon an «unserem» Tisch. Ich hatte die Leute noch nie im Leben gesehen. Sie stellten sich als Mr. und Mrs. Robert McGee vor.

Frances war geschockt. «Komm, Armand», sagte sie, «machen wir, daß wir hier wegkommen.»

«Kommt nicht in Frage», sagte ich. «Die kriegen mich hier nicht wieder raus.»

Wir setzten uns an den Tisch und plauderten freundlich mit Mr. und Mrs. McGee. Er war der Chef einer großen Öllieferfirma, die mit Occidental Geschäfte machte. Mein Name war ihm gut bekannt. Immer mehr texanische Ölmenschen betraten den Raum und nahmen ihre Plätze ein, und manche waren recht überrascht über diesen Eindringling aus Kalifornien.

Eine Reihe wurde gebildet, um die chinesische Delegation zu begrüßen. Fünfzig Firmenchefs, einige mit Ehefrauen, stellten sich dazu. Frances und ich auch.

Deng führte die Delegation an der Reihe vorbei. Er war ein winziger Mann mit einem wunderbaren Lächeln. Er wurde von einem Dolmetscher begleitet, der die Namen der einzelnen Leute nannte und sie mit einigen Worten vorstellte. Als Deng bei mir ankam, sagte er: «Dr. Hammer brauchen Sie nicht vorzustellen.» Dann lächelte er, schüttelte mir die Hand und sagte: «Wir kennen Sie alle. Sie sind der Mann, der Lenin half, als Rußland Hilfe brauchte. Jetzt müssen Sie nach China kommen und uns helfen.»

«Gern», erwiderte ich, «aber ich habe gehört, daß Privatflugzeuge in China nicht landen dürfen, und ich bin zu alt für Linienflüge.»

«Ach», sagte er und machte eine Handbewegung, als ob er das Problem beiseite schieben wollte, «das läßt sich arrangieren. Schicken Sie mir nur ein Telegramm und lassen Sie mich wissen, wann Sie kommen wollen, dann veranlasse ich das Notwendige.»

Wir gingen zu «unserem» Tisch zurück. An jedem Tisch saß ein Mitglied der chinesischen Delegation. Bei uns saß der chinesische Botschafter in Kanada, der später Botschafter in Washington wurde. Er sagte: «Sie sollten nicht hier sitzen. Sie sollten bei Deng Xiaoping sein.» Er nahm meine Hand und führte mich zu Deng, der mich aufforderte, mich neben ihn zu setzen.

James Schlesinger, der Energieminister, durchbohrte mich mit seinen Blicken, aber was konnte er machen? Als er sah, wie herzlich mich Deng begrüßte, konnte er kaum sagen: «Dieser Mann ist ein ungeladener Gast, wir sollten ihn rausschmeißen.»

Deng unterhielt sich über seinen Dolmetscher mit mir. Er wollte alles über meine Gespräche mit Lenin und meine Erfahrungen mit Lenins NEP wissen. Er war sehr fix, sehr intelligent und besaß, wie ich später feststellte, ein ausgezeichnetes Gedächtnis. Jedes Mal, wenn ich ihn traf, erinnerte er sich genau an das, was wir früher besprochen hatten, er brauchte nie Notizen und keine Hilfe von anderen – er konnte alles selbst beantworten.

Nach dem Dinner sollte ich auch beim Rodeo neben ihm sitzen. Wir verstanden uns ausgezeichnet. Am Ende des Abends wiederholte er seine Einladung mit Bestimmtheit. Ich sagte, ich würde ihn in Peking sehen, sobald ich ein paar feste Angebote und ein Team meiner Angestellten zusammengestellt hätte.

Nach kurzem Briefwechsel in den nächsten beiden Monaten traf in meinem Büro in Los Angeles ein Telex ein: KOMMEN SIE SOFORT, BRINGEN SIE SO VIEL LEUTE MIT, WIE SIE WOLLEN.

Mitte Mai 1979 flog ich mit 16 Geschäftsführern unserer Öl-, Gas-, Kohlen-, Chemie-, Bergwerks-, Landwirtschafts-, Forschungs- und Engineering-Abteilungen nach China. Vier flogen mit einem Linienflug voraus, und zwölf kamen mit mir. Es war einer der ersten Flüge einer Privatmaschine in chinesischem Luftraum seit der Revolution 1948. Sogar mein Pilot Fred Gross war beeindruckt.

Frances und ich waren sofort von den Chinesen entzückt. Es waren heitere, geschäftige, lachende Menschen. China hatte sich unter Mao als ein graues, von repressiver Gleichförmigkeit ergriffenes Land dargestellt. Das China, das wir vorfanden, war ein freundliches Land. Wir wurden mit lächelnder Überschwenglichkeit begrüßt; wir fühlten uns alle zehn Jahre jünger.

Auf dieser ersten Reise wohnten wir im Hotel *Beijing*. Bei späteren Besuchen wurden wir im Staatsgästehaus auf dem Gelände eines alten kaiserlichen Palasts im Zentrum von Peking untergebracht. Präsident und Mrs. Reagan wohnten hier, ebenfalls Kissinger und Nixon.

Jeden Tag wartete eine Flotte von riesigen schwarzen Limousinen auf uns, um uns zu unseren Konferenzen mit Regierungsfunktionären zu bringen. Die Autos waren neue Modelle, aber mit ihren knolligen Kotflügeln und Chromverzierungen sahen sie eher aus wie amerikanische Packards und Cadillacs der vierziger Jahre. Spitzendeckchen schmückten die Polster, und Vorhänge konnten zugezogen werden, um die Mitfahrer vor den neugierigen Blicken der Fußgänger zu schützen. Wir ließen die Vorhänge offen, um das faszinierende Leben in Peking zu bestaunen. 1979 gab es außer Straßenbahnen, Bussen und Lastwagen kaum Verkehr auf den Straßen. Aber Tausende von Fahrrädern rollten auf den breiten Boulevards. Damals gab es noch keine großen Reklameschilder, auf denen elektronische Zaubereien aus Japan gepriesen wurden, aber auf beiden Straßenseiten waren Bauarbeiten im Gange, Wohnhäuser, Bürogebäude und Fabriken aus Stahl und Beton nahmen Form an.

In einer einzigen Woche in Peking unterzeichneten wir vier Vorverträge auf den Gebieten Ölexploration, Kohlenbergbau, Hybridreis und chemische Düngemittel.

Einen Monat nach unserem Besuch in China wurde Kang Shien, der damalige stellvertretende Premier und Vorsitzende der staatlichen Wirtschaftskommission, von James Schlesinger in die Vereinigten Staaten eingeladen. Wieder wurde ich zu keiner offiziellen Veranstaltung in Washington eingeladen. Aber dieses Mal konnte mich nichts daran hindern, eine eigene Party für Kang zu geben.

Bei diesem Empfang wiederholte Kang die Einladung seiner Regierung an Occidental, an seismischen Studien in sieben der acht Gebiete im Südchinesischen Meer teilzunehmen, die für Untersuchungen durch ausländische Firmen ausgewählt worden waren. Er bat Occidental außerdem, die erste ausländische Ölgesellschaft zu sein, die Chinas Inlandbecken besuchte. Mel Fischer, der für Probebohrungen in der östlichen Hemisphäre verantwortlich war, machte die Reise mit einem Team Geologen.

So begann eine lange Reihe von Kontakten zwischen Occidental und der chinesischen Regierung. Daraus ergaben sich zwei Off-shore-Probebohrungen und Erschließungsverträge für das Südchinesische Meer sowie ein Vertrag für die gemeinsame Erschließung der An-Tai-Bao-Mine, eines der größten Kohlebergwerke der Welt mit einer projizierten jährlichen Produktionskapazität von 15,33 Millionen Tonnen in der ersten Phase. Nach erfolgreichem Abschluß dieser Phase planten wir eine Steigerung der Produktion in der zweiten und dritten Phase auf etwa 45 Millionen Tonnen pro Jahr. Wie in unseren Protokollen und in der chinesischen Presse bekanntgegeben wurde, hatte Deng Xiaoping die Genehmigung für diesen Vertrag persönlich erteilt.

Der Joint-venture-Vertrag für die An-Tai-Bao-Mine war so schwer zustande zu bringen wie eine Stradivari. Endlose Geduld und Hingabe waren notwendig.

Zum Abschluß kam schließlich ein 30-Jahres-Vertrag für eine Gesamtinvestition von 650 Millionen Dollar, wovon der Anteil von Occidental an Projektfinanzierung mit einem Konsortium internationaler Banken etwa 200 Millionen ausmachen wird. Wenn die Bauarbeiten beendet sind und die Mine voll produziert, übernehmen die Banken das finanzielle Risiko ganz.

Die chinesische Regierung investierte erheblich in die Infrastruktur des Bergwerks, errichtete Bahnlinien, Straßen und Wasserwege, um die Anlage und die Häuser, Schulen und sonstigen Einrichtungen für etwa 17 000 Bauarbeiter und ihre Familien zu versorgen.

Occidental hat die oberste Betriebsleitung der An-Tai-Bao-Mine übernommen. Wir schicken nicht nur modernste Ausrüstungen, wir übernehmen auch die Verantwortung für die Betriebsaufsicht. Das ist neu in China und ein Durchbruch. In den Anfangsjahren ihrer offenen Politik neigten die Chinesen zu dem Glauben, daß sie nur neue Ausrüstungen zu kaufen und in Betrieb zu setzen brauchten, um einige moderne Unternehmen zu gründen. Nach harten Lehren änderten sie ihre Meinung. Mehrere Unternehmen versagten, weil man die Maschinen, die sie teuer gekauft hatten, nicht bedienen konnte. Als Deng die Vereinigten Staaten besuchte, wurde ihm klar, daß China aus den Erfahrungen des Westens Nutzen ziehen mußte. Als wir unseren Vertrag schlossen, hatten die Chinesen bereits erkannt, daß ein erfahrenes Management genauso viel zählt wie moderne Ausrüstungen, und so waren sie damit einverstanden, daß wir Manager und Überwachungspersonal schickten.

Die Chinesen waren sehr kluge Verhandler. Aber weil sie unerfahren waren, schufen sie Hindernisse und Schwierigkeiten, die unsere Leute zum Wahnsinn trieben. 1982 schrieb ich einen Artikel für die amtliche Zeitung *China Daily*, in dem ich auf einige Mängel des chinesischen Systems hinwies und die Chinesen ermutigte, ihre Gesetze und Lohnpolitik zu verbessern.

Ich bat um folgendes:

...vollständigere und umfassendere Gesetze und Vorschriften bezüglich der Geschäftsleitung und des Industriebetriebs zusätzlich zu den bereits verkündeten Steuergesetzen und Vorschriften für ausländische Unternehmen und Personen. Außerdem sollte für Jointventures eine im ganzen Land geltende Norm für verschiedene Lohn- und Gehaltsstufen, Leistungen, Methoden und Abschreibungsbedingungen, Materialkosten usw. festgesetzt werden. Diese Probleme werden im Augenblick diskutiert und Punkt für Punkt gelöst. Für jedes einzelne Problem müssen spezifische Verhandlungen geführt werden. Das ist zeitraubend und verwirrend.

Inzwischen sind die meisten dieser Vorschläge angenommen und befolgt worden. Einer der Hauptgründe für Schwierigkeiten war der Mangel an chinesischen Rechtsanwälten. Für unsere ersten Verhandlungen wegen des Kohlenprojekts engagierten die Chinesen das prominente New Yorker Anwaltsbüro Shearman and Sterling. Deng überlegt seit Jahren, ob er die Ausbildung eines großen Rechtsanwaltscorps fördern soll oder nicht. Er erkennt die Notwendigkeit. Andererseits möchte er nicht, daß die chinesische Gesellschaft durch legalistisches Vorgehen kleinlich wird. Als einer, der sich sein ganzes Leben lang mit Anwälten herumgeschlagen hat, kann ich Dengs Dilemma nachfühlen.

Die Chinesen handelten die Ölkonzessionen im Südchinesischen Meer sehr klug aus. Sie brachten alle Bieterfirmen dazu, ihre eigenen seismischen Untersuchungen durchzuführen und die Resultate bekanntzugeben, bevor sie die Gebiete vergaben.

Die Konzessionen wurden dann an Partnerschaften vergeben, die die Chinesen selbst bestimmten. Dadurch waren sie in der Lage, die Verteilung der Gebiete klug auszubalancieren und dabei die Kontrolle in erheblichem Maße beizubehalten. Viele multinationale Gesellschaften beteiligten sich an dem Sturm auf das Südchinesische Meer. Man erhoffte sich eine «Goldgrube» von saudi-arabischen Ausmaßen. Die Hoffnung erfüllte sich nicht.

Westliche Geschäftsleute begeistern sich für die Politik Dengs, aber wenn sie mit mir reden, fragen sie mich immer nervös, ob die Praktiken der freien Marktwirtschaft ihn überleben oder ob sie von seinem Nachfolger wieder über den Haufen geworfen werden. Meiner Meinung nach hat Deng Vorkehrungen getroffen, die auf Kontinuität schließen lassen. In jüngster Zeit hat es unter den Studenten Unruhen gegeben, und in der Öffentlichkeit wurde häufig gegen die Politik der Regierung demonstriert. Deng hat jedoch eine Mehrheit im Politbüro, und wenn sich das nicht ändert, wird er dafür sorgen, daß die Nachfolger seine Politik beibehalten.

Ich habe Deng fast jedes Jahr, seit wir mit China Geschäfte machen, getroffen – bei Feierlichkeiten und zu Privatgesprächen. Wir haben in der Großen Halle des Volkes und im Staatsgästehaus zusammen an Banketten teilgenommen. Ich sah ihn nach der Eröffnung der Armand-Hammer-Sammlung in Peking, und ich sprach ausführlich mit ihm nach meinem ersten Treffen mit Gorbatschow. Er hat mich immer als scharfsinniger und kluger Politiker beeindruckt, der das Interesse seines Landes unerschütterlich im Auge behält.

Natürlich sieht sich Deng immensen gesellschaftlichen, politischen und wirtschaftlichen Problemen gegenüber. Einige führende Funktionäre haben sich gegen seine offene Politik gestellt und das Wachstum behindert, das er sucht. Die alte hartlinige maoistische Lobby hat noch immer Einfluß in den Korridoren der Macht und darf nicht außer acht gelassen werden. Zwischen den Städten und dem Land scheinen die Ressentiments zuzunehmen, da der Wohlstand der Bauern rascher zunimmt als bei den Stadtbewohnern. Die nationale Wirtschaft nähert sich einem Handelsbilanzdefizit, das ernst werden könnte. Und es wird geschätzt, daß das Pro-Kopf-Einkommen der Bevölkerung, das jetzt etwa 300 Dollar im Jahr beträgt, im Jahr 2000 immer noch unter 1000 Dollar liegen wird, auch wenn China alle von Deng gesteckten Wachstumsziele erreicht.

Dieses Bündel von Problemen stellt für Dengs Führung und für seine Nachfolger eine große Herausforderung dar. Ich vertraue darauf, daß sie erfolgreich sein werden. Ein Volk, das seine Schwierigkeiten mit solch einem Enthusiasmus anpackt und so emsig damit beschäftigt ist, sich selbst zu verbessern, ist in der Lage, trockene ökonomische Statistiken und Prognosen über den Haufen zu werfen. China wird durchkommen – da bin ich ganz sicher.

Die Aufnahme unseres chinesischen Betriebs jagte mich noch häufiger um die Welt; Fred Gross und seine Crew machten häufig Flugpläne von Los Angeles nach Peking, von Peking nach Moskau, von Moskau in eine europäische Hauptstadt, von Europa nach Washington oder New

York und dann wieder heim nach Los Angeles. Unsere Zeit in der Luft nahm derart zu, daß Frances sich beschwerte, permanent unter dem Jet-Lag zu leiden.

Mit meiner seit langem kultivierten Fähigkeit, Nickerchen zu machen, litt ich weniger als Frances oder andere Begleiter. Mein Freund Jerry Weintraub erinnert sich schmerzlich an einen gemeinsamen Flug nach Peking und Moskau. Jerry und ich hatten ein Joint-venture gebildet, das wir Hammer-Weintraub Productions nannten, um Projekte der Unterhaltungsindustrie wie Filmproduktionen in China und Rußland zu fördern.

Nach einigen Tagen ernsthaften Geschäfts in Peking flogen wir über Nacht nach Moskau. Jerry und seine Frau versuchten, auf Betten, die im vorderen Salon zurecht gemacht worden waren, etwas Schlaf nachzuholen. Frances schlief in unserem Schlafzimmer. Ich arbeitete in meinem Büro.

Jerry erinnert sich, daß er um drei Uhr früh wachgerüttelt wurde. Jerry ist ein großer Mann, der die Raffinesse des Top-Geschäftsmannes mit Attributen eines Straßenkämpfers verbindet. Er gehört nicht zu den Männern, die freundlich reagieren, wenn ihre Ruhe gestört wird. Er kam mit geballten Fäusten zu sich. Dann sah er, daß der Sünder ich war.

«Wir müssen was besprechen», sagte ich. «Komm bitte zu mir ins Büro.»

Jerry stand auf, zog seinen Morgenrock an und folgte mir schläfrig zu meinem Schreibtisch.

«Was ist los?» fragte er.

«Ich habe mir diese Verträge angesehen», sagte ich, «und ich möchte einiges ändern. Sie gelten nur für vier Jahre, und ich will zehn.»

Jerry sah mich entgeistert an und sagte: «Armand, du kannst machen, was du willst. Wenn mich ein Vierundachtzigjähriger mitten in der Nacht weckt, um mir mitzuteilen, daß er einen Vertrag auf zehn Jahre verlängert haben will, dann kann ich nur antworten: ‹Von mir aus, aber laß mich wieder schlafen.›»

Im April 1984 mußte Fred Gross in östlicher Richtung einen knappen Zeitplan einhalten, um Frances und mich zu einer Party mit der Königinmutter von England zu bringen, gefolgt von einem Dinner mit Ronald Reagan in Peking. In China sollte ich das Projektabkommen für die An-Tai-Bao-Mine bekanntgeben. Für diesen Flug bat Fred die Russen um Erlaubnis, ihren Luftraum zu durchqueren, die sie auch erteilten.

In London war die Zeit knapp. Wir mußten die Party mit der Königinmutter pünktlich verlassen, um noch vor dem Nachtflugverbot in Heathrow starten zu können. Die Party war jedoch sehr schön, und die Königinmutter amüsierte sich und blieb. Das Protokoll verbat es den Gästen, vor ihr zu gehen. Ich schaute nervös auf die Uhr. Es sah aus, als ob ich meine Verabredung mit dem Präsidenten verpassen würde. Schließlich ging ich zu ihr und erklärte mein Dilemma. Sie sagte sofort: «Oh, ich möchte Sie nicht in Verlegenheit bringen. Ich werde gleich gehen.» So rettete sie die Situation.

Ich kam rechtzeitig für zwei Dinners mit Reagan in Peking an. Das erste war ein Staatsbankett, das Premier Zhao gab, und das zweite ein Essen, mit dem sich der Präsident im *Great Wall* Hotel revanchierte. Beim Staatsbankett näherte ich mich Premier Zhao und dem Präsidenten mit einem Glas Weißwein in der Hand und wollte, wie es Sitte war, einen Toast ausbringen. Zhao sagte: «Weißwein ist nicht stark genug, um die Stärke der Verbindung zwischen China und Occidental zu symbolisieren. Wir müssen Mao-Tai nehmen.» Mao-Tai ist stärker als Wodka. Er sagte, wir müßten «ex» trinken, und bat Reagan, sich uns anzuschließen, was er gut gelaunt tat.

Ich half auch meinem Freund Malcolm Forbes bei einem seiner verrückten Flüge in China. Malcolm, der Herausgeber der Zeitschrift *Forbes* und einer der ausgepichtesten Hedonisten und Kapitalisten, hat die Welt mit zwei Beförderungsmitteln bereist, die er vor allen anderen schätzt – Motorräder und Heißluftballons. Mich würde keiner in oder auf eines der beiden Dinger bringen – nicht für alle Fabergé-Eier in Malcolms herrlicher Sammlung. Malcolm ist jedenfalls ein feuriger Verfechter des Prinzips, daß die Menschen ihren Spaß im Leben haben müssen, und zwar ganz so, wie es ihnen beliebt.

1980, als Malcolm eine Gruppe Motorradfahrer auf einer Tour durch Rußland führen wollte, half ich ihm, Genehmigungen und Visa zu beschaffen. 1982 hatte er die noch verrücktere Idee, eine mit Heißluftballons ausgerüstete Motorradtruppe durch China zu geleiten. Die Chinesen nahmen ihn nicht ernst – kann man's ihnen verdenken? Richard Nixon schrieb einen persönlichen Bittbrief an

Deng Xiaoping. Nichts passierte. Malcolm bat Henry Kissinger, doch mal zu sehen, was er tun könne. Wieder nichts.

Schließlich trug er mir seine Idee vor. Ich versuchte nicht, es ihm auszureden. Vernunft war hier nicht im Spiel. Offenbar um mir einen Gefallen zu tun, stimmten die Chinesen schließlich zu – Malcolm sollte seinen Willen haben. Ich mußte jedoch bis zu Deng Xiaoping gehen.

Als Malcolm mit seiner Crew in Peking eintraf, gab ich ihm im Hotel *Beijing* ein Dinner, bei dem Hunderten von Gästen siebzehn Gänge serviert wurden. Malcolm überreichte Zhao Ziyang Geschenke. Darunter waren eine Motorradfahrerweste und ein Schal, auf dem Malcolms Motto stand: KAPITALISTENWERKZEUG. Zhao lächelte gnädig.

Als ich nach dem Essen ins Staatsgästehaus zurückkehrte, erwartete mich eine Nachricht von Präsident Zia aus Pakistan. Er war zu Gesprächen mit Deng in Peking und wollte mich sehen. Obwohl es spät in der Nacht war, rief ich ihn zurück, und er bat mich, in sein Gästehaus zu kommen. Ich dachte, Malcolm würde vielleicht gern mitkommen und Zia kennenlernen. Pakistan war wohl das letzte Gebiet auf der Erde, über das er noch nicht geschwebt oder gefahren war. Ich wußte, er würde sich keine Gelegenheit entgehen lassen, die Möglichkeit, über den Khaiberpaß zu schweben oder seine Maschine durch die Straßen von Peshawar zu jagen, wahrzunehmen. In meiner Limousine machten wir uns auf den Weg.

In einer einsamen Straße, nach 23 Uhr, blieb das Auto plötzlich stehen. Wir hätten stundenlang dort warten können, wenn nicht Rettung in Form eines alten Busses gekommen wäre. Ich sprang auf die Straße und winkte. Unser Dolmetscher erklärte, was los war, und bat den Fahrer, einen Umweg zu machen und uns zu Zias Gästehaus zu bringen.

Wir kletterten in den Bus und mischten uns unter die zusammengepferchten Passagiere. Ich war seit sechzig Jahren nicht mehr in einem Bus gefahren. Das ist doch mal was anderes, dachte ich, so mitten in der Nacht in Peking auf dem Weg zum Haus eines Präsidenten. Malcolm und Präsident Zia verstanden sich auf Anhieb, und Malcolm bekam eine Einladung, seine Motorräder und Ballons nach Pakistan zu schaffen.

Deng Xiaoping half mir auch, den Flug einiger Wesen zu arrangieren, die noch exotischer als Malcolm waren, nämlich, als ich zu den Olympischen Spielen 1984 chinesische Pandas nach Los Angeles holen wollte.

Zum ersten Mal sprach ich am 26. März 1982 mit Deng darüber, als ich ihn nach der Ausstellungseröffnung meiner Kunstsammlung in Peking sah. Ich sagte ihm, daß die Anwesenheit der Pandas, die das erste olympische Team aus China begleiten sollten, Los Angeles entzücken und für die Beziehungen zwischen den USA und China von ungeheurem Nutzen sein würden. Verschiedene Komitees und Delegationen aus Amerika hatten mit den Chinesen gefeilscht und sie gebeten, die Pandas zu den Spielen zu schicken, aber die Antwort war stets negativ gewesen. Die Chinesen sagten, ihre Gesetze verböten den Export von Pandas, von denen in China nur eine Handvoll in Gefangenschaft gehalten würden. Als ich mit Deng darüber sprach, erkannte er sofort den Wert der Idee und sagte, er würde dafür sorgen, daß die Pandas kämen.

Sehr bald danach wurde der Direktor des chinesischen Naturschutzbundes, Quing Jianhua, von einem Anruf überrascht, der ihn aufforderte, Vorbereitungen zu treffen, die Pandas nach Kalifornien zu schicken. «Aber das ist gegen das Gesetz!» rief Quing.

«Deng Xiaoping hat gerade ein neues Gesetz gemacht», wurde ihm erklärt.

Die Angestellten des Zoos von Los Angeles waren begeistert und erschrocken zugleich, als sie hörten, daß die Pandas für einen neunzigtägigen Aufenthalt kommen würden. Ein spezieller Pavillon mußte gebaut und umfassende Maßnahmen für ihre Sicherheit und Gesundheit getroffen werden. Ihre Diät allein stellte den Zoo vor große Probleme. Jedes Tier mußte jeden Tag 25 bis 30 Pfund Bambus bekommen. Außerdem brauchten sie täglich ihre Milchration, Reisbrei mit rohen Eiern, gedämpftes Schwarzbrot, Äpfel und Rindergehacktes. Zweimal pro Woche – dienstags und samstags – standen zwei Pfund gebratene Schälrippchen auf ihrer Speisekarte.

Ich bezahlte für den Flug der Pandas und ihrer Wärter sowie für die Wartung und den Unterhalt der Gruppe in Los Angeles. Die Tiere wurden wie bei einem Staatsbesuch mit viel Pomp und Aufmerksamkeit begrüßt, und wir gaben ihnen zu Ehren einen herrlichen Empfang.

Meine Freude wurde jedoch durch die Tatsache getrübt, daß etwas sehr Wichtiges fehlte. Die Trauer, die ich bei den Spielen in Moskau wegen der Abwesenheit der amerikanischen Athleten empfunden hatte, wiederholte sich am Eröffnungstag in Los Angeles durch die Abwesenheit der Russen. Wieder einmal war eine gute Gelegenheit zur Verbesserung der Beziehungen zwischen den USA und der UdSSR verpaßt worden. Es war ein Symptom der sich verschlechternden Lage, und ich beschloß, zu tun, was ich konnte, um diese Situation zu ändern.

In den Wochen und Monaten, die den Olympischen Spielen vorausgingen, hatte ich daran gearbeitet, ein Treffen mit Tschernenko in Moskau herbeizuführen, der sich seit dem Tod von Andropow außenpolitisch sehr zurückgehalten hatte. Mit ihm wollte ich andere Dinge als die Olympischen Spiele besprechen. Ich wollte ihn drängen, sich mit Reagan zu einem Gipfelgespräch zu treffen, und ich hatte einige Vorschläge für den Abbau der internationalen Spannung vorzubringen. Das Treffen kam erst im Dezember 1984 zustande.

Der Gipfel wird vorangetrieben

Ein Vorteil, 88 Jahre alt zu werden – wenn man das Glück hat, Verstand und Sinne zu behalten –, ist der, daß der Brennpunkt des Interesses nadelscharf wird. Es ist möglich, mit absoluter Klarheit zu erkennen, worauf es ankommt und was unwichtig ist. Ich weiß ganz genau, was ich in der mir verbleibenden Zeit erreichen möchte, und wenn meine Ambitionen größer sind als die anderer Leute, so bedeutet dies nur, daß ich mich mehr denn je anstrengen muß. Ich kann mir nicht vorstellen, was man mit seinem Leben Besseres anfangen kann, als es im Bemühen, der Welt dienlich zu sein, abzunützen.

Was nun folgt ist die Geschichte, wie ich zwei meiner größten Ziele zwischen November 1984 und Dezember 1985 verfolgte – Weltfrieden und ein Mittel gegen Krebs. Danach waren beide Ziele ein wenig näher gerückt.

Andropow und Tschernenko

Jurij Andropow habe ich nie kennengelernt, obwohl wir herzliche Briefe austauschten. Seine Gesundheit war während seiner kurzen Amtsdauer so schlecht, daß er mehrere Treffen mit mir absagen mußte. Als ich von seinen Nierenproblemen hörte, beriet ich mich mit meinem alten Freund Bruno Kreisky, der an der gleichen Krankheit litt und dem es aufgrund von Behandlungen am Dialysegerät und nach einer Nierentransplantation erheblich besser ging. Sein Leben, sagte Bruno, verdanke er Dr. Kurt Mengele, dem Chef des Rudolf-Stiftung-Kran-

484

kenhauses in Wien. Ich machte das Angebot, Dr. Mengele nach Moskau zu bringen. Da der Kreml die Schwere von Andropows Krankheit nicht öffentlich zugab, wurde mein Angebot nicht angenommen.

Nach Andropows Krankenhausaufenthalt von September 1983 bis Februar 1984, meldete Dusko Doder, der brillante Leiter des Moskauer Büros der *Washington Post*, am 9. Februar als erster westlicher Korrespondent, daß Andropow gestorben sei. Ich wollte Andropows Begräbnis nicht verpassen und flog deshalb sofort nach Moskau. Bei dieser Gelegenheit lernte ich Tschernenko kennen, der vom Politbüro zum Leiter des Bestattungsausschusses bestimmt worden war. Der Ausschuß informierte mich, daß Tschernenko als neuer sowjetischer Führer gewählt werden würde, was für Gorbatschow, der von Andropow als Nachfolger aufgebaut worden war, eine Enttäuschung gewesen sein muß.

Am 23. November 1984 wurde angekündigt, daß sich die Außenminister Shultz und Gromyko am 7. Januar in Genf treffen würden, um einen Zeitplan für neue Rüstungskontrollverhandlungen zu diskutieren. Dieses Treffen würde zumindest einen Kanal direkter Kommunikation zwischen den Ländern eröffnen, auch wenn die Gefahr bestand, daß das Meeting nicht viel mehr als Gespräche über Gespräche bringen würde. Es war unbedingt notwendig, daß sich Präsident Reagan und Generalsekretär Tschernenko zu einem Gipfelgespräch zusammentaten, aber beide Seiten hatten sehr entmutigend über die Aussichten für ein solches Treffen gesprochen. Ich hoffte, sie näherbringen zu können.

Mehrere Gespräche mit Botschafter Dobrynin brachten nur unverbindliche Reaktionen, aber endlich traf die Antwort ein, auf die ich gewartet hatte. Am 4. Dezember – zehn Monate nachdem wir uns bei Andropows Trauerfeier kurz in Moskau getroffen hatten, bei der es zwischen den Regierungschefs der Vereinigten Staaten und der Sowjetunion nur minimalen persönlichen Kontakt gegeben hatte – sollte ich Konstantin Tschernenko sehen.

Eine Reihe von Briefings im State Department folgte, und dann – am 2. Dezember – startete die Oxy One in Los Angeles. Frances war wie gewöhnlich dabei. Nicht so gewöhnlich war einer unserer Passagiere, Daniel Simmons, Professor an der UCLA und einer der führenden

Spezialisten für Lungenkrankheiten. Seine Mission in Moskau sollte es sein, dem sowjetischen Staatschef und seinen Ärzten seine Fachkenntnisse zur Verfügung zu stellen, da das Gerücht ging, Tschernenko leide an Lungenerweiterung. Ich schätzte die Chancen nicht besonders hoch ein, daß es Danny gestattet werden würde, Tschernenko zu sehen, aber im Gespräch mit seinen Ärzten würde er zumindest Behandlungsvorschläge vorbringen können. Dobrynin, der von der Schwere der Krankheit gewußt haben muß, hatte mich darin bestärkt.

Als wir in Moskau landeten, wurden wir in die VIP-Lounge geleitet, wo wir warteten, während einer meiner russischen Angestellten sich um unsere Pässe und das Gepäck kümmerte. Es dauerte eine Stunde, aber jeder, der mit der sowjetischen Bürokratie zu tun gehabt hat, weiß, daß eine Stunde blitzschnellen Service bedeutet.

Ich hatte einen großen Tag vor mir und war äußerst gespannt. Das Schicksal hatte mir eine Chance in die Hand gegeben, die ich nicht verderben durfte. In den zehn Monaten seit Andropows Tod, als Tschernenko nach der Trauerfeier ein kurzes Gespräch mit Vizepräsident Bush führte, waren außer Dusko Doder und Journalisten von NBC keine Amerikaner eingeladen worden, um den neuen Generalsekretär kennenzulernen. Tschernenko hatte seit Reagans überwältigendem Wahlsieg im November keine Amerikaner gesprochen.

In der Zwischenzeit waren die Beziehungen zwischen Amerika und der UdSSR so schlecht wie nie zuvor. Jedes Land bezeichnete das andere als «Reich des Bösen». Die beiden Seiten mußten unbedingt wieder ins Gespräch kommen. Ein Dialog von Angesicht zu Angesicht der führenden Männer mußte sein.

Ich wußte jedoch, daß weder die eine noch die andere Seite bereit war, ohne Aussicht auf konkrete Ergebnisse zum Konferenztisch zu gehen. Ein paar gemütliche Plaudereien am Kaminfeuer und der Austausch von Platitüden über den Frieden würden niemanden zufriedenstellen. Und alle Aussichten auf Verhandlungen hatten sich im bitteren Streit über die Einzelheiten des jeweiligen Waffenarsenals verknotet, und ein end- und fruchtloses Abzählen der Sprengköpfe hatte beide Seiten in eine Sackgasse geführt.

Ich meinte, daß ich etwas anzubieten hatte. Ich war mit drei konkreten Vorschlägen gekommen. Der erste war der einfachste, wenn auch vielleicht der gewagteste. Da ich wußte, wie langwierig und kompliziert Rüstungskontrollverhandlungen sein konnten, dachte ich an ein Grundabkommen, das der Welt zu ruhigerem Schlaf verhelfen würde, während die beiden Seiten sich durch jahrelange Gespräche über Abrüstung und Atomwaffenabbau hindurchkämpften: Wenn beide Seiten vereinbaren könnten, daß keine von beiden als erste – weder nukleare noch konventionelle – Gewalt anwenden würde, dann wären die militärischen Überlegenheiten und Nachteile nullifiziert. Meine anderen Vorschläge waren eine jährlich stattfindende Gipfelkonferenz und ein neues Kulturabkommen.

All dies hatte ich im Kopf, als ich meine Moskauer Wohnung verließ, um meine Verabredung einzuhalten. Zur Mittagszeit war es trüb und dunstig. Der erste Schnee des Winters lag bereits festgetreten und schmutzig auf den Gehsteigen. Ein scharfer Wind pfiff durch die Straßen und trug neuen Schnee mit sich. Obwohl es nur wenige Meter von der Wärme meiner ZIL-Limousine zur Tür des Bürogebäudes waren, war ich sofort durchgefroren.

In dem Gebäude, das wir betraten, befand sich das Zentralkomitee der Kommunistischen Partei der UdSSR. Wir schoben uns durch die Doppeltür, die in eine Lobby führte, die der eines großen Unternehmens glich. Keine bewaffneten Soldaten standen Wache und verlangten nach Passierscheinen, wie es im Kreml der Fall ist. Geheimdienstleute waren nicht zu sehen.

Tschernenkos Assistent Andrej Alexandrow-Argentow, bekannt als Alexandrow, erwartete mich im Vorraum zu Tschernenkos Büro. Ich freute mich, ihn wiederzusehen. Er war zugegen gewesen, als ich Breschnew zum letzten Mal sah. Seit vierzehn Jahren stand er an der Seite der Generalsekretäre, was ihn in der sowjetischen Hierarchie zu einem sehr wichtigen und mächtigen Mann machte. Er war Hauptassistent des Generalsekretärs in allen Fragen, die mit der englischsprachigen Welt im allgemeinen und den Vereinigten Staaten im besonderen zu tun hatten, und stand dem Generalsekretär genauso nahe wie etwa der Nationale Sicherheitsberater dem Präsidenten – mit dem Unterschied natürlich, daß die Nationalen Sicherheitsberater kommen und gehen, aber Alexandrow hatte sich durch alle Veränderungen hindurch gehalten, bis zum Aufstieg Michail Gorbatschows, der

Alexandrow kurz vor dem 27. Kongreß der Sowjets im Februar und März 1986 «pensionierte». (Auch heute noch dient er Außenminister Schewardnadse als Berater.)

Wir betraten Tschernenkos Büro. Als sich die Tür öffnete, schaute ich neugierig durch den riesigen Raum, um begierig den ersten Blick auf den neuen Sowjetführer zu werfen. Natürlich wollte ich sehen, ob er tatsächlich so krank war, wie man behauptete.

Er erhob sich und kam mir zielstrebig entgegen. Er lächelte und drückte mir die Hand mit warmem festem Griff. Sein leicht gerötetes Gesicht und seine selbstbewußte Art standen in krassem Gegensatz zu der blassen schwachen Gestalt, die wir im Fernsehen gesehen hatten. Seine Schultern waren so gerade, als ob ein Kleiderbügel in der Anzugjacke steckte – wie bei der Karikatur eines Militärmenschen. Dies deutete darauf hin, daß er sich gerade halten mußte, um leichter atmen zu können.

Wir standen einen Augenblick nebeneinander und ließen uns von einem TASS-Reporter fotografieren. Das Zimmer war nüchtern. Nur zwei große Porträts von Marx und Lenin hingen an den Wänden. Die Möbel und Teppiche waren sehr einfach. Aus der Entfernung konnte ich sehen, daß Tschernenkos Schreibtisch aufgeräumt war. Mehrere Telefone standen auf einem Tisch neben dem Schreibtisch, aber längst nicht so viele wie neben dem Schreibtisch seiner Sekretärin im Vorzimmer.

Michael Bruk saß neben mir, Alexandrow und der Dolmetscher Gratschikow neben Tschernenko. Obwohl ich meist mein fehlerhaftes Russisch mit den Sowjetführern spreche, begann Tschernenko unser Gespräch über den Dolmetscher.

Ich war mit einem Geschenk gekommen – einem in Leder gebundenen Brief, der im Juli 1871 von Karl Marx in London geschrieben worden war und an Lord Aberdare, dem damaligen Innenminister Großbritanniens, gerichtet war. Der Brief war eines der Dokumente, das Marx an den Innenminister als Teil seines förmlichen Antrags auf Einrichtung des Hauptquartiers der Sozialistischen Internationalen in London übermittelt hatte. Marx, der in Frankreich verfolgt worden war, lag viel daran, in England aufgenommen zu werden. Der Brief bezog sich auf Korrespondenz zwischen Marx und Abraham Lincoln, in der er Lincoln zu seiner Wiederwahl und der Sklavenbefreiung gratuliert hatte. Ich hatte das große Glück gehabt, den Brief bei einer Sotheby-Auktion im Mai 1984 in London zu erwerben. Diesen Brief überreichte ich Tschernenko. Das Geschenk war ihm bereits angekündigt worden, und er wußte auch, welche Themen ich mit ihm besprechen wollte. Er hatte ein allgemeines Statement vorbereitet, das er mit langen Pausen für die Übersetzung vorlas.

Er lobte meine Bemühungen, die «darauf zielen, die Zusammenarbeit zwischen unseren Ländern auf verschiedenen Gebieten zu fördern». Dann sagte er: «Die wichtigste Aufgabe ist es heute, praktische Wege zu finden, um die Welt vor einer Atomkatastrophe zu bewahren. Ich betone: praktische Wege. Der Welt fehlt es nicht an allgemeinen Versprechungen des guten Willens – sie sind von westlichen Staatsmännern reichlich zu hören. Aber keine Worte, auch nicht die eloquentesten, können das Wettrüsten stoppen. In dieser Angelegenheit sollten alle die Ärmel hochkrempeln und sich ans Werk machen und konkrete Verträge über die Rüstungsbegrenzung und -einschränkung erarbeiten.»

Das war mein Stichwort. Ich hatte einen praktischen Vorschlag zu machen. Ich bezog mich auf die von mir im voraus schriftlich eingereichten Fragen und las die erste vor. Auf russisch sagte ich: «Herr Generalsekretär, in Ihrem Interview mit der *Washington Post* sagten Sie, daß die Sowjetunion mehr als einmal Washington aufgefordert habe, ihrem Beispiel zu folgen und sich zu verpflichten, nicht die ersten zu sein, die Atomwaffen einsetzen ... Wenn Washington zu der Verpflichtung, die Sie verlangen, bereit ist, ... und wenn die NATO-Länder ebenfalls eine solche Verpflichtung mit dem Warschauer Pakt eingehen –, würden Sie dies für wünschenswert ansehen?»

Es entstand eine längere Pause, bevor er sprach. Dann sagte er: «Wie Sie wissen, haben wir diesen Vorschlag vor zwei Jahren gemacht. Ich wiederholte ihn in meinem Interview mit der *Washington Post* und mit NBC. Aber jedes Mal bekamen wir von Ihrem Land, Ihrem Präsidenten, ein ‹nein› zur Antwort.»

Ich unterbrach die Übersetzung und antwortete auf russisch: «Herr Generalsekretär, die Amerikaner werden diese Position immer einnehmen, weil ein derartiger Vorschlag Ihnen mit Ihrem Übergewicht an konventionellen Streitkräften einen großen Vorteil einräumt...»

Er unterbrach mich: «Nehmen wir einmal an, es wäre umgekehrt.

Nehmen wir an, die Vereinigten Staaten sagten zu den Russen: ‹Wir sind bereit, als erste keine Atomwaffen zu benutzen›, und wir würden antworten: ‹Nein, das paßt uns nicht.› Die ganze Welt würde sagen: ‹Seht, die Russen haben offensichtlich die Absicht, als erste Atomwaffen einzusetzen.›»

Der Dolmetscher war überflüssig geworden. Unser Gespräch verlief spontan. Ich sagte: «Ich verstehe, was Sie sagen wollen, Herr Generalsekretär, lassen Sie mich aber noch einen weiteren Vorschlag machen. Würden Sie ein Abkommen in Betracht ziehen, wonach beide Seiten sich einverstanden erklären, nicht die ersten zu sein, die nukleare oder konventionelle Waffen einsetzen, und sich einer verifizierbaren Inspektion auf beiden Seiten zu unterziehen? Diese Art von Abkommen würde die Befürchtungen und das Mißtrauen der Vereinigten Staaten bestimmt abbauen. Und es würde ein Klima der Verständigung erzeugen, in dem die detaillierten Abrüstungsverhandlungen, die wir brauchen, ununterbrochen und ruhig durchgeführt werden können.»

«Darüber müßte ich nachdenken», antwortete Tschernenko. «Meine erste Reaktion ist, daß uns ein solches Abkommen Betrug und Sabotage aussetzt, wodurch ein Krieg provoziert werden könnte. Das russische Volk erinnert sich noch gut an die Falschheit der Nazis, als sie ihre eigenen Leute in polnische Uniformen steckten und auf deutschem Gebiet fotografierten, um vorzugeben, sie seien zuerst angegriffen worden. Unter diesem Vorwand erklärten die Nazis Polen den Krieg.»

Ich antwortete, daß es im Atomzeitalter für jede Nation eine Wahnsinnshandlung wäre, in der von ihm befürchteten Weise einen Krieg heraufzubeschwören, da sie mit nuklearen Vergeltungsmaßnahmen und Vernichtung im eigenen Land rechnen müßte.

Tschernenko lächelte und machte mit seiner Hand eine kleine Geste der Zustimmung. «Vielleicht ließe sich darüber verhandeln», sagte er.

Ich las die zweite meiner vorbereiteten Fragen vor und fragte ihn, ob die Chancen für eine baldige Gipfelkonferenz verbessert werden könnten, wenn die Vereinigten Staaten eine Erklärung abgeben würden, daß sie nicht die Absicht hätten, als erste Gewalt anzuwenden. «Ja», sagte er.

Meine Aufgabe machte mir jetzt Spaß. Alle Hemmungen waren verschwunden. Ich drängte ihn, sich unverzüglich mit Reagan zu treffen und sich nicht von den unvermeidlichen und nie endenden

Zänkereien über die Abrüstungsarithmetik behindern zu lassen. «Überlassen Sie es den Ausschüssen», sagte ich, «darüber zu entscheiden, wie viele Sprengköpfe jede Seite hat, wann ihr Abbau beginnen und wie die Inspektion durchgeführt werden soll. Überlassen Sie es den Kommissionen, ein Abkommen zu entwerfen, das die Atomwaffentests im Weltraum einschränkt. Das sind technische Probleme. Sie lassen sich nicht über Nacht oder bei einer zweitägigen Gipfelkonferenz zwischen den beiden Staatschefs lösen.»

«Aber ein Gipfelgespräch hat keinen Sinn, wenn nichts Konkretes dabei herauskommt», erwiderte er.

«Nun», sagte ich, «würden Sie es nicht für eine ausreichend konkrete Leistung halten, wenn ein Vertrag zustande käme, in dem beide Seiten vereinbaren, nicht als erste Gewalt irgendwelcher Art anzuwenden?»

«Doch», sagte er. «Vielleicht. Aber wie würde Präsident Reagan auf diesen Vorschlag reagieren?»

Das konnte ich nicht beantworten. Ich war vom Weißen Haus strikt angewiesen worden, daß mein Besuch rein persönlicher Natur zu sein hätte und daß meine Vorschläge nur als meine eigenen Ideen vorzubringen wären.

«Ich weiß es nicht», sagte ich, «aber ich glaube, daß Präsident Reagan für Ideen offen ist. Ich weiß, daß er wirklich Frieden will und daß es – nach seinem großartigen Wahlsieg – sein Ehrgeiz sein muß, sich in der Geschichte als einer der großen friedenbringenden Präsidenten einen Platz zu schaffen.»

Tschernenko hörte mir aufmerksam zu. Er unterbrach mich nicht und widersprach nicht. «Nun», sagte er, «ich bin gespannt auf Präsident Reagans Antwort.» Ich faßte dies als ein Zeichen auf, daß sich das Fenster geöffnet hatte und daß der Weg für einen baldigen Gipfel geebnet würde, wenn man die Gelegenheit beim Schopf packte.

Unser Gespräch wandte sich jetzt Geschäftlichem zu, u. a. der Kohlenschlamm-Pipeline, die wir für die Russen in Sibirien bauen wollten. Ich sagte, die Genehmigung sei ein wichtiger Durchbruch, weil sie unter Präsident Carters Handelssanktionen nicht erteilt worden wäre.

Tschernenko machte eine Handbewegung, die müde Resignation ausdrückte, und sagte, daß der amerikanische Beschluß, den Handel mit der Sowjetunion zu verbieten, den amerikanischen Geschäftsleuten ganz bestimmt nicht dienlich und in jedem Fall zwecklos sei. «Wir unterhalten einen lebhaften Handel mit dem Rest der Welt», sagte er, «und er blüht weiter. Wenn wir von Amerika nicht bekommen können, was wir brauchen, bekommen wir es woanders.»

Wir sprachen nun schon seit über einer Stunde miteinander, und Tschernenko ließ weder nachlassende Aufmerksamkeit noch Ungeduld erkennen. Ich sprach kurz über meine Hoffnung, daß der kulturelle Austausch zwischen den Vereinigten Staaten und der UdSSR wieder aufgenommen würde, auch daß ich noch immer plante, eine Ausstellung mit Gemälden aus der Eremitage und dem Puschkin-Museum in Washington, New York und Los Angeles zu zeigen, wofür ich um seine Mithilfe bat.

Schließlich erwähnte ich auch Dr. Simmons. «Er ist einer der besten Ärzte auf seinem Gebiet», sagte ich. «Er kann vielleicht Heilmittel und Behandlungen vorschlagen, an die Ihre Ärzte nicht gedacht haben.»

Mir war nicht ganz wohl bei diesem Angebot, es hätte leicht als unwillkommene Einmischung ausgelegt werden können. Zum Glück schien Tschernenko sich zu freuen und sagte: «Ich werde sofort dafür sorgen, daß Dr. Simmons meine Ärzte sprechen kann.»

Es war Zeit aufzubrechen. Ich dankte und versicherte ihm, daß ich im Weißen Haus ausführlich über unser Gespräch berichten würde. «Ich bin immer bereit, auf der Stelle nach Moskau zu fliegen, wenn Sie meinen, ich könnte von Nutzen sein.»

«Jetzt habe *ich* ein Geschenk für *Sie*», sagte Tschernenko. Er ging um den Tisch herum und reichte mir ein riesiges Paket, halb so groß wie ich. Ich fummelte an den Bändern und am Papier herum, bis die Schachtel schließlich offen war. Sie enthielt eine herrliche Vase, auf die eine pastorale Szene gemalt war. Es war die Nachbildung einer Vase, die Zar Nikolaus I. in Auftrag gegeben hatte.

Als Tschernenko sah, wie ich mich freute, strahlte er und umarmte mich. Zwischen uns war eine Herzlichkeit aufgekommen, die ich als Beginn einer echten Freundschaft empfand. Ich hatte auch das Gefühl, daß er und Ronald Reagan – beides Männer in den Siebzigern – sich sympathisch finden und viel Gemeinsames feststellen könnten. Ich konnte nicht wissen, daß dieses Treffen mit Tschernenko mein letztes sein würde und daß er und Reagan sich niemals begegnen sollten.

Alexandrow geleitete mich aus dem Raum. Als sich die Tür hinter uns schloß, sagte er: «Also, Dr. Hammer, ich muß mich wirklich wundern. Ist Ihnen klar, daß Sie eine Stunde und fünfunddreißig Minuten mit Tschernenko verbracht haben? Er hat noch keinem Ausländer, nicht einmal Staatsoberhäuptern, ein derart langes Gespräch gewährt.»

Ich verabschiedete mich schnell und eilte zu meinem Auto. Auf mich wartete eine Pressekonferenz, und anschließend sollte ich live über Satellit im Frühnachrichtenprogramm dreier amerikanischer Fernsehsender erscheinen. Dafür mußte ich um 15 Uhr Moskauer Zeit in den Studios von Gosteleradio, der staatlichen Fernsehstation, erscheinen. Die Reporter entließen mich erst um 14 Uhr 40 aus der Pressekonferenz. Wieder war die Zeit knapp, als wir zu unseren Autos eilten.

Aber da standen keine Autos. Die Straße vor dem Sovincenter, wo unsere Fahrer warten sollten, war vollkommen leer. Während es sich langsam eintrübte und Schnee fiel, standen wir, der Verzweiflung nahe, auf dem Pflaster. Dann rannte jemand um die Ecke. Sekunden später tauchte er wieder auf, neben ihm ein Volvo-Kombi, der einer dänischen Fernsehcrew gehörte, die an der Pressekonferenz teilgenommen hatte.

«Kennen Sie den Weg zu Gosteleradio?» hatte der Mann geschrien.

«Natürlich», sagten sie.

«Bringen Sie Dr. Hammer dorthin?»

«Mit Vergnügen!» brüllten sie.

Wir schoben uns ins Auto, das davonraste. Der Wagen schwang sich rein und raus aus dem Verkehr, überfuhr Ampeln und ging an jeder Kreuzung Risiken ein. Der Fahrer amüsierte sich köstlich – und ich auch ...

Am Abend speiste ich in der amerikanischen Botschaft und wartete auf die Reaktion des Weißen Hauses auf meine TV-Sendung. Sie war entmutigend. Larry Speakes, der Sprecher des Weißen Hauses, schob den Gedanken eines Erstschlags-Abkommens beiseite. Er sagte, Atomwaffen seien ein kritisches Element der Abschreckung in Europa, «wo der Warschauer Pakt mit konventionellen Waffen überlegen ist».

In meinen Interviews mit der Presse hatte ich es vermieden, meine Gespräche über die konventionellen Waffen mit Tschernenko zu erwähnen. Da er keine definitive Antwort auf meinen Vorschlag gegeben hatte, wollte ich die Sache nicht komplizieren und ihn vielleicht in Verlegenheit bringen. Jetzt begann ich, meine Vorsicht zu bedauern. Besondere Anstrengungen würden nötig sein, um dieses klemmende Fenster zu öffnen ..., und ein guter Augenblick zum Reden sollte sich ergeben.

Zuerst führte ich jedoch noch ein außergewöhnliches Gespräch mit Tschernenkos Ärzten. Alexandrow war Tschernenkos Anweisungen prompt gefolgt und hatte die Ärzte zu einem Gespräch mit Dr. Simmons am frühen Morgen im Kreml-Hospital aufgefordert. Ich kann nicht behaupten, daß die Herren aussahen, als ob sie sich besonders freuten, uns zu sehen, was verständlich war – schließlich waren wir Eindringlinge. Die Begrüßung war ernst, ja gereizt.

Die Russen unterrichteten uns kurz über Tschernenkos Zustand. Sie beschrieben einen typischen Fall von Lungenerweiterung, die in der herkömmlichen Weise behandelt wurde. Simmons, der einen großen Koffer öffnete, versuchte, seine Medikamente und Geräte anzubieten; die Russen winkten ab und sagten, ihre eigenen Produkte seien diesen überlegen.

Simmons stellte Fragen, aber er erhielt nur reservierte Antworten. Was sie sagen wollten, war: «Tschernenkos Zustand ist nicht so ernst, und wir haben alles unter Kontrolle.» Sie sagten, es sei nicht notwendig, daß Simmons ihren Patienten untersuchte. Simmons fragte, ob es Herzprobleme gebe, was sie verneinten. Diese Antwort verwunderte uns. Wenn das stimmte, warum kümmerten sich dann die beiden Spitzenkardiologen des Landes um Tschernenko, während sein Lungenspezialist offensichtlich nicht deren und Dr. Simmons' Erfahrung hatte?

Das unangenehme Interview setzte sich noch für kurze Zeit fort. Dann wurde uns klar, daß wir mit weiteren Fragen nichts erreichen würden. Wir beschlossen – zur offensichtlichen Erleichterung der Russen – zu gehen. Plötzlich wurden sie viel freundlicher und luden Simmons ein, seine Zeit in Moskau zu nutzen und das Allrussische Institut für Kardiologie zu besuchen.

Ich glaube, wir können das Dilemma verstehen, in dem sich diese Ärzte befanden. Sie hatten etwas sehr Ernstes zu verbergen. Wie die Welt bald erfahren sollte, war Tschernenkos Zustand viel ernster, als seine Ärzte zugeben wollten.

Das Öffnen des Fensters

Am folgenden Tag, auf dem Weg nach Madrid, beschloß ich, sobald wie möglich über mein Gespräch mit Tschernenko zu sprechen. Das Risiko, ihm womöglich Peinlichkeiten zu bereiten, mußte ich eingehen. Wenn ich sagen konnte, daß die Russen bereit waren, ein Abkommen in Betracht zu ziehen, wonach sie sich verpflichteten, nicht als erste konventionelle oder nukleare Waffen einzusetzen, könnte ich dem Weißen Haus vielleicht klarmachen, daß im Kreml eine völlig neue Stimmung der Versöhnung herrschte. In jedem Fall konnte ich das Risiko der Komplizierung abschwächen, wenn ich hervorhob, daß die Idee ganz allein meine war und daß Tschernenko sich in dieser Sache zu nichts verpflichtet hatte.

Die Konferenz für Frieden und Menschenrechte in Madrid war die sechste, die in meinem Namen und mit meiner Förderung abgehalten wurde. An ihr nahmen Männer und Frauen aus allen Teilen der Welt teil – frühere Premierminister und Außenminister, Parlamentarier, Rechtsanwälte, Richter, Professoren. Bei keinem anderen Kongreß – nicht einmal bei den Vereinten Nationen – werden die Länder des Ostens in der Öffentlichkeit wegen ihrer repressiven Gesetze und Praktiken derart scharf angegriffen und zur Rechenschaft gezogen.

Zur Eröffnung beschloß ich, meine vorbereiteten Bemerkungen beiseite zu lassen und direkt aus dem Herzen zu sprechen. Die Delegierten wollten keinen Klischeekatalog. Sie wollten wissen, was Tschernenko und ich miteinander besprochen hatten.

«Wie Sie gehört haben», sagte ich, «hatte ich die Ehre, vorgestern über eine Stunde lang mit Generalsekretär Tschernenko reden zu dürfen. Ich möchte dazu gerne sagen, daß ich es für relevant halte, von diesem Treffen direkt zu dieser Konferenz gekommen zu sein. Diese wird als Menschenrechtskonferenz angekündigt. Für mich ist das wichtigste Menschenrecht das Recht auf Frieden. Und nach meinem Gespräch mit Tschernenko bin ich optimistisch, daß die Chance, Frieden zu erhalten, vor uns liegt – wenn wir sie nur ergreifen können.»

Ich sprach etwa 20 Minuten lang ausführlich über meinen Besuch; ich hatte noch nie ein so aufmerksames Publikum. Die emotionale Atmosphäre im Saal ermutigte mich. «Ich möchte, daß meine Familie, meine Kinder und Enkel überleben», sagte ich, «und ich möchte eine

Lösung finden... Ich kann Ihnen, meine Damen und Herren, sagen, daß wir eine Lösung haben. Und sie ist so einfach – wir fragen uns, warum wir nicht früher darauf gekommen sind. Die Lösung ist die, daß sich beide Seiten treffen und vereinbaren müssen, keine Waffen – gleichgültig welcher Art – für einen Erstschlag einzusetzen. Jetzt ist die Zeit, mit den Russen als Gleichgestellten zu reden. Jetzt ist die Zeit, den Russen zu sagen: ‹Hören wir auf, Milliarden für wertlose Atomwaffen auszugeben, die nie eingesetzt werden und nie eingesetzt werden dürfen, es sei denn, wir wollen Selbstmord begehen.›»

Zum Schluß forderte ich alle zum Handeln auf: «Ich bitte jedes Mitglied dieser Delegation dringend, Einfluß auf seine Regierung und auf Washington auszuüben, um darauf zu sehen, daß Shultz und Gromyko, wenn sie sich im nächsten Monat in Genf treffen, als wichtigsten Punkt ihrer Tagesordnung festlegen, daß keiner zuerst Waffen irgendwelcher Art einsetzt. Danach können wir in Ruhe feststellen, wie viele Raketen jede Seite haben soll, ob wir das Weltall militarisieren oder nicht. Das kann Jahre dauern. Aber wenn wir warten, bis über all diese Punkte eine Einigung herbeigeführt worden ist, wird es nie ein Gipfeltreffen geben, und wir setzen uns der gegenseitigen Vernichtungsgefahr aus.»

Die Reaktion der Delegierten war erstaunlich. Diese erfolgreichen Männer und Frauen standen auf und applaudierten. Ich glaube, es waren meine Worte über die zukünftigen Generationen, die einen so starken Eindruck hinterließen. Wir alle sorgen uns am meisten um die Kinder und fürchten uns vor dem Gedanken, unseren Kindern und Enkeln den nuklearen Holocaust zu hinterlassen.

Im Hotel setzte ich einen Brief an den Präsidenten mit Kopien an Robert McFarlane, den Nationalen Sicherheitsberater, und an Michael Armacost sowie Mark Palmer vom State Department auf. Ich beschrieb, wie die Delegierten auf meine Rede reagiert hatten, und bat sie dringend, meinen Vorschlag in Betracht zu ziehen.

Ging ich zu weit? Drängte ich zu sehr? Meine Mitarbeiter fühlten sich unbehaglich; sie meinten, ich könnte eine ungünstige Reaktion im Weißen Haus herausfordern, indem ich mich in das empfindliche politische Geschäft einmischte. Ich war jedoch überzeugt, daß feine protokollarische Unterschiede in einer so übergreifenden Angelegenheit wie die Zukunft der Menschheit einen verantwortlichen Bürger nicht davon abhalten sollten, sich zu Wort zu melden.

Außerdem wollte ich den Präsidenten selbst erreichen, ohne die Mauer des Mißtrauens durchbrechen zu müssen, die ihn umgab. Ich hatte Reagan als intelligenten Menschen kennengelernt, der seine eigenen Ansichten deutlich machte, Fragen stellte und anderen Meinungen aufmerksam zuhörte. Ich war zu dem Schluß gekommen, daß er von einigen Mitgliedern seiner Umgebung, die der Sowjetunion gegenüber fast so mißtrauisch waren wie manche Mitglieder des Politbüros der UdSSR gegenüber den Vereinigten Staaten, nicht umfassend informiert wurde. Irgendwie mußte ich einen Weg an seinen Beratern vorbei finden. Das war meine Aufgabe, und sie war nicht zu erfüllen, wenn ich mich damit abfand, Botschaften durch die «richtigen Kanäle» zu senden.

Nicht lange nach meiner Rückkehr schwirrten neue Gerüchte über Tschernenko, der sich in kritischem Zustand in einem Sanatorium befinden sollte, durch die westliche Welt. Von meinen Angestellten in Moskau hörte ich Widersprüchliches: Tschernenko sei in der Tat aus der Öffentlichkeit verschwunden, aber meine Informanten glaubten, daß er es lediglich ablehnte, seine Zeit mit unbedeutenden Besuchern zu vergeuden.

Ich ging zu den Studios von ABC in Washington, um ein Interview für das Programm Nightline über die sowjetische Führung aufzuzeichnen. Michail Gorbatschow und seine Frau absolvierten gerade ihren triumphalen Besuch in Großbritannien, und in der Weltpresse herrschte große Aufregung über das plötzliche Auftauchen dieses charismatischen Mannes, von dem die britische Premierministerin Margaret Thatcher fröhlich erklärt hatte: «Ich mag Herrn Gorbatschow. Wir können Geschäfte miteinander machen.»

Da es keine gesicherten Informationen gab, riet ich zur Vorsicht. Es sei sehr wichtig, sagte ich, daß wir der Realität ins Auge sähen und unsere Chancen nicht verträumten. Vorläufig war Tschernenko noch der Mann, mit dem wir umzugehen lernen müßten, und es sei fruchtlos, über seinen Nachfolger zu spekulieren, solange er an der Macht sei.

Ich gab zu, daß Gorbatschow ein interessanter und einflußreicher Mann war, meinte aber, es stünde im Augenblick Wichtigeres auf der internationalen Tagesordnung als der Schnitt von Gorbatschows Anzügen und das charmante Lächeln seiner Frau.

Es ließ sich jedoch nicht verleugnen, daß der Tod sich Rußlands überaltertem Politbüro erneut näherte. Von den Siebzigjährigen starb einer nach dem anderen, was zu Veränderungen im Kreml führte, die auch der Bestinformierte aus dem Westen nicht einmal erraten konnte.

Während ich noch in jenem Washingtoner Studio saß und über Tschernenkos Gesundheitszustand sprach, lag Marschall Ustinow, der sowjetische Verteidigungsminister und einer der Falken, auf dem Totenbett. Mit dem Rest der Welt sah ich fasziniert zu, als Bilder von den Begräbnisfeierlichkeiten im Fernsehen übertragen wurden. Wir sahen Gorbatschow, kaum erkennbar, in den Reihen der Trauernden, während Tschernenko in der bösen Kälte dieses Moskauer Tages nach Atem zu ringen schien.

Ich begann das neue Jahr frustriert. Meine Bemühungen schienen wenig Veränderung oder Fortschritt hervorzubringen. In Moskau war kein Wort über die Entwicklung meiner Vorschläge bekannt geworden, und trotz meines ununterbrochenen Klopfens blieb die Tür zum Oval Office im Weißen Haus versperrt.

In der Zwischenzeit war ich wieder in Washington, um Reagans zweiter Amtseinführung beizuwohnen. Der Tag seines Amtsantritts war einer der kältesten in Washington seit Menschengedenken. Die Kälte war so extrem, daß sich nach 15 Minuten im Wind schon die ersten Erfrierungserscheinungen um Mund und Kiefer bemerkbar machten. Die Organisatoren hatten keine andere Wahl: Sie mußten die Freiluftzeremonien absagen und die Einschwörung in der Wärme des Kapitols abhalten.

Es gab nur wenig Einladungen zur Feier in der Rotunda, und einige meiner politischen Freunde neckten mich, wenn sie mich sahen. «Hab ich mir's doch gleich gedacht, daß Sie da sind», sagte Bob Dole, Mehrheitsführer des Senats. Edward Kennedy erinnerte daran, daß ich beim letzten Mal im Januar 1981 neben ihm auf der Plattform gesessen hatte, die für Senatoren reserviert war. «Darf ich Sie mit dem hundertsten Senator der Vereinigten Staaten bekannt machen?» stellte er mich seinen überraschten Kollegen vor.

Nach den Feierlichkeiten, auf dem Weg zum Flugplatz, kam es mir wie so oft in den Sinn, wieviel Ähnlichkeit doch Washington mit Moskau hat. Mit dem Wetter fängt es schon an. Dieser Morgen in

Washington, kristallklar im Sonnenschein, mit einem beißenden Wind, der Schneefetzen durch die Luft treibt, war wie ein typischer Januarmorgen in Moskau. Die Ähnlichkeit geht noch weiter – die mächtigen zugefrorenen Flüsse beider Städte und die sie umgebende Landschaft, die sanften Hügel, dicht bewaldet mit Lärchen und Fichten. Beide Städte sind der großartige Ausdruck politischer Macht und Aspiration, und man sollte nicht vergessen, daß beide Hauptstädte eines revolutionären Republikanismus sind – obwohl die Revolution in der einen Hauptstadt eine Regierung durch Demokratie schuf und in der anderen durch Oligarchie. Selbst die von den Verkehrspolizisten getragenen Pelzmützen mit den langen Ohrenklappen und flachen Schilden sind in Washington und Moskau die gleichen. Als mir diese Gedanken durch den Kopf gingen, wurde ich von neuem traurig darüber, daß die Menschen in diesen großartigen Städten nicht wissen, wieviel sie gemeinsam haben.

Der Januar verging, und ich war weiter frustriert. Was konnte ich denn bloß tun, um diese Mauer aus Gleichgültigkeit und Selbstzufriedenheit zu durchbrechen, die den Weg zum Gipfel blockierte?

Am 29. Januar, spät nachmittags, während ich an meinem Schreibtisch in Los Angeles arbeitete, kam der aufregendste und dankbarste Augenblick des Jahres. Einer meiner Kollegen rief mich an und fragte, ob ich eine Associated-Press-Nachricht aus Stockholm gelesen hätte, die im Nachrichtenbüro von Occidental angekommen war, was ich verneinte.

«Ich glaube, sie ist sehr wichtig. Soll ich sie vorlesen?» fragte er.

«Bitte», sagte ich.

«Sie ist von David Mason, Chefkorrespondent von AP in Europa, und trägt das heutige Datum», sagte er. «Sie beginnt so: ‹Die Sowjetunion eröffnete heute die diesjährige Sitzung der Europäischen Sicherheitskonferenz, an der 35 Nationen teilnehmen, mit dem Vorschlag eines Abkommens, das die Nationen verpflichten würde, nicht als erste militärische Gewalt anzuwenden...›»

«Was?» fragte ich.

«Warten Sie», sagte er. «Es geht weiter: ‹Der sowjetische Botschafter Grinewski, der Delegierte aus Moskau, umriß den Konferenzteilnehmern, zu denen die Vereinigten Staaten und Kanada, die Sowjetunion und alle europäischen Länder außer Albanien gehörten, den Vorschlag.

Der von Grinewski beschriebene Vertrag würde allen Streitkräften des Warschauer Pakts und der NATO die Verpflichtung auferlegen, weder atomare noch konventionelle Waffen als erste gegeneinander einzusetzten und somit überhaupt keine militärische Gewalt gegeneinander anzuwenden.› Das ist Ihr Vorschlag, Dr. Hammer», sagte mein Kollege. «Tschernenko hat ihn tatsächlich vorgebracht und offiziell gemacht.»

Es gab keinen Zweifel – eine politische Entwicklung dieser Bedeutung konnte nur aus dem Politbüro stammen und auf direkte Anweisung von Tschernenko zurückzuführen sein. «Na, vielleicht kommen wir jetzt weiter», sagte ich.

Kampf gegen den Krebs

In der Zwischenzeit verfolgte ich mein anderes Ziel weiter – ein Heilmittel gegen Krebs zu finden.

Im Lauf der Jahre habe ich viele Millionen Dollar für wichtige Zwecke gespendet, aber von allen haben nur zwei mich wirklich ernsthaft beschäftigt: der Weltfriede und ein Mittel gegen Krebs. Das hat eine Menge Leute jedoch nicht davon abgehalten, mir zu schreiben und mich um Geld zu bitten.

Vor kurzem zog ich ein Bündel Briefe aus meiner Sammlung kurioser Schreiben hervor. Sie sind repräsentativ für die Ausbeute eines normalen Tages. Ein Mann aus Syracus in Italien schrieb, um «innerhalb der Grenzen absoluter Legalität und Ehrlichkeit eine Finanzierung oder Spende von 20 Millionen Dollar zu erhalten, um eine produktive Aktivität zum Zwecke um zu helfen die Menschen im Zustand der Lebensnotwendigkeiten. Es ist sehr dringend.»

Der Briefschreiber war so rücksichtsvoll, mich nicht mit den Details seines Vorschlags zu belästigen. Er bat nur darum, daß das Geld seinem Konto in Lugano oder New York gutgeschrieben würde. Als Gegenleistung bot er «mein Leben, mein Blut. Ich gebe Ihnen totale Hilfe menschlich und effektiv als Bruder oder als Vater: können Sie mich als Bruder oder Vater adoptieren?»

Der nächste Korrespondent war rührend um mein Wohlbefinden besorgt. Er schrieb: «Letzte Nacht hatte ich einen ungewöhnlichen Traum. Es ging um Sie. Ich sah ihr Finanzimperium zusammenbrechen, was erhebliche Verluste für Sie mit sich brachte. Im *Traum* wollte ich Ihnen irgendwie helfen, aber ich konnte nichts tun. Dann sagte eine *Stimme*, wenn Sie mir helfen würden, würden Ihre Verluste wiedergutgemacht und *Ihr Leben verlängert.*» Diese gütige Seele bat nur darum, ihm Geld für ein Haus zu schicken. Er war so aufmerksam und hatte gleich einen Einzahlungsschein beigefügt, den er bereits ausgefüllt hatte – 100 000 Dollar auf sein Konto bei der Valley National Bank. Ich muß annehmen, daß er dort ein wohlbekannter Kunde ist, denn er unterzeichnete mit «König von Israel und Messias ganz Israels».

Ähnlich rücksichtsvoll war der nächste Brief von einem Zahnarzt aus Genf. «Lieber Herr», schrieb er, «Ihre Zeit ist kostbar, deshalb will ich es kurz machen. Ich möchte Sie fragen, ob Sie 650 000 US-Dollar für 13 Jahre leihen können. Ich kann Ihnen 50 000 US-Dollar pro Jahr zurückzahlen. Das würde mir die Möglichkeit geben, meinen Beruf zu wechseln und gleichzeitig weiter für meine Familie zu arbeiten.»

Was, frage ich mich, ist so schlecht daran, in Genf Zahnarzt zu sein?

Der nächste Brief war ganz ungewöhnlich. Mir wurde Geld angeboten. Der Schreiber erklärte, er habe vor kurzem einen Artikel über mich in einer deutschen Sonntagszeitung gelesen. «Laut diesem Artikel», schrieb er, «wohnen Sie in einem 20-Zimmer-Haus in Los Angeles. Zufällig wollen meine Familie und ich einen Teil unseres diesjährigen Urlaubs in den Vereinigten Staaten verbringen und treffen am 3. Juli 1986 in Los Angeles ein. Als ich diesen Artikel las, kam mir die phantastische Idee, ob es nicht möglich wäre, eine Nacht in einem Ihrer 20 Zimmer zu verbringen, bevor wir an die Küste fahren. Es versteht sich von selbst, daß wir bereit sind, einen angemessenen Betrag für die Übernachtung zu zahlen.»

Niemand hat bisher von mir und Frances *Bed and Breakfast* verlangt.

Ich weiß nicht, was es mit Deutschland eigentlich auf sich hat. Eine ganze Menge merkwürdiger Anfragen kommen von dort. Vielleicht stehen die Dinge im Land des Wirtschaftswunders schlechter, als wir annehmen. Da war zum Beispiel auch ein wirklich eindrucksvolles Schreiben von einem rührigen Menschen aus Essen. Das Briefpapier trug ein Wappen.

Der Brief war wunderschön im Blocksatz «textverarbeitet», auf Papier, das sich für die Herstellung von großen Geldscheinen ausgezeichnet eignen würde. Er begann: «Dieser Brief enthält ein außergewöhnliches und in der Tat einzigartiges Angebot, das etwas heikel ist.

Ein Mitglied des deutschen Hochadels bat mich, eine Person ausfindig zu machen, die daran interessiert sein könnte, aus gesellschaftlichen oder geschäftlichen Gründen seine Titel anzunehmen und seinen Namen zu tragen.

Es handelt sich um..., Fürst, Herzog und Graf.

Die Übernahme der drei Titel ist durch Adoption oder Eheschließung oder vertraglich zu Geschäftszwecken möglich.»

Was hatte sich der Mann gedacht? Stellte er sich vor, daß ich seine Tochter heiratete? Oder mich von ihm adoptieren ließ? So heikel war dieses «einzigartige» Angebot, daß keine Kosten erwähnt wurden. Ich schätze: nicht unter zehn Millionen.

Aus der näheren Umgebung – aus Salt Lake City – kam eine einfache kleine Anfrage:

«Ich möchte Sie um vier bis fünf Millionen Dollar bitten», schrieb ein Einunddreißigjähriger, der sich selbst als Yuppie bezeichnete. Die Ungenauigkeit der Summe war reizend – vier Millionen, fünf Millionen, wer zählt schon so genau? Er fuhr fort: «Obwohl dieser Betrag im Hinblick auf Ihr gesamtes Vermögen unbedeutend ist, würde ein Geschenk dieser Größenordnung einen dramatischen Einfluß auf meine Lebensqualität nehmen und das Leben anderer bereichern.»

Es ist beruhigend zu wissen, daß vier oder fünf Millionen seinen Lebensstil verbessern würden. Ich fühle mich versucht zu antworten, daß vier oder fünf Millionen Dollar auch einen dramatischen Einfluß auf die «Lebensqualität» von Adnan Kaschoggi nehmen würden, und der arbeitet für sein Geld. Aber Mr. Salt Lake City entwaffnete diese Antwort. Er fährt fort:

«Obwohl ich nichts getan habe, um diese Großzügigkeit zu verdienen, treibt mich meine Entschlossenheit dazu, um Ihre Unterstützung zu bitten.»

Alles, was ich dazu zu sagen habe, ist: «Du bist nicht der einzige, Bruder.»

Und so ging es weiter. Von allen Anfragen, die ich in letzter Zeit erhalten habe, gefällt mir die des Botschafters der Galaktischen Allianz am allerbesten, dessen Hauptquartier sich in London befindet. Dieser Mann – falls er denn ein menschliches Wesen ist – scheint der einzige Empfänger für die Vereinigenden Wahrheiten des Universums zu sein. Für eine noch zu nennende Summe – wahrscheinlich in der Nähe des Nettowerts von Occidental – könnte ich mich zum Botschafter der Galaktischen Allianz ernennen lassen und voraussichtlich ewig leben. Man muß zugeben, einfallsreich sind sie schon.

Es bedarf wohl keiner Erwähnung, daß keinem dieser «guten Zwecke» irgendwelches Geld zugeführt wurde. Was das Heilmittel gegen Krebs jedoch betrifft, hat es nie Zweideutigkeiten gegeben. Die Forschung nach einem solchen Mittel hat mich viele Jahre lang mehrere Millionen Dollar pro Jahr gekostet, und kein Cent hat mir leid getan.

Meine Leidenschaft für dieses Thema wuchs aus dem Andenken an die medizinische Arbeit meines Vaters. Ich habe nie die Verzweiflung und Hoffnungslosigkeit meines Vaters vergessen, als er Anfang dieses Jahrhunderts mit der Polioepidemie kämpfte. Er meinte, ein Mittel gegen jene schreckliche Geißel würde wohl nie entdeckt werden – und doch geschah es 1955 durch Dr. Jonas Salk.

Mein Vater hielt die Kinderlähmung damals für so unheilbar wie viele Leute heute Krebs, als ob es sich um eine perverse Entwicklung der Natur handelte, die niemand steuern oder bekämpfen kann. Diesen Pessimismus habe ich nie geteilt. Als Vorsitzender des President's Cancer Panel bin ich mit meinen Kollegen für die Milliarde Dollar Bundeshilfe verantwortlich, die dem Nationalen Krebsinstitut – dem der hervorragende Dr. Vincent De Vita vorsteht – zugeteilt werden. Eine Milliarde Dollar klingt wie eine Menge Geld, aber es ist nicht genug.

Über 400 000 Amerikaner sterben jedes Jahr an Krebs. Teilen Sie eine Milliarde durch diese Zahl, und Sie werden sehen, daß wir einen Betrag von 2500 Dollar für die Krebsforschung pro Opfer ausgeben. Vergleichen Sie diese Summe mit anderen Staatsausgaben, dann erscheint sie eher als kleine Geste. Ein neuer atombetriebener Flugzeugträger mit allem Drum und Dran kostet beispielsweise vier bis fünf Milliarden Dollar. Für den Preis eines einzigen Flugzeugträgers könnten wir 10 000 Dollar pro Krebskranken aufwenden.

An einem Sonntag im Mai 1968 kam ich zum ersten Mal mit der Krebsforschung in Berührung. Ich war zu Hause und sah fern: Walter Cronkite in «Das 21. Jahrhundert». Cronkite interviewte Jonas Salk, der den Zweck seines neuen Salk-Instituts, das gerade in La Jolla gebaut wurde, erklärte. Er sagte, es fehle an Geld, um das Institut fertigzustellen.

Ich rief ihn sofort an und verabredete mich mit ihm in La Jolla. Ich sagte: «Können Sie es mit dem Krebs genauso aufnehmen, wie Sie die Kinderlähmung geschlagen haben?»

«Theoretisch», sagte er, «müßte es möglich sein, einen Impfstoff zu entwickeln. Aber es würde eine ungeheure Menge Geld kosten.»

«Wieviel?»

«Fünf Millionen als Anfang», antwortete er.

«In Ordnung», sagte ich. «Ich gebe Ihnen fünf Millionen. Machen Sie sich an die Arbeit.»

Jonas gründete das Armand Hammer Cancer Center in La Jolla, ein Flügel seines Gebäudes, das Laboratorien, eine Bibliothek, Büros und Konferenzzimmer enthält. Er veranstaltete auch eine Reihe von Symposien und holte Spitzenwissenschaftler aus aller Welt heran, um ihre Forschungsergebnisse zu koordinieren.

Auf einem dieser Symposien lernte ich Dr. Ronald Levy kennen, über dessen erstaunliche Arbeit ich im *Wall Street Journal* gelesen hatte. Mit Hilfe von Techniken, die aus der Forschung mit monoklonalen Antikörpern abgeleitet worden waren, hatte er einen Krebspatienten von allen seinen Tumoren befreit, und andere Patienten zeigten eine Verbesserung ihres Zustands.

Später besuchte ich Dr. Levy in seinem Labor an der Stanford University. Er und seine Assistenten mußten auf etwa 93 Quadratmetern Raum arbeiten und traten sich bei der Arbeit gegenseitig auf die Füße. Käfige voller Mäuse und anderer Tiere hingen von der Decke. Ich war entsetzt.

«Wie können Sie unter diesen Bedingungen arbeiten?» fragte ich.

«Leicht ist es nicht», antwortete Dr. Levy traurig. «Ich könnte das Vierfache an Platz gebrauchen, aber ich kann von Stanford kein Geld für den Umbau bekommen.»

«Wieviel würde es denn kosten?» fragte ich.

«Ich nehme an, so fünfhunderttausend Dollar», sagte er.

«Das sollen Sie haben.»

Ich gab Ronald Levy außerdem einen halben Anteil des ersten Hammer-Krebs-Preises, der 1982 verliehen wurde. In jenem Jahr gründete ich die Hammer Prize Foundation mit dem Versprechen, zehn Jahre lang 100 000 Dollar pro Jahr an Wissenschaftler zu vergeben, die den wichtigsten Beitrag in der Forschung nach einem Heilmittel gegen Krebs geleistet haben. Gleichzeitig kündigte ich an, daß die Stiftung dem Wissenschaftler, der ein Mittel gegen Krebs findet – ähnlich Salks Impfstoff gegen Kinderlähmung –, eine Million Dollar übergeben würde.

Mit Dr. Levy teilte sich 1982 Dr. Stevenson, Direktor des Tenovus Research Laboratory in Southampton, den Preis. Dr. Levy trat dem Auswahlkomitee für den Hammer-Preis bei, dem ich selbst, Dr. De Vita und der Nobelpreisträger Renato Dulbecco angehören.

1983 verliehen wir den Preis vier amerikanischen Wissenschaftlern für ihre Entdeckungen im Bereich der Onkogene. Onkogene sind normalerweise inaktive Zellen, die im Körper aller Menschen vorhanden sind. Wie unsere Preisträger demonstrierten, verursachen sie Krebs, wenn sie aktiviert werden.

Die Preisträger waren Dr. Bishop und Dr. Varmus von der Abteilung für Mikrobiologie und Immunologie an der University of California in San Francisco, Dr. Erickson von der Abteilung für Zelluläre und Entwicklungs-Biologie an der Harvard University und Dr. Weinberg vom Massachusetts Institute of Technology und Whitehead Institute.

Außerdem stiftete ich der Columbia University 1975 fünf Millionen Dollar für die Gründung des Julius and Armand Hammer Medical Center. Ich war sehr stolz, daß sie das Center nach ihren ehemaligen Studenten nannten, und war besonders gerührt, daß meines Vaters auf diese Weise gedacht werden sollte. Bei der Eröffnungsfeier überreichte man mir die Leistungstests meines Vaters – schön gebunden – aus den Jahren 1898 bis 1902.

Ich hatte das Gefühl, daß sich ein Kreis schloß. Am Tag, an dem verkündet wird, daß ein Mittel gegen Krebs gefunden worden ist, wird er sich endgültig geschlossen haben. Ich hoffe, diesen Tag erleben zu dürfen.

Am 11. Februar 1985 übergab ich den vierten jährlichen Hammer-

Preis in Höhe von 100000 Dollar. Dieses Mal teilten ihn sich drei japanische Wissenschaftler – Yorio Hinuma, Isao Miyoshi und Kiyoshi Takatsuki – mit Dr. Robert Gallo vom National Cancer Institute. Die Männer hatten auf ähnlichen Forschungsgebieten gearbeitet und zusammenhängende Entdeckungen über die Art und das Wachstum von T-Zellen-Leukämieviren gemacht.

Dr. Gallo isolierte den ersten menschlichen Leukämievirus und entdeckte Interleukin, eine biologische Wachstumssubstanz, die die Fähigkeit der Lymphozyten, Krankheiten entgegenzuwirken, steigert. Er entdeckte außerdem den Virus, der AIDS verursacht, und arbeitet an einem Impfstoff.

Während des Essens erzählte mir Dr. De Vita von der Arbeit Dr. Rosenbergs am National Cancer Institute in Bethesda, Maryland. Vincent sagte, daß Rosenberg Gallos Entdeckungen in der klinischen Praxis einsetze und erstaunliche Resultate in der Reversion von bösartigen Tumoren erhielte.

Vincent De Vita hatte einige Schwierigkeiten, mich zurückzuhalten, damit ich die Neuigkeiten nicht gleich hier im *Beverly Wilshire* Hotel an die Öffentlichkeit brachte. «Die Forschung ist noch in einem sehr frühen Stadium», sagte er, «und wir müssen vorsichtig sein, den Menschen keine falschen Hoffnungen zu machen. Wenn die Sache zu früh bekannt wird, wird Rosenberg von Leuten aus der ganzen Welt bestürmt und an seiner Arbeit gehindert.»

Dr. Vita hatte recht. Aber ich suchte Dr. Rosenberg auf. Er hatte das klassische Aussehen eines Wissenschaftlers – leicht abgetragene Kleidung, sorglos gekämmtes lockiges Haar, ein intelligentes gesundes Gesicht, dessen Ernsthaftigkeit durch eine randlose Brille betont wurde. Die Augen waren müde. Er sah aus wie ein Mann, der sich zu Tode schuftete.

Doch in der Präsentation seiner Arbeit war keine Müdigkeit oder Schwäche zu spüren. Eifrig und schnell erläuterte er die Prinzipien seiner Forschung. Sein Enthusiasmus schlug uns in Bann.

Seit etwa 1976 hatte er an Techniken für die Entwicklung einer «adoptiven Immunotherapie» gearbeitet, um die Aktivität der Zellen im körpereigenen Immunsystem, die Tumorzellen erkennen und töten können, zu steigern. Aufgrund der extremen technischen Schwierigkeiten, diese Zellen zu erhalten, hatte sich Dr. Rosenbergs Forschung viele

Jahre lang hauptsächlich auf Bemühungen konzentriert, die Funktion der T-Zellen zu verbessern und Wege zu finden, sie wieder einzuverleiben.

Schließlich hatten Dr. Rosenberg und sein Team durch den «glücklichen Zufall» von Dr. Gallos Entdeckungen über das T-Zellen-Wachstum ein System entwickeln können, mit dem die Zellen zusammen mit Interleukin 2 verabreicht werden.

Er zeigte uns Röntgenaufnahmen seiner Experimente. Zuerst zeigte er eine Röntgenaufnahme der Lunge einer Maus mit Tumoren, die metastasiert hatten. Das Röntgenbild war voll mit den verhängnisvollen schwarzen Flecken des Tumors. Dann zeigte er eine Aufnahme des Lungengewebequerschnitts nach der Behandlung, die er beschrieben hatte. Die schwarzen Flecken waren weg. Die Lunge war klar.

Er zeigte uns noch weitere Resultate seiner Tierexperimente. Sie waren alle ähnlich dramatisch.

«Haben Sie versucht, diese Behandlung auch bei Menschen anzuwenden?» fragten wir.

«Wir haben gerade damit begonnen», antwortete er.

«Und wie sind die Ergebnisse?»

«Ermutigend», sagte er leise. Zwei Patienten waren behandelt worden. Bei beiden gingen die Tumore jetzt zurück.

Dr. Rosenberg führte uns durch die Stationen und stellte uns den sehr tapferen Leuten vor, die sich für die Experimente zur Verfügung gestellt hatten. Einer davon erzählte uns, er besitze eine ganze Menge Occidental-Aktien. Er freute sich besonders, mich kennenzulernen.

Wieder in Dr. Rosenbergs Büro, versuchte ich ihm zu erklären, wie aufgeregt ich über seinen Bericht sei. Dr. Rosenberg riet zur Vorsicht. Die Experimente seien in einem sehr frühen Stadium, sagte er. Es sei noch zu früh, um sagen zu können, ob der Prozeß wirklich funktioniere. Er habe im Lauf der Jahre zu viele Rückschritte und Enttäuschungen erlebt, um jetzt übermäßig optimistisch zu sein. «Ich brauche mindestens noch einen Monat, um von diesen beiden Patienten mehr Resultate zu bekommen und den Prozeß bei weiteren zwei Patienten zu beginnen, bevor ich zuversichtlicher bin.»

«Ich verstehe Ihre Vorsicht, Dr. Rosenberg», sagte ich, «aber durch eine einmonatige Verzögerung müssen vielleicht viele Menschen sterben, die gerettet werden könnten. Gibt es denn nichts, was getan werden kann, um diesen Prozeß zu vereinfachen? Brauchen Sie irgend etwas?»

Er lächelte leicht verlegen und zögerte. Dann sagte er. «Unser Hauptproblem ist, daß die Zellenextraktion äußerst mühsam ist. Wenn wir ein paar Assistenten mehr hätten, könnten wir die Zahl der Patienten sofort verdoppeln. Wenn ich hunderttausend Dollar mehr hätte, könnten wir mit vier Patienten arbeiten.»

«Das Geld sollen Sie haben», sagte ich. Er schien protestieren zu wollen. «Wir sprechen hier nicht über Geschäfte», sagte ich. «Hier geht es um Leben und Tod.» Ich habe noch nie einen Menschen getroffen, dem es so schwer fiel, Geld anzunehmen, wie Steven Rosenberg.

Rosenberg war nun in der Lage, weitere zwei Patienten zu behandeln. Bald danach – mit Hilfe von Dr. De Vita – konnte er seine Patientenzahl wiederum verdoppeln. Nun waren es acht...

Während Steven Rosenberg sich in Washington um die Rettung von Leben kümmerte, wurde die Welt schon wieder überrascht. Zum dritten Mal mußte ich innerhalb von drei Jahren zum Begräbnis eines sowjetischen Führers plötzlich nach Rußland fliegen, und diese Reise zur Beerdigung von Konstantin Tschernenko gehört zu den dramatischeren Flügen meines Lebens.

Gorbatschow

Die Nachricht von Tschernenkos Tod erreichte uns indirekt. Ich packte gerade meine Koffer für eine Geschäftsreise in die Bundesrepublik, als im Radio bekanntgegeben wurde, daß Wladimir Schtscherbizki – ukrainischer Parteiführer und Politbüromitglied – plötzlich seine Amerikatour abgebrochen hätte und nach Moskau zurückgekehrt sei. Außerdem wurde berichtet, daß Radio Moskau das normale Programm durch ernste Musik ersetzt habe, was seit je ein untrügliches Zeichen ist. Ich sagte zu Frances: «Pack am besten meine Galoschen ein und meine Pelzmütze und gib Andy [meinem Fahrer] den Pelzmantel.»

«Wofür?» fragte sie.

«Ich vermute, daß ich in Moskau landen werde», sagte ich.

Als ich von Los Angeles abflog, war noch nichts Definitives bekannt.

Als die Oxy One um zwei Uhr früh zum Auftanken in Neufundland aufsetzte, schlief ich. Mein Privatassistent Rick Jacobs rief vom Flughafengebäude CBS News in New York an. Dann rannte er zum Flugzeug zurück, um mich zu wecken.

«Dr. Hammer», sagte er, «sie haben es bestätigt – Tschernenko ist gestorben. Es ist schon bekanntgegeben worden, daß Gorbatschow für die Abwicklung der Trauerfeier verantwortlich ist, was mit der Ernennung zum Nachfolger gleichbedeutend ist. Präsident Reagan schläft und ist noch nicht informiert worden.»

Ich verfaßte sofort ein Kondolenztelegramm an Gorbatschow und bat um Erlaubnis, an der Trauerfeier teilnehmen zu dürfen.

Dann setzten wir unseren Flug nach Deutschland fort. In Düsseldorf, an einem strahlenden Morgen, der die gefrorenen Felder und Wälder Deutschlands in leuchtende Farben tauchte, bereitete ich mich auf die Weiterreise nach Moskau vor.

Eine Antwort auf mein Telegramm war noch nicht eingetroffen. Natürlich konnte ich meinen Piloten nicht anweisen, ohne Genehmigung in den sowjetischen Luftraum einzufliegen. Die Trauerfeier war für den 13. März vorgesehen. Die Zeit verrann.

Ich beschloß, es darauf ankommen zu lassen. Niemand konnte mich schließlich daran hindern, einen normalen Linienflug nach Moskau zu nehmen. Ich hatte zwar kein Visum, aber meine Leute in Moskau würden das schon arrangieren.

Mit der Lufthansa flog ich von Düsseldorf nach Frankfurt und von dort nach Moskau weiter. Die erste Klasse war ausgebucht, aber ich freundete mich mit einer der netten Stewardessen an und fragte sie, ob ich mich auf drei leeren Plätzen ausstrecken könnte, wenn sie frei blieben. Ich hatte Glück: Drei Passagiere erschienen nicht, und mit Decken und Kissen konnte ich mir für eine Stunde Schlaf ein enges und unbequemes Bett zurecht machen.

Währenddessen war Michael Bruk in Moskau tätig. Mein Telegramm an Gorbatschow war gut aufgenommen worden. Bruk hatte sich mit meinem Freund Wladimir Promyslow, dem Bürgermeister von Moskau, in Verbindung gesetzt, der für mich und Rick Jacobs Einreisevisa beschaffte. Sie lagen am Flughafen bereit.

In Moskau fuhr ich direkt zur Säulenhalle in der Nähe des Kremls, wo Tschernenko aufgebahrt lag. Eine lange Menschenschlange erstreckte sich über viele Häuserblocks – einfache Leute standen in der Kälte und Dunkelheit, so weit das Auge reichte. Ich wurde eine breite Treppe hinaufgeleitet. Inmitten von Blumenbergen stand der offene Sarg erhöht, damit die Menschen den Toten sehen konnten. Der Raum war bis auf die Fernsehscheinwerfer und die Punktstrahler über dem Sarg dunkel. Eine Ehrenwache löste die andere in langsamem Stechschritt ab. Nachdem sie meinen Kranz niedergelegt hatten, durfte ich allein vor dem Sarg stehen. Mein Kummer war in diesem Augenblick groß. Ich fühlte, daß er und ich hätten Freunde werden können und daß er vielleicht noch viel Gutes getan hätte, wäre er am Leben geblieben. Ich fühlte mich außerdem betrogen, weil der Fortschritt, den wir in Richtung eines Gipfelgesprächs und eines Erstschlagsabkommens gemacht hatten, nun zum Stillstand gekommen war und ich mit seinem Nachfolger von vorn beginnen mußte.

Am nächsten Tag suchte ich den Bürgermeister auf, um ihm für seine Hilfe zu danken. «Der sowjetische Luftraum ist immer für Sie offen», sagte er. Wir kannten uns schon sehr lang. Er und ich hatten zusammen am «Hammer-Haus» gearbeitet, und Promyslow hatte persönlich dafür gesorgt, daß die letzten Bauphasen mit Hilfe der Roten Armee fertiggestellt wurden.

Der Bürgermeister von Moskau besitzt außerordentliche Machtbefugnisse, weit mehr als ein amerikanischer Bürgermeister. Ihm unterstehen sämtliche Versorgungseinrichtungen und die gesamte Industrieproduktion der Stadt, der Betrieb aller Bäckereien und die Lieferung von Milchprodukten in die Stadt und an alle Restaurants.

Promyslow und ich sprachen darüber, welche Auswirkungen die Nachfolge durch Gorbatschow, die bereits bestätigt worden war, wohl haben würde. Sehr vorsichtig deutete er an, daß ein neues Zeitalter anbrechen könnte und daß große Veränderungen zu erwarten wären. Die Haltung der amerikanischen Regierung zu Abrüstungsverhandlungen mit der UdSSR schien ihn ernsthaft zu beunruhigen. Er meinte, ein Fortschritt sei einfach nicht zu erzielen, wenn die Amerikaner nicht endlich zu überzeugen seien, daß die Russen ehrlich verhandelten und wirklich Frieden wollten. (Promyslow, der Ende siebzig war, setzte sich kurz danach – mit vielen Ehren – zur Ruhe.)

Nun stand ich wieder einmal auf dem Roten Platz, fast an derselben Stelle wie damals, als Lenin gestorben war, und im Februar 1984

Andropow. Während der Leichenzug sich langsam zu den Klängen von Chopins Trauermarsch über den Roten Platz bewegte, wurde mir erneut bewußt, wie ähnlich sich das neue und das alte Rußland sind. Das Begräbnis eines kommunistischen Führers der UdSSR gleicht in vielem einem Zarenbegräbnis – bis auf die fehlenden Priester. Die Porträts der Verstorbenen, die vor dem Sarg hochgehalten werden, ersetzen die Heiligenbilder einer orthodoxen Beerdigung. Der Sarg ist offen. Trauernde Familienmitglieder werfen sich zu einem letzten Abschied über die Leiche. In manchen Dingen hat dieses Jahrhundert Rußland weniger verändert, als es wahrhaben möchte.

Für solche Überlegungen hatte ich ausreichend Zeit. Ich stand drei Stunden. Es war mörderisch kalt. Hätte ich nicht meine vollständige Winterausrüstung angehabt – dazu Päckchen von selbsterwärmenden Chemikalien in den Stiefeln – wäre ich zum Krüppel gefroren.

Michail Gorbatschow hielt die Ehrenrede im Namen des Zentralkomitees der Kommunistischen Partei. Gromyko stand neben ihm, teilnahmslos und rätselhaft wie immer. Gorbatschows Rede war voller aggressiver Angriffe auf die Vereinigten Staaten, und dabei kam mir der Gedanke, daß die vorausgesagten Veränderungen möglicherweise gar nicht so umwerfend und dramatisch sein würden. Aus Gorbatschow sprach das alte Politbüro.

Sein privates Verhalten war ganz anders. Als ich ihm vorgestellt wurde, leuchtete sein Gesicht auf, sein Händedruck war fest und freundlich und sein Blick direkt und offen. «Ich bin sehr froh, daß Sie hier sein können.»

Ich sagte, ich würde gern bald wieder nach Moskau kommen, und ich hoffe, ihn dann zu sehen. Er erwiderte, auch er würde sich freuen, mich zu treffen.

Danach schüttelte ich die Hände Tichonows und Gromykos, die an ihren gewohnten Plätzen rechter Hand der Macht standen. Wir konnten alle nicht ahnen, daß ihrer beider Positionen sich in wenigen Monaten verändern würden.

Gromyko begrüßte mich freundlich, mit einem kaum wahrnehmbaren Kräuseln seiner Lippen und einem Augenzwinkern, was auf seinem Gesicht bereits als Lächeln gilt. «Wir haben viele Gläser Tee miteinander getrunken», sagte er, «und ich hoffe, es werden noch viele mehr.»

Beim Verlassen der Halle traf ich Pakistans Präsidenten Zia-ul Hak.

Er sagte: «Denken Sie daran, wir erwarten Sie Ende des Monats zum Dinner.» Margaret Thatcher konnte sich nicht verkneifen zu sagen: «Ich wußte, daß Sie hier sein würden.» Und George Bush, der sich mit Senator Baker unterhielt, meinte lakonisch: «Armand, was machen Sie da hinten? Ich dachte, Sie stehen ganz vorn in der Reihe.» Da wir uns alle bereits bei Andropows Begräbnis getroffen hatten, lag etwas Informelles und Unfeierliches in diesen Begegnungen. Es herrschte eine Atmosphäre wie bei der Zusammenkunft eines Privatclubs, der eines seiner Mitglieder zu Grabe trug.

Die Stimmung, die am Tag nach der Beerdigung in Moskau herrschte, war unerwartet fröhlich. Alle Fahnen, die auf halbmast geflattert hatten, waren entfernt worden. Die Menschen auf den Fußsteigen gingen voll Schwung. Viele lächelten – ein seltener Anblick in Moskau. Ein Hauch von Frühling lag in der Luft, und als ich zum Flughafen fuhr, bemerkte ich, daß die Rohre und Regenrinnen, die gestern noch mit Eis bedeckt waren, jetzt leise tropften. Es taute, und ich nahm es als gutes Omen.

Auch im Verhalten von Polizei und Zoll am Flughafen war eine spürbare Veränderung vor sich gegangen. Wie durch ein Wunder waren die üblichen Hindernisse verschwunden. Als sich unsere Autos der Flughafenumzäunung näherten, schwenkte ein Jeep vor uns ein, auf dem ein großes Schild befestigt war: FOLGEN SIE MIR. Der Jeep führte uns direkt auf die Rollbahn und zur Treppe meines Flugzeugs, das abflugbereit stand. Ein Offizier der Armee am Fuß der Treppe inspizierte kurz unsere Pässe und Visa und warf einen Blick auf die Koffer, die an Bord getragen wurden. Dann schlossen sich die Türen, und wir waren wieder unterwegs. In meiner fünfundsechzigjährigen Erfahrung mit sowjetischen Zollbeamten hatte ich so etwas noch nie erlebt.

Pendelverkehr

Der Weg zurück nach Moskau war lang und gewunden. Bevor ich im Juni 1985 erneut nach Moskau flog, um Michail Gorbatschow zu sehen, hatte ich mich um viele Dinge zu kümmern. Am 11. Juni war es dann wieder soweit. Wie Tschernenko empfing mich auch Gorbatschow in seinem Büro im ZK-Gebäude – übrigens im selben Raum. Wieder begrüßte Alexandrow mich und Michael Bruk im Vorzimmer und meinte – genau wie damals –, daß es wohl nur ein kurzes Gespräch sein würde, weil Gorbatschow an diesem Tag noch eine Reihe von Staatsoberhäuptern empfangen müsse. «Es dauert vielleicht nur zwanzig Minuten oder eine halbe Stunde», sagte er.

Als ich das Büro betrat, kam mir Gorbatschow rasch entgegen, schüttelte mir die Hand und sagte, wie froh er sei, mich wiederzusehen. Dann führte er mich zu einem Platz ihm gegenüber an einem langen Tisch, der mit einem grünen Tuch bedeckt war. TASS-Fotografen knipsten. Der Generalsekretär und ich begannen unser Gespräch. Ein Dolmetscher war nicht anwesend. Gorbatschow sprach Russisch, obwohl ich den Eindruck hatte, daß er auch etwas Englisch verstand. Ab und zu halfen mir Bruk oder Alexandrow mit ein paar Worten aus, aber unser Gespräch war frei, spontan und zwanglos.

Gorbatschow hatte weder eine Rede vorbereitet noch sich Notizen gemacht. Er sprach mit Autorität und Verstand. Vom ersten Augenblick an war klar, daß er sich seiner selbst absolut sicher war und sich völlig in der Gewalt hatte. Ich überlegte, welcher andere sowjetische Staatschef einen ebenso achtunggebietenden Eindruck gemacht hatte wie er. Chruschtschow, Breschnew und Tschernenko waren alle auf ihre Weise herausragende Persönlichkeiten gewesen, aber Gorbatschows Haltung drückte Führerschaft aus, so wie ich dies bisher nur bei Lenin empfunden hatte. Das behielt ich natürlich für mich, während ich den Generalsekretär genau beobachtete und mir der Gedanke durch den Kopf ging: «Ronald Reagan wird auf der Hut sein müssen, wenn er diesen Mann – ganz offensichtlich ein hervorragender Verhandlungspartner – jemals zu einem Gipfelgespräch treffen wird.»

Zunächst besprachen wir kurz Geschäftliches, dann wandten wir uns der Politik zu. Dobrynin hatte mir bereits gesagt, daß Gorbatschow auf keinen Fall bei der Generalversammlung der Vereinten Nationen im September dabei sein werde, wie das Gerücht gegangen war. Ich drängte ihn deshalb, sobald wie möglich ein Gipfeltreffen mit Reagan zu arrangieren.

«Ich stehe mit dem Präsidenten in Verbindung», antwortete er. «Diese Frage wird erörtert, und wir sind zu einem Gipfeltreffen bereit, nur das Datum und der Ort müssen noch festgelegt werden.»

Die Chancen für einen Gipfel standen also gut. Ich strahlte vor Freude über diese Neuigkeit. Er schien nicht so aufgeregt. «Ich bin nicht sehr optimistisch», sagte er. «Ich finde, es lohnt sich nicht, wenn nichts Gutes dabei herauskommt, und dafür sind die Chancen nicht allzugut, solange die Amerikaner den Rüstungswettlauf aufrechterhalten und auf der Fortsetzung ihres SDI-Programms bestehen.»

Ich erzählte ihm von meinem Gespräch mit Tschernenko – wie ich ein Erstschlagsabkommen vorgeschlagen und dieser sich neutral verhalten hatte.

«Als der gleiche Vorschlag während der Stockholmer Konferenz vom sowjetischen Vertreter vorgebracht wurde, war ich sicher, daß das Politbüro Anweisungen gegeben haben mußte», sagte ich.

Gorbatschow lächelte und sagte nichts.

«Seit meinem Treffen mit Tschernenko», sagte ich, «habe ich mit Leuten vom State Department gesprochen, und mein Eindruck ist: Präsident Reagan wäre wahrscheinlich bereit, sich anzuschließen, wenn die Nationen des Warschauer Pakts wirklich zu einem Abkommen bereit sind, nicht als erste konventionelle oder atomare Waffen einzusetzen.»

«Wir haben bereits versucht, ihn zu einem derartigen Abkommen zu bringen...» begann er.

«Ich glaube, daß die Vereinigten Staaten dem schließlich zustimmen werden», fuhr ich fort, «weil es sonst aussähe, als ob sie wirklich an einem Erstschlag interessiert seien, was nicht stimmt.»

«Da muß ich Ihnen widersprechen», sagte er. «Ich glaube, daß die Vereinigten Staaten sehr daran interessiert sind, eine Erstschlagskapazität zu haben und beizubehalten, und wir meinen, daß die geplante SDI-Entwicklung ein Teil dieser Ambition ist. SDI kann nur einer Macht von Vorteil sein, die versucht, eine Erstschlagskapazität beizubehalten, und in diesem Sinne ist es ein aggressiver Plan. Ich zweifle an der Aufrichtigkeit Ihres Präsidenten. Ich glaube nicht, daß er ernsthaft Frieden sucht.»

Ich war sehr beunruhigt, Gorbatschow so reden zu hören, und ich dachte an den strengen und unbeugsamen Eindruck, den er gemacht hatte, als er bei Tschernenkos Trauerfeier gesprochen hatte.

«Ich zweifle überhaupt nicht an Reagans Friedenswunsch», sagte ich, «aber wenn Sie an seiner Aufrichtigkeit zweifeln, warum stellen Sie ihn nicht auf die Probe?»

«Was schlagen Sie vor?» fragte er.

«Es gibt zwei Möglichkeiten», antwortete ich. «Als erstes könnten Sie den Vorschlag für die Nichtanwendung von nuklearen oder konventionellen Waffen wiederholen. Zweitens könnten Sie – wenn Sie die SDI-Entwicklung so beunruhigt – vorschlagen, daß Sie sich sofort an der Forschung beteiligen und die Forschung nicht im Weltall, sondern auf der Erde durchführen wollen.»

«Damit wären sie nie einverstanden», sagte er.

«Warum nicht? Präsident Reagan hat bereits gesagt, daß er das System, wenn es erfolgreich ist, der Welt anbieten will, so daß jeder davon profitieren kann. Und wenn dies der Fall ist, was stünde einer sofortigen Beteiligung im Wege?»

Gorbatschow erwiderte, daß Reagan nie die Erlaubnis für ein solches Angebot erhalten würde. «Der Präsident ist ein Gefangener der amerikanischen Rüstungsindustrie, die das Weiße Haus beherrscht», sagte er. Er zitierte Präsident Eisenhower, der – wie er sagte – das amerikanische Volk nach seiner Pensionierung gewarnt habe, sich vor dem militärisch-industriellen Komplex nicht in acht zu nehmen.

Ich war schockiert. «Der Präsident der Vereinigten Staaten ist niemandes Gefangener», sagte ich. «Er wird von einem frei gewählten Kongreß und einer freien Presse unterstützt, die niemals tolerieren würden, daß die Präsidentschaft von einer Interessengruppe dominiert wird. Natürlich gibt es mächtige Interessengruppen in den Vereinigten Staaten, und die Rüstungsindustrie hat tatsächlich eine einflußreiche Lobby. Aber es ist ein großer Fehler anzunehmen, daß sie den Präsidenten beherrschen kann. Seine Rechte machen ihn völlig unabhängig.»

Gorbatschow sagte: «Es tut mir leid, aber ich muß Ihnen widersprechen, Dr. Hammer.»

Ich hatte ein sehr ungutes Gefühl. Gorbatschows Auffassung war nicht neu, aber ich hatte sie noch nie aus dem Mund eines Generalsekretärs der KPdSU gehört.

Ich begann, Gorbatschows Charakter klarer zu sehen. Offensichtlich war er ein Mann großer Intelligenz und Stärke, dessen Haltung zur Innenpolitik und zu den wirtschaftlichen Bedürfnissen seines Landes äußerst pragmatisch ist. Gleichzeitig wußte er über unser Land – zweifellos, weil er die Vereinigten Staaten noch nie besucht hatte – nur bedingt Bescheid. Das wurde besonders deutlich, als ich ihm die Kopie eines Jahresberichts von Occidental für das Jahr 1984 zeigte. Alexandrow mußte ihm bilanztechnische Begriffe erklären.

Ich hatte Gelegenheit, ein grundlegendes Mißverständnis zu beseitigen. Ich mußte tun, was ich konnte, um sicherzustellen, daß er so bald wie möglich mit Reagan zusammentraf, damit er merkte, daß der Präsident nicht das Werkzeug irgendeiner Gruppe war, und ich mußte persönlich mit Reagan sprechen, um ihn über die Denkweise des neuen Generalsekretärs aufzuklären.

Mein Gespräch mit Gorbatschow dauerte jetzt fast anderthalb Stunden, und ich glaube, es hätte sich noch weiter ausgedehnt, wenn ich nicht aufgestanden wäre. Auf dem Weg zur Tür sagte er: «Ich weiß, daß Amerika ohne Rußland und Rußland ohne Amerika leben kann, aber das ist für beide Seiten oder den Rest der Welt nicht gut. Der Westen muß wissen, daß er den Sozialismus nie zerstören kann – ich glaube nicht, daß Ihre Leute das verstehen.»

«Nun, ich glaube nicht, daß das unser Ziel ist», sagte ich. «Wir können vom Sozialismus etwas lernen, aber die Dinge laufen bei Ihnen nicht so wie in Amerika. Unser System mag einiges abverlangen, aber es motiviert die Menschen, und deshalb haben wir auch den höchsten Lebensstandard. Vielleicht haben wir eines Tages ein System der friedlichen Koexistenz, wo sich das Gute des Sozialismus mit dem Guten des Kapitalismus vermischt.» Gorbatschow sagte nichts dazu.

Er lud mich ein, nach Moskau zurückzukehren und ihn wieder zu besuchen. Ich sagte, ich sei immer bereit zu kommen.

Die Presse der ganzen Welt brachte Artikel über mein Gespräch mit Gorbatschow. Wie nach meinem Treffen mit Tschernenko im Dezember 1984 wurde ich von Reportern und Fernsehcrews belagert, und wieder erschien ich in Live-Übertragungen nach Amerika. Ich war jedoch vorsichtig in meinen Bemerkungen. Ich wollte zuerst mit dem Präsidenten sprechen.

Am 23. Juni 1985 hatte ich zwei Verabredungen. Mittags traf ich Dobrynin. Um vier wurde ich im Oval Office erwartet.

Die Amerikaner, sagte Dobrynin, machten die Chance zunichte, eine Zeit und einen Ort für den Gipfel festzusetzen, und brächten keine konkreten Diskussionsvorschläge auf den Tisch. Er sagte auch, weil der Präsident auf der SDI-Entwicklung bestehe, würde jede Möglichkeit zu echtem Fortschritt vereitelt. Er sagte, Gorbatschow habe Reagan bereits zu einem Gipfelgespräch nach Rußland eingeladen, aber das Weiße Haus sei dagegen gewesen. Ich versprach, all dies zur Sprache zu bringen.

Im Weißen Haus erwartete mich eine größere Gruppe. Außer dem Präsidenten waren Jack Svahn, sein innenpolitischer Berater, der Stabschef Donald Regan und Vertreter des State Department und des Büros des Nationalen Sicherheitsberaters Robert McFarlane anwesend.

Der Präsident war bei bester Gesundheit und Laune, und es war erstaunlich, wie gut er mit dem TWA-Entführungsdrama, das sich gerade zu diesem Zeitpunkt abspielte, fertig wurde. Ich entschuldigte mich, daß ich seine Zeit in solch einer Krise in Anspruch nahm, und ergriff die Gelegenheit beim Schopf, das Gespräch mit einer Beschreibung der Arbeit zu beginnen, die Dr. Rosenberg und Dr. Old im Kampf gegen den Krebs leisteten.

Der Präsident schien sehr interessiert, doch es war die Gipfelkonferenz, die ihn am meisten beschäftigte. Er sagte mit Nachdruck, daß Gorbatschow einem Gipfelgespräch bereits zugestimmt habe, daß ein Treffen vor Jahresende an einem neutralen Ort stattfinden werde. Als ich nach dem Datum fragte, warf Reagan ein: «Vor Jahresende», nannte aber keinen genauen Zeitpunkt, woraus ich schloß, daß sie sich weder über das Datum noch den Ort geeinigt hatten.

Dann drängte ich den Präsidenten, die Einladung der Russen anzunehmen. Bevor er antworten konnte, rief Regan: «Nein, Herr Präsident, die Russen sind an der Reihe. Wir haben ihnen eine Einladung geschickt, und sie haben sie zurückgewiesen. Es gibt also keinen Grund, warum der Präsident zu ihnen kommen sollte.» Der letzte Gipfel zwischen einem US-Präsidenten und den Russen, fuhr er fort, habe stattgefunden, als der Präsident in Rußland war – ich nahm an, er meinte Ford, der Breschnew in Wladiwostok traf –, und jetzt seien sie an der Reihe.

«Wichtig», unterbrach ich ihn, «sind Resultate, an Förmlichkeiten sollte man dabei nicht festhalten.» Ich sagte zu Reagan: «Sie sind ein zu großer Mann, um sich von Ihrem Stolz leiten zu lassen. Sie sind der

Präsident des mächtigsten Landes der Erde und der mächtigste Mann der Welt.» Ich sagte, er solle zeigen, wie großmütig und großzügig er sei, und die Einladung annehmen, auch daß er im russischen Fernsehen erscheinen und sich mit den russischen Menschen anfreunden könne, die sehen würden, daß er Frieden wolle genau wie sie.

Don Regan versuchte mehrmals, meine Vorschläge im Keim zu ersticken. Der Präsident sagte: «Wir haben alle möglichen Vorschläge gemacht. Sie haben seit Monaten nicht geantwortet.» Ich sagte, daß Gorbatschow erst seit drei Monaten im Amt sei. Regan unterbrach mich: «Wir haben ihm diese Vorschläge von Anfang an vorgelegt.»

Ich erwiderte, ich hielte es für absolut notwendig, daß der Präsident und Gorbatschow sich an einen Tisch setzten, und der Präsident stimmte mir zu. Ich sagte, daß Gorbatschow in beunruhigender Weise über Amerika und die Präsidentschaft fehlinformiert sei und daß er noch immer von Männern beraten werde, die eine harte Linie verfolgten. Wenn sich aber beide zusammensetzten, könnten die Dinge anders aussehen. Er könnte als einer der größten Präsidenten seit Franklin Roosevelt in die Geschichte eingehen – dies sei die Chance seines Lebens.

Für das Gespräch waren 15 Minuten anberaumt worden – eine halbe Stunde war bereits verstrichen, und andere Leute warteten draußen. Ich hatte das Gefühl, der Präsident hätte sich gern länger mit mir unterhalten, wenn es möglich gewesen wäre. Er dankte mir herzlich und erhob sich, um mich zur Tür zu begleiten.

Es kommt mir direkt unheimlich vor, wenn ich daran denke, daß so viele Punkte meines Gesprächs mit Präsident Reagan plötzlich an der Tagesordnung waren und weltweite Aufmerksamkeit verlangten. Innerhalb von drei Wochen wurde der Präsident selbst ein Patient Dr. Rosenbergs und mußte sich einer Krebsoperation unterziehen. Gromyko wurde aus seiner offenbar unerschütterlichen Position entfernt und nach oben in die Präsidentschaft versetzt. Und für den Gipfel wurden Zeitpunkt und Ort festgesetzt.

In der Zwischenzeit war ich bei Deng Xiaoping in China und unterzeichnete einen Vertrag für die Entwicklung der An-Tai-Bao-Mine. Wie ich immer wieder erzählt habe, sah es aus, als ob das Projekt ins Wasser fallen würde, und wie einer meiner Leute nach der Unterzeichnung bemerkte: «Ohne die Entschlossenheit dieser beiden zähen alten Vögel – Hammer und Deng Xiaoping – wäre die Sache nie zustande gekommen. Wenn die zwei Achtziger sich etwas in den Kopf setzen, dann wird auch was draus.» Deng und ich verstehen uns wunderbar. Natürlich ist er im Vergleich zu mir ein Jüngling, und ich sage ihm immer wieder, wenn er nur das Kettenrauchen ließe, könnte er noch ein schönes Alter erreichen. Er lacht und sagt, da er die Achtziger schon erreicht habe, könne ihm diese Sucht nicht mehr allzu sehr schaden. Für die Zigarettenstummel hatte er stets einen Spucknapf zu seinen Füßen.

Deng muß einer der klügsten Männer der Welt sein. Daß er die maoistischen Exzesse der Kulturrevolution überlebt hat, als er öffentlich beschimpft und gedemütigt und sein Sohn ermordet wurde, ist an sich schon ein Wunder. Doch er scheint gegen seine früheren Feinde keine Rachegefühle zu hegen. Er möchte nur seine Arbeit tun. Er möchte sicherstellen, daß die Schwungkraft für Chinas massiven Sprung in das moderne Zeitalter erhalten wird und daß der Fortschritt, der in den letzten Jahren erzielt wurde, auch nach seinem Tod nicht ins Gegenteil umschlägt. Er weiß, daß ihm nur wenig Zeit verbleibt, so ist er ein Wirbelwind voller Ideen und Taten, eine Inspiration für ältere Menschen auf der ganzen Welt. Deng Xiaoping ist der lebende Beweis dafür, daß ein Mensch in einem Alter, in dem andere nur noch passiv am Leben beteiligt sind, den Höhepunkt seiner Fähigkeit erlangen und nutzen kann.

Es gibt nichts Erfreulicheres als eine politische Diskussion mit den chinesischen Führern. Ihre Wahrnehmung ist so scharf, ihr Urteil so fein, ihre Worte sind so delikat und verblümt, daß ein Gespräch mit ihnen wie eines ihrer Banketts ist – ein Arrangement exquisiter Freuden. Deng und Vizepremier Li Peng wollten alles über meine Unterredungen mit Gorbatschow und Reagan wissen. Sie waren meiner Meinung, daß Gorbatschow die Kontrolle über die sowjetische Außenpolitik übernehmen würde und die Tage der alten Kremlfalken gezählt seien. Sie deuteten an, daß für die UdSSR und China eine Wiederherstellung freundschaftlicher Beziehungen in den Karten stünde, solange Rußland nicht versuchte, China zu «umarmen», wie Li Peng es ausdrückte – eine sehr feine Art zu sagen, daß die Russen sich besser um ihre eigenen Angelegenheiten kümmern sollten.

Wie ich waren auch die chinesischen Führer von der Haltung des

Kremls und des Weißen Hauses und den gegenseitigen Beschuldigungen beunruhigt. Ideologische Dogmen dürften die Politik der derzeitigen chinesischen Führer nicht beherrschen. Ihr vorrangiges politisches Prinzip ist es, stets im besten Interesse Chinas zu handeln – die Ideologie nimmt einen sehr viel geringeren Rang ein.

Ich berichtete von der bevorstehenden Ankündigung, daß Reagan und Gorbatschow sich im November in einem neutralen Land treffen würden. Sie wußten bereits davon. Keiner von uns wußte jedoch, daß noch vor meiner Rückkehr in die USA zwei enorm wichtige Dinge bekanntgegeben werden würden.

In Moskau wurde verkündet, daß Gromyko nicht länger Außenminister sein würde und zum Staatspräsidenten – eine eher zeremonielle Position – «befördert» worden sei und daß ihn Gorbatschows enger Verbündeter Eduard Schewardnadse ablöste. Mit der gleichen Nachricht erfuhren wir, daß Grigorij Romanow – Gorbatschows Hauptrivale im Politbüro – «aus Gesundheitsgründen» zurückgetreten sei. Deutlicher hätte sich Gorbatschows Entschlossenheit, der absolute Herrscher im eigenen Haus zu sein, nicht zeigen können.

Am nächsten Tag, dem 2. Juli 1985, gab die Regierung in Washington bekannt, daß die beiden Staatschefs sich vom 19. bis zum 21. November in Genf zu einem Gipfelgespräch treffen würden. Endlich! Wie alle anderen Menschen auf der Welt faßte ich neuen Mut, aber die negativen Prognosen des Weißen Hauses enttäuschten mich. Es war, als ob man das Ereignis schon im voraus als Fehlschlag betrachtete. Diese negative Einstellung konnte ich nicht begreifen.

Am 5. Juli 1985 sagte Viktor Afanasjew, Chefredakteur der *Prawda*, zu einer Gruppe amerikanischer Redakteure, die Moskau besuchten, daß ich in der Herbeiführung des Gipfeltreffens «eine bedeutende Rolle gespielt» hätte. Er sagte, daß Gorbatschows Entscheidung, Präsident Reagan zu treffen, zum Teil auf dem Wunsch westeuropäischer Staatsmänner beruht habe und daß ich eine Menge getan hätte, um die Verhandlungen zu erleichtern. Wenn der Redakteur der *Prawda* spricht, wiederholt er offizielle Lesarten. Einer der Hauptunterschiede zwischen amerikanischen und russischen Journalisten ist der, daß die Amerikaner mehr sagen als sie wissen und die Russen weniger.

Krieg der Sterne

Im August 1985 konnte ich nur ein unruhiges Auge auf die politischen Affären und den stolpernden Fortschritt werfen. Eine absurde und schädigende Propagandaschlacht war im Gange, in der beide Seiten den Gegner zu übertreffen suchten. Die Sowjets ließen in der *New York Times* eine halbseitige Anzeige veröffentlichen, in der sie ihre friedenstiftenden Absichten priesen und die Methoden der Vereinigten Staaten verurteilten. Die Amerikaner konterten, indem sie sich über den «Spionagestaub» aufregten – ein Pulver, das die Sowjets angeblich auf die Lenkräder und Türknäufe amerikanischer Autos und Einrichtungen in Moskau gestreut hatten, mit dem man deren Fährte verfolgte und das eine krebserzeugende Wirkung haben sollte. Falls an der Behauptung etwas Wahres war, mußten die Amerikaner schon lange davon gewußt haben. Um einen Propagandapunkt zu gewinnen, machten sie jetzt Theater.

Als Privatbürger meinte ich, weit genug gegangen zu sein. Für mich blieb nur noch wenig zu sagen oder zu tun übrig. Aber ich hatte vor dem Gipfel noch eine Karte auszuspielen – und wie sich herausstellte, die einflußreichste. Ich glaubte, die Lösung zum Konflikt über das weltraumgestützte Raketenabwehrsystem (SDI) zu haben. Der «Krieg der Sterne» war der größte Stolperstein auf dem Weg zur Genfer Gipfelkonferenz. Beide Seiten waren unerbittlich. Die Russen verkündeten, das Gipfeltreffen würde zu keinen Ergebnissen führen, wenn die Amerikaner nicht bereit wären, den Rüstungswettlauf im Weltall aufzugeben. Sie sagten, sie hätten keine Lust, Milliarden von Dollar für ein eigenes System zu verschwenden. Wenn wir aber die Arbeit an unserem System fortsetzten, müßten sie selbstverständlich Maßnahmen ergreifen, dem entgegenzuwirken.

Der Präsident erklärte in der Zwischenzeit, daß die Forschung und Entwicklung fortgesetzt würde, wiederholte aber auch sein Angebot, die Russen und die ganze Welt am Nutzen des Systems zu beteiligen, wenn es funktionierte.

Wie ich Gorbatschow gegenüber erwähnt hatte, wußte ich möglicherweise einen Weg aus dieser Sackgasse. Wenn die Amerikaner bereit wären, ein fertiges SDI-System mit den Russen zu teilen, warum nicht auch ein unfertiges SDI-System? Warum konnten sie keine

Partnerschaft anbieten mit verifizierbaren Vor-Ort-Inspektionen auf beiden Seiten, um das System von Anfang an gemeinsam zu erforschen und zu entwickeln?

Gorbatschows erste Reaktion zu dieser Idee war die der meisten Leute. «Ihre Regierung würde dem nie zustimmen», sagte er. Amerikanische Freunde, mit denen ich darüber sprach, sagten: «Wir können die Russen nicht in unserem High-Tech-Hinterhof spielen lassen!»

Andere waren weniger höflich. «Das ist das Idiotischste, was mir je untergekommen ist», war eine Reaktion, die mir zugetragen wurde. Alle hielten die Sache für unmöglich. Das ist aber oft das Merkmal einer guten Idee.

Ich hielt das Ganze einfach für vernünftig. Wenn die Amerikaner die Russen nach der Perfektionierung des Systems an den Forschungsergebnissen teilhaben lassen wollten, würden diese ja auch dann irgendwelche hochrangigen Geheimnisse des Systems ableiten können. Sie sind schließlich nicht dumm. Es gab einen Präzedenzfall: das Kopplungsmanöver im Weltall der amerikanischen Apollo-Astronauten und der russischen Sojus-Kosmonauten im Jahr 1975 machte eine solche Kooperation erforderlich.

Wenn die Russen und Amerikaner ermutigt werden könnten, eine gemeinsame SDI-Entwicklung auch nur in Erwägung zu ziehen, würde der Weg zum Erfolg in Genf vom größten Hindernis befreit werden.

Am Sonntag, dem 22. September 1985, veröffentlichte die *New York Times* meine Idee. Der Zeitpunkt hätte nicht besser gewählt sein können. Die Generalversammlung der Vereinten Nationen sollte zu ihrem 40. Jahrestag eröffnet werden, und Manhattan war voller Staatsoberhäupter. Schewardnadse war gerade eingetroffen und bereitete eine große Rede vor. Der Präsident sollte jeden Tag eintreffen. Ich sorgte dafür, daß der Artikel an alle Staatschefs, alle Kongreßmitglieder und weltweit an eine Menge anderer Politiker verteilt wurde.

Die Reaktion war außerordentlich. Ich habe nie etwas geschrieben oder gesagt, was so viel Zustimmung erhielt. Briefe von Senatoren und Kongreßabgeordneten, die die Idee unterstützten, strömten herein. Und als der Artikel auch in der *International Herald Tribune* veröffentlicht wurde, schrieben mir auch ausländische Staatschefs, darunter zwei ehemalige Premierminister Englands – Edward Heath und James Callaghan.

Keine Woche später war ich in Washington, um mit Schewardnadse persönlich darüber zu diskutieren. Er hatte vor der UNO eine überraschende Rede gehalten und alle mit seinem Ernst und seiner Stärke beeindruckt, wobei er andeutete, daß im Kreml eine wahrhaft neue Ordnung eingezogen sei, die die alten Tage des hölzernen Dogmatismus ablöste.

Er beeindruckte mich sehr. Zunächst war er vorsichtig und ruhig, sogar reserviert. Unser Gespräch dauerte etwas über eine Stunde, und am Ende hielt er meine Hand, als wir nebeneinander auf dem Sofa saßen. Als wir zur Tür gingen, rief Dobrynin, der ebenfalls anwesend war, seine Fotografen herbei, und wir wurden zusammen fotografiert – wir drei mit den Armen um unsere Schultern gelegt.

Schewardnadse und Dobrynin waren noch immer skeptisch, was die Bereitschaft des Präsidenten betraf, das SDI-Programm in irgendeiner Form zu teilen. Ich sagte, meiner Meinung nach sei es dem Präsidenten mit dem Angebot völlig ernst gewesen und daß ich außerdem glaubte, seine Einstellung gegenüber den Russen habe sich weitgehend geändert und daß er ganz bestimmt Frieden mit ihnen wolle. Sie nickten.

Schewardnadse sagte, er sei mit einem langen Brief von Gorbatschow an Reagan nach Amerika gekommen, in dem Vorschläge für das Gipfelgespräch aufgeführt seien, aber die Amerikaner schienen spezifische Punkte vermeiden und sicherstellen zu wollen, daß der Gipfel nur Allgemeinheiten behandeln sollte. Wenn die Staatschefs mit weiter nichts als Wohlwollensklischees nach Hause zurückkehrten, wäre die Konferenz fehlgeschlagen und die Chance verpaßt. Nun war ich an der Reihe zu nicken.

Kurze Zeit später hörte ich von einem meiner Freunde im State Department, daß Reagan meinen SDI-Vorschlag in Erwägung gezogen habe. Er befürchtete jedoch, daß wir den Russen die Möglichkeit gäben, die Entwicklung voranzutreiben, wenn wir die SDI-Forschung schon jetzt teilten. Dann hätten sie denselben enormen Vorsprung vor Amerika, den sie jetzt fürchten. «Sicherlich», sagte ich, «geht die Vorstellungskraft doch so weit, daß man ein Abkommen und Bedingungen für eine verifizierbare Vor-Ort-Inspektion ausarbeiten könnte, die dieses Risiko aus dem Weg räumen?»

«Ich erzähle dir nur, was er befürchtet», sagte mein Freund, «ich behaupte nicht, daß es Sinn macht.» Er fuhr fort: «Eine Sache habe ich dem Präsidenten jedoch eingeprägt, als ich dich zitierte, nämlich, daß im Politbüro nur eine Person das letzte Wort hat, und zwar Generalsekretär Gorbatschow, und daß es deshalb unbedingt notwendig ist, daß der Präsident sich auf ein Gespräch mit ihm allein konzentriert.» Wie die Ereignisse bewiesen, kam diese Botschaft an.

Palm Beach

Während wir auf Genf warteten, war ich ausreichend beschäftigt. In naher Zukunft stand uns der Besuch des Prinzen und der Prinzessin von Wales und die große Gala bevor, die ich – zugunsten einer meiner anderen Lieblingsinteressen, die United World Colleges – für sie organisierte.

Nichts in meinem Leben hat mir in jüngerer Zeit mehr Freude bereitet, als dem Prinzen zu helfen und nah genug zu sein, um beobachten zu können, wie sich dieser bemerkenswerte junge Mann zu einem reifen Menschen entwickelt hat.

Es wird behauptet, daß Prinz Charles als Heranwachsender schüchtern und unsicher war. Damals kannte ich ihn nicht, aber als ich ihn Ende der siebziger Jahre kennenlernte, haftete ihm immer noch etwas von dieser Unsicherheit an. Er war ein warmherziger, hochintelligenter Mensch mit viel Sinn für Humor. Aber das ständige Herumfummeln an seinen Manschettenknöpfen und dem Siegelring am kleinen Finger seiner rechten Hand und seine merkwürdigen plötzlichen Hand- und Armbewegungen ließen darauf schließen, daß er sich in seiner Haut nicht ganz wohl fühlte. Vielleicht war er sich nicht vollkommen sicher, ob er dieses Prestige und Privileg seiner Geburt überhaupt verdiente, vielleicht wußte er nicht so genau, was er in der Zeit seiner Thronanwärterschaft mit sich anfangen sollte.

Im Verlauf der letzten acht Jahre hat sich zwischen mir und Prinz Charles eine Freundschaft entwickelt. Viele Stufen dieser Freundschaft müssen natürlich privat bleiben, aber es kann wohl nicht schaden, wenn ich ein paar Momente beschreibe, die einen Einblick in seine außergewöhnliche Welt gestatten.

Als Frances und ich ihn einmal im Buckingham-Palast besuchten, baten wir ihn, uns seine eigenen Gemälde zu zeigen. Er meinte aber, er sei kein besonders guter Maler und auf seine Bilder alles andere als stolz. Auf unser hartnäckiges Drängen holte er schließlich ein paar Aquarelle.

Ich fand sie recht gut und sagte: «Lassen Sie mich doch eine Ausstellung Ihrer Arbeiten bei Knoedler organisieren. Sie wäre ein Erfolg.»

«Oh, ich weiß nicht», sagte er. «Ich finde meine Bilder für eine Show nicht gut genug.»

Ich versuchte ihn zu überreden, aber er gab nicht nach. Seine Technik, sagte er, sei viel zu grob und laienhaft. Er brauche wirklich viel mehr Übung und vielleicht auch einen guten Lehrer.

«Ich kenne einen der besten Aquarellisten Amerikas», sagte ich. «Bob Timberlake. Soll ich ihn herüberbringen, damit er Ihnen ein paar Stunden gibt?»

«Meinen Sie, er würde es tun?» fragte Prinz Charles.

«Ich glaube schon», antwortete ich.

Ich setzte mich mit Timberlake in Verbindung, der in den Hammer Galleries ausstellte, und er sagte natürlich, es würde ihm eine Ehre sein. Bei meinem nächsten Flug nach London kam Bob mit.

Es war seine erste Reise außerhalb der Vereinigten Staaten. Er stammt aus einem winzigen Ort in North Carolina. Und hier – auf seiner ersten Auslandsreise – war er nun auf dem Weg zum Buckingham-Palast, um den Thronfolger zu unterrichten.

Ehrfurchtsvoll betrachtete er die Wachen mit ihren Bärenfellmützen, die wir passierten. Und er war sprachlos, als Prinz Charles uns in einer wallenden Robe entgegenkam. Er erklärte, er säße gerade Modell für ein Porträt. Bob war mächtig erleichtert. Er glaubte, Prinz Charles wäre im Hause immer so angezogen.

Dann sagte der Prinz: «Sie sind also gekommen, um mir ein paar Stunden zu geben?»

«Ja, Sir», sagte Bob.

«Also, was ich gerne wissen möchte», sagte Prinz Charles, «wie malen Sie eigentlich Wolken?»

«Ach», sagte Bob, «das ist das Einfachste von der Welt. Sie tauchen einfach ein Kleenex in Farbe und tupfen damit auf dem Papier herum. Das ist die beste Art, Wolken zu malen.»

«Aber das ist ja Betrug!» erwiderte Prinz Charles entgeistert.

Dann erzählte ich dem Prinzen, daß Bob die Vereinigten Staaten bisher noch nie verlassen hatte, und er sagte: «Vielleicht möchten Sie den Palast sehen? Die Königin ist heute nicht da. Ich kann meinen Sekretär bitten, Sie durch die Privaträume zu führen.»

Da war also Bob Timberlake aus North Carolina und spazierte durch die Privatgemächer der Königin von England, begutachtete ihre Bildersammlung und bewunderte die herrlichen Möbel und Dekorationen.

Einmal waren Frances und ich zum Lunch bei Prinz Charles in seinem neuen Heim – Highgrove in den Cotswolds. Er war unheimlich stolz, daß alles, was wir aßen – Obst, Gemüse, Fleisch, Milchprodukte – in seinen Gärten und auf seiner Farm angebaut und zubereitet worden war. Wir aßen im Freien, und Prinz Charles war locker und gelöst.

Nach dem Essen gingen er und ich über die Farm, während sein kleiner Sohn, Prinz William, neben uns herrannte oder sich auf dem Arm seines Vaters tragen ließ. «Ich konnte mir diese Farm nicht leisten», sagte er, «aber meine Mutter lieh mir das Geld, um sie kaufen zu können.»

Gerade als wir gehen wollten, verschwand er plötzlich und kehrte zurück, um uns mehrere Schachteln voll dicker süßer Erdbeeren zu überreichen, die er eigenhändig für uns gepflückt hatte. Ich glaube, seine Freude an diesen Erdbeeren sagt alles über ihn aus. Er freute sich mehr darüber, uns Beeren zu schenken, die er angebaut und selbst gepflückt hatte, als wenn es Juwelen aus dem Familienschatz gewesen wären.

Prinz Charles begeisterte mich für eine Menge Projekte. Eines Abends saß ich bei einem Essen neben Prinzessin Diana und sagte: «Wissen Sie, ich kann nicht ‹nein› zu ihm sagen, gleichgültig, um was er mich bittet. Ich habe so viel Vertrauen zu ihm. Wenn er mich bitten würde, dort aus dem Fenster zu springen, ich glaube, ich würde springen.» Sie lächelte und sagte: «Ich würde gleich hinterher springen.»

Jedes Mal, wenn ich ihn traf, hatte er irgendein neues Projekt im Kopf, über das er mit mir sprechen wollte. Er gewann meine Unterstützung für die erfolgreiche Hebung der *Mary Rose* im Jahr 1982 – das Flaggschiff der Flotte Heinrichs VIII., das 1545 vor den Augen des

Königs sank; auf dem Schiff befanden sich unschätzbare archäologische Schätze. Auf Veranlassung des Prinzen wurde ich in die Organisationen involviert, die zwei der schönsten Gebäude der Welt – die Kathedralen von Wells in Somerset und Salisbury in Wiltshire – retteten. Außerdem machte ich große Schenkungen für das königliche Opernhaus in London und die Royal Academy.

Vielleicht das merkwürdigste Unternehmen, für das sich Prinz Charles begeisterte und für das er mich gewann, war die Transglobale Expedition von 1979 bis 1982, die erste Von-Pol-zu-Pol-Umfahrung der Welt über Land, See und Eis. Diese ritterliche Zurschaustellung von Verwegenheit wurde von einem seiner Freunde, einem Polarforscher mit dem glanzvollen Namen Sir Ranulph Twisleton-Wickham-Fiennes, besser bekannt als Ran, angeführt. Als dieser einmal gefragt wurde, wie er es fertig brächte, all diese Qualen und Entbehrungen auszuhalten, die er sich in seiner abenteuerlichen Karriere auferlegte, antwortete er: «Mit diesem verdammt idiotischen Namen habe ich früh gelernt, hart zu sein.»

Als Prinz Charles mir von dieser Expedition erzählte, sagte er: «Natürlich ist es vollkommen wahnsinnig, aber herrlich wahnsinnig» – und es war herrlich und absolut erfolgreich.

Das Projekt, das ihm jedoch am meisten am Herzen lag und das unsere Freundschaft festigte, waren die United World Colleges.

Am 8. November 1978 lud Prinz Charles Frances und mich zu einem Empfang im Buckingham-Palast für die Freunde der United World Colleges ein. Damals wußte ich noch nicht viel darüber. Während des Empfangs steuerte mich Prinz Charles prompt in eine Ecke, in der sein geliebter Großonkel Lord Louis, Earl Mountbatten of Burma und Großbritanniens letzter Vizekönig von Indien, stand. Lord Louis war der erste Präsident des Internationalen Rats der United World Colleges gewesen, und Prinz Charles hatte sich vor allem, um seinem Onkel zu dienen, so tatkräftig in das Unternehmen gestürzt.

Lord Louis war der perfekte Typ eines englischen Aristokraten – groß, aufrecht, auffallend gutaussehend, auf natürliche Art würdevoll und doch zugänglich. Er erklärte mir sein Interesse an UWC mit den denkwürdigsten und inspirierendsten Worten, die je an mich gerichtet worden sind. Er sagte: «Ich habe die Schrecken zweier Weltkriege miterlebt, und ich bin zu dem Schluß gekommen, daß wir mit jungen

Leuten beginnen müssen, die unabhängig von ihrer Nationalität, Religion oder Ideologie das Zusammenleben lernen, wenn wir jemals Frieden in der Welt haben wollen.»

Seit ich erwachsen bin, bin ich Weltbürger gewesen. Ich habe im Ausland gelebt und bin so viel in der Welt herumgereist, daß ich mit der Sicherheit langjähriger Erfahrung weiß, daß die Menschen überall gleich sind und nur durch Ignoranz, Mißverständnisse und Vorurteile voneinander getrennt werden. Lord Louis hätte kaum ein verständnisvolleres Ohr finden können. Selbst 1978 gab es gar nicht mehr so furchtbar viele Menschen auf der Welt, die sich noch deutlich an beide Weltkriege erinnerten. Lord Louis und ich waren zwei davon. Er hatte die Schrecken des Krieges in vielen Kampfhandlungen aus nächster Nähe kennengelernt. Ich kannte sie aus der Ferne, aber ich habe diese Zeit miterlebt, und bereits 1915, im Alter von siebzehn Jahren, war ich von dem Traum einer Welt ohne Krieg besessen gewesen.

Wenn Siebzehnjährige der ganzen Welt diesen Traum teilen und als Erwachsene danach leben würden, könnten sie diejenigen werden, die die Welt in ein Zeitalter des Friedens führen. Lord Louis erklärte, daß dies das Ziel der United World Colleges sei.

Im Jahr 1962 von fünf Männern gegründet, wurde die UWC-Bewegung hauptsächlich von Dr. Kurt Hahn, dem Gründer von Prinz Charles' alter Schule – Gordonstoun –, und den Outward-Bound-Überlebensprogrammen inspiriert. Dr. Hahn war der Meinung, daß die Ausbildung junger Menschen auch nichtakademische Erfahrungen einschließen sollte – Überleben im Gebirge, der Dienst am anderen, eine Mischung aus allen möglichen Notfällen und Anleitungen, wie man damit fertig wird – sowie eine erstklassige akademische Ausbildung. Die United World Colleges wurden gebildet, um diese Art der Ausbildung für die klügsten der jungen Bürger der Welt bereitzuhalten, und zwar in dem Glauben und in der Hoffnung, daß sie im späteren Leben, wenn sie in ihren eigenen Ländern einflußreiche Positionen einnähmen, von einer Ausbildung profitierten, die sie mit den Kulturen, Glaubensrichtungen und Ideologien anderer Völker und Länder in Berührung gebracht hatte.

Das erste der United World Colleges war 1962 in William Randolph Hearsts altem Schloß in St. Donat's in Wales eröffnet worden. Earl Mountbatten hatte die Welt bereist und Ausschüsse gegründet, die die

Studenten auswählen sollten, von denen die meisten Stipendien erhielten. Kein Student sollte aus Armutsgründen ausgeschlossen sein.

Seitdem sind Colleges in Victoria, Kanada, und in Singapur eröffnet worden; weitere Colleges sind in Triest und Waterford Kamhlaba in Swaziland geplant.

Beim Empfang im Buckingham-Palast sagte Lord Louis: «Es war immer mein Traum gewesen, ein United World College in den Vereinigten Staaten zu eröffnen. Wir haben es schon mehrmals versucht – ich muß aber leider zugeben, daß es bisher nicht geglückt ist.»

Prinz Charles lächelte und hakte ein: «Ich versteh nicht, warum du die Sache nicht Dr. Hammer übergibst – vielleicht kann er etwas tun.»

«Gern», sagte Lord Louis, «aber ich kann mir nicht vorstellen, daß er Erfolg haben sollte, wo es anderen nicht gelungen ist.»

«Also, wenn es irgend jemand schafft, dann Dr. Hammer», erwiderte der Prinz.

Kaum hatten sie den Fehdehandschuh hingeworfen, hob ich ihn auch schon auf. «Ich helfe Ihnen gern», sagte ich.

Keine zwei Jahre später war der Kauf eines Millionen-Dollar-Objekts (eine frühere Ausbildungsstätte der katholischen Kirche für junge Priester) getätigt. Zwei Jahre danach, am 14. September 1982, öffnete das Armand Hammer United World College seine Türen für 102 Studenten aus 46 Ländern.

Es befand sich in Montezuma, einem Ort an den Ausläufern des Sangre-de-Cristo-Gebirges in New Mexico, etwa 90 Kilometer von Santa Fe entfernt. Dort fanden wir die historischen und leerstehenden Gebäude eines alten Badeorts. Das Hauptgebäude war ein romantisches Schloß mit gotischen Türmen, das aus der Zeit stammte, als die Eisenbahn von Santa Fe aus die Südwestterritorien der Vereinigten Staaten erschloß. Die wilde Schönheit des Gebiets und die Lage der Gebäude in 1980 Meter Höhe in kristallklarer Gebirgsluft waren ein idealer Standort für das College, wo eine Reihe von Wildnisprogrammen für die Studenten entwickelt werden könnten.

Als ich den Ort 1981 zum ersten Mal besuchte, war ich sofort begeistert und gleichzeitig vom Zustand des Geländes entsetzt. Die Gebäude waren fast Ruinen. Jedes Fenster war zerbrochen, das Dach voller Löcher. Das Grundstück war völlig überwuchert, und als wir hindurchstapften, reichte uns der Schlamm bis zu den Knöcheln. Trotz allem – ich entschloß mich sofort: Dies war der Ort.

Wir renovierten fünf Gebäude und schufen Wohnräume, einen Speisesaal, eine Bibliothek und akademische Einrichtungen. Das Grundstück wurde landschaftlich verschönert, es wurden Tennisplätze und Straßen gebaut und Wege angelegt oder verbessert. Viele meiner Freunde unterstützten mich – mit Geld oder ihrer Zeit –, und das College ist heute ein großer Erfolg.

Wir brauchen aber immer noch Geld, und deshalb freute ich mich so sehr, daß der Prinz und die Prinzessin von Wales bereit waren, einen ihrer wenigen Aufenthalte in Amerika zum Wohle der Colleges zu nutzen. Mit einer Million des erhofften Geldes sollte eine Stiftung für das UWC-Hauptquartier in London ins Leben gerufen werden. Der Rest würde für Stipendien meines College of the American West benutzt werden. Die Studiengebühren und Unterhaltskosten eines Studenten kosteten etwa 15 000 Dollar im Jahr, und obwohl die Gebühren 10 000 Dollar betragen, braucht die Mehrheit der Studenten nichts zu bezahlen.

Um derartige Beträge aufzubringen, konnte unser Gala-Dinner natürlich keine Hundert-Dollar-Spezialplatten anbieten. Die Einladungen zur Party kamen nicht billig. Unter 10 000 Dollar pro Paar, was einem Jahresstipendium entsprach, war nichts zu machen. Für 50 000 Dollar pro Paar wurde man Wohltäter und bekam Gelegenheit, das königliche Paar kennenzulernen und mit ihm fotografiert zu werden.

Ich kenne keine andere Wohltätigkeitsveranstaltung mit derart hohen Preisen – und unsere war ausverkauft! Aus dem ganzen Land, aus der ganzen Welt kamen die Schecks herein, und es war eine Freude zu sehen, wie bereitwillig die Menschen spendeten.

Bei solchen Preisen war das Ereignis natürlich nur etwas für die Superreichen, und ebenso natürlich war zu erwarten, daß es Leute gab, die die Sache elitär und lächerlich nannten. Prinz Charles hatte diesen Vorwürfen in seiner Rede nach dem Essen, die die Leute zu Beifallsstürmen hinriß, einiges entgegenzusetzen.

«Was, zum Kuckuck, ist daran so schlimm, zur Elite zu gehören?» sagte er. «Wie kann man erwarten, daß auf dieser Welt etwas geschieht, wenn nicht versucht wird, den Charakter *und* den Verstand des Menschen zu bilden? Wie können wir auf eine ausgeglichene und zivilisierte Führung in der Zukunft hoffen, wenn es nicht wenigstens einige gibt, die gelernt haben, für andere da zu sein, Mitgefühl zu empfinden, die Religion, die Gebräuche und Geschichte des anderen so weit wie möglich zu verstehen, die Mut haben, sich für die edlen und wahren Dinge einzusetzen? Schließlich gibt es so viel in der Welt zu tun – so viel Hungersnot existiert auf der Erde, so viel Krankheit, so viel Armut, so viel Streit, Fanatismus und Vorurteil, und es gibt so viele Menschen, die um Hilfe rufen, damit sie ihre eigenen einfachen Träume verwirklichen können.

Und was, zum Teufel, können die United World Colleges dazu tun? Nach einundzwanzig Jahren haben wir sechstausend ehemalige Studenten. Und das, meine Damen und Herren, ist eine Armee an potentiellem Talent, an Energie und Initiative... unser höchstes Ziel ist, daß die ehemaligen Studenten – wenn sie in den Fünfzigern oder sogar Sechzigern sind – in ihren eigenen Ländern einflußreiche Positionen einnehmen. Dann mögen sie bei der Herbeiführung gegenseitiger Verständigung eine gewisse Rolle spielen.

Und wie, um alles in der Welt, soll etwas ohne Geld zustande kommen? Wie erreicht man, was Dr. Hammer erreicht hat, was diese Colleges zu erreichen versuchen..., ohne irgendeine Finanzierung?... Für Stipendien wird ständig Geld benötigt. Sie kosten zwölftausend Dollar, fünfzehntausend Dollar. Es gibt keine andere Möglichkeit, um das Geld zu beschaffen – von den Regierungen bekommen Sie es ganz bestimmt nicht. Deshalb verlassen wir uns auf Ihre Großzügigkeit und Ihren Enthusiasmus und schließlich auch auf Ihr Mitgefühl. Und wir sind außerordentlich dankbar. Ich danke Ihnen.»

Ein fast hörbares Ausatmen im ganzen Saal. Die Gäste waren gekommen, um mit Interesse und vielleicht auch etwas Skepsis auf zwei verwöhnte Wesen aus dem Märchenland zu blicken. Sie hatten nicht erwartet, von einem derart überzeugenden Redner umgehauen zu werden.

Finale

Am Ende der ersten Woche im Dezember 1985, genau ein Jahr
nachdem ich Tschernenko kennengelernt hatte, flog ich wieder nach
Moskau. Ich nahm an Konferenzen des US/UdSSR-Handels- und
Wirtschaftsrats teil – die ersten Gespräche in Moskau seit der russi-
schen Invasion in Afghanistan – und setzte den neuen Kulturvertrag in
Gang.

Ich war zuversichtlich, daß ich jetzt – mit unterzeichnetem Kulturabkommen – die Russen dazu überreden konnte, ihre Wanderausstel-
lung mit impressionistischen und postimpressionistischen Meisterwerken aus der Eremitage und dem Puschkin-Museum, die Baron Thyssen-
Bornemisza 1983 für eine Ausstellung in Lugano geliehen worden war,
nach Amerika zu schicken. Es waren nicht viele, die meine Zuversicht
teilten, und tatsächlich mußte ich meine ganze sechzigjährige Erfahrung im Umgang mit den Russen einsetzen, um den Deal zustande zu
bringen.

Am 9. Dezember 1985 – einen Tag nach meiner Ankunft in Moskau –
hatte ich ein Treffen mit Demitschew, dem Kulturminister der UdSSR.
«Da der einzige beim Gipfelgespräch unterzeichnete Vertrag das
Kulturabkommen war», sagte ich, «sollten wir versuchen, auf diesem
Gebiet etwas Großartiges und Erinnerungswürdiges zu erreichen.» Ich
hob hervor, daß Gorbatschows Besuch 1986 in Amerika durch einen
großen populären Triumph im Kulturbereich enorm gewinnen könnte.

Als Gegenleistung bot ich meine eigene Sammlung – die Meisterwerke aus fünf Jahrzehnten – an. Sie war 1973 in Moskau gezeigt
worden, seit damals war jedoch noch vieles dazugekommen.

Michael Bruk las Demitschew die Titel der 26 Bilder vor, die meiner
Sammlung hinzugefügt worden waren. Demitschew sagte: «Diese
sechsundzwanzig würden allein schon eine großartige Ausstellung
abgeben.» Er lächelte. «Machen wir diesen Tausch! Die Eremitage-
und Puschkin-Sammlungen könnten – sagen wir von Mai bis August
1986 – an die Nationalgalerie in Washington gehen und dann vielleicht
nach Los Angeles und an Ihre Knoedler Galleries in New York. In der
Zwischenzeit können wir Vorbereitungen treffen, um Ihre Sammlung
im kommenden Sommer in Leningrad und Moskau auszustellen.»

Ich sagte, daß meine Ausstellung schon am 25. März in Leningrad eröffnet werden und dann nach Moskau ins Puschkin-Museum gehen könnte. Dann überreichte ich Demitschew eine Liste und Dias der 40 impressionistischen und postimpressionistischen Bilder, die Carter Brown, der Direktor der Nationalgalerie in Washington, den Russen von Februar bis 1.Juni als Leihgabe zur Verfügung stellen wollte. «Dies könnte das Thema eines Sonderaustauschs sein», sagte Demitschew.

Als ich erwähnte, daß ich die Eremitage- und Puschkin-Sammlungen gerne im Metropolitan Museum in New York sehen würde, meinte er: «Warum nicht bei Knoedler? Das ist doch Ihre Galerie, und wir tun dies schließlich für Sie.»

Wir setzten den Vertrag in groben Zügen auf. Ende der Woche wollten wir ihn unterzeichnen. Wir schüttelten uns die Hände.

Man sollte annehmen, daß eine Transaktion, wenn sie vom Kulturminister beschlossen worden ist, auch zum Abschluß kommt. Falsch. Jedes Arrangement ist in Moskau mit so vielen Hindernissen und Komplikationen verknüpft, wie ein Tintenfisch Arme hat. Demitschew wollte den Tausch machen. Einige niedriger stehende Funktionäre im Ministerium hatten andere Ideen. Als ich wegen des Vertrags nachhakte, sagten sie: «Es gibt viele Schwierigkeiten ...» Das ist in Moskau eine Standardphrase, die dazu aufruft, den Geist zu schärfen.

Sie versuchten diese Masche: Das Puschkin-Museum hätte bereits vereinbart, Baron Thyssen für den Sommer 1986 eine weitere Sammlung mit 40 Impressionisten zu leihen. Wenn die Bilder, die sich jetzt in Lugano befanden, nach Amerika gingen, wäre das Puschkin-Museum praktisch leer. Das könnten sie nicht zulassen.

«Das würde ja nicht geschehen», erwiderte ich. «Sie hätten meine Sammlung und die Bilder der Nationalgalerie. Ich bin sicher, daß das russische Volk diese Werke, die in Rußland noch nie ausgestellt waren, gern sehen würde.»

Sie fragten, ob ich mich mit Baron Thyssen in Verbindung setzen und ihn bitten könnte, seine Ausstellung bis 1987 zu verschieben – was ich tat und dem er großzügig zustimmte. Nun, das wäre also erledigt, dachte ich. Wieder falsch.

Der Vertrag sollte zum Ende der Woche unterschriftsbereit sein. Und während die Tage verrannen, erhielt ich Nachricht, daß Komplikationen und Schwierigkeiten entstanden seien und daß ein endgültiges Abkommen nicht garantiert werden könne. Ich erwiderte, Geschäft sei Geschäft, und ich würde Moskau ohne unterschriebenen Vertrag nicht verlassen.

An meinem letzten Tag in Moskau – Freitag, dem 13. Dezember – ging ich zum Kulturministerium. Man sagte mir, Demitschew nähme an einem Schriftstellerkongreß teil und sei nicht verfügbar, deshalb könne der Vertrag auch nicht unterschrieben werden. Ich weigerte mich, mich von der Stelle zu rühren. «Jemand hier muß doch bevollmächtigt sein zu unterschreiben», sagte ich.

Ich saß zwei Stunden lang im Ministerium, während mißvergnügte und verlegene Funktionäre mich hinauszudrängen versuchten. Schließlich forderte mich Seizew, ein stellvertretender Minister auf, in sein Büro zu kommen. Er war bereit, für den Minister zu unterschreiben.

Ich hielt sofort eine Pressekonferenz ab, um anzukündigen, daß sich die ersten Früchte des Kulturabkommens realisiert hatten, und flog weiter nach London. Kaum angekommen, erhielt ich einen Anruf von der *New York Times*. Sie waren außerordentlich enttäuscht und konnten nicht verstehen, warum bei einer so wichtigen Ausstellung die größte Stadt der Vereinigten Staaten übergangen werden sollte.

Es ließ mir keine Ruhe. Ich beschloß, daß der Moment gekommen war, mich direkt an Gorbatschow zu wenden. Ich diktierte rasch einen Brief an ihn, der per Fernschreiber an mein Moskauer Büro geschickt, ins Russische übersetzt und per Kurier zu Demitschew und Gorbatschow geschickt wurde.

«Es ist wichtig, daß die Sammlung in New York City erscheint», schrieb ich. «New York ist nicht nur die größte Stadt Amerikas, sondern auch das Zentrum der Meinungsbildung dieser Nation.»

Der Brief wurde am Samstag, dem 14. Dezember, abgeschickt. Am Montag, dem 16. Dezember, erhielt ich auf dem Rückflug ein Fernschreiben von Michael Bruk aus Moskau – die Luganoer Bilder würden im Metropolitan Museum gezeigt.

Wie ich immer sage: Wenn man etwas erreichen will, redet man am besten gleich mit dem Boss.

Das beste Beispiel dafür war der Deal, den ich noch in den letzten Tagen des ausgehenden Jahres abschloß. Irgendwo in den Vororten Chicagos saß ich in einem Familienauto und verfaßte einen Vertrag mit

Cliff Davis, dem Vorstandsvorsitzenden der MidCon Corporation. Ich kann mir nicht vorstellen, daß ein Drei-Milliarden-Geschäft jemals unter merkwürdigeren Umständen zustande gekommen ist. Kurz nach Weihnachten, am 27. Dezember 1985, fragte die First Boston Corporation bei Occidental an, ob wir Interesse hätten, als rettende Engel für MidCon einzuspringen, um sie vor einer böswilligen Übernahme zu bewahren. Und ob wir Interesse hatten!

Die Firma MidCon betrieb mit 48 270 Kilometern zwischenstaatlichen und innerstaatlichen Gaspipelines eines der größten und flexibelsten Pipeline-Marketingsysteme Amerikas – genau das, was Occidental noch brauchte. Das Auftauchen von MidCon als potentielle Akquisition war wie die Ankunft des Weihnachtsmanns.

Ich sprach mit Ray Irani. Andere Firmen waren ebenfalls interessiert, rettende Engel zu spielen. Ich sagte: «Dieses Geschäft können wir nur machen, wenn wir selbst nach Chicago fahren und die Leute kennenlernen und sie überzeugen, daß wir ihnen die Leitung ihrer Firma lassen.» Wir wurden am 30. Dezember zum Lunch in Chicago erwartet.

Ich mußte um vier Uhr in Los Angeles aufstehen, damit ich mit einem ganzen Gefolge von Top-Leuten um sechs mit der Oxy One starten konnte.

Cliff Davis holte uns vom Flughafen ab. Eine Reihe von Limousinen wartete, um meine Mitarbeiter zu MidCon zu transportieren, aber Davis fuhr einen alten Cadillac und lud mich ein, mich vorne neben ihn zu setzen, während Ray Irani sich auf den Rücksitz schob. Die Limousinen setzten sich in Bewegung. Cliff fuhr in die entgegengesetzte Richtung. Ich nahm an, daß er wußte, was er tat, es war schließlich seine Stadt.

Ich mochte ihn sofort. Mir gefiel seine unkomplizierte, offene Art. Er war ein großer stämmiger Midwesterner, gerade sechsundsechzig geworden und rechtmäßig stolz auf die Gesellschaft, die er aufgebaut hatte.

Ich paßte natürlich nicht auf, wohin wir fuhren, und wir kamen auch gleich zur Sache. Die räuberischen Interessenten hatten angedeutet, sie seien bereit, den Aktionären 70 Dollar pro Aktie zu zahlen. Unsere Berater hatten errechnet, daß wir 72 Dollar anbieten sollten, um die Übernahme zu verhindern. MidCon bewertete die Aktien mit 75 Dollar.

Ich sagte zu Davis: «Schauen Sie, ich werde nicht mit Ihnen feilschen. Ich möchte, daß diese Akquisition unter den besten und freundschaftlichsten Bedingungen für beide Seiten getätigt wird. Wir geben Ihnen fünfundsiebzig Dollar, halb in bar, halb Aktien. Was meinen Sie dazu?»

Er streckte die Hand aus. «Abgemacht.» Wir schüttelten uns die Hände.

Die Anwälte und Finanzdirektoren konnten die Einzelheiten ausarbeiten, aber wir hatten auf die bestmögliche Art ein Geschäft abgeschlossen. Gelassen, heiter und glücklich fuhren wir dahin.

Vor lauter Geschäft hatte sich Davis verfahren. Plötzlich sagte er: «Es tut mir leid, Ihnen das sagen zu müssen, aber ich weiß um alles in der Welt nicht, wo ich bin.» Es dauerte eine Ewigkeit, bis wir den Weg zu MidCon fanden, wo unsere hochbezahlten Mitarbeiter seit über einer Stunde Däumchen drehten.

Die Vorstände beider Firmen wurden am nächsten Tag – Silvester – zur gleichen Zeit einberufen. Mein Vorstand war einstimmig dafür, und wir warteten auf Nachricht aus Chicago. Die Zeit verrann – eine Stunde, zwei Stunden, zwei und eine halbe. Ich wurde unruhig – doch endlich war alles klar. Cliff Davis hatte Schwierigkeiten mit ein paar Andersdenkenden gehabt, aber nach drei Stunden billigte der Mid-Con-Vorstand die Transaktion.

In den letzten Stunden des Jahres 1985 gab ich bekannt, daß Occidental Petroleum mit einem geschätzten Jahresumsatz von 16 Milliarden Dollar der zwölftgrößte Industriekonzern der Nation geworden war.

Man kann ein Jahr auch schlimmer beenden.

Am Anfang dieses Kapitels – im November 1984 – waren der Weltfrieden und ein Krebsheilmittel so weit von der Realität entfernt wie eh und je. Ende 1985 waren diese beiden Träume der Menschheit ein wenig näher gerückt. Die Gipfelkonferenz in Genf schien die Welt ein bißchen sicherer gemacht zu haben – und Steven Rosenberg veröffentlichte im *New England Journal of Medicine* einen Artikel, der einen neuen Weg im Kampf gegen den Krebs ankündigte.

Er berichtete, 25 Patienten behandelt zu haben, die nicht mit Standardtherapien geheilt worden waren. Bei elf seiner Patienten war eine objektive Rückbildung – um mehr als 50 Prozent – beobachtet worden. Bei einem Patienten hatte sich der Tumor völlig zurückgebildet. Zehn partielle Reaktionen waren beobachtet worden. Neuere Ergebnisse bei mehr als hundert Patienten erhärteten die früheren Befunde. Wie zu erwarten war, wurde Rosenberg der Empfänger des Hammer-Preises für 1986. Am 30. Januar 1986 wurden ihm und Dr. Tadatsugu Taniguchi von der Universität Osaka – dem es gelungen war, das Gen für IL-2 zu isolieren und zu klonieren, wodurch große Mengen der Substanz künstlich hergetellt werden können – der Preis in Höhe von 100 000 Dollar überreicht. Bis zu jenem Zeitpunkt hatte Dr. Rosenberg zehn an Nierenkrebs leidende Patienten behandelt – neun davon mit Erfolg. Ein phänomenales Resultat in der Behandlung einer Krebsart, die bisher unheilbar gewesen ist.

Eine meiner lebenslangen Ambitionen kommt in Reichweite, während die andere – der Weltfrieden – als fernes Ziel vage am Horizont ausgemacht werden kann.

Ich halte den Genfer Gipfel für einen begrenzten Erfolg. Nichts Wesentliches ging daraus hervor. Kurz vor Beginn der Konferenz erfuhr ich von einem meiner Freunde aus dem State Department, daß es sich als unmöglich erweise, die Bedingungen für ein gemeinsames Kommuniqué aufzusetzen. Ich befürchtete das Schlimmste.

Ronald Reagan übersprang behende und klug die bürokratischen Hindernisse zwischen ihm und Gorbatschow. Er setzte sich in fünf von den ihnen zur Verfügung stehenden fünfzehn Stunden allein mit dem Generalsekretär zusammen, und die beiden Männer stellten – wie ich es immer vorausgesagt und gehofft hatte – fest, daß sie miteinander ins Geschäft kommen konnten. Sie fanden sich sympathisch. Natürlich würde keiner der beiden jemals einen wichtigen Punkt seiner politischen Überzeugungen aufgeben – Reagan würde nicht als ein zum Kommunismus Bekehrter aus Genf zurückkehren, und Gorbatschow würde anschließend wohl kaum im Kreml die Vorteile des Kapitalismus rühmen. In den ausführlichen Gesprächen stellten sie jedoch fest, daß es möglich war, einige wesentliche Kompromisse zu schließen, mit denen unsere beiden Systeme zukünftig zusammenleben könnten. Die erste und wichtigste Vereinbarung war die Fortsetzung des in Genf begonnenen friedenschaffenden Prozesses mit jährlichen Gipfeltreffen in den nächsten beiden Jahren.

Die Welt ist durch das Gipfeltreffen nicht sicher gemacht worden. Sie ist noch immer ein quälend gefährlicher Ort. Ein einziges Fehlurteil in der Beibehaltung des Gleichgewichts der Gewalt, ein einziger menschlicher Fehler in der Handhabung der Weltuntergangsmaschinen können uns und unseren Planeten noch immer vernichten. Aber ich glaube, daß wir jetzt ein bißchen besser schlafen können, und wir dürfen keine Ruhe geben, bis die Gefahr des atomaren Holocausts vollständig aus unserem Leben und dem Leben unserer Kinder beseitigt ist.

Und ich habe vor, dies zu erleben!

Epilog

Dies müssen meine Abschiedsworte sein. Der Augenblick ist gekommen, dieses Buch, zwei Jahre nachdem es begonnen wurde, abzuschließen. In diesen beiden Jahren hat sich eine noch nie dagewesene Chance für die Schaffung des Friedens ergeben. Sie ist unerwartet gekommen. Keiner von uns hätte dies voraussagen können. Wenige können sie in diesem Augenblick erkennen.

Mit einem entscheidenden Schritt, mit einer großen Geste des Vertrauens und guten Willens könnte die Welt jetzt den Wahnsinn der atomaren Gefahr beenden. Wir können die tödliche Doktrin der gegenseitig sichergestellten Vernichtung (Mutually Assured Destruction – völlig richtig als *MAD* bezeichnet) beiseite schieben und die Chancen einer neuen Doktrin, die ich gegenseitig sichergestellte Verteidigung (Mutually Assured Defense) nennen möchte, wahrnehmen. Welche Doktrin klingt rationaler? Welche einladender?

Aus einer Sackgasse ergibt sich eine Chance, eine Hoffnung für die Zukunft aus einer scheinbar aussichtslosen Situation.

Die Gipfelkonferenz von Reykjavik im Oktober 1986, die Schritte in Richtung einer atomfreien Welt zu versprechen schien, strauchelte an einem einzigen Hindernis, wurde durch die Kompromißlosigkeit zwischen Präsident Reagan und Generalsekretär Gorbatschow gespalten. Das Hindernis war natürlich das weltraumgestützte Raketenabwehrsystem, der «Krieg der Sterne». Die Sowjets kamen nach Reykjavik, immense Zugeständnisse im Raketenabbau zu machen. Ihre Vorschläge, die so weitreichend waren und so radikale Kürzungen enthielten, überrumpelten den Präsidenten und seine Berater. Die Angebote der Sowjets hingen jedoch von gewissen Bedingungen ab. Sie verlangten von den Amerikanern die Aufgabe der SDI-Tests im Weltraum und die Beschränkung auf Laborforschung.

Präsident Reagan, der diese Forderung zurückwies und intolerabel nannte, sagte, daß kein Präsident der Vereinigten Staaten das Recht auf die Entwicklung von Verteidigungssystemen zum Schutz seines Volkes und dessen Freiheit aufgeben kann. Er machte Gorbatschow ein Gegenangebot, das aber von sowjetischer Seite zurückgewiesen wurde. Reagan wiederholte sein Angebot, die SDI-Technologie nach erfolgreicher Entwicklung mit den Sowjets zu teilen. Auf dieses Angebot hatte Gorbatschow mit charakteristischer Offenheit reagiert: «Ich kann Ihre Idee nicht ernst nehmen – diese Idee, daß Sie die SDI-Ergebnisse mit uns teilen wollen. Sie wollen ja im Augenblick noch nicht einmal Computer für Molkereien mit uns teilen.»

Niemand konnte ihm widersprechen. Man weiß ja, wie tief das sowjetische Mißtrauen gegenüber den Vereinigten Staaten und unseres ihnen gegenüber sitzt – kann man da wirklich verlangen, daß er zehn Jahre lang die Hände in den Schoß legt und zusieht, wie wir den «Krieg der Sterne» entwickeln, und dabei hoffen, daß wir ihm das System irgendwann überreichen?

Wir müssen dieses Problem mit Vernunft angehen, die Schwierigkeiten abschätzen und dann versuchen, zu einer beiderseitig nützlichen Lösung zu kommen. Mit anderen Worten: Versuchen wir doch, die Bedingungen für eine Transaktion aufzusetzen.

Die Sowjets müssen wissen, daß Präsident Reagan entschlossen zu sein scheint, die SDI-Entwicklung fortzusetzen, geradeso wie sie selbst ihr Bestes zu tun scheinen, um ein derartiges System zu perfektionieren. So viel steht fest. Ob Reagan die Finanzierung bekommt, die er vom Kongreß verlangt hat, ist fraglich, besonders jetzt, wo er keinen Senat mehr hat, in dem die Republikaner die Mehrheit haben. Zum jetzigen Zeitpunkt steht dem Präsidenten nur das Geld für die Forschung in Höhe von ein paar Milliarden Dollar zu Verfügung. Bevor zur Entwicklung und Produktion übergegangen werden kann, muß der Kongreß Hunderte von Milliarden Dollar bewilligen. Trotzdem ist zu vermuten, daß SDI mit Zustimmung des Kongresses irgendwann vor der nächsten Jahrhundertwende entwickelt wird, falls beispielsweise die Anzahl der Sprengköpfe auf beiden Seiten drastisch reduziert würde. Die atomare Abschreckung wäre noch immer ausreichend. Hoffentlich werden beide Seiten ihre konventionellen Streitkräfte reduzieren, wenn sie einsehen, daß kein Bedarf dafür vorhanden ist. Die Weltgeschichte lehrt uns, daß die Menschheit sich immer mehr einer Vervollkommnung des möglichen Fortschritts nähert. Deshalb können wir – trotz der Einwände der Skeptiker, die sagen, daß es niemals funktionieren wird – annehmen, daß die Vereinigten Staaten versuchen werden, SDI zu entwickeln. (Wir sollten daran denken, daß die Skeptiker auch gesagt haben, der Mensch würde nie auf dem Mond spazieren gehen. Früher sagten die gleichen Skeptiker, die Erde sei flach und Kolumbus würde von ihrem Rand in die Verderbnis fallen.)

Das Problem, das wir zu lösen haben, besteht also aus zwei Teilen. Zunächst: Die Sowjets befürchten vielleicht, daß die technologischen und wissenschaftlichen Kapazitäten des Westens gewährleisten, daß wir SDI vor ihnen entwickeln werden. Infolgedessen fürchten sie auch unsere Überlegenheit im Fall eines Atomkriegs. Dieser Vorteil, sagen sie, würde die Abschreckungsphilosophie der «Mutually Assured Destruction», auf der die Rüstungskontrolle der letzten Jahrzehnte beruhte, unwirksam machen.

Der zweite Teil des Problems wird von den Sowjets nicht genannt, wir können aber folgendes vermuten: Die SDI-Forschung wird so teuer sein, daß sie für die sowjetische Wirtschaft eine intolerable Belastung wäre. Doch die Geschichte läßt keinen Zweifel offen, daß sie tun werden,was sie für nötig halten, um sich zu schützen. Aber die Kosten übersteigen ihre Möglichkeiten bei weitem, und das heißt, sie müßten ihrem Volk grausame materielle Opfer abverlangen. Unser Problem wird ähnlich sein – wir werden riesige Defizite nicht los, während wir Milliarden für den «Krieg der Sterne» ausgeben. Das ist das Problem. Und hier ist ein Lösungsangebot.

Im Sommer 1985 machte ich – wie ich bereits beschrieben habe – den Vorschlag, daß SDI von Amerika und der Sowjetunion in einer gemeinsamen US-Forschungseinrichtung entwickelt wird, wobei beide Seiten die Informationen und Kosten teilen. Der Vorschlag wurde mit großer Zustimmung aufgenommen, aber der Zeitpunkt war nicht der richtige. Das erste Treffen Reagan und Gorbatschow in Genf stand noch aus, und Gorbatschow, der neu im Amt war, hatte kaum Gelegenheit gehabt, die Politik seiner Regierung festzulegen.

Doch jetzt ist die Zeit gekommen. Ich halte den Vorschlag für eine wirklich brauchbare Lösung. Außerdem kann er, was die Beziehungen der Supermächte betrifft, in eine völlig neue Richtung weisen.

Ich glaube, daß Präsident Reagan wirklich die Absicht hat, den Sowjets die SDI-Technologie nach erfolgreicher Entwicklung zur Verfügung zu stellen. Deshalb: Warum die Sowjets nicht einladen, die Forschung und Entwicklung des Systems von Anfang an mit uns zu teilen? Was wir zu gewinnen haben, ist ein neues Zeitalter und eine neue Welt. Eine Zusammenarbeit dieses Ausmaßes würde mehr als ein halbes Jahrhundert an Mißtrauen und Furcht aus der Welt schaffen. Wenn sowjetische Wissenschaftler und Militärexperten mit ihren amerikanischen Kollegen an einem gemeinsamen Unternehmen dieser Bedeutung Seite an Seite arbeiteten, würden unsere Gesellschaften einander näherrücken, und zwar mehr, als wir es uns jemals vorgestellt haben.

Es ist nur natürlich, daß – wie Mrs. Thatcher mir schrieb – sofort der Einwand erhoben würde, unsere potentiellen Feinde kämen dann hinter die innersten Geheimnisse unseres Verteidigungsplans und könnten uns betrügen. Diese Angst kann beseitigt werden. Rationale Planung – die Festlegung eines ausgereiften Plans – könnte dieser Gefahr entgegenwirken.

Nötig sind vollständige und gemeinsame Überprüfungsverfahren. Die Sowjets müßten uns gegenüber, was die Qualität und das Ausmaß ihrer eigenen Forschung betrifft, offen sein, und wir müßten ihnen gegenüber offen sein. Gorbatschow ist der erste sowjetische Führer, der dies angeboten hat. Warum sollte man es nicht mit ihm versuchen? Beide Seiten müßten sicher sein, daß die andere absolut aufrichtig ist. Ignoranz, nicht Wissen, ist die Quelle der Angst.

Derartige Inspektions- und Verifizierungsverfahren hat es schon gegeben. Die gemeinsamen US-sowjetischen Weltraumversuche, die zum Apollo-Sojus-Kopplungsmanöver führten, beweisen, daß wir Informationen auf höchster Ebene mit Erfolg austauschen können.

Die gemeinsame französisch-sowjetische Entwicklung von Schnellen Brütern weist in dieselbe Richtung. Für dieses Projekt waren ursprünglich drei Stufen geplant, worin sich das gegenseitige Mißtrauen widerspiegelte. Die ersten beiden Stufen umfaßten einen vorläufigen Informationsaustausch, mit dem die Partner die gegenseitige Vertrauenswürdigkeit prüfen konnten. Die dritte Stufe verlangte eine vollständige aktive Kooperation. Die Franzosen und Russen gingen problemlos und schnell in die dritte Stufe über.

Unser erster Schritt in Richtung «Mutually Assured Defense» sollte die Bildung einer Planungsgruppe – oder «Denkfabrik« – sein, um die Möglichkeit der SDI-Teilung zu untersuchen und auszuwerten. Diskrete Signale aus Moskau, daß ein vorläufiger Informationsaustausch nicht verschmäht werden würde, sind bereits empfangen worden. Wir müssen einige elementare Grundregeln festlegen. Es genügt nicht, daß die eine oder andere Seite behauptet, daß die Idee nicht funktionieren kann. Wir müssen es versuchen. Wir müssen die Grenzen des Unmöglichen verschieben und das Mögliche schaffen. Wenn sich uns auch nur die entfernteste Chance einer «Mutually Assured Defense» statt einer «Mutually Assured Destruction» bietet, müssen wir sie ergreifen. Nach der fehlgeschlagenen Konferenz vom 5./6. November 1986 und dem bitteren Meinungsaustausch zwischen den Außenministern Shultz und Schewardnadse in Wien erscheint eine weitere Gipfelkonferenz zwischen Reagan und Gorbatschow unmöglich, es sei denn, wir finden einen akzeptablen Kompromiß.

Dobrynin deutete mir gegenüber an, daß die Russen bereit seien, den Begriff der «Laborforschung» flexibler zu sehen. Unter «Labor» verstehen sie nicht unbedingt ein Gebäude mit vier Wänden und einem Dach.

Mein Vorschlag ist natürlich nicht der einzige Weg für solch einen Kompromiß. Viele intelligente und weniger drastische Empfehlungen sind vorgetragen worden.

Senator Al Gore jr., ein Freund, hat den phantasievollen und praktischen Vorschlag gemacht, daß die Waffenreduzierungen durch die Beseitigung von Mehrfachsprengköpfen und ein bilaterales Abkommen über bewegliche Raketen mit Einfachsprengköpfen verwirklicht werden sollten. Damit würde zumindest der Wahnsinn der gegenwärtigen Situation gemildert, in der beide Seiten der gegenseitigen Vernichtung sicher sein könnten, und zwar nicht nur einfach, sondern zwanzigfach (als ob es möglich wäre, daß ein Mensch oder ein Planet mehr als einmal getötet werden könnten). Eine eindrucksvolle Gruppe von Kommentatoren, angeführt von McGeorge Bundy, Robert McNamara, George Kennan und Gerard Smith, glaubt, daß der

Disput über die SDI-Entwicklung in den existierenden ABM-Vertrag aufgenommen werden könnte. Beide Vorgehensweisen bieten praktische und pragmatische Kompromißlösungen zu den unmittelbaren Problemen der Friedensverhandlungen an. Bei ihrer Erfüllung würden sie einen weiteren Fortschritt (in Richtung meines Vorschlags einer gemeinsamen SDI-Entwicklung) nicht ausschließen. Diese Ideen könnten alle ineinandergreifen und uns einer ausgewogenen und gemeinsamen Eliminierung der atomaren Bedrohung näher bringen. Wir *müssen* einen Weg finden, um uns und zukünftige Generationen vor dieser endgültigen Atomkatastrophe zu schützen. Unsere Verantwortung für diesen Planeten und die Zukunft der menschlichen Rasse verlangt nichts Geringeres.